普通高校"十三五"规划教材·营销学系列

# 全球营销

## （第3版）

## Global Marketing (3rd edition)

[美]凯特·吉莱斯皮(Kate Gillespie)
[英]大卫·亨尼西(H. David Hennessey) ◎ 著

叶文锦 ◎ 译

清华大学出版社

北京

**图书在版编目（CIP）数据**

全球营销（第 3 版）/（美）凯特·吉莱斯皮，（英）大卫·亨尼西著；叶文锦译. —北京：清华大学出版社，2018
（普通高校"十三五"规划教材·营销学系列）
书名原文：Global Marketing 3rd edition
ISBN 978-7-302-46570-6

Ⅰ．①全… Ⅱ．①凯… ②大… ③叶… Ⅲ．①国际营销 Ⅳ．①F740.2

中国版本图书馆 CIP 数据核字（2017）第 207770 号

责任编辑：杜　星
封面设计：汉风唐韵
责任校对：宋玉莲
责任印制：宋　林

出版发行：清华大学出版社
　　　　网　　　址：http：//www.tup.com.cn，http：//www.wqbook.com
　　　　地　　　址：北京清华大学学研大厦 A 座　　　　邮　　编：100084
　　　　社 总 机：010-62770175　　　　　　　　　　　邮　　购：010-62786544
　　　　投稿与读者服务：010-62776969，c-service@tup.tsinghua.edu.cn
　　　　质量反馈：010-62772015，zhiliang@tup.tsinghua.edu.cn
印 装 者：清华大学印刷厂
经　　销：全国新华书店
开　　本：185mm×260mm　　　印　　张：32.5　　　字　　数：711 千字
版　　次：2018 年 4 月第 1 版　　　　　　　　　印　　次：2018 年 4 月第 1 次印刷
定　　价：69.00 元

产品编号：054151-01

今天，所有的大公司都必须在一个全球市场下进行竞争。这已是一个不容争辩的事实。买家可以是一个普通顾客，也可以是活跃在国际市场的一个商业小团体，甚至是跨国公司或者外国政府。竞争者可以是当地公司，也可能是全球性大公司。尽管国内顾客需求有趋同倾向，各国间的多边协议也尽力规范经济与法律环境，全球营销者仍需掌握不同文化以应对意料之外的特殊规则出现。为应对这些复杂多变而竞争日益激烈的市场，形成有效的策略是每个全球营销者都必须面对的任务。

有意向进入营销行业的学生们，无论是面对国外市场还是国内竞争者，必须学会应用全球营销的精髓。本书将帮助此类学生做好充分准备，以迎接新的挑战。

## 1. 为什么要选择本书？

市场上关于全球营销的书籍琳琅满目。此书与同类书籍相比，在以下几方面脱颖而出。

### 1）双重聚焦：全球买家和国际竞争

很多书都将全球营销视为分析了解全球买家的过程，此书将全球营销视为通过竞争得到全球买家的行为。紧接着在全球市场和买家章节之后，就有一章节介绍国际和当地的竞争者。此后章节均集中讨论买者和竞争者。

### 2）全球视角结合强烈的文化意识

一些全球营销书籍忽视文化的作用。另外一些此类书籍却将文化差异当成重点。本书的观点是，肯定文化差异在全球营销中的存在以及其在许多方面产生影响。为了达到教学目的，我们在本书最前面就介绍了文化问题及其分析方法，并在此后章节中不断深入这个问题的讨论。与此同时，我们也向学生展示如何在全球视角下管理文化差异。举个例子，如果你知道你将要在70个国家销售一个新产品，你当初为什么不在设计这个产品时就考虑到这个问题呢？什么样的设计，才能尽量减少改装的成本和精力呢？

### 3）区域平衡

真正能够指导全球营销的书，必须向学生展示区域平衡问题。众多营销类书本集中展示美国、欧洲和中国的市场。本书均衡了发达国家和发展中国家的市场情况，加入了一些经常被忽视的国家诸如非洲、拉丁美洲和中东国家。我们鼓励学生将竞争者当成是来自世界各地的，包括一些新兴市场，如中国、印度、韩国、墨西哥。

**4）覆盖当前最新最广泛的话题**

结合在调研和咨询方面丰富的经验，我们在全球营销书籍的诸多领域都充满自信。这些领域包括：全球策略，跨文化消费者行为，营销组织以及政府政策对国际市场和全球营销的影响。本书不但结合最新学术研究，而且包含近期一些关于企业的大事件。

**5）性别问题的重新展现**

我们注意展示男性全球营销者的同时也展示女性全球营销者。这在我们章节末的案例中以及现实生活中都是极其明显的事实。

**6）互动方式**

因为全球营销领域千变万化，利用互联网技术无疑是最好的选择。网络提供了许多权威的网站，便于学生研究和形成原始的市场营销计划。我们的目标是使学生熟悉全球营销者可利用的一切工具。

**7）应用**

为使学生更好地掌握全球营销知识，本书提供了很多种机会，让学生将全球营销的概念和技能运用到商业情境中去。这些机会包括原始案例、章末小案例以及网上的国家市场报道指导。这些指导帮助学生评估一家公司是否应该进入外国市场。比如说，Marriot旅馆是否应该进入乌兹别克斯坦市场？日本连锁休闲餐厅 Yoshinoya 是否可以进入巴西？此外这也将指导学生进行接下来的营销组合问题，比如在美国起家的婚介所要想进入法国市场将做些什么改变呢？它又可以采取何种定价、促销和发布策略呢？

## 2. 新版说明

### 1）全球营销相关问题的最新覆盖

全球营销绝非静止不变！本书第三版包含了最新学术界及咨询研究的观点和框架。其中提出的新问题包括如下内容。

- 日本在预防商业条款不确定性上得分比美国人低，但是日本人仍故意使用模糊条款。作为全球营销者，应如何处理这类文化矛盾呢？
- 全球营销者应如何使用社会上最新的媒体资源来迎合全世界的年轻消费者？
- 在困难时期，政府会想方设法帮助本国企业出口产品和服务。营销者应如何处理这类政府的支持呢？
- 为什么全球营销者要采取主位研究法和客位研究法来研究世界市场？每种研究法有什么利弊？
- 反思国家的起源：顾客对外国产品的仇视是怎样给全球品牌构成新威胁的？
- 过去几年中，伊斯兰国家的准可证在伊斯兰教市场中愈受追捧。这是如何影响麦当劳、肯德基和雀巢等全球化大公司的？
- 什么是金砖四国？什么是金砖五国？集中研究新兴市场的四五个国家有没有

意义？

- 全球营销者应该如何应对外国市场的主要货币贬值？是必须降低价格还是有其他策略可以保持收益和市场份额？
- 所谓的平行公司正在兴起。为什么全球营销者不得不防备并肩作战的盟友们？

### 2）新案例

为跟进最新全球营销的发展，本书采用最新案例。这些案例集中于本书末尾部分。如下所述。

- **散居营销** 过去 35 年中，世界移民增加了一倍。本国和外国的营销者应该如何满足这个分散市场的需求呢？
- **宝洁：瞄准新兴市场** 世界上最大的包装产品生产企业决定瞄准发展中国家。此战略优缺点何在？
- **工作与休闲** 有些国家的人工作时间长，有些国家的人工作时间短。如今的韩国人有更多的休闲时间，同时却发现生活压力更大，成本更高。这对营销者来说是机遇还是挑战呢？
- **上海都市网** 年轻的中国市民极其喜爱他们的社交网络，这个网络的所有者能否既吸引跨国公司的广告，又不触及网络使用者的底线呢？
- **适合新兴市场的汽车** 福特奔向印度，通用进入俄罗斯，但当一个武器出口商强占通用在俄罗斯的同盟时，通用的合资企业能否幸存呢？
- **亚洲各国抗击艾滋病之战** 一个食品包装公司的产品经理，如今已是一个社会营销家。他最关注能够减轻亚洲艾滋病传播的项目。他在全球营销活动中的技能能否再次得到发挥呢？当一个主要捐助者迅速进入市场，又迅速退出时，他又学到了什么呢？

### 3）扩展测试：实际问题的解决

测试行中我们提供了 1 500 多个问题。其中 450 多个是应用导向的。为丰富应用问题的数目和种类，我们特别增加了此版中带问题的小型案例。

## 3. 本书内容和组织

第 1 章为全球营销简介。在这一章中，我们向未来的公司和管理者描述了全球营销的发展和重要性。我们探索了全球心理定位的需要以及本书的结构。

第一部分为"了解全球营销环境"。在本书的前半部分，我们研究了宏观环境影响全球营销者的主要方式。尽管这个概念的范围可能很广，但我们会不时展示它们是如何在一个动荡的国际市场中被众多公司所成功运用的。第 2 章，"全球经济"，向具有世界贸易基本理论知识的学生展示了汇率如何影响营销决策，考察贸易保护和贸易限制的问题以及经济整合和外包的挑战。第 3 章，"文化与社会力量"，研究各种因素对营销的影响，诸如宗教、家庭结构、教育、对时间的态度等。我们介绍了霍夫斯泰德文化维度理论，展示了近 70 个国家的排名。在本书的后半部分，分析营销难题中的文化影响时这一排名会一再用到。本章继续讨论的是语言和沟通问题，诸如高层次和低层次文化背景的差异与情感展示的社会可接受性。我们总结出克服语言障碍和处理文化冲击的重要性。第 4 章，"政治与法律环境"，以一个问题来引入"政府想干什么？"，接着探索一系列东道国和本国如何影响全球营销者。我们发现法律系统和对规则的态度在全球的差异很大。本章接着向全球营销者解释预测和管理法规的改变以及应对政治风险的差别，并提供了如何处理两者的具体方法。本章以恐怖主义如何影响全球营销的讨论作为总结。

第二部分集中"分析全球机遇"。从第 5 章"全球市场"开始，我们介绍了世界市场的细分，并讨论跨文化层面的顾客、商机、政府市场，包括贿赂和国际合约。第 6 章，"全球竞争者"，介绍了全球公司之间，以及全球公司和当地公司之间的问题。我们特别展示了一个全球公司如何成功地与另外一个全球公司联盟，以及一个本地公司如何应对一个入侵的全球化大公司，同时进军全球的方法。本章探索了对竞争的文化态度。这解释了政府的公司行为法规为何在全球差异巨大，为何不同国家的公司表现如此不同。我们表示，母国的态度会影响公司全球竞争力的强弱。在讨论发达国家和地区的公司——如美国、欧洲、日本——我们特地分出一部分章节来介绍新兴市场，从而更好地了解发展中国家的新兴市场。本章以影响全球竞争的原产国优势（或劣势）为总结，讨论当前越来越清晰化的一种现象，即消费者对某些国家的公司具有厌恶感。第 7 章，"全球营销调查"，展示了在全球背景下研究设计和组织的问题，并讨论了收集到的文化间的直接和间接的资料。

第三部分，"形成全球参与策略"，讨论如何竞争，在哪里竞争，如何进入外国市场的关键决策。在第 8 章"全球市场参与"中，我们考察了公司国际化的传统模式和最近出现的一种新现象，即一诞生就以进入外国市场为目的的公司。我们辨析了地理市场选择的优劣，比如说聚焦发达国家还是发展中国家，探索单独富有吸引力的市场还是战略性重要市场的概念，然后提供一个国家选择的模式。第 9 章，"全球市场进入策略"，包含了如何进入（有时候是退出）一个外国市场的多种选择，包括生产和所有权决定，便携式或电子商务进入模式和什么时候考虑退出市场。

第四部分，"设计全球行销规划"，涉及全球营销组合管理，产品、定价、分销、促销中所含有的跨文化挑战。第 10 章，"全球产品策略"，探索适应国际市场的符合消费需求的产品（包括产品包装和产品保证），解释了管理全球生产线的重要性。我们探索了一个新的示例，即在设计产品时就考虑各种国家市场。我们也探索了为重要外国市场设计（而不是改造）一个产品的决策。我们判别了不同的新产品来源，不论是内部研发还是外包，最后总结出全球新产品的亮相起点。在第 11 章"全球服务、品牌及社会营销策略"，我们展示了特殊的跨文化挑战——服务营销的挑战，讨论了品牌的决策，包括品牌保护问题。在本章总结部分，讨论了将全球营销战略应用于国际社会营销的可能性和挑战。在第 12 章"国际与全球市场定价"，检测了影响定价的利润与成本、市场和环境因素，诸如汇率变动和通货膨胀，在国际市场上如何影响定价。接着探讨了管理类的问题，如决定转运价格，用外汇报价，处理平行出口，决定什么时候、什么时间加入反贸易活动。

第 13 章继续第四部分的讨论，"管理全球分销渠道"，这一章节回顾了全球销售渠道和物流，引进当地渠道间可能存在的差异，并特别强调进入和管理这些渠道。最近趋势反映,零售渠道全球化,世界直接营销增长,同时还有走私的挑战和消费品在全球流转中有组织的犯罪。第14章,"全球推广策略",探索了全球销售、本地销售和降价力量管理的跨文化差异。接着讨论了国际体育运动赞助、公共关系和降价促销、产品置放、口头传播的跨文化差异。第四部分的总结在第15章,"管理全球广告",探索了全球广告和本地广告的相关问题以及全球媒体策略和代理商的选择。

第16章"组织全球营销",在第五部分,鉴定了公司全球营销最合适组织的决定因素,列示了各种组织选择的特点。本章也探讨了控制问题,尤其是本部和国际分公司之间的冲突。本章总结部分是以国际营销为事业的探讨。

### 4．教学优势

为帮助学生更好地学习全球营销,本书融入以下几大特色。

**1）开题故事**

每章章首都以一则最近发生的营销案例为始,阐释接下来的章节中讨论的主要问题。这能帮助学生立即抓住章节中展示的问题和真实生活的相关性及其重要性。

**2）章节提纲和学习目标**

每章章首,我们都展示了本章的提纲和一系列清晰的学习目标,帮助学生了解在本章中应该学会的知识。

**3）"世界脉搏"**

来自世界各国大量而及时的案例能帮助学生进一步探索国际问题。

**4）网络标识**

从头至尾,我们将学生的注意力聚焦到我们在网站上提供的阅读、练习和相关链接。这些都与章节中讨论的问题紧密相关。

**5）图文并茂**

我们相信融入视觉感受能加强学习体验。

**6）问题讨论**

每章末尾,我们都提供讨论问题,来挑战学生的创造力,从而让学生能够进一步在章节的基础上进行知识拓展。

**7）章尾案例——简洁启发**

我们相信,简短的案例也可能寓意深刻。每章末尾都有2~3个这样的例子。这些例子是特地写成或者挑选出来和章节内容相适应的。章尾案例的问题经常特指章节内容,用以检测学生运用章节内容解决问题的能力。

**8）详细案例——深入分析**

有些教师喜欢将短案例扩张成几个长的案例,无论是在教学之中还是末尾。对于这些教师,我们提供了几个详细的案例,使学生能够运用、整合所学到的知识。

**9）以网络为基础的国家市场报告**

这一练习为学生提供了运用从书中学到的知识的机会,同时也介绍了一些对全球营销者有用的网站。

## 5. 全面的补充资料

综合的教师手册包括章节提纲,建议性回顾问题与答案,章节末问题答案,案例问题解答。同时提供章末案例教学笔记,在手册末尾还有视频导航。

测试题库提供每一章节的正误辨析、多项选择和填空,包括客观题和应用题的组合。本书的创新之处在于带问题的小案例。这些带问题的小案例可以用来测试学生在新情况下运用章节知识的能力,并且帮助学生进行跨章节分析。测试一览,是测试题库的信息化版,为教师提供各种类型测试的工具。教师可以直接从测试题题库中导出问题,创造他们自己的问题,修改现有问题等。

**1）影像资料**

第三版提供 DVD 影像资料。这部分可在多个章节运用,同时视频导航包括每个录像的总结和教学指引以及要讨论的问题。

**2）教师同行网站**

教师同行网站网址为 www. cengage. com/international。包括完整的教师手册 PDF 格式文档和测试题库,以及容易下载的 PPT。

**3）学生网**

学生网站网址也为 www. cengage. com/international。包括国家市场报告,也是本书贯穿的内容,为学生提供运用书中学到的概念的机会。学生网也包括重要的网站链接,这些网站链接对全球营销者非常实用,同时也是网上学习的辅助工具,比如互动测验、词汇卡片、字谜游戏和学生 PPT 展示。

提供的资料可能因地区而不同。详情请咨询当地 Cengage Learning 代表。

## 6. 鸣谢

我们非常感谢以下人员为本书提供的案例：Anna Andriasova, William Carner, Dae Ryun Chang, Nigel Goodwin, Charles W. L. Hill, Jaeseok Jeong, Michael Magers, Maurie Milton, Mona Park, Sam Perkins, Liesl Riddle, K. B Saji, Bernd Schmitt, Chi Kin Yim 和 Jie Zhang。尤其感谢 Jean-Pierre Jeannet,本书前两版的助编,为使全球营销为各国学生接受而努力工作。

目 录

# 第一部分　了解全球营销环境

# 第二部分　分析全球机遇

# 第三部分　形成全球参与策略

# 第四部分　设计全球行销规划

# 第五部分　管理全球营销

# 案　　例

# 补 充 案 例

# 全球营销简介

**学习目标**

学完本章节,应该掌握:

- 学会描述全球营销的发展;

- 阐述全球营销的重要性以及全球思维定位的需要。

当 MTV 最初走向国际的时候,播放的全是在美国国内已经播过的录像,最明显的例子就是它让迈克尔·杰克逊成为世界性耀眼的明星。在欧洲,这一策略成功吸引了 200 个顶级广告商。但是,若要让 MTV 吸引更多的广告商,必须采用更有本国特色的方式,即使音乐和节目符合当地的品位和语言。然而,一直以来,不断上升的生产成本 (25 000 美元~35 000 美元每半小时)使 MTV 不得不重新评估其多国化战略。而今,一个当地小小的分公司都希望能够创造出一个可以在其他地区甚至在全球范围内都能播放的作品。因此,全球化大公司必须不断平衡各国市场特殊需求和全球市场需求的关系。

对全球营销者来说,一个重要的工作就是掌握不同国际市场间的不同文化和法律法规。举个例子,Metro 源于瑞典,是一份以城市中的上班族为目标客户的报纸,创办不久就传播到欧洲、亚洲和美国等 70 多个城市。其中不乏竞争者的抄袭和模仿,但它仍然蓬勃发展起来了。然而,当信用危机发生时,广告商大量缩减花费,Metro 的利润便直线下降。Metro 公司意识到它们所销售的报纸应该适应当地的市场。因此,Metro 改变营销策略后,中国香港的读者便能读到更多的商业新闻,而意大利的读者也可以了解到更多的时政消息。

但是,当地消费者的需求往往是多样而且变化多端的。如今日本人摄入的甜食比以前多得多。当 Krispy Kreme Doughnuts(KK 美国甜甜圈)在日本开设第一家分店时,开业的前三天就迎来了 10 000 名顾客。而今的日本人也喜欢大快朵颐。麦当劳的 Mega Macs(巨无霸)在日本相当成功,仅四天就售出了 170 万份。因此,全球营销者不仅要了解国际市场当前的状况,更要考虑这些市场的主要发展趋势,并为未来做好准备。尽管事实上未来是不可确定的,如何预测也是众口难调的。当星巴克进入中国市场时,它决定以自己的咖啡产品来改变中国喝茶的传统。而当 Dunkin's Donuts(唐恩都乐,一个甜甜圈牌子)进入中国市场时,却宣布首先以新的茶饮料为主,之后才进入咖啡的销售。

尽管各国市场仍然各具特色,但它们之间的相关性越来越大。随着技术的进步,当地的消费者越来越清醒地认识到世界各地的产品和价格,大的零售商和跨国公司形成了强有力的全球购买商,引起了广泛关注。不同市场间的竞争频频出现,跨越国界的竞争行为正以惊人的速度发展。此外,全球营销者必须关注规模经济的影响,以便在全球竞争环境中提供高质量和价值的产品。全球营销者最后的工作是管理不同国际市场间的相互关系。

第 1 章引入全球营销。首先,我们将探讨公司为何要寻求全球市场以及国内市场、国际市场、多国市场和全球市场营销的差异。接着解释为什么掌握全球营销技能对你的未来职业大有裨益。本书大纲总结了这一章节。

# 1.1　全球市场的重要性

全球市场正在迅速扩张。每年出口商品的价值总和超过 15 万亿美元。此外,服务出口占到 3 万亿多美元。许多年来,国际贸易增长远远快于国内贸易增长,这进一步加快了全球化步伐。

然而,国际贸易数据并没有完全反映国际贸易操作的实际情况。特别指出的是,由外国投资者投资,并在海外生产和销售的产品并没有在世界贸易数据中显示出来。因此,国际贸易总量要远远超过记载的世界销售总量。美国公司的海外子公司销售量估计是这些公司出口额的三倍之多。尽管没有详细数据,这一模式也显示了国际贸易总量是世界销售额的数倍。

全球营销的范围包括许多工业和商业活动。世界上最大的商务航运公司——波音,将飞机卖到各国的航空公司,这就是加入全球营销的表现。与此类似,尽管福特汽车公司在许多国家生产汽车,且其所生产的汽车主要都是在生产国出售的,这也是加入全球营销的表现。大型零售连锁店,诸如沃尔玛,在国外寻找能在美国销售的新产品。他们作为主要的全球购买商,也参加了全球营销。

整个服务行业也加入全球营销。大型广告公司、银行、投资家、会计师事务所、咨询公司、连锁旅馆、航空公司,甚至律师事务所,如今都在全球范围内推销它们的服务。其中有很多跨国服务公司的国外销售额超过了国内销售额。印度的塔塔咨询服务公司在北美市场获得 50% 的销售额。来自维也纳、柏林、纽约和费城的顶级乐队指挥能从每场音乐会中收入多达 15 万美元。他们在全球各地预订表演,和来自圣彼得堡和莫斯科的世界新星相竞争。

瑞士的雀巢公司,本部坐落于日内瓦河畔,是世界上最大的食品公司。
公司产品几乎遍布世界各国。

## 为何公司要寻求全球市场

公司进入国际市场有多种原因。有些公司只是简单地回应国外订单,而不是自身有组织的行为。大多数公司都是积极加入国际市场的。许多公司加入国际市场的目的是增加销售额和利润。有些公司是因为国内市场饱和而到国外寻求商机。例如可口可乐,世界软饮料行业中的"领头羊",调查发现就人均可乐消费而言,大多数国外消费者消费的可乐只占美国消费者消费的一部分。因此,可口可乐公司在国际市场上看到了巨大的增长潜力。

有些时候一个国内竞争冲击力会提供全球化的动机。墨西哥加入北美自由贸易区(NAFTA)之后,墨西哥的公司就意识到它们将面临来自美国公司的激烈竞争。Bimbo是墨西哥市场上包装食品的"领头羊",在进入美国市场后更加深刻地领会到它此后将在墨西哥不可避免要面对的竞争。

另外,有些公司追随它们移居国外的消费者,开始它们的国际营销。美国大银行为了更好地服务美国顾客,在全球各地主要金融中心都开设了分行。与此相似,美国广告商为了跨国客户的利益,创建了网络。当日本汽车生产商在美国开设工厂时,许多汽车零部件供应商也尾随而来,在附近纷纷开设工厂。如果不能满足这些重要客户的需求,将不仅导致国外销售额的下降,而且会影响国内销售额。

但是,对有些公司来说,加入全球营销的原因植根于纯经济性原因。好莱坞的电视剧制片人制造一个系列的剧集,会花费超过 150 万美元。在美国播放一集只能收到大约 100 万美元,电视剧的制片人只能依赖国际市场来弥补这个差价。如果没有全球化营销的机会，他们甚至不能为美国市场提供电视剧。

　　网上购物巨头 eBay 非常重视国际市场机会。但是，扩张进入重要的亚洲市场却不是一件容易的事情。来自雅虎的残酷竞争迫使 eBay 退出了日本市场。在中国，eBay 关闭了自己的网站，只能屈居在一个当地小网站上享有一小部分股份。尽管遭遇重重阻碍，eBay 在网上购物占据了 13％的国际市场份额，它的支付宝在全球网上支付中占到 9％。正如其他成功的全球营销者一样，eBay 必须不断重新思考全球化策略。全球扩张并不只是一个到国外冒险的决策，而是一个从经验中学习的承诺。

# 1.2　全球营销的发展

　　全球营销（global marketing）一词从 19 世纪 80 年代起才开始被人们使用。之前为了描述国内市场以外的营销活动，最常使用的术语是国际营销（international marketing）。然而，全球营销并不仅是对旧现象贴上新标签。全球营销为国际营销提供了新视角。在详细阐释全球营销之前，让我们先看一下国际营销的历史发展，以便对它所经历的步骤有一个更好的了解（见图 1.1）。

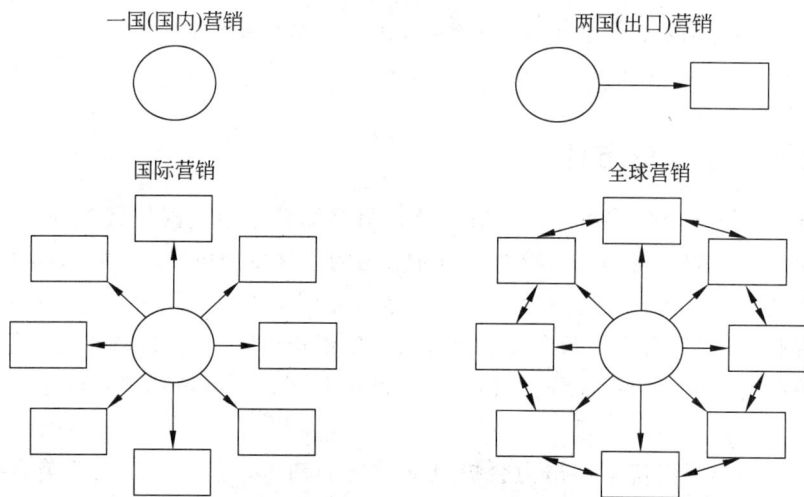

图 1.1　国际营销与全球营销

## 1. 国内营销

　　以单个市场，即公司本国市场为目标的营销活动，称为国内营销。在国内营销中，公司面临一种竞争问题、经济问题和市场问题。它主要处理一类国家的顾客，尽管在这一个市场中，公司还可能为若干个细分市场服务。

　　国内营销（domestic marketing）：以国内市场为目标的营销活动。

## 2. 出口营销

　　出口营销包括以下营销活动：公司在本国生产基地之外销售产品，且产品从一个国家运输到另一个国家。出口营销的主要挑战有：通过市场调查选择合适的市场或者国家，决定恰当的产品改进方法来满足出口市场的需求要求，形成自己的出口渠道以便在外国销售产品。在出口营销中，公司主要集中在产品改进方面，将出口行为当成是国内策略的一个收益颇丰的副产品。营销策略的其他方面，诸如定价、销售渠道管理、促销手段，可以外包给国外代理商和分销商，或者公司本国经验丰富的出口管理公司。出口营销或许代表了非一国营销的最传统和最简单的形式，但是这对许多公司来说都是一个很重要的部分。

出口营销(export marketing)：公司在国外销售产品，而这些产品从一个国家运往另一个国家的营销活动。

## 3. 国际营销

实施国际营销的公司比出口营销更进一步，在一个给定的国家里，公司更直接地加入当地营销环境之中。公司很可能有自己的销售分公司，可以参加和形成整个国外市场的营销战略。在这个时候，公司国内营销战略更需要进行必要的改进。表1.1阐释了国际营销中典型的改进策略。为了适应新市场需求，公司必须决定如何改进整个营销战略，包括如何销售、做广告和发货。要想获取成功，了解不同的文化、经济、政治环境显得越来越必要。

表 1.1　适应国家和地区差异

| 巴西 | 在拉丁美洲，有25%的人口每天只依靠不到2美元生存。顾客通常需要价格低廉的小包装。当雀巢公司将Bono饼干的包装从200g减少到149g后，仅一年产品的销售额就增加了40% |
| --- | --- |
| 中国 | 在中国出售的凯迪拉克为车后座的乘客提供更多的空间放脚。这是因为许多富有的中国人都是有专职司机驾驶的 |
| 芬兰 | 芬兰人希望食物中添加更多的维生素D，因为芬兰人接触的阳光比较少。这是谷物加工商Kellogg为什么要专门为欧洲市场生产各种不同麦片的一个重要原因 |
| 法国 | 苹果和梨在欧洲需要不同的标签。比如，在法国，水果上的标签必须特别注明化学处理、保存方法和打蜡处理——当然，这些都是用法语写的 |
| 印度 | 迪士尼在印度卖的书包比在美国卖的书包要大，这是因为印度学校没有学生锁具 |
| 日本 | 据说日本人喜欢生命短暂的东西。他们喜欢在明天就会消失的产品。为了迎合这种文化特色，雀巢为一年中的每一季节都提供有限版本的糖果 |
| 墨西哥 | 为了在分销系统中形成忠诚度，可口可乐为墨西哥小型零售商提供了人寿保险 |
| 中东 | 当Coty公司针对中东市场为Jannifer Lopez香水打广告时，它放上了最新设计的中东版Elle。但是这个广告只显示了歌手的脸颊，而不是原先广告中她那弯曲的签名轮廓 |

资料来源：Merissa Marr. Small World. *Wall Street Journal*, June 11, 2007, p. A1; Abtonio Regalado. Marketers Pursue the Shallow-Pocketed. *Wall Street Journal*, January 26, 2007, p. B3; Mei Fong. IKEA Hits Home in China. *Wall Street Journal*, March 2, 2006, p. B1; Christina Passariello. Chic under Wraps. *Wall Street Journal*, June 20, 2006, p. B1; Gordon Fairclough. Chinese Cadillac Offers Glimpse of GM' Future. *Wall Street Journal*, November 17, 2006, p. B1; and Kenji Hall. Fad Marketing's Balancing Act. *Business Week*, August 6, 2007, p. 42.

国际营销很多典型的领域的目的都是使企业管理者更好地了解营销环境，从而帮助他们掌握各国的不同之处。

国际营销（international marketing）：公司着重参与外国营销环境的营销活动。

## 4. 多国营销

多国营销成为焦点是跨国公司发展的结果。跨国公司的特色是，在国外拥有巨大的投资资产，在许多国家都开设有如当地公司一般的子公司。许多年来，跨国公司一直追求多国战略，在跨国公司内部实行许多不同的战略，每一战略都是根据当地特殊的市场而定的。因而在所竞争的市场中，跨国公司总是试图显得"当地化"。多国公司营销者所面临的主要挑战是，找到适合每一个国家的最好的、完整的营销策略。多国营销更极端的做法直接导致了最大可能的本地化，以及各种各样的营销战略。讽刺的是，跨国公司传统的多国战略并没有很好地利用这些公司的全球覆盖面。在一个国家内部市场学到的经验往往不适用于其他地方。在产品形成和促销时的好点子在国际分公司中也不一定都能分享。类似地，跨国公司往往不能充分利用其全球规模，来协调供应商和分销商之间的关系。

跨国公司（multinational corporation，MNC）：在国外拥有巨额投资，并在许多国家如当地公司一样运营的公司。

多国营销（multidomestic strategy）：跨国公司所追求的一种战略，实行多种营销战略，每种营销战略针对某一特定当地市场。

## 5. 地区营销

未形成规模经济这给各自为政的营销策略造成了麻烦，每一策略都是针对当地特殊的市场，许多公司开始强调针对更大区域的策略。这些区域战略包含一系列市场，如针对欧洲的区域战略，这些也是区域经济政策融合的结果。这种一体化策略在北美也是显而易见的，北美贸易条约早已深入人心，诸如美国、加拿大和墨西哥都是缔结国。考虑区域战略的公司企图在一个区域的营销实践中寻求协同，从而达到高效的目的。如今许多公司都在为这方面努力，从多种跨国战略转向有选择的区域战略。

## 6. 全球营销

迄今为止，学术界和跨国公司都意识到，如果能够整合创造在全球范围的营销战略，那么公司将获得更大的实施规模经济和加强竞争力的机会。一个国际或者全球营销战略包括为一个产品、服务或者公司在全球市场上创造单一的战略。它同时囊括许多国家，目标在于平衡众多市场上的相同点。一个追求全球营销战略的公司，不会制造完全适应一个单一市场的战略，而是致力于创建一个能够适用全球市场的基本战略，同时在必要时保持弹性以适应当地市场需求。因为许多市场在环境和客户需求方面显得越来越相似，这一战略便受到激发。管理挑战就是设计这么一种战略：在不同市场都运行良好，同时在不同市场基础上能灵活做出可能的调整。

从全球化角度考虑自有优势。从本书下面阐述的内容中我们可以看到，全球营销者比国际营销者拥有更多的好处。全球营销者即使是在适应当地市场环境的条件之下，依然能够使公司以更低的价格提供更好的产品和服务。做到更低的成本能够以更低的价格

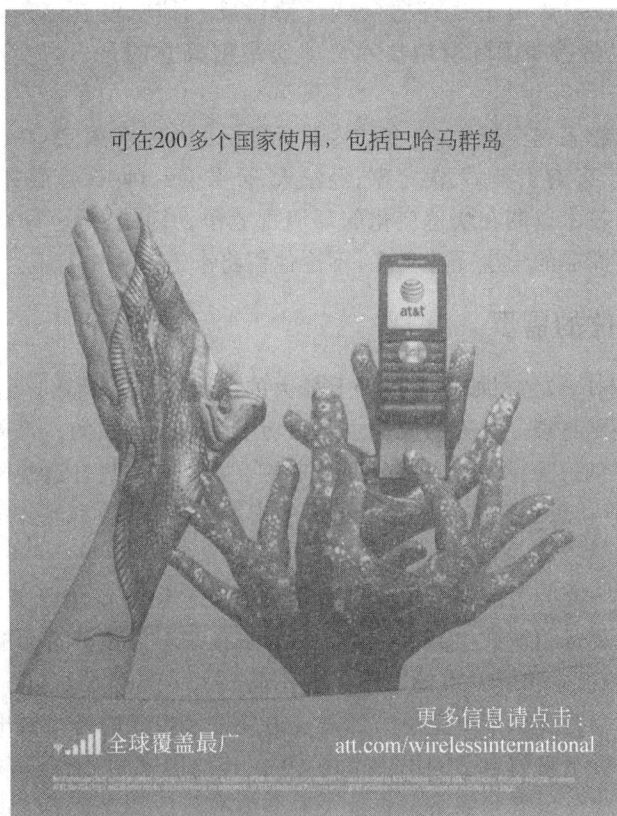

可在200多个国家使用，包括巴哈马群岛

全球覆盖最广

更多信息请点击：
att.com/wirelessinternational

全球覆盖：AT&T 是一家在 200 多个国家运营的跨国公司。

的形式传递给消费者。全球营销者就可以有选择地将增加的利润投入产品开发或者促销活动中。全球营销者经常比国际营销者行动地更快，将新产品引入更多的外国市场中。他们将自己武装到最好状态以便更好地投入世界竞争中去。

尽管全球营销者面临着独特的挑战，寻求同时包含许多国家的营销战略，在营销最初阶段就显得重要的技术和概念现在仍然重要，而且也将是必须的。追求全球营销战略的公司必须同时善于国际营销，因为设计全球战略并不意味着忽视国家差异。相反地，全球战略必须反映对许多国家的文化、经济和政治环境的良好了解。几乎没有全球营销战略能够不适应当地环境而幸存的，这也是一项国际营销和多国营销坚持的标准。掌握全球营销是管理者想要在全球市场获得成功的必须掌握的一系列技术中的最后一项。

全球营销战略（global marketing strategy）：一种产品、服务或者商业运作的单一的国际战略，但是包含根据当地需求做出调整的弹性。

## 1.3　为什么要学习全球营销

你很可能问过自己这样一个问题，即为什么要学习全球营销。每年跨国公司都雇用大量的营销专家。随着这些公司变得越来越全球化，未来在全球营销中的竞争力将变得越来越重要，许多营销主管将把全球营销当成一种职业。也存在许多其他职业，像大量的出口者也将需要国际营销技术。即使是刚成立的公司，如今也在很早期就进入外国市场。

随着服务部门越来越全球化，许多加入服务部门的毕业生发现，在他们职业初期就面对国际机会。今天，咨询工程师、银行家、经纪人、公共会计师、医疗服务主管、电子商业专家都需要全球营销技术以期在快速变化的环境中竞争。因此，对全球营销通彻的了解和承认将使许多学习商业的学生受益良多，不论他们将来进入哪个行业。

## 1. 全球思维定位的需要

瑞典的宜家（IKEA）公司如今是世界上最大的家具零售连锁店。宜家进入美国市场并迅速成为一个主要商家。宜家的成功主要归功于它引入美国的一个新思想：建立大型商场，顾客可以在参观、购买并带回被分拆开来的家具。宜家只是这些国际竞争者的其中一个而已，它们带着新想法打破了曾经"安全"的市场，在严格的本地公司门槛上带进了全球竞争。

今天几乎没有一家公司能够避免全球竞争的影响。国外竞争轰轰烈烈地侵入服装、纺织品、鞋类、电子装备和钢铁生产等行业。尽管多年来对许多消费品的外国竞争一直很明显，外国公司入侵工业和资本市场也同样很壮观。

在全球经济中变得更加富有竞争力的需要迫使许多古老的公司做出改变。公司将不得不在全球市场中保卫它们自己的国内市场，并在其他国家的分公司中力争与全球的竞争者齐头并进。这些公司需要越来越多地录取全球视角的管理骨干。这些不仅需要对别的国家、经济和文化的了解，也需要了解全球经济是如何工作的。具有全球视角的管理者将要把对一个国家采取的行动和其他国家采取的行动相融合。这意味着全球营销者需要将其他国家的经验想法运用起来，使最好的产品得到最有效和高效率的营销。具有全球思维定位的管理者将需要处理新的战略，而不是国内和旧的国际商业场景。

要想在今天的全球市场中成功竞争，公司和它们的管理者必须掌握某些领域的知识。环境竞争力是导航全球经济的必需。这一领域的专门知识包括全球动态经济、主要国家市场以及政治、社会和文化环境的知识。分析竞争力（analytic competence）在聚集广泛的全球市场和竞争者信息上非常必要。战略竞争力（strategic competence）帮助主管集中全球市场参与的地点、原因和过程。一个全球营销者同时也必须具有功能竞争力（functional competence），或者说是营销各个领域的背景，诸如产品研发，销售渠道管理，定价和促销。管理竞争力（managerial competence）指的是在全球范围下的有效地实施项目和组织的能力。除了这些基本能力，全球营销者必须掌握最主要的全球竞争力，或者说是平衡当地市场需求和全球效率，全球协同机会的能力。

全球竞争力（global competence）：平衡当地市场需求和全球效率，全球协同机会的能力。

## 2. 本书章节组织

本书构造围绕形成良好全球营销决策的基本需求（见表1.2）。

**表 1.2　全球营销管理**

| 竞争水平 | 决策领域 |
|---|---|
| 环境竞争力 | 了解全球营销环境<br>　　第 2 章　全球经济<br>　　第 3 章　文化与社会力量<br>　　第 4 章　政治与法律环境 |
| 分析竞争力 | 分析全球机遇<br>　　第 5 章　全球市场<br>　　第 6 章　全球竞争者<br>　　第 7 章　全球营销调查 |
| 战略竞争力 | 形成全球参与策略<br>　　第 8 章　全球市场参与<br>　　第 9 章　全球市场进入策略 |
| 功能竞争力 | 设计全球行销规划<br>　　第 10 章　全球产品战略<br>　　第 11 章　全球服务、品牌及社会营销策略<br>　　第 12 章　国际与全球市场定价<br>　　第 13 章　管理全球分销渠道<br>　　第 14 章　全球推广策略<br>　　第 15 章　管理全球广告 |
| 管理竞争力 | 管理全球营销<br>　　第 16 章　组织全球营销 |

　　第一部分，第 2 章～第 4 章，是关于全球营销环境的。特别要强调的是公司想要成功必须重视经济、文化、政治和法律环境。

　　第二部分，第 5 章～第 7 章，分析全球机遇。这一部分的章节讨论全球买家、竞争者和为了了解全球营销机会而必须采用的调研方法。

　　第 8 章和第 9 章组成了第三部分，形成全球参与策略。第 8 章介绍与市场选择有关的主要问题。第 9 章描述了公司决定进入一个外国市场时可以采用的多种进入策略。

　　第四部分，第 10 章～第 15 章，旨在设计富有竞争力的和全球战略相一致的全球行销规划，这一部分的章节覆盖从产品和服务战略、全球品牌、社会营销、定价、渠道管理、促销和广告。

　　第五部分是本书的总结，包括第 16 章。本部分的重点是在全球环境下建立管理竞争力。第 16 章讨论为形成有效的全球营销公司应该如何组织，同时探讨全球营销者应该考虑的职业问题。

　　在第 2 章～第 16 章每章节末尾，都有 2～3 个小案例来帮助读者全面考虑全球营销并运用本章学到的概念。在本书末尾，我们也放置了几个较长的顶级案例，帮助你综合各章节学到的知识。如果你想将你学到的知识立即运用，本书的网站给你提供一个向导，来形成国家市场报道（country market report），这里有许多研究建议和网络链接，帮助读者评估一个产品或者服务的国家的市场，决定市场进入的最好形式。

# 总　　结

作为单独的一种商业活动,全球营销对国家、公司个体和富有前瞻的管理者都十分重要。随着市场和行业越来越全球化,绝大多数国家都必须积极参加到全球营销中去。公司在国内外的竞争地位,都依赖于它们在全球市场中的成功与否。同时,整个国家的经济依靠管理者的全球营销水平。许多人的生活水平将被当地行业在全球市场中的表现所引导,这些力量将对有能力引导全球营销的管理者增加一个附加值。很明显地,许多商业专业人员要想在事业上更上一层楼,就必须了解全球角度的营销功能。

尽管形成全球竞争力的必要性显而易见,决定外国市场的成功营销实践的环境却很不明确。国外营销环境的特点是,有许多国内公司碰不到的变量。这使得全球营销变得异常困难。但是虽然很复杂,全球营销者还是可以借助许多概念和分析工具。通过学习这些概念和工具,你可以巩固自己的全球营销竞争力。自然地,你就能为国内外许多公司的营销活动做贡献。

# 问 题 讨 论

1. 全球营销与你未来职业领域有何相关之处？你期望如何接触全球营销活动呢？
2. 你认为什么是一个成功的“全球营销者”的必要技能？
3. 哪项重要技能构成了有效的“全球思维定位”？
4. 列出十项你希望学完本书后能够理解的重要的东西。

# 第一部分

## 了解全球营销环境

# 第 2 章

# 全 球 经 济

章节提纲

**2.1　国际贸易概论**

    1. 各国之间的相互依赖性

    2. 世界贸易的增长

**2.2　世界贸易基本理论：绝对优势、比较优势和竞争优势**

    1. 绝对优势论

    2. 比较优势论

    3. 竞争优势论

**2.3　全球外包**

**2.4　国际收支平衡**

**2.5　汇率**

    1. 外汇交易市场

    2. 引起汇率波动的原因

    3. 货币管制

    4. 对全球营销者的启示

**2.6　促进经济和货币稳定性的国际机构**

    1. 国际货币基金组织（IMF）

    2. 世界银行

    3. 七国集团

    4. 欧洲货币系统

**2.7　保护主义和贸易限制**

    1. 关税

    2. 配额

    3. 有序市场管理和自动出口限制

    4. 非关税贸易壁垒

    5. 关税贸易总协定（GATT）

    6. 世界贸易组织（WTO）

**2.8　促进贸易的手段：经济一体化**

    1. 自由贸易区

    2. 关税同盟

    3. 共同市场

    4. 货币联盟

**2.9　全球化之争**

**总结**

**问题讨论**

**学习目标**

学完本章后，应该掌握：

- 区分世界贸易基本理论：绝对优势、比较优势和竞争优势；
- 讨论全球外包的优缺点；
- 列出并解释收支平衡表的主要部分；
- 描述汇率如何变动，为什么变动；
- 列出并描述促进国际贸易和经济货币稳定性的主要机构；
- 描述常见的贸易限制，解释它们对全球营销者的影响；
- 比较经济一体化的四种不同形式。

　　当欧洲迪士尼乐园在巴黎城外开业时，进入这个主题公园的法国人数量令人失望。有些人将不景气的售票率归因于对美国标识的文化冷落，也有人提出是因为季节反常的湿冷。另外一些人则将此归罪于当地强势的货币。事实上，法国消费者可以花费低价的美元就能享受同等待遇。如果法国人想去迪士尼，他们可以坐飞机去佛罗里达州的迪士尼乐园，这与在欧洲迪士尼过一个周末所花费的相差无几。

　　全球经济不断影响国际营销。每天国与国之间的商品和服务的贸易额多达数十亿美元。汇率不断波动，影响着销售额和利润。公司在全球各地运营和融资。银行在世界各地放贷和套利。当这些交易被打断或者受到威胁时，我们才会真正感受到国际经济的范围和重要性。

　　本章主要介绍世界贸易和金融的重要方面。我们首先解释比较优势的概念，也是国际贸易的基础。接着介绍监督世界贸易的国际系统，尤其是国际收支平衡衡量系统。从这个基础出发，介绍外汇市场的运行和汇率变动的原因。我们讨论促进经济和货币稳定性的国际机构以及各国用来保护它们经济的策略。最后以促进贸易的经济一体化作为总结。

# 2.1　国际贸易概论

　　世界上没有人是能够完全自给自足的。他们有这个必要吗？将消费限制于自己生产的产品只会降低生活水平，因为这样缩小了我们消费的产品的范围，降低了产品质量。因此，几乎没有国家的经济是独立于世界其他国家的，也很难找到这样一个国家领导人，愿意将经济困境强加到一个国家上。即使是在世界上最偏僻的地区，全球市场间的相互依赖也是显而易见的。当美国发生经济衰退，引起消费者对羊毛衫和羊绒外套购买量减少时，为世界生产商提供羊绒的内蒙古牧羊人就会发现他们的收入开始直线下降。

## 1. 各国之间的相互依赖性

外国货物是所有国家生活水平的中心部分。如表 2.1 所示,各国对外国贸易的依赖性差别很大。进口占日本国内生产总值的 14%,美国的 15%,但在瑞士和墨西哥,进口占国内生产总值的比例分别为 39% 和 31%。

表 2.1 进出口占国内生产总值的百分比(十亿美元)

| 发达国家 | 国内生产总值 | 进口 | 进口/国内生产总值(%) | 出口 | 出口/国内生产总值(%) |
|---|---|---|---|---|---|
| 法国 | 2 562 | 611 | 23 | 539 | 21 |
| 德国 | 3 297 | 1 059 | 32 | 1 328 | 40 |
| 加拿大 | 1 326 | 380 | 28 | 420 | 32 |
| 日本 | 4 326 | 622 | 14 | 714 | 16 |
| 意大利 | 2 107 | 511 | 24 | 500 | 24 |
| 瑞士 | 415 | 161 | 39 | 172 | 41 |
| 英国 | 2 727 | 624 | 23 | 439 | 16 |
| 美国 | 13 811 | 2 017 | 15 | 1 162 | 8 |
| 发展中国家 | | | | | |
| 阿根廷 | 262 | 44 | 17 | 55 | 21 |
| 巴西 | 1 314 | 120 | 9 | 160 | 12 |
| 中国 | 3 280 | 955 | 29 | 1 217 | 37 |
| 印度 | 1 171 | 218 | 19 | 145 | 12 |
| 墨西哥 | 893 | 281 | 31 | 271 | 30 |
| 俄罗斯 | 1 291 | 199 | 15 | 352 | 27 |
| 南非 | 277 | 79 | 29 | 64 | 23 |

资料来源:根据联合国 2007 年相互贸易数据库和 2007 年世界银行数据档案整理。
(http://www.worldbank.org)

表 2.1 中的数据在确定国家之间的相互依赖性上非常有用,但它们也只是一些粗略的指标。如果国际贸易一旦发生全球范围的中断,毫无疑问美国遭受的灾害必将远远小于瑞士所遭受的。但这并不是说,贸易的中断对诸如美国、日本等拥有巨大国内市场的国家不会造成伤害,这些国家的经济增长也深深依赖着世界贸易。在美国,10 亿美元的出口大约能创造出 11 500 个工作岗位。

## 2. 世界贸易的增长

自 1929 年股票市场崩盘后,美国开始拒绝自由贸易。因为担心国内工业的发展,美国大量增加进口商品的关税,以此来帮助国内工业。不幸的是,别的国家也采取了相同措施来报复。在不到一年的时间里,世界贸易轰然倒塌,将整个世界推入大萧条时期。受影响最大的两个国家分别是德国和日本。很多人相信，这次严重的经济创伤引发了发动第二次世界大战的军国主义的兴起。战后，美国和其他工业国家一样迫切希望世界贸易得到推广和扩张。

他们的观点显然行之有效。自 1950 年起世界贸易增长了 22 倍有余，远远超过世界国内生产总值的增长速度。这一增长又从世界各地持续开放的市场中得到了动力。1944年，参加布雷森顿会议的世界领导促使了关税贸易总协定的签订，我们将在后面部分继续讨论。关税贸易总协定以及后来的世界贸易组织，将进口关税从 1947 年的 40％降至现在的近 4％。自由贸易原则促进了市场相互依赖性的建立。世界贸易的增长远远快于世界国内生产总值的增长，显示了国家间的经济通过进出口贸易联系得更加紧密了。这种相互依赖性为国际营销者创造了许多机会，但也使世界贸易受全球经济衰退的影响更大。世界贸易组织估计是因为 2009 年的全球需求下降才导致了 9％的世界贸易下降。

外国直接投资是全球一体化的另一种形式，仅在 10 年之内就增加了 100％，服务已变成世界经济重要且不断增长的一部分。诸如银行业、电信、保险、建筑、交通运输、旅游和咨询构成了许多发达国家超过一半的收入。一个国家的无形出口包括服务、转移外国工人和海外投资收入。

无形出口（invisible exports）：一国从国外服务、汇款等无形资产和海外投资等获得的收入。

## 2.2　世界贸易基本理论：绝对优势、比较优势和竞争优势

如表 2.1 所示，在国际间贸易的商品和服务对大多数国家都很重要。这是因为工作岗位和生活水平都与这些进出口密切相关，对于为什么某个国家会发现自己的比较优势在某些商品和服务上而不是在别的商品和服务上这一问题，仍存在很大的争议。

过去的 25 年不仅见证了贸易量的急剧上升，也见证了贸易模式的巨大改变。在过去出口大量钢铁的国家，诸如美国，如今是这些金属的净进口国。其余国家，诸如印度，曾经以生产便宜的手工艺品出名，现在也在全球高科技产品上竞争。是什么导致了这些贸易模式的改变？为什么事实上能够生产任何产品的国家会选择专门生产某类产品？国际成本优势在哪里起源？随着 21 世纪的推进，我们应该仍旧把印度尼西亚和中国当成在手工艺品上拥有最大优势的国家，还是将会变成今天的日本和中国台湾？

亚当·斯密早期的作品为我们了解今天的贸易提供了基础。斯密将贸易当作一项可以促进效率的方法，因为它形成了竞争，导致了专业分工，促成了规模经济。专业分工支持绝对优势的概念——向别国出售利用本国特殊技术和资源的产品，购买别国具有其优势的其他产品。这种出售本国最擅长生产的产品的理论被称为绝对优势（absolute advantage）。但是如果你没有优势呢？本国所有的生产商都将失业吗？大卫·李嘉图（David Ricardo），在 1817 年写的政治经济原理一文中，提供了他的比较优势理论。这一理论表明，即使别国更擅长生产某一产品，一国仍然能够从其最擅长生产的产品中获利。下面部分将更深入展开绝对优势和比较优势理论，自由贸易和全球贸易的经济基础。

## 1. 绝对优势论

尽管国际贸易有许多重要变量因素,生产力差异是最重要的原因。举个两国的例子,越南和德国。假设平均每个越南工人一年能生产 400 台机器或者 1 600 吨西红柿。同时,平均每个德国工人可以生产 500 台机器或者 500 吨西红柿(见表2.2的例1)。在这个例子里,德国工人绝对能比越南工人生产更多的机器,而越南工人比他们的德国对手能生产更多的西红柿。给定这些数据,越南能以更低的成本生产西红柿,故应该将西红柿出口到德国。相同道理,德国能以更低的成本生产机器,所以德国应该将机器出口到越南。

表 2.2 绝对优势和比较优势:工人生产力例子

| | 越南 | 德国 |
| --- | --- | --- |
| **例 1**<br>每人每年产量 | | |
| 机器(台) | 400 | 500 |
| 西红柿(吨) | 1 600 | 500 |
| 绝对优势 | 西红柿 | 机器 |
| **例 2**<br>每人每年产量 | | |
| 机器(台) | 200 | 500 |
| 西红柿(吨) | 800 | 1 000 |
| 机会成本 | 1 台机器＝4 吨西红柿<br>或 1 吨西红柿＝0.25 台机器 | 1 台机器＝2 吨西红柿<br>或 1 吨西红柿＝0.5 台机器 |
| 绝对优势 | 无 | 西红柿 |
| 比较优势 | 西红柿 | 机器 |

当前中国在大蒜生产上有绝对优势。中国蒜农一天可挣 1 美元,而墨西哥蒜农一小时可赚 5 美元,加利福尼亚的蒜农一小时可赚 8.5 美元。大蒜的保质期长达 9 个月,而且易于运输。不出意料地,加利福尼亚的蒜农遭受了灭顶之灾。

## 2. 比较优势论

从上面的例子中,我们不能立刻得出,生产力绝对差异是贸易产生的必要条件。假设依然是例1中的两个国家——越南和德国。假定一个越南工人一年平均能够生产 200 台机器或者 800 吨西红柿,而平均每个德国工人一年能够生产 500 台机器或者 1 000 吨西红柿(见表2.2中的例2)。德国在两种产品的生产商都有绝对优势,显然越南可以从贸易中获利,因为它能从德国买进比自己生产更便宜的产品。但是即使这样,互利贸易的基础还是存在的,原因在于比较优势理论。

比较优势不是从货币数量上衡量生产成本,而是从生产另外产品所放弃的机会来衡量。它集中于贸易。确切地说，生产机器意味着放弃西红柿的生产。在德国，生产 500 台机器的工人一定不能再生产 1 000 吨西红柿。这一成本可以这样说：每吨西红柿要花费 0.5 台机器，或者说 1 台机器要花费 2 吨西红柿。在越南，生产 200 台机器不得不放弃 800 吨西红柿。类似地，这意味着 1 吨西红柿等值于 0.25 台机器，或者说 1 台机器等值于 4 吨西红柿。

从这个例子中，我们可以看出尽管越南在两种商品的生产上都有绝对劣势，但它在西红柿的生产上有比较优势。对越南来说，生产 1 吨西红柿的成本是 0.25 台机器，而对德国来说，这一成本是 0.5 台机器。相似地，尽管德国在两种商品的生产上都有绝对优势，但它只在机器生产上有比较优势。对德国来说，生产 1 台机器只要 2 吨西红柿，而越南需要 4 吨西红柿。

检验比较优势力量的最后一步是选择比较优势贸易比率，确定贸易如何使得两国均获利。贸易比率在 1 台机器＝2 吨西红柿（德国国内贸易比率）和 1 台机器＝4 吨西红柿（越南国内贸易比率）将使两国都受益（见表 2.3）。假定我们选择 1 台机器＝3 吨西红柿，因为德国将出口机器，它将获得 3 吨西红柿而不是自己生产的 2 吨西红柿。相同道理，因为越南将出口西红柿，所以它也将在贸易中获利，这是因为 1 台机器只要用 3 吨西红柿就可以获得，而不是自己生产时将要放弃的 4 吨西红柿。

表 2.3　互利贸易比率

| 西红柿 | 机器 |
| --- | --- |
| 德国，1 吨西红柿＝0.5 台机器 | 越南，1 台机器＝4 吨西红柿 |
| 德国，1 台机器＝2 吨＝西红柿 | 越南，1 吨西红柿＝0.2 台机器 |

关于比较优势的讨论显示，是生产力的相对差异而不是绝对差异是国际贸易的决定因素。尽管比较优势理论是解释互利贸易原因的有力工具，它并没有说明相对生产力差异的来源。特别是，为什么一个国家的比较优势是这种产品和服务而不是另外一种？美国净出口航空器、机械、化学药品，净进口钢铁、纺织品、电子消费品是偶然的吗？我们能否从这个模式中找出系统性的解释呢？

比较优势理论要求国家充分利用它们丰富的要素，尤其是土地、劳动力、自然资源和资本。因此，在劳动力只需 1 美元 1 小时的匈牙利，将出口劳动力密集的产品，如未加工的冷藏箱和亚麻桌布，而拥有高质量铁矿储存的瑞典，将出口高级钢铁。

## 3. 竞争优势论

迈克尔·波特（Michael Porter）认为，尽管比较优势理论富有吸引力，它的局限性在于和传统理论一样，将重点放在土地、劳动力、自然资源和资本上。他研究了 10 个占世界出口 50% 的国家和 100 个行业，得出一个新的扩展后的理论。这一理论假设提出一国能否对一个行业的比较优势产生重大影响主要在于以下几点要素。

- 生产要素
- 本国需求本质

- 合适供应商和相关行业的存在
- 主导一国公司诞生、组织、管理和国内竞争本质的条件

波特主张激烈的当地竞争将使一国产业在国际市场上获益。在竞争激烈的环境中，公司被迫高效生产高质量的产品。国内市场上高要求的客户和迫切的当地需求也激励公司在外国竞争者之前解决问题，形成独有的产品技术。

一个很好的例子就是在数码产品上享有竞争优势的国家——韩国。韩国是世界上最"无线化"的国家之一。一半以上的韩国家庭拥有宽带业务，超过 60% 的韩国人拥有手机。韩国证券市场中 70% 的股票交易是在网上完成的。韩国可以将它们国内整个城市居民纳入最新数码产品的测试中。这反过来给韩国公司在出口产品或者技术时一个很大的优势。同理，日本在能源节约上有竞争优势。因为日本国内基本没有资源，日本处在设计消耗最少能源生产程序的前沿。当石油价格上涨时，这给日本一个优势——尤其是和其他亚洲国家相比。

一个国家的竞争优势会随着时间而改变。中国曾经以特别廉价的劳动力和相对宽松的政府管制经营环境而出名。但是很多人认为这些时代已经一去不复返了。中国的生产成本正在上升，曾经成功的出口模式是基于低的出口成本，而现在低生产成本已经受到威胁。

# 2.3 全球外包

200 年来，大多数经济学家都赞成比较优势理论：国与国之间的相互贸易和国际分工会使国家获益。但是，随着电信的发展，诸如宽带和互联网的发展，第一次为技术熟练的工人提供了全球市场，这威胁了传统理论中的国家分工。依据比较优势理论，拥有大量廉价的低技术工人的印度应该分工生产低工资水平的产品。然而这个国家在全球市场中却以白领工人成功胜出，工资甚至超过了具有高技术水平的美国人和欧洲人。塔塔咨询服务公司——印度最大的外包公司，有 50% 的收入来自北美，10% 的收入来自欧洲大陆。越来越多的计算机信息技术工作和办公支撑服务（如打卡、分红和年金管理，保险处理，税收会计等）都外包到拥有廉价劳动力的发展中国家。

麦金森全球机构发布了外包办公支持服务和信息技术工作对印度的影响的调研，调研显示外包不一定就是零和的结果。这也不是说外包中不存在赢家和输家。迄今为止，从表 2.4 可以看出，美国和印度都是净赢家，而德国是个输家。

表 2.4 支付给印度的外包办公支持服务和信息技术运转的每美元的国家净收益

| | 印度（美元） | 美国（美元） | 德国（美元） |
|---|---|---|---|
| 外包工资、利润和税收 | 0.33 | — | — |
| 成本节约 | — | 0.58 | 0.52 |
| 印度的新收益 | — | 0.05 | 0.03 |
| 遣返收入 | — | 0.04 | — |

续表

| | 印度（美元） | 美国（美元） | 德国（美元） |
|---|---|---|---|
| 重置工人 | — | 0.46 | 0.25 |
| 总计 | 0.33 | 1.13 | 0.8 |

许多跨国公司将海外呼叫中心等客服外包，图为印度一家海外呼叫中心。

　　外包的直接收益被印度获得，这些收益包括归属于当地公司的工资、利润和归属于政府的税收。在办公支持服务和信息技术领域的印度工人通常都是大学生且擅长英语，他们见证了近年来工资的飞速上涨，但这也阻挡不了涌向印度的外包业务。与此同时，在德国和美国的跨国公司通过将产品销售给印度公司而获得新的收益和遣返收入。因为美国在印度市场上的跨国公司存在面更广，所以美国比德国得到更多的特殊收益。同时外包节约的成本本身也是一项重要收益。这一收益对德国来说又少于美国，因为这些区域的印度公司用的是英语。这相较与印度公司合作的德国公司的相对协调成本来说就太高了。在美国所获得的收益中，最大的优势在于员工的重新安排（尤其是高附加值的工作）。美国因外包而下岗的工人比他们有相同遭遇的德国工人会更快速地找到工作。

　　但是，尽管当前美国从整体上说从全球外包获益，对不同群体来说外包得失也是不同的。因此全球外包仍然是充满争议的，在政治上潜伏着引爆的危机。来自印度的新的收益和遣返收入主要归属于投资者而不是工人。外包节省的成本如何分配要看不同群体——投资者、工人、买家——的相对力量。因为美国工人在新的全球劳动力市场上丧失了讨价还价的能力，大多数节约的成本再次归于投资者而非工人。

　　如果美国白领工人的失业率上升到6％，余下工人的工资将被下压2％～3％。这与早期制造业外包工资水平的失业率相似。另外，随着外包的工种越来越复杂，美国能否持续从重置工人中获益也是一个问题。尽管美国工人流动性越来越强，只有30％的下岗工人三年后的工资不低于之前工资。当只有制造业搬迁到发展中国家时，约有25％的美国劳动力受到影响。随着越来越多专业化工作濒临外包，大多数美国工人在失业和下降的工资中丧失的比他们从廉价的商品中获得的要多。

# 2.4　国际收支平衡

报纸、杂志和夜间电视新闻节目都充斥着与国际商务相关的故事。通常情况下,媒体报道关注的是一个国家贸易出超或赤字,或者一种货币贬值或升值的经济影响。什么是贸易赤字?什么因素会影响一国货币的国际价值发生改变?回答这些问题的第一步要清楚了解一国国际收支的内容和含义。

国际收支(BOP)是对一定时期内一个国家的居民与其他国家的居民之间的交易的会计记录。国内居民从国外购买资产(如货物和服务)或者减少负债的交易都被认作货币外流,因为必须要有国外支付。相似地,国内居民销售资产给外国居民或者增加负债的交易是货币内流,因为收到了国外支付。

表2.5中展示的是收支平衡表的主要部分:经常账户、资本账户和官方交易账户。经常账户下有货物、服务和单方向转移三个项目。货物项目表述一个国家有形货物交易的货币价值。服务项目表述的交易范围很广泛,如交通服务、咨询、旅游、客运费、服务费、版税、租赁费和投资收入。最后单方向转移包括了所有没有对价的交易,如私人汇款、个人礼物、慈善捐赠、免除债务或者支援。单方向转移对美国市场的影响不大,但是对世界其他地方的市场影响很大。比如,在许多发展中国家诸如埃及、墨西哥和菲律宾,国外劳工汇款是国内消费品需求的助推力。

表 2.5　国际收支平衡表

|  | 资金用途 | 资金来源 |
| --- | --- | --- |
| 经常账户 |  |  |
| 1. 货物 | 进口 | 出口 |
| 2. 服务 | 进口 | 出口 |
| 3. 单方向转移 | 国外支付 | 来自国外 |
| 资本账户 |  |  |
| 1. 短期投资 | 国外投资 | 来自国外 |
| 2. 长期投资 | 国外投资 | 来自国外 |
| a. 组合投资 |  |  |
| b. 直接投资 |  |  |
| 官方交易账户 |  |  |
| 官方储备改变 | 获得 | 失去 |

资本账户以时间为基础分为两个部分,短期投资是指小于等于一年到期的投资,长期投资是指长于一年到期的投资。购买短期国库券、存款收据、外汇和商业票据都是典型的短期投资。长期投资进一步可以分为组合投资和直接投资。

总的说来,组合投资者对外国投资没有直接的管理控制。债务证券,诸如企业债券和国债,就包含在这类证券中。外国直接投资是长期所有者权益,如在国外子公司和分公司的商业资本花费。购买股票也包含在这里,除非这种所有权还包含对国外公司的基本控制。不同国家在国际收支平衡表中对直接投资中个人必须占有的股权份额有不同的规定,这一数值主要在 10%～25% 的范围内变动。

　　因为国际收支平衡表采用的是复式记账法,在总体上流入(资金的来源)必须等于流出(资金的使用)。因此,赤字和盈余指的只是整个表中被选择的一部分。当某一部分的流出(资金的使用)超过某一部分的流入(资金的来源)时,赤字就发生了。反之,当流入超过相应的流出时,盈余就产生了。从这个意义上来说,某一国的赤字或盈余与个人或者企业的赤字或盈余相似。如果我们花费的比赚取的还要多,我们就陷入赤字。如果我们赚取的比花费的多,我们就有了盈余。

　　在衡量一国国际收支地位中最广泛使用的方法是经常账户收支平衡。经常账户收支平衡展示了一个国家是收支相抵还是入不敷出。因为这一平衡包括单方向转移,赤字(在没有政府干预的情况下)必须由国际贷款或者出手外国资产来融资。因此,经常账户被当作一国对他国金融索赔的反映。

　　国际收支(balance of payment,BOP):是一定时期内一个国家的居民与其他国家的居民之间的交易的会计记录。

　　经常账户(current account):国际收支平衡表的一个主要部分,包括货物、服务和单方向转移三个主要子项目。

　　货物项目(goods or mechandise account):国际收支表上表示一国有形货物国际贸易的货币价值。

　　服务项目(service account):国际收支表上表示一国的无形交易的货币价值,如交通服务、咨询、知识产权版税和外国投资红利。

　　单方向转移(unilateral transfers):所有没有补偿的交易,如私人汇款、个人礼物、慈善捐赠或者支援。

　　资本账户(capitalaccount):重要国际收支表项目,记录国际收支时期一国的金融资产和负债。

　　组合投资(portfolio investments):如购买股票和债券,但是投资者没有获得直接管理和控制。

　　外国直接投资(foreign direct investment):外国投资者占有一定直接管理控制权的国外投资。

# 2.5　汇　率

　　购买外国货物或者服务可以看成两部分的交易:购买物品本身,再接着购买外国货币。如果购买外国货币或者物品本身的成本上升,进口品的价格也会随之上升。用来测量一种货币对另外一种货币的价值的比例叫作汇率。汇率使国内价格和国外价格的比较成为可能。

　　当一种货币的价值相对于另外一种货币的价值上升,叫作升值,反之,叫作贬值。因此,当美元价值从 0.5 英镑变为 0.65 英镑时,表明美元升值而英镑贬值了。美元可以购买更多的英镑而购买一单位的美元需要花费更多的英镑。

汇率(exchange rate):衡量一种货币对另一种货币的价值的比率。

升值(appreciation):一种货币价值或价格的上升。

贬值(depreciation):一种货币价值或价格的下降。

## 1. 外汇交易市场

外汇交易不是柜台交易,主要以电话或邮件方式进行。私人、企业客户和银行、经纪人、中央银行之间每天在世界市场上进行成千上百万的交易。

如图 2.1 所示,外汇市场有层级架构。私人客户主要活跃在零售市场和银行交易,只要有自由活跃的外汇市场存在,银行随时准备买入或者卖出外汇。有外汇部门的银行在零售市场上和私人客户交易,同时在批发市场上和其他银行(国内或者国外的)以及经纪人交易。总体来说,这些批发交易量达到 4 100 万美元甚至更多。并非所有的银行都直接参与到外汇交易市场中来,小银行可以通过相关银行来处理客户交易。

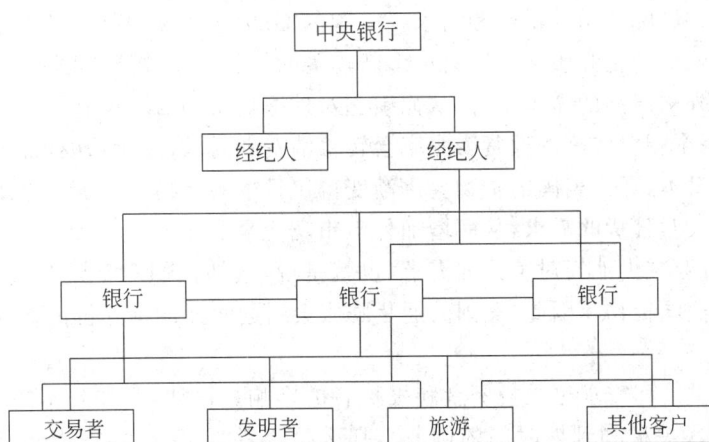

图 2.1　外汇市场架构

中央银行在外汇市场上有着举足轻重的作用。这是因为中央银行是国内货币发行的终极控制者。当它们进入市场,直接影响汇率时,它们主要与经纪人和大货币市场银行交易。这些交易目的不是获利,而是获得某些宏观经济目标,如改变汇率值,减少通货膨胀,或改变国内利率。总之,即使中央银行不直接干预外汇市场,它们的行动也影响外汇价值,因为加大一国货币供给量会增加一国通货膨胀率,降低这个国家货币的国际价值。

## 2. 引起汇率波动的原因

汇率是最受关注且具有政治敏感性的经济变量之一。不论汇率如何变动,总有团体利益受到损害而有些获益。当一种货币的价值上升,国内公司在国际上的竞争力下降,国内失业率就可能上升。当货币价值下降,外国产品变得更加昂贵,生活成本上升,国内生产的产品对外国顾客来说变得便宜了。这些汇率变动的原因是什么呢?政府又能在多大

日本大阪机场的货币交换标记。当日元对美元价值上升，美国产品变得相对便
宜，对日本人也更具吸引力。但在美国市场上，日本产品变得相对昂贵了。

程度上影响它呢？

大多数主要货币都是自由浮动汇率。汇率变动由供给的力量决定。在不同国家的顾客可以影响这些国际货币的供给和需求。一国的 GDP 上升会使那个国家的消费者拿出更多的货币来购买货物和服务。因为许多新购买的物品很可能是外国生产的，GDP 的上升也会导致对外国产品的需求上升，从而引起对外国货币的需求上升。

类似地，一个相对较高的通货膨胀率会转移消费者需求，使货币贬值。如果美国的通货膨胀率超过日本，那么美国的货物会逐渐变得比日本的货物更昂贵。导致的结果是，美国消费者会加大对日货的需求，从而增加外汇市场上美元的供给和日元的需求。同样道理，日本消费者会减少他们对美元的需求（也就是说，增加他们对日元的需求），因为他们购买了更少的美国货物。因此，美国的通货膨胀会引起美元的国际价值下降，同时其他货币的价值上升。

对货币的供给和需求也受投资者和投机者的影响。比如，假如日本的利率高于美国利率（通过风险、关税和到期时间的调节），那么投资者为了使他们的资金获得最高的回报——在日本，就有抛售美元，购买日元的动机。投机者买卖货币是为了改变未来价值。如果普遍认为日元价值相对美元价值将上升，投机者当前就会购买日元（也就是销售美元），期待汇率的改变。

最后，政府以多种方式影响外国汇率的变化。因为政府对国内货币的供给能施加有力而直接的控制，它们的行为影响通货膨胀率和利率，这反过来影响货币的汇率。或许政府影响最明显的就是外汇市场上的买者和卖者。假定美国和日本一致同意降低美元对日元的价值。这个一旦发生，就要在外汇市场上增加美元的供给和日元的需求。对美国来说，这意味着增加对国内货币供给的压力，因为新制造的美元都被用来交换流通中的日元。对日本来说，这种干预意味着减少货币供给的压力，因为美元储存占据了日元市场。

自由浮动汇率（free floating currency）：汇率由市场供给和需求的力量决定的货币。

## 3. 货币管制

上述外汇市场并不是对所有货币都适用。不发达的小国的货币通常有较小的国际需求。这些软通货(soft currency)没有形成有效的国际市场。此外,近年来,大多数发展中国家的汇率仍是由政府制定的。到今天为止,这仍然在很多国家中实行。管理通货通常是盯住该国一个主要发达国家贸易伙伴的通货。很多国家的汇率都是盯住美元变化。有些是货币与多种货币,或者说是"一揽子"挂钩货币。当地货币和主要通货的相对价值基于市场需求可以在一定百分比范围内浮动。

挂钩货币并不是对供需力量免疫。挂钩货币的保值需要保持一个相对较强的、与政府设定价格一致的当地货币的需求。如果国内通货膨胀率高于贸易国的通货膨胀率,当地产品在出口市场上会迅速变得过于昂贵。然而,如果由于出口收入水平低或者内流外国投资少,国内货币的需求水平不高,政府也不能想当然地抬高汇率。长时间地盯住一种货币会导致发展中国家的货币突然大幅贬值,而不是小幅度缓慢贬值。

举个例子,委内瑞拉曾经经历过数年萧条的出口境况,原因在于主要出口品——石油的价格持续走低。当委内瑞拉政府放弃六年来一贯执行的美元盯住制度时,委内瑞拉银币相对美元的价值直线下滑。随着委内瑞拉银币的崩溃,委内瑞拉陷入了资金恐慌,人们争相将委内瑞拉银币兑换成美元保值。尽管今天极少有货币是不可兑换的,委内瑞拉曾经被迫建立货币控制来限制外汇市场的准入。这给该国的一些外国公司,诸如通用汽车、福特、宝洁等造成了很大的问题。这些公司为了支付外国供应商而请求政府允许将当地货币兑换成美元而等了数月。尽管在世界贸易中主要使用一种通货,中国的人民币并不是自由贸易的,而是由中国政府推行主要与美元挂钩。有时候亚洲其他周边国家的货币会随着美元的弱化而相应升值。这时韩国、泰国和中国台湾的生产商就会面临一个选择:提高在美国产品的价格还是减少国内本就不厚的利润。因为人民币仍然与美元相挂钩,这使这些国家和地区的生产商与中国大陆的生产商相比就有了一个相对弱势。比如,30%~40%的出口品会直接与中国出口品相竞争。结果是,一场有关与管理还是浮动汇率的辩论就开始了。在人民币等货币的汇率采用盯住制度,而欧元和日元等货币采用自由浮动制度的汇率体系是否是平衡世界贸易和资本流动的最佳方式呢?

**世界脉搏 2.1**

### 美元的采用

许多发展中国家当前将它们的国际货币与美元相挂钩。但是,盯住美元并不总是一帆风顺的。迪拜和越南就是很好的例子。

迪拜是组成阿拉伯联合酋长国的七个酋长国之一,其国际货币迪拉姆是与美元相挂钩的。除了石油,迪拜成功实行了经济多元化,成为区域旅游和金融服务中心。为支持这经济扩张和紧随而来的建筑繁荣期,该国进口了大量劳工。许多劳工来自印度,造成了几十亿的美元汇款流向他们自己的国家——印度。然而,随着印度卢比相对美元升值,也造成了印度卢比相对迪拉姆的升值。以迪拉姆计量的工资兑换成更少的印度卢比。此外,由于迪拜蓬勃发展的乡镇,住房和进口品的需求一路飙升,并随着通货膨胀。但是,由于盯住美元制度,阿拉伯联合酋长国的中央银行无法通过提升利率来抑制通货膨胀,因为美国一直保持较低利率来激发不景气的经济。结果就是,迪拜开展了大范围的劳工抗议游行,数十人被捕。抗议过后,阿拉伯联合酋长国决定仍旧保持对美元的盯住制度。

在 20 世纪 90 年代,越南这一社会主义国家首次决定吸引外国投资者时,将该国货币——盾与美元挂钩。美籍越南人不断将美元送给他们国内的亲戚。与迪拜相似,越南也经历了一段伴随着较高通货膨胀率的经济快速发展期。从那之后,越南加大了盾（越南货币)的贸易价格围绕美元波动的幅度。与此相关的是,美元相对盾的价值下降了。这对越南海鲜加工商来说并非好事,因为随着盾的升值,海鲜产品的出口急剧下滑。

资料来源：Chip Cummins. Dollars Silde Fuels Strife in Dubai. *Wall Street Journal*，November 1,2007,p. 8；Joanna Slater and Chip Cummins. Wealthy Nations in Gulf Rethink Peg to Dollar. *Wall Street Journal*，November 20,2007,p. A1；Polya Lesova. U. A. E. Task Force to Study Dirham Peg to Dollar. Market Watch，March 10,2008；and James Hookway. Vietnam Tries to Cut Loose from Falling Dollar. *Wall Street Journal*，March 19,2008,p. A8.

软通货(soft currency)：有较小国际需求的通货。

挂钩货币(pegged currency)：货币价格由政府决定,并与另外一种货币或者"一揽子"货币相挂钩的货币。

## 4. 对全球营销者的启示

居民可能直觉上为一个强有力的国家货币而自豪。但是强有力的国家货币为国际营销者呈现了极大的挑战,尤其是在本国生产出口产品的公司。本国货币相对于贸易伙伴国的货币变得强势,这对出口者来说存在一个消极的影响。汇率的浮动也会以其他方式影响全球营销者,诸如海外销售价值、利润和许可费用。汇率浮动影响在外国市场上的营销投资成本,这会成为一个公司在外国市场上扩张运营或者离开市场的催化剂。

1) 对出口市场的影响

当一个外国市场的货币相对出口本国的货币贬值时,会对出口价格造成直接影响。当兑换成产品售出国的货币时,生产某一产品的成本立刻上升。营销者必须面临两种选择。他们可以通过提升出口市场上产品的价格来维持利润,或者为维持或增加市场份额而保持价格不变。

2) 维持出口价格

当一国货币贬值时,出口者可以在出口市场上选择是否提高价格。选择这种策略意味着公司可以决定是否接受更低的利润。做出这种决定并不容易。即使存在很多很好的理由来选择这个决定。

主要通货贬值通常意味着一段时期的经济衰退。一些必要的物品,诸如能源和食品的进口价格会上升,这使得当地消费者的可支配收入减少。许多消费者就会寻求廉价品,减少不必要商品的消费。随着卢布的大幅贬值,俄罗斯消费者的购买力直线下降,导致了可口可乐在俄罗斯的销售下降了 60%。相似地,公司型顾客推迟了诸如机器等资本金的购买。在这种环境下价格的上升会导致销售量的大幅下降,而销售量的下降却并不是由产品价格上涨引发的。

另外一个考虑维持价格的原因是考虑竞争因素。一些竞争者可以在出口市场上享受贬值带来的货币优势。在出口市场上的当地生产者不会直接体验到成本的上升。从而当地生产的产品与进口产品相比更具竞争力。另外,有些国际竞争者本国货币的升值没有出口市场升值快时,也会给该国带来货币优势。比如,当澳元相对欧元比巴西货币相对欧元的升值更多时,巴西的牛肉出口商在欧元区销售牛肉时就会享受到货币优势。在欧洲市场上巴西供应商基本没有提高价格的必要,从而使澳大利亚的供应商也不得不维持价格不变。因此,出口者不仅要考虑汇率变化对顾客的影响,也要关注主要竞争者货币,因为该国汇率的变动可能给他们提供一个优势。

举个例子,这种货币的竞争优势帮助许多非传统国家增加了美国留学生市场份额。每年几乎有 25 万美国学生留学海外,其中一个很受欢迎的地区就是欧洲。但是,当美元相对于欧元贬值太多,高等院校开始为学生寻找更便宜的留学机会。结果就是,一些非洲国家,诸如加纳、马里、南非等国家中美国留学生的市场份额都增大了。

在出口商全部或者部分以成本竞争的情况下,价格上升会变得困难重重。当印度卢比相对美元强劲时,极大地伤害了印度的 IT 服务行业,因为该行业的出口销售达到每年350 亿美元。尽管以美元计量的工业成本上升了,印度 IT 公司并没有相应地抬高美国顾客的价格来覆盖上涨的成本。该行业利润的下降估计达到了 8%。

如果管理者决定不抬高价格,那么他们就得想方设法来维持成本。当美元相对许多外币的汇率达到 16 年最高时,美国产品的成本(兑换成其他货币)直线上升了。这迫使美国生产商不得不采用更有创意的方式在海外市场和本国市场中与国外竞争者竞争,因为后者具有成本优势。俄亥俄州的汽车生产商 Feed 公司为了抵御国外竞争者的成本优势,开展了 52 年来最广泛的产品重新设计。

另外一个维持成本的方法就是从一个更廉价的货源国采购。许多年来,O. R. T 技术公司一直抗拒从伊斯兰本国基地搬到其他地区,但是,当伊斯兰谢克尔相对美元上升了31%时,该公司被迫将一些制造部门转移到东欧。当加元相对美元升值时,许多加拿大出口商遭受了损失,尤其是 85% 的出口产品都被美国抢走。但是,有些加拿大出口者能更好地顶住加元的升值,因为他们在美国也有生产公司。

当然,维持成本的能力随着情况不同和公司的不同而变化。如果一种货币在海外市场的贬值广泛而迅速,这会比有预期的缓慢的贬值更令公司难以接受。在任何情况下,大公司通常比小公司拥有更多的资源来回应削减成本的措施。

3) 提高出口价格

出口者之间也可以决定在出口市场上提高价格来回应外国货币的贬值。这是一种将上涨的出口成本部分或者全部转移给消费者的方法。为了成功使用这种策略,一个全球营销者必须回答以下问题。

该品牌值得更高的价格吗? 我们将在本书的第 11 章中进行讨论,一种品牌的价值是有品牌产品的价格和没有品牌的产品消费者愿意支付的价格之间的差异。一个强有力的全球品牌会比一个知名度较低或者大众品牌更容易维持价格而不失去顾客。

所销售的是知名品牌吗? 一些消费品和服务的购买很大程度上是由于名气。在这种海外市场的货币贬值会触发各种反应。当比索（中南美及菲律宾货币单位）贬值达到 50%时，主要汽车生产商汇报在阿根廷市场上有数百万比索损失。因为当地真实收入大幅下降了，购车融资选择显得比营销组合更为重要。阿根廷福特汽车发布了一个项目，农民可以用谷物来交换汽车。

情况下，消费者们更愿意接受较高的价格，因为价格并不是他们主要的购买标准。高价实际上赋予了产品额外的名声。爱马仕（Hermès）是欧洲一家销售头巾和领带等奢侈品的公司，在美元相对于欧元贬值时，在美国的销售竟还上升了 5%。

当收取更高价格时，是否向消费者传递了更高的价值呢？营销者应该警惕依赖产品的品牌或者名声。在最近的全球经济下滑中，一些有名的全球品牌奢侈品销售量下降。如果公司在出口市场上抬高价格，为了将更高的价值传递给顾客，它们可能需要投入更多的销售员，做更多的市场调查。其中一种创意做法就是降低汇率风险。曾经有一年当美元相对欧元汇率下滑时，许多欧洲旅馆为了寻求订房数量，以美元承诺价格提供订房。

4）对子公司收入的影响

许多全球营销者在海外拥有自己的子公司，该子公司可在某一市场上生产和销售产品。在这种情况下，当地货币的贬值并不对外国公司的子公司造成直接的生产成本的上升（然而，如果该子公司产品主要是依赖进口，产品生产成本会随着进口成本的上升而上升）。

然而，国外汇率的浮动如贬值或升值发生时，会影响该市场上报收入。当阿根廷比索发生较大贬值的随后一年，以比索计量的消费者休闲娱乐花费保持稳定。但是，当这一花费以美元计量时，却下降了 68%。一家开在阿根廷的美国娱乐公司不可避免地上报了以美元计量的大幅销售下跌。反之，如果比索相对美元升值，所汇报的阿根廷的收入以美元计量必会上升，即使比索销售保持不变。

跨国公司首先以本国货币来衡量，有时候也仅仅依赖这些信息来评判一个市场的吸引力。但是,全球营销者应该区分市场现实和汇率的浮动。因汇率原因,一家美国医药公司的人均销售额高于公司在其他地区的人均销售额,销售人员因此大获嘉奖。两周后却因土耳其里拉的大幅贬值,总部告知该土耳其子公司它们的贡献(以美元计量)并不被看好。当然土耳其子公司没有控制该国货币浮动的力量。毫无疑问,总部的态度会导致土耳其子公司的士气危机。

5) 对执照和特许权费用的影响

有些公司并不直接在国外销售产品和服务,而是通过给外国公司颁发执照和特许权的方式销售产品或服务(这些市场准入模式将在第 9 章中进行讨论)。跨国公司可以从它们的外国贸易伙伴中收取执照和特许权费用。这些费用通常是由当地的销售量决定的,因此也遭受了与子公司收入所面临的汇率问题。

6) 重新评价市场参与

有时候汇率的相对改变会导致营销者重新评估他们在一些国际市场上的参与。一些汇率浮动创造新的市场机会。曾经当美元相对大多数主要通货贬值时,纽约城将其视为一个吸引外国游客的机会。该城市将居住在伦敦的市民视为潜在客户,用广告吸引他们来纽约城并"在美元下跌时购物"。

汇率变动也会使营销者离开一个外国市场。这发生在当一个出口市场的货币发生贬值而出口者无法合理提高价格时。但是许多跨国公司都用长期发展的眼光来看待这个问题。它们仍留在那个市场,接受暂时性的低利润,并试图保卫它们的市场份额。当地货币的贬值会使持有该外币的公司以更低的价格购买资产甚至收购公司。当印度卢比强势时,印度 IT 公司面临严峻的出口困境,同时它们也利用强势卢比来购买美国公司。这些公司的美元价格在兑换成卢比时,就显得极其合算了。

# 2.6  促进经济和货币稳定性的国际机构

世界经济稳定是全球和平与繁荣的前提。正因如此,在第二次世界大战结束时,来自数国代表在新罕布什尔州的布雷森顿森林召开会议,组建了国际货币基金组织和世界银行(世界银行为重建和发展所建)。本部位于华盛顿的两大组织开始在国际舞台上发挥极其重要的作用。

## 1. 国际货币基金组织(IMF)

国际货币基金组织的核心任务就是稳定逐渐全球化的经济。国际货币基金组织的最初目标是使外汇交易市场有序化和稳定化,修复成员国之间的货币自由兑换,减少国际贸易障碍,为暂时经历国际收支赤字的国家提供援助。

在过去的时间里,国际货币基金组织的重心已经由发达国家的汇率关系转向了预防发展中国家和前东欧集团的经济动乱。1994 年墨西哥经济危机引发了一场规模空前的财政援助,援助金额达到 470 亿美元,也掀起了最近的向发展中国家提供援助的浪潮。在过去几年,国际货币基金组织批准了向土耳其的 190 亿美元援助,向泰国的 172 亿美元援助,向印度尼西亚的 420 亿美元援助和向巴西的 415 亿美元援助。韩国在濒临破产时曾一次性获得 584 亿美元的援助。这些援助帮助个别国家稳定了经济，防止受到影响的国家经济体崩溃。

要想获得国际货币基金组织的援助，国家必须按要求采取较大的经济改革，包括减少关税壁垒，将国有企业私有化，遏制国内通货膨胀，削减政府支出等。尽管很多国家都反感这种经济干预，许多世界性的银行仍然将国际货币基金组织当作它们向发展中国家提供私人贷款的预测工具。如果一个国家符合向国际货币基金组织贷款的要求，它们就被纳入私人信用的范围之内。21 世纪初不断增长的世界经济体导致了国际货币基金组织管理的危机越来越少。自 19 世纪 80 年代以来，国际货币基金组织的贷款组织达到有史以来最低水平，它对国家和经济的影响也逐渐减小。

## 2. 世界银行

世界银行（国际重建和发展银行）是私人资本市场和发展中国家的媒介。世界银行长期贷款（通常是 15～25 年）的利率反映了当前的市场状况。通过 AAA 资信评级的方法，世界银行可以以较低的市场利率借入私有资金，再将资金转借给发展中国家。但是，因为世界银行必须从其他地方借的款项而不是由成员国筹资，所以当成本（也就是市场利率）上涨时，世界银行的借贷利率也会上涨。表 2.6 列示了部分世界银行融资的主要项目。

表 2.6　部分世界银行融资项目

| 国　　家 | 项目名称 |
| --- | --- |
| 阿尔巴尼亚 | 社会服务运输项目 |
| 阿塞拜疆 | 第二国家供水和卫生项目 |
| 孟加拉国 | 高等教育水平提高项目 |
| 保加利亚 | 第二贸易与运输基础设施建设项目 |
| 柬埔寨 | 土地行政管理和分布项目 |
| 中国 | 湖北一八高速公路项目 |
| 哥伦比亚 | 哥伦比亚农村教育项目 |
| 克罗地亚 | 沿海城市污染控制项目 2 |
| 埃塞俄比亚 | 国民教育水平提升项目 |
| 印度 | 电力系统发展 |
| 印度尼西亚 | 公共支出支持设施 |
| 肯尼亚 | 能源系统恢复——额外融资 |
| 墨西哥 | 墨西哥可持续农村发展项目 |
| 摩洛哥 | 废物利用发展 |
| 尼日利亚 | 商业农业发展项目 |

| 国　　　家 | 项　目　名　称 |
|---|---|
| 巴基斯坦 | 巴基斯坦贫困治理和经济支持项目 |
| 秘鲁 | 卫生改革项目 |
| 波兰 | 道路维护项目 |
| 俄罗斯 | 住房与公共服务项目 |
| 塞内加尔 | 鱼类资源可持续管理 |
| 乌克兰 | 道路与安全改善项目 |
| 西部银行/加沙 | 食品价格危机回应项目 |
| 也门 | 国内公共服务现代化项目 |

资料来源：2008 世界银行项目 http://worldbank.org.

当私人资本涌入发展中国家时，一些评论家开始质疑世界银行未来的角色。但是，一场亚洲的经济危机导致 1998 年涌向发展中国家的资金减少了 1 000 多亿美元。世界银行也从贷款者这一主要角色扩张到为投资项目提供部分的政府债券担保。在泰国，世界银行为泰国发电总署提供部分担保，这一担保吸引了许多投资者，也为韩国和菲律宾的类似项目埋下了利润之源。此外，世界银行鼓励政府提高金融监督，减少腐败。

## 3. 七国集团

世界主要工业国家建立了七国集团，它们定期会晤，讨论世界经济。来自美国、日本、德国、法国、英国、意大利和加拿大的金融部长与中央银行行长组成了这一会议，也就是人们常说的 G7（当俄罗斯加入这一会谈时，集团开始自称为 G8）。成员国不定期会晤，帮助稳定世界经济，减少经济极端波动。比如说，G7 曾经讨论形成减少 33 个贫困国家的外债的建议，这减少了许多非洲国家近 70% 的外债。G8 答应帮助重建巴尔干半岛国家，包括塞尔维亚等在内，只要它们充分承诺进行经济和民主改革。

## 4. 欧洲货币系统

欧洲的单一货币——欧元，取代了欧洲 16 个国家的货币。组成欧元区国家包括奥地利、保加利亚、塞浦路斯、芬兰、法国、德国、希腊、爱尔兰、意大利、卢森堡、马耳他、冰岛、葡萄牙、斯洛文利亚、斯洛伐克和西班牙。欧洲中央银行（ECB）控制欧元，有维持价格稳定和防止通货膨胀与贬值的义务。

但是改用欧元的过程并不简单。一项调查显示，法国一架售卖咖啡的自动贩卖机每杯咖啡的价格是两法郎，就无法在欧元中找到等价货币。这一转换率是 0.3049，咖啡用欧元计价应该是 0.30 欧元，那会使自动贩卖机丧失 1.5% 的总收入。另外的方法就是，自动贩卖机通过改变构造来挤出更少的咖啡，但是这样一来成本更高。

但是，欧元支持者认为，使用欧元可以在欧洲市场内减少交易费用和外汇风险，同时提供一个强有力的美元兑换选择。到目前为止，这种观念还是可行的。一项来自 11 位经济学家的报道估计得出,欧元区成员国之间的贸易量在最初的四年中就上升了30%。英国没有采用欧元,英国与欧元区的贸易量仅上升了13%。

欧盟单一货币——欧元取代了欧洲许多国家的货币。

## 2.7  保护主义和贸易限制

就像生活中其他变化一样,自由贸易有利有害。通过增强竞争,自由贸易降低了进口货物的价格,提高了外国对国内有效生产的产品的需求。在这些新近受到刺激的出口行业中,销售量会上升,利润会上涨,物品价格也会随之攀升。显然地,进口货物的消费者和出口货物的生产商会从这一新环境中获益。但是,很明显其他团体的利益受到了损害。与进口商品相竞争的国内生产者是最明显的代表之一。他们在市场份额、利润和物品价格上都遭受了显而易见的重创。

这就是保护主义立法的主要原因。自由贸易的受害者有目共睹,他们的损失也可以清楚计量。政府将保护主义作为减少这些可辨别人群的损失的主要方法。相反地,在自由贸易中受益的个人遍布全国,而不是集中在某一区域。但是,当太多百姓面临经济困境,政府也会重新考虑保护主义方法。尽管贸易自由化是大势所趋,当遭遇2009年世界性经济危机时,保护主义再次抬头。大小国家一致提升进口货物关税,国家在经济刺激方法中毫不迟疑地选择了本国供应商。

保护主义立法一般采用关税、定额配给和定性贸易限制等形式。这一部分讨论这些壁垒和它们的经济危害。

## 1. 关税

关税是对通过经济或者政治边界的物品所征收的税收。关税可以对进口物品，出口物品，或者是对一国之内运输途中的物品所征收。在美国，出口物品关税是被宪法禁止的，但在世界其他国家却很普遍。出口关税是政府收入的来源之一。巴西通过对大豆等农产品出口物的征税，为国内许多社会建设项目提供了资金。出口关税也可以被用来保证当地环境在合理的价格内得到补偿。阿根廷一度以禁止牛肉出口来限制国外需求的增长而导致的国内牛肉价格上涨。

最普遍的关税是进口关税。进口关税有双重经济影响。首先，它能够提高进口物品的价格，从而保护国内工业免受国外竞争的伤害。其次，它为政府筹集收入。不管目标如何，关税都不是最直接和最有效的方法。举个例子，外国销售商可以通过降低价格来缓冲关税的上升，与征收关税前的价格相比，即使对消费者支付的价格产生了影响，这一影响也不大。结果就是，这一国家有了更多的关税收入，但对国内生产商的保护更少了。

当关税确实提高了国内进口产品的价格时，消费者就处于不利境地，尽管国内与进口产品相竞争的行业获益了。但是，关税还会带来其他后果。比如当美国商业部对高档手提电脑屏幕征收较高关税时，确实帮到了美国一些小型屏幕生产商。但对苹果、康柏和IBM来说，高关税却提高了它们的成本，损害了它们的国外竞争力，迫使它们将生产转向其他国家。

关税（tariff）：是对通过经济或者政治边界的物品或者服务所征收的税收。

## 2. 配额

配额是可以进口到一国的物品的数量限制。

不像关税直接提高价格来限制贸易，配额通过直接限制贸易来提高价格。自然而然地，这种效果必须通过将进口限制到自由贸易水平以下。

对国内生产者来说，配额是一种比其他方法都确定的保护方法。一旦达到限制水平，进口物品就停止进入国内市场，不论外国出口者如何降低价格。消费者在配额的情况下丧失最多。不仅他们选择的产品受到了限制，价格上涨了，而且外国出口者选择运输的产品通常具有最高的利润边际。比如对进口汽车数量的限制导致了最高成本装饰的奢侈品牌的进入。由于外国生产者能销售的汽车数量受到了限制，所以他们去寻求每辆车最高的利润。

配额（quota）：是可以进口到一国的物品的数量，或者从一国出口的物品的数量（后者比较少见）的限制。

## 3. 有序市场管理和自动出口限制

有序市场管理或自动出口限制是国与国之间达成限制外国出口销售量来分享市场的协议。通常情况下，这些协议有一定的持续期，对国内市场的外国销售会逐年递增。隐晦的说法是为了赋予一种公平的假象。因为说到底，谁又能够反对有序而且自愿的事情呢？

撕掉这些所谓的协商条款的假面具，就会出现截然不同的结果。首先，协商的前提是进口国家含蓄地威胁，出口国若不退让，就会有更强有力的单边贸易限制。它们实质上并不是有序的也不是自愿的。它们是披着协商一致假面的配额。比如，美国商业部与俄罗斯达成协议，俄罗斯自愿将美国对钢铁的进口量限制到 75 万吨每年，而之前美国对俄罗斯钢铁的进口量为 350 万吨一年。如果俄罗斯不同意限制钢铁出口，美国商业部将宣布对俄罗斯钢铁的关税从 71% 调到 218%。

世界上的自愿出口限制曾经一度高达 300 多项，大多数是为了保护美国或者欧洲的利益。今天 WTO 签署规定不再使用这项条约。但是，为了保护一国经济的某个部门，总有例外发生。

有序市场管理或自动出口限制［orderly marketing arrangement（or voluntary export restriction，VER）］：国与国之间达成的，一国同意限制其在另一国的出口。

## 4. 非关税贸易壁垒

最后一项贸易限制或许是最富争议而且最难量化的。非关税贸易壁垒包括各项收费、要求、限制，如穿越国界的超标准收费，执照法律、法规，执行要求，政府补助，健康安全规定，包装贴条规定，大小和重量要求等。并不是所有这些壁垒都是有歧视性和保护主义性质的。关系到公众健康和安全的限制当然是合法的，但是社会福利和保护之间应该有一条明显的界限。

领事费、进口限制、包装条款、执行要求、执照法规、政府采购程序到哪一程度才算是歧视外国生产者呢？法国对大马达汽车征税是针对美国汽车呢，还是仅仅对低效和污染的征税？美国汽车安全标准对德国、日本和其他外国汽车生产商是不公平的吗？法国明令禁止对波旁威士忌和苏格兰酒（不包括白兰地）打广告是为了最广大群众的利益吗？

有时候，非关税贸易壁垒会对外国竞争产生巨大的影响。几十年来，西德当局规定只能售卖用大麦、啤酒花、酵母和水酿制的啤酒。如果酒内添加了其他添加剂——即使是在别的地方常用的添加剂——德国当局也禁止该酿酒商将该产品贴牌为啤酒。这项法律最终被欧洲法庭废止了。

但是，非关税贸易壁垒仍旧层出不穷，且花样翻新。比如，在中国对 WTO 的承诺下，对进口汽车的配额被废除了。但是，中国出台的政策规定，中国计划成为一个主要汽车生产商，暗示了许多非关税贸易壁垒来支持当地汽车工业。比如限制外国进口车辆的停泊车位和要求中国生产与外国生产的汽车使用不同的销售渠道。后者会增加引进新品牌的成本，有效减少进口。

非关税贸易壁（nontariff barriers）：是非货币性贸易限制。

## 5. 关税贸易总协定（GATT）

因为保护主义的危害性，所以在 20 世纪 30 年代引发的经济大萧条给人以沉痛教训，于是在 1947 年 23 个国家联合起来形成了关税贸易总协定（GATT）。在关税贸易总协定

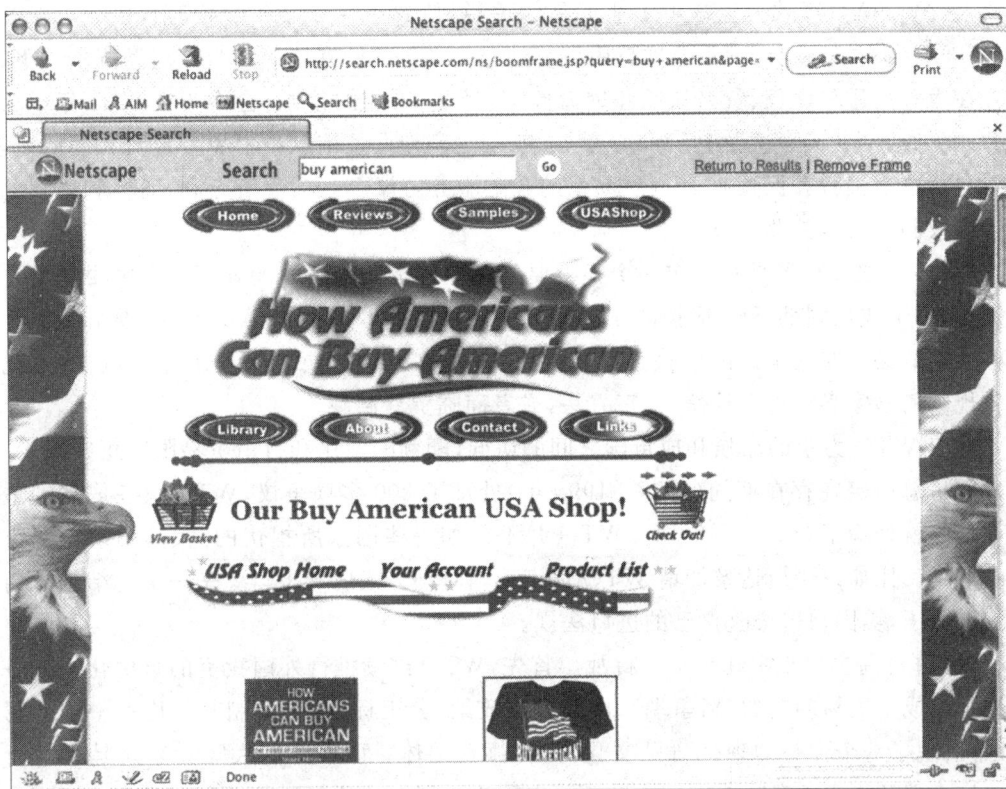

的存在时期，它是成员国之间自由贸易和促进非歧视性国际贸易的主要论坛。

在关税贸易总协定的条款中所赋予的世界经济总原则是互利性、非歧视性和透明化。互利主义的道理很简单。如果一国降低对另一国的出口关税，必然期望另一国也做出相同的回应。非歧视性意味着一国不应该给予另一国或者某几个国家特别优惠的待遇。这一原则主要在最惠国待遇中体现。最惠国待遇并不是说一个国家是受到最优惠待遇的，而是指它受到的待遇并不比其他国家差。透明化指的是关税贸易总协定中政策规定国家所做的贸易限制必须公之于众，比如用关税取代非关税贸易壁垒。通过这些原则，贸易限制被有效地减少了。

尽管关税贸易总协定的最显著成果就是大量削减了对许多物品的关税和配额，同时也帮助简化和协同贸易文件程序，减少了政府补助，限制了倾销（也就是在国外以低于生产成本的价格销售）。

关税贸易总协定乌拉圭回合的会谈，持续了七年，最终在 1993 年年底结束。这一协议覆盖了许多富有争议的领域，比如专利，对农产品、纺织品、服装行业的国家保护。

最惠国待遇（most favored nation，MFN）：签署国家之间签订一项贸易协议保证将对第三国的贸易优惠延展至两国之间。

## 6. 世界贸易组织（WTO）

关税贸易总协定的最后议案就是在 1996 年用世界贸易组织（WTO）来取代关税贸易

总协定。WTO 继续致力于减少工业产品的关税，使农产品和服务的贸易自由化。2005年 WTO 有 148 个成员国，是全球自由贸易的监督者。尽管在中国的半计划经济条件下，还存在大量的进口配额、贸易执照和进口监察，经过 14 年的谈判，也终于在 2001 年成为WTO 的一分子。自创立之初，WTO 就在 40 国之间建立了信息技术免关税贸易的协定，同时包括覆盖银行和保险业 95％贸易量的金融服务协议。一项关于专利、商标和版权的知识产权的协议也就此达成。

WTO 较之关税贸易总协定一个很重要的优势就是关于争议的处理。在关税贸易总协定下，每个成员国都可以否定委员会对于一项争议的处理的结果。WTO 委员会更为严格。它们必须在九个月内汇报自己的决定，只有在一致同意的情况下才可以被推翻。违背规则的国家必须付出补偿，修正方法，或者面临贸易制裁。

随着 WTO 力量的加强和成员国之间的协同，配额的使用和自由贸易限制正在减少。关税贸易总协定在存在期间（1947—1994 年）处理了 300 多项争议，WTO 仅在成立的最初 8 年内就处理了 300 多项争端。WTO 并不是如一些国家所担忧的，大国用来控制小国的工具。比如说哥斯达黎加请 WTO 裁定美国对其男式内衣出口壁垒一案。结果哥斯达黎加赢了，美国被迫修改自己的进口法规。

WTO 当前主要集中几个重大挑战。首先，WTO 继续推行外国投资的自由化。另一挑战是组成了贸易问题的"新争端"，比如竞争政策、劳工标准，甚至制裁。比如中国台湾地区，出现了一个强势的现代舞蹈文化，推行舞台裸体。而在中国大陆看来这是色情行为。加入 WTO 是否意味着中国大陆不可以因为中国台湾地区的艺术具有冒犯性而禁止来自中国台湾地区的艺术表演？

# 2.8　促进贸易的手段：经济一体化

WTO 面临的另外一个重要问题就是区域贸易协议的蔓延。WTO 禁止成员国之间在最惠国原则下实施区域贸易协定。换句话说，在自由贸易协定下，美国可以给以色列更低的关税，而无须给 WTO 其他成员国以最惠国待遇条件下的相同关税。近年来这种协议的数量激增。国与国之间为保证进入彼此市场的优惠条件多于 250 个。几乎所有的WTO 成员方都属于一个以上的区域条约。表 2.7 列示了一些例子。

表 2.7　一体化协议

| 协　议 | 国　　家 | 成立日期<br>（年） | 协议类型 |
|---|---|---|---|
| 北美自由贸易区 | 加拿大、墨西哥、美国 | 1994 | 自由贸易区 |
| 欧盟 | 奥地利、保加利亚、塞浦路斯、捷克、丹麦、埃塞俄比亚、芬兰、法国、德国、希腊、匈牙利、爱尔兰、意大利、拉脱维亚、立陶宛、卢森堡、马耳他、冰岛、波兰、葡萄牙、罗马尼亚、斯洛伐克、斯洛文尼亚、西班牙、瑞典、英国 | 1951 | 共同市场 |

| 协　　议 | 国　　家 | 成立日期（年） | 协议类型 |
|---|---|---|---|
| 东盟自由贸易区 | 文莱、柬埔寨、印度尼西亚、老挝、马来西亚、缅甸、菲律宾、新加坡、泰国、越南 | 1992 | 自由贸易区 |
| 南方共同市场 | 阿根廷、巴西、巴拉圭、乌拉圭 | 1991 | 关税同盟 |
| 安第斯集团 | 玻利维亚、哥伦比亚、厄瓜多尔、秘鲁、委内瑞拉 | 1969 | 关税同盟 |
| 独联体 | 阿塞拜疆、阿美尼亚、白罗斯、格鲁吉亚、摩尔多瓦、哈萨克斯坦、俄罗斯联邦、乌克兰、乌兹别克斯坦、塔吉克斯坦、吉尔吉斯斯坦 | 1999 | 自由贸易区 |
| 海湾合作委员会 | 巴林岛、科威特、阿曼、卡尔他、沙特、阿拉伯联合酋长国 | 1981 | 关税同盟 |
| 欧洲自由贸易联盟 | 挪威、瑞士、葡萄牙、奥地利、丹麦、瑞典 | 1960 | 自由贸易区 |
| 中美洲共同市场 | 哥斯达黎加、萨尔瓦多、危地马拉、洪都拉斯、尼加拉瓜 | 1960 | 关税同盟 |

有些人认为，这些双边协定的增加（美国尤其赞成）为WTO的多边性埋下隐患。凭借本国巨大的国内市场，美国对小的发展中国家有巨大的谈判力量。此外，双边协议也协调小型市场联合起来后的谈判分量。

经济一体化的程度会随着组织的不同而有极大的差别，可以区分四大主要的经济一体化：自由贸易区、关税联盟、共同市场和货币联盟。

## 1. 自由贸易区

经济一体化最简单的形式是自由贸易区。最出名的就是北美自由贸易区（NAFTA），包括美国、加拿大和墨西哥三个国家。在一个自由贸易区内，国与国之间同意抛弃贸易壁垒，但每一国对协议之外的国家仍旧保持独立的贸易关系。在这一水平下，不会出现国内税率，环境法规和商品条形码的协议。通常情况下这些区域并不允许资源（也就是劳动力和资本）在国界间自由流动。此外，因为每个国家都有对本国货币供给的自由统治权，汇率会在成员国和非成员国之间上下浮动。

尽管这种形式的经济一体化明显过于简单，也会出现期望之外的复杂情况。当北美自由贸易区尚在讨论之中时，美国公司集团就要求国外投资者应该受到保护，并指出墨西哥政府曾经有将美国资产国有化的历史。结果就是，世界银行设立的仲裁程序判定美国、加拿大和墨西哥政府对财产被收购的外国投资者实施补偿。仲裁席并不能制定新的法律，但他们可以阐释法律，他们的裁定不能被上诉。北美自由贸易区委员会发布了一项对墨西哥宪法的解释，对一家加利福尼亚的废物回收公司因为圣路易斯市政府和当地委员会拒绝履行公司在当地开设有毒废物处理站的正当申请而判处该公司1 670万美元的赔偿费。北美自由贸易区法律可以给予外国投资者优于当地公司的特权这一观念在该自由贸易区深入人心。

自由贸易区在许多发展中国家却没有这么成功。一个典型的例子就是东盟自由贸易区。东盟自由贸易区的前景是通过削减关税创造一个自由贸易区域。然而，实际促成的自由贸易远远少于期望的。比如，马来西亚拒绝移除本国汽车行业的保护性关税。另外，联盟成员国代表了分散的发展水平、政治机构和经济哲学。有些是民主国家，有些却是军事独裁国家。北美自由贸易区的贸易量在成立最初的 7 年之内就上升了 17%，而在相同时间之内，东盟自由贸易区的区域贸易量却下降了 19%。存在的主要问题是不同国家之间的不同产品标准和无法预测的政策执行情况。

自由贸易区（free-trade area）：两个或者两个以上国家签订协议，抛弃彼此之间的贸易壁垒，但允许成员国维持与非成员国之间的独立贸易关系。

## 2. 关税同盟

关税同盟是一种经济一体化更为高级的形式，不但具有自由贸易区的特征，而且成员国之间拥有相同的对外关税/贸易壁垒。单一国家没有独立对成员国之外国家设定贸易协议的权力。相反地，一个超越国家的政策制定委员会将做出这些决定。

关税同盟（customs union）：两个或者两个以上国家正式签订一项协议，放弃彼此之间的贸易壁垒，在成员国和非成员之间建立相同的对外贸易壁垒。

## 3. 共同市场

经济一体化的第三个阶段是共同市场。这一协议有关税同盟的所有特点，但是这一组织也鼓励成员国之间资源的自由流动（包括劳动力和资本）。比如，假如德国的工作岗位很多而意大利的工作岗位很少，工人就可以从意大利流向德国而无须考虑严格的移民限制。在共同市场中，通常需要协调税收条形码、社会福利系统和其他影响资源配置的立法。最后，尽管每个国家仍然保留印刷和制造货币的权力，但国与国之间的汇率通常是固定的或者是在一个狭小的范围内波动。最显著的例子就是欧盟。欧盟一直是贸易自由化的活跃组织，其成员国还在不断增加。

当 Vincente Fox 被选为墨西哥的总统时，他号召将北美自由贸易区扩展成为共同市场。但是他也承认，这将是一项持续 20～40 年的长期工程。作为第一步，他希望美国能够接受更多的墨西哥劳工，扩张当前劳工项目，以达到每年有 30 万名或者更多墨西哥劳工能够被美国合法雇用。

共同市场（common market）：经济一体化的一种形式，拥有关税同盟的所有特征，而且鼓励资源，诸如劳动力和资本的自由流动。

## 4. 货币联盟

经济一体化的最高形式是货币联盟。货币联盟是一个共同市场，成员国不再规定本国货币。每个成员国的货币都被超越国家限制的中央银行发布的共同货币取代。随着欧盟成员国之间的《马斯特里赫特条约》的通过，欧洲货币系统在 1999 年 1 月成为第一个货币联盟。

# 2.9　全球化之争

在 21 世纪之初,代表有组织劳工、人权和环境利益的团体与 WTO 对质,即后来为人所熟知的西雅图之战。WTO 在这个属于美国的城市西雅图开会,为减少贸易壁垒而进行新一轮的协商。来自世界各国 3 万多抗议者,认为 WTO 没有合理解决他们所关注的问题,如贫困、劳动条件和环境问题,愤然而起,阻碍交通,甚至有几起破坏公物和暴力案件。警察甚至动用了催泪瓦斯和塑料子弹。WTO 的下一场会议也因此定在了阿拉伯海湾地区的卡塔尔,据一篇美国国家部门报道,这是一个"严格限制集会自由和禁止工人组织协会"的国家。

显然 WTO 面临的一个终极挑战是如何处理日益增加的全球化有组织的反对之声。有些团体认为,WTO 所倡导的全球化支持发达国家对发展中国家的销售活动,而对发展中国家就不是如此。比如美国、日本和欧洲仍然保留他们对农产品的最高关税,而农产品在发展中国家的出口品中占极大的份额。发达国家的农业补贴进一步削减了发展中国家在全球市场中的竞争能力。发展中国家声称,发达国家执行的食品安全标准通常是有歧视性的。泰国控诉澳大利亚所要求的鸡肉加工处理的温度如此之高,以至于产品都无法食用了。

全球化的其他反对之声来自工业化国家的传统劳工联盟和反对职业工作外包的新团体。发达国家和发展中国家的保守党和自由党都担忧,WTO 篡夺了政府主权。比如说,犹他州将赌博立为非法已有 110 多年历史,这一禁令也被扩展到互联网上。但是,WTO判定,犹他州的立法歧视提供"娱乐活动"的外国供应商。这一判定增加了有些人的恐惧:WTO 是否正努力贯彻一个世界一个统治?

全球化是好是坏? 我们且看全球外包的例子,这取决于你是谁。美国的收入分配反映过去 25 年贫富差距扩大了。Geoffrey Garret 认为,这一模式也可以从世界水平来看待。20 多年来,扩大的全球化显然对工业化国家比对世界上最贫困国家更有优势。然而,组成经济中间体的国家——很多都位于亚洲和南美洲——也没有从中获益。在 20 世纪最后 20 年来,人均实际收入增长了不到 20%,这还不到高收入国家增长率的一半、低收入国家增长率的 1/8。

中等收入国家面临被挤出世界经济的困境。它们没有政治机构和受过高等教育的劳工来与上层收入国家竞争,所以在生产标准化产品的过程中它们面临与中国、印度等国的竞争。但是,这场战争胜算不大,因为这些低收入国家工资率相当低,据报道,墨西哥一家服装生产工人揭露其老板曾扬言威胁,"如果你们不好好工作,我就将这家工厂关闭,开到中美洲去。"

因此,全球化仍然充满争议。即使是像韩国那样在贸易自由化中享受到巨大收益的国家仍然对全球化充满敌意。韩国最大的教师联盟敦促其会员教导学生,自由贸易会加大贫富差距,危害环境,加剧不平等等现象。在 10 个亚洲国家的 8 000 多名受调查者中,只有韩国对全球化充满质疑。只有 27% 的韩国人认为全球化是有利的,而在亚洲这个平均数是 38%。

**世界脉搏 2.2**

## WTO 之赌

　　首先是来自安提瓜小岛的抱怨之声：美国不允许美国居民在安提瓜赌博网站上下注赌博。美国政府禁止美国银行和信用卡公司从网上与海外赌博中获取支付。在一项港口保险议案中这项禁令毫无政治异议。但这项议案触发了 WTO 很少使用的一条规则：允许一个国家对外关闭本国市场。这一条款要求使用禁令的国家补偿由此给其他国家带来的损失。因此，安提瓜要求美国支付 34 亿美元来补偿其在赌博活动中丧失的收益。不久澳大利亚、加拿大、印度、日本和欧盟等国家及地区也纷纷发出相同的请求。

　　美国立法者在反对网上赌博一事上是前所未有的团结一致，指出少数分子可以利用这一网站的空子，使恐怖分子有机可乘，用网站赌博来获取资金。也有人指出当美国签订 WTO 协议，开放各种服务市场时，还不存在网上赌博。最后，WTO 允许安提瓜终止对美国的权力，而只获得每年 2 100 万美元的补偿。安提瓜被判定可以终止遵守美国的知识产权法律，如版权法和专利法。一位评论家评论说，这就好比将产品机密合法化。

　　美国政府表示已经与加拿大、日本和欧盟达成一致意见。这些协议的条款因为国家安全问题仍然保持机密。同时，国内自由主义者和美国赌博行业成功在美国国会引进一项议案，在州立级别而不是国家级别允许网上赌博。他们认为，赌博网站的税收可以为重要政府项目提供资金。

　　资料来源：Lorraine Woellert. A Web Gambling Fight Could Harm Free Trade. *Business Week*, August 13, 2007, p. 43; Antigua PM Hopeful about Web Gambling Talks with US Lawmakers. *Dow Jones International News*, November 11, 2007; Marcia Coyle. Small Island Places Legal Wager. *National Law Journal*, June 9, 2008, p. 1; and Kara Rowland. Push Planned to Repeal Online Gambling Ban. *Washington Times*, May 6, 2009, p. 6.

# 总　　结

　　全球经济正处在从一系列强大的国家经济转向一系列相互关联的贸易群组状态。在过去几年中，随着共产主义的崩溃，欧洲贸易国家联合成单一市场，WTO 成员方不断增加，这一转变也不断加快。欧盟、日本和美国在彼此市场内的投资也是前所未有的高涨。在许多发展中国家，贸易和投资自由化的步伐也在不断加快。

　　毫无疑问，整个世界正在不断朝一个单一全球经济的方向发展。信息技术、电子交流和互联网使价格、产品和利润的信息在全球范围内触手可得。随着市场透明化加深，购买商、供应商和投资者能够获得更好的机会，降低成本并保证资源得到最有效的分配。过去的改变使一些团体获益，也使另外一些团体受损，未来全球化会带来什么仍是一个未知数。成功的公司会顺应潮流发展，并做出及时的反馈。而失败的公司只会错失良机，待某一天如梦初醒，却发现市场面貌翻天覆地，最终为新规则所统治。

# 问 题 讨 论

1. 假设巴西能够使用相同的资源生产 100 单位钢铁或者 10 台计算机,同时德国能够生产 150 单位钢铁或者 10 台计算机。解释哪个国家在计算机生产上具有比较优势。选择一个相互获利的贸易率,解释为什么这一比例能够增加两国的福利。

2. 出口关税会引发什么问题?

3. 你同意抗议者所提出的,WTO 对国家政府有过多权力吗? 自由贸易会加大贫富差距吗? 为什么?

4. WTO 应该促使犹他州接受赌博吗?

5. 对发展中国家来说,是什么使区域一体化难以实施?

# 第 3 章

# 文化与社会力量

章节提纲

## 3.1 文化的定义
1. 文化对营销的影响
2. 区分文化影响

## 3.2 宗教
1. 营销与西方宗教
2. 营销与伊斯兰教
3. 营销与东方宗教

## 3.3 家庭
1. 大家庭
2. 家庭之外

## 3.4 教育

## 3.5 对时间的态度
1. 单一文化、多元文化及时间观念
2. 工作与休息时间

## 3.6 霍夫斯泰德：文化评价法
1. 权力差距
2. 个人主义与集体主义
3. 刚柔性
4. 不确定性规避
5. 霍夫斯泰德法量法的运用及限制
6. 文化的改变

## 3.7 语言与交流
1. 称呼的形式
2. 语境
3. 肢体语言
4. 情感展示

## 3.8 克服语言障碍
1. 翻译与译者
2. 翻译的问题
3. 学习何种语言

3.9 适应文化差异

**总结**

**问题讨论**

**学习目标**

　　学完这一章,应该掌握:

- 定义什么是文化,文化的各种不同组成是如何影响营销的;
- 解释不同的世界宗教是如何影响营销的;
- 描述不同的家庭结构并解释他们是如何影响营销的;
- 阐释一国的教育体系是如何影响营销者的;
- 辨别多元文化和单一文化并解释三种时间观念;
- 列出并描述霍夫斯泰德文化视角;
- 解释为何语言在了解一国文化中有重要作用;
- 区分不同的适应文化差异的方法。

　　当迪士尼这一美国娱乐巨头打算在欧洲开设主题公园时,基本上没有什么直接的海外经营的经验。东京迪士尼乐园已经非常成功,但基本上是由日本合作伙伴开设和运营的。当欧洲迪士尼乐园在法国开设时,其管理已经融合了加利福尼亚州和佛罗里达州的成功模型。为了适应法国潮湿寒冷的天气,园内设立了更多的户内景点和带顶棚的走廊。为帮助来自欧洲不同国家的游客,还特地聘请了多种语言的语音操作者和导游。因为很多法国家庭外出都要带狗,园内还特地开设了狗舍。此外,对园内的用餐交通也进行估计,因为考虑到欧洲游客比美国游客在餐桌上要花费更多的时间,也更不愿意花时间排队等待。

　　但是,在第一年的运营中,欧洲迪士尼乐园按其承诺,拒绝在园内提供酒水,因为这一行为与美国家庭娱乐的主题相悖。管理者拒绝在淡季削减价格,尽管欧洲的假日旅游胜地都有这一传统习惯。第一年的运营令人大失所望。迪士尼乐园不得不屈服于欧洲的文化现实,采用了葡萄酒和啤酒不同的价格。结合欧洲的文化得到了应有的报酬。欧洲迪士尼乐园一举成为欧洲最受欢迎的旅游胜地,甚至超过了埃菲尔铁塔。

　　但是,当迪士尼乐园在中国香港开设主题公园时,再次遭遇了文化挑战。迪士尼乐园原先打算采用中国美食——鱼翅汤,但是这遭到了中国保护主义者的反对。迪士尼也低估了新年假期中国内地游客的需求。数百名游客拿着无效门票,被拒之门外。迪士尼乐园从这一最初的失败中吸取教训,后来充分利用了中国的新年庆祝,在中国的鼠年大肆宣扬吉祥物——米老鼠。

　　在本书的第1章我们了解到国际营销的复杂性有一部分是由社会和文化因素导致的。在本章我们将具体讨论这些文化和社会影响。但是,我们不可能一一列举,甚至不可能完整介绍世界的主要文化,只能重点挑选一些重要因素。图3.1展示了本书中即将介绍的重要文化组成。我们不是要辨别所有影响世界营销者的文化和社会因素,而是要集中于分析过程,即营销者在遇到文化因素时,如何辨别和观测不同文化影响的分析方法。

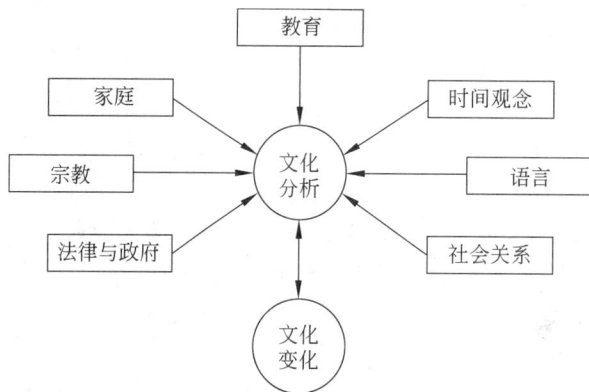

图 3.1　文化分析

# 3.1　文化的定义

人类学是研究人类行为的学科。文化人类学研究所有人类后天学习的行为,包括社会行为、语言行为和家庭行为。文化包含一个社会通过口头传播、文学或者其他形式流传下来的所有遗产,具体包括传统、道德、习惯、宗教、艺术和语言等。世界上无论在任何地方出生的孩子都对食物、住宿和衣服有相同的生理需求。但是随着他们的长大,他们开始追求生理需求之外的东西。这些欲望是如何形成的,对个人来说有多大的重要性,主要是来自家庭和朋友的信息。这种社会化过程反映了每个人的文化。

比如,饮食习惯和口味在世界各地差异很大,但是很少有差异能够反映不同人群间的生理差异。相反地,食物是与文化紧密相关的。一个例外就是奶制品。很多中国人缺乏消化奶制品的酶,但是正如许多其他西方化的东西,中国的新一代越来越习惯西方化的产品,牛奶也因此变得越来越流行。为了弥补这一差异,无论是在口味上还是在消化酶上,中国的许多奶制品生产商都加入了酸性成分,因为这样更适合中国人。

随着国家之间经济的相互关系越来越深,现代社会中的文化影响也越来越大。塞缪尔·亨廷顿(Samuel Huntington)将世界文化分成以下几类:西方文化(美国、欧洲和澳大利亚),东正文化(苏联和中欧),儒家文化(中国和东南亚),伊斯兰文化(中东),佛家文化(泰国),印度教(印度)和拉丁美洲文化、非洲文化和日本文化。他认为,在"冷战"时期的冲突会再次在主要文化之间出现,而不是在国与国之间出现。法兰西斯·福山(Francis Fukuyama)表示反对,他认为文化差异必将会成为冲突的源头所在。他预示文化之间越来越多的交流会促成相互之间的创造性变化。在任何情况下,我们今天对文化的了解都会帮助营销者在市场上减少高成本的失误。

文化(culture):是指一代代传下来的所有人类知识、信仰、行为和直觉。

## 1. 文化对营销的影响

人们的需求得到满足,营销的功能就是从中获利。为了了解并影响顾客的需求,我们必须掌握他们的文化。当国际营销者与外国竞争者、零售商、供应商以及政府官员打交道时,也必须掌握他们的文化。

如图 3.2 所示,文化蕴含于宗教、语言、历史和教育等社会因素中。这些社会层面在顾客挑选产品时直接或间接地向国际营销者发出信息。我们所处的文化回答了下列问题:更受欢迎的饮品是茶还是咖啡?葬礼中应该穿黑色还是白色?早餐吃的是哪类食品?

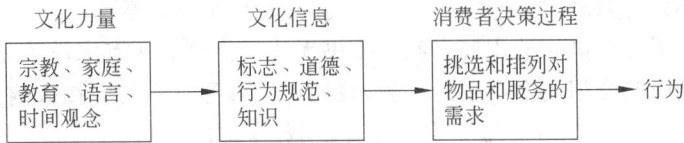

| 文化力量 | 文化信息 | 消费者决策过程 |
|---|---|---|
| 宗教、家庭、教育、语言、时间观念 | 标志、道德、行为规范、知识 | 挑选和排列对物品和服务的需求 | 行为 |

图 3.2　文化对消费者行为的影响

## 2. 区分文化影响

全球营销者面临的一个最困难的任务之一就是评估影响他们操作的文化影响。在实际市场上,总是有若干因素共同作用,将其中一种因素分离出来是相当困难的。通常情况下,在国与国之间的显著差异中,文化差异总能占到一席之位。但这些差异是源自宗教信仰、流行社会结构,还仅仅是不同的法律架构?在本章中,我们将研究宗教、家庭、教育、时间观念、社会互动和语言的文化影响。政府和法律的文化影响将在第 4 章中讨论。

# 3.2　宗　　教

麦当劳在百余个国家中运营,是世界最大的牛肉使用商。这一美国式快餐连锁店被引入印度时,受到 10 亿人的追捧,尽管大多数印度人信奉印度教且不吃牛肉。在马德里

麦当劳为适应印度的宗教文化,在菜单中剔除了牛肉和猪肉。物质文化的差异——社会使用的有形物品——也会影响全球营销者。比如印度的汽车拥有量水平明显低于美国。因此透视玻璃也更少见。在麦当劳的印度网站上,顾客可以学习如何使用这一文化进口——而且只需四个简单步骤!

的一家麦当劳,有个标语写着:"本店承诺没有牛肉或者牛肉产品销售。"为了避免冒犯到印度伊斯兰教,猪肉也是被禁止的。

宗教实际上会给社会带来深远影响,然而许多商人往往忽视宗教给营销环境带来的影响。它决定人们面对社会结构和经济发展的态度。宗教传统和规则制约着购买的物品和服务的种类、时间和人群。比如,日本的神道教鼓励日本人民养成强烈的爱国主义情怀,这为日本的经济发展做出了巨大的贡献。在沙特阿拉伯酒精饮料由于宗教原因而被禁止,在伊斯兰周六是耶稣的安息日,EL AL 航班会在那一天停飞。

表 3.1 列示了部分国家的主要宗教。本书无法提供世界所有宗教的完整描述和对营销的影响。通过简略介绍几个主要的宗教,我们可以解释它们的潜在影响。

表 3.1　部分国家的主要宗教

| 国　家 | 宗　教 | | |
|---|---|---|---|
| **非洲** | | | |
| 喀麦隆 | 伊斯兰教 | 基督教 | 有灵论者 |
| 刚果 | 基督教 | 有灵论者 | 伊斯兰教 |
| 埃塞俄比亚 | 东正基督教 | 伊斯兰教 | 新教 |
| 加纳 | 基督教 | 有灵论者 | 伊斯兰教 |
| 肯尼亚 | 新教 | 天主教 | 有灵论者 |
| 毛里求斯 | 印度教 | 基督教 | 伊斯兰教 |
| 尼亚加拉 | 基督教 | 伊斯兰教 | 有灵论者 |
| 南非 | 基督教 | 有灵论者 | 无神论者 |
| 赞比亚 | 基督教 | 印度教 | 伊斯兰教 |
| 津巴布韦 | 基督教 | 有灵论者 | 无神论者 |
| **亚洲** | | | |
| 中国 | 无神论者 | 佛教 | 道教 |
| 印度 | 印度教 | 伊斯兰教 | 基督教 |
| 印度尼西亚 | 伊斯兰教 | 基督教 | 印度教 |
| 日本 | 神道教 | 佛教 | 基督教 |
| 马来西亚 | 伊斯兰教 | 佛教 | 印度教 |
| 巴基斯坦 | 伊斯兰教 | 印度教 | 基督教 |
| 菲律宾 | 天主教 | 伊斯兰教 | |
| 新加坡 | 佛教 | 伊斯兰教 | 无神论者 |
| 韩国 | 基督教 | 佛教 | |
| 泰国 | 佛教 | 伊斯兰教 | 传统教会 |

| 国　　　家 | 宗　　教 | | |
| --- | --- | --- | --- |
| **欧洲** | | | |
| 丹麦 | 天主教 | 新教 | 伊斯兰教 |
| 法国 | 天主教 | 伊斯兰教 | 犹太教 |
| 德国 | 新教 | 天主教 | 无神论者 |
| 意大利 | 天主教 | 新教 | 犹太教 |
| 冰岛 | 天主教 | 新教 | 伊斯兰教 |
| 挪威 | 新教 | 无神论者 | 天主教 |
| 波兰 | 天主教 | 无神论者 | 东正基督教 |
| 葡萄牙 | 天主教 | 无神论者 | 新教 |
| 俄罗斯 | 东正基督教 | 伊斯兰教 | 无神论者 |
| 西班牙 | 天主教 | 新教 | 无神论者 |
| 瑞士 | 天主教 | 新教 | 无神论者 |
| 英国 | 基督教 | 伊斯兰教 | 印度锡克教 |
| **中东/中亚** | | | |
| 亚美尼亚 | 东正教 | 伊斯兰教 | 无神论者 |
| 埃及 | 伊斯兰教 | 基督教 | |
| 伊斯兰 | 犹太教 | 伊斯兰教 | 无神论者 |
| 约旦 | 伊斯兰教 | 基督教 | 无神论者 |
| 哈萨克斯坦 | 伊斯兰教 | 东正基督教 | 天主教 |
| 摩洛哥 | 伊斯兰教 | 犹太教 | 基督教 |
| 沙特阿拉伯 | 伊斯兰教 | | |
| 突尼斯 | 伊斯兰教 | 犹太教 | 基督教 |
| 土耳其 | 伊斯兰教 | 基督教 | 犹太教 |
| 土库曼斯坦 | 无神论者 | 伊斯兰教 | 东正基督教 |
| **北美** | | | |
| 加拿大 | 天主教 | 新教 | 东正基督教 |
| 美国 | 新教 | 天主教 | 无神论者 |
| **拉丁美洲/加勒比** | | | |
| 巴西 | 天主教 | 传统教会 | 新教 |
| 智利 | 天主教 | 新教 | 犹太教 |

| 国　家 | 宗　教 | | |
|---|---|---|---|
| 哥伦比亚 | 天主教 | 新教 | 无神论者 |
| 古巴 | 无神论者 | 天主教 | 新教 |
| 牙买加 | 新教 | 传统教会 | 天主教 |
| 墨西哥 | 天主教 | 新教 | 无神论者 |
| 秘鲁 | 天主教 | 新教 | 传统教会 |
| 乌拉圭 | 天主教 | 新教 | 犹太教 |
| 委内瑞拉 | 天主教 | 犹太教 | 伊斯兰教 |

资料来源：改编自联合国教科文组织. 文化习俗与遗产：主要宗教.

## 1. 营销与西方宗教

在历史上，美国的宗教传统源自基督教和犹太教，看重勤奋工作、节俭和简单的生活方式。这些宗教价值观随着时间的变化也发生了改变：如果这些古老的价值观依然存在，我们当代的许多营销活动将不复存在。比如节俭，要求一个人将辛苦赚的钱积蓄起来，用这些积蓄来购买东西。今天，美国人充分利用各种各样的信用设施。信用卡是美国人生活中如此重要的一部分，而先存后花的方式早已显得老掉牙了。大多数美国人对开着大跑车或空着大房子浪费资源的行为毫无内疚感。

圣诞节是基督教传统，至今在许多基督教国家仍是消费品行业的重要活动。零售商在那段时间有最高的销售量。然而，即使是在基督教占主导地位的社会中，圣诞节仍然存在巨大差异。一家大型美国电子产品零售商首次在荷兰开设分店时，因为巨大的差异遭受了惨痛的教训。公司按照美国日零售商的惯例，计划在圣诞销售旺季之初开业，并据此在 11 月末和 12 月购买了广告地盘，结果却让人大失所望。在荷兰，主要的礼物赠予期不是在 12 月 25 日的圣诞节，而是在 12 月 6 日的圣尼古拉斯节。因而，公司的零售店开业太晚了，错过了主要的销售旺季。

从营销视角来看，圣诞节逐渐变成了一个全球现象。对许多年轻的中国人来说，圣诞节并不是一个宗教节日，而仅仅代表着玩乐。时尚酒吧在圣诞节前夜入场券高达 25 美元，酒店餐厅也将收费抬到 180 美元。圣诞节前后一周是中国电影院的黄金周，因为年轻的中国人会成群涌入电影院，而不是在家里看盗版的 DVD。在土耳其这个伊斯兰教占主导地位的国家，圣诞老人也大受欢迎。在伊斯坦布尔购物中心，孩子们排着队，等待机会坐上圣诞老人的膝盖并要求礼物。商店里也售卖圣诞老人服饰和小雕像。

另外一个基督教节日——情人节在伊朗相当流行。尽管保守的伊斯兰教牧师认为这个专为情人设置的节日颓废而且不道德，但他们依然挡不住流行的脚步。年轻人在卫星电视和互联网上听说这个节日后，将其四下传播，他们开办宴会，购买情人节礼物。商店表示，情人节前一周的销售量已经接近传统伊朗新年的销售量。情人节的贴身小礼物是进口（从中国）或者产自当地。

正统犹太教的饮食戒律为营销者既提供了挑战,同时也是机遇。比如,食用猪肉是禁止的,而且肉和牛奶不能同时吃。许多包含肉产品的加工食物要经过严格审查。这些包括谷物,如 Kellogg 的冰冻迷你麦片,因为它通常是伴着牛奶一起吃的。

在伊斯兰 470 万犹太人中,严格的犹太教徒有近 12%,而且这一数量比起其他人口,还在不断上升中。结果就是,许多公司都在关注这一细分市场。伊斯兰食品生产商扩大了戒律食品的生产线,在产品的包装和广告上都与传统伊斯兰犹太教保持一致。Elite 是一家巧克力生产商,正在犹太教孩子中进行一项测试,可用巧克力包装纸兑换印有著名犹太教教士和传道者的卡片。可口可乐正在运营一项针对伊斯兰犹太教顾客的多个广告。这些广告中显示的是穿着保守服装的可乐饮用者,而不是针对伊斯兰公众的穿着暴露的年轻人。此外,伊斯兰一家手机公司销售只有简单语音功能的手机。这项服务是为了回应许多犹太教徒不希望典型手机上的多项功能来分散心神。

饮食戒律(Kosher):遵从犹太饮食法律规定。

## 2. 营销与伊斯兰教

伊斯兰教占了世界近 20% 的人口。它不仅在中东,在亚洲和非洲都是一股不可小觑的文化力量。事实上,世界上大量的伊斯兰教人口居住在中国、印度尼西亚和马来西亚。

先知者穆罕默德在公元 610 年的麦加创立了伊斯兰教,现今坐落于沙特阿拉伯。穆罕默德在公元 632 年逝世,伊斯兰的圣经——《古兰经》早已广为流传。伊斯兰教认为《古兰经》记载了上帝之声。《古兰经》还有记载穆罕默德生活和言行的补充。这些著作都是引导伊斯兰教生活各个方面的主要来源。

伊斯兰教在很多方面影响着营销者(见表 3.2)。例如,伊斯兰教禁止支付或收取利息。在大多数伊斯兰教国家,商业银行和伊斯兰银行竞争,而伊斯兰银行并不为储蓄账户提供利息。尽管这些账户对人们毫无吸引力,许多虔诚的伊斯兰教徒仍然选择把钱存在伊斯兰银行。伊斯兰银行业开发了一项独特的产品来与其他付利息的银行竞争。没有利息收益的账户允许顾客将储蓄投资在银行选定的公司中。每年公司的利润就可以被分配到持股者的账户中。

表 3.2　伊斯兰教框架下的市场营销

| 元　　素 | 营　销　指　导 |
| --- | --- |
| 基本伊斯兰教观念 | |
| A. 团结——集权观念,神的唯一性和谐生活 | 产品标准化,大众媒体技术,中央平衡广告版本和布局的一致性,强烈的品牌忠诚度,小型开发团队,公司忠诚度,品牌扩张战略的机遇 |
| B. 合法性——公平交易,合理利润 | 不正规的产品保证,机构广告宣传的必要性,尤其是外国公司,战略应从利润最大化转向利润满意化 |
| C. 扎卡特——所有归为"不贫困"者要上交 2.5% 的强制税收 | 若有"过度"利润,应用作慈善事业:公司慈善捐赠或者机构宣传 |

续表

| 元　素 | 营销指导 |
|---|---|
| D. 高利贷——贷款不能收取利息。这条法律的具体规定是：对贷款的"超额利息"是禁止的 | 防止将信用当成直接的营销工具；建立现金支付低值产品的客户政策；对高价产品，提供现金支付的折扣价和分期付款的高价政策；在其他非伊斯兰教国家进行当地公司和外国公司的利息交易；一些伊斯兰教国家的银行进行金融投资，分享利润（和损失） |
| E. 人的生命至高无上——与其他生物相比，人的生命至关重要 | 宠物食品或其他产品不是最重要的；禁止将雕塑和胸部等作为偶像崇拜；广告和促销中的标识应该反映高尚的价值观；在广告中使用花边设计是艺术价值观的体现 |
| F. 社会大同——所有的伊斯兰教徒应致力于达到宇宙大同，忠于一个"神"，其中一种表示方法就是，在有生之年，如果可能的话要去圣地麦加朝拜一次 | 伊斯兰经济体的形成——一个以伊斯兰食品和服务为主的"伊斯兰顾客"（伊斯兰肉食包装，伊斯兰节日礼物等）团体服务的形成——非利润团体和技术的营销需求 |
| G. 众生平等 | 参与交流系统；社会角色和高层结构可能严格限定，但是进入某一阶层相对容易 |
| H. 戒律——在斋月，穆斯林从第一丝曙光开始到太阳下山不得进食——提醒人们善有善报，同时也是自律的要求 | 营养、易于消化的冷食通常是斋戒前后的常规食物 |
| I. 酒精和猪肉是禁止的；包括赌博 | 发展不含酒精的饮料（如软饮料、冰激凌、奶昔、水果饮料）和非投机社会游戏（如拼字游戏）的机会；食品生产中可使用蔬菜或者牛肉替代物 |
| J. 环保主义者——神创造的宇宙是纯净的。因此，土地、空气和水都是神圣的 | 参与保护环境，反对污染的活动；环保公司的机遇；社区污染控制装置更易被接受（比如最近土耳其的行动大受当地社区欢迎） |
| K. 敬奉真主——一天五次，时间自定 | 在规划销售电话、工作计划、工作时间、顾客交通时候要考虑到祷告时间 |
| 伊斯兰文化 | |
| A. 对家庭和部落传统的遵守 | 在家庭和部落中德高望重者是意见领导者；口头传播，顾客推荐非常重要；<br>社会和家庭忠诚度、关联性都可能成为代理人；为家用产品做广告时，强调家庭角色会非常有效——比如，电玩 |
| B. 尊敬父母是神圣的 | 功能性产品的形象最好通过强调父母的意见和赞同；即使是为孩子设计的产品，也不应该将孩子当成决策制定者 |
| C. 对内对外，热情好客 | 产品设计应该充满热情，表达外向；若有社团的赞同，新产品必会更容易被接受 |
| D. 遵守性行为和社会互动规则——这些包括： | |
| 1. 妇女在公众场合穿着得体 | 妇女在家的穿着更加多姿多彩，也佩戴更多饰品，所以私下使用的产品的促销可以采用更细致的方法——如通过女性杂志以更有效地到达受众群体；禁止在大庭广众之下使用不得体的姿势和有性暗示的动作 |

| 元　　素 | 营销指导 |
| --- | --- |
| 2.（在有些场合）区分男性和女性观众 | 接近女性顾客只能通过女性销售代理、女性销售员、产品图册、家居展示和女性专柜 |
| E. 遵守宗教活动——如两大宗教节日：Eid-ul-Firt 和 Eid-ul-Adha | 与购买新鞋、新衣服和糖果，家庭团圆的吃食密切相关，有赠钱的习俗，而不是送礼物。但是，越来越多的人开始送礼物，因为农历新年并不固定 |

资料来源：Mushtaq Luqmani, Zahir A. Quraeshi, and Linda Delene, "Marketing in Islamic Countries: A Viewpoint," *MSU Business Topics* (Summer 1980), pp. 20-21. Reprinted by permission.

对这些伊斯兰教传统的深入认识可以创造商机。例如，伊斯兰教徒要求每天朝圣地麦加的方向做 5 次祷告。迪拜一家名为 Ilkone 的移动电信公司在中东地区开发了一款手机，内含指南针可以确定麦加的方向，并有闹钟设定每次朝拜的时间。此外，手机内还含有完整版的阿拉伯语版和英语版的古兰经文。

伊斯兰教还设定了一系列饮食和个人卫生的规定。不包含禁止成分（如猪肉和酒精）的产品被认为是符合规定的（在伊斯兰教条中被认为是可接受的）。合规性不仅影响食物，也影响其他产品，诸如唇膏和疫苗。

在马来西亚，有专门的政府部门来裁定产品是否符合规定。产品内不得含有禁止食物，产品设施必须符合清洁和储存要求。每样马来西亚雀巢的产品都是符合规定的。即使是在新加坡，在 300 万总人口中伊斯兰教人口只有 14％，也设有本国的专门鉴定机构。印度尼西亚有近乎 2 亿名伊斯兰教徒。为了响应消费者需求，印度尼西亚政府也设立了合规性证书。当日本一家食品生产商 Ajinomoto 被发现在调料中加入用猪肉生产的酶时，该公司不得不将数吨产品拉下货架。该公司在印度尼西亚不但面临法律制裁，还丧失了大批顾客的信赖。

据估计，仅伊斯兰教食物市场约有 5 800 亿美元。雀巢的伊斯兰教食品销售量有 30 亿美元，在世界范围内有 75 家该类工厂，是世界最大的伊斯兰食品生产商。麦当劳和肯德基等快餐食品生产商也获得了服务伊斯兰教市场的证书。甚至有家英国牛肉加工商的管理者在考察了埃及后，认识到伊斯兰牛肉市场的巨大潜力，也改装了一些包装厂以符合伊斯兰教的要求。事实上，阿拉伯联合酋长国有 80％的伊斯兰食物是从巴西和澳大利亚等国家进口的。

在许多伊斯兰教国家，如印度，斋月（该月内伊斯兰教徒从早上到黄昏都不进食）是每年最主要的购物时节。在晚餐后，大多数家庭会观看斋月专门的电视节目。因此，晚上的插播广告是一年中要价最高的。

在这个时候，很多公司甚至会在广告中蕴含宗教信息。由马来西亚 McCann_Erickson 广告公司设计的一个可口可乐商业广告，就是以一位小男孩和他母亲为特写，母亲提着一篮食物，小男孩拿着心爱的可口可乐去一家孤儿院。在太阳下山之后，小男孩离开孤儿院回家，在斋戒结束之后和他的新朋友们分享可口可乐。广告结束时的标语是"精神百倍，永远是可口可乐"。这个广告迎合了无国界的宗教信仰，后来在 20 个国家辗转播出。

Koran:《古兰经》是伊斯兰教的圣经。

巴林的一家 DQ 生产商在斋月促销时将双层奶酪汉堡五折出售。在斋月期间，作为精神上的斋戒，伊斯兰教徒从日出起到日落之前一直不吃不喝。

Hadith：记载穆罕默德言行的专著。

Sunna：基于穆罕默德言行和《古兰经》中记载的伊斯兰教应有的生活方式。

Halal：符合伊斯兰法律规定。

## 3. 营销与东方宗教

　　当今社会，亚洲是许多国际公司的主要市场，全球营销者必须考虑印度教、佛教、儒家和道家等东方宗教和哲学传统的影响。印度教和佛教是两个最大的东方宗教。信奉印度教的有 4.5 亿人，大多数居住在印度，85％的印度人口均为印度教教徒。印度教的教义随不同信奉者而不同，但总的来说是信奉多神的，不同信徒信奉一个或者多个神。在印度，10 月和 11 月有各种传统节日。因此，这两个月就相当于欧美的圣诞节，是印度人购物和互赠礼物的节日。

　　印度人信奉重生的教义，即这辈子的生活境况是由上辈子决定的。一个人可以重生为人，为动物，甚至神仙。印度教是个等级严明的社会，要求教民在本等级内通婚。许多印度教徒是素食主义者，吃牛肉是一项禁忌。佛教也源于印度，但是佛教反对印度教内的等级制度。如今佛教在东亚和东南亚影响极大。

　　在印度，Hyundai 汽车非常尊重当地信仰，在发布新车模型时，会从印度教日历中选取一个吉利的日子。而西雅图一家生产马桶坐垫的公司就没有这种意识。在神圣的坐垫产品图册中甚至出现了印度的加内神(掌管学习的象形神仙)。这导致了数位印度政治家和美国印度教民一致谴责。

儒家并不是一个宗教,但是它的创始者孔子被认为是中国最伟大的智者,而且他的影响力至今还是很大。儒家文化教育成为当代中国人的普遍价值观,如尊师重教等。孔夫子的名字现在在中国也非常有价值。孔德懋是孔氏家庭 77 代传人中的两大幸存者之一。自 20 世纪 90 年代早期开始,她一直是中国孔子故乡——曲阜地区三大酿酒商的提名主席。在 20 世纪 80 年代中期,当三大酿酒商以孔氏给产品命名时,销售量一路飙升。但是在 90 年代,两大生产商为谁真正拥有该姓氏而步入法庭。尽管该案尚在处理之中,但是三大酿酒商都认为,公司应该联系孔家人,并为使用其姓氏而支付薪水。孔德懋也被提名为孔子国际旅行社的终身荣誉主席。

日本深受韩国的佛教和中国的儒教影响。在 19 世纪晚期,作为日本爱国主义的象征,日本的神道教复苏了,皇帝被奉为是太阳神之子。神道教仪式在国家庆典上执行。国家神道教会在第二次世界大战后就被废除了,但是仍有一些狂热分子存在。当第一家海外星巴克在日本东京开业时,神道教牧师还在开业大典上做了祷告。其中有家企业在每年 10 月将外国游客带入日本观看神道教遗址,该月在日本许多城市都会举行庆祝活动。

全球营销者需要对宗教如何影响企业有一个清醒的认识。对一些当前还不明显的影响,全球营销者也应该积极探索。尊重当地宗教传统是文化敏感性的重要部分。

# 3.3 家 庭

家庭的角色在不同文化之间大不相同,正如不同家庭成员之间也有不同的角色。我们发现,不同的文化之间,家庭大小、妇女职责和许多营销者关注的利害影响因素都是不同的。熟悉西方社会内家庭互动的公司发现,它们难以在其他地方发现相同的模式。

在美国,有一种趋势,即传统的核心家庭正在慢慢解体。人们结婚越来越晚,离婚率越来越高,"典型"的父母、孩子住一块的家庭模式越来越少见了。最近,在西欧也出现了相同的趋势:即使国家总人口在下降,但是家庭数量却在上升。这一结果导致的是耐用消费品,诸如洗衣机和微波炉的需求上升,因为这些产品是与家庭数量,而不是人口数量相关联的。此外,随着越来越多的妇女走出家庭,参加工作(见表 3.3),对冰冻食品和育儿中心的需求也蓬勃发展。

表 3.3　部分国家的家庭数据(以百分比衡量)

| 国家 | 人口增长率 | 成年劳动力中妇女所占比例 |
|---|---|---|
| 澳大利亚 | 1.1 | 45 |
| 奥地利 | 0.2 | 45 |
| 比利时 | 0.2 | 44 |
| 巴西 | 1.4 | 43 |
| 加拿大 | 1.0 | 47 |

续表

| 国家 | 人口增长率 | 成年劳动力中妇女所占比例 |
|---|---|---|
| 智利 | 1.1 | 36 |
| 中国 | 0.6 | 52 |
| 丹麦 | 0.3 | 47 |
| 埃及 | 1.9 | 22 |
| 法国 | 0.4 | 46 |
| 德国 | 0.1 | 45 |
| 希腊 | 0.3 | 41 |
| 匈牙利 | −0.3 | 46 |
| 印度 | 1.6 | 28 |
| 印度尼西亚 | 1.3 | 37 |
| 意大利 | 0.1 | 40 |
| 日本 | 0.2 | 41 |
| 马来西亚 | 1.9 | — |
| 墨西哥 | 1.3 | 36 |
| 冰岛 | 0.5 | 44 |
| 尼日利亚 | 2.2 | 37 |
| 挪威 | 0.5 | 47 |
| 巴基斯坦 | 2.0 | — |
| 俄罗斯 | −0.5 | 49 |
| 新加坡 | 1.5 | 40 |
| 南非 | 0.8 | 44 |
| 西班牙 | 1.1 | 41 |
| 瑞典 | 0.4 | 48 |
| 瑞士 | 0.2 | 45 |
| 泰国 | 0.2 | 45 |
| 土耳其 | 1.4 | 26 |
| 英国 | 0.3 | 46 |
| 美国 | 1.0 | 46 |
| 委内瑞拉 | 1.8 | 40 |

2000—2005 年年均人口增长率。

资料来源：Adapted from *Statistics and Indicators on Women and Men*, United Nations Statistics Division (http://www.un.org)，June 2007. United Nations，2007. Reproduced with permission.

营销者不可能在所有国家找到一模一样的家庭结构。在许多社会,尤其是亚洲和拉丁美洲,男人是一家之首的地位仍是不可动摇的。许多文化仍对男孩寄予厚望,而对女孩没有相同要求。在许多文化中,男女出生率之比为 105∶100,而在中国是 118.5,韩国为116。在韩国有些地区,男女孩出生率之比为 125∶100,这意味着女性受精卵直接被堕胎了。这一男子主导的结果就是妇女在劳动力中的比例低下,最终导致家庭收入平均水平偏低。每户家庭的孩子数量也随着国家或文化的不同而差异巨大。在德国和许多东欧国家,每户人家一个孩子已经蔚然成风,而许多发展中国家的家庭和西方标准相比,差距仍是相当巨大的。

## 1. 大家庭

到目前为止,我们仅仅讨论了核心家庭。但是,在许多家庭中,大家庭——包括爷爷奶奶、外公外婆、媳妇女婿、叔叔婶婶等——是非常重要的。在美国,老一代通常单独居住,他们或者拥有独立住所,或者在多户房子中拥有独立空间,抑或住在敬老院(对那些没有生活自理能力的人)。在低收入水平国家和落后地区,大家族仍然起着巨大的作用,这进一步加大了家庭人口数目。在中国,67%的父母和他们的其中一个成人儿女住在一起,80%的父母每周至少和子女联系一次。

大家庭或者说是家族对海外华人也有巨大影响。在过去 200 年中,一拨拨的家族因为贫困或者政治动乱逃亡到其他亚洲国家。在华人组织下,他们组成了勤俭节约、自强不息的紧密团体。这些华人团体,在商业和工业方面都大放异彩。举几个例子来说,华人占了 1%的越南人口,却贡献了 20%的越南经济;在菲律宾,1%的华人贡献了 40%的经济;在印度尼西亚,4%的华人贡献了 50%的经济;在马来西亚,32%的华人贡献了 60%的经济。具有讽刺意义的是,中国为了控制人口增长,在过去的一代推行独生子女政策。这一政策的直接影响就是伤害了中国年轻一代形成传统中国家族商业的能力。据中国年轻企业家报道,他们与高校同学建立商业联系,而不是像过去那样,与兄弟姐妹等血缘关系的人建立联系。

在许多国家,如土耳其,传统与现代并存——对营销者来说是机遇与挑战并存。

## 2. 家庭之外

大多数社会赞成并推行紧密的家庭联系。但是,Francis Fukuyama 反对说,过于强调家庭价值观有害无益。有些文化,诸如意大利南部文化,强调核心家庭关系,排除所有其他关系。甚至有这种说法:意大利南部的成年人不是人,而仅仅是父母。在这种低信誉社会(low-trust society),信任只存在于直接家庭成员之间。

　　但是，商业关系需要信任。尽管存在合同和法庭，如果企业家将时间都花在诉讼上，那么生意还是无法开展的。如果信任只存在于家庭成员之间，那么商业也只能停留在家庭之内。这种行为必然阻碍现代大规模企业的形成和发展。因此，意大利南部至今仍是西欧最为贫困的地区之一。按照Fukuyama的定义，许多发展中国家都是相对低信任度的国家。相对来说在私有领域基本上没有大公司在北美、欧洲和日本发展。这些公司与发达国家的公司相比，保持了更长的家庭关系链。

　　德国、日本和美国在文化的许多方面都是不同的。但是，Fukuyama发现，这些国家都是高信任社会（high-trust society）。它们的志愿者协会都有较长的历史——不论是民主的、宗教的，还是商业化的——都是发展到家族之外的。与非家庭成员之间合作来达到共同目标教会了人们一个道理，那就是，他们可以信任没有血缘联系的人。这些经验为大型公共公司的出现铺平了道路，因为家族企业能安心在社会募集资金，持股者信任职业经理者的投资。营销者在高信任度的国家提高竞争力，必须与这些大型公司相抗衡。但是，合作的历史也可以被明智的营销者探索出来。日本的信用卡营销者发现，与各大协会和俱乐部联合开发的信用卡更容易被接受，因为典型的日本人为从属于某个社团而自豪。

---

**世界脉搏3.1**

## 飞行员还是家庭主妇？

　　有些人认为日本的性别分工历史并不特别。该国在108个国家中排名58。但是，婴儿潮导致的大规模退休浪潮为日本妇女创造了新的机会。过去航空公司只招收男性飞行员，如今也开始招收女飞行员。

　　随着越来越多的妇女在外工作，职业家庭卫生工人也日渐流行。几十年来，家庭打扫被认作是日本妇女的工作，即使是很富有的家庭也不会雇用陌生人来打扫卫生。但是随着妇女进入劳动力的数量达到历史新高，日本社会经历了性别角色的重新定义。

　　毫无疑问，工业面临这一系列的挑战——高成本的送货上门服务就是其中之一。日本反对移民，故而劳动力成本仍然相当高。Duskin公司是日本一家家庭打扫的先行者，只清理一个抽水马桶就要收费15 000日元（合113美元），而打扫一个两居室的公寓则至少要420美元。另外一家公司在工作日打折收费，因为心怀内疚的家庭主妇可以将她们工作外包的情况向丈夫隐瞒。

　　清扫公司的企业家并没有受到打击。日本家庭清扫组织是一家有60个成员的自愿性团体，在日本经济衰退时期曾经为在公司中解聘的中年男子提供为期10天的新手培训。家庭清洁工甚至在公司黄页中拥有属于自己的部分。但是它们是列在英语单词house-cleaning之下的，而不是日本语soji。

资料来源：Women's Dream of Becoming Airline Pilots No Longer Oie in the Sky. *Kyodo News*, December 23, 2008; Yumiko Ono. Japan's Distress Prompts an Odd Career Transiton. *Wall Street Journal*. April 1, 2002, p. B1; Anthony Faiola. Japanese Women Live, And Like It, on Their Own. *Washington Post*, 31 August 2004, p. A01; and Firms Fail to Recognize Economic Importance of Women at Own Peril. *Nikkei Weekly*, April 6, 2009.

低信任社会(low-trust society)：信任只给予直接家庭成员的社会。

高信任社会(high-trust society)：信任给予直接家庭成员以外人群的社会,鼓励各种自愿性团体的出现,如市民团体和现代企业。

# 3.4 教　育

教育塑造人的外表、欲望和动机。各个国家的教育系统发展水平不同,各国的消费者也存在差异。此外,教育水平不但影响潜在消费者,也影响国外公司的潜在员工和公司集团。

在美国,规定义务教育在法定年龄 16 岁结束。事实上获得高中文凭的学生都在学校待到 18 岁。在高中,约有 25％的学生接受职业教育。高中毕业后,学生们或继续深造,或者找工作。约有一半的高中毕业生会进入大学,并不是所有国家都采用这种模式的。很多欧洲学生到 16 岁就不再上学,他们会参加一项学徒项目。最典型的例子在德国,正式的学徒项目有 450 多种工作类型。

一个社会的教育水平和质量在两个层次上影响营销:消费者层次和雇员层次。在一个平均受教育水平低下的社会中,民众文化程度不高。基础文化水平在各国之间相差很大(见表 3.4)。这种在阅读水平上的差异不仅影响消费者的潜在收入,影响消费,而且影响营销项目的交流方式,我们将在第 14 章和第 15 章详细介绍。另外一个问题是年轻人的收入水平。在有些国家,如德国,许多年轻人在 20 岁时就有一笔可观的收入,年轻人市场的价值和潜力与美国就大不相同,在后者大多数年轻人在 21～22 岁才开始工作。

表 3.4　部分国家成年人受教育水平(以百分比衡量)

| 国　家 | 男性 | 女性 | 国　家 | 男性 | 女性 |
|---|---|---|---|---|---|
| 阿尔及利亚 | 80 | 60 | 洪都拉斯 | 80 | 80 |
| 阿根廷 | 97 | 97 | 印度尼西亚 | 94 | 87 |
| 亚美尼亚 | 100 | 99 | 伊朗 | 84 | 70 |
| 贝宁 | 48 | 23 | 以色列 | 98 | 96 |
| 玻利维亚 | 93 | 81 | 墨西哥 | 92 | 90 |
| 巴西 | 88 | 89 | 摩洛哥 | 66 | 40 |
| 保加利亚 | 99 | 98 | 秘鲁 | 93 | 82 |
| 柬埔寨 | 85 | 64 | 卡塔尔 | 89 | 89 |
| 喀麦隆 | 77 | 60 | 俄罗斯 | 100 | 99 |
| 智利 | 96 | 96 | 沙特阿拉伯 | 87 | 69 |
| 中国 | 95 | 87 | 南非 | 84 | 81 |
| 埃及 | 83 | 59 | 泰国 | 95 | 91 |
| 埃塞俄比亚 | 100 | 100 | 土耳其 | 95 | 80 |
| 加纳 | 66 | 50 | 越南 | 94 | 87 |

资料来源:根据联合国数据库文化水平指标改编(http://www.un.org)2007 年 6 月.

教育系统同时影响雇员的技术水平和执行能力。在美国，许多大公司的销售组织由高校毕业生组成。在许多其他国家，销售工作地位低下，很难吸引高校毕业生。典型的美国主管的职业之路包括四年的大学学历，许多情况下还需要商业管理的硕士学位。尽管在过去 25 年里世界上的工商管理硕士人数大大上升，但这种教育水平要求在其他国家并不常见。举个例子，韩国大公司中的工商管理硕士少于美国公司中的工商管理硕士人数，但是韩国大公司引进顶级管理教育者在公司管理项目中执教。

因此，不同国家对总体教育水平有不同的观点，尤其是管理教育方面。传统欧洲教育强调通过知识掌握一项技能。与之相反的是，美国教育强调分析能力和对概念的理解。通过这两种教育体系的学生很可能会形成不同的思维模式和态度。这需要国际管理者富有文化敏感性，理解这些文化差异，充分利用可得的人力资源。

# 3.5　对时间的态度

在波兰，通常情况下决策可以迅速做出。在哈萨克斯坦，最后一秒钟取消会议是很正常的，而在罗马尼亚，守时是必须恪守的规则。这些都是反映不同文化对时间的态度的例子。在美国，时间被看作有经济价值的。这是一项需要规划和明智使用的商品。时间安排表是必需的，约定的时间也要经过精确地设定。如果一个会议定在下午三点钟，与会者就必须在三点钟到达。而在许多其他国家，如哥斯达黎加和沙特阿拉伯，会议几乎不可能是按时召开的。一个按时到会的美国人在沙特阿拉伯可能要花上半天时间等待其他的与会者到齐。遇到这种情况，美国人必会勃然大怒。浪费了多少宝贵时间啊！

## 1. 单一文化、多元文化及时间观念

美国是一个单一文化国家（monochronic culture）。一次只执行一项活动。人们遵守计划和行程安排。但是，亚洲文化从本质上说却是多元文化（polychronic culture），期望就不相同。一个管理者一次性要管理多项工作。计划和行程安排根据人们的需要而变化，计划中断也是见怪不怪。一个高级印度经理放下手头工作，倾听一个雇员的家庭问题并不奇怪。类似地，突然间中断一段对话，去参加预先安排的会议是不礼貌的。来自单一文化的销售人员到多元文化国家时，应该做好等待的打算，并不能将客户的拖沓当成是缺乏兴趣或者不尊重。

拉丁文化有时候是单一文化，有时候又是多元文化。来自南美洲的管理者解释说，单一文化更适合于工作场合，而多元文化更适合于私人生活和娱乐活动。

时间观念随文化不同而不同。在有些文化中，如墨西哥和巴西，注重当前时间：生命追求当前的享受。一家墨西哥谷物生产商发现，一旦员工赚够了一周的花费，他们就不会再来上班。美国文化关注未来，为达到未来目标而努力工作。欧洲和中东文化更关注过去，更强调过去的成就和关系。30 年前当埃及和以色列缔结和平条约时，结束了将近 30 年来的战争状态。美国政府在和平进程中做过努力，期望两国之间能够建立良好的商业关系。今天，以色列公司基本没有进入埃及市场。而埃及人——无论是消费者，分销商，潜在合作伙伴，还是政府官员——仍然清醒地记着和平之前的 30 年战争。

在这则贝克思啤酒的广告中,年轻的秘鲁人正在享受社交活动。尽管工作中实行单一文化,拉丁文化中的社交生活仍然是多元文化的。

单一文化(monochronic culture):一次处理一项活动的文化,人们遵守计划和日程安排表。

多元文化(polychronic culture):同时执行多项任务的文化,计划和日程安排表随着需要而改变,并随时可能发生中断。

时间观念(temporal orientation):一个社会的主要时间焦点集中于过去、现在或者将来。

## 2. 工作与休息时间

对于花费在工作和休闲中的合理时间,不同文化有不同的观点。在大多数经济发达国家,休闲是生活的一个重要方面。在这类国家,休闲娱乐业的发现揭示了休息和玩乐可以像其他产品一样被大量消费。

通过法定假日补贴和公众假期,社会深刻影响着工作和休息时间。按惯例,欧洲法律规定,公司每年必须给予职工 25～30 天的假期,而美国、日本、墨西哥和菲律宾的许多工人却只能享受 5～10 天的假期。这些差异导致每年欧洲工人的工作时间少于美国、日本和墨西哥。

全球化使工作时间有趋同趋势。比如,德国工人平均比美国工人少工作 25 小时。在过去 25 年中,德国工会为了创造更多的工作机会,成功将工作时间缩短了。但是,这也导致了德国成为世界上劳动力成本最高的国家,德国公司为了在全球保持竞争力,不得不将工作机会迁往国外。随着最近东欧国家加入欧盟,预计会加速这一趋势。面临着丢掉工作的威胁,法国一家汽车零件公司工人不得不同意为相同的薪水而工作更长的时间。有人将这一妥协归为推翻法国 35 小时法定工作周的开端。

# 3.6  霍夫斯泰德:文化评价法

霍夫斯泰德发明了一项四维框架,来衡量文化的主要特征。这一框架源于他对微软公司雇员的研究,引起了许多学者的兴趣。这一份研究包含了 11 600 份问卷,整合了 72

个不同国家的子公司、20 种语言和 38 类职业。霍夫斯泰德的研究对国际营销者大有帮助。四个研究角度是权力差距、个人主义与集体主义、刚柔性和不确定性规避。69 个国家和地区的分数都列示在表 3.5 中。尽管霍夫斯泰德的四个角度并不能够完全描述各国文化，但它们是一个良好的开端。

表 3.5　69 个国家和地区的霍夫斯泰德文化值

| 国家/地区 | 权力差距 | 个人主义与集体主义 | 刚柔性 | 不确定性规避 |
|---|---|---|---|---|
| 阿拉伯国家（a） | 80 | 38 | 53 | 68 |
| 阿根廷 | 49 | 46 | 56 | 86 |
| 澳大利亚 | 36 | 90 | 61 | 51 |
| 奥地利 | 11 | 55 | 79 | 70 |
| 孟加拉国 | 80 | 20 | 55 | 60 |
| 比利时 | 65 | 75 | 54 | 94 |
| 巴西 | 69 | 38 | 49 | 76 |
| 保加利亚 | 70 | 30 | 40 | 85 |
| 加拿大 | 39 | 80 | 52 | 48 |
| 智利 | 63 | 23 | 28 | 86 |
| 中国 | 80 | 20 | 66 | 30 |
| 哥伦比亚 | 67 | 13 | 64 | 80 |
| 哥斯达黎加 | 35 | 15 | 21 | 86 |
| 捷克共和国 | 57 | 58 | 57 | 74 |
| 丹麦 | 18 | 74 | 16 | 23 |
| 东非地区（b） | 64 | 27 | 41 | 52 |
| 厄瓜多尔 | 78 | 8 | 63 | 67 |
| 爱沙尼亚 | 40 | 60 | 30 | 60 |
| 芬兰 | 33 | 63 | 26 | 59 |
| 法国 | 68 | 71 | 43 | 86 |
| 德国 | 35 | 67 | 66 | 65 |
| 希腊 | 60 | 35 | 57 | 112 |
| 危地马拉 | 95 | 6 | 37 | 101 |
| 中国香港 | 68 | 25 | 57 | 29 |
| 匈牙利 | 46 | 80 | 88 | 82 |
| 印度 | 77 | 48 | 56 | 40 |
| 印度尼西亚 | 78 | 14 | 46 | 48 |

| 国家/地区 | 权力差距 | 个人主义与集体主义 | 刚柔性 | 不确定性规避 |
|---|---|---|---|---|
| 伊朗 | 58 | 41 | 43 | 59 |
| 爱尔兰 | 28 | 70 | 68 | 35 |
| 以色列 | 13 | 54 | 47 | 81 |
| 意大利 | 50 | 76 | 70 | 75 |
| 牙买加 | 45 | 39 | 68 | 13 |
| 日本 | 54 | 46 | 95 | 92 |
| 卢森堡 | 40 | 60 | 50 | 70 |
| 马来西亚 | 104 | 26 | 50 | 36 |
| 马耳他 | 56 | 59 | 47 | 96 |
| 墨西哥 | 81 | 30 | 69 | 82 |
| 摩洛哥 | 70 | 46 | 53 | 68 |
| 冰岛 | 38 | 80 | 14 | 53 |
| 新西兰 | 22 | 79 | 58 | 49 |
| 挪威 | 31 | 69 | 8 | 50 |
| 巴基斯坦 | 55 | 14 | 50 | 70 |
| 巴拿马 | 95 | 11 | 44 | 86 |
| 秘鲁 | 64 | 16 | 42 | 87 |
| 菲律宾 | 94 | 32 | 64 | 44 |
| 波兰 | 68 | 60 | 64 | 93 |
| 葡萄牙 | 63 | 27 | 31 | 104 |
| 罗马尼亚 | 90 | 30 | 42 | 90 |
| 俄罗斯 | 93 | 39 | 36 | 95 |
| 萨尔瓦托 | 66 | 19 | 40 | 94 |
| 新加坡 | 74 | 20 | 48 | 8 |
| 斯洛文尼亚 | 104 | 52 | 110 | 51 |
| 南非 | 49 | 65 | 63 | 49 |
| 韩国 | 60 | 18 | 39 | 85 |
| 西班牙 | 57 | 51 | 42 | 86 |
| 苏里南 | 85 | 47 | 37 | 92 |
| 瑞典 | 31 | 71 | 5 | 29 |

续表

| 国家/地区 | 权力差距 | 个人主义与集体主义 | 刚柔性 | 不确定性规避 |
|---|---|---|---|---|
| 瑞士 | 34 | 68 | 70 | 58 |
| 中国台湾 | 58 | 17 | 45 | 69 |
| 泰国 | 64 | 20 | 34 | 64 |
| 特立尼达岛 | 47 | 16 | 58 | 55 |
| 土耳其 | 66 | 37 | 45 | 85 |
| 英国 | 35 | 89 | 66 | 35 |
| 美国 | 40 | 91 | 62 | 46 |
| 乌拉圭 | 61 | 36 | 38 | 100 |
| 委内瑞拉 | 81 | 12 | 73 | 76 |
| 越南 | 70 | 20 | 40 | 30 |
| 西非地区(c) | 77 | 20 | 46 | 54 |
| 南斯拉夫 | 76 | 27 | 21 | 88 |

（a）埃及、伊拉克、科威特、黎巴嫩、利比亚、沙特阿拉伯和阿拉伯联合酋长国

（b）埃塞俄比亚、肯尼亚、坦桑尼亚、赞比亚

（c）加纳、尼日利亚、斯里兰卡

资料来源：Geert Hofstede. *Cultures and organizations*：Software of the Mind. New York：McGraw Hill, 1991, pp. 53，68，84，and 113；and Geert Hofstede. *Culture's Consequences*. Thousand Oaks, CA：Sage, 2001，p. 502.

## 1. 权力差距

权力差距指的是社会内部没有权力的成员认为权力不公平分配的程度。霍夫斯泰德讲述了一个发生在高权力差距文化的法国和低权力差距文化的瑞典的文化冲突的故事：

1809 年瑞典贵族推翻了国王古斯塔夫四世的统治，因为他们认为国王不称职，并出人意料地邀请了敌人拿破仑手下的一个法国军官——伯纳多特成为瑞典的国王。伯纳多特接受了这一邀请，并成为查理斯十六世国王。他的后代子孙至今仍掌控着瑞典皇位。当这位新皇登基时，他用瑞典语言向议会发表讲话。他的蹩脚瑞典语娱乐了瑞典人，招来了一阵大笑。这位来自法国的皇帝大受打击，此后再也没有试图讲瑞典语。

作为一个法国将领，伯纳多特习惯于与他的下属区分开来。法国议会从来不会嘲笑或者当面批评一个君王。直到今天，法国和其他欧洲国家相比，仍然拥有极高的权力差距分数。几乎所有法国公共部门或者私有行业的顶级职位都是由法国两大精英学校——国家管理学院和技术学院毕业的毕业生所掌控。

从家庭开始，高权力差距文化中生活的孩子必须孝顺父母。尊敬父母和长辈被认为是一项美德。在低权力差距国家中，孩子从小就会拒绝长辈，并学着独立于家庭生活。在这些社会中，下属不会依赖上级，与上级相处更为自然，能够据理力争。

权力差距（power distance）：文化的一种衡量法，指的是社会内部没有权力的成员认为权力不公平分配的程度。

## 2. 个人主义与集体主义

霍夫斯泰德文化分析的第二个层次是个人主义与集体主义。美国的个人主义得分很高。但是,世界上更多的是集体主义。在集体主义盛行的社会,集体利益凌驾于个人利益之上。个人从一出生开始,就融入了紧密团结的团体。他们的身份以团队忠诚度和团队角色来衡量。

集体主义世界将人群分为集体内部和集体外部两个部分。换句话说,人们不仅仅是简单地挑选参加哪个集体。通常情况下,一个人自出生起就是某个集体的成员,例如一个家庭,一个民族,或者一个国籍。集体主义社会倾向于更怀疑外来者,而个人主义社会更加欢迎外来者。比如,只要双亲之一是美国人,其子女就可以成为美国公民。此外,即使双亲都不是美国人,只要出生在美国,就可以成为美国公民。如果一个人出生时不是美国人,也可以通过移民实现国籍的转变。每年都有成千上万的移民申请并如愿成为美国公民。而集体主义社会就不会如此轻易地授予公民身份。要想成为一个合格的埃及公民,其父母都必须是埃及人,而且在该国,单单通过出生就成为本国公民是不可能的。

与个人主义社会相比,在集体主义社会中的个人更加依赖他们的集体,也更忠诚于他们的集体。团队成员间要相互照顾,反过来,他们更加遵守团队规则,防止在言论和行为上背离组织。这种团结性会转变成后期的大集体,如高中、大学朋友或者同事团体。

集体主义和个人主义市场的差别可以用韩国社交网 Cyworld 来阐释。和美国社交网不同的是,Cyworld 并不侧重于将陌生人联系在一起,而是强调在现有朋友、同事和亲戚之间加强联系。它创造了一个空间,让人们保持从高中毕业后的联系。

外来者只有投入足够的时间和努力,才可能在集体主义社会中被接受。许多公司都在沙特阿拉伯有过这么一段经历:一个经理人被送到沙特阿拉伯去建立商业关系。很长一段时间后,潜在的沙特阿拉伯客户终于同意与该公司建立商业关系,但前提必须是最初被派去的经理留任并管理公司关系。换句话说,受信任的外来者必须是个人,而不是一个公司。

个人主义与集体主义(individualism-collectivism):衡量文化的一个维度,抓住一个社会是以个人身份评价还是团队成员评价的程度。

## 3. 刚柔性

霍夫斯泰德文化的第三维度是刚柔性。这是在微软公司的研究中,唯一一项男女得分相差极大的维度。然而,有些国家总体得分更加偏向于刚性,甚至女职员也是如此,而有些国家则总体偏向柔性,包括它们的男职员。刚性与果断性相联系,柔性与谨慎性和母性相联系。刚性社会侧重志向、竞争性和高收入。柔性社会更加关注公共福利。例如,一国国民生产总值中分配给贫穷国家的援助的百分比并不是与财富相关联,而是与柔性相关联。

丹麦是一个柔性社会,学生在简历中不会大肆宣扬自己的成就。在面试中,面试官必须通过提问来了解该学生的成就。而在刚性社会的学生,比如美国,就会在简历中极力宣扬自己的成绩。从这方面讲,霍夫斯泰德表示,在丹麦人看来美国人都是自大狂的,而在美国人看来，丹麦人还"乳臭未干"。

刚柔性（masculinity-femininity）：文化的一个维度，与果断性/谨慎性和竞争性/母性相联系。

## 4. 不确定性规避

不确定性规避指的是对未来将要发生的事情的不安和担忧的状态。它与风险规避并不相同。风险规避者担忧具体事情的发生——如股市泡沫的崩溃，或者因为没有努力学习而通不过期末考试。而规避不确定性的人对所有可能发生的事情焦虑不安。他们为考试感到焦虑，即使在过去他们一直很用功，成绩也一直很好。未来对所有人来说都是不确定的。典型的一个来自低不确定性规避社会的人会接受这一事实，而且自信能面对一切未来发生的事情。换句话说，他们灵活应对各种打击。而一个典型的来自高不确定性规避社会的人，会试图控制未来的不确定性，并将其最小化。他们趋向于更努力地工作，在做事情时也会尽力以更舒适的方式去做。

不确定性规避文化喜欢清楚办事。所有事情必须清晰明了，尽可能地可以预测。在这些文化中的老师应该能够回答一切问题。在低得分文化中，老师可以说"我不知道"。高得分文化对正式和不正式的规则有强烈需求，而低得分文化讨厌规则。但是不论他们采取何种规则，在总体上与不确定规避社会中的众多规则相比，能得到更好的遵守。

高不确定性规避文化认为，差异总是存在潜在的危险。这种担忧使得这种文化缺乏创新，因为他们怀疑截然不同的新想法。但是，他们非常擅长执行他人意见。正如霍夫斯泰德指出，英国（一个低级不确定规避文化）的诺贝尔奖获得者多于日本（高不确定性规避文化），但是日本为世界市场带来了更多的新产品。

在首尔城外一家私营补课学校，韩国学生在偏远地区为他们的高考而不停地学习。韩国在不确定性规避上得分甚高。

不确定性规避（uncertainty avoidance）：文化的一个维度，与对未来的担忧相关。

## 5. 霍夫斯泰德衡量法的运用及限制

霍夫斯泰德衡量法在存在重大文化差异的地方是一项非常好的衡量方法。美国人在与危地马拉的分销商打交道时,必须牢记他们的代理商来自一个差异很大的文化。危地马拉在权力差距和不确定性规避上得分很高。这是一个集体主义盛行的社会,而美国是一个个人主义盛行的社会。如果我们派一个年轻的美国经理与危地马拉的分销商谈判,美国经理必须注意对年长的分销商表示应有的尊敬。我们的经理应该预料到对方会提出详细而清晰的合同条款。反过来,我们的经理也应该考虑到,该分销商必须是集体内部人员。比如,他们的集体关联是否允许该分销商与零售商接触并采用更好的融资条件呢?潜在分销商是否遵守集体规则,并觉得他们自身在团体内部是值得信赖的?

我们必须谨记,这些分数都是相互关联的。基于相互比较的分析,日本既是集体主义者,也是个人主义者。美国文化比日本文化更倾向于个人主义,但是日本文化比韩国文化更具有个人主义特色。当一个跨国公司派一个美国经理与日本客户打交道时,这个经理必须适应更集体主义的文化。当该跨国公司派一个韩国经理与相同的日本客户打交道时,这个经理要适应更讲究个人主义的文化。

对研究者来说,霍夫斯泰德框架是迄今为止最引人注目的文化研究框架。但是,这一框架也存在许多限制。并不是所有的国家都包含在最初的微软研究范围内。因为在20世纪70年代末期,微软公司尚未在俄罗斯和东欧建立分公司,此外还有南斯拉夫等,我们没有在这些市场中获得原始数据。幸运的是,新研究提供了这些数据。但是,由于样本数量原因,尽管一些非洲和中东国家可能存在文化差异,我们仍将它们归为一类。同时必须谨记的是,这些都是一个国家的平均水平,在一个国家内部的少数民族和区域人口之间也可能存在巨大差异。此外,霍夫斯泰德衡量法不应该被用来区分民族。它为我们提供了一个文化的中心趋势和总体水平,但是不能用来描述来自该类文化的个人。比如,尽管瑞典整体是一个柔性文化民族而日本整体是一个刚性文化民族,一些瑞典人会表现得比一些日本人更为"刚性"。

尽管霍夫斯泰德衡量法在衡量文化差异上非常有用,也揭示了国际营销者可能面临的潜在跨文化问题,但是它不能抓住或者展示一个文化的所有方面。英国和美国在所有霍夫斯泰德衡量上表现大同小异。但是,它们在文化的许多方面还存在差异。比如说,英国比美国更注重阶级差异,美国在宗教信仰上得分更高,具体表现可从参加教堂祷告方面看出。美国人在表达情感上更加外向,而英国人显得更为保守。

事实上,霍夫斯泰德评分法有时会沦为文化悖论的产物。换句话说,它们会表现出与一种明显的文化现象背道而驰。比如,日本在不确定性规避上得分高于美国。但是它们在商业合同中有意使用模糊条款,而美国人在合同中严格遵守合同条款。仅靠四个衡量维度,我们并不能抓住一个完整的文化。这是一个良好的开端,但也仅仅是一个开端而已。

文化悖论(culture paradox):一种文化中常见的行为准则,表现出与之前该文化的概念模型背道而驰。

## 6. 文化的改变

一种文化改变会有多快?30年后霍夫斯泰德衡量法还有效吗?其结果还可以信任吗?文化确实在改变,但是大多数作者同意,文化改变得非常缓慢。在20世纪20年代,统治土耳其的奥斯曼帝国随着军国主义的兴起而覆灭了。一个新的有手段的统治者,阿塔蒂尔克,用各种方法使土耳其远离历史,并强迫土耳其人采用欧化方式。这是一场对集体主义的抹杀。按照法律规定,诸如政治团体和商业联盟等自愿性组织必须对全民开放。在阿塔蒂尔克统治下,过去在奥斯曼帝国政治舞台上发挥了巨大作用的民族会被打压下去。公民被教育成一个简单的土耳其人。宗教协会的外表象征,诸如伊斯兰妇女所佩戴的面纱和伊斯兰男子的毡帽,都被法律废除了。80年后,土耳其发生了翻天覆地的变化。阿塔蒂尔克在几乎所有土耳其人中奠定了英雄地位。但是他试图击败集体主义的尝试却失败了。当代土耳其人在东部与库尔德人产生种族问题,伊斯兰政治党派赢得了选举,而

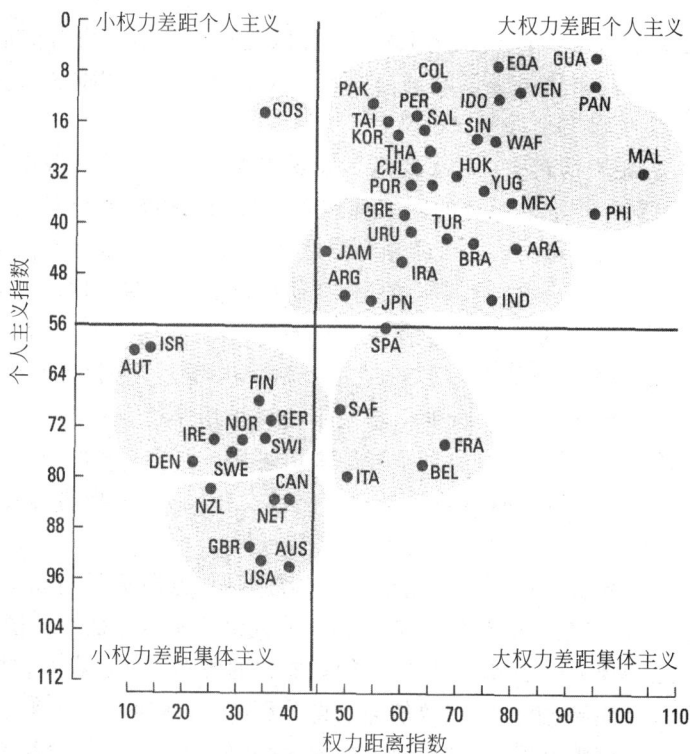

图 3.3　53个国家与地区在权力距离和个人—集体主义象限内的位置

横坐标:权力差距指数(左:小权力差距个人主义;右:大权力差距个人主义)

纵坐标:个人主义指数(小权力差距集体主义;右:大权力差距集体主义)

　　ARA:阿拉伯国家(包括埃及,伊拉克,科威特,黎巴嫩,利比亚,沙特阿拉伯,阿拉伯联合酋长国);ARG:阿根廷;AUS:澳大利亚;AUT奥地利;BEL比利时;BRA巴西;CAN加拿大;CHL智利;COL哥伦比亚;COS哥斯达黎加;DEN丹麦;EAF西非(包括埃塞俄比亚、肯尼亚、坦桑尼亚、赞比亚);EQA厄瓜多尔;FIN芬兰;FRA法国;GBR英国;GER德国;GRE希腊;GUA危地马拉;HOK中国香港;IDO印度尼西亚;IND印度;IRA伊朗;IRE爱尔兰共和国;ISR以色列;ITA意大利;JAM牙买加;JPN日本;KOR韩国;MAL马来西亚;MEX墨西哥;NET冰岛;NOR挪威;NZL新西兰;PAK巴基斯坦;PAN巴拿马;PER秘鲁;PHI菲律宾;POR葡萄牙;SAF南非;SAL萨尔瓦多;SIN新加坡;SPA西班牙;SWE瑞典SWI瑞士;TAI中国台湾;THA泰国;TUR土耳其;URU乌拉圭;USA美国;VEN委内瑞拉;WAF西非(包括加纳,尼日利亚,斯里兰卡);YUG南斯拉夫

土耳其在霍夫斯泰德个人主义维度上只得了37分。

许多发展中国家在权力差距和集体主义上确实得分很高(见图3.3),且一个国家中平均宗教信仰者人数随着经济发展有下滑趋势。根据这些结果,有人总结出随着经济的发展,在将来某天所有社会会融合成单一的现代文化。尤其是美国人,相信这种现代文化将与美国文化极其相似。然而,具有讽刺意味的是,参照宗教信仰的规则,美国将被排除在外。尽管美国的平均个人收入是世界上最高的国家之一,但它仍然是世界上最具有宗教信仰的国家之一。此外,美国人在国家自豪感等传统价值观的得分上比其他欧洲国家都高。基于现有的社会发展模式,瑞典和冰岛比美国更现代化,这无疑是充满争议的。

牢记在当今世界,文化差异极大是非常重要的。随着全球媒体、网络链接和移民,事实上所有文化都被其他文化所影响。所有的社会都在进化。100年之内,印度尼西亚必定会经历文化的改变,但是它不会变成美国。100年之内,美国也会经历文化的改变。各国的营销经理仍要继续处理文化差异,因为文化差异导致了各国的独特性。

# 3.7　语言与交流

了解一个社会的语言是了解该文化的关键所在。语言不仅仅是单词和术语的集合。语言表述了一种文化的思维模式——在某种程度上甚至表现了思考本身的形式。语言学家发现,拥有更多原始语种或有限词汇的文化很可能在思维模式上也存在限制。一些语言不能适应当代的技术和商业理念,迫使该文化内的精英分子只能用其他语言工作。

在将语言当成文化体现上,法国人尤其敏感。他们试图保护本国语言免受外来的影响。法国政府甚至提出了法律条文,来限制其他语言的入侵,尤其是英语。比如说,*Le airbag* 被称为 *coussin gonflable de protection*,*fast food* 被称为 *restauration rapid*。法国人甚至劝说欧盟,40%的电视节目应该产自国内。法国的电影票是要征税的,所征得的税金被用来支持法国电影行业,以保护本国电影业免受美国电影业的影响,因为后者开始占有整个欧洲电影市场。

表3.6列出了部分国家的官方语言。我们注意到,有些国家拥有不止一种官方语言。当迪士尼在印度发布首部动画片时,提供了三种语言——印度语、泰米尔语和泰卢固语。事实上,印度拥有19种官方语言,而最常用的语言是印度语。南非有11种官方语言。有极少数的国家,诸如美国,并没有设定官方语言。有各种部落语言的非洲国家经常使用一种欧洲殖民国家语言作为官方语言。但是,这种官方语言的使用可能仅限于社会高层。相同道理,西班牙语是玻利维亚的一种官方语言,但另外两种当地的印第安语也是官方语言。有些语言是与世界某些地区相联系的,但是这些地区的主要市场可能使用不同的语言。比如,阿拉伯语是与中东相联系的,但是伊朗也使用波斯语,土耳其使用土耳其语。西班牙语是与拉丁美洲相联系的,但是巴西也使用葡萄牙语。

表 3.6　部分国家的官方语言

| 国家 | 语言 | 国家 | 语言 |
|---|---|---|---|
| **非洲** | | 玻利维亚 | 艾玛拉语、盖丘亚语、西班牙语 |
| 安哥拉 | 葡萄牙语 | 巴西 | 葡萄牙语 |
| 喀麦隆 | 法语、英语 | 加拿大 | 英语、法语 |
| 乍得 | 法语、阿拉伯语 | 智利 | 西班牙语 |
| 埃塞俄比亚 | 阿姆哈拉语 | 海地 | 法语、克利奥尔语 |
| 肯尼亚 | 斯瓦希里语 | 牙买加 | 英语 |
| 莫桑比克 | 葡萄牙语 | 墨西哥 | 西班牙语 |
| 尼日尔 | 法语 | 秘鲁 | 西班牙语 |
| 尼日利亚 | 英语 | 委内瑞拉 | 西班牙语 |
| 卢旺达 | 法语、金亚瓦达语 | **中东** | |
| 索马里 | 索马里语 | 埃及 | 阿拉伯语、英语、法语 |
| **欧洲** | | 伊拉克 | 阿拉伯语 |
| 比利时 | 荷兰语、法语、德语 | 伊朗 | 波斯语 |
| 芬兰 | 芬兰语、瑞典语 | 以色列 | 希伯来语、阿拉伯语 |
| 法国 | 法语 | 黎巴嫩 | 阿拉伯语、法语 |
| 德国 | 德语 | 土耳其 | 土耳其语 |
| 意大利 | 意大利语 | **亚洲** | |
| 冰岛 | 荷兰语、弗里西亚语 | 巴基斯坦 | 乌尔都语、英语 |
| 俄罗斯 | 俄语 | 斯里兰卡 | 英语、僧伽罗语、泰米尔语 |
| 西班牙 | 西班牙语 | 日本 | 日语 |
| 瑞士 | 法语、德语、意大利语、罗曼斯语 | 马来西亚 | 马来语 |
| 英国 | 英语、威尔士语 | 菲律宾 | 塔加拉语、英语 |
| **美洲** | | 新加坡 | 中文、英语、马来语、泰米尔语 |
| 阿根廷 | 西班牙语 | 韩国 | 韩语 |
| 伯利兹 | 英语 | 泰国 | 泰语 |

资料来源：Adapted from *Culture Practices and Heritage*：*Leading Languages*. UNESCO Cultural Policy Resources(http://www.unesco.org)。

# 1. 称呼的形式

英语只有一种称呼：所有人都用人称代词"你"。在许多其他语言中并非如此。日耳曼语、法兰西语和斯拉夫语却有两种称呼方式：私底下的和正式的。日语有三种形式。一个日本人在与上级、同事或者下属之间会使用不同的称呼方式,而且在很多表达中男性和女性使用不同的形式。这些语言上的差异代表了不同的互动方式。英语,尤其是美式英语,远远没有日语正式。美国人通常以姓氏称呼他们的上司或者顾客,而在日本这种称呼方式是很粗鲁的。因此,了解日语能让外国人对有关日本社会地位的文化习俗有更好的了解。

## 2.语境

当一位美国主管在谈判中说"yes"时,这通常意味着"是的,我接受这一条款"。但是,"yes"在亚洲国家可能会有许多不同的意思。它可能意味着你的倾听者知道你正在和他们说话,但是他们并不一定知道你在讲什么。也可能意味着他们知道你在讲什么,但是并不同意你所讲的。也可能意味着他们理解你的提议,但还要跟别人讨论你的提议。或者,到最后,这意味着完全同意。

简单的"yes"是有些语言会受不同社会语境影响的很好的例子。在低语境文化,诸如美国,交流简单直接,词汇在各种情况下都保留着原有的含义。在亚洲高语境文化中,意思表达就含蓄很多。词汇的含义随着讲话人的不同、讲话的地点不同和讲话的情景不同而不同。这些差异对于不是该文化下出生和成长的人来说,交流变得更加困难。毫无疑问,集体主义文化倾向于成为高语境文化。

高语境文化中,开始一个对话之前,谈话双方需要进行一些初始交谈使对方进入相应的社会语境。比如说,交谈双方来自相同的社会背景,还是其中一方是外来者?谈判双方都具有独立做出决定的权利,还是需要和其他方讨论决定?在高语境文化中,这些问题从来不会直接问出或得到回答。相反地,人们更习惯于从中找出一些线索,诸如某人是在哪个学校上学的,在该公司工作了多长时间等。"找出某人的定位"能帮谈判者决定如何互动,并理解彼此的言论。

此外,说话的方式也非常重要,甚至比讲的内容更加重要。当美国前国务卿詹姆斯·贝克告诉伊拉克人,如果他们不撤出科威特,美国将攻打伊拉克时,高语境文化的伊拉克人就明白美国人不会攻打伊拉克了。贝克讲话时相当平静,并没有一点愤怒之意。因此,伊拉克人总结出他们不用把这个威胁放在心上。

低语境文化(low-context culture):在该种文化中,交流是简单明了的,单词在各种语境中都保留原有的意思。

高语境文化(high-context culture):在该种文化中,交流是含蓄的,单词的含义会随着讲话人的不同、讲话地点不同和讲话情景不同而不同。

## 3.肢体语言

正如理解口头外语一样,肢体语言也是挑战之一。非口头语言,或者说是肢体语言(body language)的使用也非常重要。肢体语言包括触摸、手臂动作、手势、与讲话者保持适当距离等元素。在商业谈判中,墨西哥人喜欢与陌生人保持16~18英尺的距离。对拉丁人、阿拉伯人和非洲人来说,近距离是一种自信的表现。亚洲人、北欧日耳曼民族、盎格鲁—撒克逊人和德国人认为人与人之间应该保持1英尺或者1米的距离。当一个墨西哥人在这个距离之内与一个英国人讲话时,英国人会感觉受到侵犯并退后,从而给墨西哥人留下错误的信息：对方不想做生意。不同文化之间目光的接触怎样才算合适差异也很大。美国人认为,讲话时看着对方是值得信任的意思。而在许多亚洲文化中,比如韩国,这是一种不尊重对方的表现。

在一家日本微笑学院的学生

　　肢体语言(body language)：非口头交流,包括触摸、做手臂动作或者手势,与讲话者保持合适距离等。

### 4. 情感展示

　　另一种表现交流方式的文化差异是表现情感的程度。在感性文化中,如意大利、美国和阿拉伯国家,讲话者比非感性文化,或者说是中性文化,如中国、韩国和日本,可以甚至应当表现出更多的情感。如果讲话者感到失望或者兴奋,可以大声讲话并且手舞足蹈。这并不是说美国人和意大利人比韩国人拥有更强烈的情感,只是说明韩国人一般不太显露情感。来自感性文化中的人表现出的情感可能会使来自中性文化的人失去镇静,同理,来自中性文化的人会使来自感性文化中的人感到无法理解。

　　尽管日本是一个非感性文化国家,日本营销者开始重新考虑微笑的力量。一些零售和服务行业将员工送到新开的微笑学院,该学院认为"引进欢乐"应该成为公司的目标。《笑脸》的作者,Yoshihiko Kadokawa 认为对顾客微笑可以增加销售量,提升员工士气。但是,日本微笑学院的老师却不得不承认,过度微笑仍然饱受争议,因为日本人认为它反映了自杀倾向,尤其是在男性中的自杀倾向。

　　感性文化(affective culture)：在感性文化中,讲话者是允许,甚至应当表现情感的。
　　中性文化(neutral culture)：反对做出情感显露的文化。

## 3.8　克服语言障碍

　　国际营销的交流深受不同语言的影响。广告要换成不同的语言,私人交流也因语言障碍而困难重重。为克服语言障碍,全世界的商人采取了三种方法：书面资料的翻译、口译者的使用和外国语言的学习。

## 1．翻译与译者

许多文件都需要翻译,包括销售资料、产品目录、广告和合同。有些公司通过翻译公司处理所有信件。对于一家在外国市场没有开设当地分公司的企业,一般都有合格的翻译代理机构。拥有世界上最多翻译员工的机构是欧盟,每年有1500人将120万页的资料翻译成三种官方语言:英语、法语和德语。欧盟官员也使用机器翻译,这可以为电子邮件和其他不太正式的交流提供粗糙的翻译。

高级主管出行或者参加会议时,如果存在语言障碍,私人译员就起到非常重要的作用。但是他们只在有限的时间内发挥最大作用。现实地说,他们并不能克服长期存在的交流问题。在亚洲出行时,很可能会采用一个会双语的分公司主管作为陪同翻译。但是,这种行为也应该受到限制。在亚洲,陪同翻译地位低下,一个高级经理会因此而被人轻视。

## 2．翻译的问题

翻译中介和译者的工作是将一种语言翻译成另外一种语言。然而,在某些情况中,将一种意思精确而完整地翻译成另外一种语言是不可能的。比如说,当原文的观点或者想法是另外一种文化中所没有的,译文就会失去意义。中国改革初期,中国译者不知道如何翻译诸如利润和损失等基本的商务术语,因为在计划经济中没有这些概念。

在许多市场中,品牌名称的使用充斥了翻译问题。品牌名称受语言影响尤其大,因为它们不是按一般的翻译方法翻译的,而仅仅是按字面意思翻译的。因此,一个公司在国外使用一个产品名称时可能出现问题,即使它的广告信息传达并没有错误。可口可乐最初在中国上市时就碰到麻烦,因为这一品牌用中文大声念出来时,听着就像是"咬蜡蝌蚪"。

今天,国际化大公司在选择品牌名称时都非常小心,并且提前测试以保证该名称在各种主要语种中的含义是中性或者积极向上的。同时必须保证这些名称容易发音。语言差异可能会导致很多差错,但是细心的翻译可以减少国际营销差错的数量。然而,语言障碍仍然存在,时刻努力克服这些障碍的公司能比其余公司取得更好的结果。

## 3．学习何种语言

语言对国际营销的影响可以归结为两个主要结论:第一,一个公司必须调整自己的交流项目,在规划交流时将顾客使用的语言纳入其中;第二,公司必须意识到,一种外语可以反映不同的思考模式,揭示潜在客户和合作者的不同动机。当出现不同程度的这些差异时,简单地机械化翻译将难以满足信息的传递。跨国公司要求营销经理掌握外语。但是,营销经理不可能掌握所有的语言。将英语作为全球商业语言赢得了越来越多全球营销者的共识。智利发动了一场全国性运动来保证所有高中生都能流利地使用英语。他们的目标是:让智利成为一个世界级的出口商。

英语的优势在于它是一种无语境语言,对许多人来说学起来相对简单。英语对国际商业的影响最初是由大不列颠帝国建立的,此后又受到美国和美国的跨国公司影响。根据法国一个经济合作与发展组织的调查，78％的网站和91％的安全网页是英语的。

英语的广泛使用使得美国可以在印度建立呼叫中心，而外包顾客服务任务。这些中心雇用了大批讲英语的工人来回答美国顾客提出的从延迟信用卡支付到软件故障的问题。印度的服务人员给自己起了美国名字——比如Barbara，而不是印度名字Bhavana，而且他们学习用美国口音讲话。打电话的顾客丝毫没有意识到他们是在与世界另一端的人讲话。

许多公司都采用英语作为首要语言，即使在主要不是讲英语的国家运营的公司也是如此。Matsushita是世界上最大的销售电子消费品的公司，曾发布一项富有争议的指令：管理者要想升职就必须通过英语水平考试。其他将英语水平与职业挂钩的日本公司包括丰田、NEC、日立、小松和日本的微软公司。在2000年调查显示，尽管在日本学校中非常强调英语的学习，然而只有阿富汗、老挝和柬埔寨的学生在英语水平测试中的得分低于日本学生。尽管Matsushita公司有一半的收益和半数的员工来自日本之外的国家，该公司还是认为自己的人力资源是单一文化和单一语种的。它希望通过要求管理者时常用外语思考，从而达到思维定位全球化的目的。

尽管英语已经成为商务和电子交流的语言，但是一个营销经理如果能够使用顾客的本国语言，通常能够和顾客建立良好的个人关系。荷兰消费品生产巨头菲利普斯NV电器和美国通用电气都将英语当成公司语言，而且也没有要求管理者必须掌握一种当地语言才可以管理分公司。但是两大公司同时偏好会双语的管理者，认为语言技能是一项优势。事实上，学习一种外语可以最好地开发一种文化认同感，任何语言的学习都会有助于形成文化敏感性。只要学习一种外语，学生就可以更好地理解不同的文化。

## 3.9　适应文化差异

有些公司为了使它们的产品或者服务适应不同的文化环境而殚精竭虑。这里有个很好的例子便是美国快餐特许经销商麦当劳。如果以销售量和利润衡量，60％的销售量和盈利最好的10家分公司都在美国国外。当然，麦当劳的标准化汉堡在有些国家销售并不看好。在日本，原始的美国风格的菜单不得不做出巨大改变。它引进了一些新品，如麦炒（McChao），一种中国式的炒饭。在这个90％的人口每天都要吃米饭的国家，这道菜肴获得了巨大成功。这一结果也是令人惊讶的。麦炒引进之后，销售量上升了30％。日本的麦当劳持续创新，又发明了日式烧烤汉堡和龙田鸡块。

即使一个公司竭尽所能去了解一个新市场的文化，但预测每个文化中的变数是很难的。当美国一家汉堡生产商，大男孩（Big Boy）在曼谷开设一家特许经销商时，发现为了迎合泰国人的口味，必须对菜单做出改变。但是，文化变数不仅仅就是这些。许多顾客感到难以理解，是什么使得一个男孩巨大的身体局限到一个小方盒里。有些泰国人甚至在雕像脚下供奉了米饭和香火，将其当作宗教神像来尊敬。其他的泰国人说，他们被这个雕塑吓到了。

文化调整并不仅仅局限于更好地了解并且迎合消费者需求。文化差异也影响营销者如何在国际市场上与雇员互动。大男孩汉堡发现,泰国员工不愿意轮流吃饭,而是坚持所有人一起同时吃。Interbrew,比利时一家酿酒商,通过收购韩国东方酿酒公司50%的股份进入韩国市场。当比利时和美国的经理到达韩国时,双方都感到非常紧张。西方管理者坚持让员工畅所欲言。而韩国的管理者却习惯于下属基于等级关系给予上级应有的尊敬和忠诚。尽管开始时有磕磕碰碰,但接下来两大文化的融合为公司创造了良好的发展机遇。

进入一个不同文化的营销管理者必须学会处理许多文化关系,确定哪些是不再适用的旧的文化价值观。他们往往会遭受巨大的压力。这种经历通常称为文化冲击。《管理文化差异》(*Managing Cultural Differences*)一书的作者提出了10条建议,从而降低文化冲击带来的紧张感:

- 做好文化上的准备;
- 认识到当地交流的复杂性;
- 与东道国的人民交往;
- 富有创造性,敢于试验;
- 具有文化敏感性;
- 学习东道国文化中的要点;
- 树立文化承受者的身份;
- 耐心、善解人意、接受自身和东道国人民;
- 期望要符合现实;
- 接受跨文化经历中的种种挑战。

文化冲击(culture shock):处理新文化信息中导致的压力和紧张感。

---

**世界脉搏3.2**

## 谁 是 老 板

在印度传统等级观念中,老板以独裁而出名。但是,在许多技术和呼叫部门,使员工幸福已经成为许多印度管理者的首要任务。这意味着要使工作场合变得更加民主。

竞争公司总是试图挖走对方最优秀的员工。其中有一年呼叫中心行业的员工调整达到了50%。技术行业极高的员工调整率使得管理变得相当困难,因为公司拥有越来越多昂贵的长期合同。使员工幸福的第一步就是增加福利,从员工培训到为员工父母支付医疗保险。这些变化不仅只有高收入和福利。在印度的外包行业,员工给公司总裁写信是很常见的,员工可以越过自己的直接上级。此外员工也可以在公司意见箱中投入意见。管理者都会严肃处理。

这些管理风格改变的其中一个原因是更多的管理者不再是印度的传统精英分子。上印度顶级大学不再是世袭者的权利。即使是校友的孩子也必须和其他申请者一样竞争入学的机会。比如说,HCL技术公司的总裁在他父亲去世后,和弟弟生活在贫困之中,为了上学曾经与他弟弟轮流上学和工作。

　　今天这位总裁几乎一周要亲自回复 50 封员工的电子邮件。HCL 技术公司还引进了一套 360 度的评估系统，让老板、同事和下属来给管理者评分。HCL 还将这些结果放到网上公布。许多西方大公司来 HCL 公司参观学习该公司的管理风格。时至今日，仍然有很多公司认为这些做法过于民主。

　　资料来源：Jared Sandberg. "It Says Press Any Key; Where's the Any Key?"-India's Call-Center Workers Get Pounded, Pampered. *Wall Street Journal*, February 20, 2007, p. B1; Jena McGregor and Manjeet Kripalani. The Employee is Always Right. *Business Week*, November 19, 2009, pp. 80-82; and Anand Giridharadas. A Shift to Meritocracy Uproots the Old Elites. *International Herald Tribune*, January 30, 2009, p. 1.

# 总　结

　　在本章中，我们探讨了会影响国际营销的文化和社会影响的一小部分。

　　在处理一种文化以上的商业运作中，国际营销者必须防止文化偏见。日本欧萨卡一家大型工业企业的董事长曾说，我们的文化 80% 是相似的，20% 是不同的。这位成功的商人就是能够区分和处理差异的人之一。当然，这是一项非常困难的任务，很少有管理者能够自信地说自己能够完全掌握文化差异。

# 问 题 讨 论

　　1. 美国和德国的教育系统是如何影响对 16～22 岁的年轻人推销银行服务的？

　　2. 请你与比利时、土耳其和日本的同事一起参加一个会议，讨论一个刮胡水新品的全球计划。用霍夫斯泰德评分法为这些国家评分，讨论你将在会上面临的挑战。假设你代表的是本国文化。

　　3. 互联网可能会对文化差异造成什么影响？

　　4. 为什么说食品是一种文化敏感的产品？

　　5. 当一个公司进入一个新市场时，管理者如何"学习"一种新文化？

# 第 4 章

# 政治与法律环境

章节提纲

## 4.1　东道国政治环境

1. 政治导向
2. 国家主权与自卫目标
3. 国家安全的需要
4. 促进国家繁荣
5. 增强国际威望
6. 宣传意识形态
7. 保护文化地位
8. 东道国施压群体

## 4.2　东道国政府行为

1. 政府补贴
2. 所有权限制
3. 运行环境
4. 联合抵制
5. 政府接管

## 4.3　本国政治压力

1. 本国行为
2. 本国施压群体

## 4.4　法律环境

1. 普通法
2. 民法
3. 伊斯兰法
4. 社会主义法律

## 4.5　国家法规环境

1. 法律的更新
2. 对法规的态度

## 4.6　法规变化

1. 预测法规变化
2. 掌握法规变化

## 4.7　政治风险

1. 政治风险评估
2. 风险规避策略

**4.8　全球营销与恐怖主义**

**总结**

**问题讨论**

**学习目标**

　　学完本章,应该掌握:

- 列出并解释政府推进或限制国际营销的政治动机;
- 辨别影响国际营销的权力集团;
- 讨论重要的影响国际营销的政府行为,如联合抵制与政府接收;
- 列出并比较全球营销者会遇到的四大基本法律传统;
- 举例说明各国法律的差别和改变;
- 辨别管理政治风险的步骤和为适应法律变化而做的计划。

　　石油蕴藏量丰富的委内瑞拉曾被当作一个富有吸引力的拉丁美洲市场。但是,当委内瑞拉选举了中校雨果·查韦斯作为总统时,他威胁说将放弃委内瑞拉的所有外债并且恢复政府对经济的诸多控制。新总统整理了国家宪法和司法,加强了中央集权。外商的回应是显而易见的,第二年外商投资下降了 40%。美国礼来公司和日本本田公司就是其中两家撤出委内瑞拉市场的跨国公司,继续留驻的公司的境况也并没有变好。几年之后,委内瑞拉政府宣布,所有水泥公司将被国有化。墨西哥西麦克斯公司是世界最大的水泥公司,拒绝了政府提供的 5 亿元收购该资产的条件。西麦克斯公司估计他们的价值是政府提供条件的三倍。另外一家墨西哥公司——宾宝食品公司被指控为给反查韦斯政治团体提供资金,而该公司否认该项指控。

　　本章辨析营销在全球营销操作中的政治力量。这些力量包括跨国公司本国和东道国政府。各国政府既支持又限制外商,以期达到自我保护和保护本国文化地位的一系列目标。国际营销者必须清醒地意识到对政府施加压力的特殊利益团体和越来越多的环境问题和人权问题。

　　同时,处理若干政治问题和法律问题使得全球营销主管的工作变得复杂。这些因素往往会使国际市场中的风险水平上升。国际大公司通过形成处理可预测和不可预测的法规变化的策略,来处理这些复杂问题。这些策略将在本章末尾加以阐释。

# 4.1　东道国政治环境

　　经常阅读、收听或者观看各种新闻媒体的人都明白,国际政治舞台是瞬息万变的。政治巨变和政府政策的变化每天都在发生,这会对全球商业产生巨大的影响。对管理人员来说,这意味着要不断调整以探索新的机遇,将损失降到最低。

　　除了跨国公司,政治舞台上的主要角色还包括东道国政府和本国政府。有些时候还包括一些跨国团体和机构,诸如欧盟和世界贸易组织。在一国市场内,这些团体的互动会影响政治环境,而政治环境的改变会对国际商业产生积极或者消极的影响。这些全球公司的困难之一便是因为这些力量都将同时影响公司。另外,因为公司同时在许多国家运营,必须同时管理众多政治关系,使情况变得更加复杂。

在本章中,我们将讨论东道国的政治环境。任何一个国家,只要包含一个跨国公司的运营单位(包括营销、销售、生产、融资或者研发),就可以被定义为东道国(host country)。每个跨国公司都要与许多东道国打交道,而每个东道国都有自己的政治环境。这些政治环境大部分是由东道国政府和当地利益团体的动机与行为决定的。

东道国(host country):包含跨国公司一个运营单位(如营销、销售、生产、融资或者研发)的国家。

## 1. 政治导向

政府掌握着一个国家商业运营的大权,可以通过许多政策来鼓励或者拒绝外商。在发布或者实施有关于运营、生产和所有权的政策时,东道国政府起着至关重要的作用。今天,超过190个国家已经加入联合国,这个数字显示了至今为止,世界上存在许多独立的国家。尽管每个政府都表现得像一个单一而统一的国家,事实上大多数国家的政府代表了众多相互冲突的利益。政府主要受到流行政治哲学、当地压力团体和政府自身利益的影响。所有的跨国公司必须认识到这些政府行为的影响因素,并将此整合到营销策略中去。其中最重要的是,营销者能够理解政府行为背后的基本原理。

正如许多政治学家所指出的,政府行为通常源自政府对自身利益的解说。这种自身利益,通常称作国家利益,可能在国与国之间各不相同,但是包括以下几个典型的目标。

- 自我保护。这是任何团体,包括国家和政府的首要目标。
- 国家安全。每个政府都尽可能地寻求持续存在的机会,并且将来自外部的威胁最小化。
- 繁荣。提升国民生活水平是任何政府长期关注的目标。即使是独裁政府也会将加强本国繁荣当作合法性的理由之一。
- 国际威望。许多国家和政府或者将此当作本国目标,或者作为达成其他目标的手段。
- 意识形态。政府通常将保护或者推进某一意识形态和其他目标结合在一起。
- 文化地位。政府经常涉入国家文化地位的保护。

上述目标通常成为政府鼓励或者限制跨国公司商业行为的来源之一(见表 4.1)。许多管理者错误地认为这些限制性行为主要发生在发展中国家。相反,在最发达的国家也有许多限制性政府行为的例子。这种限制性行为通常发生在此种情况下:本国政府认为本国目标的实现受到控制之外的团体,即跨国公司的外国子公司的活动或者存在的影响。

表 4.1  东道国目标和政策行为

| 行　　为 | 目　　　　标 | | | | | |
|---|---|---|---|---|---|---|
| | 自我保护 | 安全 | 繁荣 | 威望 | 意识形态 | 文化地位 |
| "当地购买" | × | × | × | | | |
| 非关税贸易壁垒 | × | | × | | | |

续表

| 行　　为 | 目　　标 | | | | | |
|---|---|---|---|---|---|---|
| | 自我保护 | 安全 | 繁荣 | 威望 | 意识形态 | 文化地位 |
| 补贴 | × | | × | × | | |
| 运营限制 | × | × | | | | × |
| 本地特色 | | | × | | | |
| 所有权条件 | | × | | | × | × |
| 联合抵制 | | | | | × | |
| 政府接收 | × | × | × | | × | |

×＝用某一行为达到目标的可能性。

## 2. 国家主权与自卫目标

当一国的主权陷入危机时，该国的自卫目标受到最大的威胁。国家主权是对给定地理区域的完全控制，包括通过和执行法律、法规的能力。政府或者国家通常将保护国家主权当作达到自卫目标的首要任务。尽管国家主权可能受很多因素威胁，一个政府总是试图保护该国主权，而一个公司总是努力达到自己的目标，两者之间的关系对我们来说是最受关注的。

跨国公司的分公司或者子公司会排除东道国地理或者法律的控制，而受到总部的直接控制或者间接影响。因此，通常将外国公司看作东道国国家主权的一个威胁（在本书中，必须认识到东道国的想法比实际情况更为重要）。

WTO建立的协议打击了许多限制外国公司的企图。但是，这些协议将许多敏感区域排除在外。出于保护国家主权的原因，各国通常限制外国公司拥有报纸、电视和广播等媒体。他们害怕如果一家外国公司控制了这些媒体，就会影响群众观念，限制国家主权。互联网运营尤其容易受到政府审核。

国家主权（sovereignty）：当局或者法规不受外来控制，至高无上的权力。

## 3. 国家安全的需要

一个政府会很自然地保护本国边界免受外来入侵。军队成为一个国家抵御外侮的主要工具。结果就是，很多人在考虑国家安全时会想到一国的武装力量或者相关机构。其他与国家安全紧密相关的领域有一国的基础设施建设、必要的资源、公共事业、重要原材料（尤其是室友资源）的供给等。为保证国家安全，有些东道国企图对这些敏感领域加强控制，防止外国公司对这些行业造成影响。

一家针对美国石油公司的中方投标被遗弃了，原因是美国国内的安全考虑和政治反对力量的存在。此后，迪拜海港世界公司——一家由迪拜政府所拥有的公司——收购了一家拥有5个美国运输港口的英国公司。迪拜海港世界公司面临着来自美国国会基本确定的反对,不得不同意放弃所收购公司拥有的美国港口。

但是,在国防和电信行业,通过立法来要求本地采购,从而保护国家安全利益的方法出现下降趋势。这种趋势受两大要素的影响:第一,每个国家建立自己的国防和电信行业并不经济;第二,高成本的研发意味着在许多情况下,小型当地国防供应商只能提供低劣的技术。

## 4. 促进国家繁荣

政府的另外一个关键目标是保证国民的物质繁荣。经济繁荣通常用国内生产总值或国民生产总值来衡量,国与国之间通过人均收入或者人均国民生产总值来比较(为反映相对生活标准,也可以购买力平价调整后的国民生产总值为基础进行比较)。

不论繁荣是如何衡量的,大多数国家都会努力提高就业率和人民生活水平。这一目标的其中一部分就是实施经济政策,在本国国内刺激经济产出。在东道国内建立生产设施的跨国公司承担着举足轻重的作用,因为它们能够增加东道国的国民生产总值,从而增加收入。日本丰田汽车公司认识到了这一点,保证说至少将北美市场上销售的汽车的2/3用于政治保险。

许多东道国通过增加出口来促进国家繁荣。尤其是在欧洲,政府首脑经常通过国事访问来鼓励重要的出口交易。政治观测家经常发现,法国总统和德国总理总是将国事访问的大部分时间花在商业和贸易事项上,就这一点来说远远超过了美国总统。吸引具有高出口潜力的跨国公司来本国开设工厂是东道国政府极其关注的事情。通常情况下,这些公司能够得到特别对待或者补助,发展中国家的政府尤为如此。比如,针对实施出口导向项目的外国投资者,埃及政府提供了富有吸引力的税收假期;在墨西哥,如果外国投资者的项目是完全出口的,政府免除投资者必须寻求当地合作伙伴的要求。

## 5. 增强国际威望

当 Olusegun Obasanjo 被选为尼日利亚总统时,他按例决定举办非洲运动会。尼日利亚最近调整了外债。通过举办该运动会,尼日利亚政府增加了一个新体育场馆的建造成本,该成本超过了 3.4 亿美元,是政府计划一年花在卫生保健上的两倍。

追求国际威望也分许多面。有些国家政府选择支持团队运动或者举办国际会议来加强国际声誉,另外有些国家政府选择影响商业环境来达到相同的目的。对一个发展中国家来说,建设一条国家航线也可能提高国际地位。也有国家通过支持工业来达到某一技术上的领导地位,如电信行业、电子行业、机器人行业和太空行业。

## 6. 宣传意识形态

近 60 多年来,韩国和朝鲜一直处于战争状态。在 20 世纪 50 年代,朝鲜是两国中更富有和更加工业化的国家。朝鲜追求独立自主、自力更生的意识形态。而今天,韩国远比朝鲜富有和更加工业化。

政府通常试图宣扬本国意识形态,通过这种方式在许多方面影响商业。在 20 世纪大部分时间里,共产主义政府不允许私有企业的存在,与非共产主义西方国家的交易也是严格禁止的。例如,苏联为了达到远离资本主义世界的目的而付出了巨大的代价。苏联没有充分利用西方国家已经发明的技术,而是采用了更昂贵的方法——试图研发它们自己的同水平技术。

在今天的中国,外国企业发现,意识形态的作用显得有些模糊。中国在 20 世纪 70 年代重新建立了与西方国家的贸易投资关系。从那以后,中国经历了重要的市场解放运动。如通用公司、星巴克等国际大公司与中国的国有企业一起运营。一些国有企业逐渐被私有化了。换句话说,这些国有企业全部或者部分被卖给了私人。中国公司必须试图盈利,否则将面临新破产法的追究。但是中国政府认为这些举动并不构成对共产主义的意识形态的改变。

## 7. 保护文化地位

随着地球村的实现,其中一个重要影响发生在文化领域。政府有时候会奋起反抗,因为它们认为那是外国文化对本国文化的入侵。比如,伊朗和委内瑞拉都曾经试图立法禁止外国品牌,分别要求国际营销者采用以波斯语和西班牙语命名的产品。

来自墨西哥和美国的跨国公司觉得它们在委内瑞拉的公司都被该国的前总统雨果·查韦斯盯上了。

尽管大多数国家都曾经能够自主决定传媒政策并控制传媒,但是,如今人们认为,文化已经被少数几个大公司,尤其是美国公司所控制。这些公司在娱乐界最为显眼,如电影、电视节目、光碟和唱片的出品和发布。电视公司的作用就更为重要了,因为它们使用卫星传送。正如我们在第 3 章中讲到的,这种外国文化产品的大规模入侵已经引发了某些欧洲国家政府的负面反应。当谷歌宣布计划将英国和美国图书馆内几百万册的书籍用英语扫描到网上时,法国爆发了一场运动,抵御该活动对法国文化的入侵。法国国家图书馆馆长警告说,英语资源和美国人看历史的角度将会主导整个互联网。由法国领导、几个欧洲国家组建了反入侵活动——一个名为欧洲数字图书馆的图书扫描项目。

## 8. 东道国施压群体

东道国政府并不是能够影响政治环境和外国公司运营的唯一力量。在公司运营中持股或者在政治和经济决策中有利害关系的团体都会间接影响外国公司。在大多数情况下,他们不能单方面影响公司。因此他们往往通过给东道国政府或外国公司施压来达到他们的目的。这些施压团体存在于大多数国家,由临时团体或现存协会组成。例如,北京非营利组织公众和环保事务协会揭露了 70 个跨国公司的名字(还有成千上万的中国公

司),声称它们违反了中国的环境保护法。这些跨国公司包括杜邦、雀巢、百事可乐和铃木汽车公司。该协会的绿色选择项目首次在一个公众可进入的网站数据库上收集并且张贴环保记录。有些公司此后清除了自己的名字,或对该事件发表了声明。

最有力的施压团体可能存在于当地商业社团内部,包括当地工业联盟或是当地工会。当本地公司受到外国竞争的威胁时,它们就会向政府请愿,对外国竞争者施加限制。在阿富汗战争中,当巴基斯坦成为美国一个潜在的重要盟友时,巴基斯坦政府要求美国降低来自巴基斯坦的纺织品的关税。但是,美国纺织生产协会的官员立即行动起来,制止任何可能的削减关税行为,因为该行为会损害美国纺织公司的利益。

对于草根抗议者,博客成为一种越来越重要的工具。仅中国就有超过 2 000 万个博主,他们可能会随时对一家跨国公司发表看法。在一个案例中,一个 29 岁的中国香港电视节目主持人在自己的博客上发表了对星巴克在北京紫禁城内(以前皇帝的居住地)开设分店的谴责,他认为这是对中国文化的侵蚀。一周之内该帖子的浏览量超过了 50 万人次。记者聚集在该充满争议的咖啡馆外,当局也宣布将重新审视允许星巴克入驻的决定。

# 4.2　东道国政府行为

政府为了达到目标,发布各项政令并采取各种方法。在第 2 章中我们已经看到,政府的许多行动都会影响跨国公司将产品运出国界。许多政府行为能间接地影响国际营销者,如影响汇率的政府行为。其他行为能够更直接地影响跨国公司进入一个外国市场并且成功运营的能力。下面就讨论其中一些政府行为。

## 1. 政府补贴

政府补贴是政府免费发放的、希望带来的经济总效益远远超过这些补贴。它们是一种常用的吸引外国投资的工具。政府倾向于使用直接或者间接的补贴来鼓励将成为主要出口者的公司。出口者会带来各种效益,如提供就业、通过出口销售增加国民收入。

举个直接补贴的例子,为了使当地生产商在外国市场更具竞争力,本国政府为每双鞋支付 1 美元的补贴。间接补贴是对出口产品组成部分的补贴。例如,为了支持出口的帐篷,政府可能对生产该帐篷的电力提供补贴,或者对医药行业的研究提供补贴。有些当地补助视条件而定,当本地进口超过出口时就给予补助,这和直接出口补助一样,都是WTO 条约明令禁止的。间接补助通常没有限制,但是,这仍然是贸易各国之间富有争议的问题。

## 2. 所有权限制

东道国政府有时候会发布这种政令,即要求在该国的本国国民要成为该跨国分公司的所有者。这些政府认为,这项政令可以保证跨国公司为当地经济做贡献。这些限制的范围从完全限制外商投资到对关键行业采取不同政策。

印度有各种各样的所有权条件。1973 年印度外汇法令规定,外资所有不得超过

40％。国际办公器械公司决定，与其放弃对子公司的主要控制权，还不如撤出印度市场。可口可乐公司也决定，宁愿撤出印度也不与印度合作伙伴分享秘密配方。但是，当印度政府换届带来软化的立场时，印度开始试探性地招商引资。可口可乐公司决定回归印度，但前提是不泄露秘密配方。

印度的案例在很多方面体现了各国的模式。20 世纪六七十年代见证了对外商所有权的严格控制。最近，这一趋势开始朝着投资自由化的方向发展。大多数国家开始认识到，外国投资对本国意义重大，如在就业、技术和营销管理等方面。这一新趋势去除了许多重要限制，如与所有权相关的限制。但是，所有权限制仍然存在于某些市场。随着美国占领伊拉克，伊拉克商界担忧外国大型公司投资者将会占领经济领域的各个部门，将当地竞争者排除在外。因此，他们要求实行与阿拉伯联合酋长国相似的投资法规，即规定国内投资必须至少占有 51％的当地股份。

## 3. 运行环境

政府建立和实施各项法规，以此来影响商业运营环境。东道国对公司的控制，体现在产品设计包装、定价、广告、促销和分销领域。其中有些政府限制和可采取的处理策略包含在直接讲述营销组合的章节中。如果这些运营限制是针对所有公司的，即本国公司和跨国公司，那么对竞争产生的威胁就被弱化了。

当公司发现，按规定进行的运营方式和它们所习惯的运营方式不同时，这些限制就会成为一个大问题。此外，当地限制可能是某个市场独有的，更加难以预测。例如，阿根廷的布宜诺斯艾利斯曾经通过一项法规，要求针对年轻女性的服装店内必须备有 6～16 号（美国尺寸）的存货。而巴西的商店通常只针对身材苗条的顾客。阿根廷是世界上厌食症和暴饮暴食比例最高的地区之一，官方认为这些服装店是元凶之一。

如果运营限制只是针对外国公司或者跨国公司，结果就会削弱公司的竞争力。公司在进入该市场时就要认真考虑这些限制。其中一项限制就是对外国经理和技术人员的工作签证，因为跨国公司通常在不同国家的分公司聘用这些人才。任何一个欧盟国家的居民都可以在其他欧盟国家工作，但是在世界大部分地区，签证限制仍然是一大障碍。

在有些市场，当地限制异常繁杂，也会给全球营销者带来问题。在有些国家签订成为雅芳的销售代表只需要几分钟时间，但在中国就不是这种情况。在中国，你至少要花两周时间，而且要想成为女性销售员，还必须参加一个笔试和有关中国最近销售

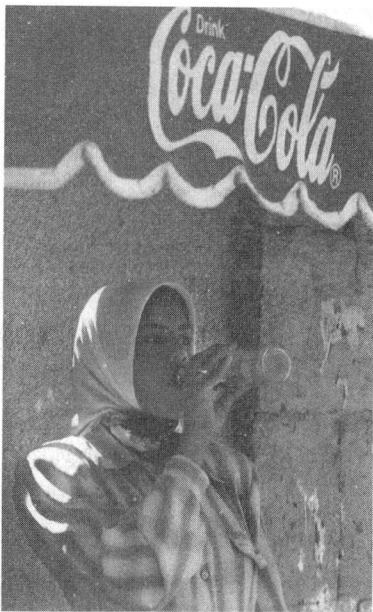

一个埃及女孩正在开罗街头喝可口可乐。阿拉伯国家曾经联合抵制可口可乐，给可口可乐的竞争对手百事可乐在中东市场带来了机遇。现在两大全球竞争者在为阿拉伯市场而战。

法规的讲座。尽管中国已经取消了直销的禁令，但该行业仍然受到严格控制。政府将销售佣金控制在30％之内，销售代表只能通过销售产品来盈利，而不能引入其他销售代表。

有时候政府不能做好本职工作，这也会影响运营环境。拉丁美洲的绑架案数量正在上升。几年来，墨西哥城因为犯罪团伙的绑架而臭名昭著，外国公司发现招聘外派到墨西哥城的管理人员相当困难。不论如何，这些国家的运营成本都会上升，因为公司要为雇员的安全问题提供保障。

## 4. 联合抵制

政府抵制针对的是某一来源的公司或者与政府交易的公司。政府抵制是指政府会在某一市场上将一些受到抵制的公司完全排除在外。

最著名的一个联合抵制运动是长达50年之久的阿拉伯国家抵制与以色列有商业往来的公司。这项联合抵制由阿拉伯联盟签署。福特汽车公司是被列入该抵制黑名单的美国公司之一，因为该公司为以色列一家汽车组装公司提供零配件。施乐公司由于为以色列一部纪录片融资，也成为黑名单上的一员。可口可乐公司因为在以色列注册了一个开瓶器而被加入该抵制名单。

随着中东政治形势的改变，阿拉伯国家的联合抵制运动开始消散。到20世纪90年代，许多阿拉伯国家只是有选择地执行该项抵制活动。再后来，更多国家放弃了联合抵制。可口可乐公司回归阿拉伯软饮料市场，并在海湾12亿美元市场中获得33％的份额。

## 5. 政府接管

尽管相对少见，但是没有一项政府行动能比政府接管更为严重。宽泛地说，政府接管是东道国政府采取的、会导致外国公司丧失所有权或直接控制的行动。政府接管分为政府征用、政府没收和国有化三种类型。政府征用（expropriation）是可能支付赔偿金的、正式而且合法地获取公司。如果是含有赔偿金的，会考虑到赔偿数量是否足够，支付是否及时，采用何种支付形式。政府没收（confiscation）是没有支付赔偿金的政府征用。国有化（domestication）是对当地居民的某些经济活动的限制。这些包括有补偿的政府征用、没有补偿的政府没收和强制出售。政府要想使一个产业国有化，也可以要求将所有权部分转移给本国居民，或者要求本国居民被提升到管理层上层。如果一个跨国公司不能或者不愿迎合这些要求，那么就将被迫出售在该国的运营机构。

今天政府征用已经基本上停止了。事实上，一个相反的潮流正在兴起。为了重新鼓励外国投资，阿尔及利亚、埃及和坦桑尼亚等国家正考虑将公司归还给以前的外国投资者，或者至少允许以前的所有者重新购回该公司。英国的巴克莱银行在被埃及政府禁止经营15年之后，又重新回归埃及。正如许多石油出口国一样，沙特阿拉伯在20世纪70年代将许多能源部门国有化。但是在21世纪，沙特政府开始恢复这些行业，并提名埃克森——全球最大石油股份有限公司，来运营投资150亿美元的天然气项目。

政府接收（takeover）：东道国政府采取行动，导致外国公司丧失所有权或者直接控制。

政府征用（expropriation）：正式而且合法地获取一家运营机构，可以支付或者不支付赔偿金。

政府没收（confiscation）：没有支付赔偿金的政府征用。

国有化（domestication）：对当地居民某些经济活动的限制。

**世界脉搏4.1**

## 阿拉伯联合抵制的复苏

自从阿拉伯国家开始实行针对以色列和相关国家的联合抵制后，60年已经过去了。今天许多阿拉伯国家政府已经不再严格实施这项抵制。但是，尽管政府不再正式实施对以色列的抵制，这并不阻止阿拉伯消费者组织草根阶级的抵制。美国公司也经常成为他们的目标。对许多居住在非民主政权下的阿拉伯消费者来说，这些临时的抵制活动成为发泄他们对以色列和巴勒斯坦缓慢和平进程不满的渠道。此外，这些非正式的联合抵制也扩展到了其他非阿拉伯地区伊斯兰教的消费者身上，如马来西亚。

在阿拉伯联合酋长国，抵制活动的支持者发布了一系列避免接触的美国品牌和公司。在埃及，联合抵制的受害者包括很多长久性目标诸如星巴克、麦当劳和可口可乐。甚至是百事可乐，自阿拉伯国家抵制可口可乐后，尽管百事可乐一直是人们的最爱，但也免不了受到波及。埃及高级中学一个连锁信息发布处发表了这么一条信息，指出百事可乐支持"竭尽所能，支持以色列"活动，并且号召禁止销售百事可乐。还有四处派发的传单，要求消费者不要再去比萨屋吃比萨，拒绝美国货，如吉列剃刀、耐克鞋和马可·波罗香烟。

美国食品公司是一家埃及公司，拥有比萨屋、肯德基、Baskin-Robbins、Hardee's、TGI Friday's和Subways等公司的特许经营许可，在一次消费者抵制活动中销量下降了30%。英国在开罗的一家Sainsbury超市因为声明与以色列有联系而遭受了猛烈的袭击。

为回应埃及的一次消费者联合抵制，麦当劳公司发布了传单强调公司不仅有当地埃及人的股份，而且公司雇用了2 000余名埃及员工，销售量不久就恢复了。A&W、Chile's和Radio Shack的分公司展出了巴勒斯坦国旗。可口可乐公司支持埃及最受欢迎的足球队和巴勒斯坦的国家队。Sainsbury超市在过道里播放《古兰经》，同时发布了一项由4 800个埃及员工签署的广告，声明该公司并不支持以色列。

资料来源：Is the Arab boycott Dead? In Kate Gillespie, Jean-Pierre Jeannet, and David H. Hennessey. *Global Marketing*. New York：Houghton Mifflin, 2007；Isreal Boycott Bureaus Underline Commitment to Arab Boycott. *BBC Monitoring Middle East*, October 21, 2008；Malaysia Exercised over Gaza. *Inter Press News Services*, January 15,2009；and Boycotts：Peaceful Protest of Shooting Ourselves in the Foot? Daily News Egypt, February 10,2009.

# 4.3  本国政治压力

跨国公司的管理者不仅要考虑国外的政治形势,许多国内发生的政治变化也会对公司在各国运营上产生很大的影响。在公司本国发生的政治变化会影响公司整体的角色,更多的是影响公司在国外运营的某些方面。通常情况下,加诸于公司的限制不仅来自东道国政府,也可能来自本国政府。因此,一个精明的国际营销者必须能够同时注意到国内和国外的政治发展。本章这一部分将探讨针对跨国公司的本国政策和行动。

## 1. 本国行为

本国也受本章前面提到的六个利益指引:自我保护、国家安全、繁荣、国际威望、意识形态和文化地位。比如补贴,可以由东道国政府提供给外国投资者,也可以由本国政府提供。总的来说,本国政府希望自己国家的跨国公司能够将本国放在首位。结果就是,政府有时候会期望跨国公司帮它们达到政治目标。

过去,由于意识形态、政权或国家安全等原因,本国政府试图阻止公司在国外经营。在最严重的时候,政府会对某个国家采取贸易禁运。其中有个长期的贸易禁运令就是美国政府针对越南的。该禁运令在 1975 年颁布,直到 1994 年才撤销。最近,美国政府取缔对朝鲜的奢侈品禁运令,这些奢侈品包括 iPod 和 Plasma 电视等,据说该禁令是为了改变该国的领导人和他的政治精英们的奢侈生活方式。有些组织因为破坏该项禁令而被罚款,其中包括 Chevron Texaco,因为和伊拉克交易而被罚款 14 071 美元;沃尔玛和 New York Yankees,因为和古巴交易而分别被罚款 50 000 美元和 75 000 美元;Exxon Moblie,因为和苏丹交易而被罚款 50 000 美元;Fleet Bank 因为和伊朗交易而被罚款 41 000 美元。另外,美国政府不希望美国的跨国公司遵从其他国家的禁运法律。

单边限制,也就是仅由一个国家规定的限制,会使该国的商业陷入竞争劣势,遭受利益团体的攻击。因为单边限制会给商业竞争力带来影响,所以政府更愿意和其他国家共同采取多边行动。这些活动可能会从数个国家兴起,或者是越来越多地从联合国发起。由国际协会发起的、针对南非的贸易禁运就是早期的多边行动之一。迫于消费者群体的压力,许多国家为了反抗南非的种族分离政权,撤出了南非市场。到 20 世纪 80 年代晚期,越来越多的国家加入这项多边活动,该项禁运影响的公司范围更广了。而当南非的政治形式发生变化,种族分离政策被取消时,美国和其他国家才撤销了该项禁运。从那之后美国就成为南非最大的外国投资者,其中最大的几家公司分别是美国陶氏化学公司、福特汽车公司、通用公司、可口可乐和凯悦酒店集团公司。

国际协会发起的另外一项多边行动是联合国针对伊拉克海湾战争发起的贸易制裁。此外还有针对塞尔维亚的多国禁运。尽管这项禁运在 2000 年部分解除了,塞尔维亚能否进入国际货币组织仍然有赖于该国是否能够转变为民主国家。

## 2. 本国施压群体

跨国公司在本国国内遭受的压力与在国外遭受的压力类型通常是不同的。跨国公司需要在很长时间内与国外特殊利益群体打交道。国内特殊利益群体的种类在最近才出现。这些团体通常有良好的组织，拥有广泛的媒体覆盖率。它们也成功捕获了许多毫无准备的公司。这些团体为了迫使政府通过有利于它们自身利益的各项立法，四处拉帮结派，它们也成功地将公司直接拉到火线上。

跨国公司成为攻击焦点有两个重要原因：（1）它们对市场的选择；（2）它们运营的方法。争议的来源通常包括跨国公司商业运营的三个领域：产品策略、促销手段和定价策略。产品策略包括决定营销危险性产品，诸如农药。促销手段包括如何为产品做广告，并将产品推向分销渠道。定价策略包括是否在一个市场上的定价能够高于另外一个市场。

20 世纪 80 年代早期，一个有关奶粉的争议卷入了许多国家，成为一个能够说明跨国公司有时候要面对各种压力的例子。奶粉在全世界都有销售，作为母乳喂养的替代物或者补充物。尽管奶粉生产商承认母乳喂养优于奶粉喂养，数十年前在西方社会发生的变化使得婴儿母乳喂养不断减少。第二次世界大战之后，一些公司扩大了奶粉生产，进入发展中国家，后者的出生率要远远高于发达国家。那些自认为产品有益的公司发现自己卷入了争议。批评家大声疾呼，该产品在第三世界条件下生产是不安全的。他们指出，因为奶粉必须与水混合，而发展中国家低劣的卫生条件和受污染的水源导致许多婴儿丧命。结果这些批评家要求立即停止所有和奶粉相关的促销活动，比如免费试用品的分发。

作为主要奶粉生产商之一的雀巢公司，成为美国和其他国家消费者团体联合抵制的目标。在奶粉抗议活动联合会的领导下，消费者联合抵制所有的雀巢产品，迫使该公司改变营销活动。不断的群众压力使得世界卫生组织不得不发起了一项准则，主要涉及奶粉营销方式。在该准则中，生产商和分销商既不能赠送免费样品，也不能与消费者接触，禁止做任何针对大众的促销活动。这项准则是由世界卫生组织成员国政府自愿参加的。

在美国，联合抵制运动甚至上升到州际层面。马萨诸塞州甚至通过了一项州立法，否定该州与缅甸有来往的公司的合同，因为当时的缅甸政府实施独裁统治。苹果、摩托罗拉和惠普在撤出缅甸市场时，均引用了马萨诸塞州的法律。此后美国一个区域法庭宣判马萨诸塞州的法律干预了联邦政府设定对外政策的权力。除了这些障碍，全球公司必须与日益强大的国内施压团体做斗争。

# 4.4　法　律　环　境

一个国家的法律框架在很多方面反映了某一政治哲学或意识形态。正如每个国家都有自己的政治环境一样，法律体系也随着国与国之间的不同而不同。在各个国家活跃的公司必须了解并在这些不同的法律体系下运营。世界上大多数法律体系是建立在以下四种传统法律之上的：普通法、民法、伊斯兰法和社会主义法律。

## 1. 普通法

普通法源于英文法，存在于英国、美国、加拿大和其他曾是大英帝国一部分的国家。普通法推崇社会规范。法律源自社会公认的对错观和人们正在做的与所认同的。在这些国家通过的法律通常在法庭上得到阐释，一个由居民组成的陪审团决定一个案子的结果。这些国家的律师为了赢得自己的案子，就必须同时参照之前的案例和法律条文。

## 2. 民法

民法，或者说民法通则，它是基于罗马传统中的成文法。该法律存在于大多数欧洲国家和受欧洲殖民影响的国家，如拉丁美洲国家。在这些国家，法律内容更全面，也更精确。在民法体系下，法官起着至关重要的作用，而不像普通法那样，陪审团作用并不大。民法国家和普通法国家之间一个传统的差异就是它们看待商标保护的方式。在民法国家，首个注册者获得商标批准。而在普通法国家，首先使用商标的人比首先注册的人更能成功获得批准。

## 3. 伊斯兰法

伊斯兰法源自《古兰经》和其他伊斯兰传统。在大多数伊斯兰国家，伊斯兰法律统治着家庭法律，但是各国在商业环境下的运用各不相同。首先，伊斯兰法律有四大主要流派，每个国家所追随的各不相同。此外，并不是所有的伊斯兰国家都将伊斯兰法律运用到商业交易上，当然有些国家是遵循的。沙特阿拉伯禁止对贷款收取利息，一家进口商不能到银行借贷有息贷款来进口海外汽车。但是，进口商在许多伊斯兰国家也可以借贷有息贷款。事实上，在19世纪和20世纪，大多数伊斯兰国家都采取了一个或者数个欧洲国家的商业法律。因此，中东地区的商业法律通常陷入民法寰臼。

## 4. 社会主义法律

社会主义法律源自马克思主义体系国家，如中国、俄罗斯和其他20世纪东方阵营国家。就我们所知的商业法律不是不存在，就是不成熟。比如，中国居民直到近两年才被允许起诉外国公司或者中国政府官员。这促使中国的活动分子考虑起诉目标消费群体为年轻人的烟草公司。

随着许多社会主义国家开放经济，这些国家不得不打开大门，寻求解决法律匮乏问题的快速

当俄罗斯等国家对国际贸易和投资敞开大门时，发现它们的社会主义法律亟须修改或者变换，因为它们遇到了新的法律事实，如利润和竞争。

方法。俄罗斯向美国的休斯敦法律教授寻求帮助，制定与石油相关的法律。当俄罗斯加入 WTO 时，同意对商标和专利采取新的法规。不幸的是，许多观察者指出，迄今为止俄罗斯仍然不能有效地执行这些法律。即使是法官，在处理新法规上也鲜有经验。

中国也面临着相似的问题。中国的法律体系很难让外国投资者信服。但是，当中国加入 WTO 时，中国开始训练法官掌握新的贸易规则。法律团队被组建起来了，以保证省政府和市政府能够遵循新的法规。然而，中国当前的法律体系并没有多少法律准则基础。此外，中国也缺乏公认的可援引案例的法律体系。

# 4.5　国家法规环境

法规环境在各国都不相同。公司在发展中国家面临比发达国家更为沉重的法规负担。在莫桑比克开设一家公司要 153 天，而在加拿大只需 3 天。在尼日利亚注册一项商业资产要经历 21 个步骤，而在芬兰只需 3 步。世界银行估计，从商业角度来看，法律程序最少的国家是新西兰、美国和新加坡。

日本是发达国家中商业法规最烦琐的国家之一。美国天普大学在日本东京设立分校之后的 20 年，成了唯一一所在日本提供全学位课程的美国大学。其他的 40 所美国大学都撤出了日本，因为日本的法律太过繁杂。比如，要成为一所合格的官方大学，大学必须拥有自己的运动场地、体育馆和低于 25% 的资产负债比，且新项目要获得政府的批准。即便是天普大学也无法达到所有要求。因此在招收学生时，天普大学因为没有得到官方认可，总是处于竞争劣势。

然而在最近几年，日本经历了删减法规和解放市场的浪潮。结果冲突增加了，针对公司的起诉也越来越常见。随着日本人不断回避调解，法庭案例数目急速上升，日本需要更多的律师。据估计，日本所需的律师数量将在 2018 年翻倍。仅在 2004 年，日本大学内部增开了近 70 个法律学院。

不仅在日本，国际营销者在其他国家也面临着模糊和不断改变的法律环境。除了要处理许多不同的国家法律，管理者还需不断与变化的法律环境做斗争。随着全球市场的联系不断加深，法律环境的改变显得越来越有规律。

## 1. 法律的更新

全球法律中经历了巨大改进的一个领域就是产品责任法。有关产品责任的法规最初在美国出现。如果一个产品在销售时存在质量问题，使得产品在使用时存在危险，那么在美国法律下产品生产商和分销商都负有责任。长期以来，欧洲的产品责任法与美国相比都是懈怠的，但是在过去 20 年也得到了不少扩充。由于不同的法律和社会体系，差异仍然是存在的。在欧盟，是法官对案例做出判决，而不是陪审团，广泛的福利体系自动吸收了许多医疗成本，而这些在美国都可能引起诉讼。传统来讲，在发展中国家产品责任起诉案很少给国际营销者带来问题。然而，当源于火石轮胎的福特探索者事故发生时，不仅在美国，在沙特阿拉伯和委内瑞拉也同时出现了原告。今天，围绕产品风险的全球媒体无疑会刺激更多国家的消费者寻求问题的解决方案。

各国法律第二个不同的领域是破产法。在英国、加拿大和法国,管理破产的法律偏向于债权人。当公司进入破产程序时,会指定一个管理者。管理者的工作是恢复债权人的资金。而在德国和日本,破产案件通常由银行私下处理。重点是保护公司并且帮助公司恢复。在美国,破产法也倾向于保护公司。管理者会准备一项重整方案,由债权人投票表决。债权人偏好也随国家不同而不同。比如,瑞典的法律偏向于瑞典的债权人。

正如产品责任法一样,针对破产的态度和与之相关的法律并不是静止不变的。中国直到 1988 年才起草了第一份破产准则。新法律的其中一个部分指出,因该法律还无人对其深入了解,故人人存在畏惧心理。一个有关信托投资公司的大案子揭示了该法律的变数仍然存在。通过非审判解决的债权人遭受了重大的损失。然而,中国破产案件数量从 2000 年起一路上升。

今天,网上交易的立法对电子商务未来发展至关重要。WTO 成员方做出了一项政治承诺,即保持网上交易免税。但是,有关网上管理的许多其他事项并没有得到解决,而且在这个国际化媒体中哪个国家拥有区域审判权仍然是模糊不清的。网络税收、隐私权保护和网络审查的未来如何? 技术的复杂性和不断变化对传统立法发起了挑战。

在第 5 章中,我们将讨论其他影响产品、定价、分销和促销管理的国家及国际法规。在许多案例中,这些法律都在改进。区域协会,尤其是欧盟正不断设定影响成员国营销的跨国法律。设定法律保护的全球标准也正在进行中,如在专利和商标领域。在未来,这些都会简化国际营销者的工作。

然而,有些使法律国际化的行动却受到跨国公司的反对。有关国际私有法的海格会议决定缔结一项国际条约,加强法律宣判的执行力度。这项协议要求美国法庭执行外国法庭的宣判,以换得美国宣判在国外的相同对待。许多美国公司反对这项协议,网络供应商就是其中之一。电子商务运营商非常担心,这项条约会使他们陷入纷繁的起诉之中,因为只要是在可以进入他们的网站的地方,消费者就可以运用当地法律起诉他们。到目前为止,在大多数案例中仍然执行本国法律,即使是在全球标准建立之后,也是由当地法律体系执行。

## 2. 对法规的态度

在埃及,每行驶 1 亿千米就有 44 起导致死亡的交通事故。这个数目在土耳其是 20 起,而在美国仅有 1.1 起。为减少交通事故的发生,埃及政府在 2000 年设立了新法规,严格控制车速和安全带的使用,并伴随着沉重的罚款。安全带的销售量在最初直线上升,后突然大幅下降。一个汽车零件销售商曾在一天之内销售 250 条安全带,后来却发现安全带的销量下降到每天只销售 2~3 条。一年之后,埃及的交通事故死亡率仍然居高不下。许多埃及人购买的是便宜的安全带,它可以用来愚弄警察,但实际上并不起什么作用。此外,警察也因为开罚单而陷入民众的抱怨之中。既然安全带并没有什么作用,为什么驾驶员要因为没系安全带而被罚款? 一个埃及人总结了公众的嘲讽:"我认为这些法律是政府觉得我们的生活还不够痛苦,要使我们更痛苦一些而设定的。他们想模仿西方的一切。"

Jean-Claude Usnier 指出,法律、法规只有在受到尊重和认真贯彻的情况下才可以设立。另外,法律规定和人们实际做的可能存在差异。他提议,对法规的态度可能受两大基本标准影响:一个社会的权力差距水平;社会中人民具有积极还是消极的群众本质导向(human nuture orientation,HNO)。积极社会假定人们能够遵循法规,而消极社会做了相反假设。美国是一个积极社会,权力差距很小。这带来的是务实的法规,民众尊敬并且遵守。然而在意大利和法国等国家,群众本质导向也是积极的,但是权力差距较大。普通群众认为自己比当权者更为优秀。结果就是,很多人觉得法规在一定程度上可以违背。在德国和瑞士,权力差距较小但群众本质导向是消极的。法律是在民主条件下制定的,但是社会并不信任人们能够遵守。为了保证法律得到遵循,各项法规都必须得到彻底而严格的应用和制裁。在许多发展中国家,权力差距很大,群众本质导向也是消极的。法规往往严格、正式,却不切实际。在这种氛围下,法律规定和人们实际做的或者当局执行的往往有较大的差异。对于来自美国等国家的国际营销者来说,这些社会让人难以理解。

Harry Triandis 将对法规的不同态度归因于文化的松紧。在保守型文化中,对于什么是正确的行为有许多惯例、标准和规范。而在宽松型文化中,很少有这些规定。保守型文化对破坏规则的人实施更为严格的指责和惩罚。Triandis 提议,保守型文化更容易遭受孤立,也不易受其他文化的影响,因为在该文化中,对规则的认同是非常重要的。塔利班统治下的阿富汗就是保守文化的一个极端例子。人口密度高也可能形成保守型文化,因为人们需要在狭小空间里更好地互动。

积极社会(HNO-positive societies):相信人们会遵循法规的社会。

消极社会(HNO-negative societies):不相信人们会遵循法规的社会。

保守型文化(tight cultures):对于正确的行为有许多惯例、标准和规范的社会。

宽松型文化(loose cultures):对于正确行为没有太多惯例、标准和规范的社会。

# 4.6 法 规 变 化

国际营销者必须了解他们身处的不同政治和法规环境,这是一项富有挑战的工作,因为这包括许多国家的市场。他们还要准备好处理这些环境的变化。这些变化可能是缓慢的,也可能是剧烈的,或多或少地可以预测到。我们将较为缓慢和可以预测的变化称为法规变化(regulatory change)。更为剧烈和难以预测的变化我们称为政治风险,这些我们将在下一部分进行讨论。法规变化包含许多政府行为,如税率的改变、价格控制的引进和贴牌要求的修订,尽管没有政治风险那般剧烈,却非常常见。国际营销者在法规变化上损失的金额远远超过在政治风险上损失的金额。

法规变化(regulatory change):法律法规中缓慢和相对来说可以预测的变化。

## 1. 预测法规变化

面对法规变化,不论公司选择什么策略,如果能够预测到该变化是否会发生、什么时候发生都是非常有用的。没有事情是完全确定的,但是影响国际营销者的法规变化大多数不是突如其来的。许多政府行为都有经济基础。通过了解第 2 章所提到的问题,一个国际营销者应该能够辨析政府对时下情况的可能反映。比如,如果一个发展中国家的出口收入萎靡不振,外国投资陷入低谷,政府就不得不将货币贬值。没有人能够确定这发生在哪一天,但是当贬值真正发生时,必须有相应的应急计划与之配合。

国际营销者应该听从政府或者有影响力团体的信号,这一点非常重要。在埃及禁止外国投资者投资包装食品的数月之前,当地商业领导人就在本地媒体上号召这项限制。当外国投资者最初回归中国时,中国政府就提醒他们注意利润遭还。他们接到通知,将利润调出中国的能力依赖于出口销售的多少。许多公司一开始没注意这条提示,不久发现它们不能将利润遣返国内。有些公司甚至承认,它们原以为中国政府的这项限制只是个玩笑。

公司如果不能按信号行事,会发现自己陷入尴尬的境地。另外,如果它们认真对待这些信号,就能对不同的情况制订相应计划。公司应该如何对待货币贬值、税收上调或者是针对广告的新限制?紧急计划可以帮助营销管理者能够杜绝危机的出现,在面临法规变化时能够做出深思熟虑的决策,决定采取何种合适的策略。

## 2. 掌握法规变化

James Austin 提出了公司面临法规变化时应考虑以下四个策略的选择。

- 转变(alter)。公司可以与政府协商转变政策或者政府行为。
- 避让(avoid)。公司可以做出策略决定,避开政府行为的影响。
- 妥协(accede)。公司可以调整运营,迎合政府要求。
- 联盟(ally)。公司可以通过寻求战略联盟,避开一些政府行为造成的风险。

在决定试图改变一项新法规之前,公司应该评估自身和政府讨价还价的能力。如图 4.1 中所示,当新法规严重影响公司运营,而且公司的还价能力相当强的时候,公司才可能试图改变一项新法规。如果公司的还价能力很弱,寻求合适的盟友将会更成功。如果该政策并不是很有威胁性,公司力量也比较弱,最好的方法就是妥协。总而言之,公司应该选择性地与政府交战。与每项新法规斗争不但费力而且代价巨大。

公司的还价能力会随以下因素而加强,如上缴税收的能力、雇用员工的数目、增加出口以助国家贸易平衡的能力。在伊拉克战争之前,美国和法国外交紧张时期,南加利福尼亚州立法机关做了一个决定,号召人民联合抵制法国货。这项决议以 90∶9 的比例获得国会通过。但是突然之间这项立法胎死腹中,并没有被议会采纳。最后发现,大多数在美国出手的轮胎是法国米其林集团生产的,而这些厂家就在南加利福尼亚州。

为了在协商中更加成功,公司应该利用一个政府的政治绘图。政治绘图(political mapping)包括辨别一个法规决策中所有相关个人——政客、官员、施压团体——并且了解他们的不同观点。这能让公司更好地对症下药。但是,这做起来并不简单。当美国入侵伊拉克之后,中国公司估计数十亿美元的中—伊合同将陷入不稳定状态。他们非常忧心,因为中国政府不支持美国入侵伊拉克。更让人担忧的是,在伊拉克谁将有权决定这些合同。相同道理,跨国公司指出,中国国内官员权力交接使得在该国的政治绘

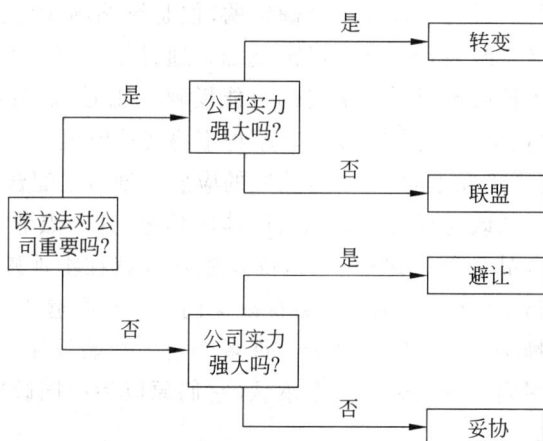

图 4.1　对法规变化的策略方法

图成为一个难题。

Ravi Ramamurti 提出，一个公司的讨价还价能力不仅依赖公司本身，而且决定于公司本国政府对东道国政府的动机和影响。比如，摩托罗拉发现该公司在日本设计并且试用的一款新呼机并没有达到行业标准时，这些标准又被日本的竞争者所开发并由政府执行了。摩托罗拉并没有重新设计自己的传呼机，而是首先劝服日本政府改变政策，允许摩托罗拉的产品进入市场。重新设计传呼机的成本非常高，摩托罗拉公司认为自己的还价能力很高，尤其是如果能够获得美国政府的支持。

如果一个公司认为自己的还价能力相对较弱，就可以使用联盟策略。在火石轮胎/福特探索者产品伤害一案中，沙特阿拉伯政府在港口就直接扣押了受影响的轮胎。然而，沙特阿拉伯的福特销售商还是废除了这一指令，因为他们说服政府相信他们才是受损害的一方，而不是跨国公司。百事可乐努力了好多年，仍然以全资子公司的身份进入印度市场。最后，该公司在印度饮料行业找到了一个强有力的当地合作伙伴，以联营的形式进入印度市场。该联营企业很快获得了政府批准。

在协商进入印度市场时，百事可乐也运用了与低还价能力相关的其他策略——妥协。在那时，印度有严格的外汇管理制度，禁止百事可乐将利润带出印度。百事可乐认为，试图以自身利益劝服印度政府转变政策是无效的。该公司也期望，在可预见的将来重新投资当地市场中可获利的公司。因此，百事可乐对政府政策妥协了。这一妥协使得公司节约了协商时间，进入一个潜力巨大的市场。

其他公司发现它们可以通过对营销组合做相对较小的改变来应对法规的变化。比如说，如果 Clearasil 不刻意宣传该产品是治疗粉刺的良药，它就仍然可以在日本的超市销售。而此后，它只能在药店销售。多年以来，巴西的价格控制表允许公司任意设定新产品的价格。然而当前的产品或者当前产品的改进新品在获得提价的批准之前，必须经过冗长而无法预测的申请程序。结果就是，像 Gillette 等公司宁愿将一些改进的产品，如品质更高的剃须刀片，作为全新的产品而不是当前产品线的一个改进版。

政治绘图（political mapping）：区分一项管理决策中包含的所有人——政客、官员、施压集团主要成员——并且了解他们的不同观点。

# 4.7  政治风险

最近,美国保险和外汇协会(SEC)宣布了一项新规则,针对的是在美国销售保险的公司。公司必须上报它们在受美国政府制裁的国家的活动情况,如古巴、伊拉克和苏丹。SEC 要求公司揭露任何会使它们的报价有风险或者成为投机活动的事件。在过去,这包括环境风险和即将发生的诉讼,现在也包括政治风险。

政治风险的存在意味着一家外国公司由于东道国政府的行为,本国政府行为或者施压团体的行为,有可能丧失部分或者全部投资、市场或者在外国的收入。正如我们所提到的,一个国家的政治环境很难固定不变。有时候,一家公司会面临东道国突然而巨大的政治环境变化。

政治风险(political risk),指的是由于政治力量突然而剧烈的变化而给商业运营带来不利条件的可能性。权力的突然改变,尤其是当新领导权交给政治和经济左派分子时,会导致敌对的政治环境和恶意收购。这种政治变革是意料之外的政变或者决策带来的。然而,在委内瑞拉发生时,也可能是由民主选举产生的。

政治动乱会驱走外国投资者。这是为什么非洲市场获得相对较少的全球营销者的关注的原因。

**世界脉搏 4.2**

# 猪 肉 政 治

美国有战略性石油储备，而中国拥有战略性猪肉储备。猪肉是中国消费者最喜欢的肉类，为避免猪肉严重短缺，中国政府坚持战略性冻猪肉和生猪储备。此外，在中国文化中，猪是与繁荣和好运相联系的。许多望子成龙的父母试图让孩子在猪年降生，以确保孩子一生幸运。

但是，猪肉在中国饮食和文化中如此重要，也使得猪肉不能远离政治。在即将进入 2008 年猪年之前，中国中央电视台取缔了所有有猪的图片和涉及猪的言语的广告，原因是：尊重伊斯兰教，因为他们认为猪是不干净的。

许多外国公司，如雀巢和迪士尼，在中国猪年时特地设计了以猪为特色的广告。而中国的广告商说，他们已经习惯于这种突然的法规。尽管禁止有关猪的各种广告，中国邮政还发行了一系列以迪士尼卡通猪为主的特殊邮票，以庆祝新年。

资料来源：Gordon Fairclough and Geoffrey A. Fowler. Pigs Get the Ax in China TV Ads. *Wall Street Journal*, January 25, 2007, p. A1; Rowan Callick. Year of the Pig. *The Australian*, February 1, 2007, p. 8; and Christopher Bodeen. Chinese Pork Prices Rattle Public, Politics. *Austin American Statesman*, May 31, 2007, p. A4.

不是所有的政治变动都会给每个公司带来消极影响。在科威特这个小小的酋长国里，许多公司认为伊拉克战争和萨达姆政权的覆灭带来的是邻国 2 000 万人口的市场机遇。在犯罪团伙猖獗的中美洲，保险行业蓬勃发展。仅危地马拉的公司集团支付给 250 家保险公司的金额就有 335 百万美元。谁在该区域有最大的市场份额？Wackenhut，一家迈阿密的保险公司，在被丹麦的 4 Flack 集团收购之后。

1979 年伊朗王朝的覆灭是个很好的例子，使许多公司大吃一惊，对公司利益造成了相反影响。不像 21 世纪早期的共产主义革命，伊朗的革命集中在伊斯兰教。由于反美情绪的存在，在德黑兰美国大使馆的美国居民被当成了人质。吉米·卡特总统为了报复，没收了美国裁定下的伊朗资产并命令美国公司禁止与伊朗有商业往来。这对美国商业造成了重大影响，上诉伊朗公司的美国公司就有 4 000 家左右，最后是通过海格国际法庭解决的。其中一件石油行业之外的大型案件就是支付给 R.J Reynolds 烟草公司的 49.8 百万美元。不仅使美国公司遭受了损失，而且由于革命，许多来自欧洲和日本的公司也关闭了部分或者全部的营业部门。此后伊朗和伊拉克的战争进一步降低了伊朗市场的吸引力，对留下的外国投资者增加了额外的损失。

伊朗的经验给国际营销者上了一节有关政治风险的重要一课。多年以来，公司一直认为政治风险仅对外国的资本投资产生影响。毕竟，投资巨大的生产工厂可能会被没收。令人惊讶的是，Reynolds 一案中包括的损失不是来自对工厂设施的破坏，而是对出口到伊朗的香烟的未支付货款。事实上，许多公司只是出口货物到伊朗，它们发现自己成为政治风险的受害者。将技术或者品牌授予当地生产商的公司也是如此。在许多案例中，新政府禁止进口，也禁止向外商支付金额以获得执照。不论公司决定如何进入市场，政治风险都是一个应该考虑的问题。

公司能做什么呢？在国际上活跃的公司主要在两个方面做出回应：第一，它们已经开始完善自己的情报系统，防止在变化打断经营时毫无准备；第二，它们制定了若干化解风险的策略，在一个突然的变化发生时，减少它们即将面对的风险，或者遭受的损失。以下部分将集中讨论这两个解决方案。

政治风险(political risk)：由于政治力量突然而剧烈的变化而给商业运营带来不利条件的可能性。

## 1. 政治风险评估

伊朗商业的突然中断促使许多公司建立分析政治风险的系统：一方面要建立一个有效的政治风险评估系统，这是一个公司首要的目标；另一方面有关于内部组织，或者说是公司内部的责任分配。最后，必须达成协议分析应该如何进行。

政治风险评估的目的，是避免在各国重新投资，每个公司都想知道即将来临的政府变动。更重要的是监测当前营业和政治环境。尤其是对当前营业来说，提前知道政治环境中的可能变化作用并不大，除非这些认知对未来的行动有用。因此，政治风险评估正逐渐从预测将来事件转变为制定策略来帮助公司处理变化。但是，政治风险评估首先要处理潜在的政治变化。这里要回答很多问题：我们应该进入某国市场吗？我们应该留在某个市场吗？当变异 Y 发生时，我们在市场 X 上可以做些什么呢？在采用政治风险评估时，一个很好的建议就是公司要寻求以下 6 个主要问题的答案。

- 东道国政治体系有多稳定？
- 在特定的意识形态和权力位置上，对于某些特殊规则，如所有权和合同权力，东道国的承诺有多可靠？
- 政府当权时间能有多久？
- 如果当前政府被另外一个接替，某些规定将如何改变？
- 如果某些规定的改变确实发生了，将会对我们的营业造成什么影响？
- 对于这些影响，我们现在应该做什么决策，采取什么行动？

组织和分析。一项针对美国大型跨国公司的调查发现，有半数以上的公司有内部机构审查新提议的和已经运营的公司的政治环境。在没有建立正式政治风险评估系统的公司，上级主管将通过国外旅行和与其他商人交谈的方式获得一手信息。

有些公司并不依赖于集中的公司员工，而是将政治风险评估责任分给某一特定地理区域的行政人员或者分析者。有些公司将分公司或者区域经理作为主要的信息来源。其他公司雇佣杰出的外教政策提议员或者掌握着外部意见渠道。

固定监测政治风险的公开或者半公开的来源也是存在的。经纪人情报单位(EIU)是"经纪人"的姐妹公司，监测约 80 个国家的许多政治和经济因素。这些因素包括负债、当前账户地位、经济政策和政治稳定性。

欧洲货币杂志出版了国家风险排名，包括政治风险评估(见表 4.2)。

**表 4.2 最安全的新兴市场：政治风险排名**

| 排名 | 国家/地区 | 排名 | 国家/地区 | 排名 | 国家/地区 |
|------|-----------|------|-----------|------|-----------|
| 1 | 阿拉伯联合酋长国 | 32 | 拉脱维亚 | 63 | 尼日利亚 |
| 2 | 塞浦路斯 | 33 | 巴西 | 64 | 圣卢西亚 |
| 3 | 巴林岛 | 34 | 泰国 | 65 | 洪都拉斯 |
| 4 | 马耳他 | 35 | 保加利亚 | 66 | 安哥拉 |
| 5 | 卡塔尔 | 36 | 摩洛哥 | 67 | 乌拉圭 |
| 6 | 百慕大群岛 | 37 | 突尼斯 | 68 | 白罗斯 |
| 7 | 中国台湾 | 38 | 特立尼达岛 | 69 | 马尔代夫 |
| 8 | 以色列 | 39 | 秘鲁 | 70 | 巴布亚新几内亚 |
| 9 | 巴哈马群岛 | 40 | 巴拿马 | 71 | 黑山 |
| 10 | 沙特阿拉伯 | 41 | 埃及 | 72 | 委内瑞拉 |
| 11 | 捷克共和国 | 42 | 哈萨克斯坦 | 73 | 斯里兰卡 |
| 12 | 斯洛伐克 | 43 | 哥斯达黎加 | 74 | 佛得角 |
| 13 | 文莱 | 44 | 阿塞拜疆 | 75 | 莱索托 |
| 14 | 韩国 | 45 | 中国澳门 | 76 | 莫桑比克 |
| 15 | 阿曼 | 46 | 哥伦比亚 | 77 | 斯威士兰 |
| 16 | 波兰 | 47 | 安提瓜和巴布达 | 78 | 瓦努阿图 |
| 17 | 智利 | 48 | 约旦 | 79 | 波斯尼亚和黑塞哥维那 |
| 18 | 博茨瓦纳 | 49 | 土耳其 | 80 | 赞比亚 |
| 19 | 巴巴多斯 | 50 | 越南 | 81 | 坦桑尼亚 |
| 20 | 埃斯托尼亚 | 51 | 印度尼西亚 | 82 | 牙买加 |
| 21 | 匈牙利 | 52 | 菲律宾 | 83 | 也门 |
| 22 | 马来西亚 | 53 | 马其顿 | 84 | 阿根廷 |
| 23 | 中国 | 54 | 乌克兰 | 85 | 巴基斯坦 |
| 24 | 墨西哥 | 55 | 危地马拉 | 86 | 乌干达 |
| 25 | 立陶宛 | 56 | 萨尔瓦多 | 87 | 阿尔及利亚 |
| 26 | 俄罗斯 | 57 | 阿尔巴尼亚 | 88 | 叙利亚 |
| 27 | 南非 | 58 | 亚美尼亚 | 89 | 斐济 |
| 28 | 毛里求斯 | 59 | 蒙古 | 90 | 柬埔寨 |
| 29 | 印度 | 60 | 多米尼加 | 91 | 巴拉圭 |
| 30 | 克罗地亚 | 61 | 格鲁吉亚 | 92 | 圣文森特和格林纳丁斯 |
| 31 | 罗马尼亚 | 62 | 加纳 | 93 | 汤加 |

| 排名 | 国家/地区 | 排名 | 国家/地区 | 排名 | 国家/地区 |
|------|-----------|------|-----------|------|-----------|
| 94 | 孟加拉国 | 116 | 伊朗 | 138 | 毛里塔尼亚 |
| 95 | 塞舌尔 | 117 | 吉布提 | 139 | 老挝 |
| 96 | 马达加斯加 | 118 | 塞内加尔 | 140 | 马拉维 |
| 97 | 肯尼亚 | 119 | 所罗门群岛 | 141 | 海地 |
| 98 | 贝宁 | 120 | 土库曼斯坦 | 142 | 刚果民主共和国 |
| 99 | 利比亚 | 121 | 喀麦隆 | 143 | 圣多美 |
| 100 | 格林纳达 | 122 | 吉尔吉斯斯坦 | 144 | 几内亚 |
| 101 | 摩尔多瓦 | 123 | 尼日尔 | 145 | 利比里亚 |
| 102 | 马里 | 124 | 冈比亚 | 146 | 乍得 |
| 103 | 赤道几内亚 | 125 | 苏丹 | 147 | 几内亚比绍共和国 |
| 104 | 玻利维亚 | 126 | 萨摩亚群岛 | 148 | 布隆迪 |
| 105 | 伯利兹 | 127 | 尼加拉瓜 | 149 | 缅甸 |
| 106 | 卢旺达 | 128 | 刚果 | 150 | 中非共和国 |
| 107 | 黎巴嫩 | 129 | 利比亚 | 151 | 厄立特里亚 |
| 108 | 多米尼加 | 130 | 圭亚那 | 152 | 阿富汗 |
| 109 | 埃塞俄比亚 | 131 | 塞拉利昂 | 153 | 索马里 |
| 110 | 纳米比亚 | 132 | 好望角 | 154 | 密克罗尼西亚 |
| 111 | 加蓬 | 133 | 不丹 | 155 | 古巴 |
| 112 | 厄瓜多尔 | 134 | 乌兹别克斯坦 | 156 | 津巴布韦 |
| 113 | 苏里南 | 135 | 塔吉克斯坦 | 157 | 马歇尔群岛 |
| 114 | 尼泊尔 | 136 | 布基纳法索 | 158 | 朝鲜 |
| 115 | 加勒多尼亚 | 137 | 多哥 | 159 | 伊拉克 |

资料来源：Rankings from "Country Risk Survey Results," *Euromoney*, September 2008. Reprinted with permission.

通常公司运用各种方法和来源来评估政治风险。公司如何处理评估结果依赖于它们收集到的数据。政治风险评估能够帮助公司远离风险国家。

但是，是否进入某一国外市场的决策是很难做的。风险分析不是算命。没有人能够确定地估计出下一个改革或者战争在什么时候发生。就如20世纪70年代晚期，一些充满政治风险的国家却具有非常有吸引力的市场。因此，在决定是否进入或者停留在某一国外市场时，政治风险分析是必须采取的行动。许多公司将它们的政治风险评估融入项目的总体金融评估之内。当公司期望更高的政治风险时，可以期望投资收益增加1%～5%。公司以这种方式平衡政治风险和市场吸引力。

## 2. 风险规避策略

政治风险评估不仅帮助公司决定进入市场还是退出市场，也提醒公司风险规避策略的必要性。这些策略能帮助公司进入或者留在有风险的市场。对于有政治风险的国家，最典型的方法就是寻求更高更快的投资回报。根据联合国贸易和发展会议的一项调查，在非洲的外国直接投资的平均收益常常比世界上其他地区都要高。这有一部分原因是公司投资在能获得快速回报的项目上。许多公司也尝试使用不同的所有权和融资安排。其他公司政治风险保险来规避潜在损失。

当地合作伙伴。依赖那些与东道国政府精英有密切联系的当地合作伙伴是一项策略，许多公司都在使用并且非常有效。这包括让当地国民进入外国分公司的董事会和接受当地投资者的大量资本投入。比如，美国通用汽车公司在中国与一家国有公司——上海汽车公司合作，以 50：50 的投资比例制造了别克、小客车和小型汽车。

然而，使用当地合作者可能并不能降低被政府没收的概率，如果政府换届，这些合作者都可能成为债务人。在伊朗，通用汽车公司的联营伙伴与伊朗王室有紧密联系。在驱逐王室的革命之后，通用汽车公司合作伙伴的股份被政府没收了。通用汽车发现自己与新伊斯兰政府成为合作伙伴。

将有风险的资产最小化。如果一个市场具有政治风险，国际营销者可以尝试将有风险的资产最小化。比如，R. J. Reynolds 本来可以拒绝向伊朗香烟进口商赊货。该公司本可以要求钱货两讫，而不是增加有风险的可收回账款。但是，正如我们在前面提到的，一些有政治风险的国家也可能具有很大吸引力的市场。20 世纪 70 年代中期的伊朗就是一个很好的例子。许多外国公司都在竞争进入伊朗市场。在如此激烈的竞争下，很少有公司能够收获满手订单。

另一种减少资产风险的方法是向当地银行融资。向当地银行融资，维持一个较高的当地支付账户可以减少有风险的资产。在不利政治事件发生时，这一行为也会使得当地经济对企业的负面影响最小化。一般情况下，东道国政府不愿意给本国的金融机构带来麻烦。向当地融资并不总是可行的，为了防止外国公司将本国公司挤出信贷市场，政府可能会施加各类限制。但是，在发展中国家的项目有时候能够获得世界银行的贷款。Pioneer 公司是一家生产杂交种子的大型跨国公司，当该公司准备投资埃塞俄比亚时就得到了这项融资。这些安排不但降低了资本风险，也为该投资获得了多方支持。

最后，更大的跨国公司可以试图在许多个国家将资产和市场多元化，以此来管理政治风险。如果在一个市场遭受损失，该影响对整个公司来说就不会是毁灭性的。当然，如果公司很小，这就很难做到。许多美国的小公司因为伊朗的革命而濒临破产。

政治风险保险。跨国公司的最后是依靠购买保险来对抗政治风险。随着 1979—1981 年伊朗政治形势的发展，尼加拉瓜政权的迅速接替，韩国朴正熙总统和埃及萨达特总统的遇刺，许多公司开始对风险保险持不同态度。政治风险保险可能价格高昂，但是可以补偿巨大的潜在损失。比如，因为联合国安全委员会对伊拉克的全球禁运令，公司从私人保险公司获得 1 亿～2 亿美元的赔偿，从政府获得数十亿美元赔偿。

美国公司可以使用海外私人投资公司（OPIC）。海外私人投资公司由美国政府成立，帮助美国私人公司在不发达国家的发展。在伊朗伊斯兰革命之后，海外私人投资公司不但给出口者提供了补偿，同时也为外国投资者提供补偿。海外私人投资公司为100多个发展中国家的项目提供融资和政治风险保险。该公司保险覆盖货币不可兑换、政府没收、战争和革命等造成的损失。海外私人投资公司的部分项目列示在表4.3之中。但是即使是海外私人投资公司也面临着特殊利益团体。地球之友、绿色和平和其他公司针对海外私人投资公司提起上诉。它们指责该公司没有考虑环境效应，所融资的项目会导致全球变暖。

私人保险公司，如 Bellwood Prestbury 为在有政治风险市场运营的公司提供绑架和赎金保险。

表4.3　海外私人投资公司部分项目

| 国家 | 美国赞助商 | 项目描述 | 贷款/保证/保险 |
| --- | --- | --- | --- |
| 阿尔及利亚 | Ionics Incorporated of Watertown，MA | 饮用水 | 贷款 |
| 博茨瓦纳 | Kalahari Gas Corporation | 发电 | 保证 |
| 埃及 | Apache Corporation | 天然气生产 | 保险 |
| 加纳 | Morganti Group，Inc. | 电力工程 | 保险 |
| 危地马拉 | Colite Outdoor of West Columbia，SC | 广告牌建设 | 保险 |
| 洪都拉斯 | Colite Outdoor of West Columbia，SC | 广告牌建设 | 保险 |

续表

| 国家 | 美国赞助商 | 项目描述 | 贷款/保证/保险 |
|------|-----------|----------|----------------|
| 印度尼西亚 | Unocal Corporation and Pertamina | 海洋原油和天然气生产 | 贷款 |
| 肯尼亚 | Living Water International | 饮用水井 | 贷款 |
| 墨西哥 | ICA-Fluor | 能源基础设施建设 | 保证 |
| 摩洛哥 | CMS Generation Company | 国内电力能源生产 | 贷款 |
| 尼日利亚 | Deamar Group | 面粉厂 | 贷款 |
| | Hercules Lifeboat | 救生艇服务 | 保险 |
| 巴基斯坦 | Sweetwater International of Salt Lake City | 增加产量的先进石油处理技术 | 保险 |
| 菲律宾 | Golden Cypress Water Company | 瓶装水 | 贷款 |
| 俄罗斯 | International Scientific Products Corporation of New York | 光学部件生产设施 | 贷款 |
| 韩国 | Majestic Group Korea | Ruby Tuesday 特许经营餐馆 | 贷款 |
| 赞比亚 | Africa Mortgage Finance Zambia | 5 000 户新房子的抵押贷款 | 贷款 |

资料来源：http//www. opic. gov. 2008 Projects.

# 4.8 全球营销与恐怖主义

海外安全意见委员会是一个公私合营的部门，专门提供恐怖分子对世界办公场所的轰炸和其他袭击警示，因为恐怖分子越来越关注"软目标"。该委员会是在美国国务院指导下成立，为跨国公司如花旗、波音、杜邦和麦当劳等公司提供意见。该网站一个月的浏览量约有 180 万次，委员会每天投递约 1 万封电子邮件。23 岁的 Jennifer Harris 刚处理了一个公司的电话，该公司的行政主管正准备去印度会见一个地区官员。Harris 的调查发现在过去一年，有 7 起谋杀案是针对该官员的。公司的行政主管决定以电话跟该官员会谈。

国际恐怖主义的兴起以不同方式影响了全球营销者。如果当地政府宣称和恐怖分子有联系，有些公司就选择避免或者离开某个市场。当通用电气被美国一个议员指责从伊朗一个支持恐怖分子的州吸取"带血的金钱"时，该公司即停止与伊朗缔结合同。其他公司也发现，它们的营销策略受恐怖主义影响。可口可乐和宝洁公司曾经在马纳尔电视台播出广告，该卫星电台是由真主党什叶派教徒运营的。但是，美国财政部将马纳尔归为恐怖主义集团，这使得美国公司在该电台做广告成为非法行为。

跨国公司必须考虑恐怖分子可能对它们的运营造成的威胁。公司是恐怖分子袭击最常见的目标，轰炸是恐怖分子最常见的行为。面临这些袭击的可能性，星巴克撤出了以色列市场。恐怖分子还会向跨国公司敲诈金钱。但是，这种支付在本国来说可能是非法的。

Chiquita 公司为了保证员工在哥伦比亚的安全,向该国的恐怖主义分子付了钱,被美国法律宣判有罪并支付了 2 500 万美元的罚金。

恐怖主义的兴起也影响了整个行业。其中一个最直接受到全球恐怖主义影响的行业是旅游业。因为极高的恐怖主义风险,美国人将更多的旅游经费花在了墨西哥,而不是乘坐跨越大西洋的飞机去欧洲。来自中东的游客开始避免去美国,因为在那里他们将面临新的海关检查和怀疑,他们更乐意去一个新的旅游目的地——马来西亚。在 2003 年,去美国的中东游客比三年前下降了 30%。

另外一个受全球恐怖主义影响的行业是国际教育。美国加紧了安全检查,使得计划去美国学习的外国学生很难获得学生签证。由此导致的结果就是,一场针对留学生的全球市场份额之战爆发了。其中最有侵略性的国家有马来西亚、印度、中国、瑞典和冰岛。另外两个积极的竞争者是中东的迪拜酋长国和新加坡。迪拜尤其针对来自中东,但是无法获得美国签证的学生。迪拜和新加坡都遵循这么一种模式,即和高水平的外国大学合作,建立当地项目。加入迪拜的大学包括澳大利亚南方昆士兰大学、印度圣人甘地大学、爱尔兰都柏林商业学院等。新加坡吸引了美国的斯坦福大学和康奈尔大学、法国商业学院和德国科技学院。新加坡的目标是吸引 15 万外国学生,国际教育发展占国家经济的 5%。

全球恐怖主义分子可能特别关注基础设施,如港口、航线和其他交通运输系统。这种袭击威胁说采取报复性大破坏,因为公司为全球买家服务。道康宁每个月为 50 多个国家的 2 万多民顾客投递 1 万多份产品。它的产品在各类产品生产中使用,小到洗发水大至纺织品。"9·11"事件和其他恐怖主义袭击会中断公司向顾客运送产品。比如,道康宁公司的计划团队展开了几个月的会议,讨论如果伊拉克战争打乱它们的全球物流,公司应采取何种后备计划。在波斯海湾战争中,一项运往法国一家化妆品公司的产品最终留在了沙特阿拉伯。这使法国公司的生产部门停产了两周,让法国顾客大为恼火。

与道康宁相似的是,许多大公司都有专门的系统回应除了恐怖主义之外的经营中断。比如说,Daimler Chrysler 有专门的控制中心,处理从飓风到行业纷争引起的中断。但是,道康宁驻中国物流总裁预计,大多数大公司都可以通过预先计划,做更充分的准备。它们可能只需要在应急计划中投入 150 万美元就足够。

公司安全在许多公司都得到高度关注。百事可乐在全球有超过 5 000 亿美元的销售量和 143 000 名员工,通过创造一个新的职位来回应恐怖主义威胁——全球安全副总裁。在 Oracle,通过委员会协调各部门,如安全部门、信息技术部门、产品开发部门和人力资源部门。在 Marriott,风险是集中管理的,目的是保证各事业部的协调一致性。根据美国商业部的一项调查,70% 的回应者说他们所属的公司将恐怖主义威胁视为公司安全策略的原因,53% 的公司听从了这些建议。

美国政府通过法律做了一些规定。出口农产品和加工食品到美国的公司必须在美国农业部注册,并且正经历越来越严格的审核。美国财政部有一张名单,上面列示了据说与恐怖主义有联系的个人和组织。美国居民和公司如果与名单上的个人或者公司有商业往来就是犯罪行为。无须说,这些新法规越来越需要公司在雇用之前进行审查,同时对客户、零售商、分销商和合作伙伴进行背景核实。

仅标准普尔500强公司花在恐怖主义上的直接和间接的成本估计每年都会超过1 000亿美元。这些包括保险、库存过多和由于消费者的恐惧造成的销售量下降带来的利润损失。然而，在商业部的调查中，90%的调查者觉得他们公司不会成为恐怖主义袭击的目标。随着直接威胁的逐渐消除，很多中小型公司认为防范恐怖主义的花费过于高昂。在另外一项由会议委员会进行的调查中，40%来自中等大小公司的上级管理者认为"安全成本太高，应该将其最小化"。进一步调查发现，40%的美国超级大公司没有恐怖主义保险。

# 总　结

在本章中，我们列出了跨国公司面临的主要政治和法规问题。我们的方法不是辨别并且列出对国际营销产生影响的所有政府行为。相反，我们只是提供了一个背景，帮助了解这些行为以及行为背后的动机。负有全球责任的主管们应制定策略和系统来应对各国政府的挑战。

重要的是，我们要认识到公司可以在一定程度上预测并且管理法规变化。它们也可以采取一些风险规避措施，来抵挡难以预测的政治风险。对有效的全球营销管理来说，主管人员必须具有前瞻性，必须预测到环境中可能遇到的危机或者积极的改变，不能等到变化发生才行动。为了达到这些目标，必须实施系统化的监控措施、监控政治和法规的变化。

过去几年，世界政治发生了翻天覆地的变化，这些变化都会影响跨国公司的全球营销活动。一方面，这些变化也使得一些以前关闭的市场打开了。另一方面，全球恐怖主义正在兴起，提出了一些新的挑战。法规变化和政治风险将继续在全球营销的舞台上发挥作用。公司必须学会如何避免灾难，同时辨别和利用机会。

# 问 题 讨 论

1. 日本的建筑行业一直被国内厂家主导。很少有外国公司能在日本获得项目。日本政治力量的哪些方面可能影响这个建筑市场本国控制的局面？什么政策和法规可以为外国公司打开这一市场？

2. 所有权限制，如当地合作伙伴参与的要求，是否总是能够保证跨国公司为当地经济多做贡献？

3. 公司可以使用哪些方法来取得并且形成政治风险评估信息？你认为每一项的优点和缺点各在哪里？

4. John Deere决定进入中美洲拖拉机市场。它可以采取哪些策略来减少可能的政治风险？

5. 在《公民全球贸易观察》中选择一个项目。你赞成这个项目吗？为什么？哪些公司会卷入这些争议？

6. 与之前全球营销者们面临的政治风险相比，全球恐怖主义有哪些相同之处，又有何不同？

# 第二部分

# 分析全球机遇

# 第 5 章

# 全球市场

章节提纲

## 5.1 了解市场与买家

1. 消费者市场

2. 购买力

3. 消费者需求

4. 消费者行为

5. 市场细分

## 5.2 企业市场

1. 企业买家的需求

2. 开发企业关系

3. 向全球买家营销

## 5.3 政府市场

1. 购买程序

2. 发展中国家的政府合同

3. 政府市场与行贿

## 总结

## 问题讨论

## 学习目标

学完本章,应该掌握:

- 列出营销消费者购买力的因素,解释这些因素是如何影响各国市场的;
- 描述马斯洛需求等级模型并将其应用到不同文化的消费者中;
- 举出各种文化消费者行为相似的例子和不同的例子;
- 描述国外消费者市场细分选择;
- 解释为什么在 B2B 市场中,买者需求和行为在各国都不相同;
- 列出国家买者和全球买者的特殊品质;
- 描述一个外国公司要想获得政府合同必须通过的五道"坎";
- 解释在全球合同中贿赂的角色。

自从签订北美自由贸易区条约之后,美国公司对墨西哥市场充满了兴趣。Mary Kay 是一家达拉斯化妆品生产商,将墨西哥变成了销售量最高的国外市场之一,造成这种结果的部分原因就是由于妇女购买力的提升。沃尔玛成为墨西哥首屈一指的零售商。但是对于后来者星巴克来说,墨西哥仍然是个谜。墨西哥是世界上第五大咖啡生产国,但是墨西哥人很少喝咖啡。普通墨西哥人一年消费的咖啡不到 2 磅，而美国人均一年消费 10 磅，瑞典是人均 26 磅！星巴克能在墨西哥消费者中创造更大的需求吗？那些高级的咖啡店能够提供一种对发展中国家的消费者同样有吸引力的产品吗？

在制定针对全球市场的有效战略时，一个公司首先应该考虑它要竞争的市场的类型。市场包括消费者、公司和政府。

在本章中我们将探讨聚焦全球市场中不同种类市场时出现的问题。我们将关注不同文化中使得各种类型的市场相似和不同的因素。消费者市场可能会展示全球市场的特点，即在各种文化中消费者需求和消费者行为都相对一致。而公司对公司的市场会产生特殊需求的购买者。政府买家通常会有多项日程。但是，国家差异仍然影响所有市场，对全球营销者来说满足他们的欲望和需求变得更有挑战性。

# 5.1  了解市场与买家

在任何营销条件下，了解潜在购买者和他们选择产品的过程都是非常重要的。一个营销项目的大部分元素目的都是影响消费者选择自己的产品而不是竞争者的产品。不论是哪一种的买家——消费者、公司还是政府——营销者都必须能够辨别谁是买家，买家又是如何决定购买的。

当宝洁公司在全球范围内推销纸尿裤时，曾在辛辛那提组建了一个全球营销团队，他们认为婴儿纸尿布的需求在全球范围内都是一样的。不久他们就发现，尽管大多数国家的母亲都希望自己的婴儿有个干净清爽的小屁股，但日本的母亲可不这么想。在日本，婴儿的衣物被频繁地换洗，根本就不需要厚厚的吸收力强大的纸尿裤，取而代之的是在日本的小家庭中占更少空间的薄薄的纸尿裤。与此类似，许多公司供应商发现，发展中国家的首席执行官通常在组建代表团去发达国家之后才做出购买决定。

## 1. 消费者市场

全球消费者有许多相似的需求，甚至有证据证明，全球消费模式有趋同的趋势。传统上只喝葡萄酒的法国人开始喝更多的啤酒，而喝啤酒的德国人开始喝更多的葡萄酒。日本，在传统上是一个以吃鱼为主的国家，现在却消费着更多的牛肉。许多瑞士人更喜欢法国奶酪，而不是他们传统的瑞士甜点。但是，如果假定各国的消费者都采用相同的购买程序，使用完全相同的选择标准的话，结果将是灾难性的。购买者在很多方面都是不同的，如谁决定要买，买什么，如何买，什么时候买，去哪里买。

每个人都离不开衣食住行。当这些基本要求满足之后，消费者才会寻求改善生活水平，居住在更舒服的环境中，拥有更多的休闲时间，提高社会地位等。消费模式仍是随着国家不同而不同，因为消费者在购买能力和动机上差异仍然很大。比如说，葡萄酒的消费模式随国家不同而差异极大。在法国，平均每人每年消费量为 25.7 升（6.8 加仑），而在美国是 6.5 升，在日本是 4.5 升，在土耳其只有 0.4 升。隐形眼镜的消费模式在各国的差异也很大。美国人均购买量大约是日本人的两倍，墨西哥人均购买量大约是中国人的

10 倍。

　　基本需求的满足和对更高生活水平的渴望在世界各地都是一致的,但不幸的是,并不是每个人都能够达到这些目标的。消费者所在国家的经济、政治和社会结构影响他们满足需求的能力和方法。要了解一个消费者市场,我们必须检测以下三方面。

- 消费者购买力
- 消费者需求
- 消费者行为

## 2. 购买力

　　要想购买一个产品,消费者必须具有购买力。购买一个产品的能力可能受一个国家拥有财富的数量影响。一个国家通过在国内生产和销售产品,同时将产品销售给其他国家(出口)来积累财富。后者会导致财富流入,而这又被支付必要进口的财富流出相抵消了。

　　总消费潜力的一个重要指标是国民生产总值(GNP),因为它既反映了一个国家生产的财富的总量,而且也是总体市场规模的指标。人均国民生产总值将价值分摊到个人,是每个消费者潜力的粗略估计。国民生产总值和人均收入(PCI)在国与国之间相差极大。

一个小贩在肯尼亚农村市场贩卖肥皂。在发展中国家,许多小公司都是非正式经济的组成部分。

日本的人均收入为 38 095 美元,瑞典为 54 499 美元,我们可以预计,在这些国家的汽车需求将远远超过肯尼亚和越南,因为后两者的人均收入还不到 1 000 美元。星巴克被吸引到墨西哥市场的一个重要原因就是人均收入的大幅上涨。尽管各个市场之间存在文化差异,星巴克注意到人均收入和咖啡消费量是密切相关的。

　　但是,很重要的一点是,人均收入有一个内在缺陷,即破坏所有市场的可比性。国际货币基金组织认识到,以市场汇率将收入以当地货币计量的形式转变为美元计量,会低估贫穷国家相对富有国家的消费者真实购买力。因为如此,国际货币基金组织建议使用与购买力平价有关的数据,即考虑产品价格的国家差异。比如,在购买力平价水平下考虑,埃及的购买力从 2 015 美元上升到了 5 904 美元(人均收入)。表 5.1 显示了部分发展中国家和发达国家之间的购买力平价。

　　财富分布对市场潜力也有影响。一个国家人口间的收入分布会扭曲一国的市场潜力。比如说,超过 80% 的印度人口和近 35% 的中国人口每天依靠不到 2 美元生活。如果少数人掌握着几乎所有的财富而剩下的人都陷入贫困之中,处于中间的人就会很少。结果就是,许多依赖中产阶级市场的产品就会进展困难。

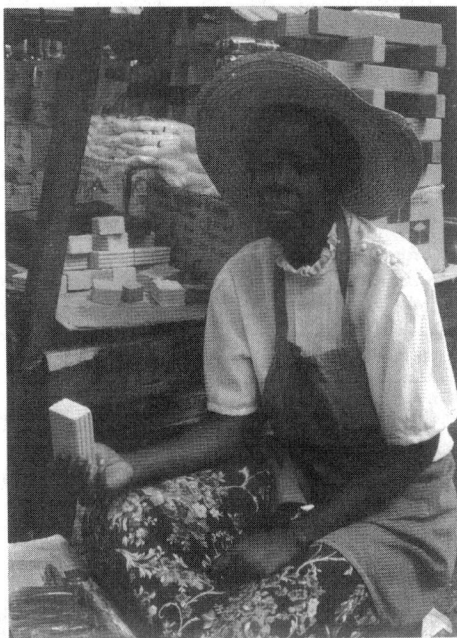

表5.1　部分国家市场汇率下的人均收入和购买力平价

| 国家 | 市场汇率 | 购买力平价 | 国家 | 市场汇率 | 购买力平价 |
|------|----------|------------|------|----------|------------|
| 阿根廷 | 8 146 | 14 354 | 韩国 | 20 582 | 26 340 |
| 巴西 | 8 449 | 10 298 | 墨西哥 | 8 914 | 14 581 |
| 智利 | 10 125 | 14 688 | 巴拉圭 | 1 962 | 4 767 |
| 埃及 | 2 015 | 5 904 | 菲律宾 | 1 915 | 3 539 |
| 埃塞俄比亚 | 297 | 871 | 波兰 | 11 860 | 17 559 |
| 德国 | 44 488 | 35 551 | 罗马尼亚 | 8 744 | 12 698 |
| 匈牙利 | 15 461 | 19 829 | 俄罗斯 | 12 012 | 16 160 |
| 印度 | 1 081 | 2 786 | 瑞典 | 54 499 | 37 525 |
| 印度尼西亚 | 2 142 | 3 990 | 瑞士 | 64 635 | 42 840 |
| 伊朗 | 5 042 | 11 209 | 土耳其 | 10 737 | 13 447 |
| 日本 | 38 095 | 34 500 | 阿联酋 | 50 383 | 39 076 |
| 哈萨克斯坦 | 8 835 | 11 563 | 美国 | 46 859 | 46 895 |
| 肯尼亚 | 860 | 1 734 | 越南 | 937 | 2 774 |

资料来源：Data selected from "Word Economic Outlook Database 2008," *International Moneytary Fund*, http://www.imf.org.

令人惊讶的是,低收入人口可以成为富有吸引力的消费品市场。在许多发展中国家,贫穷人口的购买力被官方数据低估了。在这些国家,贫困人口的大部分收入是从不上报给当局的。即所谓的非正式经济,非正式经济的数量可以非常庞大。在墨西哥,27%的劳动力预计是在非正式经济部门。但是,这个数字与印度的非正式经济相比,是小巫见大巫,在印度的470万工人中,有90%是在非正式经济部门工作的。此外,市中心相对较高的房地产成本使得许多穷人困在了贫民窟。一旦他们的可支配收入上升,他们不会花在购房上,而是购买更多的高级消费品。比如,居住在印度卡库特贫困区的母亲,通常会为他们的孩子购买最昂贵的牛奶。

发展中国家最底层人民的市场潜力仍然饱受热议。C.K Prahalad 提议,向发展中国家最底层人民营销不但能够为公司赢得利润,同时还能够减轻贫困。他鼓励公司重新考虑每天获得不到2美元的消费者市场。通过给贫穷的消费者提供质优价廉的产品,公司可以帮助发展中国家,同时为那些最终赚取更多收入的消费者市场赢得品牌忠诚度。这项提议获得了许多跨国公司的关注。但是,事实证明,针对金字塔底部的营销并不容易付诸实践。

Prahalad 原先估计全世界位于金字塔底端的消费者有40亿,但是很多人认为这一数目应该只有6亿。其他人提出,许多金字塔底端消费者居住在遥远的农村地区,使得销售成本上升而减少了可能的利润。金字塔底端市场的特点在各个国家差异很大,限制了公司将营销知识应用到另外国家的能力。另外,许多金字塔底端营销动机,包括被雀巢和联合利华所采用的,都已经被废止或者打击回来。对发展中国家贫穷消费者的兴趣依然存在,但是很多人建议这些消费者必须拥有超过 2 美元一天的资源。

国民生产总值(gross national product,GNP):某一时期内一国范围内生产的产品和服务的总市场价值。

人均收入(per-capita income,PCI):一定时期内一个国家每人的平均收入。

购买力平价(purchasing-power parity):国际贸易商品的价格应该在每个国家都是相同的,因此真实汇率就是两个国家之间价格的比值。

非正式经济(informal economy):在没有法律规定的执照、允许和上报程序下运营的个人或公司的经济活动总额。

金字塔底端(bottom of the pyramid,BOP):发展中国家每天收入少于 2 美元的消费者。

## 3. 消费者需求

消费者购买产品和服务来满足人类基本需求。马斯洛需求理论将人类需求分为四个层次,指出人类在满足高层次需求之前必须先满足低层次的需求,最低层次的需求是生理需求,这包括对安全、食物和住处的需求。第二层次的需求包括对友情和爱情的社会需求。第三层次的需求包括从别人那里获得尊敬的需求。最高层次的需求包括自我实现和形成个性。每个国家的消费结构因人均收入不同而不同。发展中国家,如中国,将近50%的国民收入花在食品上,而发达国家的消费者,如法国和美国,花在食品上的收入不到20%。

以马斯洛需求理论为基础,虽然可以总结出消费者购买的顺序,但是对于跨文化应用仍存在争议。印度教强调在满足物质需求之前实现自我。在发展中国家,消费者可能节衣缩食购买冰箱,只是为了建立他们的社会地位,满足他们对自尊的需求。亚洲消费者经常购买奢侈品来强调或者维护面子,尽管他们的收入相对较低。这些消费者在平时生活中可能非常节俭,但是在奢侈品消费上却极为慷慨。而来自个人主义为主的国家的消费者,如美国,就不太重视与集体或者面子相关的购买,而更关注与自我实现和兴趣相关的产品。在日本,与之相反的是,即使是在商业协会之间也非常关注宗教礼物的赠送并且在这方面花费巨大。日本的孩子富有社会责任,会为父母举办奢侈的葬礼。

马斯洛需求理论(Maslow's hierarchy of needs):该理论指出,人类需求分为四个层次,人类必须先满足低层次需求,才会追求高层次的需求。

## 4. 消费者行为

购买力受许多经济因素影响,与消费者购买动机相比,购买力更容易辨别和量化。正如我们之前提到的,作为人类,所有的消费者都展示出一定的相似性。但是,购买行为并不是在所有人中都是一样的。购买者行为是后天习得的,而且主要来自文化,所以各种文化的购买者行为各不相同。在本书中会提到许多消费者行为中的文化差异。

首先,文化能够直接影响产品用途。比如,在伊斯兰教国家销售保险更为困难,因为该宗教首领认为购买保险是一种赌博行为,而赌博在伊斯兰教中是禁止的。然而,奢侈品营销者发现日本人是非常好的顾客。日本拥挤的居住环境和天生的美学敏感性导致了对奢侈品的追求。尤其是一个喜欢旅游的日本人，更能促进对外国奢侈品牌的热爱。

所有与产品或者包装设计相关的全球营销者必须意识到消费者购买决策时的美学影响。在这方面一个有关跨文化相似和不同的例子就是对颜色的偏好。一项调查 8 个国家的消费者的结果显示一些普遍的颜色偏好确实存在。蓝色在每个国家中不是位居第一就是第二，各国对黑色、绿色、红色和白色的感觉也没有太大差异。但是，在对棕色、金色、橙色、紫色和黄色的偏好就呈现出较大差异。红色在中国意味着幸福，通常被选为婚礼邀请函的颜色。在印度，印度教认为橙色是最神圣的颜色。在日本、中国和韩国，紫色是与昂贵的产品相联系的，而在美国，紫色往往与价廉的产品有关系。

家庭结构和家庭成员的角色在购买什么产品和如何做购买决定上起着重要作用。表 5.2 显示了在 5 个国家中丈夫和妻子在购买产品时的决定权，表现出各国之间既有相似之处，又有不同之处。因此，国际营销者应该意识到，因为各国社会和文化的差异，在外国市场中可能存在家庭购买角色的变化。在考虑家庭成员的不同角色时，可能要对营销策略做出相关改变。在沙特阿拉伯，即使家中有成员或者仆人做实际的采购工作，仍然是由家庭主妇决定买哪些包装食物。

表 5.2　根据购买种类和国家，不同文化中购买决策的总结

| 购买决策 | 国家 | 决策者的购买种类 | | | | | |
| --- | --- | --- | --- | --- | --- | --- | --- |
| | | 度假 | 食物 | 电器 | 储蓄 | 家具 | 汽车 |
| | | 决策者 | | | | | |
| 买什么 | 土耳其 | J | W | W | J | J | H |
| | 危地马拉 | J | W | W | J | J | H |
| | 越南 | J | W | W | J | J | H |
| | 美国 | J | W | J | J | J | H |
| | 加拿大 | J | W | W | J | J | H |
| 什么时候买 | 土耳其 | H | W | W | J | J | H |
| | 危地马拉 | H | W | W | J | J | H |
| | 越南 | H | W | W | J | J | H |
| | 美国 | H | W | J | J | J | H |
| | 加拿大 | H | W | J | J | J | H |
| 在哪里买 | 土耳其 | J | W | W | J | J | H |
| | 危地马拉 | J | W | W | J | J | H |
| | 越南 | J | W | W | J | J | H |
| | 美国 | J | W | J | J | J | H |
| | 加拿大 | J | W | J | J | J | H |

| 购买决策 | 国家 | 决策者的购买种类 | | | | | |
|---|---|---|---|---|---|---|---|
| | | 度假 | 食物 | 电器 | 储蓄 | 家具 | 汽车 |
| | | 决策者 | | | | | |
| 如何买 | 土耳其 | J | W | J | J | J | H |
| | 危地马拉 | J | W | J | J | J | H |
| | 越南 | J | W | J | J | J | H |
| | 美国 | J | W | J | J | J | H |
| | 加拿大 | J | W | J | J | J | H |

注：J＝联合决定，W＝妻子，H＝丈夫。

资料来源：Talhar Harcar, John E. Spaillan, and Orsay Kuchkemiroglo, "A Multi-National Study of Family Decision Making," *The Multinational Business Review* (13/2)，2007. p.17.

**世界脉搏5.1**

## 细分中国市场

如今的中国人，花费更多，储蓄更少。中国家庭储蓄从20世纪90年代中期GDP的20％下降到了16％，储蓄比例已经不比法国高多少，更是远远低于印度，后者的家庭储蓄占GDP的22％。中国的市场显得越来越有吸引力，全球公司都在试图扩大在中国市场的份额。但是这里仍存在一个问题：盯住中国哪个市场呢？

中国是由许多文化和不同购买行为组成的集合体。在大城市，顾客越来越多地光顾大型国际超市，如沃尔玛和家乐福。在乡村地区，消费者在小型的家庭商店购物。许多中国的城市居民已经是有经验的购物者，而许多乡村居民仍然是首次购买许多产品。价格会带来重大差异。一支有香味的佳洁士牙膏，如冰山温泉味或者薄荷香味，需要花去城市居民1美元以上。而在农村地区，消费者更喜欢简单的成分，价格在50美分以下。

有个新出现的细分市场对有些跨国公司尤其有吸引力。中国的奢侈品市场正有上升趋势。仅一年，当地生产的高档车销量就上升了57％。通用汽车决定将中国打造成世界第二大凯迪拉克市场。然而，他们也会和越来越多的竞争者竞争，如奥迪，也有最近的新进入者，如本田的雷克萨斯。钻戒市场是另外一个上升市场。中国的许多年轻女子也接受了西方传统，期望她们的未婚夫赠送钻戒。

资料来源：Christina Passatielllo. Style and Substance. *Wall Street Journal*, August 2, 2007, p. B1; Dexter Roberts. Scrambling to Bring Crest to the Masses. *Business Week*, June 25, 2007; Dexter Roberts. Cadillac Floors It in China. *Business Week*, June 3, 2007, p. 52; and James T. Areddy. Spent Force. *Wall Street Journal*, May 2, 2006, p. A1.

## 5. 市场细分

一旦全球营销者决定进入哪个国家的市场，他们必须记住进一步的市场细分非常重要，理由有如下三个。

- 一个国家的所有居民并不是都相同的。因此，营销者不可能制定一项营销策略就足够满足每个人的需求。UPS 在调查中国顾客时发现了这一点。该研究总结出不能将中国当成一个单一市场，因为中国消费者有"数不清的个人喜好"。
- 要想在一个市场获得成功，你并不需要那个国家的每个消费者都购买你的产品——你只需要那个市场的大部分人愿意并且能够购买你的产品。
- 如何——并且到什么程度——在一个国家市场改变你的营销组合（产品、价格、销售、促销）依据你在那个国家的细分市场。

市场细分（market segmentation）：将潜在购买者分组，每组有相同的需求，会对某一营销策略做出相同回应。

大多数细分市场都位于一个国家之内。一家日本的化妆品公司应该针对法国的家庭主妇还是法国的工作妇女？一家美国的软饮料公司应该对巴西的青少年和成年人采取不同的营销组合吗？玻利维亚家具公司在进入美国市场时，应该针对美国东海岸还是西海岸？

按宗教细分。为什么全球公司针对某个国家市场内的某一地理区域是有若干原因的。在第 3 章中我们学到，有些国家有许多文化，并且随着地区不同而不同。有些区域可能比其他地方更加富有或者更加贫穷。这在发展中国家的城市和农村地区相当明显。各地区在接受外国产品时也有不同之处。许多年来，美国中西部人群都抵触进口啤酒。最近，进口啤酒终于有了突破——但是销量仍然低于沿海地区。有些公司索性选择将城市作为目标：比利时的 Stella Artois 进入美国市场时，只选择主要的潮流城市。

按人口细分。尽管我们通常认为文化是一种地理现象，文化也会随着等级和年代的不同而有一定差异。男女之间的社会交往有差异，会导致性别之间的文化差异。因此，按人口细分，如收入、性别或者年龄，在国内市场细分中很常见，在国际市场也非常有用。通常情况下，营销者们按一个以上的人口变量细分，如年龄和性别。表 5.3 展示了不同年龄阶段的中国妇女细分表。正确组合人口因素，针对一个细分市场的营销策略将会非常富有吸引力。在印度，年轻人，尤其是年轻妇女，在充满竞争的汽车市场上占到一个很小的部分。但是随着中产阶级的日益庞大，对年轻人的销售量逐渐上升，Suzuki 成功设计了一款给年轻中产阶级妇女的汽车——Zen Estilo。这款车有 8 个时尚的颜色，包括紫色的混合和天蓝色，售价不到 8 000 美元。当该车首次投放市场时，孟买的消费者要等 6 个月才能买到一辆。

表 5.3  中国三大女性消费者群体

| 守 旧 派 | 传 统 派 | 现 代 派 |
| --- | --- | --- |
| 新中国成立（1949 年）之前出生 | "文革"期间（1966—1976 年）出生 | 改革开放（1978 年）之后出生 |
| **中心：**<br>共产主义理论<br>民主家庭体系 | **中心：**<br>家庭为主导<br>儒家文化 | **中心：**<br>自我享乐<br>自我导向 |

| 守 旧 派 | 传 统 派 | 现 代 派 |
|---|---|---|
| **价值观：**<br>服务国家，为国为民<br>爱国的、社会的、有用的<br>忠诚于共产主义事业 | **价值观：**<br>遵守传统家庭观<br>家庭责任<br>信仰"面子"和"互利"<br>关注忠诚与和谐 | **价值观：**<br>社会和经济独立<br>物质化、现代化<br>受外国价值观影响 |
| **消费者行为：**<br>积极参加环境保护和政治事件；<br>对本国产品和绿色产品情有独钟；<br>偏爱国产货，以促进国家经济和就业 | **消费者行为：**<br>受家庭成员和朋友影响；<br>有计划消费；<br>在送礼时会激发购买欲；<br>关注储蓄；具有价格敏感性 | **消费者行为：**<br>与自我奉献相关；<br>喜爱美容和健康产品；<br>不顾家庭花销分配；<br>喜爱外国品牌；<br>购买时品牌和质量为主要考虑因素；<br>购物时间更少；<br>冲动地购买；<br>通过阅读获取信息 |
| **营销策略：**<br>通过与当地公司形成联营企业，使产品形象本国化，宣扬爱国主义情怀；<br>获取政府人员或者德高望重的个人的支持；<br>促销重点应该为社会功用，而不是个人价值 | **营销策略：**<br>强调家庭观；<br>创造购买礼物的场合或事件；<br>用打折和优惠促销；<br>通过宣传品牌忠诚度，鼓励重复购买；<br>广告主题应该轻松幽默 | **营销策略：**<br>创造便于记忆的品牌名使购买与消费更便捷；<br>刺激快速购买销售；<br>考虑使用店内刺激物（如包装、购买点），使用杂志和邮件广告 |

资料来源：Lee，Jenny（S. Y）et al. Changing Roles and Values of Female Consumers in China. May-June 2004，p. 18. Copyright © 2004，with permission from Elsevier.

中国大都市的青少年正参加一场动漫演出。动漫源于日本，正越来越受青少年人的喜爱。大都市的这种现象刺激着一些全球营销者瞄准全球市场。

在发展中国家，按收入细分方法尤其显著。有些公司就针对富有的精英阶层。一款Dior电话，价格 5 000 美元，就是针对中国和俄罗斯新兴奢侈品市场而开发的。另外，收入水平低下的市场正逐渐获得全球营销者的关注。手机巨头诺基亚在非洲市场有 66%

的市场份额,销售量在贫穷的消费者中十分巨大。如上所述,越来越多的人对发展中国家的低收入市场产生了兴趣。但是,对这一市场的定义各不相同。这些定义从年收入水平低于 6 000 美元到日收入少于 2 美元不等。因此,营销者必须清楚,当他们进行市场细分时针对的是哪一个收入水平。

选择富人市场还是穷人市场并不总是必须的。许多公司在同个市场内既瞄准富人,又瞄准穷人,并相应地调整营销策略。欧莱雅的高级染发精华在印度卖到 11 美元一瓶,而另外一款染发产品定价不到 3 美元,就是针对印度低收入消费者群体的。与此类似,墨西哥的沃尔玛针对不同的收入群体开设了不同的连锁店。沃尔玛超市的旗舰店针对墨西哥的中低收入群体到上层阶级,而它的山姆俱乐部连锁店只是针对中上等社会,博得家奥瑞拉连锁店则是针对低收入的墨西哥人。

根据世界观细分。在任何国家内,有根据对待购买外国产品的观点而细分的市场,也有根据不同方法购买外国产品而细分的市场。在一个国家市场内,有些细分市场购买全球品牌的原因可能是它们想强化自己都市化、老练化和现代化的形象。这些世界主义者成为全球营销者的大目标。世界主义者一般与年轻的城市消费者相联系。长期以来,人们一直认为新兴市场的城市居民比农村人口更容易进入(无论是地理上还是心理上)。此外,城市居民更加富有。然而,令世界银行的经济学家们目瞪口呆的是,在越南 Hanoi 地区四口之家的平均家庭消费用购买力平价计算的话,居然达到了 2 万美元!尽管越南一直被认作是世界最贫困的国家之一。表 5.4 展示了部分国家城市和农村人口分布情况。

**表 5.4　城市/农村人口分布**　　　　%

| 国家 | 城市 | 农村 | 国家 | 城市 | 农村 |
|---|---|---|---|---|---|
| 阿富汗 | 24 | 76 | 印度 | 29 | 71 |
| 百慕大群岛 | 100 | 0 | 日本 | 66 | 34 |
| 玻利维亚 | 66 | 34 | 墨西哥 | 77 | 23 |
| 巴西 | 83 | 17 | 尼日利亚 | 48 | 52 |
| 布隆迪 | 10 | 90 | 波兰 | 61 | 39 |
| 智利 | 86 | 14 | 俄罗斯 | 73 | 27 |
| 中国 | 43 | 57 | 沙特阿拉伯 | 82 | 18 |
| 埃及 | 43 | 57 | 新加坡 | 100 | 0 |
| 法国 | 77 | 23 | 韩国 | 80 | 20 |
| 德国 | 74 | 26 | 土耳其 | 69 | 31 |
| 希腊 | 61 | 39 | 美国 | 82 | 18 |

资料来源: Adapted from *Indicator of Human Settlements*, December 2008, Population Division of the United Nations Secretariat © United Nations ,2008. Reported with permission.

世界主义者(cosmopolitans):购买全球品牌来提升自身形象,以表现出老练而时尚的消费者。

全球细分。世界主义者使得一些全球营销者开始从全球市场的角度考虑（global segments），跨国消费者细分是基于年龄、社会阶级和生活方式，而不是基于国家文化。比如，社会阶级是按收入、教育和职业划分消费者。在一种文化之内，处于同一社会阶层的消费者倾向于存在相似的购买模式。即使是在不同文化中这也可能发生，尤其是在年轻、富有的阶级中。一项调查表明，在罗马尼亚、乌克兰、俄罗斯和美国受过高等教育的年轻消费者对全球品牌有强烈的爱好。一个针对 38 个国家的 MBA 学生的调查发现，这些学生在评价产品质量时，来自不同文化的学生展示了相似性。这些学生都是年轻、富有、流动的，受过高等教育并且英语流利。在不同国家和文化群组间，所有人都将品牌名称作为辨别产品质量的首要因素。与此类似，所有人都将零售声誉放在最后一条，并将产品价格放在另外两者之间。但是，产品外表的重要性在不同文化之间存在较大差异。正如这项调查显示，在检查所有跨国细分市场时，有些——但不是全部——消费者行为在不同文化间是趋同的。

技术进步使不同国家之间能够相互交流——有时候能够每天都进行交流。博客、短信、手机、社交网络，如 YouTube，让年轻人能够分享观点，驱动对时尚、食品、电子消费品和娱乐产品的需求。但是，对大多数产品和细分市场来说，持续存在的国家差异将继续限制全球细分市场的有效性。

全球细分（global segments）：基于生活方式或者人口因素，如年龄和社会阶层的消费者细分，而不是基于国籍。

相似性市场细分。当然，有些营销者只是简单决定，他们的产品在国际市场上的定位正如在国内市场上的定位。这种策略看起来简单，营销者只是简单地将产品卖给国外想买的人。但他们打赌，产品肯定能够吸引外国市场上与国内相似的消费者。

支持相似性市场细分策略的一个因素是日益增长的世界移民所带来的流动顾客。尽管身处外国，这些流动顾客会成为他们本国产品的良好目标市场。当他们回归祖国时，同样也会成为以前东道国产品的良好目标市场。市场调研者发现，中美洲顾客是美国产品的忠实购买者。中美洲很大部分人口曾经居住在美国，因此增加了他们对美国品牌的了解。来自印度的移民也助长了印度动画片的国际销售量。宝莱坞音乐大片 Main Hoon Na 上映后十天，就在北美洲和英国获得了 250 万美元的票房。

但是，仅仅依赖相似市场是有风险的。比如，高端奢侈品生产商有时候会采用相似性策略，他们假设奢侈品购买者在不同国家市场是相似的。但是，即使是在奢侈品购买者中，区域差异也是存在的。在 10 年时间里，雷克萨斯轿车在美国从零的销售量上升为奢侈品市场的领头人，但是在欧洲的销售量仍然停滞不前。欧洲人将奢侈品与品牌历史和每个细微之处联系起来，而美国人关注的是舒适、大小和可靠性。雷克萨斯在美国市场上最大的卖点就是可靠性；这种车永远不会抛锚。对欧洲人来说，仅仅可靠还不足以成为一个奢侈品。

另外，瞄准国外相似市场很可能会导致全球客户群体缩小，从未限制一个公司的全球潜在利润。这种策略也会使得市场营销者对特殊机会视而不见。比如，中国的玩具商店发现有些大客户是购买玩具给自己的。这对笑话书也同样适用。对有些成年人来说，这是享受童年的一个理由，因为在他们的童年，中国还很贫穷，市场上基本没有什么消费品。

对其他人来说,这是逃避充满竞争的现实环境,自我放松的一种方法,因为改革开放后的中国市场竞争激烈。如果玩具生产商和在其他国家一样,只瞄准儿童市场,它们就会失去在中国的成人市场。

流动客户(mobile customers):因为海外工作、学习和旅行接触到外国市场,使得消费者能够认识并且购买外国产品。

相似市场(just-like-us segment):市场细分中与国内市场买者极其相似的外国市场。

# 5.2　企　业　市　场

通常来说,全球的企业买家在购买行为上比消费者买家更容易预测,也具有更多的相通性。一般认为,他们更加受成本、产品性能的影响,而不是受社会和文化因素影响。总之,日本的采购商如果要为他们的公司购买特殊钢材,他们会试图以最低价格得到最好的产品,这与美国和德国的购买商大同小异。

事实上,全球市场上企业对企业营销受文化差异影响很大。比如,向一个潜在买家赠送个人礼物。在拉丁美洲、欧洲和阿拉伯国家,首次见面就赠送礼物是不合适的,甚至会被当成是贿赂。然而,在日本,首次见面通常要备小礼物。在中国,精心挑选的小礼物被当作送礼者重视商业关系的信号。

在购买者动机和行为上有许多跨文化差异。因为商业市场通常包含客户和供应商的长期关系,针对社会关系的文化态度尤其重要。销售通常需要协商,协商包括文化的许多方面。除了处理跨文化差异,国际营销者发现他们越来越多地销售给跨国公司,而他们的购买行为展示了自己独特的挑战。

## 1. 企业买家的需求

工业产品,如机器、中间产品和原材料,被销售给公司,用在生产过程中生产其他产品。如果生产商的目标是使利润最大化,重要的购买标准会反映产品的性价比。性价比是企业买家的重要考虑因素,其他购买标准包括如服务和销售公司的独立性。

在其他的企业对企业交易中也出现了相似问题。一项针对跨国公司如何选择外汇供应商的调查显示,在选择供应商和相对应的交易数量时,价格是一个很重要的因素。另外,比起小型供应商,大型供应商更受偏好。但是,会计管理和服务质量也可能超越价格因素,顾客也更愿意选择国内市场的供应商。

因为性价比标准通常非常重要,购买国家的经济情况影响决策过程。在购买新机器过程中这一点显得尤其准确。在购买机器时,公司必须权衡采用资本密集的技术还是采用劳动力密集的技术。在做这个决定时,劳动力成本起着关键作用。劳动力过剩的国家通常有较低的劳动力价格,因为劳动力的供给超过了需求。这些低支付率明显支持劳动力密集的生产方法。因此,这些国家不会倾向于购买精密的自动仪器;相同的工作可以用更廉价的劳动力来完成。

各国的工资水平各不相同。将一个生产过程中能够替代三个工人的工业机器人销售给挪威或者德国(平均劳动力成本比美国高 20%)比将其销售给美国,甚至英国(劳动力

**化食物残剩为城市的源源电力。**

# 创所未有

如欲了解详情,敬请登录
Emerson.com/Milwaukee • Emerson.com.cn

**EMERSON**

**CONSIDER IT SOLVED**

总部位于美国密苏里州的圣路易斯,艾默生在全球有 250 个生产点。它也是许多全球范围内存在的企业对企业营销者之一。

成本不到美国的 80%)会更加合理。具有高劳动力率的发达国家是自动生产机器的首要目标市场。发展中国家的劳动力较为廉价,要想出口这些机器给发展中国家的公司必须意识到,节约劳动力的方法并不受欢迎。比如,中国政府就鼓励进口劳动力密集技术,这能够帮助缓解庞大人口的就业压力。

当然,这项规则也有例外。当国际银行扩张到阿拉伯海湾时,它们面临一项抉择,有关取款机服务的技术水平。在其他发展中国家,银行使用成熟的、资本密集和使用大批纸张的技术。但是,海湾地区的劳动力稀少且昂贵,这是当地突然的石油财富和少量人口因素导致的结果。出于这些原因,许多银行选择向美国购买最新技术。

亚洲最新工业化的国家和地区,如韩国、中国台湾和新加坡,正逐渐变成工业产品的重要市场。比如在 20 世纪 90 年代,亚太地区超越北美和欧洲,成为新电梯销售的主要市场。但是,在这些市场中,仍然可以观察到消费者欲望和需求之间的差异。企业购买者希望从他们的供应商那里得到长期的承诺。他们期望看到外国公司改造产品来适应当地的需求,并承诺经常与客户沟通。一个全球竞争者应该使得自己的仓库时刻备好货物,并将技术工人和销售人员置于当地市场之中。因为这个地区的许多工业买家都是中等规模企业,他们期望在商业关系中对方能够提供更多的培训。价格也是一个重要因素,因为许多这些企业交易都是建立在薄利之上的。与此类似,在更加工业化的市场中,迎合消费者的产品特色可能更为重要，而在这些市场上就没有那么重要。

性价比（cost-performance criterion）：工业产品或者资本装备的预期性能和购买或者使用该装备的成本之比。

## 2. 开发企业关系

企业对企业的销售通常包括长久的商业关系。买者和卖者有更直接的交流，建立的关系会持续得更久。比如，销售可能包括设计和运送符合消费者需求的产品，或者售后服务可能是产品的重要组成部分。这些商业关系是建立在相互理解、过去经验和对未来的期望之上的。

建立这种关系需要一个社交过程。一个公司（通常是，但不一定都是供应商）采取主动，建议两家公司开展业务。如果另外一家公司回应了，逐渐就会达成承诺。双方决定如何协调它们的行为，信任被建立起来了，然后做出持续关系的承诺。公司可以加深相互依赖，如同意共同开发新产品。因为这种密切的合作关系，如果买者和卖者来自不同的文化，就需要考虑文化敏感性。

因为这些商业关系总体说来都有非正式的特点，某些交易，可能对双方的关系而言是独特的，就需要走正式程序。因此，在企业对企业的销售中通常需要协商。协商不仅包括具体条款，如涉及价格和融资条件等，也包括诸如产品设计、培训和售后服务等问题。

跨文化协商是对全球营销者的特别挑战。首先，营销者必须面对我们在第3章中讨论过的翻译问题。其次，有些文化在协商时持有双赢的态度，而其他文化却将协商当成是一项零和游戏，一方获益而另一方受损。当美国人和俄罗斯人协商时，美国人尤其会陷入窘境。俄罗斯协商者通常会在一开始提出不合理的要求来测试他们的美国伙伴，看看对方的承受能力有多强。俄罗斯人的情绪突变和反西方演说通常会吓美国人一大跳。俄罗斯人也充分利用美国人的紧迫感和有效使用时间的愿望。他们可能会重复问相同的问题，假装厌烦，甚至在协商中显得昏昏欲睡。

中国经济改革开放后进行的协商可能是最艰难的跨文化协商之一了。许多外国公司对中国市场的潜力大感兴趣。美国人希望同中国顾客和合作伙伴签订清晰合法的合同。而中国，却认为这一行动是美国方面缺乏信任的表现。他们希望和外国公司在相互忠诚的基础上建立紧密关系。对他们来说，一张合同远远没有这些关系来的重要。在美国人看来，中国人和俄罗斯人一样不重视时间。与俄罗斯人不同，美国谈判者所有的愤怒、沮丧和侵犯都很可能遭到中国谈判者的反击，假装勃然大怒是绝对不行的。更进一步的是，许多中国人会同时出现在谈判桌上，美国谈判者根本无法辨别谁有同意条件的权威。跨文化协商使许多美国人感到沮丧，阻止或者至少是延迟了他们进入这个巨大的市场。同时，来自日本和海外华人社团的竞争者发现谈判并没有太多文化障碍。结果就是，他们中的很多人更快地进入了中国市场。

因为谈判涉及文化的许多方面——如社会关系、对权力的态度、时间观念，当然还有语言——处理时必须怀着最大的文化敏感度。在大多数企业对企业的销售中，谈判结果并不是最初的购买决定。他们渗透了全球营销者和买者的关系。因此，全球营销者从来都不应该认为，营销工业产品或者服务在全球都是一样的。

### 3. 向全球买家营销

全球买家向营销者提出了新的挑战。有两种类型的全球买家：国家全球买家和跨国全球买家。国家全球买家向世界寻求一个国家或者市场上的产品。随着互联网的使用，他们的工作轻松了许多。跨国全球买家也向全世界寻求产品，但是他们将这些产品使用在全球运营中。这些买家通常都是跨国公司，也包括一些组织，如世界卫生组织，因为国家和跨国全球买家对供应商与价格非常熟悉，为获得供应商业务的竞争也非常激烈。

跨国全球买家可能代表了大账户。他们使用自己的市场力量，要求更好的服务和更低的价格。发现低成本的投入对大多数跨国公司来说越来越重要了，因为他们经常陷入发现质优价廉的产品的压力之中。集中采购是跨国公司降低成本的一个方法，比如，通用汽车公司和三家日本汽车生产商——富士重工业、五十铃汽车和铃木汽车——宣布它们将采购组织联合起来，共同采购部分零部件和服务，以降低成本。通用汽车公司也在三家日本公司中持有股份。

许多500强公司也认识到了这种购买战略的重要性，将组织内的采购经理提升至副总裁的地位。为跨国全球买家供货的公司通常会特别关注他们。他们通过全球账户管理，为这些有价值但是难处理的全球买家配备了特殊账户主管和服务团队。我们将在第14章继续讨论。

国家全球买家(national global buyers)：公司向世界寻求产品，该产品只在一个国家或者一个市场中使用。

跨国全球买家(multinatioal global buyers)：公司向世界寻求产品，该产品在全球运营中使用。

全球账户管理(global account management)：为处理有价值但是吃力的全球买家的需求，配置的特殊账户主管和服务团队。

# 5.3 政府市场

大量的国际商业交易有政府加入。比如，80％的农产品国际贸易是由政府处理的。美国政府比世界上任何政府、公司、行业和组织购买更多的产品和服务。卖给政府可能是既费时又费力的。但是，政府是个大购买者，将产品卖给它们会产生巨大的收益。

政府购买量大小与一国的政治和经济导向有关。在高度发展、市场自由的国家，政府所起的作用比在其他市场要小。政府购买的数量也是国有公司的一个功能。比如说，在美国唯一的国有企业是邮政系统，而在印度，政府不但拥有邮政系统，还拥有大部分的电信、电子、天然气、石油、煤炭、铁路、航线和海运行业。

### 1. 购买程序

政府购买程序具有高度的官僚主义作风。比如，要向美国国防部销售，一个公司首先要进入每个武装部队的投标名单。这些投标是以年度为基础的。一个公司如果没有进入投标名单，就要等下一年才可以再试。与此类似，与其他政府谈判也是一个长期而正式的过程。世界贸易组织正努力使政府合同透明化，对外国投标者更加开放。但是，仅有 28 个国家签署了这份协议，而这些协议仅仅包含较大的政府合同。

正如我们在第 4 章中所见，政府可能有若干个不同项目，这会使政府购买复杂化。比如，一个政府可能希望促进当地产业，同时又减少贸易赤字。因此，政府通常会歧视外国供应商，偏向于当地供应商。在一些精密行业如航天行业，在许多国家都没有可行的当地竞争者。政府就会要求潜在的外国供应商与中标的当地企业再签订承包合同，负责简单项目。另外的选择是，沙特阿拉伯邀请主要的外国政府合作者将利润投资于当地产业。

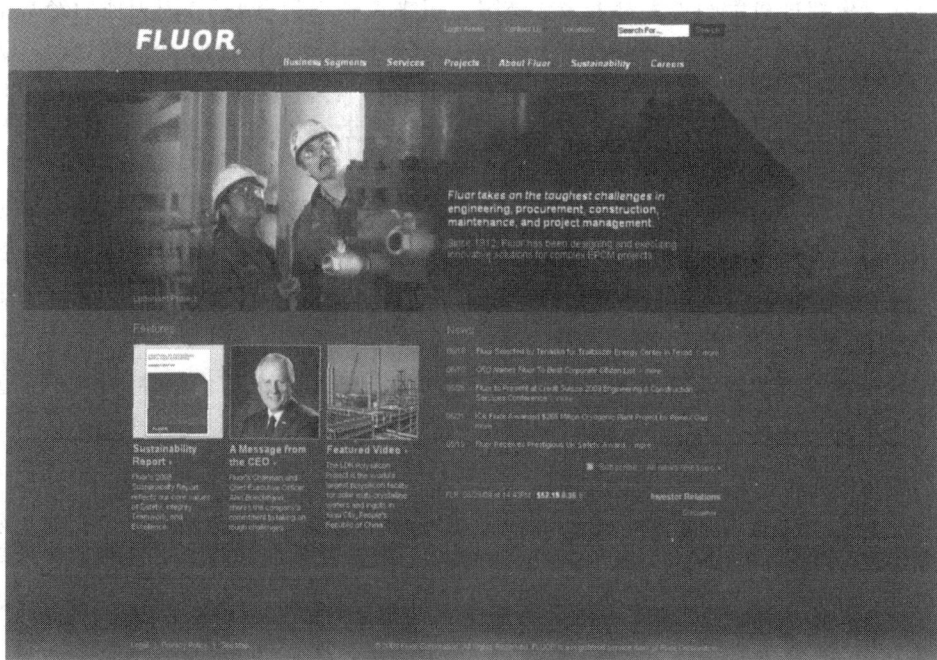

福陆公司是世界上最大的工程、采购和建筑机构之一。在六个大洲 25 个国家拥有自己的办公场所。福陆同时向政府和公司营销。

全球营销者在高技术领域追求政府订单，这也可能和本国国家议程相冲突。组成国家安全的威胁促使政府，尤其是美国政府，对有些技术的国外销售制定限制，这些技术包括核电站、计算机、电信和军用武器等方面。

各国的政府采购程序各不相同。全球公司在投标外国政府合同时，可能要考虑一些以下策略。

- 与当地公司一起获取提案。如上所述，许多国家，如俄罗斯和阿联酋，在同等条件下会给予本地供应商特殊偏好。政府不可能将所有的采购都限制在本地公司，但是它们可以要求或者偏好一些本地公司。如果有能力相当的本地公司，跨国公司就不必在该国建立自己的生产设施了。
- 与有威望的当地公司或者个人合作。即使是当地分公司并不需要投标政府合同，一个著名的当地合作伙伴可以帮助一个外国公司在当地官僚中周旋。

- 承诺培训当地人。如果公司雇用并培训当地居民,会受到好评。
- 定价要有弹性。政府通常更倾向于有利的融资条件。在有些合同中可能会要求反贸易规定,也就是一个外国供应商要同意支付部分当地产品或者服务。
- 使用合适的语言。尽管英语有时候在投标中是可以接受的,有时候也会要求使用或者偏好当地语言。
- 要有耐心。许多不同的决策制定者均努力保证政府合同的实现。但这会减缓进程。

## 2. 发展中国家的政府合同

赢得一项重要的政府合同的过程是漫长的,而在发展中国家尤其如此。图 5.1 展示了各种不同的"层面",全球营销者必须通过这些层面来获得发展中国家大的政府合同。一个外国公司必须首先通过合规性层面。为了使得投标过程有效而便于管理,政府会排

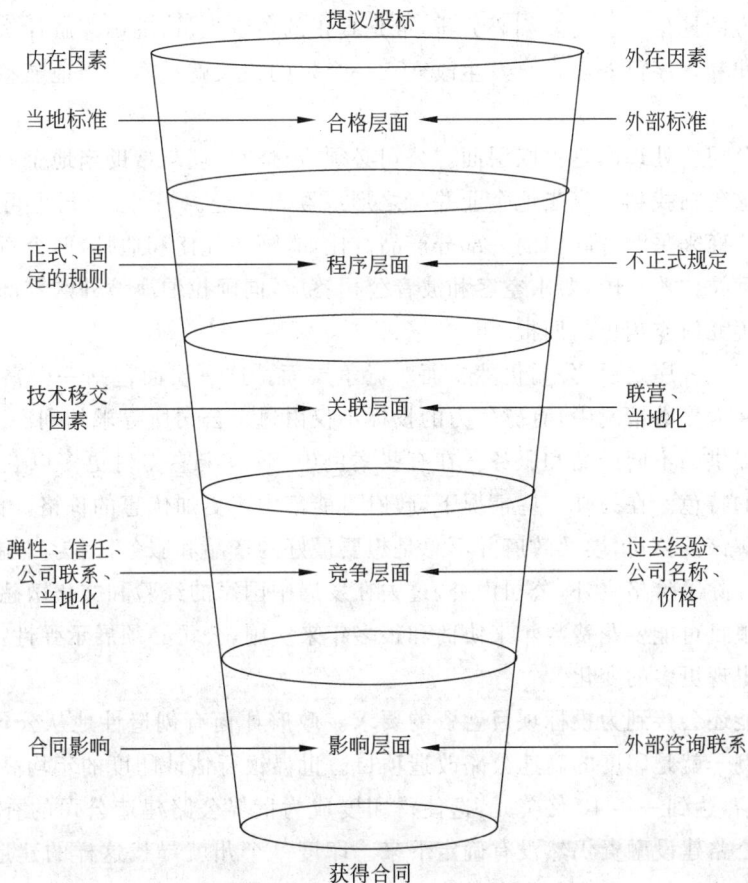

图 5.1 向发展中国家政府营销

资料来源:Mushtaq Luqman, Ghazi M. Habib, and Sami Kassem, "Marketing to LDC Governments," *International Marketing Review* 5, no. 1 (Spring 1988), p. 59.

除一些态度不严谨的企业和规模不够大的企业。比如,沙特阿拉伯会要求合同投标者上交 10 万美元的投标费,或者提供投标总数 1% 的债券,马来西亚政府要求公司上层积极参加项目,作为公司长期停留市场的标志。另外,政府也可以将投标限制在几个著名的跨国公司内,邀请它们就某一特定项目投标。这种方法在国防和民用航空行业中运用得非常普遍。

如果项目很复杂,或者代表了招标政府的新任务,就可能会聘用外部咨询人员来设计项目,并监测项目的实施情况。比如,Bechtel——一家大型美国工程公司,会受雇成为一个复杂建筑工程的咨询商。这会导致 Bechtel 的设计更接近美国的行业标准,这就在投标时给美国公司提供了一个竞争优势。

通过合规性层面之后,外国公司面临程序层面。在这一层面,公司必须通过无尽的官方程序,合理填好许多表格。因为有些程序不是公之于众的,这就助长了这一过程的困难之处。在墨西哥,如果公司没有写明细小的技术问题,投标就可能不合格。另外建议寻求巴西政府合同的公司一定要有耐心,建立典型国内运营机构,预算充分的资金来对付法规的挑战和官方的拖延。公司要细心分辨,谁是真正的负责人员,准确理解什么事情是一定要做的。法律和程序可能经常会发生改变。一个好的建议就是雇佣当地熟悉程序的咨询人员。

接下来公司要处理的是关联层面。公司必须应对和处理与帮助当地企业相关的各项政府要求。这包括找到一家当地企业并与之形成联营企业。另外,公司也可以选择找到一家当地供应商来采购合同中的一部分产品。比如,阿布扎比和迪拜,两个石油储存丰富的海湾地区阿拉伯酋长国,要求空客和波音公司答应,向阿拉伯海湾外购零部件的方式来作为数十亿美元航空销售的回报。

通过这三项程序之后,公司仍然要面对竞争层面。这一层面包括一个富有竞争力的投标价格。在大多数情况中,有竞争力的投标不仅由每个公司所寻求的利润决定,也决定于每个公司提供的不同产品和服务。在有些案例中,政府宁愿支付更多以获得更好的质量和更高端的特色。在另外一些情况下,政府可能集中于更加优惠的价格。比如,美国商业服务部提醒该国公司,埃及政府并不总是想要最好的产品和服务,因为高端特色意味着太高的价格。除了价格之外,公司声誉、过去在发展中国家的经验和文化敏感性也都很重要。因为大项目可能要花费数年来协商和很多年来实施,公司必须展示弹性,因为未来的情况可能会出现更多的变化。

公司可能还会接到为投标项目融资的要求。政府如何有创造性地从公司寻求融资,一个很好的例子就是印度的高速公路改造项目。世界银行估计印度的年均高速公路花费将很快翻四倍,达到一年 40 亿美元,这使得印度成为世界公路建造公司的香饽饽。但是印度如何为公路建设融资仍然没有确定下来。印度一个州就寻找这样的建造商,在将公路交还该州之前将公路当成私有来运营。建造商不是直接从政府获得支付,而是收取 10 年的过路费。

最后一道杠是影响力层面,要求公司辨别最大的决策者,保证公司满足他们的需求。比如,向中国台湾人销售雷达可能卷入空军高官,因为他们正在部署国防议程。但是,这也可能包括工业部长,他可能正在部署技术转移和当地外包。公司必须注意到所有方面。管理这一过程对全球营销者们是极富挑战的,但是若能获得一项巨大而富有吸引力的合同,所有的一切便是值得的。

合规性层面(eligibility screen):发展中国家政府对投标公司提出的首要条件;投标公司必须态度严谨,具备接受合同的规模。

程序层面(procedural screen):要求投标发展中国家政府合同的公司必须通过无尽的官方程序。

关联层面(linkage screen):对投标发展中国家政府合同的公司的一个常见要求,即必须分辨某些当地公司参与的方式或者受益的方式。

竞争层面(competitive screen):要求投标发展中国家政府合同的公司在经验、声誉、文化敏感性和价格上有竞争力。

影响层面(influence screen):要求投标发展中国家政府合同的公司辨别主要决策者,确保他们的提议满足所有党派的需要。

## 3. 政府市场与行贿

行贿指的是给予某一职位的个人有价值的东西,希望影响他们的判别力或者行为。贿赂原应提供给一个公司内的采购部门或者决策制定者,诱使他们支持某个供应商。然而,大多数国际营销中的行贿丑闻都出现在政府合同中。政府人员处于一个特殊的信任职位,因为他们受雇为大众谋福利。如果政府正在招标一个航天合同,那么政府人员就有责任从国家整体的角度考虑,来选择供应商。如果一个决策者的决策受到他的个人利益的影响,就违背了公众的信任。用行贿来获得合同的情况通常出现在合同数目巨大,决策制定中有少量公务员参与的行业。

行贿主要在不发达国家出现。一项最新调查确定,一个国家的人均国民收入是该国政府受贿(腐败)的晴雨表。该研究还显示,在霍夫斯泰德权力差距维度得分更高的国家,行贿现象更为普遍。表5.5列示了可观测腐败指数的国家排名。

行贿(bribery):给予某一职位的个人有价值的东西,希望影响他们的判别力或者行为。

尽管大多数国家都寻求外国投资来促进经济的增长,有研究表明政府腐败是一国外商投资的重大障碍。东道国和本国政府不同的腐败程度也会影响投资:腐败极大减少了来自清廉国家的投资。另外一项研究发现,随着腐败程度的加深,外国投资者更多地选择了联营企业而不是全资子公司。

事实上所有国家都将向本国政府官员行贿列为非法。在20世纪70年代晚期,美国更进一步地将向外国官员行贿也列为非法。在此之前,美国公司向外国官员行贿按照美国法律是不受制裁的,尽管美国法律不允许申请外国行贿金额的税收减免。这导致许多跨国公司产生许多行贿行为以获得税收减免。当政府调查员在查找尼克松总统再选资金的非法来源时,他们发现在许多公司的会计记录中存在此类登记。

表 5.5　腐败百分比指数（CPI）

| 国家和地区排名 | 国家和地区 | CPI | 国家和地区排名 | 国家和地区 | CPI | 国家和地区排名 | 国家和地区 | CPI |
|---|---|---|---|---|---|---|---|---|
| 1 | 丹麦 | 9.3 | 31 | 塞浦路斯 | 6.4 | 61 | 纳米比亚 | 4.5 |
| 1 | 瑞典 | 9.3 | 32 | 葡萄牙 | 6.1 | 62 | 索马里 | 4.4 |
| 1 | 新西兰 | 9.3 | 33 | 以色列 | 6.0 | 62 | 克罗地亚 | 4.4 |
| 4 | 新加坡 | 9.2 | 33 | 多米尼加 | 6.0 | 62 | 突尼斯 | 4.4 |
| 5 | 芬兰 | 9.0 | 35 | 阿联酋 | 5.9 | 65 | 科威特 | 4.3 |
| 5 | 瑞典 | 9.0 | 36 | 博茨瓦纳 | 5.8 | 65 | 古巴 | 4.3 |
| 7 | 冰岛 | 8.9 | 36 | 波多黎各 | 5.8 | 67 | 萨尔瓦多 | 3.9 |
| 7 | 荷兰 | 8.9 | 36 | 马耳他 | 5.8 | 70 | 罗马尼亚 | 3.8 |
| 9 | 澳大利亚 | 8.7 | 39 | 中国台湾 | 5.7 | 70 | 哥伦比亚 | 3.8 |
| 9 | 加拿大 | 8.7 | 40 | 韩国 | 5.6 | 72 | 保加利亚 | 3.6 |
| 11 | 卢森堡 | 8.3 | 41 | 毛里求斯 | 5.5 | 72 | 马其顿 | 3.6 |
| 12 | 奥地利 | 8.1 | 41 | 阿曼 | 5.5 | 72 | 秘鲁 | 3.6 |
| 12 | 中国香港 | 8.1 | 43 | 中国澳门 | 5.4 | 72 | 墨西哥 | 3.6 |
| 14 | 德国 | 7.9 | 43 | 巴林 | 5.4 | 72 | 中国 | 3.6 |
| 14 | 挪威 | 7.9 | 45 | 不丹 | 5.2 | 72 | 苏里南 | 3.6 |
| 16 | 爱尔兰 | 7.7 | 45 | 捷克 | 5.2 | 72 | 特立尼达岛 | 3.6 |
| 16 | 英国 | 7.7 | 47 | 马来西亚 | 5.1 | 72 | 斯威士兰 | 3.6 |
| 18 | 美国 | 7.3 | 47 | 哥斯达黎加 | 5.1 | 80 | 布基纳法索 | 3.5 |
| 18 | 日本 | 7.3 | 47 | 匈牙利 | 5.1 | 80 | 巴西 | 3.5 |
| 18 | 比利时 | 7.3 | 47 | 约旦 | 5.1 | 80 | 沙特阿拉伯 | 3.5 |
| 21 | 圣卢西亚 | 7.2 | 47 | 佛得角 | 5.1 | 80 | 泰国 | 3.5 |
| 22 | 巴巴多斯 | 7.0 | 52 | 斯洛伐克 | 5.0 | 80 | 摩洛哥 | 3.5 |
| 23 | 法国 | 6.9 | 52 | 拉脱维亚 | 5.0 | 85 | 塞内加尔 | 3.4 |
| 23 | 智利 | 6.9 | 54 | 南非 | 4.9 | 85 | 巴拿马 | 3.4 |
| 23 | 乌拉圭 | 6.9 | 55 | 塞舌尔 | 4.8 | 85 | 塞尔维亚 | 3.4 |
| 26 | 斯洛文尼亚 | 6.7 | 55 | 意大利 | 4.8 | 85 | 黑山 | 3.4 |
| 27 | 埃塞俄比亚 | 6.6 | 57 | 希腊 | 4.7 | 85 | 马达加斯加 | 3.4 |
| 28 | 西班牙 | 6.5 | 58 | 土耳其 | 4.6 | 85 | 阿尔巴尼亚 | 3.4 |
| 28 | 卡塔尔 | 6.5 | 58 | 立陶宛 | 4.6 | 85 | 印度 | 3.4 |
| 28 | 圣文森特 | 6.5 | 58 | 波兰 | 4.6 | 92 | 阿尔及利亚 | 3.2 |

| 国家和地区排名 | 国家和地区 | CPI | 国家和地区排名 | 国家和地区 | CPI | 国家和地区排名 | 国家和地区 | CPI |
|---|---|---|---|---|---|---|---|---|
| 92 | 波斯尼亚 | 3.2 | 109 | 所罗门群岛 | 2.9 | 126 | 莫桑比克 | 2.6 |
| 92 | 斯里兰卡 | 3.2 | 109 | 摩尔多瓦 | 2.9 | 134 | 尼加拉瓜 | 2.5 |
| 92 | 莱索托 | 3.2 | 115 | 毛里塔尼亚 | 2.8 | 134 | 巴基斯坦 | 2.5 |
| 96 | 加蓬 | 3.1 | 115 | 马尔代夫 | 2.8 | 134 | 科莫里斯 | 2.5 |
| 96 | 马里 | 3.1 | 115 | 尼日尔 | 2.8 | 134 | 乌克兰 | 2.5 |
| 96 | 牙买加 | 3.1 | 115 | 马拉维 | 2.8 | 138 | 巴拉圭 | 2.4 |
| 96 | 危地马拉 | 3.1 | 115 | 赞比亚 | 2.8 | 138 | 利比亚 | 2.4 |
| 96 | 贝宁 | 3.1 | 115 | 埃及 | 2.8 | 138 | 汤加 | 2.4 |
| 96 | 基里巴斯 | 3.1 | 121 | 多哥 | 2.7 | 141 | 也门 | 2.3 |
| 102 | 坦桑尼亚 | 3.0 | 121 | 越南 | 2.7 | 141 | 喀麦隆 | 2.3 |
| 102 | 黎巴嫩 | 3.0 | 121 | 尼日利亚 | 2.7 | 141 | 伊朗 | 2.3 |
| 102 | 卢旺达 | 3.0 | 121 | 圣多美 | 2.7 | 141 | 菲律宾 | 2.3 |
| 102 | 多米尼加 | 3.0 | 121 | 尼泊尔 | 2.7 | 145 | 东帝汶 | 2.2 |
| 102 | 玻利维亚 | 3.0 | 126 | 印度尼西亚 | 2.6 | 145 | 卡扎克斯坦 | 2.2 |
| 102 | 吉布提 | 3.0 | 126 | 洪都拉斯 | 2.6 | 147 | 叙利亚 | 2.1 |
| 102 | 蒙古 | 3.0 | 126 | 埃塞俄比亚 | 2.6 | 147 | 孟加拉国 | 2.1 |
| 109 | 亚美尼亚 | 2.9 | 126 | 乌干达 | 2.6 | 147 | 俄罗斯 | 2.1 |
| 109 | 伯利兹 | 2.9 | 126 | 圭亚那 | 2.6 | 147 | 肯尼亚 | 2.1 |
| 109 | 阿根廷 | 2.9 | 126 | 利比亚 | 2.6 | 151 | 老挝 | 2.0 |
| 109 | 瓦努阿图 | 2.9 | 126 | 厄立特里亚 | 2.6 | 151 | 厄瓜多尔 | 2.0 |

注：10＝完全廉洁；0＝非常腐败。

资料来源：2008 Transparency International，http://www.transparency.org。

　　美国公众大失所望。尽管美国公司极力阻止该法案的通过，《海外反腐败法》在1977年获得通过。这项法案禁止美国公民向外国政府官员和政客行贿，也禁止美国公民向代理商或者个人付钱，让代理商或个人将钱转交给政府工作人员。简言之，美国公司对行贿的机构负责。Titan公司因为没有合理监督并控制在60个国家的120个代理机构，被迫支付了2 850万美元的罚金，达到历史最高水平。此外，该法案要求美国公民上报本公司内的行贿行为，而不是欲盖弥彰。公司本身要保持良好的记录。在审计时，必须能够说明所有海外支付项目。若不遵循，将视情况处以罚款。

　　最关键的是，涉及的管理者将面临收监的审判。到目前为止，最长的判刑是Kellogg Brown & Root公司的前主席，他获得了长达7年的判刑。尽管最初看来是为了清洗美国公民，该法案越来越多地被当作起诉外国公民的一种方法。比如，一个瑞士律师在美国被起诉了，原因是他在加斯比亚海洋石油一案中败诉后，试图贿赂相关的外国官员。该律师被起诉的缘由是密谋违反美国的《反海外腐败法》。

但是，美国公司可以制定便捷支付。便捷支付是为了让公务员完成本职工作而支付的小额费用。比如，一个办公人员如果端坐在海关，不处理事务，便捷支付就可以加速这些文件的处理。有两个跨国公司，联合利华和BP阿莫格，在伦敦议会的听证会上公开承认，它们的管理者在发展中国家支付便捷费用。联合利华的法律顾问说，尽管这些支付是不受鼓励的，但只要它们是小额的，而且可以加速必须发生的事情的进程，就是可以被容忍的。BP的总审计员认为这些支付是为了防止延迟行为，而不是为了获得对竞争者的不公平的优势。但是，有些公司拒绝支付便捷费用。宝洁公司在进入巴西市场时就拒绝这么做，尽管在那里这种行为非常盛行。宝洁公司的一个经理后来回忆说，政府人员被拒绝后便很快明白了，甚至不再向宝洁公司开口要那些支付。

许多美国公司担心，美国的《反海外腐败法》将会使他们在海外竞争中处于劣势，尤其是在新兴市场上，因为其他竞争国家没有采用相似的法律。在有些案例中，这项法律无疑是个障碍，但从整体上说，这并没有减少美国向腐败国家的出口。这项法律也在其中一个方面帮助美国管理者：它让美国管理者在外国远离监狱。一项在中东地区有关行贿丑闻的调查覆盖了近20年，该调查发现没有一个美国人是因为贿赂政府官员而进监狱的。这与亚洲和欧洲人的情况形成鲜明对比。

便捷支付（expediting payments）：给公务员的小额贿赂，让他们及时履行责任。

### 世界脉搏5.2
## 俄罗斯大清洗

政府腐败为俄罗斯商业制造了重大的障碍。一项估计表明，有9%的政府采购预算是归于腐败行为的，每年有300亿美元的金额想方设法地进入了腐败官员的口袋。

这些腐败行为对该国的外国投资和本国投资都造成了消极的影响。为了减轻这一情况，普京总统出台了一系列改革措施，如将低收入法官的工资上调5倍，来对抗法庭贿赂现象。一项新的立法禁止各州长官干预公司集团间的诉讼案件，新规定严禁铁路管理局给乘客提供折扣。这些折扣通常会施加给支付最高额贿赂的顾客。另外一项法律减少了需要执照的商业活动数量，将其从原有的2 000个降到了100个。更少的执照减少了政府官员收受贿赂的机会。获得——或者说是支付——官方签名的需要往往会遏制新公司的形成。

普京的大清洗已经进行了5年，对于政府遏制贪污的能力，大多数俄罗斯人仍持悲观态度。在国际盖洛普民意调查中，只有15%的人认为情况不久就会改善，40%的人认为情况会保持不变，剩下45%的人认为俄罗斯的腐败现象会更加严重。

资料来源：Vicious Circle of Corruption. *WPS Russian Media Monitoring* Agency，December7，2007；Natalia Leshchenko. Watchdog Names Scale of Corruption in Russia's Public Procurment. *Global Insight Daily Analysis*，December 12，2007；and Paul Starobin and Catherine Belton，Cleanup Time. *Businessweek*，January 14，2002，pp 46-47.

其他反腐败公约。1997 年,34 个国家签署了一项反腐败公约。其中包括 29 个经济合作发展组织(OECD)的成员国和阿根廷、智利、巴西、保加利亚和斯洛伐克。在该协议下,成员国同意向议会提议,制定国家法律来对抗海外行贿。与此类似,联合国反腐败公约在 2003 年 12 月签署。签署国家包括美国、俄罗斯、中国、日本和欧洲大部分国家。国家政府必须立法支持该项公约。该公约旨在鼓励恢复贪污官员转移到海外的资金,受到发展中国家的极力赞成,因为它们一直迫切希望恢复这类资金。

这些多边协议的有效性仍然充满争议。数年来德国一直允许该国公司将国际行贿当作花销处理,但是如今德国已经开始处理许多跨国公司海外行贿的调查,这些公司包括西门子等。但是,监测机构国际 Transparency 发布了一项报告,总结出只有 1/3 的 OECD 成员国已经采取行为实施反腐败法律。它指明英国、加拿大、意大利、日本和荷兰做得远远不够。一些非美国的行政人员抱怨说,他们已经卷入美国境外腐败行为法的调查之中,因为华盛顿方面认为,尽管有新反腐败公约的出现,他们本国打击腐败的力度还不够。

表 5.6 将 21 个主要出口国家和地区的公司在发展中国家按行贿的可能性排名。国际透明化机构指出,在 2002 年行贿者名单上,在所调查的国家内,国内公司比跨国公司更可能支付或者提供贿赂,国内公司的平均值达到 1.9。

表 5.6　贿赂者指数

| 排名 | 国家和地区 | 得分 | 排名 | 国家和地区 | 得分 |
|---|---|---|---|---|---|
| 1 | 比利时 | 8.8 | 12 | 西班牙 | 7.9 |
| 1 | 加拿大 | 8.8 | 13 | 中国香港 | 7.6 |
| 3 | 荷兰 | 8.7 | 14 | 南非 | 7.5 |
| 3 | 瑞士 | 8.6 | 14 | 韩国 | 7.5 |
| 5 | 日本 | 8.6 | 14 | 中国台湾 | 7.5 |
| 5 | 英国 | 8.6 | 17 | 巴西 | 7.4 |
| 5 | 德国 | 8.6 | 17 | 意大利 | 7.4 |
| 8 | 澳大利亚 | 8.5 | 19 | 印度 | 6.8 |
| 9 | 法国 | 8.1 | 20 | 墨西哥 | 6.6 |
| 9 | 新加坡 | 8.1 | 21 | 中国 | 6.5 |
| 9 | 美国 | 8.1 | | | |

注:0=最高水平的行贿率;10=几乎不存在行贿。

资料来源:Transparency International, *Bribe Payer Index* 2008.

# 总　　结

在本章中我们引入了不同文化中买者行为的基本问题。我们展示了不同国家市场中的买者可以展现出相似的欲望、需求，甚至行为。但是，在很多方面，这些买家随文化不同而不同。这条规律在消费者、公司和政府买家上都是适用的。对全球营销者提出的挑战是，了解什么时候可以开发相似的需求和购买行为，什么时候迎合不同的买家条件更为重要。此外，我们观察到越来越多的买家开始将目光放到全球市场上。这些加剧了竞争，全球营销者了解自己的市场，并迎合买家需求已经刻不容缓。

# 问 题 讨 论

1. 影响消费者购买一个产品（如立体声装备）的能力受哪些重要因素的影响？

2. 对全球化妆品营销者来说，国家市场细分的重要性是如何体现的？什么会限制这些细分的用途？

3. 各国购买除臭剂和送货车的购买过程，哪一个更有相似性？为什么？

4. 如果你在销售一个产品，该产品主要是由政府采购的，如核电站，你要卖给比利时、埃及和墨西哥，你将如何准备？你将使用什么方法来了解各国政府的采购程序？

5. 美国《反海外腐败法》允许便捷支付，你是如何看待的？为什么和其他形式的贿赂相比，这些支付的过错没有那么严重？

# 全球竞争者

学习目标

　　学完本章,应该掌握:

- 描述全球营销者对付竞争对手的方法;

- 列出并且解释当地公司面对跨国公司的竞争时,可以使用的四个基本战略性选择;

- 解释在不同文化中对竞争的态度是如何逐渐转变的,用发达国家和发展中国家各自举例;

- 举例说明:尽管贸易有自由化趋势,本国政府又是如何支持本国公司的全球竞争力的?

- 讨论来自发展中国家的主要竞争者——国有企业和公司集团——解释他们与跨国公司有什么区别。

- 描述一个公司的原产国国家在全球市场上是如何帮助或者损害该公司的。

宝洁公司在中国创造了巨大的洗发水市场。在这之前，许多中国人仍然用条状香皂来洗头。精致的西方风格的商业广告推出了宝洁公司的海飞丝品牌，它的成功促使其他跨国公司进一步开发中国市场。这些跨国公司包括日本的花王公司，法国的欧莱雅，英国的联合利华，美国的高露洁和施贵宝公司。10年以来，可口可乐和海飞丝等国际大品牌灭掉了许多中国本地品牌。但是事情发生了转机。中国品牌重新获得了2/3的洗发水市场，在其他不耐用消费品如肥皂、洗衣粉和润肤露上再次证明了自己。一个国有公司甚至生产出了中国最畅销的牙膏品牌之一。

当地品牌首先在价格上竞争，逐渐学会形成其他的卖点。其中有一个品牌的洗发水，Olive，做了一个成功的广告，说明该产品会使黑发增多，这一特性是迎合当地消费者需求的。宝洁公司引进了一款新洗发水，内含传统中药配方，可以使头发变得柔顺。宝洁公司洗发水部门的总经理总结出当前的环境是："现今许多当地新品牌迎面而来，我们必须谨慎对待。"

许多进入中国市场的跨国公司不久发现，强有力的当地竞争对手升级了产品和服务以取代任何新来的外国竞争者。当迪士尼在中国香港开设主题公园时，许多来自中国内地的游客抱怨说，这比他们当地的主题公园还要小。此外，中国的公司也已经不满足于停留在中国。对中国顶级100家公司的调查发现，70%的公司已经进入外国市场，其余的也正在考虑进入外国市场。

制定一个针对全球市场的有效策略，公司首先要考虑买家和竞争者。了解全球买家仅仅是这项工作的一半。全球营销者竞争这些买家。潜在竞争者包括全球竞争者和当地竞争者。两者都呈现出独特的挑战性。此外，公司所属国家来源和文化传统会决定公司组织、竞争优势来源和采用的竞争策略。

在本章中我们将处理全球竞争的问题。我们首先关注公司在全球的竞争方法——全球公司对全球公司的，当地公司对全球公司的。接下来探索为什么各种文化会形成不同的对竞争的态度，关注来自全球各个不同地区的竞争者的差异。本章总结部分是调查买家是如何回应来自不同国家的公司的。

# 6.1　竞争全球化

要想在全球市场上获得成功，公司不仅要了解他们的潜在客户，也要学会有效地和来自各国的公司竞争。当跨国公司进入一个外国市场的当地竞争中时，跨国公司既有优势也有劣势。它们比当地公司的规模更大，可能有更好的融资机会。它们也可能拥有更多的产品开发经验和营销经验。这些经验都可以用在新市场中。但是，当地竞争者们可能对当地文化有更好的了解，所以在运营时能够更加有效地迎合消费者需求，更好地处理和当地分销商及政府的关系。今天许多当地竞争者，甚至是那些在不发达国家市场的竞争者，已经建立起广受欢迎的品牌，一个外国新来者可能很难撼动他们的地位。

## 1. 全球公司与全球公司

有些行业正变得越来越全球化。在这些行业，相同的全球竞争者掌握了重要市场份额,在每个主要市场上频频会面。主要全球竞争者如柯达和富士胶卷在一个全球市场的基础上衡量对方。它们在世界各个市场上关注对方的行动,为的是回应,甚至遏制可以给竞争对手带来竞争优势的行动。联合利华是欧洲的一家公司,和美国的宝洁公司在很多市场上都是有冲突的,尤其是在洗衣粉产品市场上。两大公司在世界大多数市场上竞争,在一个市场上的行动也很快蔓延到其他市场。这种现象也发生在航天工业。顾客是全球化的,研发成本也是相当高的。竞争者不多,而且相互遏制。事实上,该行业主要受两大公司控制——空客和波音。

George Yip 提出了全球竞争者可以应对对方的几种方法。

- 跨国资助。用公司在一个国家运营所得利润来资助公司在另外一个国家的竞争行为。Bic 是首先使用这种方法,并且获得成功的公司之一。Bic 用它在法国运营所获得的利润来攻击 Scripto 在英国的分公司。该公司又用它在欧洲获得的利润来攻击 Scripto 在美国的总公司。因为 Scripto 在各国的分公司都是相互独立的,它并没有注意到 Bic 的来临。
- 避实击虚。在一个国家遭受竞争对手攻击后,在另外一个国家采取反击行为。富士成功进入美国市场并获得 25% 的胶卷市场份额。柯达在日本采取反攻,极力在本国市场回击富士的攻击行为。
- 全球协调。在各个国家采取协调一致的竞争行动。比如,有些跨国公司选择全球同步发行产品。通过同时在所有国家市场发布新产品,公司可以保证它的竞争者没有时间从一个市场学习并且应用到另外一个市场。
- 瞄准目标。辨别实际和潜在的全球竞争者,选择整体计划——攻击、避开、合作还是收购。我们将在第 9 章中进一步分析与潜在竞争者的合作。

跨国资助(cross-country subsidization):用公司在一个国家所获利润来资助公司在另外一个国家的竞争行为。

避实击虚(counterparry):在一个国家遭受竞争对手攻击后,在另外一个国家反击竞争对手。

全球协调(globally coordinated move):在各国同时采取行动,获取对全球竞争对手或者当地竞争对手的优势。

瞄准目标(targeting of global competitors):辨别事实上和潜在的竞争对手,计划如何与他们进行竞争,并实施这些计划的过程。

在全球竞争中,其中一个持续很久的战争就是可口可乐和百事可乐,两家世界上最大的软饮料公司竞争市场统治地位之战。历史上,这两家公司曾经在美国市场上有密切的关系,但可口可乐一直是世界市场的领导者。在全球市场份额上,可口可乐以二比一的优势领先于百事可乐。但是,这场市场份额之战还在进行之中,并且在好几个市场同时爆发。主要战场是俄罗斯、中国和印度的新兴市场。

可口可乐比百事可乐晚 30 年进入俄罗斯市场,但是可口可乐在俄罗斯市场还是迎头赶上了自己的全球竞争对手。然而,这两大品牌在中国的市场份额非常相近。为了超越百事可乐,可口可乐支付了 8 000 万美元来获取北京奥林匹克运动会的 4 年赞助权。尽管百事可乐不是真正的赞助商,一些中国瓶装饮料生产商仍然在奥林匹克火炬之路上分发百事 T-shirt 给观众。结果就是，10％的中国消费者认为，百事可乐也是奥林匹克运动会的赞助商之一。

在印度，可口可乐曾经撤出印度市场，因为印度政府曾经通过一项法律，要求可口可乐公司将秘密配方和当地合作伙伴分享。尽管该法律后来被取消了，但是可口可乐公司仍然延迟进入印度市场，而它的竞争对手百事可乐已经将印度变为自己的主要市场。当可口可乐最终回归印度市场时，发现百事可乐已经在该市场建立了牢固的市场地位。可口可乐品牌仍然追随着百事可乐，但是两大品牌的竞争已经相当激烈。百事可乐指责可口可乐从回收站收集并且储藏了 500 万个可回收瓶来扰乱百事可乐的生产。百事可乐为此起诉可口可乐公司，法院判决可口可乐公司归还百事可乐公司所有的瓶子。两大公司最终同意经常交换瓶子。

在真正的全球竞争中，可口可乐和百事可乐在所有重要市场上相互竞争。两大公司都在各个市场上协调自己的策略，平衡在许多国家市场得到的知识和经验，使用巨大的全球资源来获取全球市场份额之战的胜利。

在玻利维亚一个遥远的小城市，可口可乐和百事可乐依旧打响了全球可乐之战。

## 2. 全球公司与当地公司

如果当地公司明智操作，可以与大型跨国公司有效竞争。当沃尔玛进入英国时，许多人预计它将统治该国市场，尽管有当地零售巨头 Tesco 存在。然而，不论沃尔玛如何努力，但 Tesco 仍紧紧把握住了自己的市场份额。Tesco 的秘密在于获取的消费者信息。Tesco 与 1 200 万名消费者签订协议，让他们加入自己的会员卡项目。Tesco 提供给消费者折扣，作为交换，它能够掌握消费者的购买情况。通过熟悉消费者，并且与之建立良好关系，Tesco 获取了当地优势。在其他市场，本地竞争者也将全球竞争者排除在外。在巴西，Grupo Positivo 比戴尔和惠普在手提电脑上占有更大的份额，而在俄罗斯，一个当地奶制品生产商的市场份额比跨国公司 Danone 更大。

### 3. 当地公司营销策略

尽管全球公司可能拥有优势资源,在成功进入若干市场后,它们会变得没有弹性,即使在需要弹性时它们也会趋向于停留在标准化生产。通常情况下,全球公司最强的当地竞争者会仔细观察全球公司,并从该公司在其他国家的行动中获取信息。最近,印度几家顶级零售商决定每家投资 10 亿美元,力争赶在全球竞争者(如沃尔玛等)进入印度市场之前,将它们的公司竞争力提升到世界水平。对于全球竞争者进入他们的市场,这些当地竞争者不是简单地做出回应,而是提前做好准备。

对于当地小企业,如果突然发现自己陷入到与更强大的跨国公司的竞争之中,Niraj Dawar 和 Tony Frost 提出了四个有效的策略。基于它们所在的行业种类,当地公司可以选择成为防御者、扩张者、对抗者或者躲避者。在有些行业,市场定制仍然是一项富有竞争力的资产,防御和扩展策略可以获得成功。在其他行业,如电信行业和汽车行业,在本质上更加全球化——市场之间的顾客需求差异相对较小。生产的规模经济和高昂的研发费用更支持具有全球覆盖的资源丰富的大公司。在这些全球行业中,当地公司必须考虑对抗或者躲避策略。

1)防御策略

防御策略主要是,在细分市场中充分利用当地资产优势,而跨国公司在这方面可能处于弱势。当地资产包括对当地口味和习俗的了解,以及与当地分销商和供应商的良好关系。防御策略一个很好的例子就是,土耳其餐馆有迎回本地特色菜的趋势,以此来和全球快餐连锁店竞争。Ibrahim Tatlises 是一个由土耳其流行歌手和电视明星,成功创办的一家快餐连锁店,该店主要经营 lahmacun,这是一种薄薄的、含有肉和香料的比萨状面团。与此类似,中国互联网竞争者对市场非常了解,对进入的跨国公司非常具有竞争性。中国最大的网上零售商,当当网允许顾客既可以在网上和邮费一起下订单,也可以采用货到付款,因为用信用卡支付在中国还不是很常用。除了当地资产,当地公司可能还需要需求新方法来捍卫它们的本国市场。Chilean 银行选择从一个服务供应商外包支票处理,为的是形成规模经济和跨国公司竞争。

2)扩张策略

有些时候当地公司发现在防御策略上运行良好的资产在有些外国市场也有效。扩张者们将重点放在扩张进入外国相似市场上,用的就是在本国市场上形成的成功经验和竞争力。南非啤酒商在非洲国家的早期经历中,使用的是原始的销售渠道和古老的生产设施,但是这在公司进入东欧市场时非常有用。Televisa,墨西哥最大的传媒公司,扩张成为世界上最大的西班牙语肥皂剧制片人之一。它的影响力不但在美国体现出来,在拉丁美洲也不例外。在有些当地市场,如洛杉矶和休斯敦,西班牙语电台是收视率最高的电视网络。但是,当墨西哥包装食物巨头 Bimbo 进入美国市场时,它面临着更多的困难。如 Televisa 一样,Bimbo 很了解墨西哥消费者,针对的就是美国的墨西哥人市场。然而,像南非啤酒商一样,Bimbo 的其中一项竞争点——与小型家庭商店打交道的能力——在美国市场中扩展得并不顺利。

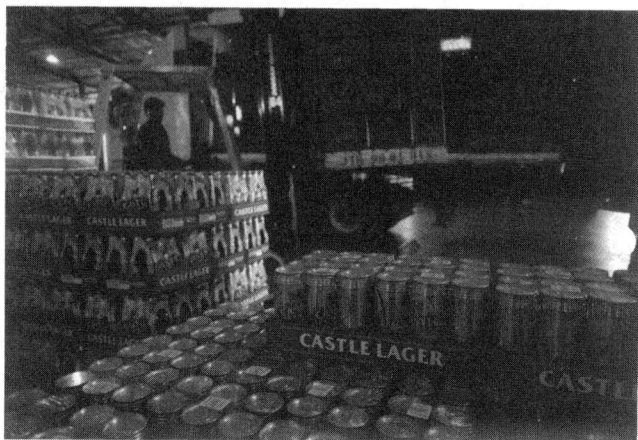

在走向全球市场之前，南非啤酒商是一个成功的当地扩张者。

3）对抗策略

当地小公司在更加全球化的行业中竞争时，会面临现存的全球竞争者，运营也更加困难。但是有些公司也会提升自己的竞争力，从而在面对跨国公司时取得了成功。这些通常意味着，公司要扩大在研发上的资源投入，采取这些行业所要求的规模生产。许多私有的当地公司发现，它们需要通过股票上市来获取融资。因为它们的资源与地位稳固的跨国公司相比仍然非常有限，对抗者们可以寻求微型市场——至少首先必须如此——那些竞争对手没有服务好的市场。Arcelik 是土耳其家用电器（如冰箱、洗衣机和洗碗机）市场的最有力竞争者。在本国市场该公司品牌久远，销售渠道广泛。在它首先进入英国市场时，瞄准的是小型手提冰箱，而这是一个被美国和欧洲竞争者一直忽略的市场。然而，该公司很快壮大了原先的壁龛市场，因为它在研发上投入极大。日本的产品维修机构 Arcelik 在土耳其的洗衣机厂荣获首家日本国外优质产品一等奖。

4）躲避策略

如果处在全球化行业中的当地公司缺乏成为对抗者的资源或者管理能力，它们会发现自己甚至会被挤出本国市场，因为跨国公司能够提供更好更优惠的产品。该公司可以将重点放在成为价值链中的当地一环，比如说，成为跨国公司一个合同生产商或者当地分销商。许多躲避者直接将公司卖给了想要收购的跨国公司。这种收购发生在美国、欧洲和许多发展中国家。

当一个跨国公司收购了一家当地竞争者，它可以在一夜之间改变该市场的竞争动态。许多年来，印度尼西亚的 Heinz 公司在 ABC 品牌上几乎没有遭遇来自当地酱油生产商的竞争。但是它的全球竞争者联合利华购买了当地 Bango 品牌，并将其加入广大的分销系统中。在仅仅四年之内，Bango 的市场份额翻了三倍，而 Heinz 的 ABC 品牌丧失了 20％的市场份额。Heinz 不得不改变自己的 ABC 产品的配方，因为很多印度尼西亚消费者说他们更喜欢 Bango 偏淡一点的口味。Heinz 也引进了 15 年来首次包装的升级。

# 6.2  不同文化对竞争的态度

表 6.1 列示了全球公司 25 强和他们所属的国家。显然,如果竞争者来自不同的国家和文化,了解并合理回应竞争对手会更加困难。各种文化对待竞争的态度和工业发展历史各不相同。这些态度影响社会竞争游戏的规则——不论是成文规则还是不成文规则。了解这些态度和历史能够帮助营销者更好地了解东道国的地方竞争者和来自其他国家市场的全球竞争者。

**表 6.1  全球公司 25 强**

| 排名 | 公　　司 | 国家 | 排名 | 公　　司 | 国家 |
|------|---------|------|------|---------|------|
| 1 | 汇丰股份 | 英国 | 14 | 安联 | 德国 |
| 2 | 通用电器 | 美国 | 15 | 道达尔 | 法国 |
| 3 | 美国银行 | 美国 | 16 | 沃尔玛 | 美国 |
| 4 | 摩根大通 | 美国 | 17 | 雪佛兰 | 美国 |
| 5 | 埃克森 | 美国 | 18 | 美国英特尔集团 | 美国 |
| 6 | 皇家荷兰壳牌 | 荷兰 | 19 | 高兹普罗姆 | 俄罗斯 |
| 7 | BP | 英国 | 20 | 安盛集团 | 法国 |
| 8 | 本田汽车 | 日本 | 21 | 桑坦德 | 西班牙 |
| 9 | ING 集团 | 荷兰 | 22 | 科诺克 | 美国 |
| 10 | 伯克希·尔哈撒韦 | 美国 | 23 | 高盛集团 | 美国 |
| 11 | 苏格兰皇家银行 | 英国 | 24 | 花旗 | 美国 |
| 12 | 电话电报公司 | 美国 | 25 | 凯美瑞 | 英国 |
| 13 | 巴黎银行 | 法国 | | | |

资料来源：Data from "The Global 2000," *Forbes*, April 2, 2008. Reprinted by permission of Forbes.com © 2009 Forbes LLC.

竞争是好是坏? 大多数美国人会同意竞争是好事。它鼓励新想法,并维持价格不上涨。但是,这并不是普遍的观点。在 19 世纪晚期和 20 世纪早期,美国建立了反托拉斯法来遏制垄断,促进竞争。不久之前,美国看到了大公司降价驱逐竞争者的行为。这之后,这些公司或者托拉斯集团利用它们的垄断地位,对消费者提出很高的价格。新闻报道使该国公民大怒,美国政府也收到了解散托拉斯的明令。几年之后,通用汽车公司仍然被迫将各部门分开运营,以稀释该公司在美国强有力的市场控制。其他国家经历了有关竞争的不同历史,从而形成了对待竞争的不同态度。

## 1. 欧洲的竞争

欧洲和美国一样,是跨国公司的主要来源地。然而,行业结构和对待竞争的态度在这两个地区之间并不一样。在大多数欧洲国家,家庭公司在经济中所起的作用比在美国要大。在德国,雇佣了不足 500 人的家族公司却占所有就业人员的 80% 左右。即使是在上市公司之间,也经常会发现董事会被出资的家庭和他们的朋友所统治。许多欧洲人仍然怀疑股票市场带来的压力,认为他们促使管理向短期目标靠近,而破坏了长期目标。有些人认为,上市公司的管理是一个负担,更多的是与政策相关而不是与增加价值相关。

尽管欧盟已经一体化,但是对国家的拥护情怀仍然存在。事实上,一项最新的调查显示,欧盟内部一体化的障碍来自情感因素,而不是法规因素。一项针对欧盟大国的公司声誉的调查发现,人们严重偏向本国历史悠久的公司。被德国和法国受调查人员引用的 15 个最出名的公司中,有 13 个是来自他们本国的。在英国的调查者中,15 家公司中有 11 家是来自本国的。

许多年来,欧洲政府允许他们的公司采取卡特尔行为,而这在美国是违法的。即使是到了 20 世纪 70 年代,欧洲各家航空公司仍然光明正大地开会讨论,此后一致降低了横跨欧洲大陆的一等舱的服务。事实上,欧洲直到 20 世纪 80 年代才真正施行反托拉斯法律。但是,欧盟在施行反托拉斯法时又实行了新的警戒,这让很多人大吃一惊。

尽管欧盟的反托拉斯法有很多是参照美国的,至今却往不同的方向发展。在美国,该法律的目标是保护消费者不受垄断的影响。而在欧盟,该法律存在的目的是保证在统一市场上各个竞争者公平竞争。比如,微软公司就因为“任意使用自己近乎垄断的地位”而被罚了 20 亿美元。因为微软将 Windows Mircrosoft Player 绑定在 Windows 操作系统之中,损害了想要独立购买的消费者的利益,因而被判有罪。美国司法部董事不同意该项判决,指出欧洲的立场会损害消费者利益,因为他们打击公司的创新活动。

此外,在美国的法律下,如果一个并购者能将两个公司的相关产品整合成一个广泛的投资组合,这被当作创造效率,反过来使消费者收益。但是在欧盟,这会被看成是要将竞争者挤出市场。因此,欧盟反对两个欧洲大公司,Grand metropolitian 和 Guinnesss 合并,因为这会形成世界上最大的造酒公司。欧盟担心该新公司会将他们的产品组合在一起,构成从香槟到威士忌的产品组合,使分销商迫于压力,不得不将其他竞争者赶出市场。欧盟也阻止了在他们管辖范围内的两大美国公司的合并,通用电器和国际亨利威尔公司,该公司是美国两个航空行业的跨国公司,而且已经获得了美国方面的批准。这一决策激发了对欧盟的指控,认为欧盟的判定针对美国公司。但是,一项独立问询并没有发现系统上的偏差。

在历史上,欧洲政府为了挽救即将倒闭的公司,干预的比美国政府多得多。最近这一情况有所改观。自“9·11”事件给美国航空公司毁灭性的打击后,美国政府给航空公司提供了 50 亿美元的财政资助和 100 亿美元的贷款保证。但是欧洲的反托拉斯法不允许欧洲政府给航空公司财政补助。欧洲的航空公司只能立即行动起来——削减成本,减少债务。这使他们与美国竞争者相比,更加弱小无助。与此类似,在 2009 年经济大萧条时期,欧洲政府与美国政府相比,更加不情愿去挽救即将倒闭的公司。

## 2. 日本的竞争

在过去 30 年,日本市场经历了比美国和欧洲市场更加激烈的竞争。尽管 IBM 在美国计算机主体市场占统治地位,在日本,四家主要竞争者——富士通、日立、电器公司和日本 IBM——为市场份额战斗不息。事实上,基本上每个行业都有 4～8 家主要竞争者。日本公司很少通过收购、破产和自愿退出的方式离开成熟的行业。

导致这一现象的很大一部分原因是横向系列。Keiretsus 的意思为"秩序或者系统"。在日本,6 家最大的工业集团,或者说是系列,已经进一步改进,每个集团都参加几乎所有主要行业。集团公司都是上市公司,且技术独立。但是,少数跨股份持有者和个人关系协调松散。这些集团中的重要一员就是集团银行。集团公司,尤其是集团银行,会在困难时期帮助成员企业脱困。当马自达面临破产时,Sumitono 银行为该汽车公司提供了丰厚的融资,并鼓励集团员工购买马自达。尽管该公司收益很低,但是银行仍然保留该集团公司的股份,有效阻止了竞争者收购。

几十年来,日本的管理者从来不担心股票价格,战后的日本从来没有经历过大公司的恶意收购。尽管竞争越来越激烈,弱小的公司依然没有被挤出日本市场。但是,20 世纪 90 年代晚期恶劣的经济大环境开始显示该系统的不足。日本政府明确说明允许公司倒闭,这使集团银行在支持集团公司时加强了警惕。事实上,在过去 50 年日本公司经历了最严重的公司所有权转移情况之一,有许多的美国公司收购了日本公司。尽管存在这些趋势,一项针对日本集团企业的调查显示该系统还是屹立不倒的。

横向系列(horizontal keiretsus):日本大而多样化的工业团体。

## 3. 新兴市场的竞争

一直以来,发展中国家都小心翼翼地谨防竞争。在 20 世纪中期,许多国家还非常依赖物质产品并试图快速实现工业化。但是,社会上富裕阶层更希望将公司维持在他们所熟知的范围——农业、商业和军事。少数投资工业并成功的人发现,其他人很快追随他们进入相同的行业。很快在一个狭小的市场上有了太多的竞争者,他们共同抢夺市场份额。新投资失败了。结果是,潜在行业先行者更加难找。为鼓励当地投资和厂房建设,政府通常会通过提高关税或者施加进口配额的方式限制外国竞争者。此外,许多政府为当地产品颁发营业执照。比如,在伊朗,一旦有生产商表明他们能够供应整个伊朗市场,该政府就拒绝为新公司颁发执照。

而最近,大多数发展中国家和苏联集团的转型经济国家开始接受市场开放。市场开放是在之前存在垄断或者严格准入控制的行业鼓励竞争。市场开放的形式多样化。通常情况下,生产执照被废除了,进口限制也会放松。东道国政府可以通过鼓励跨国公司在该国市场投资来进一步加强竞争。印度开放了市场,鼓励外国投资,如保证跨国公司能够自由兑换外汇,在印度投资中保持主要股份的权力,允许使用外国品牌名称,而这些在过去都是不允许的。其他国家,诸如埃及,通过提供长达 10 年的税收假期来吸引外国投资者。

在新兴市场上对竞争态度的改变有若干原因。有些开放市场的压力来自外部。新兴市场中的许多国家加入了世界贸易组织,为了遵守该组织规则只能移除进口限制。比如,根据世贸组织的一项裁定,印度废除了最后一个主要进口配额。直到那时,消费品生产商在印度才算是真正地自由竞争。其他国家面临开放市场的压力来自双边贸易伙伴,如美国。

但是，很多开放市场的压力是来自内部的。50 年的保护政策之后，当地竞争者无法在合理价格上提供高质量的产品。其中一个原因就是他们不能控制的条件，比如在发展中国家有限的融资。但是，新兴市场的消费者和他们的政府已经开始考虑，保护当地的幼稚工业反而会使得该工业永远无法发展。对 3 000 家印度公司的调查显示，20 世纪 90 年代的生产力增长比 80 年代更加缓慢。此外，许多政府将目光放在了出口市场的竞争上。在本国市场上允许更多的竞争会促使当地公司在全球范围内更有竞争力。尤其是跨国公司，拥有更高的技术，更广泛的融资来源和更丰富的全球市场知识，可以帮助其推进当地出口量。

随着发展中国家开放市场，政府开始打击他们认为不适当的竞争行为。很多年来一直允许的行为开始被列为非法行为。在墨西哥，一个新的反托拉斯委员会既充当法官也是陪审员，处理针对公司反竞争行为的投诉。该委员会有权调查指控并且处以罚款。它可以阻止墨西哥境内的公司收购。对于政府将之前国有的垄断企业销售给私人而导致寡头垄断的情况，该委员会也可以进行阻止。

墨西哥反托拉斯委员会发现，可口可乐和它的饮料销售商滥用该公司在美国市场外最大市场上的主导地位。无须说，百事可乐是该项调查的发起者。可口可乐在墨西哥碳酸饮料市场上占有 72% 的份额，大多数销售量来自农村的家庭小商店。该委员会命令可口可乐停止使用独占协议，在该协议中禁止小零售商引进竞争对手的产品。百事可乐在墨西哥也有类似的协议。但是该裁定并不针对百事可乐，因为百事可乐在该市场上没有占统治地位。

市场开放（market liberalization）：在存在垄断或者严格市场准入控制的行业鼓励竞争。

# 6.3　本国行为与全球竞争力

在第 4 章中，我们讨论了公司的本国政府如何影响这些公司的跨国营销——尤其是政府如何对公司造成不利影响，即制造所谓的政治风险。但是，大多数政府都渴望本国公司在全球市场上具有竞争力，许多政府千方百计提高本国公司的竞争力。在大多数情况下，世贸组织不允许政府直接补助和成员国用配额及高关税来保护本国市场的行为。

但是，许多其他的政府政策会影响公司的全球竞争力。政府可以用出口促进组织的形式提供出口协助，培训当地公司对外国市场的了解。政府也可以帮助本国公司与外国政府协商大项目的合同。航空巨头空客和波音的竞争就包含了政府对研发的资助。此外，一些分析家评论，两大公司的竞争如此激烈，以至于其他公司如果没有获得重要政府支持，根本就无法进入市场。但是，中国和俄罗斯政府都表示，他们准备提供该项政府支持，来保证在该行业内有本国力量存在。

政府也可以发布经济和竞争政策，加强本国公司在外国市场竞争的能力。这些政策包括税率、劳动法，体现本国政府对本国市场上垄断行为和寡头垄断行为的容忍度。

欧盟国家首脑在巴塞罗那会晤，认为欧洲应该努力成为世界上最富竞争力的经济团体。巴塞罗那峰会决定通过降低劳动力税收和减少失业人员的福利的方式,来解放劳动力市场。他们同时采取措施,放宽能源市场的法规,给予公司自由选择天然气和电力供应商的权力。他们希望通过这些措施能够降低欧洲公司的成本,使其在全球市场上更有效地竞争。

## 世界脉搏6.1

### 水 之 战

当可口可乐公司在英国市场上引入瓶装水 Dasani 时,很多人认为这是最大的营销错误之一。在那时,瓶装水是饮料行业增长最快的市场之一,而 Danone 集团拥有最高的市场份额。进入英国瓶装水市场是可口可乐公司扩张市场份额的一个有效方式。为符合英国卫生管理规章,该公司在水中添加了氯化钙。但是这会导致水中溴化物水平的上升,从而增加患癌症的概率。随着公众的谴责,Dasani 撤出了该国市场,在其他欧洲市场上市的计划也被废除了。然而,Dasani 成为了美国市场上第二大瓶装水销售商,同时也在许多国际市场出现,如加拿大、日本、韩国和一些非洲国家市场。

但是,可口可乐公司声称 Dasani 在阿根廷上市两周之后,Danone 和它的广告商就发送匿名邮件给记者和非政府组织,指责可口可乐钻拉丁美洲法律的空子,在那里销售"癌症矿泉水"。可口可乐公司花了两年时间才追回这些邮件。同时,阿根廷可口可乐公司调查了这些邮件对顾客造成的影响。受调查的顾客中有30%申明他们受到该流言的影响,60%相信该流言。此外,这一流言也出现在阿根廷之外。拉丁美洲的所有消费者都获悉了该信息。

可口可乐公司统计出 Dasani 在阿根廷的销售量是市场调研估计的一半,最后向 Danone 提起法律诉讼,指责该公司发布癌症流言,损害 Dasani 品牌。一个阿根廷法官承认 Danone 宣传流言的用心,但是撤销了该项诉讼。原因是:既然 Dasani 在流言攻击时还尚未进入阿根廷市场,该流言也不会影响很多消费者。可口可乐公司继续上诉,最终赢得该诉讼。

资料来源: Serena Saitto. Argentine Judge Rejects Coke's Complaint against Danone. *Wall Street Journal*, August 13, 2007, p. B2; Serena Saitto. Past Mistakes Haunt Coke-Cola Water Business in Latin America. *Dow Jones Newswires*, August 14, 2007; Danone Concerned by Dasani Advances. *BMI Industry Insights*, December 18,2007; and Jonathan Prynn. Coke-Cola Tries to Tap Into the Botteled Water Market Again. *London lite*, May 22, 2008,p. 21.

一项有关本国政府政策和竞争力的争议正在水泥行业进行。墨西哥的 Cemex 原来只是一个区域生产商,现在成为世界第三大水泥生产商和美国的主要品牌。美国竞争者指责该公司利用自己在墨西哥的统治地位,不公正地为自己的海外扩张融资,并削减自己在美国市场的价格。Cemex 在墨西哥市场上拥有 60%的市场份额,使它能够收取超出常规标准的价格。在墨西哥的税前利润居然达到 46%——这与在充满竞争的美国市场相比,几乎是美国市场的两倍。在本国市场的这种利润使 Cemex 能够在外国收购竞争者,同时降低在外国市场的价格。墨西哥竞争委员会的一项调查发现,Cemex 并不存在垄断行为。美国政府不满该委员会的结果，决定对墨西哥进口的水泥收取反倾销关税。在某几年，这些关税甚至超过了 100%。

# 6.4　新兴市场的竞争者

直到最近，大多数全球战略家都在关注来自美国、欧洲和日本的跨国公司。但是，正如我们所看到的那样，如美国的宝洁和英国的 Arcelik 等跨国公司发现它们正面临越来越多的来自发展中国家的竞争对手。发展中国家的主要公司与美国的跨国公司不同。在新兴市场中发展起来的大公司通常有两类——国有企业和公司集团。随着市场解放的趋势，他们都面临着本国市场内来自外国跨国公司的挑战。但是，这些当地公司不仅在本国市场，也越来越多地在外国市场显示出竞争力。此外，来自发展中国家新的风险投资正在不断改进，并越来越多地瞄准了海外市场。

## 1. 国有企业

发达国家有时候也存在国有企业，但是发展中国家国有企业的范围和影响力远远超出发达的国有企业。在 20 世纪中后期，许多发展中国家的政府试图通过迅速的工业化来结束本国对进口商品的依赖性。通常情况下，私有企业在这方面不能满足政府的期望。大多数公司不愿意投资它们不熟悉的工厂或者产品。政府为了达到自己的目标，只能依靠自己，建立了国有企业。那些企业不但在生产部门运营，有时候也在批发和零售行业运营。比如，埃及的国有企业就占到整个国家非农业行业的 25%。

表 6.2 列示了来自亚洲主要市场的大型跨国公司。

表 6.2　亚洲最大的 10 个公司

| 公　　司 | 国　家 | 公　　司 | 国　家 |
| --- | --- | --- | --- |
| LG 公司 | 韩国 | 伍尔沃斯有限公司 | 澳大利亚 |
| 必和必拓 | 澳大利亚 | 瑞来斯实业 | 印度 |
| 鸿海精密工业 | 中国台湾 | 塔塔钢铁 | 印度 |
| 中国移动 | 中国 | 力拓集团 | 澳大利亚 |
| 中国建设银行 | 中国 | 来宝集团 | 中国香港 |

资料来源：Adapted from "Asia's Fab 50 Companies." Forbes.com, September 3, 2008. Reprinted by permission of Forbes.com © 2009 Forbes LLC.

企业为国家所有可以为公司带来竞争优势，但同时也少不了劣势。在发展中国家，国有企业会有融资优势，而这些融资机会本来就很稀少。他们会受政府保护免于破产，同时保证他们在本国市场的垄断地位。他们甚至可以通过政府所有来取得贸易保护。有些人认为，对于中国国有石油企业和有些美国认为是恐怖主义支持者的国家合作，美国依此采取的制裁并不会对中国的国企造成影响，因为这些行为将被当作对中国政府的直接经济影响。

在 20 世纪八九十年代，许多发展中国家和苏联及东欧国家的国有企业进行了私有化。私有化指的是国有企业或其资产被私人或者公司收购。政府没有投入重新整顿公司的资金,而是选择将它们卖出。这种行为的原因之一是意识形态的改变。在持续的政府主导的工业化进程中,许多政府失去了信心。私有化浪潮席卷了 100 多个国家的75 000 多家国有企业。在许多案例中,跨国公司收购了这些公司。如,美国食品和烟草公司 Philip Morris 就收购了捷克 Tabak 公司的股份,该公司之前是捷克烟草行业的垄断者。

然而,尽管私有化是大势所趋,国有企业在石油行业的全球影响力仍然在持续。科威特和委内瑞拉的国有石油公司甚至走出国门,至今已在欧洲和美国投资。科威特公司收购了欧洲的炼油渠道和前海湾石油公司的零售渠道。俄罗斯是未来石油供应的一个主要来源国,该国正不断增加石油和天然气行业的国有化。

尽管国有企业的时代正在没落,但它们在中国市场上的重要性仍然持续不变。比如,私人快递公司(如美国的 FedEx、UPS、DHL),按规定不得投递 1.1 磅以下的信件或者包裹,不得比中国邮政收费更低。此外,他们不能将信件投到私人住宅或者政府官员的办公室。尽管中国市场正在上升,但是新的限定使外国公司丧失了多达 60% 的市场份额。行业主管抱怨说该命令违背了中国进入世贸组织时所做的承诺。但是,中国政府坚称,该规定是合法的,指出中国邮政要将邮件投递到中国领土的各个地方,包括那些根本得不到利润的地方。私人公司就不受该项限制。中国甚至激发了一项反恐怖主义理论。政府需要保证所有邮件通过炭疽病和各种有毒物品的检验。

中国的国有企业或者国有控股公司主导中国经济许多部门。如快递公司事件让人们思考,中国的新反托拉斯法——基于欧洲法的反托拉斯规定——可能是针对外国跨国公司的,却绕过了中国强大的国有企业。中国政府也鼓励国有企业,如行业中的国有企业联合起来形成更为强大的全球竞争者。中国的国有控股公司,计算机巨头联想甚至收购了美国的 IBM 公司。尽管中国的国有企业是外国公司的有力竞争者,但他们也越来越多地雇用外国管理者,尤其是中层管理者。联想甚至聘用了一位美国人作为高级主管。

私有化(privatization):将国有公司或其资产卖给私人或者公司的行为。

国有控股公司(hybrid):在一个公司内,政府控制一部分(通常是占最大比例的)股份。

## 2. 公司集团

在发展中国家的私有部门,公司集团以主要竞争者的身份出现。公司集团在几个主要方面与发达国家的大型公司不同。公司集团全部或者大部分集中在本国市场。最突出的一点是它们呈现出多种多样的趋势。公司集团参与到很多行业中。一个公司集团囊括了钢铁、保险、包装物品、汽车销售和纺织品也是非常常见的。比如,Arcelik 是土耳其大公司集团 Koc Group 的一份子。这个集团参与的行业非常多样,如消费品、能源、矿业、金融和建筑。集团公司通常是相互联系的,各公司都拥有其他公司的若干股份。但是,公司间真正的联系不是资产的所有权,而是信托契约。集团公司的文化是为集团整体的利益而努力。管理者通常会在这些公司之间流动,从而形成了私人关系。在发展中国家严酷的经济条件下,所有公司最终都从互相合作中获益。

与日本的系列公司相似,大多数集团公司都有一个金融中心——一个能够为其他公司提供融资的公司,通常是银行或者保险公司。在埃及发生的阿拉伯承包公司一案中,使用的是母公司自己的退休资金。在融资困难的环境中,金融中心是主要竞争优势。因为这些团体都是控制极严的公司,另外一个竞争优势是它们能够灵活处理与政府的关系。比如,塔塔集团建立了印度第一个钢铁厂,决定努力实现印度政府的工业化目标。商业团体家族与政治团体家族的动态联姻非常常见。比如,阿拉伯承包公司首领的儿子就娶了埃及总统安慰沙达的女儿。

正如所有发展中国家的公司一样,公司集团以家庭作坊的形式起步,时至今日,在大多数情况下最初的家族仍然在公司中起着重要作用。但是,随着这些公司的扩张,更专业的管理方法被引进来,其他变化也席卷整个公司,最重要的变化可能就是公司面临的来自跨国公司的竞争。伴随着贸易和投资的自由化,更多的跨国公司进入了新兴市场。之前为了保护当地公司所采取的排除进口和外国投资等保护政策都被废除了,跨国公司对集团公司造成了新的威胁,因为它拥有最先进的技术、质优价廉的产品、全球品牌和强有力的资金来源。他们同时和当地公司竞争该国国内最好的管理人才,而那之前是集团公司独占的。另外,因为政府放松了对经济的管制,集团在与政府关系的竞争优势上也变得不再重要了。

为了回应这些新的威胁,许多集团公司对之前运用很好的策略进行了反思。有些人认为,之前采取的多元化政策要放弃。取而代之的是,公司要围绕自己强大的事业部门进行重构,将这些事业部扩张到外国市场去。换句话说,集团公司正考虑朝着跨国公司方向发展。印度最大的集团公司,塔塔,在国内采取削减低利润事业部的方式进行了重构。但是该集团仍然停留在很多行业,如茶叶、汽车、电力和电话网络。怀着全球志向,该公司收购了英国的 Tetley Tea,汽车生产商 Jaguar 和 Land Rover,从而立即获得了国际品牌。

因为即将与欧洲形成统一战线,随之而来必将丧失对当地公司的保护,土耳其的公司集团开始适应变化的环境。其中一家大型公司集团,Haci Omer Sabanci Holding,正削减自己涉足的行业,将重点集中到几个关键领域如能源、互联网和电信。该土耳其公司集团和许多其他拉丁美洲的公司集团一样,也正在积极寻求跨国公司作为联营伙伴。

即使如此,有些人仍然争论说,关于发展中国家的公司集团将会分解的预期是不成熟的。这些国家的政治和经济环境仍然是动荡不安的,提供相互帮助和形成强有力的政府关系仍然富有战略价值,这在过去和现在都一样。这意味着公司集团的收益将不仅仅限定于私人部门。不论结局会如何,公司集团如今在许多发展中国家都代表了最强的当地竞争。

公司集团(business groups):包含不同行业的公司的大型公司组织,该组织内部的公司有正式或者非正式的关联。

## 3. 新的全球竞争者

最近,来自发展中国家的公司在许多行业纷纷涌现,成为主要的区域竞争者甚至全球竞争者。这些公司不断挑战来自美国、欧洲和日本的大型跨国公司的地位。有些公司(如Arcelik)是年代较久、重新构建的集团,而有些公司是最近才建立起来的。中国台湾的计算机巨头宏碁迅速崛起,在亚洲的私人计算机市场上占据一个有利地位。Hikma 医药公司成立于约旦,在该地区形成了一个壁龛市场,而后成为一个著名的药物生产商,在美国、欧洲和许多发展中国家都有分公司。有许多公司,如墨西哥水泥公司和南非造酒公司,利用它们在更大的新兴市场上,也是它们占主导地位的市场上获得的资金流,来收购外国的成名公司。这种行为让它们一跃成为该行业内的顶级全球竞争者。来自新兴市场的公司的成功引导人们重新思考,来自新兴市场的竞争者将会对全球市场造成什么影响。

# 6.5  原产国优势

一个跨国公司在本国市场的声誉会给该公司带来市场优势还是劣势呢? 当 Arcelik 进入欧洲市场时,该公司考虑到原产国土耳其会弱化该品牌在欧洲人眼中的形象。关于消费者对产品原产国国家的研究已经有 30 年。结论非常复杂,但是还是能够看出一些趋势。尽管偏见在所难免,消费者终究还是会改变他们的观点,这也折射了全球竞争的动态环境。

原产国表示与一个公司相关联的国家——通常是指该公司本国。比如，IBM 是与美国联系的，而索尼是与日本联系的。若干研究总结出，消费者通常更加喜欢来自发达国家的产品，而不是发展中国家的产品。如果某个国家的一种产品非常出名，就会加强来自该国竞争者的可靠度，如法国的葡萄酒和香水，韩国的录像带，伊朗的波斯地毯。原产国的积极或者消极效果有时候会针对特殊产品。俄罗斯的汽车会在消费者心中激发消极的形象，但是俄罗斯的伏特加会激发积极的回应。在有些情况下，原产国会意味着更多产品的总体特征。如德国产品以制造质量出名，意大利产品则以设计质量出名。

但是，原产国也可能会迷惑人。一项对美国大学生的研究发现，他们将著名品牌与德国、日本和美国联系起来。大多数被调查的学生（超过 90%）不知道诺基亚是芬兰的，乐高是丹麦的，三星是韩国的。有过半数的被调查者认为，诺基亚和三星是日本的，乐高是美国的。

原产国偏见不仅仅限于产品或者消费者市场。对服务的原产国偏见与对产品的相类似。在工业买家中也有这种现象。韩国的工业产品买家对日本、德国和美国的供应商的评价比本国供应商更高。另外一项研究显示，美国的买家更愿意购买来自著名的工业国家的产品，而不是刚刚进行工业化国家的产品（墨西哥除外）。

因为跨国公司在不同国家生产产品，原产国问题被复杂化了。对消费者来说，哪个问题更受关注呢？是与品牌相联系的国家，还是该产品生产和组装的国家？对这个问题的研究并不完善。一个强大的全球品牌可能会设在一个消极的生产国之中。但是，情况并非总是如此。比如，对尼日利亚高技术产品的消费者的调查显示，产品在哪里生产比公司名称或者品牌名称更加重要。全球化也导致产品投入来自很多国家。一项研究证明，零件来源国影响消费者对生产质量和整体产品质量的观点。

**原产国**（country of origin）：与一个公司相关联的国家——通常是该公司本国。

**生产国**（country of manufacture）：产品生产或者组装的国家。

**零件来源国**（country of parts）：产品零件生产国。

## 世界脉搏 6.2

### 智利杂货店：反击、扩张与规避

尽管智利是南美洲市场上最小的市场之一，但该国的零售部门却是最先进的零售部门之一，人均购买力高于区域标准。当地竞争者奋力保护他们的本国市场，使有些外国入侵者如 Home Depot, J. C. Penny, Sears 都遭受了损失，不得不离开。在智利，杂货店的零售长期以来被两家强大的当地竞争者所统治，分别是 Cencosud 和 D&S。这两家连锁店成功将家乐福和阿霍德等全球竞争者赶出了智利市场。D&S 甚至雇用了一位西班牙家乐福店的以前的经理，研究家乐福在阿根廷的运营，以便更好地了解自己的竞争对手。

此外，Cencosud 还将自己的眼光放到全球市场上。它成为了阿根廷市场上第二大零售商，收购了两家巴西杂货店，以直接进入这个比智利大很多的市场。该公司还雄心万丈，准备进入哥伦比亚、墨西哥和秘鲁。但是，回归本国市场后，这两大当地杂货店却陷入了价格战。D&S打出每天低价的促销，接受更低的利润，并且削减在物流和处理方面的花费，从而获得了市场份额。这吸引了美国沃尔玛的目光。沃尔玛最终收购了D&S大部分的股份。

资料来源：Constanza C. Bianchi and Carolina Reyes. Defensive Strategies of Local Companies Against Foreign Multinationals: Evidence from Chilean Retailers. *Latin American Business Review*, vol. 6, no, 2, 2005, pp. 67-85; Retailers Expand International Operations. *BMI Industry Insights*, December 10, 2007; and Chile Retail: Bigger and Better. *Economist Intelligence Unit — Business Latin America*, April 13, 2009, p. 4.

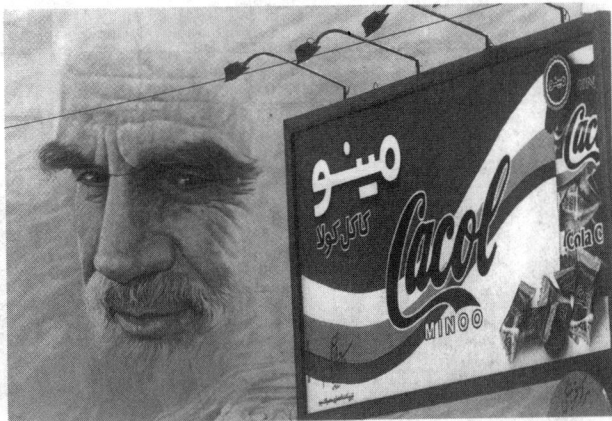

尽管美国和伊朗关系疏远，但是对美国产品的喜爱仍然存在于伊朗民众中。在德黑兰一个广告牌上，一家当地糖果生产商就模仿了美国软饮料可口可乐的广告。

## 1. 掌握原产国概念

消费者对某些国家的态度会改变，这对全球竞争者来说至关重要。日本和韩国的产品在短时间内获得了消费者的尊重。现在在有些国家，如中国和沙特阿拉伯，日本产品的得分比美国或者德国产品还要高。在最近几年，很多国家，如葡萄牙、爱沙尼亚和波兰，都聘用品牌专家来帮助自己设计一个更好的形象。芬兰甚至发起了一项运动，来加强自己高技术创新的中心的形象，希望更好的公司形象能够帮助该国在美国市场上的本国公司。但是国家要认识到，品牌不仅仅只是一个噱头，它必须有事实来支撑。因此，国家品牌形象的重大改变可能花费20年时间才能够实现。

公司如果受到原产国的消极影响，通常会降低价格来抵消质量不高的观念。但是，这里也有许多策略，能够帮助受不良原产国影响的公司，提高消费者对产品质量的认识。

- 可以将生产转移到有积极原产国影响的国家。如果这个难以实现，那么主要零部件可以从这些国家采购。起亚的索伦托就是在韩国组装，但是依赖来自欧美供应商的知名品牌零部件来提高自己在国外的形象。
- 一个消极的原产国偏见也可以通过销售渠道来抵消，该渠道接受额外补充产品。

一项研究表明,在墨西哥主题餐馆就餐的顾客比其他餐馆里的消费者更愿意购买墨西哥葡萄酒。

- 交流和坚持最终会有所收获。当 Arcelik 试图将自己的 Beko 牌洗衣机引入法国家具连锁店 Conforama 时,该法国销售主管拒绝在店内展示土耳其产品。但是 Valerie Lubineau,也就是 Beko 在法国的营销主管,揭示该公司已经持续多年生产 Conforama 知名家具品牌。8 个月之后,Beko 就开始销售他们欧洲竞争者的产品了。持续提供高质量产品和服务的公司甚至能够改变消费者对该产品原产国的态度。一项研究显示,与拉丁美洲的供应商打过交道的工业买家对该地区的供应商评价更高,而那些从未和拉丁美洲买家做过交易的买家往往对该地区的买家评价很低。

## 2. 超越质量

直到现在我们一直在讨论原产国是如何影响人们对质量的认识的。但是,原产国还可以通过其他方式影响消费者的购买行为。有些消费者不愿意购买所有的外国产品。他们认为购买进口产品会使国内失业率上升,进而导致经济困难。这种现象称为消费者民族中心主义。俄罗斯消费者在民族中心主义上得分很高,尽管他们知道进口产品的质量超过他们国内产品的质量。即使是在一个国家之内,有些细分市场会呈现出比其他部分更高的消费者民族中心主义。至于哪些人更可能成为民族中心主义者,研究尚未显示有效结论。但是,也有若干调查表明,妇女和老年顾客可能会更倾向于成为名族中心主义者。

其他购买者反对购买来自特定国家的产品是处于政治动机。这种现象称为消费者憎恶。消费者憎恶可能是持续性的,也可能是偶然性的。持续性憎恶源自两国不友善的历史关系。比如,中国人知道日本产品质量很高。但是,很多中国人对日本怀有敌意,因为在第二次世界大战中日本曾经占领中国。这种敌意会在购买日本产品时造成消极影响,而不能单从产品质量来考虑。

偶然性憎恶是为了响应当前的政治或者经济事件。这种敌意在伊拉克战争中浮出水面,尤其是加拿大、法国和德国对英美两国的竞争。德国的积极分子网站呼吁消费者不要购买 250 种来自英国和美国的产品,并建议购买当地的替代品。但是真正显示出巨大的消费者憎恶的还是美国消费者。当法国反对美国入侵伊拉克时,一项针对法国产品的打击活动就开始了。从法国进口的葡萄酒下降了 18%,法国总出口下降了 17%,意味着美国人已经响应抵制法国货的号召。甚至有美国公司也受到了牵连。一项民意调查显示,许多美国人认为 Grey Poupon 和 Yoplait 也是法国的公司,而实际上它们是美国公司。

对于美国消费者的憎恶,法国公司非常担忧。法国就业者总协会主席号召美国消费者不要拿法国公司来泄愤,而可以将电报发送到法国大使馆。与此类似,加拿大汽车零部件生产协会主席也报道说,成员企业注意到美国汽车制造商的购买代理回应冷淡。尽管加拿大大多数人同意政府拒绝参与美国领导的伊拉克战争,但是加拿大的公司领头人却担心,加拿大与美国关系的恶化会导致加拿大在与邻国的交易上每天损失 10 亿元。

有些时候偶然性消费者憎恶是短暂的。在印度,肯德基曾经被愤怒的农民所包围,因为他们认为这家美国快餐连锁店威胁到了他们的生存,肯德基不得不实行撤退战略,只开设了一家店面。但是,由消费者憎恶造成的中断可能是持久的。许多美国人在放弃法国葡萄酒之后,发现他们更喜欢来自美洲、澳大利亚和智利的葡萄酒。当丹麦一家新闻媒体公司出版了先知穆罕默德的卡通画时,Arla 食品公司和其他丹麦公司都遭遇了阿拉伯国家消费者的憎恶。一些穆斯林认为,对他们宗教的侮辱是不可饶恕的。在沙特阿拉伯,Arla 食品公司经历过消费者抵制的最高潮后,发现回归该市场的杂货架困难重重,因为很大市场空间都已经被竞争者所占领。

消费者民族中心主义(consumer ethnocentrism):购买外国产品会导致本国失业,最终影响经济的观念。

消费者憎恶(consumer animosity):在政治上反对购买来自特定国家的产品。

持续性憎恶(stable animosity)：源自两国不友善历史关系的消费者憎恶。

偶然性憎恶(situational animosity)：当前经济或者政治事件引起的消费者憎恶。

# 总　结

本章引入全球竞争的基本问题。我们探讨了全球竞争者对付对手的一些方法，和当地公司为了在越来越全球化的市场中生存可采取的策略。

我们也发现，全球市场中的文化挑战不仅限于消费者。竞争游戏的规则在各国都不相同。不论是当地竞争者还是全球竞争者，他们都可能拥有一些优势和劣势，而这些会从某些程度上反映他们本国的环境和历史。战略性全球营销者不仅要瞄准全球范围内合适的买家，同时要了解并成功应对针对这些买家的竞争。

# 问 题 讨 论

1. 若有一家美国公司正准备进入日本市场，该市场上的日本竞争者有何优势？

2. 为了使本国公司更具全球竞争力，本国政府可以采取哪些行为？你认为哪些政府行为会构成不正当的协助？

3. 公司集团的末日来临了吗？

4. 几乎所有对原产国影响的调查集中于买家如何评价产品以及他们购买产品的意向。原产国影响如何在其他情形中体现？

# 全球营销调查

章节提纲

总结

问题讨论

学习目标

　　学完本章,应该掌握:

- 列出并描述调查过程的四步骤;
- 辨别二手资料收集和第一手资料收集过程中的挑战;
- 注意市场调查中的文化差异,说明市场调查者调整的方法;
- 描述不同市场调查可比性相关的问题;
- 解释市场分析对全球营销者的指导价值;
- 指出关注全球竞争者的方法;
- 解释全球营销信息系统的要求。

　　西班牙零售商 Zara 只需花费 4～5 周来设计一个时尚展，而它的主要竞争者却需要六个月。ZARA 的设计师经常举办时尚展出，并与顾客交流。其中有个设计师评论说，"我们就像海绵，吸收着来自全世界时尚潮流的信息。"该公司在一夜之间将新卡其布裙子分发到全世界 449 家店。在总部办公桌上，ZARA 的经理们可以随时在计算机上查看各地的即时销量。他们时常与各个分店的管理者联系，来聚焦流行趋势并做出迅速的反应。迷彩主题的服装 2013 年在亚洲销售很好，2014 年在法国和黎巴嫩也很流行。但是在西班牙，斑马纹服装销售更好，而在科威特，带有长辫子的裙子更受欢迎。对市场的了解使 ZARA 蓬勃发展，即使是在经济衰退时期仍然欣欣向荣。

　　本章的目的是探索如何收集合适的数据，更好地了解潜在市场。我们的重点在管理方面，而不是操作方面。本章始终集中于公司如何获得准确有用的信息，来帮助公司做出战略决策，如与市场选择有关的决策和第 8 章将会讨论的营销组合相关的决策。本章开始讲述的是国际调查的范围和挑战。接着描述调查过程，重点将放在数据收集上。本章的总结部分将讨论全球信息系统。

# 7.1　全球营销调查的范围

　　全球营销调查的目的是为有效的全球决策提供充分的数据和令人信服的分析。对国内公司的分析研究方法也可以运用到国际营销项目中去。两者之间主要的差别就是任务的复杂性，因为全球营销者还要考虑其他变量。全球营销者要判断各个市场上数据的可比性，通常会面临在有限数据下做决策的困境。因此，调查者在处理调查工作时必须注意弹性、资源的充足性和独创性。

　　在传统意义上，营销调查通常有以下三大方面的责任。

- 环境调查。在更为复杂的全球营销环境下，管理者要及时输入各个不同国家的环境的信息。
- 市场研究。研究者最常面临的一个任务就是决定市场的大小和潜在客户的需求。
- 竞争力研究。国际营销调查者的另外一个重要任务就是对国内和国外的竞争者提供自己的观点。

　　在前面几章中我们已经讨论了许多有关环境研究的问题。最重要的无非是一个市场的经济、物质、社会文化和政治环境。当要对一个国家市场做重大决策时，通常要针对该国家市场做一个研究。这可以包括进入该国市场的决定，或者通过增加投资的方式增大公司在该国市场的份额。只要一个公司在某个国家获得了经验，该公司员工和当地分公司积累了有关社会和文化情况的充分数据，这种信息存储就可以在任何时候得到应用。因此，当该公司在该国没有基地，相关经验也非常有限的时候，对这些环境变量的充分研究是最有用的。

　　此外，管理者应该仔细观察这些市场的变化。他们会发现，即使他们在当地没有交易，但是了解其他国家相关行业最新的法规变化是非常有用的。一个国家的政策可能会传到另外一个国家，这在区域集团间尤其准确。从更大的范围上来说，一个国家贸易和投资的政策是受该国贸易伙伴影响的。

全球营销调查的作用在于作出战略性和战术上的决策。战略性决策包括进入哪个市场，如何进入（如出口、执照、联营等），在哪里生产，与竞争对手相比如何定位自己的产品等。战术性决策是关于一国内确切的营销组合，并且是建立在一个持续的基础之上。关于广告、促销和销售团队的决策都需要来自当地市场的数据。所需要的信息类型与国内市场营销调查的信息没有差别，但是由于存在不同的文化和环境，该过程会更加复杂。表7.1显示了所需要的战术营销决策的不同类型以及收集必要数据的调查种类。

**表 7.1　需要营销调查的国际营销决策**

| 营销组合决策 | 研 究 种 类 |
| --- | --- |
| 产品策略决策 | 集中各组进行定性调查，生成对新产品的构想<br>调查研究对新产品的构想提供评价<br>概念测试，营销测试<br>产品收益和态度的调查<br>产品形成和特色的检测<br>价格敏感性调查 |
| 定价决策 | 对购买模式和行为进行调查 |
| 分销决策 | 对购买模式和行为进行调查<br>对不同种类商店的消费者态度<br>分销态度和政策的调查 |
| 广告决策 | 广告测试<br>广告运营后测试/回访分数<br>媒体习惯调查 |
| 促销决策 | 对不同类型促销回应的调查 |
| 销售人员决策 | 对不同销售代表的检测 |

资料来源：C. Samuel Craig and Susan P. Douglas, International Marketing Research, © 2005, p. 35. Reprinted by permission of John Wiley&Sons, Ltd., Chichester, West Sussex, U.K.

国际市场的复杂性，各国之间极大的差异和公司对外国市场的不了解凸显了国际营销调查的重要性。在决定进入市场、产品定位和营销组合时，一个营销者必须对市场大小、消费者需求、竞争情况和政府相关法规有准确的信息。营销调查提供了公司需要的信息，以免公司因为错误的战略或者丧失机遇而付出巨大的代价。

一方面，缺乏适当的市场调查会破坏外国市场上一个产品的发展。根据美国一项调查研究，一家美国公司在英国引进了一款新的组合蛋糕。美国营销者们认为，蛋糕制作者希望能够感受到自己可以参与蛋糕制作的过程中，因此他们发明了一种组合面粉，只需要制作者在其中加入鸡蛋便可。基于在美国市场大获成功的经历，营销者们满怀信心地将该产品引入了英格兰。但是，他们失败了，因为英国人不喜欢花哨的美国蛋糕，他们更喜欢有嚼劲的蛋糕，可以伴着下午茶吃。让制造者加个鸡蛋到面团里去的计谋并没有削减口味和造型方面的基本差异。

从另一方面看，构思精良的市场调查会提供促进成功的见解。为了更好地彰显他们在中国香港迪士尼的优质服务,迪士尼甚至雇用了研究者,用秒表来计算中国顾客吃饭的时间。他们发现,中国人平均比美国人多花费 10 分钟。因此,迪士尼在该公园的餐厅增加了 700 个座位。

# 7.2　设计全球调查研究的挑战

确定调查的主要变量之后,全球营销者仍然面临许多挑战。国内调查仅限于一个国家,但是国际调查包括很多国家。国际市场调查者必须选定要调查的国家和细分市场。对许多国家来说,二手信息可能是有限的,也是昂贵的。第一手的调查却是富有文化挑战性的。此外,对研究结果的比较也有一个大困难,即如何建立不同研究数据之间的可比性和等同性。由于社会经济地位、收入和教育的定义在各个不同国家差异可能很大,这使最简单的人口比较也富有挑战性。

# 7.3　调　查　过　程

尽管国际营销调查增加了调查任务的复杂性,但是国内外调查的基本方法还是一样的。两种类型的调查都有以下四个步骤:

- 定义问题,形成研究目标;
- 确定信息来源;
- 从第一手资料和第二手资料获取并分析数据;
- 分析数据。

上述四个步骤在国内和国际调查中可能是相同的,但在实施时可能会因为国与国之间文化和经济的差异而出现问题。

**世界脉搏 7.1**

### "销售普查"

在发展中国家实行人口普查是一项令人望而生畏的工作。印度第一次人口普查发生在 1872 年。该人口普查包括调查每个居民来获取每个人的社会、人口、经济和文化特征等信息。这项即将到来的人口普查预计会雇用 250 万名调查员,其中大部分是教师,他们决定挨家挨户进行调查。

在中国经济普查中,上百万的调查者问询了公司所有者有关产量、销售量和利润的问题。政府希望更好地了解本国经济,改善中国数据上的不利名声。在过去,如果增长率没有上升或者没有达到官方目标,政府官员在上报时会有压力。而这导致的结果就是,这些报告并不可信。即使政府保证,不会利用这些普查的信息来追究逃税者。

在撒哈拉南部的利比亚,受调查者也非常警惕普查,认为普查的目的就是征税。有些人甚至担心,这也是推动征兵的一部分。在最近的历史上,小到 5 岁的男孩子都可以应征入伍。为了克服这些担忧,利比亚政府用广告来告知居民,在统计的三天内待在家里。政府甚至聘请一个流行歌手为普查写了一首歌。该首哥被翻译成该国的 16 种语言，天天在收音机里播放。

资料来源：Rama Rao. Switching Over to a Register-based Census. *The Hindu*，May 11，2008，p.16；Rukmini Callimachi. Wary Liberians a Challenge for Census-Takes. *Associated Press*，March 21，2008；and Brian Bremner，Dexter Roberts. Fuzzy Numbers No More?. *Business Week*，February 14，2005，p.7.

## 1. 问题的定义与研究目标的形成

在任何市场调查中，最重要的任务就是定义问题以及接下来要决定什么信息才是市场调查人员最需要的。这一过程可能需要花费几个星期，也可能几个月。最后作出决定时要选择方法、调查人员的类型和合适的调查时间安排。

在决定调查问题时，管理者必须决定采取统一研究方法还是独立的研究方法。统一研究方法假设在一种文化中使用的调查问题可以通过翻译，在另外一个文化背景下使用。统一研究方法可以允许不同国家进行比较，因为非常有用，但是这样同时也会丧失国家之间重要的差异。与统一研究方法不同，独立研究方法重点从自己的文化框架出发，了解每个当地背景。独立调查方法假设文化差异太大，以至于仅靠翻译概念做深刻的研究是不可行的。比如，一个发达国家生产的自行车可能会与其他消遣物品，如滑板、棒球手套和运动器材相竞争。但是在一个发展中国家，他们提供基本的交通运输，因此自行车只能与小汽车、机动脚踏车或者摩托车相竞争。如果一个跨国公司仅仅咨询了马来西亚有关消费者日常用品和对其他消遣物品的使用情况，该公司可能无法理解为什么该国的自行车销售量正在下降。

统一研究(etic approach)：在一种文化中设计的调查问题可以或多或少地翻译出来，在另外一种文化背景下使用。

独立研究(emic approach)：通过形成各个独立的调查研究，抓住每个文化背景的独特性。

## 2. 数据的收集

对于每项任务，调查者可以将他们的分析建立在第一手数据(专门为该项任务收集的数据)、第二手数据(之前收集的可用数据)或者第一手数据和第二手数据的组合的基础之上。因为基于第一手数据的研究成本更高，研究者通常会首先搜到所有第二手数据。这一方法通常也称为桌面研究或者图书馆研究，依赖于资料的可提供性和可靠性。第二手资料可能包括政府出版物、贸易刊物、来自国际代理商或者服务机构的数据，这些机构包括银行、广告代理商和营销研究公司等。

第一手数据(primary data)：为某个特定研究目的而收集的数据，通过直接观察或与信息来源的直接接触而获得的信息。

第二手数据(secondary data)：已经存在的数据，是为其他目的而不是当前调查所收集的数据。

# 7.4　使用第二手数据

对任何营销调查问题来说，寻找和分析第二手数据是第一步。尽管第二手数据不可能提供所有的变量，这些数据也可以从公共或者私人领域获得，而且只是获取第一手数据成本的一小部分。这些资料来源出处正越来越多地在互联网上发布或者销售数据。

## 1. 第二手数据的来源

找到第二手数据的一个很好的方法就是问问你自己，对于某个特定市场谁了解最多的信息来源。比如，你想知道有关欧洲市场上用来制造轮胎的纤维的二手信息，你可以考虑咨询一个轮胎行业贸易杂志的主编，或者轮胎生产协会的总裁，或者 Akzo Nobel（一家生产纤维的荷兰公司）公司的图书管理员。

国际市场的第二手数据来源包括网络搜索引擎、银行、领事馆、大使馆、外国商业部、拥有外文信息部的图书馆、外国杂志、上市会计公司、保险经纪人和在外国的国家发展办公室。营销们也可以在互联网上"剽窃"。每天消费者都会在线评论产品和服务。通过关注聊天室、新闻团体和电子论坛，营销们可以通过分析评论来了解他们的顾客和竞争者所想的。订阅第二手数据来源，如 Factiva 或者 Euromonitor，通常可以通过大学或者公司的图书馆获得进入的权力。

许多政府收集并且发布有关外国市场的信息，以此来鼓励本国公司出口。为了能够更加容易和快速地进入信息渠道，美国政府将所有外国市场调查组合在一起形成一个单一的出口组合放在 http://www.exprot.gov，这些调查来自大使馆、国家各个部门和机构。尽管这一网站是为出口者而设，但是对许多外国投资者也大有裨益。

## 2. 第二手数据的问题

使用第二手数据会出现几个相关问题。包括：①并不是所有需要的数据都是存在的；②数据的准确性不明确；③数据间缺乏比较；④有些数据的及时性值得质疑。在有些情况下，找不到可用的数据。比如说很多国家都没有零售商、批发商和分销者数量的数据。在埃塞俄比亚和乍得（非洲国家），人口数据在很多年内都是无法获得的。

政府数据的质量无疑是有差异的。比如，德国政府汇报说某月的工业产量上升了 0.5%，但是不久就修改了该数据，报道生产实际上下降了 0.5%，该错误刚好是两个方向。《经济学家》做了一项调查，让 20 个国际数据家对 13 个发达国家的数据质量进行了排名，排名的标准是客观性、可靠性、所用的方法和及时性。排名在前的国家是加拿大、澳大利亚、荷兰和法国，排名最后的国家是比利时、西班牙和意大利。

尽管在最先进的工业化国家总是存在庞大的数据系统，第二手数据在发展中国家却是不太可能获得的。不是每个国家都出版人口普查，而且有些国家出版的数据并不可靠。比如在尼日利亚，人口多少非常具有政治敏感性，以至于出版普查数据通常会受到高度怀疑。一项国际劳工组织的调查发现，在俄罗斯的实际失业率到达了 1 040 万，而官方数据却只有 170 万！然而，在发展中国家的数据中，最有问题的人口情况就是收入。比如，在中亚地区,家庭收入有一大部分是来自非正式经济,如黑市、沿街叫卖和贿赂。因为受调查者是不会承认这些收入来源的,中亚政府只能根据询问与家庭花费相关的问题来估计收入。

根据美国在北京的外国商业服务部门的一项报道,中国政府数据通常是一个谜,一个含"水分"的谜。但是中国政府已经开始打击数据造假,用新的法律来约束当地官员,禁止夸大政绩。数据可靠性在许多发展中国家仍然是个问题。基于这一原因,公司有时候要提前在发展中国家收集第一手数据,而在大多数工业化国家并不需要如此。

在主要的新兴市场上,进入私人部门数据库可能会改善政府数据不足的状况。自20世纪90年代晚期起,盖洛普组织开始收集中国的数据。盖洛普从中国的城市和农村地区随机挑选了4 000个人进行民意调查。问题涉

在印度,一个人口普查员正在收集数据。

及许多方面,诸如:你挣多少钱?你买什么?你的梦想是什么?这些调查结果都编入了盖洛普出版物,一本有关于现代中国消费者态度和生活方式的出版物。

另外一个问题是第二手数据可能无法直接进行国与国之间的比较。美国的人口数据每10年统计一次,但是玻利维亚的人口数据每25年统计一次。此外,各个国家在统计相同数据时可能会采取不同的方法。国内生产总值是一个国家生产的产品和服务的总值,很多时候都可以替代国民生产总值。人均国内生产总值是衡量市场大小的方式,意味着一个国家人均经济财富的多少。正如我们在第5章中提到,国际货币组织认为通常情况下我们将以当地货币统计的国内生产总值转换成以市场汇率计算的美元,但是这样会低估发展中国家相对发达国家的市场大小。因此,国际货币组织决定采用购买力平价,因为这会考虑到各个国家不同的价格。

最后,数据的时间通常也会构成问题。人口数据通常在2～3年内的为最佳。工业数据是1～2年为最佳。因为不同国家展现出不同的增长率,如果在市场决策时采用过时的数据将是不明智的。之前由政府或者私人调查公司做出的市场调查远不如一个营销经理亲自做调查来得及时。

## 7.5 推 断 分 析

从第二手资料获得的数据通常呈现总体特性,不能满足一个公司对信息的独特需求。公司通常需要在有限的外国市场数据上评估市场大小。在这种情况下,通过推断评估市场也成为一种可能。这种方法利用相关产品和外国市场的事实作为基础,推断所分析的

市场的必要信息。通过推断评估市场是一个低成本的活动，可以发生在公司收集第一手资料之前发生，而后者往往成本巨大。推断可以基于相关产品、相关市场大小和对需求模式的分析。

## 1. 相关产品

很少有产品是在"真空状态"下消费或者使用的——也就是说，与之前购买或者使用的产品毫不相干。如果某一类的产品的实际消费数据难以得到，相关产品也是可行的。相关产品是一类有关联的产品，可以预示被调查产品的需求情况。比如说，备胎的数量和公路上正在行驶的汽车的数量有关，而电力消费和电器的使用相关。在有些情况下，可以以使用相关产品及其使用情况的数据为基础，推断要营销的产品的使用状况。根据在其他相似市场的经验，分析者可以得出使用率，来提供低成本的估计。比如说，分析者可以通过观察路上汽车的数量来确定所需的备胎数量。随着一个国家汽车数量的增多，收音机听众也会增加。这在中国已经呈现出来了，也使那里的公司开始对收音机广告更加感兴趣了。

相关产品(proxy)：对某种产品的需求随着被调查产品的需求的变化而变化。

在发展中国家，电力消费量可以用来指示对电器的需求量。

## 2. 相关市场大小

通常情况下，如果市场大小的数据对其他国家来说是可以获得的，这些数据可以被用来对某一受调查国进行估计。比如说，已经知道美国市场大小，需要对加拿大市场大小做出估计，该国和美国具有可比的经济体系和消费模式。那么可以对美国的数据进行削减，根据相对国民生产总值、人口和其他因素的大小，将美国的数据乘以 10%。在欧洲也存在类似关系，一个已知的国家的市场大小可以提供一个相关国家推断的基础。当然，结果并不准确，但是他们可以提供一个未来分析的基础。

### 3. 需求模式分析

通过对许多国家的工业增长模式的分析,研究者可以明确了解消费模式和工业增长的关系。该关系可以围绕人均 GDP 和大型工业在总产量中的百分比来展开。

在工业增长早期,相应的人均收入很低,生产倾向于集中在生活必需品上,如食物、饮料、纺织品和照明物品。随着收入的增加,这些行业的重要性开始下降,重工业开始承担更重要的作用。通过分析这种生产模式,可以对低收入水平国家的不同产品群组做出预计,因为他们通常会重复发展中国家的发展模式。

一个国家的进口组成中也可以观察到类似的趋势。随着工业化进一步加深,每个国家都形成了相似的模式,只是被每个国家的自然资源略微改变。伴随着工业化,缺乏能源的国家必须进口足够的能源,而能源丰富的国家却不需要重要的能源进口就能开启一条工业化之路。发达国家进口相对较多的食物和工业原材料,而对发展中国家来说,工业产成品更为重要。了解这些关系能够帮助分析者确定一个国家经济未来发展方向以及未来市场潜力和销售前景。

## 7.6 收集第一手资料

通常情况下,除了获取第二手资料,或者第二手资料不可得或无法使用时,营销者就需要收集第一手资料。调查者们可以设计一个调查来收集第一手数据,满足做特定营销策略需要的信息要求。第一手资料通常也显示了无法从第二手资料中获取数据。举个例子,Sia 国际研究所对中亚市场中男子的刮胡子习惯进行了调查,发现超过 50% 的哈萨克斯坦男人天天刮胡子,而大多数的阿塞拜疆男人一星期才刮一次胡子。

对于全球营销者来说,收集第一手数据包括:制订一个研究计划;选择样本;收集数据,比较不同文化之间的结果。

### 1. 直接观察

直接观察在国际营销调查中是个有价值的方法,吸引着越来越多的高级管理者加入。比如,国际沃尔玛的新总裁花了几天时间去印度来更好地了解那里的消费者。他在厨房和浴室巡视,发现一个家庭往往拥有三台电视,却没有一个电冰箱。与此类似,中国麦当劳的新营销和公司事务主管一上岗,就进行了为期十天的短途旅行,和中国各地的家庭居住在一起,以便熟悉他们的饮食和花费习惯。

直接观察非常有用,它可以揭示对消费者行为的新观点,排除研究者可能带来的各种偏见。因此,直接观察可以将观察者直接带入专门研究中去。在发展中国家,其他的方法可能是一个禁忌或者很难执行,而直接观察却是一个很有力的研究工具。在古巴,在大街上分发问卷是严格禁止的,外国营销者可以通过暗暗地观察他们购物来调查。但是,这种方法在使用时要小心。除非研究者对文化非常熟悉,因为所观察到的东西可能很难解释,从而导致错误的研究结论。

起草的观察调研若是为了了解消费者行为中的微小差异,有时候也可以称为消费者人类学,在日益复杂化的全球市场上作用越来越大。通常情况下这些研究是由人类学家来设计的。视觉暗示也可用来补充文字记载。这些暗示可以通过照片或者录像带(如果文化允许的话),或者抓拍装饰、美学设计、颜色、流行、建筑或者偶像来收集。

一个欧洲的家具生产商进行了一个视觉调查,收集了来自 30 个国家的 13 000 多张照片。这项视觉调查显示,印度人喜欢简单和实用的产品。印度的厨房几乎没有任何装饰和储存空间。窗户上基本没有窗帘和百叶窗。但是在瑞典,厨房是一个家庭的心脏所在。所有器皿都明显地列示着,小植物和蜡烛通常会被用来增添厨房的舒适感。

为了更好地了解海外消费者,宝洁公司引入了录像带来学习不同国家的生活方式和当地习俗。在泰国家庭的录像带显示,一个母亲有各项任务,从看电视到做饭,到喂孩子。宝洁公司认为,消费者没有说出口的行为——如在喂孩子时所进行的各项活动——可以激发公司设计产品和包装的方式,给公司一个战胜竞争对手的优势。

消费者人类学(consumer enthnographies):用来抓住消费者行为差异而精心设计的观察研究。

## 2. 焦点小组

另外一个可以收集营销数据的方法是焦点小组。焦点小组在新产品形成早期从有潜力的顾客中吸取有价值想法时非常有用。该研究者聚集了一小队精心选择的调查者来讨论一个产品。团队的人员数量可以随文化不同而不同。欧洲的标准是 7 个人而美国的标准是 8~10 个人。在亚洲一个焦点小组的合适数量可能是 6 人或者更少,因为被调查者可能在别人面前不太敢开口说话。研究公司将参与者聚集起来并引导着整个讨论;这也防止一个公司的代表太过积极参与而导致形成偏见。当然,讨论领导人必须用参与者的本国语言讲话。该公司的代表可以通过观看录像带或者收听磁带,或者一面单面可视的镜子,或者只是静坐在房间里来观察整个焦点小组。

焦点小组在有些国家有法律规定。越南最近才对西方公司开放,但是营销调查人员发现,越南人对成为焦点小组表现出极大的热情。参与率可以达到 35%～50%。但是与中国相似的是,越南政府限制了该小组中可以讨论的内容,禁止他们讨论政府认为敏感的话题。

焦点小组也面临许多跨文化挑战:

- 在有些中亚国家,如哈萨克斯坦、土库曼斯坦和乌兹别克斯坦,男人和女人不能出现在同一个焦点小组;在有些伊斯兰教国家,甚至很难找到愿意参加焦点小组的女性;
- 在其他国家,如日本,由于礼节原因,可能很难让一个参与者批评某个潜在的产品;
- 在共时性文化,如泰国、马来西亚和印度尼西亚,参与者很可能会迟到——甚至不出现! 为了使焦点小组持续进行,你必须事前多请几个参与者;
- 在高权力差距国家(大多数的发展中国家),年轻的参与者可能不可以反对年纪较长的;
- 在巴西包含 8 个妇女的焦点小组可能要比在美国的相似的焦点小组多花费 1 个小时,因为参与者要相互了解对方。总而言之,在高语境文化中,介绍性的小谈话是必须的。

在如此多的文化挑战下,焦点小组的组长必须善于使用提问技巧——甚至用肢体语言解释方法来从该种研究方法中获得最大价值。

## 3. 开展调查

调查研究在国际营销研究中非常常用。这属于普遍研究方法,但是对于检测通过特殊研究法,诸如观察法和焦点小组形成的观点也很有用。调查研究法包括形成一个研究工具、确定样本处理方法、收集数据。在全球背景下,每一项任务都会更加复杂。

1) 形成研究工具

形成研究工具(如问卷)时通常需要考虑到很多市场,每一项努力都是为了抓住恰当的环境变量。即使是只针对一个市场的调查,不久之后也可以和另外一个国家的结果相比较。但是翻译一份问卷是有难度的。比如,有个让人大吃一惊的问题是:把英文(以字母为基础的语言)翻译成日语(以符号为基础的语言)时,问卷更长了! 因为全世界的被调查者都更加喜欢简洁的问卷,这就给市场调查者提出了另外一个跨文化的障碍。

事实上,工具设计的一个主要挑战就是从一种语言翻译到另外一种语言。精确的翻译非常重要,首先要保证被调查者能理解问题,其次要保证研究者能读懂答案。回译是很常用的。也就是说,首先将问卷从本国语言翻译成要调查的国家的语言,这应该由使用国国家的双语翻译者完成。然后由本国的双语翻译者将该版本译回本国语言。然后比较翻译的语言与原文的差异。另外一种翻译方法是平行翻译,也就是由 2～3 个翻译者同时翻译一份问卷。对翻译的结果进行比较,讨论并解决差异。

习语和口语的表达经常会被译错。一家国际市场研究公司在与一家相机生产商合作时发现了这个问题。客户建议在广告中直接将英语句子翻译成西班牙语,英语的原句是"I get a good shot every time I use it"(每次拍摄,效果良好)。但不幸的是,这翻译过后就成了"I get a good gunshot every time"(每次我都收到一阵枪林弹雨)。为了防止出现这些翻译差错,专家建议使用回译的方法,甚至不惜采用当地方言,所以"ji suan ji"在中国大陆和中国台湾地区是计算机的意思,而这对于在新加坡说汉语的华人就不是计算机了。与此类似,"retail outlet"(零售店)的翻译在墨西哥西班牙语里面是行得通的,而在委内瑞拉西班牙语中就行不通了。委内瑞拉人会把它翻译成"electrical outlet"(电路出口)。即使是在同一个城市之内,社会等级的差异也会导致不同的习语。在使用新产品的一个调查中,在墨西哥的被采访者是选自同一个社会阶层的。

翻译问题也会随着测量标准不同而不同。美国受调查者能够很好地理解并认可采用从 A 到 F 的"学校评分模式"。但是,这种标准在其他地方就毫无意义。与此类似,有些研究者会采用如下概念:"满意""幸福""高兴",他们会发现有些文化根本无法区分这些术语的差异。总体说来,除非一个研究者对一种文化非常熟悉,不然最好采用数字评分法,或者类似方法。

最后,即使有最好的翻译,如果一个概念是难以理解的,研究也会难以进行。比如,西方研究者发现,越南人只能理解非常字面的意思。如果一个公司问他们对一个新包装设计概念的观点,越南消费者可能会说他们从来没有见过,所以没法做。研究者必须换一种说法,解释该新包装在其他国家已经有供应,然后再问消费者是如何认为的。

回译(back translation):先把一份问卷从一种语言翻译成第二种语言,然后把该问卷从第二种语言翻译回第一种语言,再将译文和原文进行比较的方法。

平行翻译(parallel translation):2～3 个翻译者翻译同一份问卷,比较他们的翻译,并解决翻译之间的差异的方法。

2) 选择一个样本

形成研究工具并将其翻译成合适语言之后,研究者必须确定合适的样本设计。哪些是受调查人群? 是 20～40 岁的家庭主妇呢,还是纺织厂的生产经理? 对购买行为展开调查时,研究者必须牢记,各国的购买决策制定者是各不相同的。比如,在美国,购买诊疗仪器的主要决策者通常是实验室管理者。在欧洲,药物测试权力分散,制定决策的人可能是一个部门主管或者护士长。国际市场研究者必须按此标准调整目标人群。

研究者们更喜欢用一个概率样本来确定样本结果来推测被调查的人群。为了拥有一个概率样本,潜在被调查者可以从框定或者名单的人群中随意选择。在许多发展中国家,这样的名单是很难找到的。因此,概率样本也可以从周边地图上找出。在沙特阿拉伯,研究者们通常基于大城市中各个城区的居住模块来构建样本框架。即使是存在样本框架的地方,通常这些框架也会过时。有些市场研究者会采用电话簿册。但是,在墨西哥,电话簿上的人与真实拥有该号码的人可能并不是一一对应的。此外还有交通运输带来的困难,可能会阻止实地工作者到达所选择的调查地区。

非概率样本假定之前没有名单(或者居民的住处名单),也没有样本框架可以使用。非概率样本包括方便性、可评判性、累积性和配额样本。便捷样本指的是容易获得被调查者的样本。评判样本是针对那些了解较多,或者更加适合该调查的人群的样本。当福特在开发一个针对巴西年轻人市场的便捷运动车辆时,福特对流行酒吧的上层巴西年轻人做了一项调查。累积样本要求最初的受调查者判别其他受调查者哪些是适合做这个调查的。配额样本是从每个不同的人口分类中辨别特定数量的受调查者。配额样本在人口不是同质的情况下特别有用,这在日本或者韩国等国家不是个问题。但是,中国的香港和印度尼西亚拥有文化成分非常复杂的人口。同时移民也呈现出一个挑战。大约有2/5的阿拉伯海湾国家居民是被遣送到该地区工作的。当已知消费者行为在不同群体之间差异很大时,采用配额样本在这时显得比较合适。比如在阿拉伯海湾,不同国家和不同收入水平的人对烟草的品牌和忠诚度都不同。

3) 收集数据

国际市场调查者的另外一个任务是收集数据。一个直接的问题就是如何找到合适的人来收集数据。在发展中国家找到合适的人非常具有挑战,因为很多人甚至不了解营销调查的概念。为了克服南非的这个问题,一个研究公司的管理者甚至在电大(指不上大学的人为了获得文凭而去的学校)做客座讲课,为的是让人们对营销调查产生兴趣。她发现,人们对这个新职业的兴趣很高,她甚至鼓励学生自愿进入市场调查公司来获取经验。

发展中国家的另外一个问题是很多收集数据的人收入不高,而且通常是按所得回应来计费的。这些会使收集者自己来填写那些问卷。一些发达国家的预防措施在发展中国家并不能简单复制。为了保证质量,监督者可以随时召回被调查者来确定他们的回应。监督者也可以随机听取电话访问。但是,电话访问的情形在发展中国家并不常见,信息收集者经常在大街上拦截受调查者。这也使监督者更难检查受调查者的回答情况。

(1) 收集方法。数据的收集可以通过邮件、电话、电报或者面对面形式。在发达国家,电话访问的形式通常是最好的选择。但是,正如我们提到的,通过电话的形式在发展中国家较为困难,因为电话线通过的地区有限(前文有所提及),电话簿也可能不存在或者很悲剧地过时了。比如,在亚洲的哈萨克斯坦,只有70%～80%的大城市居民才拥有电话。而在小一点的城市,电话拥有率非常低。

在发展中国家可能必须采取面对面地访问,但是研究者在面对这些传统集体主义社会时,可能会遭遇其他挑战。面对面的访问在有些发达国家越来越罕见,如荷兰,因为它正逐渐被网上调查所取代。在斯堪的纳维亚(北欧地名),互联网随处可见,网上调查也很流行。即使如此,市场调查者也建议,用电话或者面对面访问的形式来加以补充,为的是保证人群中有一些代表性样本。尽管发展中国家在互联网方面不如发达国家,市场调查者正在为未来的研究做准备。发展中国家拥有互联网连接的消费者数量正在上升,不论是用手机还是计算机连接的。

(2) 参与和回应。当然,在第一手数据的调查中,一个主要问题就是潜在参与者的意愿度。比如,在许多文化中,男人认为和别人讨论自己的剃须习惯是不合适的,尤其是对一个女性采访者。荷兰和德国的受调查者因为不愿意泄露自己个人的花费习惯而声名远扬。而荷兰人更愿意讨论的是性,而不是金钱的问题。

人们喜欢的调研媒体也随国家不同而不同。在全世界范围内,网上调查占大约16%。但是,网上调查在澳大利亚(30%)和日本(28%)更为普遍。与之相反的是,在俄罗斯,网上调查只占大约2%。俄罗斯人更喜欢面对面交流(40%)和电话采访(28%)。

发展中国家也可能会给调查者带来额外的问题,诸如低劣的基础设施、受教育水平和不愿跟陌生人分享信息的倾向。在墨西哥,不可靠的邮件服务使邮件调查并不实际。墨西哥人更喜欢当面的简洁问卷，而且如果场合是在家里的话，将比在街上更愿意提供信息。如果信息是有关于个人收入的，这一条就更准确了，因为被调查者可能会认为，研究者们是伪装的税收官员。在很多发展中国家，说服公司购买者参与到调查中也相当困难。潜在受调查者可能担心，他们提供的信息会被透漏给竞争者或者当局。

4）政府法规和数据收集

问卷调查、划分样本、数据收集都有可能会受到国家立法的影响。比如，在美国，电话访问非常普遍，而调查者面临着州与国家规定的黑名单，限制他们连接潜在的受调查者。在德国，在大街上的调查和邮件调查已经不太普遍，因为研究者要想接近受调查者，必须从政府当局获得执照。在中国进行民意公测会受到政府监视；此外，有关政治和性的问题是禁止讨论的。

由欧盟提出的数据收集和隐私问题可能会影响全球的营销调查。欧盟数据隐私规定要求在使用任何个人数据时，要获得个人的明确同意。这限制了电话访问的使用和互联网上数据的收集和使用。所有的欧盟国家都有数据隐私的立法，并且政府都设有隐私协会来推进欧盟的政策。这项立法规定，不能将数据输往非欧盟国家，除非该国有足够的隐私保护。美国商业部和欧盟官员共同开发安全储存框架。该框架提供一个直线方式，让美国私人企业遵循欧洲标准，持续收到来自欧洲的数据。最近，日本展示了与欧盟相似的担忧，立法禁止市场调查公司在没有获得个人同意时，从二手名单来接触个人。

5）比较不同文化的研究

一个研究者在多个国家比较不同市场的购买者的态度和行为时，必须要处理可比性的问题。在所有市场中，样本都是相似的吗？在一项研究中，巴西小公司业主采用软件和美国大公司相比，差异更多的可能是公司规模，而不是国籍。各文化之间的衡量方法是可以比较的吗？比如，衡量富裕程度时，居住地方的大小和假期的多少可能还是有问题的，因为欧洲人比美国人居住的地方更小，但是假期更长。无须说，可比性问题应该在研究过程的最初就加以处理——而不是拖到最后。

另外一个可比性问题是调查中所使用的规模大小。有些文化中人们会极其随意地表达自己的感受，而在其他文化中人们的表达较为中性，从而很难辨别那些国家的消费者是对产品持有中立态度还是冷淡的态度这只是文化的一种外表。尤其是在分析问卷时，研究者们要考虑标量等价性。在 10 分制基础上，一个产品被评价为 7 分或者 8 分是什么意思呢？在拉丁美洲，8 分意味着缺乏热情，而在亚洲，这却是一个非常好的分数。一项针对澳大利亚、法国、新加坡和美国的被调查者的调查显示，用 5~7 分的标量（与 10 分制相反）能够在不丧失研究洞察力的前提下，将文化差异缩小到最小化。

另外一个影响可比性的是礼节性偏袒。当回答者试图猜测调查者想要听到的东西并且试图按其想法进行回答时，礼节性偏袒就发生了。比如，一个口味的尝试会让消费者说明他们喜欢那个产品，即使实际上他们并不喜欢。礼节性偏袒的水平随着文化不同而不同。这个问题在墨西哥和许多中东、亚洲国家尤其突出。

标量等价性（scalar equivalence）：回答者解释标准的相似性。

礼节性偏袒（courtesy bias）：回答者不能真实回答，而是提供他们认为提问者想要听到的回答。

## 中东的研究

中东国家主要是伊斯兰教人口。在那里从事营销研究的专业人员说,该地区本来对西方营销调查方法接受就有限,但并没有受到"9·11"恐怖袭击和军事影响的损害,尽管也没有理由期望能有较大的增长。

根据一篇工业报道,国际营销调查中源自研究的行业总研究收益在伊斯兰国家每年还不到2 500万美元。而仅25家最大的国际营销调查公司在美国之外的研究收益就达到了43亿,前者只是它的一小部分。在研究行业最重要的新趋势——网络调查——在中东根本就是不可能的,因为很少有消费者拥有家庭网络服务。

在中东,几乎在所有调查中都存在男性与女性之间的明确社会分界线,比如,在大多数的焦点小组中就是如此。在保守的沙特阿拉伯地区,严格遵循伊斯兰教的性别分离政策,男女混合的分组是绝对禁止的。但是,即使是在更加自由的伊斯兰国家,如埃及,也不太赞成使用男女混合的小组。穆斯林女性非常敬畏男性,他们让男性主导整个谈话,从而使焦点小组的结果不准确。将不同性别的人分开是让穆斯林妇女开口的最好方法。但是,收听录制的女性说话的磁带和观察陌生女性都是违背文化标准的。

在沙特阿拉伯的农村地区,邮件不是寄到个人住处或者邮政局的,而是送到公司,因此研究者们无法通过邮政系统来收集消费者信息。在商场中拦截顾客也并不常见,消费者对这种行为所知甚少,这也使在中东商场中接近顾客变得非常困难。西方调查者只能通过口头传话(所谓的累积调查)。他们尤其会与当地调研公司合作,或者使用当地人脉关系来进行调查。但是,尽管一个当地人能够更好地解释项目概念,更有效地招入被调查者,每一份"种子合同"只能招进很少的参与者,因此收集的信息就限制在很少的熟人圈里。在英国的招收工作只需花费几个星期,就能达到伊斯兰国家相同调查的好几倍。因此,在伊斯兰国家的研究项目通常要花费更长的时间。

资料来源: Reprinted with permission from Steve Jarvis, "Western-Style Research in the Middle East," Marketing News, April 29, 2002, pp. 37-38, published by the American Marketing Association.

# 7.7 研究竞争情况

市场竞争的结果并不仅仅依靠研究买者特性和满足买者需求这两个因素。在很大程度上,市场上的成功是受公司对竞争的理解和回应。公司可以通过调查竞争者来设立基准点。设立基准点包括确定行业内最高水平,以便自己学习并达到更高的效率。比如,当Merck医药公司决定大力发展日本市场上的分公司(Merck Banyu)时,它把目光投向了竞争者,包括世界领头人Pfizer。结果就是,Banyu的销售人员接到命令,集中进行小批量药物的销售,来获取效率。

关注公司竞争者也是一项重要的战略功能。柯达从竞争信息获知,富士正准备在美国市场推出一款新的相机。柯达就在富士发布的前一天也推出了一款新型相机来竞争。

摩托罗拉从该公司的一个熟悉日语的情报员那里发现，日本电器公司正准备在欧洲建立一个新的半导体工厂。摩托罗拉迅速改变了自己将在欧洲瓜分市场的战略。这种类型的战略情报对公司非常重要。

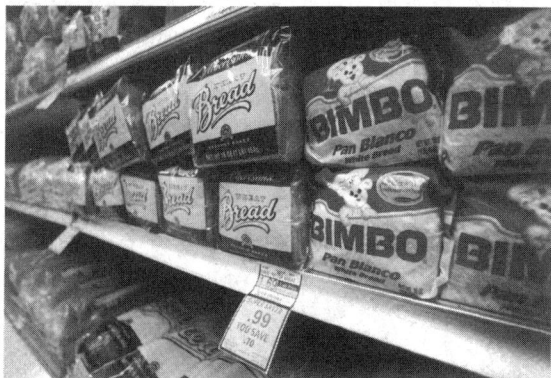

Bimbo 在墨西哥本国市场是一个重要竞争者，如今该公司开始在美国市场竞争。
Bimbo 进入美国市场的一个原因就是更好地了解潜在的美国市场的竞争。

设立基准点（benchmarking）：确立一个行业中最好的标准，以便能够采用该方式并且达到更高的效率。

要对竞争采取有效的调查研究，一个公司必须首先确定自己的竞争者是谁。国内市场当然能够提供一些线索。但是，将外国公司揽入当前竞争者或者将来竞争者的范围是很重要的。对竞争者的监测并不能仅仅限制于竞争者国内市场的行为，也要包括竞争者在世界其他地方的行为。许多外国公司首先在国内市场进行创新，只有在首轮产品的补漏行为完成后才会扩张到国外市场。因此，如果一家美国市场只在日本竞争者进入美国市场后才开始监测，那么它必将会丧失宝贵的时间。任何监测系统都要保证，无论竞争者的行为在哪里开始发生，都要立即发现。Komatsu 在运土行业是 Caterpillar 的主要全球竞争者，成为星报（Caterpillar 发源地伊利诺伊地区的主要日报社）的赞助商。竞争者在他们外国分公司的行为也很重要。这些行为可能预示着该公司全球分公司网的未来行为。

表 7.2 列示了一个公司想要收集的关于竞争者的信息种类。除了总商业数据，一个竞争者的盈利能力可能会对该公司追求未来新商机的能力做出一些指示。了解别人的营销操作可以帮一个公司评估它在任意给定市场上可以获得的市场份额。当该公司计划开始行动时，考虑竞争者将会采取的对应措施并将其包括在公司的应急计划中是非常有用的。当然，监测一个竞争者的新产品或者扩张项目能够对未来竞争威胁做出一些警示。

只集中于主要竞争者产品的研究通常会错过竞争者真正的实力。为了了解一个行业，并掌握该行业在未来 5 年中将会朝着什么方向发展，研究行业的核心竞争力非常重要。比如，Chaparrel 钢铁公司是美国一家盈利颇丰的钢铁制造商。该公司将自己的管理者和工程师送到竞争对手、客户和供应商的工厂中去，来辨别未来的发展趋势和将会主导钢铁制造的技术。Chaparrel 也会加入高校研究部来查看新的竞争力状况，因为他们可能会提供机遇或者威胁。

**表 7.2　监测竞争：要收集的事实**

| 竞争者信息种类 | 收集的信息 |
|---|---|
| 公司总体数据 | 销售量,市场份额和利润<br>收支平衡表<br>资本花费<br>员工数量<br>生产能力<br>研发能力 |
| 营销操作 | 产品种类(质量,性能,特色)<br>服务或者保障<br>价格和定价策略<br>广告策略和预算<br>销售人员多少和分类<br>分销系统(包括进入策略)<br>运送计划(也包括零散部分)<br>销售区域(地理上) |
| 未来打算 | 新产品的开发<br>当前测试市场<br>工厂容量扩张计划<br>资本花费计划<br>进入新市场/国家的计划 |
| 竞争性行为 | 定价行为<br>过去以及预期对竞争行为的反映 |

监测一个竞争者的行为有多种方式。首先要彻底通读该行业的杂志。此外,要经常参加主要的贸易展览会,因为竞争者们会展示他们的产品。就在得克萨斯的这样一次展会中,人们发现 Caterpillar 的工程师在测量 Komatsu 的仪器。事实上,如果一个展会上的竞争性间谍行为太过猖狂,有时会打击参与者。在著名的中国香港玩具展览会上,一个生产商展示了一个新玩具,三天之后零售商就得到了该玩具的复制品。有些玩具制造商,如 Mattel 决定停止参加该展会,取而代之是邀请潜在客户到自己的厂房内参观。

主要竞争者在国内市场的外国分公司也可以收集到重要信息。意大利办公器材生产商 Olivetti 为自己在美国的分公司设置了一个重要的情报功能,因为该分公司能够直接获得美国市场上有竞争力的产品。日本医药公司 Esei 采取了一个不同的方法,它在瑞士开了一家联络办公室,而瑞典是很多世界领头医药公司的基地所在。

政府也可以形成市场报道(比如美国的出口组合)。这些报道中,有些是免费的,有些是收费的。私人研究机构,如普华永道行业报告和胡佛在线,也提供某一公司或者行业的报道。在这些报道中,针对发达国家的报道比较容易找到,而针对发展中国家的数量也正在上升。但是,在有些情况下,可能会找不到针对某个国家或者某类产品的报道。同时也要注意,私人公司的报道可能会卖到几百美元甚至几千美元。

# 7.8　调查的外包

　　全球公司可以试图自己收集并分析所有的数据,也可以将有些营销调查外包给营销研究公司。现今,主要国家市场上都有当地的营销研究公司来协助国际营销者。在中国,早期的营销研究行业是由宝洁公司鼎力支持的。事实上,有些人认为,如果没有宝洁公司,该行业根本就不可能存在。

　　在有些国家,独立的营销研究行业的发展是受到文化和经济条件制约的。在拉丁美洲的许多地方,市场的动荡性使很多当地公司认为,他们根本就没有资金来支付外来调查。因为发展中国家知识产权法律不健全,这迫使市场调查公司一直很谨慎,最多只是卖些二手研究。一个消费者可能会合法购买报告的一份复印件,然后再以非法形式转卖给其他人。尽管如此,对高质量跨国研究的需求仍然推动了营销研究行业的发展,使其跨越了传统的国界,变得越来越全球化。2003 年,前 25 名营销/广告/公众观点研究组合已经占据了世界花费总额的 66%。仅在 2002 年,前 25 家就收购了全球 36 家研究公司。表7.3 列示了全球顶级研究公司。

表 7.3　全球研究机构 25 强

| 排名 | 组　织 | 母国 | 网　站 | 分公司数目 | 全球研究收益/美元 | 国外公司收益比/% |
|---|---|---|---|---|---|---|
| 1 | The Nielsen Co. | 美国 | www.nielsen.com | 108 | 4 220.0 | 48.5 |
| 2 | IMS Health Inc | 美国 | www.imshealth.com | 76 | 2 192.6 | 63.5 |
| 3 | Taylor Nelson Sofres plc | 英国 | www.tnsglobal.com | 80 | 2 137.2 | 82.1 |
| 4 | Gfk AG | 德国 | www.gfk.com | 63 | 1 593.2 | 75.0 |
| 5 | The Kantar Group | 英国 | www.kantargroup.com | 61 | 1 551.4 | 66.0 |
| 6 | Ipsos Group SA | 法国 | www.ipsos.com | 56 | 1 270.3 | 88.6 |
| 7 | Synovate | 英国 | www.synovate.com | 57 | 867.0 | 93.8 |
| 8 | IRI | 美国 | www.infores.com | 8 | 702.0 | 37.2 |
| 9 | Westat Inc | 美国 | www.westat.com | 1 | 467.8 | — |
| 10 | Arbitron Inc | 美国 | www.arbitron.com | 2 | 352.1 | 3.9 |
| 11 | INTAGE Inc | 日本 | www.intage.co.jp | 2 | 281.1 | 0.9 |
| 12 | J. D. Power and Associates | 美国 | www.jdpa.com | 8 | 260.5 | 29.2 |
| 13 | Harris Interactive | 美国 | www.harrisinteractive.com | 7 | 226.8 | 29.1 |
| 14 | Maritz Research | 美国 | www.maritzresearch.com | 4 | 223.3 | 16.1 |
| 15 | The NPD Group Inc | 美国 | www.npd.com | 13 | 211.1 | 24.0 |
| 16 | Opinion Research/Guideline Group | 美国 | www.infousa.com | 7 | 202.2 | 43.1 |

| 排名 | 组　　织 | 母国 | 网　　站 | 分公司数目 | 全球研究收益/美元 | 国外公司收益比/% |
|---|---|---|---|---|---|---|
| 17 | Video Research Ltd | 日本 | www.videor.co.jp | 3 | 169.6 | 0.1 |
| 18 | IBOPE Group | 巴西 | www.ibope.com.br | 16 | 116.5 | 21.5 |
| 19 | Lieberman Research Worldwide | 美国 | www.irwonline.com | 4 | 87.5 | 18.7 |
| 20 | comScore Inc | 美国 | www.comscore.com | 5 | 87.2 | 11.6 |
| 21 | Cello Research & Consulting | 英国 | www.cellogroup.co.uk | 2 | 79.9 | 48.6 |
| 22 | Market Strategies Intl | 美国 | www.marketstrategies.com | 2 | 61.8 | 9.7 |
| 23 | BVA Group | 法国 | www.bva.fr | 4 | 55.6 | 4.9 |
| 24 | OTX | 美国 | www.otxresearch.com | 2 | 54.5 | 6.8 |
| 25 | Dentsu Research Inc. | 日本 | www.dentsuresearch.co.jp | 1 | 54.2 | — |
| 总计 | | | | | 17 525.4 | 57.3 |

资料来源：Adapted with permission from *Marketing News*, published by the American Marketing Association, "Top 25 Global Research Organizations," August 15, 2008.

# 7.9　形成全球信息系统

已经成为全球营销者的公司,或者正准备成为全球营销者的公司,必须在全球市场的条件下确定全球机遇。同时要通过分析影响一个行业的力量来确定公司的竞争力。要评估全方位的机遇,就必须要有全球视角的市场调查。研究者们不仅要提供每个国家内当地市场因素。所有在海外市场营销产品的公司需要信息,从而可以对若干国家或者市场进行分析。然而,如果让每个当地子公司或者市场形成自己独立的数据库,并不能构成一个完整的营销信息系统。相反地,必须在中心位置构建一个管理部门,形成统一管理的营销信息系统,有关市场的报道必须直接送到公司国际营销办公室总部。

比如,可口可乐已经和全球范围内的装瓶商联合起来,一起分享信息和好的经验。在一个7年的销售计划中,可口可乐希望通过分享销售信息和更有效地交流来提高销售收益。新系统得到升级后,将会扩大数据库,决策支持系统和全世界的网络链接,从而改善沟通。与此类似,沃尔玛也开创了一个营销信息系统,将计算机上的信息在全球范围内与供应商分享。供应商可以追踪他们的产品在全球范围内,甚至某一家店的销售情况如何。

对于一个全球范围内的营销信息系统来说,一个主要的要求就是从每个市场或者国家收集到的数据必须有标准的形式。实际的数据收集可以由当地公司来完成,但必须通过中央统一标准的处理。通过评估全球范围内的消费者需求,公司可以确保在设计产品和服务时是依据全球市场的要求进行的。

该考虑你自己调查的信息来源了。它们的优势和劣势分别是什么?对于第一手研究,可能的信息来源和成本如何?

巴西民意和数据研究所是世界顶级 25 家研究机构之一。该机构在北美洲和南美洲 14 个国家都有分部。

# 总    结

在本章中，我们讨论了公司在收集必要的国际营销数据时，会碰到的主要挑战和困难。主要困难包括缺乏很多市场的基础数据，研究方法也很可能需要根据当地环境做调整。全球营销调查的终极目标是为管理者提供一个统一的数据库，覆盖公司当前和潜在市场。从而可以进行跨国比较和分析，将全世界的消费者需求纳入最初的产品设计过程中。尽管数据收集困难重重，要获得全球数据的可比性，即使是对最有经验的专家也是一个挑战。

但是，在过去的 25 年中，世界发生了翻天覆地的变化。在那时，全球市场信息稀缺而且不可靠，尤其是在发展中国家和落后国家。如今，通过政府、跨国组织和全球营销调查公司的努力，基本上全世界的每个市场，从加拿大和墨西哥到乌兹别克斯坦和蒙古，信息都是可以获得的。互联网作为一个革命性的交流工具,也正在推进研究的进程。今天的全球营销者可以使用更广泛的信息,做出更好的市场决策,构建更有效的营销战略。

# 问 题 讨 论

1. 为什么在不同国家背景下做营销调查很困难?
2. 在美国设计的一份营销问卷,应用到日本和墨西哥时,将会遇到什么挑战?
3. 如果你正在估计吸尘器的需求,将会使用哪些相关信息?举个实际例子。
4. 指出互联网可以协助国际营销研究的不同方式。
5. 列出柯达可以监察富士的方法。为什么这种监察比较有效?

# 第三部分

# 形成全球参与策略

# 第 8 章

# 全球市场参与

章节提纲

## 8.1 营销国际化

1. 机会主义扩张
2. 把握国外潜力使风险多元化
3. 探索不同市场的增长率
4. 追随国外顾客需求
5. 自我防御角度看全球化的原因
6. 天生的全球化公司
7. 先发优势存在吗?

## 8.2 国内市场评估

1. 富有吸引力的独立市场
2. 全球战略性市场

## 8.3 市场地理位置的选择

1. 瞄准发达国家
2. 瞄准发展中国家
3. 瞄准过渡经济国家
4. 瞄准金砖四国

## 8.4 选择国家

1. 筛选过程
2. 目标国选择标准
3. 排列选择标准
4. 国际市场分类

总结

问题讨论

学习目标

学完本章,应该掌握:

- 列出并且描述公司国际化的五个原因;
- 区分开来全球化公司与其他公司的区别;
- 解释单一有吸引力市场和全球战略市场的区别;
- 分别说明瞄准发达国家、发展中国家或者过渡经济国家的优势和劣势;
- 列出并描述进入各个国家市场的方法;
- 解释用市场相似性为基础选择市场的好处和坏处。

Kraft 是北美洲最大的包装食品公司。在美国，它和其他著名品牌如 Jell-O，Kool-Aid，Life Savers，奥利奥饼干和 Philadelphia 奶酪一样，统治杂货店的货架达数年之久。但是，Kraft 在美国陷入了增长缓慢行业一流。尽管公司小心地采取了成本削减和富有想象力的市场营销，该公司的销售量在七年之内还是下降了 16%。此外，Kraft 最强的海外市场是在西欧，但是该市场也呈现出饱和的趋势。Kraft 如今决定进入新兴市场。该公司将中国、俄罗斯、巴西和东南亚作为国际市场的助推器。不幸的是，联合利华和雀巢等主要全球竞争者更早地进入这些市场。而且，Kraft 最强的产品——速食品——在发展中国家的销量并不如发达国家，因为那里的消费者拥有的可支配个人收入较少。与此相反，联合利华只提供生活必需品，如在印度提供强化米。

在本章中，我们将介绍公司参与全球市场时要面对的主要问题。在历史上，公司的全球化模式从机会主义者，到无计划地相应海外机遇，再到认真构建扩张计划。越来越多地，公司必须要决定，走全球化路线只是一个选择还是在全球市场中生存的必要条件。公司在选择市场扩展的合适路线时必须更加积极主动。进入新的外国市场可能成本巨大，而且需要更多的管理时间。公司必须决定将重点放在哪个地区，或者是某个特殊外国市场。

# 8.1　营销国际化

国际化，指的是一个公司从本国市场扩张出去，进入外国市场。是否进行国际化是一个战略性决策，将会从根本上影响整个公司，包括公司的运营和管理。今日，大多数大公司都在本国市场之外运营。但是，考虑公司是否进行持续的国际化扩张仍然是非常有用的。对许多小公司或者新公司来说，国际化决策仍然是重要而且艰难的。一个公司决定开始在外国市场参与竞争，可能会有许多动机。这些动机可能是机会主义，也可能是战略性的。

国际化（internationalization）：一个公司不局限于本国市场，扩张进入外国市场。

## 1. 机会主义扩张

许多公司通过互联网或者贸易杂志的方式将自己的产品推销给国内的消费者。外国商业主管和分销商也会阅读这些媒体，从而商业订单也会不请自来。这种外国交易通常更加复杂，不是跟国内顾客一样按惯例送到即可。因此，该公司必须考虑好是否回应这些不请自来的订单。有些公司会采取侵略性策略，开始主动追随这些外国顾客。许多公司正是通过回应这些订单，然后采取更积极的策略，才建立了大型的外国业务。大多数大的且在国际上活跃的跨国公司都是以这种机会主义的方式进行国际化的。

社交网（Friendster.com）将这种机会主义国际化进一步放大。尽管它是首批在美国社交网上出现的现象之一，Friendster 上的技术困难最终导致许多国内使用者转向了它的竞争者，如 MySpace。但是，Friendster 对于在亚洲有家庭的亚籍美国人有强大的顾客基础，该网站就在世界的另一端开始继续生存。尽管那是一个英语网站，该网站 70% 的流量来自东南亚，如马来西亚、印度尼西亚和新加坡，Friendster 是排名第二的社交网。

## 2. 把握国外潜力使风险多元化

对一个公司来说,扩张进入国际市场最常见的理由就是进入新市场后的销售量和利润的吸引力。与发布新产品相比,将一个公司的产品线扩张进入外国是一个很有吸引力的选择。举个例子,可口可乐努力发布新产品,如瓶装水,就是因为公司将原来的可乐基本上带到了全世界。

有时候国内市场剧烈的竞争也会使国外销售变得更加吸引人。这也是为什么在20世纪,福特——当时美国汽车市场上排名第二的汽车生产商,比当时在国内市场占主导地位的通用汽车国际化得更快。最近,一项对中国公司的调查——无论是国有的还是私人的——发现越来越多的中国公司正在寻求外国市场,以此来逃避如今在中国市场上存在的激烈竞争。

另外一个国际化的原因是为了防止单一市场运营的潜在风险。有一个销售来源的选择可以抵消国内市场政治风险或者经济衰退带来的负面效应。美国重大经济衰退毁灭了许多国内市场的销售,一年之后,星巴克公司的收入却被增长的国外销售推进了。减少国内宏观经济风险的影响,也成为拉丁美洲公司寻求外国市场的一个重要原因。

DHL追随顾客到国外——甚至在中国故宫门口都有它的身影。

## 3. 探索不同市场的增长率

在国外寻求增长的公司经常对市场增长率尤其关注,而这受到很多变量的限制。一个建立在低增长率的国家的公司可能会希望进入一个有较快增长率的国家,以便利用该国的增长机遇。表8.1展示了软饮料的增长率是如何随地区的不同而变化的。有些饮料如碳酸饮料和果汁,在北美市场上处于产品生命周期的衰退期,但是在其他地方却还有强劲的增长率。另外,北美市场是瓶装水增长最快的市场之一。

一方面,太平洋沿岸地区(包括中国、日本、韩国、泰国、新加坡、马来西亚和印度尼西亚)在过去几十年经历了超过平均水平的经济增长率。这促使许多跨国公司在该地区大量投资。而另一方面,许多日本医药公司在美国市场寻求未来的增长。多年来这些公司仅仅关注日本市场,这个世界第二大的医药市场。日本市场最近的增长相对来说比较平缓,有一部分是因为日本政府的国家健康保险公司对高价药品的打击。但是,美国市场仍在持续上升,如今几乎是日本市场的 4 倍。

表 8.1　探索不同区域软饮料的不同增长率　　　　　　　　（%）

| 地　　区 | 碳酸饮料 | 果汁/蔬菜汁 | 瓶装水 |
|---|---|---|---|
| 世界 | 12.2 | 30.2 | 58.0 |
| 亚太地区 | 19.6 | 97.3 | 78.7 |
| 东欧 | 26.1 | 67.5 | 66.0 |
| 拉丁美洲 | 23.9 | 39.4 | 68.3 |
| 中东和非洲 | 20.3 | 34.3 | 52.0 |
| 北美洲 | −4.8 | −13.2 | 80.2 |
| 西欧 | 14.1 | 14.0 | 29.5 |

资料来源: Soft Drinks, *Euromonitor International*, 2008. © 2008 Euromonitor International. Reprinted with permission.

当一个公司产品的国内市场已经饱和,该公司可以通过进入外国市场来增加新的机会,在该市场上该产品可能不怎么为人所知。在采用这种战略的公司中,有许多包装产品公司,如宝洁。这些公司通常会瞄准这样的市场,在该市场上它们的产品的人均消费量仍然相对较低。随着这些新市场上经济的发展和人均收入水平的提高,这些公司不久将会经历快速增长——而美国和欧洲市场只会显示缓慢增长。

## 4. 追随国外顾客需求

对于其他公司来说,做出国际化决策的原因可能是因为一个主要客户转移到国外追求国际机会去了。国际上主要的专业会计和咨询公司网络的建立,正是受国内主要客户移居海外的推动。与此类似,快递公司 DHL 或许是首个重新进入被战火摧残的阿富汗的西方公司。它的理由是,美国军队是它的最大客户之一。有些时候一个顾客可能会特别要求一个供应商追随他到某个国际市场。Gruma 是墨西哥最大的面粉生产商,多年来一直是肯德基 Taco Bell 玉米饼皮的主要供应商。按照肯德基的要求,Gruma 也扩张进入了中国。

追随当前客户进入外国市场能够帮助公司缩小进入新市场的风险。食品公司 McCormic 最初在美国给麦当劳和其他西方快餐连锁店供货,后追随这些公司进入了中国。这让该公司在中国建立了一个稳固的基础,然后才开始寻求新的中国餐馆和零售连锁店的顾客。

## 5. 自我防御角度看全球化的原因

有些时候,公司并不是对新的增长率或者外国潜在市场特别感兴趣,但是仍然决定进入国际商业舞台,仅仅是出于防御的原因。当一个国内公司发现自己的市场被外国公司所侵占时,该公司可能会以进入该外国公司的本国市场来作为回击。结果就是,该公司能够了解很多有关竞争对手的宝贵信息，帮助自己在国内的运营。该公司也可以通过减少竞争对手从自己本国高利润的运营中获取的资金——而该资金会被竞争对手用来投资在国外扩张上——从而减慢竞争对手的发展。

许多美国公司在日本开设分公司，目的就是更进一步地接近自己最重要的竞争对手。主要公司如施乐和微软利用它们在日本当地的分公司，学习在本行业内与主要日本公司竞争的新方法。与此类似，日本包装品生产巨头 Kao 公司，在辛辛那提开设了一家办公室，以便更接近宝洁公司的总部。

墨西哥水泥公司（Cemex）是西半球最大的水泥生产商。该公司最初的国际化步伐是通过扩张进入美国市场。接着该公司收购了两家大型西班牙水泥公司，将公司引入欧洲市场。墨西哥水泥公司之所以进入国际市场，有一部分原因是为了回击 Holderbank，后者是一家瑞典公司，也是世界上最大的水泥生产商，它入侵了原本属于墨西哥水泥公司的市场。此后墨西哥水泥公司在 50 多个国家开设了分公司。

## 6. 天生的全球化公司

大多数大型跨国公司都进行了相似的国际化路径。通常情况下，这些公司先发展国内市场，然后通过出口，试图进入国际市场。随着他们国际销售量的增长，这些公司逐渐在许多外国市场上建立起营销和生产的分公司。大多数公司走的都是这么一个传统的路子。但是，有些新公司在还没有经历过发展的多个步骤时，就直接扎入全球市场。这些公司被称作天生的全球化公司。

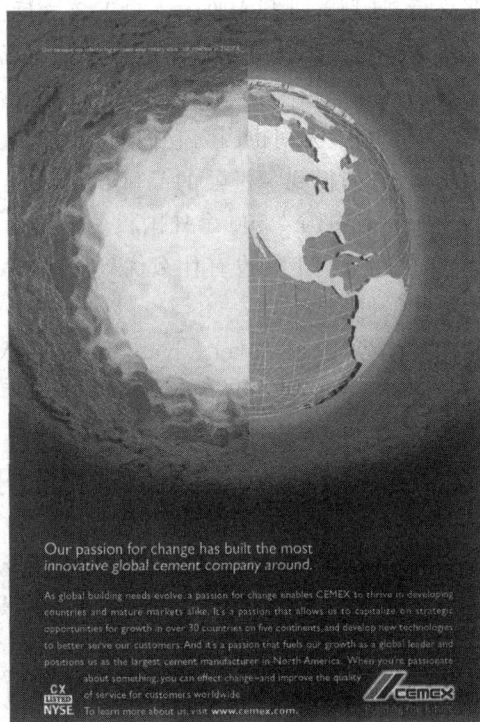

Our passion for change has built the most innovative global cement company around.

当外国公司开始进入墨西哥市场时，墨西哥公司 Cemex 开始进入国际市场。从那之后，Cemex 逐渐演变为水泥行业的全球领导者。

天生的全球化公司一开始就意识到，它们的客户和整个竞争都是全球化的。这对许多高技术创业型公司尤其准确。Logitech 是一家制造计算机内存装置的公司，就是这种类型的公司。从一诞生开始，该公司的市场覆盖面和营销策略都是全球化的。公司不但在全球范围内迅速开设了销售办公室，还在中国大陆、中国台湾地区、美国、瑞士和爱尔兰建立了分厂。如今该公司已经成为个人计算机鼠标的主要生产商，在全世界 100 多个国家运营。

天生的全球化公司（born global）：术语，指的是公司一旦创立或者创立不久就建立国外的营销或者其他运营。

### 7. 先发优势存在吗？

即使一个新公司在技术上并不是天生的国际化大公司,今天大多数的公司比过去的公司更早也更快进行国际化,这个要部分归功于本章之前讨论的国际化的优势。但是,快速进行海外发展即使是对最成功的国内公司来说,也是要花费很多力气的。因为开发每个新的国家市场都需要巨大的首批成本。星巴克就是一个很好的例子。星巴克开始海外扩张之后,计划首批利润收入来自五年之后。

迅速进行国际化并且及早进入外国市场的一个原因可能是抓住先发优势的欲望。大众和通用汽车都预测到了国内市场放缓的增长率,成为首批进入中国市场的外国汽车生产商之一。两大公司也因为它们的高瞻远瞩而获得了回报,在这个世界上汽车增长极快的市场上,它们得到了极强的品牌认可。但是,先发优势不是所有先进入者都能够获得的。一份针对中国 4 500 个外国投资者的分析显示,市场先行者只在市场份额上占有少量优势,但在盈利上并没有什么优势。此外,在高增长行业的大公司中显示出具有实现先发优势的最好位置。

先发优势(first-mover advantage):进入一个新市场的首个重要竞争者在品牌意识、销售量和利润方面的市场优势。

# 8.2 国内市场评估

不管是国内公司首先进行国际化还是一个成名的跨国公司准备扩张自己的领土,决定进入哪个市场,并将这些市场按主次排名是对成功的全球营销战略的重要要求。最常见的评估一个国家市场的方法是评估该市场的单独的吸引力。但是,George Yip 建议,全球营销者还应该在全球战略重要性方面对国家市场进行进一步的评估(见表 8.2)。

**表 8.2　评估国家市场**

| 单一吸引力市场 | 全球战略性市场 | 单一吸引力市场 | 全球战略性市场 |
| --- | --- | --- | --- |
| 大市场 | 潜在主要利润来源 | 竞争力较弱的市场 | 主要客户的本国市场 |
| 重要增长潜力 | 主要竞争者的重要外国市场 | 政府激励 | 主导性市场 |

### 1. 富有吸引力的独立市场

一个国家市场会在很多方面显示出吸引力。首先,需要对潜在的主要市场进行评估。主要考虑的两个方面分别是市场的大小和增长率。然后,必须考虑公司可能的竞争地位。它可以获得多少市场份额呢?一个国家市场的竞争越不激烈,就越有可能获得较大的市场份额。一国政府也可以通过给潜在市场进入者提供许多激励,来增加单一国家市场的吸引力。低税收水平和宽松的法规环境都会增加市场的吸引力。

政府也可以向某个选择在该国投资的公司保证税收优惠或者其他激励措施。这种措施如今已经没有以前那么常见了。但是,他们在某些国家和某些行业仍然在起作用。比如新加坡政府,为外国高校提供激励措施,让他们来新加坡开设分校并提供学位。这些激励措施包括优惠的土地条件和免税保证。美国芝加哥大学和法国的商业学院都开设了小型分校,而其他学校,如酒店管理的康奈尔学校,该学院就和当地学院建立了联合分校。新加坡政府希望这些措施每年能够吸引15万名留学生。不仅新加坡采取了这种行为,阿拉伯联合酋长国也试图吸引在高校教育上的私人投资,为海外的学院提供了激励措施。

## 2. 全球战略性市场

一些单一的吸引力市场也是全球战略性市场。但是,有些单一的没有吸引力的市场也可能是具有全球战略性的。全球战略性市场是全球竞争者当前或者未来的主要战场。

尽管全球竞争者都关注眼前的各个国家,他们不久就发现不是所有的国家在其成为全球领头人的路上都具有相同重要性的。对全球市场领导权至关重要的市场,能够在所有竞争者中决定谁是全球胜利者的市场,公司无法规避或者忽视的市场——这类市场都是必赢市场。通常情况下,这些市场会显示出巨额利润的潜力。一个会产生巨额利润的市场会在世界上蔓延出竞争性战斗。在过去,美国一直是很多行业最大的单一市场,因而对许多公司来说都具有全球战略性。与此类似,大的发达国家通常都具备成为必赢市场的资质,因为他们相对富裕,具有购买力。最近,中国也冒出头来,成为许多全球公司认为的必赢市场。中国是一个竞争激烈的市场,对许多外国公司来说,目前这个市场上的利润并不尽如人意。但是,许多公司都不敢将潜能巨大的市场留给自己的竞争对手去开发。

其他全球战略性市场是全球客户的本国市场。随着全球公司买家在购买决策制定上越来越集中化,如果能够靠近他们的总部,会给全球供应商提供一个优势。许多跨国公司在本国市场附近都有主要的销售处,因而也希望全球供应商能够理解——并在这些市场上满足他们的需求。

全球竞争者的本国市场和重要外国市场都是全球战略性市场。这是创新最先可能发生的地方。正如第6章中指出的,在这些市场中立足能够使公司可以对自己的全球竞争者采取反击,而这种行为会形成最大的伤害力。主要全球竞争者在本国市场通常也是行业内的领头人物。

引导型市场包括主要的研发点,而且在不同行业各不相同。这种市场的特点是存在高要求的顾客,必须时刻推进产品的质量和创新。比如,日本就是很多行业的引导型市场。但是Toray工业公司,一家涉足塑料和纺织等许多行业的大型日本公司,却选择了在意大利开设自己的人造皮革生产分公司Alcantara。Alcantara的成功大部分归功于皮革产品的设计。Toray的管理层认为意大利是设计行业的领头人,而意大利本身也是公认的高端纺织品和衣物的引导型市场。

引导型市场也可以是全球或者区域的潮流引领者。Cold Stone Creamery是美国亚利桑那的一家冰激凌公司,它在进入亚洲市场时,采取的战略就是瞄准高要求的都市人。

日本是被选择第一个进入的国家，因为它是亚洲市场上潮流和时尚的引导人。在日本很"酷"的东西通常会传播到韩国、中国和其他亚洲国家。

必赢市场(must-win markets)：对一个公司的全球市场领导权至关重要的市场。

引导型市场(lead market)：拥有该行业主要研发点的国家或地区，或者是公认的潮流设置者。

---

**世界脉搏8.1**

## 向世界最好的市场告别

日本汽车的新任领头人三菱直奔底特律，与有意向购买三菱公司在美国分公司的买家磋商。三菱在美国的销量本来就不高，对年轻购买者实施的分期贷款政策又雪上加霜。因为很多年轻的汽车购买者信用度不高，不久就付不起贷款了。该公司过去三年在美国一直是入不敷出。仅 2003 年的损失就达到了 20 亿美元。

对大多数全球竞争者来说，获取在美国市场上的一席之地是必须的。但是并不是全球公司都是同意这个观点的。比如，欧洲的汽车生产商 Peugot 就选择绕过美国市场，而是选择了具有高增长率的发展中国家市场——中国。Peugot 在 1991 年离开了美国市场，那时候它的销量正在下降。尽管该公司总裁当时意识到，今后总有一天它会重新进入美国市场，但是那时它并没有计划那么做。

Carlsberg 也不同意这个观点。美国啤酒市场是世界上最大的啤酒市场，但是这家丹麦的啤酒生产商在自己新市场调查的名单上将塞尔维亚放在了美国之前。Carlsberg 是世界上第五大啤酒生产商，该公司总裁认为公司在没有美国市场的情况下也可以获得成功。因此，他希望公司能够集中精力在东欧、俄罗斯和亚洲的高速增长市场。

美国恐惧症是正确的吗？一个阿姆斯特丹的啤酒分析师估计，Carlsberg 在丹麦的贸易份额比其他全球对手的品牌要低 10％，而后者在美国市场非常活跃。而对三菱来说，一个新总裁，一份对分销商和顾客的新承诺最终都导致了北美洲市场 8％ 汽车销售量的增加和小额的运营利润。

资料来源：Neal E. Boudette. Road Less Travelled. *Wall Street Journal*，August 4，2003，p. A1；Dan Bilefsky. Not on Tap. *Wall Street Journal*，October 7，2003，p. B1；Norihiko Shirouzu and Jathon Sapsford. An Ailing Mitsubishi Motors Seeks Buyer for U. S. Operations. *Wall Street Journal*，February 18，2005，p. B1；and Amy Chozick. A CEO's Personal Touch Revs Up Mitsubishi in the U. S.. *Wall Street Journal*，July 10，2007，p. B1.

---

# 8.3　市场地理位置的选择

尽管一个接一个地评估国家市场，它们都有属于自己的优势，但是在任何时候，一个公司也可以决定只瞄准诸如欧洲、日本和北美的发达国家。另外一个选择是，公司也可能会更喜欢发展中国家的市场，如拉丁美洲、非洲、亚洲或者苏联集团。每种选择都体现自己的挑战和机遇(见表 8.3)。

表 8.3　不同国家的市场吸引力

| 发达国家 | 发展中国家 | 过渡经济体 |
|---|---|---|
| 最富有的市场 | 贫困市场 | 很多接近西欧 |
| 主要利润的潜在来源 | 市场大小各不相同 | 有些是欧盟成员国 |
| 引导型市场 | 通常会有更高的潜在增长率 | 教育水平高 |
| 主要竞争者的主导市场 | 贫困市场通常竞争不激烈 | 各国与西方的文化差异不同 |
| 许多全球客户的本国市场 | 文化差距对外来者很大,但对区域竞争者相对较低 | 潜在增长率很高,尤其是俄罗斯 |
| 政治风险低 | 吸引力低的市场会有政府激励 | 关于商业立法基础不健全 |
| | 政治风险高 | 政治风险高 |
| | 有些发展中国家浮出水面,成为引导型市场和全球竞争者的母国市场 | |

## 1. 瞄准发达国家

发达国家的经济占到世界国民生产总值的很大一部分,因而吸引了很多公司。十个最发达国家(美国、加拿大、英国、德国、法国、荷兰、瑞典、瑞士、日本和澳大利亚)占了国际贸易总量的很大一部分,同时在外国直接投资上也占了大部分。因此,一般将自己当作世界级的营销者往往不会忽视这些重要市场。拥有技术密集型产品的公司尤其会将活动集中在发达国家。尽管在这些市场,来自跨国公司和当地公司的竞争会尤其激烈,通常很多人会认为,发达国家市场是比发展中国家市场更具吸引力的市场。这主要是因为,这些国家的商业环境更加能够预测,贸易和投资环境更加适合。此外,发达国家往往也更具有全球战略性,因为它们通常是全球竞争者的母国或者主要市场,同时也是引导型、研究型的市场。

发达国家位于北美洲(加拿大和美国),西欧和亚洲(日本、澳大利亚和新西兰)。尽管有些全球公司,如微软在所有这些国家都开设有分公司,许多其他公司可能在其中的一两个国家开设有代表处。美国跨国公司在欧洲发展早期就建立了强大的商业基地,而在日本则是最近的事情。日本公司倾向于先在美国和加拿大开始它们的海外运营,然后再转向欧洲市场。

Kenichi Ohmae 最先提出在主要发达国家市场占有一席之地的重要性。Ohmae 认为,对大多数公司来说,在三大市场上——美国、欧洲和日本——能够有效地竞争是非常重要的。这三个战略性地区市场占到很多公司约 80% 的销售量。这种情况下,在该三大市场上的竞争位置能够决定全球战场上的结果。公司必须在至少两个市场上拥有强大的竞争力,同时在第三个市场上有代表处。建议真正的全球竞争者在三个市场上都占有强有力的位置。

因为三大市场在国际贸易中的重要性,跨国公司会竭尽全力来稳住它们在该市场上的存在,因而它们的销售量也可以折射出这三大区域的相对大小。一个公司如果在一个区域内的实力不够庞大,该公司就会追加投资,通常会以收购的形式,平衡自己在三个市场中的投资组合。Alcatel 是一家欧洲大型通信器材生产商，认识到 50％的全球市场机遇位于美国市场后，作为对策，该公司开始投资区域网转换事业，收购了两家加利福尼亚的公司，Xylan 和 Assured Access 技术公司。

发达国家的成熟市场是否更加难以进入这个问题，尽管仍然饱受争议，但是对于一个有决心、有创新的进入者来说，这些市场仍然是富有潜力的——这是日本本田的一个发现。在 2000 年年中，欧洲汽车市场缩水后，本田在欧洲的销售反而一路上升。究竟是什么导致了销售的上涨呢？一家法国设计院钻研出了完全中世纪风格的模型。产品之所以大受好评，是因为它完全符合标新立异的欧洲人的需要，同时在欧洲的质量调查中排名第一。

三大市场（triad）：指的是美国、欧洲和日本。

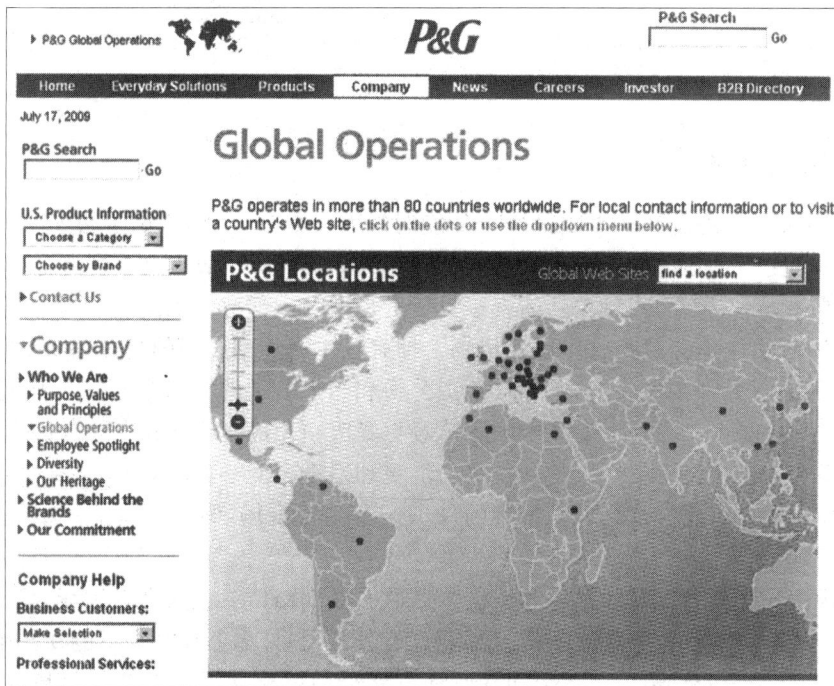

宝洁公司在发达国家已经建立完善的销售处，正在发展中国家进一步扩张。

## 2. 瞄准发展中国家

发展中国家和发达国家大不相同，无论是在地理位置上还是在经济发展水平上。拉丁美洲市场、中东市场和有些亚洲市场比发达国家市场有更高的风险。跨国公司在发展中国家经营的经历并不总是乐观的。由于贸易限制，公司经常为了进入市场而不得不在当地开设工厂。许多公司认为这样的投资是不值得的，因为当地市场太小，投资风险太大。但是，随着当前全球贸易自由化的发展，许多以前闭关锁国的国家开始打开大门，接受进口。这鼓励着更多公司开始考虑新兴市场。但是，发展中国家市场的政治和经济风险仍然高于三大市场。

因为这些地区的经济环境不太稳定,公司的运营可能会面临更大的不确定性和波动性。此外,发展中国家风起云涌的政治环境也会给公司运营造成负面影响。因此,有些市场可能会经历几年高增长,然后突然间增长急剧下降。比如,巴西 Whirlpool 的销售,如果用美元计量的话,随着巴西货币的贬值下降了 2 亿美元。世界上最大的上市公司埃克森,在 2007 年雨果沙维的委内瑞拉政府没收重要公司资产后,几乎是一筹莫展。尽管在这些新兴市场运营有很大困难,但那些在发展中国家市场开设了分部的跨国公司的平均市价明显高于那些没有在发展中国家市场有立足之地的公司。

发展中国家可能是非常有吸引力的市场,原因有几点。发展中国家的市场增长率可能会高于发达国家市场,这通常是基于更快的人口增长率。有些市场一度被看作只有少量精英阶层和大量贫困人口,如今这些市场上中产阶级顾客正逐渐出现。如今,印度的中产市场在绝对人口数量上占世界第一。在非常贫困的发展中国家,政府可能会给跨国公司一些激励,因为该公司为该国带来工作岗位或者税收"假期"。

随着全球移民浪潮,移民工人汇回本国的汇款极大增加了发展中国家的购买力——包括土耳其、巴基斯坦和菲律宾。墨西哥每年收到近 100 亿美元的汇款,巴西收到 45 亿多美元。甚至是小国家如哥伦比亚、塞尔瓦多和多米尼加,也都会收到超过 20 亿美元的汇款。尽管很多汇款回家的工人都在美国工作,但美国也不是这些工人的唯一目的地。至少有 50 万拉丁美洲人在巴西工作,而巴西的一半汇款是来自在日本工作的有日本血统的巴西人汇出的。

在许多情况下,这些市场的高风险会被高回报所补偿,因为在发展中国家市场竞争没有那么激烈。Hyundai 是韩国最大的汽车生产商,通过收购或者建立工厂,已经扩张进入土耳其、印度、埃及、博茨瓦纳和东欧地区。这些市场不会有激烈的竞争,Hyundai 正是被这一点所吸引。然而,不是所有的发展中国家都是缺乏竞争的。正如我们在前面提到的,中国是世界上竞争最激烈的市场之一。

在评估发展中国家时,大多数公司会聚焦于单一的吸引力。但是,有些发展中国家变得越来越具有全球战略性。中国和印度市场的增长潜力就是属于这一类。作为世界上第二大啤酒市场,中国吸引了多达 60 余家外国造酒商。丹麦的 Carlesberg,一家拥有大型国际业务的造酒商,曾经预言说在不久的将来,中国将取代美国,成为世界上最大的啤酒市场。因此,Carlesberg 计划在该市场上投资达 10 亿美元。可口可乐认为印度是个问题市场并从中撤出,但是当百事可乐在印度投资后,可口可乐公司也决定重新进入印度市场。当时,可口可乐仍然认为印度市场从本身上说是一个没有吸引力的市场,但是担心如果百事可乐长驱直入印度市场,将会使可口可乐丧失永恒的全球地位。

因此公司应该关注主要新兴市场迅速变化的竞争形式并依此做出相应改变。花旗银行一直是巴西上层精英的最爱。但是,由于该银行在与旅行者集团的收购事件中分心了,没有及时追随巴西市场的变化,而其他外国银行正通过收购快速进入该市场。最后,花旗银行在该市场上下跌到 14 名。

此外,正如我们在第 6 章中看到的,来自新兴市场的竞争者,如中国、印度、墨西哥和韩国，如今也是全球挑战者。跨国公司需要在来自新兴市场的主要竞争者的母国建立分部，就如它们之前在发达国家公司的母国所做的一样。比如，中国台湾电器公司在很多重要产品领域都成为世界领头人。精英集团和第一国际成为世界最大的独立印刷电路板生产商。而另外一家中国台湾公司——吉事达，成为鼠标生产的领头羊，甚至超过了美国的 Hayes 公司。在有些行业，跨国公司要想跟上产品变化发展的步伐，必须在中国台湾地区有一席之地。

## 3. 瞄准过渡经济国家

表 8.4 列出了排名前 20 的新兴市场。尽管大多数都是传统意义上的发展中国家，其中有两个——俄罗斯和波兰——是苏联的过渡经济国家。这些国家的经济自由化为许多跨国公司打开了一个新的市场。在有些行业，该市场能够代表世界需求的 15%。在苏联统治下，过渡经济国家经历了一段没有自由企业和商法的时代。因此，尽管有新的立法来保护公司——如与专利和商标法相关的法律和少数股东权利法——有些时候在执行的过程中仍然存在问题。但是与大多数发展中国家不同的是，转型经济国家的受教育水平和文化程度是世界上最高的国家和地区之一。

表 8.4　最新的新兴市场

| 国家和地区 | 排　名 | | 国家和地区 | 排　名 | |
| --- | --- | --- | --- | --- | --- |
| | 大小 | 增长率/% | | 大小 | 增长率/% |
| 中国 | 1 | 1 | 中国台湾 | 11 | 20 |
| 印度 | 2 | 3 | 菲律宾 | 12 | 13 |
| 俄罗斯 | 3 | 19 | 阿根廷 | 13 | 6 |
| 巴西 | 4 | 26 | 沙特阿拉伯 | 14 | 17 |
| 印度尼西亚 | 5 | 12 | 波兰 | 15 | 21 |
| 韩国 | 6 | 24 | 埃及 | 16 | 7 |
| 墨西哥 | 7 | 16 | 泰国 | 17 | 10 |
| 南非 | 8 | 11 | 委内瑞拉 | 18 | 5 |
| 土耳其 | 9 | 8 | 哥伦比亚 | 19 | 15 |
| 巴基斯坦 | 10 | 18 | 马来西亚 | 20 | 14 |

资料来源：Adapted from Market Potential Indicators 2008, global EDGE, Michigan State University (http://www.globaledge.msu.edu). Copyright © 2008 by Michigan State University. All rights reserved. Reprinted with permission.

这些国家市场在最近的经济表现各不相同。许多东欧国家加入了欧盟，但是它们仍然是最贫困的成员国之一。但是，东欧的过渡经济国家却享有地理位置的优势，即靠近西欧发达国家市场。随着更多公司进入这些市场，其他公司也迫切想要追随。这种现象的一个原因就是对竞争者来说丧失了一个新的市场。另一个原因就是，东欧市场上越来越多的跨国公司给了其他公司一个定心丸，降低了之前人们认为的不确定性。法国零售商 Auchon 将竞争者 Leclerc 和 Casino 的存在视为他们决定进入波兰市场的主要助推力。

与大多数东欧市场相比，俄罗斯市场被证明是问题最大的市场，有些时候公司认为就单一市场来说，该市场的吸引力是最小的。市场自由化进程比较缓慢，通常会受到缺乏法规的影响，同时还有组织性犯罪的存在。Cadbury 在俄罗斯开设第一家巧克力厂后第一年，俄罗斯卢布就大幅贬值。Cadbury 的俄罗斯分部经过了数年才从那次打击中恢复过来。尽管俄罗斯市场对汽车生产商展示出最具潜力的印象，官方阻挠和政治的不确定性使大多数汽车公司在进入俄罗斯市场时都会谨慎思考。然而，俄罗斯毕竟是个大国，拥有丰富的自然资源，在过渡经济国家中仍然是最有可能成为全球战略市场的国家。

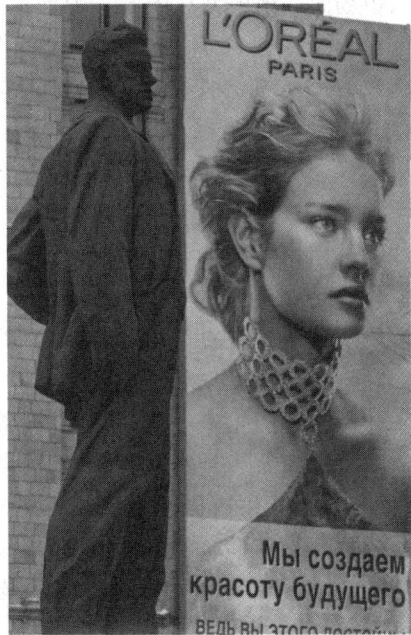

墨西哥的一个广告牌正在为国际品牌欧莱雅打广告。很多人都认为俄罗斯是一个战略性市场。

### 4. 瞄准金砖四国

金砖四国指的是巴西、俄罗斯、印度和中国。这四个国家代表着非常广阔的新兴市场。它们的经济增长率从 20 世纪 90 年代的 3% 上升到 2009 年的 7%。因此，有些公司认为这些国家代表了不久将来的战略性增长市场（也有些人将韩国也加入这些国家构成了金砖五国）。因为发展中国家和过渡经济国家新兴市场的数量很大，集中于其中四五个能够减少市场进入选择时的复杂性。但是，公司也应该小心，不要过于简单化，而忽视了其他国家市场的机会。

金砖四国（BRIC）：巴西、俄罗斯、印度和中国。

金砖五国（BRICK）：巴西、俄罗斯、印度、中国和韩国。

# 8.4 选 择 国 家

在确定进入哪种类型的外国市场之后，公司必须选择针对某个特定市场。世界上有 200 多个国家和地区，但是几乎没有公司会在所有国家竞争。在一个公司的投资组合中加入另外一个国家需要投入额外的管理时间、努力和资本。每个增加的国家都代表着一个新的商业风险。公司在一个之前没有分部的国家建立业务需要时间，而且利润也要等到很久之后才可以实现。因此，公司在决定继续推进之前必须进行仔细分析。

### 1. 筛选过程

评估国家市场通常以收集每个国家的相关信息开始，并筛选出不需要的国家。筛选外国市场的一个模型在图 8.1 中展示。

这个模型包含了一系列筛选条件。不计其数的市场机会使公司必须将选择过程细分成一系列的步骤。尽管每个公司都不想错失一个潜在机会,它也不可能在世界上每个国家都进行广泛的市场调查工作。筛选过程是用来确定有潜力的市场的。在筛选中公司经常会犯的两个错误是:(1)忽视对公司产品很有潜力的国家市场;(2)花费太多时间调查没有潜力的国家市场。

选择过程的第一步是使用宏观数据来区分两类国家:一类是代表基本机会的国家;另一类是提供有限机会或者没有机会,或者包含大量风险的国家。宏观指标从经济环境、产品或服务的文化符合度、宏观政治风险、商业环境信息上描述整个市场。所包含的变量要能够反映潜在市场大小和对产品或者相似产品的市场接受度。筛选过程的第二步集中于微观指标,如市场大小、市场增长率、全球竞争、当地竞争、微观政治风险、心理差距。筛选过程的重点要从总市场大小转向营利性大小。筛选过程的第三步是在公司的资源、目标和战略上,对潜在目标国家进行评估和排名。引导型市场和必赢市场就会在这一步获得额外的关注。

宏观指标(macroindicators):对估计一个国家或者区域的总市场大小时有用的数据。

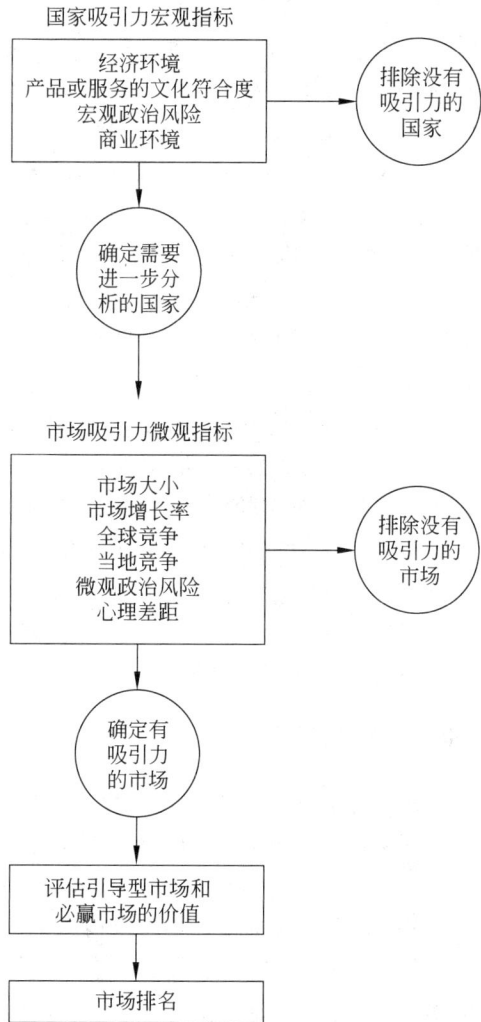

图 8.1　筛选外国市场

资料来源: R. Waune Walvoord. Export Market Research. Global Trade Magazine, May 1980, p. 83. Reprinted by permission.

## 2. 目标国选择标准

通过筛选过程选择目标国家的过程需要公司决定用什么标准来区分意向国家和没有意向的国家。在这一部分,我们将解释几个关键因素以及它们在市场选择过程中的作用。

1) 市场大小和增长率

一个国家对一种产品的潜在需求越大,该市场对公司的吸引力就越大。对市场大小和增长率的评估既可以从宏观层面分析,也可以从微观层面分析。从宏观基础上看,一个国家的潜在资源至少要满足进一步考虑的需要。市场潜力和增长率的宏观指标通常会在筛选过程的第一步使用,因为这些数据都是现成的,可以用来迅速移除没有潜在需求的国家。表 8.5 总结了市场大小的可能宏观指标。

表 8.5　市场大小的宏观指标

| 宏观指标 | 指标信息 | 宏观指标 | 指标信息 |
|---|---|---|---|
| 地理指标 | 国家大小（按地理区域）<br>气候环境<br>地形特征 | 经济特点 | 国民总产值<br>人均收入<br>收入增长率<br>个人或者家庭可支配收入<br>收入分配 |
| 人口特点 | 总人口<br>人口增长率<br>人口年龄分布<br>人口密集程度 | | |

　　大量现成的数据可用来作为衡量市场大小的宏观指标。如果一个国家每户家庭的人均可支配收入还不到 10 000 美元一年，一个销售微波炉的公司就可以放弃考虑该国家。这种标准的理由是如果每户家庭的收入还不到 10 000 美元，对于一个奢侈品，如微波炉的潜在市场是不会太大的。但是，单一的数据有时候是有欺骗性的。比如，一个国家的平均家庭收入可能是 8 000 美元，但是可能还有上百万的家庭收入在 10 000 美元之上。而这几百万的家庭都可能是微波炉的潜在购买者。

　　因为市场大小的宏观指标是笼统而粗糙的，它们不能折射出对于某个产品的绝对需求。比如，像伊朗这个国家，它的人口和收入都意味着这将成为一个潜在的剃须刀的大市场，但是很多该国的男性消费者都是穆斯林，他们蓄着长胡须，并不觉得需要剃须刀这种产品。因此在筛选过程的下一步，建议使用市场潜力的微观指标。微观指标通常指的是一个公司的产品或者相似产品的实际消费量，从而能够显示出真正的需求。表 8.6 列示了市场大小微观指标的几个例子。

　　微观指标（microindicator）：估计某个国家或者地区某种产品消费量的有用数据。

全球营销者对发展中国家的农村市场越来越感兴趣，但是由于这些地区缺乏足够的分销渠道，造成了很大问题。

　　这些微观指标可以用来进一步估计市场的大小。如果每户人家都购买一台电视机，那么拥有电视机家庭的数量就可以显示出电视机的潜在市场大小。基于电视机的平均使用寿命，我们就可以估计出每年的需求量。正如我们在第 7 章中提到的，如果对于某种产品，不存在实际消费数据，那么对于相似或者替代产品的消费量就可以用来作为替代。比如说，一个公司想要衡量一种掌上沟通器的潜在市场大小和接受度，它可以选择其他数据，如人均电话数量，人均个人计算机数量，或者手机使用情况。与此类似，在确定手术缝合线的市场大小时，营销者们可以使用医院病床数量或者医生数量作为近似物。农场的数量可能预示着对拖拉机的潜在需求，正如汽车数量很可能预示了所需的轮胎的数量。

表 8.6　市场大小的微观指标

| 收音机 | 旅馆床位 | 医院床位 | 钢铁生产 |
|---|---|---|---|
| 电视机 | 电话 | 外科医生 | 粮食生产 |
| 电影院座位数 | 游客数量 | 酒精消费 | 农场数量 |
| 科学家和工程师 | 游客车辆数 | 咖啡消费 | 开垦土地数 |
| 医院 | 民航乘客数 | 油气消费 | 电力消费 |

2）政治环境

东道国政治环境的影响在第 4 章中已经详细讨论过。与市场大小的数量指标相比，尽管政治风险更具有主观性，但是它同样重要。任何公司都可能受到政治风险的影响，它可能会限制外国公司官员数量，限制支付给母公司的利润数量，甚至拒绝颁发营业执照。行业纷争虽说没有直接入侵那么激烈，但是诸如罢工等都是造成营运中断的主要原因之一。这种情况在各国发生的概率各不相同。在发达国家，最具有"罢工倾向"的国家是意大利、比利时和芬兰。表 8.7 显示了在国家选择中可以使用的政治风险指标。

表 8.7　政治风险指标

| 国际化的可能性 | 选民中共产党所占百分比 |
|---|---|
| 官方延误 | 资本流动限制 |
| 国家没收的数量 | 政府干预 |
| 动乱或者刺杀的数量 | 外商独资的限制 |
| 政治制裁 | 军民比例 |
| 立法机关中社会主义分子数量 | |

3）竞争

总体来说，确定外国的竞争结构比确定市场大小和政治风险更加困难。因为很难获得信息，竞争分析通常会放到筛选过程的最后一步，此时考虑的国家数量也比较少。但是，当公司试图辨别全球战略性市场时（与辨别单一具有吸引力市场不同），竞争性分析是在筛选早期就要进行的。

正如我们在第 7 章中提到的，竞争信息的来源很多，尽管基于国家大小和产品，各种信息的可获得性也差异很大。很多大一点的国家都有商业部或者其他的国内组织，可能会给潜在投资者提供帮助。比如，如果一个美国公司正准备调查日本电子测量仪器市场，下面的组织可能会帮助它确定日本市场的竞争结构。

- 驻日美国商业部

- 日本外贸组织
- 驻日美国电子协会
- 日本电子行业发展协会
- 日本电子行业协会
- 日本电子衡量仪器生产商协会

**世界脉搏8.2**

## 农村市场的吸引力

当跨国公司进入发展中国家时，它们通常会瞄准大都市。在有些发展中国家，这些市场可能只位于一两个主要城市，如伊朗的德黑兰和智利的圣地亚哥。城市市场中有最老练和最富有的顾客，同时也拥有最发达的分销系统。由于这些原因，许多跨国公司，如印度的雀巢，仍然集中在城市市场中。但是，有些全球营销者正意识到发展中国家和过渡经济国家长期以来被忽视的农村市场。但是进入农村市场的决策制定很复杂，就如决定进入一个不同的国家市场一样。要在农村市场获得成功，可能需要新的营销战略，包括对产品、价格、分销渠道和促销手段的一些改进。

可口可乐公司在发展中国家的两个最大市场——中国和印度，积极地追逐农村顾客。对于那些曾经被认作太贫困或者难以到达的顾客，可口可乐公司的战略是为他们提供相当便宜的苏打饮料。这一战略的来源是可口可乐公司在中国和印度主要城市的增长率大幅下降。但是农村市场同样存在竞争。中国当地苏打公司早就已经在中国的农村地区获得了先发优势。具有讽刺性的是，它们瞄准中国的农村市场，为的就是避免与可口可乐公司直接竞争。

SAB Miller也试图在中国农村地区谋得发展。该公司声称，它已经用其竞争对手花在大城市的成本的一小部分，获得了最大的国家市场份额。但是，不是对所有产品来说，在发展中国家农村顾客间扩张分销渠道都是容易的。Tyson食品公司在中国仅局限于主要大都市，因为只有大都市才有充分的基础设施来安全销售公司的冰冻产品。

资料来源：Coke-Cola to Focus on Indian Rural Areas for Growth. *Asia Pulse*，May 13，2004；Why Nestle India Does Not Want a Revolution. *Financial Express*，May 18，2003；Dexter Roberts. China's Power Brands. *BusinessWeek*，November 8，2004，p. 50；Adrienne Carter. It's Miller Time in China. *BusinessWeek*，November 27，2006，p. 66；and Jane Lanhee Lee. China Hurdle：Lack of Refrigeration. *WallStreet Journal*，August 20，2007，p. A7.

4）市场相似度

市场相似度的概念很简单。管理者们相信，他们在本国市场的成功更容易转移到他们参与的相似市场中去。这一观点有时候也称作心理差距。因此，当一个公司决定进入一个外国市场时，它会倾向于首先进入一个与本国市场有相近或者相似心理的市场。比如，美国公司通常会先进入加拿大、澳大利亚和英国市场，然后才进入不太相似的市场，如埃及、韩国和印度。选择相似市场的前提是公司想要将面临的不确定风险最小化。比如，进入一个具有相同语言、相似分销渠道和相似顾客群的市场，比进入一个所有这些变量都不同的市场要容易很多。

心理差距(psychic distance)：觉察到的市场之间的相似度。

有力证据证明，市场相似度能在选择国家时使用。对美国57家跨国公司的954个产品介绍发现，在市场选择和市场相似度上有极大的关联性。天生的跨国公司也展现出这么一个癖好，即首先进入与本国市场相似的国家市场。如表8.8所示，澳大利亚出口商在选择国外市场时与心理差距紧密相关。在与澳大利亚心理差距最小的10个主要市场中，只有一个不是排名前十的出口国。

表8.8 心理差距对澳大利亚出口商的出口市场的影响

| 国家和地区 | 心理差距排名 | 出口排名 | 国家和地区 | 心理差距排名 | 出口排名 |
| --- | --- | --- | --- | --- | --- |
| 英国 | 1 | 4 | 印度尼西亚 | 14 | 11 |
| 新西兰 | 2 | 1 | 菲律宾 | 15 | 18 |
| 美国 | 3 | 2 | 瑞典 | 16 | 19 |
| 新加坡 | 4 | 3 | 德国 | 17 | 13 |
| 中国香港 | 5 | 5 | 中国 | 18 | 9 |
| 日本 | 6 | 6 | 智利 | 19 | 23 |
| 加拿大 | 7 | 16 | 中国台湾 | 20 | 12 |
| 巴布亚新几内亚 | 8 | 8 | 阿拉伯联合酋长国 | 21 | 20 |
| 斐济 | 9 | 10 | 科威特 | 22 | 24 |
| 马来西亚 | 10 | 7 | 肯尼亚 | 23 | 25 |
| 南非 | 11 | 17 | 泰国 | 24 | 15 |
| 印度 | 12 | 19 | 韩国 | 25 | 14 |
| 意大利 | 13 | 21 | | | |

注释：心理差距是用15个变量来计量的，包括文化、移民、贸易协议、语言、殖民关系和发展水平。

资料来源：Adapted with permission from *Journal of International Marketing*, published by the American Marketing Association, Paul Brewer, "Operationalizing Psychic Distance: A Revised Approach," Vol. 15, No. 2, 2007; pp. 44-66.

以相似性来选择市场有两个危险。相似性的优点要与市场大小进行比较。澳大利亚和美国可能比较相似，但是与中国和印度尼西亚相比，需求就太小了。法国航空公司到达非洲国家的航班比不到非洲国家的要多得多。法国的殖民历史无疑给法国航空公司(和其他法国公司)在之前的非洲殖民地上一个竞争优势，这些国家和地区包括喀麦隆、乍得、加蓬、几内亚、科特迪瓦、马里、塞内加尔和其他国家，因为它们在语言、经济和文化联系上的相关性。但是，也有些人认为，法国公司有时候太过于强调非洲市场，而丧失了太平洋沿岸增长率更高的市场。

基于可观测到的相似性，另外一个与选择国家市场相关的问题是，公司可能会高估市场之间的相似性程度。当星巴克走向国际时，它发现，消费者都讲英语并不意味着市场运营也是相同的。比如说在美国，公司的战略是在最佳市场选择最佳地点来驻扎分店。而这种方法在英国就太昂贵了,因为英国的房价更高。当加拿大的零售连锁店进入美国时,管理者认为美国市场就如加拿大市场,不过是更大一点罢了。他们认为,在加拿大起作用的观念也会在美国起作用。与此相反,美国的消费者与加拿大消费者大不相同。与加拿大消费者相比,美国消费者需要更多的服务,会更努力地寻求打折产品,对本国的连锁店也没加拿大人那么忠诚。此外,美国的竞争比加拿大更加激烈。因此,由于相似性导致了不谨慎,该连锁店也不得不在这个差异巨大的市场上努力谋求生存。

进入外国市场的管理者原本以为新市场与之前的市场很相似,结果却经历了文化冲击,有时候这种现象称为心理差距悖论。对丹麦、瑞典和新西兰公司的研究发现,这种文化冲击对消费性产品生产商,而不是标准产品生产商的影响更普遍。

心理差距悖论(psychic-distance paradox):人们认为一个市场与另外一个市场相似,而结果却很不相同的现象。

## 3. 排列选择标准

筛选国家的一个好方法就是,形成一套标准作为国家要通过某个筛选步骤必须达到的最低水平。每个标准的最低删减数量有管理者设定。随着筛选过程的继续,选择标准越来越具体。表8.9展示的是一个肾脏透析仪生产商的筛选过程。

**表8.9　筛选过程案例:肾脏透析仪器的目标国家**

| 过滤步骤 | 筛选类型 | 特殊标准 |
|---|---|---|
| 1 | 宏观水平研究 | GDP 超过 150 亿美元<br>人均 GDP 超过 |
| 2 | 与产品相关的总体因素 | 少于每 200 人 1 张病床<br>少于每 1 000 人 1 个医生<br>政府医疗花费超过 1 亿美元<br>政府人均医疗花费超过 20 美元 |
| 3 | 与产品相关的微观因素 | 每年肾脏相关的死亡数量超过 1 000 人<br>透析仪的使用——在治疗人口中每年增长率超过 40% |
| 4 | 目标市场的最后筛选 | 竞争者数量<br>政治稳定性 |

分析一开始是要观察国民生产总值。将透析仪引入一个新市场需要许多支持性功能,如销售人员、服务人员、替换零件的生产、透析仪的持续供应保证、针头、管道等。有些国家缺乏技术基础来支持这种高水平的技术。因此,管理层可以决定,只考虑 GDP 在150 亿美元以上的国家,这一标准直接将许多发展中国家排除在考虑范围之外。

接下来的选择过程是在余下的国家内检查医疗服务的集中度。血液透析是一个非常复杂的过程,需要经过高级训练的医护人员来操作。一个国家要想支持高端医疗仪器,就需要高水平的医疗技术。高水平的医疗集中度允许医生能够集中在某个领域,如肾脏科(研究肾脏)。管理层可以决定,一个医生对应不到 1 000 人,或者一张病床对应不到 200人的国家意味着医护人员能够达到支撑血液透析项目的水平。

公共医疗花费反映了政府对本国公民的医疗支出——对于血液透析来说,这个因素显然是非常重要的。管理层会认为，如果一个国家不在人口的医疗方面投入足够多的花费，也不会有兴趣在血液透析项目上投入太多。因此，对于一个国家来说，如果达不到人均医疗花费 20 美元或者国家医疗花费总额不到 1 亿美元的，可以排除到考虑范围之外。

管理层可以决定两个要考虑的微观因素：与肾脏相关的死亡数量和病人增长率。由于肾脏病变而导致死亡的数量是一个国家可能使用透析仪器人口数量的最好指标。公司可以只关注每年肾脏疾病死亡数量在 1 000 人以上的国家。需要治疗肾脏的人口的增长率分析显示了潜在需求的增长。

最后，管理层必须考虑政治风险和竞争。拥有最大增长潜力的新开放市场可能是一个透析仪新厂家的最好目标，因为该国的竞争比一个成熟市场要弱很多。此外，管理层也可以决定进入一个主导市场，该市场拥有强大的竞争者，但是这样可以观察技术的发展，同样也可能阻挠该竞争者。衡量这些微观因素可以决定出首要的目标市场。

## 4. 国际市场分类

在选择国家市场时最后一个考虑因素是是否进入一个单一地理区域内的一群国家，它们可能是西欧发达国家群体，或者南美洲或者中东不太发达的国家群。通常将国家划分为一组是必要的，因为它们可以被当成是单一市场或者一组相似市场。将市场划分得更大的两大原理是临界点和规模经济。临界点是物理和军事战略的一个术语，意味着在某个影响达到之前必须最小努力。规模经济是在生产条件下使用的一个术语，意思是高水平的产量会导致更低水平的平均成本，而这显然会增加利润。

临界点（critical mass）：在一个市场中有效竞争的最低努力和投入。

规模经济（economies of scale）：随着生产成本的扩大，单位成本会减少的现象，利润也可以从此获得。

在一组国家间营销产品的成本比在相同的分离国家之间销售产品的成本要低，原因有四：第一，在一组国家间销售的潜在数量足以支持整个营销系统；第二，地理位置的接近使从一个国家到另外一个国家的运输很容易，通常只要两个小时或者更少；第三，通常情况下进入一个经济团体各国之间的障碍是相同的——如欧盟；第四，在追寻有相似市场的国家时，有营销项目的公司将会获得优势。

关于营销团体的长期角色仍有一些争论。欧盟已经成为有单一货币的强大团体，但是很多经济团体更遵从于世贸组织的规定。而且，世贸组织的成员国更加广泛，执行力更强，在与其他世贸组织成员国交往时，这些区域市场团体仍然需要遵循世贸组织的规定和惯例。

要记住的一个重点是，仅是相邻关系并不足以将国家归为同一个市场群体。比如，高加索区域的国家。亚美尼亚和阿塞拜疆总是处于战争之中。土耳其和阿塞拜疆统一战线，与亚美尼亚断绝交往。佐治亚和亚美尼亚的关系仍然很紧张，伊朗和阿塞拜疆的关系也好不到哪里去。这些国家之间的旅游和运输同样一塌糊涂。公路残破，该地区最好的运输是通过莫斯科到伊斯坦布尔的。很明显，这些国家对于全球营销者来说并不归属于相似的群体。

地理位置也不可能阻止将有些国家归为一个群体。比如，所谓的"安哥拉集群"，包括澳大利亚、加拿大、英国、爱尔兰、新西兰、南非和美国，这些国家群体过去都是大英帝国的一部分，今天也相对来说比较富裕。此外，这些国家的大多数人口都讲英语，在文化价值观上有很多相似性。对有些公司来说，在考虑进入市场时，瞄准部分或者全部安哥拉集群是有意义的。比如，澳大利亚造酒商 BRL Hardy 发布新品牌 Banrock Station 时，选择了澳大利亚、新西兰、美国和英国作为主要市场。

# 总　　结

任何想进入全球市场的公司必须做出很多有关全球市场参与的重要战略决策。首先，公司必须达到某种水平的国际化。公司越来越多地发现，在全球范围内有分布是具有竞争性理由的。这是一个必要，而不仅仅是个选择。一旦确定，公司需要决定进入哪个市场，是某个区域还是某个特定国家。市场的单一吸引力必须和它们的全球战略重要性一起衡量。公司必须决定，他们在发达国家、发展中国家和过渡经济国家想要的和需要的加入方式。进入正确的国际市场为公司的全球战略设定基础。

# 问 题 讨 论

1. 为什么一个包装品公司会选择进入一个全球战略性市场而不是单一的有吸引力市场？你的回答和一个生产和营销医疗诊断仪器的公司会有何不同？

2. 一个韩国公司，如现代汽车，在进入发展中国家市场时有何优势？

3. 讨论包装品生产商瞄准东欧市场和俄罗斯市场的优点和缺点。

4. 天生的全球跨国公司有何优势和劣势？

5. 与处在国际化早期的公司不同，跨国公司并没有显示出偏爱进入与本国市场相似的市场，而不喜欢进入与本国市场不同的新市场的倾向。你是如何看待的呢？

# 第9章

# 全球市场进入策略

**章节提纲**

**9.1 进入策略之出口**

    1. 间接出口

    2. 直接出口

**9.2 进入策略之国外生产**

    1. 颁发许可

    2. 特许经营

    3. 当地生产

**9.3 所有权策略**

    1. 全资子公司

    2. 联营

    3. 战略联盟

**9.4 合并与收购**

**9.5 进入策略的选择与设计**

**9.6 退出策略**

    1. 缩减合并

    2. 政治顾虑

**9.7 重新进入**

**总结**

**问题讨论**

### 学习目标

学完本章,你应该掌握:

- 辨别不同的市场进入选择——间接出口、直接出口、颁发许可、特许经营、合同生产、组装、全面整合生产——注意在不同条件下什么才是最合适的选择;
- 解释出口管理公司、出口代理商和出口伙伴的不同角色;
- 注意互联网是如何影响公司进入国际市场战略的;
- 列出设立全资子公司和联营公司各自的优点和缺点;
- 分别比较以技术为基础、生产为基础和分销为基础的战略联盟;
- 解释什么时候通过收购进入市场是较好的;
- 定义进入策略规划,集团式或者分散式,并解释它们对市场进入策略的重要性;
- 解释为什么市场退出——也可能是重新进入——策略是必要的。

如今,艺术也走向了国际化。自从苏联解体后,世界著名的俄罗斯大剧院芭蕾舞剧团就陷入资金流动困境。如今该剧团正在积极向海外扩张。纽约的 Guggenheim 艺术剧院尽管投资有限,仍扩张进入外国市场。但是,对于芭蕾舞公司和艺术剧院来说,进入外国市场最好的方式是什么呢?传统说来,它们通过巡回演出或者艺术展出的形式来出口它们的产品。时至今日也呈现出很多其他市场进入选择。俄罗斯大剧院已经将自己的名字授权给巴西和日本的学校。而 Guggenheim 艺术剧院在毕尔巴鄂、威尼斯和柏林设立了分部。甚至是梵蒂冈,也正考虑通过将收藏的手稿、印刷品、硬币和艺术品印成图片,然后对收藏界、服装界、礼品和装饰品行业等对此感兴趣的公司颁发许可。

任何企业,无论是营利性公司还是非营利性展览馆,要想走国际化战略必须首先决定在每个市场竞争时想要采取的表现形式。一个公司可以选择出口到新市场,或者决定在当地生产。它也可以选择全资拥有当地公司,或者寻求合作伙伴。一旦决定下来,再做改变就会比较困难,且代价高昂。因此,仔细做出这些决定是非常重要的。不仅公司收益存在风险,公司在多大程度上贯彻全球营销战略也是依赖这些决策。在本章中,我们将集中主要进入战略,详细介绍每种战略,并会引用相关公司经验来说明。可能的市场进入战略见图 9.1。

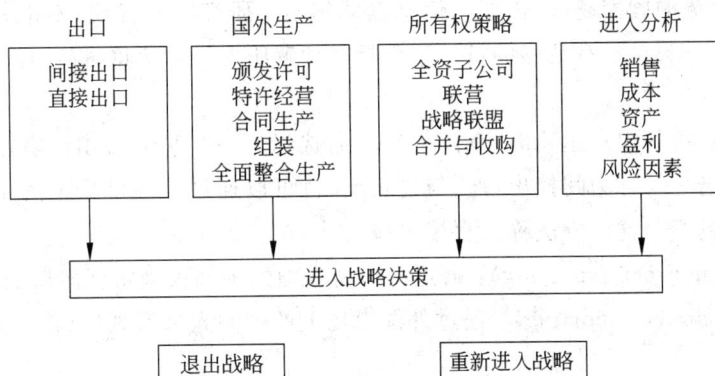

图 9.1  市场进入战略

# 9.1  进入策略之出口

很多公司都或多或少地在某些国家采取出口策略。几乎没有国家能够提供足够大的市场来完全容纳当地的生产。出口使一个公司能够集中为若干市场生产,从而达到规模经济。当这种情况发生时,公司就能够实现更多的利润,降低价格,或者同时达到这两个目标。此外,在过去的 25 年中,运输成本和政府税收大大降低了。这些条件都使出口成本大幅下降。因此,很多公司都将出口当作扩大经营、同时限制风险和防止巨额投资的一种方式。

本国政府通常会提供出口市场的信息来帮助当地公司。从而就可能出现很多有关出口市场的信息。其中很多都出现在网上。比如,表 9.1 就列示了美国很多出口门户网站上的服务。

表 9.1　美国出口门户网站提供的典型服务（http://www.export.gov）

---

- 出口基础指导
- 国家市场报道
- 工业贸易数据和分析
- 贸易主要数据库
- 有关贸易展销会和其他推广活动的信息
- 外国标准和证书信息
- 出口融资政策
- 有关经济制裁和出口执照的信息
- 争议的处理
- 帮助寻找货运代理
- 处理订单和货运的最好方法
- 帮助寻找外国代理和分销商
- 对定价和支付方式的建议
- 个人咨询
- 出口者网上课程

---

　　但是，一份针对来自英国、奥地利、德国、新西兰和美国的 992 个出口决策制定者的研究发现，公司服务的国家越多，需要的信息也就越多。研究同时发现，不论是大的出口者还是小的出口者，若是没有足够的员工来分析和理解所提供的信息，仅仅提供出口信息还是远远不够的。

　　一个公司在执行出口运营时，有两个基本的选择。一个是通过出口者本国的中间人来接触外国市场——称为间接出口。与之相反，也可以通过外国市场上的中间人或者直接接触外国市场——这种方法称为直接出口。

　　间接出口（indirect exporting）：通过出口者本国的中间人来实现出口。

　　直接出口（direct exporting）：通过外国市场上的中间人来实现出口。

## 1. 间接出口

　　在本国市场上的中间人有若干种，他们时刻准备着帮助生产商与国际市场或者买家联系。使用本国中间人的一个主要优势在于他对外国市场状况的了解。尤其是对出口没有什么经验的公司来说，使用本国中间人能给出口者提供充分的专门知识。

　　1）出口管理公司

　　出口管理公司是在一个合同管理下，由出口公司处理出口操作的各个方面。出口管理公司通常负责的项目有：营销调查、专利的保护、信用渠道、运输和物流以及在一个或者多个外国市场上的实际产品营销。一个出口管理公司可以自己作为产品的生产商命名，也可以作为服务提供商，收取费用或者佣金而没有产品的冠名权。出口管理公司和生产商之间的安排变动很大，主要是基于所提供的服务和期望的产量。一个出口管理公司的优势包括以下几点：（1）在进入国际市场时几乎没有或者没有投资需求；（2）不需要组织内部人员；（3）出口管理公司提供广泛的销售网点和国际营销的专业知识。而其主要的劣势是生产商必须放弃对国际销售和营销的直接控制。

2）出口代理

出口代理指的是协助生产商出口产品的个人或者公司。它们与出口管理公司相似，区别就在于它们提供的服务更加有限，只是集中在一个国家或者世界的某个地区。出口代理商了解将货物在各个渠道发散的所有要求，但是他们并不提供出口管理公司提供的所有服务。这些代理更多的是集中在销售和处理货物。使用出口代理的优势是，生产商不需要有一个出口经理来处理所有的出口文件和运输任务。主要的不利之处是，出口代理的市场覆盖面有限。若要覆盖全球不同区域，一个公司将需要无数个出口代理。

## 2. 直接出口

当一个公司直接将产品出口到外国市场上的顾客手中或者通过该市场上的中介时，该公司进行的是直接出口。换句话说，就是没有国内的中介参与其中。在直接出口中，一个出口者必须处理大量的外国合同，而且可能是每个公司进入的国家都有一个或者一个以上。直接出口比间接出口需要更多的专业知识、管理时间和操作资金，但是这会让公司拥有更多的对分销渠道的控制权。对出口感兴趣的公司可以在网上寻求本国政府的帮助，得到基本的培训和建议。

美国出口门户网站为美国出口商寻找海外分销商提供帮助。许多政府都为本国出口商提供相似的服务。

独立的分销商与营销子公司。为了处理目标市场上的产品营销，公司必须在依靠当地独立的分销商和建立自己的营销子公司中做出选择。在做这个决定时，公司必须考虑成本、控制和法规约束等因素。

　　一个独立的分销商从产品的售价中获利。尽管使用独立的分销商并不需要直接成本，但是分销商所获得的利润代表了出口商丧失了一个获利的机会。通过营销子公司来执行分销者的任务，出口者就可以获得之前支付给分销商的利润。举个例子，假如一个电子器械的生产商出口定价为 7 500 美元的产品（在波士顿的出厂价）。加上飞机运费、关税和增值税，产品到达目的地的成本达到 9 000 美元。一个独立的分销商将会把产品标价为 13 500 美元，获得将近 33.3% 的利润，或者说是一台机器有 4 500 美元的利润。

　　与之相反，一个出口者可以设立全资营销子公司，在这种情况下需要一个总经理、一个销售经理、若干销售人员、财务人员、仓库管理、办公司和厂房的租赁。如果这些安排的总估计成本在每年 450 000 美元，那么该公司只要销售 100 台机器就能达到收支平衡了。

　　销售量越大，创建营销子公司的动力就越强。反之，如果预计销售量比较小，使用独立的分销商就足够了，因为销售可以通过分销商来运行，该分销商掌握着若干产品线的必要员工。

　　如果公司销售的产品需要独特的技术或者与顾客的特殊关系，那么该公司更倾向于拥有自己的营销子公司。公司通过这种方式可以更好地控制售后服务。如果公司对正确定价和推广产品都有明确的概念，也可能希望建立一个营销子公司。该子公司就可以实施营销组合的所有策略，如定价、开发广告项目和选择媒体。

　　但是，建立营销子公司要在仔细评估所有成本的基础上进行。一个子公司会给总公司的国际营销增加一个新的维度。它需要在该外国市场上的资金承诺，首先就要为应付账款和库存融资。此外，营销子公司的运营蕴含着许多管理费用，这些费用在本质上是固定的。通常一个国家可提供的市场的大小决定着什么市场进入策略才是最合适的。比如，达克沃斯和肯特，世界主要的钛合金眼部医疗器械生产商，总部位于英国，在它最大的市场——美国——设有一家营销子公司，但是在大多数其他市场上，该公司都使用分销商。

　　公司在使用全资营销子公司时，会面临着政府的限制。尽管这些限制随着贸易自由化正在逐渐减弱，但是在有些发展中国家，如沙特阿拉伯，政府限制却依然存在。进入沙特阿拉伯的出口者必须使用该国代理或者与一个本国合伙人一起设立子公司。

　　1）为出口而合作

　　在国内市场上相互竞争的公司有些时候会联合起来面对出口市场。巴西的发展、工业和外贸部就大力推进这种出口联盟，也就是公司联合起来，分担进入外国市场的物流和推广成本。巴西最大的两家冻肉生产商形成了一个联盟，针对俄罗斯和非洲、中东和加勒比一带的某些国家。巴西的反托拉斯法绝不可能允许在国内市场实行这种联合，但是政府通常会在出口市场上鼓励这种行为。

　　出口合作通常会在中小型企业中发生。一份针对丹麦半岛邱兰德的中小企业出口商的调查发现，83% 的公司会和同行业的其他企业合作。比如，一个出口到加拿大的风车生产商会从另外一个当地的中小企业购买发动机。在纺织品和服装部门的公司在展销会上相互展示商品。木质家具的生产商可能会为一起营销的出口组合贡献不同的产品，如书桌、椅子和书架等。这些小公司在竞争激烈的出口市场上的成功部分归因于这类合作。

　　出口联盟（export consortium）：一群公司在出口到外国市场时，同意分享物流和推广成本。

2) 出口与互联网

互联网极大增强了公司直接出口的能力。一个公司如果在互联网上建立起一个服务器,开设一个网页的话,世界各地都能与之连接。使用网络浏览器的消费者和工业买家就能搜到产品、服务和公司,在很多情况下,还能直接在网上购买。表9.2列示了全球品牌25强的网站。

表 9.2　全球品牌 25 强的网站

| 品　牌 | 网　站 | 品　牌 | 网　站 |
|---|---|---|---|
| 可口可乐 | www.coca-cola.com | 马可波罗 | www.marlboro.com |
| 微软 | www.microsoft.com | 美国快递 | www.americanexpress.com |
| IBM | www.ibm.com | 吉列 | www.gillette.com |
| 通用 | www.ge.com | 路易斯威登 | www.louisvuitton.com |
| 诺基亚 | www.nokia.com | 思科 | www.cisco.com |
| 丰田 | www.toyota.com | 本田 | www.honda.com |
| 英特尔 | www.intel.com | 谷歌 | www.google.com |
| 麦当劳 | www.mcdonalds.com | 三星 | www.samsung.com |
| 迪士尼 | www.disneygo.com | 美林 | www.ml.com |
| 奔驰 | www.mercedes.com | 汇丰 | www.hsbc.com |
| 花旗 | www.Citibank.com | 雀巢 | www.Nescafe.com |
| 惠普 | www.hp.com | 索尼 | www.sony.com |
| 宝马 | www.bmw.com | | |

资料来源：Reprinted from "The 100 Top Brands," BusinessWeek, August 6, 2007, by special permission, copyright © 2008 by The McGraw-Hill Companies, Inc.

互联网的影响不仅涉及中小企业,也关系大型跨国公司。在互联网出现之前,中小企业占据了美国出口总额的近1/4。随着互联网的降临,这个数字迅速上升到1/3左右。中小企业可以进行虚拟出差、视频会议和网上订购。它们可以通过每日的交流和广告,而无须将全职的销售人员送到实际市场或者雇佣传统的出口管理公司。事实上,在欧洲网络上新开的公司通常在创立之时就制订了全球计划。

使用互联网作为进入选择的出口者也面临着一些挑战。它们可能需要用不同的语言交流,遵守不同的隐私保护法规,适应不同的文化。文化因素,诸如触摸和看到产品的需要(在埃及和墨西哥很普遍),会阻止消费者进行网购。另外,互联网的普及性差异极大,在北美达到74%,而在非洲不到6%。表9.3列示了50个最有潜力成为网上营销目标的国家市场。

网上出口还必须克服许多实践挑战。这些挑战包括完成销售时的跨国界问题,比如产品的货运,关税的支付,资金的收回和为世界各地的顾客提供售后服务。为了处理这些问题，出现了出口管理顾问。Next Linx，就是其中一家公司。该公司的成立者是 Rajiv Uppal，一位在美国工作的印度工程师。他意识到新兴的网络出口商必须了解，他们的产品在巴基斯坦可能会遭遇教育税，相同的产品可能会在巴西同时遇到国税和州税。再如，出口商若要出口葡萄酒到欧盟国家，就必须先了解欧盟 132 种葡萄酒的分类，因为每一种产品都有自己的关税。显然，网上出口者必须随时关注影响贸易的法规和物流的变化。

表 9.3　网上运营的 50 个最佳市场

| 排名 | 国家和地区 | 总分 | 消费者 & 公司采用率 | 排名 | 国家和地区 | 总分 | 消费者 & 公司采用率 |
|------|-----------|------|-------------------|------|-----------|------|-------------------|
| 1 | 美国 | 8.95 | 9.50 | 26 | 西班牙 | 7.46 | 7.35 |
| 2 | 中国香港 | 8.91 | 9.50 | 27 | 葡萄牙 | 7.38 | 7.85 |
| 3 | 瑞典 | 8.85 | 9.05 | 28 | 爱沙尼亚 | 7.10 | 7.60 |
| 4 | 澳大利亚 | 8.83 | 8.70 | 29 | 斯洛文尼亚 | 6.93 | 7.70 |
| 4 | 丹麦 | 8.83 | 8.60 | 30 | 希腊 | 6.72 | 6.95 |
| 6 | 新加坡 | 8.74 | 9.70 | 31 | 捷克 | 6.68 | 7.20 |
| 6 | 荷兰 | 8.74 | 8.60 | 32 | 智利 | 6.57 | 6.40 |
| 8 | 英国 | 8.68 | 9.20 | 33 | 匈牙利 | 6.30 | 6.75 |
| 9 | 瑞士 | 8.67 | 8.40 | 34 | 马来西亚 | 6.16 | 6.60 |
| 10 | 奥地利 | 8.63 | 9.35 | 35 | 阿拉伯 | 6.09 | 6.00 |
| 11 | 挪威 | 8.60 | 9.15 | 36 | 斯洛伐克 | 6.06 | 6.05 |
| 12 | 加拿大 | 8.49 | 8.85 | 37 | 拉脱维亚 | 6.03 | 6.10 |
| 13 | 芬兰 | 8.42 | 8.60 | 38 | 立陶宛 | 6.03 | 6.35 |
| 14 | 德国 | 8.39 | 8.95 | 39 | 南非 | 5.95 | 6.35 |
| 15 | 韩国 | 8.34 | 9.05 | 40 | 墨西哥 | 5.88 | 5.90 |
| 16 | 新西兰 | 8.28 | 8.50 | 41 | 波兰 | 5.83 | 5.80 |
| 17 | 百慕大 | 8.22 | 8.80 | 42 | 巴西 | 5.65 | 5.20 |
| 18 | 日本 | 8.08 | 8.65 | 43 | 土耳其 | 5.64 | 5.75 |
| 19 | 中国台湾 | 8.05 | 8.39 | 44 | 阿根廷 | 5.56 | 5.20 |
| 20 | 比利时 | 8.04 | 8.20 | 45 | 罗马尼亚 | 5.46 | 5.20 |
| 21 | 爱尔兰 | 8.03 | 8.50 | 46 | 沙特阿拉伯 | 5.23 | 4.55 |
| 22 | 法国 | 7.92 | 8.15 | 47 | 泰国 | 5.22 | 5.10 |
| 23 | 马耳他 | 7.78 | 8.90 | 48 | 保加利亚 | 5.19 | 4.70 |
| 24 | 以色列 | 7.61 | 7.70 | 49 | 牙买加 | 5.17 | 4.90 |
| 25 | 意大利 | 7.55 | 7.60 | 50 | 特立尼达岛 | 5.07 | 4.60 |

资料来源：Adapted from Economist Intelligence Unit，The 2008 E-Readiness Rankings，pp. 24-25. Copyright © 2008 by Economist Intelligence Unit. Reprinted by permission and author's calculations.

# 9.2 进入策略之国外生产

## 1. 颁发许可

许可经营指的是一个公司将版权或者专利（能保护一个产品，技术和加工过程的）和/或者一个商标（能够保护一个产品名称）的权力下放给另外一个公司，并从中收取费用或者版权费。不受专利保护的知识产权信息，或者是商业机密，也可以授予许可。外国公司，或者被授予许可的公司，获得了以商业化方式开发该专利或者商标的权利，这项权利可以是专有的（在某个地理区域内独一无二的），也可以不是专有的。

有些时候是由被授予许可的公司发起合同。Infopro 是中国台湾最大的信息技术媒体集团，它专攻印刷美国出版物的中文版。该集团与哈佛商业学院达成许可协议，生产中文版的管理杂志《哈佛商业评论》。Infopro 出版的哈佛商业评论计划有 70% 的内容是从英文原版翻译而来，剩下的是当地对商业和管理技术的研究文章。

许可的签订时间长短不一。根据进入市场所需的投资，被授予许可的外国公司可能会要求较长的许可时间，以收回最初的投资。尤其是当被授予许可的公司做了所有必需的资本投入（包括机器，库存等），并在约定的销售区域内营销产品，且这些区域可能包括好几个国家。因许可协议可以通过协商改动，因而在不同公司和不同行业之间变化极大。

### 1）颁发许可的原因

对有些公司来说，颁发许可的方法非常富有吸引力，比如 Everlast World Inc. 该公司自 1910 年起就是拳击装备的世界级著名品牌，它的产品一直都是著名人物训练和职业比赛中的必用品。该公司每年许可产品的零售就超过 2 亿美元。事实上，该公司因为许可经营如此成功，还特地设了一个新的管理职位：全球许可经营高级副总裁。

公司颁发许可，有许多原因。一个公司可能没有那么多的时间和知识积极参与到全球营销中去。如果这样的话，公司就可以通过许可的方式从外国市场获得收入。许可经营也可以用在吸引力不强的外国市场，从而公司可以将有限的管理资源集中到更有吸引力的市场。目标国家的市场潜力可能不足以支撑一个新的厂房或者营销操作。而被授予许可的对象就可以选择将获得许可的产品添加到自己的生产中，从而减少原公司在新的固定资产上的投入。最后，一个公司可能没有足够的资本来扩张进入多个市场。使用许可方式作为一种市场进入策略，一个公司就可以在没有资本投入的情况下获得市场份额。

在有些政治和经济前景不确定的国家，许可协议可以防止固定资产投资的潜在风险。贸易和政治风险都由被授予许可对象吸收了。在其他国家，政府支持将许可颁发给当地独立的生产商，作为建设当地工业的一种方式。在这种情况下，即使该市场非常广阔，外国生产商还是偏向于与一个能干的许可对象合作，因为其他形式的进入策略可能根本行不通。

许可经营也可以帮助全球公司进入困难的市场。Roche 在日本药物市场仍在持续扩张，靠的就是将许可颁发给 Chugai 药物公司（日本公司）。如果对日本药物许可过程和分销渠道不了解，就很难进入日本市场。Chugai 药物公司许可经营 Roche 公司的两种治疗癌症药物和一种治疗肝病的药物。通过许可方式，Roche 加速了市场进入过程，让该公司在这个世界第二大药物市场中迅速站稳脚跟。

2）许可经营的缺点

许可经营的一个主要缺点就是公司极其依赖当地获得许可的对象来产生收益或者版税。版税（royalties）通常是基于销售量的百分比支付的。一旦被授予了许可，版税只有在获得许可的对象有能力进行有效的营销时才会得到支付。因为当地公司的营销水平差异，从许可经营获得的收入也可能随之变化。尽管不同行业间情况不同，但是总体说来，许可费用比出口或者当地生产的利润大大减少。根据产品的不同，许可费用可能会在销售额的 1%～20%，对工业产品来说，最常见的比例是 3%～5%。

具有讽刺意义的是，如果一个当地的许可获得者太过成功，跨国公司反倒会考虑是否应该授予许可。因为直接参与到一个成功的市场可以收获比许可费用更高的回报。有些许可合同甚至包括这些条款，规定许可授予者可以随时扩大自己在该市场的参与力度。中国香港的 Hutchinson Whampoa 公司宣布成立一个新公司，该公司获得了 Priceline 公司已经获得专利的定价系统，从而使亚洲的消费者也可以在网上购票。作为这一事件的一部分，Priceline 公司拥有可以购买该新公司 50% 股份的选择权。

另一个潜在的缺点就是产品质量的不确定性。如果一个当地许可获得者生产的产品质量低于标准水平，授予其许可的外国公司形象可能会遭受破坏。因此，公司在寻求许可经营对象时，往往会基于生产知识和质量声誉。新西兰的 Fonterra 集团和阿拉伯奶制品公司签订了一项许可协议，允许阿拉伯奶制品公司在埃及和其他中东国家生产以及销售 Fonterra 的产品。两家公司在此前有过其他的合作项目，Fonterra 公司对这个新的许可获得者的质量水平深信不疑。Fonterra 公司在中国也有一个合作伙伴，但是，该伙伴却因为生产和销售被三聚氰胺污染的奶粉而身败名裂。这些产品甚至导致了数千个婴儿住院和数个婴儿死亡。即使持有质量合格许可，但为保证所有产品质量都合格，许可颁发者仍然需要采取其他措施，而这些措施可能会减少颁发许可所带来的利润。

另外，许可经营还需要一定的管理时间和资源。许可获得者可能需要培训，并需要留下适当的记录，同时许可颁发者还会进行审计。对于可能出现的问题，都要进行慎重考虑。合同中应该有条款规定，在许可颁发者和获得者之间出现争议时如何处理。诸如，合同应该履行哪国法律？仲裁应该在哪国举行，如何举行？在哪些情况下许可合同可以终结？

许可的一个终极缺点就是，许多公司都害怕许可会带来一个潜在的竞争者。许可通常都有一个时间限定，许可获得者在许可到期后可以使用相似的技术，因此，就会转变成一个竞争者。当获得许可的技术变化非常快或者涉及一个有价值的品牌名称时，这个问题就不大了。当然，公司也必须注意，是它们自己——而非许可获得者——在每个国家的市场上拥有自己品牌的商标。

版税（royalties）：许可获得者为得到某个区域内生产和营销许可授予者的产品或者服务而支付给许可授予者的费用。

## 2. 特许经营

特许经营是许可经营的一种特殊方式，特许经营的授权方决定整个营销方案，包括品牌名称、标志、产品和运营方式。通常情况下,特许经营协议会比一般的许可协议更加全面,要包括特许经营的所有运作。

　　许多公司在本国获得特许经营的成功之后,开始探索在海外的特许经营之路。这些公司包括麦当劳、肯德基、汉堡王和其他美国快餐店,它们在拉丁美洲、亚洲、欧洲和中东开设连锁店。在服务公司中,诸如假日酒店,Hertz,Manpower 也成功地使用特许经营的方法进入外国市场。美国拥有世界上最多的特许经营公司。但是,在许多美国之外的市场中,特许经营所起的作用也越来越大了,增长的潜力甚至超过了成熟的美国市场。比如说,墨西哥,世界上第七大特许经营市场,在 70 多个不同的行业中,拥有大约 750 个特许经营,55 000 多个销售点。特许经营在墨西哥稳定增长,每年的增长率达到 14%～17%,如今已经占国内生产总值的约 6%。与此类似,特许经营在菲律宾的国内生产总值也达到了 5%。

　　以美国为基地的特许经营商在墨西哥占了大多数。但是在摩洛哥,最常见的是法国公司,占到了 42%。而美国公司只占了摩洛哥特许经营市场的 12%。事实上,很多国家的特许经营商都已经涌向国际市场。原属新加坡的信息股份有限公司在亚洲开设了计算机培训学校。国际酒业（Interbrew）特许比利时啤酒店（Belgium Beer Café）的开设。日本公司 Yoshinoya D&C 在加利福尼亚开设了 91 个店面,销售 gydun——一种加了调料的牛肉饭。甚至有个埃及大学生也开始探索将埃及传统水烟的特许经营店开设到美国,并为一家小店提供 50% 的投资,包括装备、员工培训以及管理建议。

　　要想获得成功,找到合适的特许经营合作者至关重要。美国商业服务部提供许多服务,为美国的特许经营商辨别合适的特许经营合作者。该部门的办公室遍及全球 80 个国家,他们提供贸易专家来

特许经营在中亚国家诸如哈萨克斯坦中非常普遍。

辨别潜在的特许经营合作对象,并提供与当地特许经营协会的关系网络,安排特许经营商美国高官的会议。尽管世界上许多特许经营合作对象都是单个企业,在有些国家、公司或者富有的个人会购买特许经营管理权,从而拥有一个城市、一个国家甚至某个区域的至高权力。在中亚地区的卡扎克斯塔,大多数的特许经营都是由土耳其或者俄罗斯以外的特许经营管理者监督的。特许经营管理者一般与著名的跨国特许经销商有长久而密切的合作关系。美国的 Gold's Gym 公司在 28 个国家经营,除了本国市场之外都采用特许经营管理者。

但是随着特许经营行业的快速发展,在过去几年中,特许经营受到诸多责难,甚至遭受到假冒伪劣产品的侵害。网上有人声称,在他销售特许经营产品的区域,当地政府甚至将消费者保护机构私有化了。随着各种责难蜂拥而至,许多国家正在抓紧特许经营的立法来保护特许经营合作者。

国际特许经营协会对如何防止特许经营的法律漏洞给出了建议。美国联邦贸易委员会网站列示了针对特许经营者的抱怨和不满。

特许经营管理权(master franchise):在一个城市或者国家进行特许经营的至高权力。

---

**世界脉搏9.1**

## 中东的特许经营

PAYLESS是美国的一家折扣鞋店,在美国、加拿大、加勒比海、中美洲、南美洲、关岛、塞班岛等地拥有600家分店。该公司如今将目光投向了中东地区。该公司和它的特许经营管理者M. H Alshaya公司决定在该区域开设200家分店,包括巴林岛、埃及、卡塔、约旦、科威特、黎巴嫩、沙特阿拉伯和阿拉伯联合酋长国。这些分店将成为该公司首批特许经营店。在中东地区使用特许经营的方式非常普遍。Figaro Pizza选择了Sense Gourmet作为自己的特许经营管理者。第一家Figaro分店开设在阿布扎比(阿拉伯联合酋长国之一),Sense Gourmet还打算在其他9个阿拉伯国家开设分店。与此类似,芝加哥Uno烧烤店的特许经营管理者也准备在9个阿拉伯国家开设20家分店。

特许经营在阿拉伯国家正如火如荼。澳大利亚的环保洗车(Ecowash)公司提供了节水洗车的特许经营,并将中东认作最快的增长市场。当地经营商和外国公司一样充满激情。马沙威黎巴嫩餐馆(Mashawi Lebanese Restaurant)也在中东地区寻找自己的特许经营合作伙伴。如果在该地区获得成功的话,该公司将在欧洲、亚洲和美国进行特许经营。甚至是非洲发展银行(African Development Bank)也对特许经营方式充满了热情。该银行已经在埃及筹集了4 000万美元的特许经营支持项目。

但是,特许经营也不乏意外。开罗的豪华酒店——大悦城酒店(Grand Hyatt Hotel)的所有者以及特许经营对象禁止销售酒水,因为这是虔诚的沙特人的一个戒律。该酒店的母公司反对这一行为。尽管埃及也有伊斯兰保守派,埃及政府为了不损害自己重要的旅游业,并没有禁止酒水。根据特许经营双方达成的协议,可以在酒店的餐厅内销售酒水。

资料来源: David Twiddy. Payless Shoe Source Opens in Middle East. *Associated Press Newswires*, March 31, 2009; Sense Gourmet Opens First Middle East Figaro's Pizza Outlet in Abu Dhabi. *Al-Bawaba News*, January 20, 2008; USA's Uno Chicago Grill to Open 20 New Restaurants in Middle East. *Middle East and North Africa Today*, May 23, 2008; Cairo's Grand Hyatt Brings Back Booze after Compromise with Saudi Owner over Alcohol Ban. *Associated Press Newswire*, August 26, 2008; Middle East Franchise Market to Grow by 25%. *Al-Bawaba News*, May 14, 2008; and AFDB Lends $40 Million to Local Franchising Sector. *IPR Strategies Information Database*, June 1, 2009.

## 3. 当地生产

另一种很普遍的市场进入方式是在当地生产母国公司的产品。很多公司发现,在东道国市场生产产品远远优于用其他地方生产的产品供应该市场。有时候当地生产代表了对当地市场更大的尊重。影响选择当地生产的因素很多,诸如当地成本、市场大小、关税、劳动法和政治因素等。当地生产情况最终取决于实际情况,可以是合同生产,组装或者是全面整合生产。

1) 合同生产

在合同生产下,一个公司在合同的基础上,由一个独立的当地公司来生产产品。当地生产商的责任仅限于生产。该当地生产商按照跨国公司的要求来生产产品。产品上交给跨国公司后,由跨国公司来决定营销策略,如销售、推广和分销。在这种形式中,跨国公司"租用"当地公司的生产能力,避免建立自己的生产车间,并跨越了一些进口产品会遇到的障碍。比如说,芬兰的生产商诺基亚轮胎公司就与斯洛文尼亚的玛塔多(Matador AS)公司签订合同,每年生产 500 000 只轮胎,而这些轮胎将由诺基亚公司销售到整个欧洲汽车市场。

有些时候合同生产会选择市场潜力低,同时又具有高关税的国家。在这种情况下,当地生产具有优势,因为能够避免高关税,但是当地市场并没有足够的容量来容纳建立一个厂房的生产量。这些情况通常会出现在一些较小的国家,诸如中美洲、非洲和亚洲。合同生产也会在生产技术广为人知的领域大量使用。而在生产技术较为少见的领域,合同生产商还没能掌握必要的知识。如果研发或者营销对于产品的成功至关重要,合同生产就是一个非常富有吸引力的选择,尤其是当该行业产能过量,使生产成为该产品价值链上获利最少的部分时。然而,除非能够找到合适的当地生产商,否则合同生产的变数仍然很大。

2) 组装

组装生产的方式指的是国际公司将生产过程的一部分放置在外国。最典型的就是将生产的最后一步在外国进行,通过提供海外运输的现成的零部件或者完工的部件生产(在化学和医药行业,最后一步指的是化学合成)。组装通常需要大量的劳动力投入,而不是资本或者装备的投入。有些时候东道国政府会通过禁止现成产品的进口或者对现成品多收关税的方式,来强迫公司建立组装工厂。

汽车生产商在许多国家都建立了组装工厂。通用汽车公司选择在主要市场建立整合生产单位,而在许多其他国家生产零散的汽车部件,等零散的汽车部件到达组装厂后,再在组装厂进行最后一步的生产。宝马的组装厂遍及印度尼西亚、马来西亚、泰国、菲律宾和越南。据宝马公司称,1 500 辆汽车的年需求就可以满足当地组装厂的生产成本。当地组装厂让宝马得以窥探水深,从而能够扩张进入那些具有高关税和当地阻碍,无法出口完整汽车的市场。

化学合成(compounding):专业术语,在化学和医药行业生产的最后一步。

3) 全面整合生产

建立一个完全当地化生产单位是一个公司对外国市场做出的最大承诺。建立一个工厂需要大量资本费用。公司只有在市场需求能够保证的情况下才会做出如此决策。国际公司在外国建立公司的理由可以有无数个。这些理由首先都会与市场需求和成本因素相关联。通常情况下,最主要的原因就是利用当地的低生产成本,从而为公司提供更好的基础来同当地公司或者其他现存的外国公司进行竞争。此外,高运输成本和关税可能会使进口货物缺乏竞争力。

尽管大多数生产开始从发达国家转向发展中国家,墨西哥的公司却逐渐将生产转向美国。杜邦公司(Dupont Company)将这些工厂都销售给了阿尔法公司(Alfa SA)。阿尔法公司正将这个前纺织厂改装成生产饮料罐和冰冻食物托盘的塑料的工厂。在短短十年之内,墨西哥就从在美国投资的第 33 位一跃成为第 6 位。阿尔法公司的例子揭示了为什么墨西哥公司看好在美国境内生产:

- 尽管在美国的生产成本更高,但在墨西哥生产会导致更长的运输时间;
- 随着美国公司逐渐撤出旧的、低技术行业,这些工厂显得相对便宜;
- 当地政府提供税收和创造就业机会的鼓励——在该例中,为 100 万美元;
- 阿尔法公司成功与工人进行交涉,在有些情况下甚至将工资减少了 25%。

建立当地工厂来获得或者防御市场地位。有些公司建立工厂来获得新的商业关系或者顾客。当地生产代表了该公司对该市场的郑重承诺,也是唯一的劝服客户改变供应商的方式。这在工业市场上通常至关重要,因为在该市场上选择产品或者服务时,服务和可信度是最主要的因素。在有些发展中国家,尽管随着贸易自由化和世界贸易组织的影响,建立当地公司可能不再是进入该市场的要求,但是这一要求还是存在的。

在其他情况下,公司在国外建立工厂是为了保护通过出口获得的市场。这些市场受到政府保护性政策或者汇率变化的威胁。追随已经建立的客户群体也可能成为建立国际工厂的一个原因。当顾客进入新的市场时,产品和服务的供应商也会随之进入。德语广告(Deutsch Advising)是一家北美广告公司,它与诺华(Novartis)公司在美国的防腐药物拉米希尔(Lamisil)有合作。后来诺华进入了意大利、德国、英国和瑞士,该广告公司也随之进入。

将生产移至国外以节省成本。公司将生产移至国外也可能是为了节约成本,保持竞争力。为了在重要的美国市场上与美国和日本的汽车生产商进行持续竞争,德国奔驰在美国开设了一家工厂,因为美国在所有发达国家中总的劳动成本、零部件和运输成本是最低的。

有些产品若要进行长途运输,成本将会非常昂贵,这使它们成为出口的冷落品。新鲜橙汁就是其中一种。巴西如今是世界上最大的橙汁生产国,而美国要消费世界上近 40% 的橙汁。美国市场对于新鲜、价格较高的非压缩橙汁的需求量非常大。而这些新鲜的产品运输成本非常高,因为它含有的主要成分是水。巴西橙汁公司就在佛罗里达州买了地来种植果树,来自巴西的跨国公司不久就占领了该州近一半的橙汁行业。

有时候,跨国公司在中国台湾、马来西亚、泰国和其他国家拥有外国工厂时,并没有决定在这些工厂的帮助下进入市场。他们将厂房放置在这些国家,是为了利用当地有利条件来减少生产成本,并将产品在其他地方销售。这种策略被许多美国公司广泛采用,最近也受到日本和欧洲公司的青睐。森永乳品(Morinaga),日本首屈一指的乳制品公司,在中国建立了一个新的奶粉生产工厂,其主要目的并不是进入中国市场,而是建立一个低成本基地,以便获得其他亚洲市场的份额。这种采购或者生产决策在本质上并不一定与公司的市场进入策略相关联,但可能会对该公司的全球市场竞争力造成影响。

生产与公司间的相互许可。尽管跨国许可原先是作为公司在外国生产的一种选择,如今它也可能与公司自身的生产相关联。如果版税还比不上收回利润的税收,公司可能会将商标或者技术以许可的方式授予自己的生产子公司。这种安排也会在下面的情况中出现,即当分公司并不是该公司的全资子公司,而是有一个当地合伙人的情形。与自己的联营公司签订许可合同可以给跨国公司带来更多、更有保证的回报。

# 9.3　所有权策略

正如我们所提到的,在外国投资的公司也面临着所有权问题。它们想要设立全资子公司还是联营企业?当然,它们也可以选择长期合同关系,或者战略联盟。每一种选择各有利弊。因此,大多数公司会采用这些所有权策略的相互组合。比如,以色列的施特劳斯(Strauss Group),志在成为世界咖啡市场上的一方霸主。它的首个海外投资就是巴西,在那里,它收购了一家大型咖啡生产商50%的股份。但是,在东欧地区,该公司选择了建立自己的咖啡生产工厂和销售设备。

## 1. 全资子公司

全资子公司是在东道国运营,但是由外国母公司全资拥有的公司。为了进行全资子公司的运营,母公司必须拥有必要的资本投入。当然,全资子公司拥有自己的优势。母公司可以自由管理所有子公司的战略部署,也能够留有子公司的全部利润,而无须与其他合作伙伴分享。基于以上原因,具有战略重要性的国家市场都可能是全资子公司的良好选择。这种全资子公司也很容易整合成一个全球网络。比如,一个母公司很容易就将美国出口市场分配给自己在中国台湾的全资子公司。但是,如果相对生产成本和运输成本发生变化的话,该公司就可以将美国市场从中国台湾分公司抽离,将该市场分给在墨西哥的全资子公司。而在这一行动中,没有中国台湾伙伴会跳出来反对这个举措。

然而,全球营销者都应该谨慎,不要将外国子公司的所有权等同于控制该子公司。据一份针对倒闭的全资海外子公司的调查显示,在这些子公司内的当地管理都涉及威胁整个跨国公司经营的战略。这些活动包括:盗用资金,装备,库存;乱用经费开支;未经允许将品牌名称注册给第三方;甚至盗窃财产信息给竞争对手。只有当总部有足够的能力和远见来支配子公司的全部经营时,全资子公司才可以由总部来控制。因此,跨国公司要想成功进行海外运营,除了对全资子公司给予足额的财政支持外,还要投入大量的时间去管理经营。

## 2. 联营

如果公司没有足够的资源投入全资子公司,或者东道国政府明令禁止,公司可以考虑和一个联营伙伴一起进入该市场。在联营中,公司邀请一个外部合作伙伴加入新公司。通常情况下，另一个伙伴是指该东道国市场上的一个当地公司或者个人。合伙人之间投入的资产多少不一，不同的投入会使合伙人在公司中占到不同的地位。

一项对跨国公司的调查显示，被调查的公司都在外国市场上有不下 4 家联营企业，其中一家公司甚至有 385 家联营企业。但是，如今的联营企业已经不如过去辉煌。联营企业曾经代表了美国 29％的海外投资。但是有证据表明，这一百分比现在已经降至 20％。即使是在发展中国家，联营企业曾经占到海外投资的 60％，而如今新的联营企业数量正在大幅下降，许多现存的联营企业也正走向结束。

联营企业会失去众人的青睐有若干原因。为了达到控制的目的，跨国公司往往更喜欢全资子公司；一旦联营的合作对象获得了部分掌控权，该跨国公司就无法独立运营。而这有时候会导致联营企业的低效率和责任争议。如果一个跨国公司严格限定了预算、计划、生产和营销的程序，要使该联营公司接受完全相同的方法可能比较困难。问题出现的另外一个原因是，合作伙伴想要使分红最大化，而不是重新投资，或者联营企业要增加资本投入，而其中一方无法获得相应的资金。

另外有个不利趋势就是，当地的合作伙伴开始与自己的外国合作者竞争。因为在将技术转移给联营公司时，该技术很可能被当地的母公司所采纳并在联营企业之外运用。通用公司和上海汽车工业公司成立了 50－50 的联营企业，为中国市场生产别克、凯迪拉克和雪佛兰。该联营公司曾非常成功。但是，上海公司逐渐成为通用越来越大的竞争对手，因为该公司获得通用的技术之后，就开始引进自己的生产线。

这也正是平行公司现象带来的忧患。平行公司是一个联营企业的当地合作伙伴或者管理者独立设立的公司，目的是获得外国公司的技术、市场信息和品牌效应。这些公司在理论上是不合法的，但是，因为法律漏洞的存在，通常能够有效地和该联营企业竞争。比如，一家著名的调味品生产商发现，中国联营企业的一个管理者用跨国公司的瓶子和品牌标签来销售自己独立工厂生产的产品。该公司试图用合法方式来关闭那家平行公司，但是失败了。该公司只好与该管理者签订协议，请该管理者停止生产。

平行公司(parallel firm)：联营企业的当地合作伙伴或者管理者设立的公司，通过使用联营企业的技术、市场知识和品牌与该联营企业进行非法竞争。

设立联营企业的原因。尽管联营企业会给外国公司带来很多问题，但是它也会带来很多优势。在有些市场中，东道国政府禁止设立全资子公司，和一家当地公司联合经营可能是唯一的选择。当中国最初向外国投资者开放时，中国政府就要求外国投资者选择一家当地伙伴合作，而这些当地伙伴通常是国企。最近，越南政府促成了很多跨国公司与当地公司的合作，其中有很多产权分配并不与他们投入的资本相对应。

如果一家公司想要快速进入一个外国市场，联营企业就可以将有限的资本和管理资源杠杆化。表 9.4 给出了一些原因，解释为何当地公司会寻求跨国公司来建立联营企业。一项对墨西哥公司的调查发现，获取技术和与国际知名品牌的合作是当地公司寻求美国合作伙伴的最常见原因。在有些情况下，当地公司寻求国际大公司合作是为了加强自身的竞争力，从而阻止新的竞争者进入它们的本国市场。也有公司选择联营方式，是因为它们想要通过直接合作的方式来预防潜在的竞争者。

表 9.4　墨西哥公司寻求美国合作对象的动机

| 动　　机 | 百分比/% | 动　　机 | 百分比/% |
|---|---|---|---|
| 获取技术 | 71 | 减少成本 | 22 |
| 获取知名品牌 | 56 | 阻碍竞争者 | 20 |
| 合作对象的产品或服务知识 | 47 | 获取资本 | 18 |
| 获取产品或服务 | 40 | 获取营销基础设施 | 16 |
| 获取供应商 | 33 | 进入地理市场 | 16 |
| 进入新产品/市场领域 | 27 | 减少风险 | 13 |
| 短期信贷 | 24 | 扼杀竞争者 | 13 |
| 获取原材料 | 22 | 获取伙伴的地理市场知识 | 13 |
| 获得客户 | 22 | 获取长期信贷 | 11 |

资料来源：Reprinted from The Column Journal of World Business，Winter 1995，Kate Gillespie and Hildy J. Teegen，"Market Liberalization and International Alliance Formation：The Mexican Paradigm，" p. 63. Copyright © 1995，with permission form Elsevier.

经常性风险：联营破裂。并不是所有的联营都能够成功，都能够达到合作双方期望。各种研究显示，联营企业的不稳定性概率达到了 25％甚至 75％。结束一个联营企业的原因很多。有些时候是因为迫使外国公司采用当地合作者的法律被废除了。这一情况主要出现在中国。从而联营方式不再是进入中国市场的最常见方式，许多早期进入中国的外国合伙人开始寻求对联营企业的独占。联合利华原先在中国有 14 个联营企业，现在这些企业已经被联合利华悉数买回。与此类似，宝洁公司也买回了许多在中国的联营企业。星巴克也在中国撤消联营企业规定的第一时间内开始购回中国合作伙伴手中的联营企业。

尽管用联营方式进入国际市场相对快速且成本较低，当母公司掌握了足够的财力资源时，母公司可能希望增加自己在联营企业中的股份甚至是获得整个控制权。星巴克进行了快速的全球扩张，在短短 12 年内在海外建立了近 5 000 家咖啡店。在有些国际市场中，星巴克以联营企业方式运营。但是，该公司不久就增加自己在联营企业中股份，而且这一趋势正在增强。

有些时候合伙人的选择并不理想。克雷斯托(Cristal)，英国的一家食品安全咨询公司，专为世界各地的旅馆、食品加工厂和餐馆提供建议。在该公司的全球扩张中，联营起到一个非常重要的作用。但是在埃及，克雷斯托选择了一家著名的以工程闻名的公司，而不是旅游公司。在短时间内学习旅游行业和食品安全行业被证明是无法顾及的。克雷斯托公司不得不买回了合作伙伴手中的股份，接管了该联营企业的全部管理工作。

有时候，联营双方母公司之间会就联营企业的战略方向发生分歧。巴西电信公司是机遇公司(Opportunity，一家巴西当地公司)和意大利电信公司一起设立的联营企业。尽管该公司已经成为巴西最大的固定电信公司，巴西电信公司仍然身不由己，并为此走上了伦敦仲裁庭。意大利母公司希望联营企业快速进入移动电话行业，而机遇公司希望联营企业追寻更有利可图的行业，如成为网络服务供应商。两大母公司之间的关系变得越来越僵，双方都希望取得该联营公司的全部控制权。

但是，在有些情况下，联营关系会以友好的方式结束。日本的帝人公司（Teijin）和美国的分子模拟公司（Molecular Simulation，电子化工行业一个举足轻重的跨国公司）结束了联营关系。该协商结果规定，帝人公司将从分子模拟公司收到 100 万美元，至此该公司被分子模拟公司收购。帝人公司也乐于将联营企业中的股份售出，因为帝人公司已经达到了自己的目的——通过联营获得了电子化工行业的专业技能。但是，如果两大合作者对联营企业的价值评估差异太大，从伙伴手中购得全部股份会变得昂贵而复杂。

签订一份"婚前协议"往往是个明智的选择。但是，令人意外的是，很多联营协议事先并没有考虑到联营关系存在破裂的可能。美国电信公司和英国电信公司设立了一家联营企业，名为康索特（Concert），服务对象为大型跨国商业客户。签订该协议的一个前任美国典型公司主管曾断言，他是故意不签订退出协议的，目的是保证双方公司都对该合伙关系保持忠诚。但是，两年之后，该联营公司在一个季度内损失了 2 100 百万美元，双方都认定这是一个失败的例子。但是由于没有一份退出协议，该联营公司的资产——包括75 000 千米的纤维光缆——分配成了一个难题。

---

**世界脉搏 9.2**

### 达能的"娃哈哈"之痛

法国的达能集团通常会采用联营的方式，快速进入外国市场。当达能与中国的亿万富翁宗庆后合作后，该战略显得非常成功。达能与娃哈哈的联营占到中国瓶装水市场的 23%，这使达能成为中国最大的软饮料公司——甚至超越了可口可乐，因为后者选择独立进入中国市场。

宗庆后本身拥有该联营企业 49% 的股份，他从该联营关系开始后就一直负责该企业的运营。在该联营关系持续了 10 年之后，达能起诉他的合作伙伴克扣了该公司1 000 万美元的收益，并指出宗庆后经营平行公司，生产或者销售相同或类似联营企业的产品。该协议不久变得一片狼藉。达能起诉了宗庆后的妻子和女儿，帮助美国税务机关调查合作伙伴，并在法庭上要求冻结宗氏家族的海外资产。

整整三年时间，在七个国家打了 30 多场官司，达能终于扳回一局。宗庆后宣布，联营关系破裂，达能将自己在联营企业中的股份卖给宗庆后或者第三方。但是，双方对该联营企业的价值评判有数十亿美元的差异。

同时，达能集团宣布，未来在印度——另外一个亚洲的超级市场——将会摒弃合作伙伴，完全独立运营。达能与印度沃迪亚（Wadia Group）长达 13 年的合作也即将瓦解，因为达能与其就关于使用老虎这一饼干品牌的问题出现了分歧。达能将自己的股份都卖给了沃迪亚公司，并宣布在未来将在印度使用自己的品牌。

资料来源：James T. Areddy and Deborah Ball. Danone's China Strategy Is Set Back. *Wall Street Journal*，June 15, 2007, p. A10；James T. Areddy. Partners Fight over Wahaha in China. *Wall Street Journal*，July 28, 2008, p. B1；Jenny Wiggins. Danone and Wadia Part Ways. *Financial Times*，April 15, 2009, p. 17；and Court Quashes Wahaha Appeal. *South China Morning Post*，May 19, 2009, p. 2.

## 3. 战略联盟

最近新兴的一种现象是战略联盟。战略联盟可以包括任何公司间超越简单的销售交易而又没有达到全部收购的公司关系。因此，传统的跨国公司和当地企业的联营，甚至包括合同生产和许可协议都是联盟的一种形式。但是，战略联盟（strategic alliance）这一术语通常是指两个或者两个以上的公司加入一个联盟中，每一方都为联盟带去独有的技术或者资源——通常是互补的。最典型的战略联盟包括技术开发、生产或者分销。战略联盟的数量正随着公司全球化的加深而不断增加。随着公司夸张进入更多的公司，它们通常会采用战略联盟的方式加速进入各国市场，同时获取某个国家特定的资产或者技术。

战略联盟（strategic alliance）：其包含两个或者两个以上的联盟，每一方都对该联营投入自己的——通常也是互补的——技术或者资源。

### 1）技术联盟

许多联盟都集中在技术和对知识及发明的研发和分享上。结成这些技术联盟最常见的目的是获得市场，开发互补的技术，以减少将新创引入新市场的时间。

最擅长技术联盟的一家公司是东芝（Toshiba），一家大型日本电器公司。该公司的首次技术合作应该回溯到 20 世纪初，它和美国的通用电器公司签订合同，为通用电器生产灯泡的滤光片。自那之后，该公司就一直致力于与许多世界领先的跨国公司开展合作，许多甚至是公司自己的竞争对手。比如，微软、索尼和东芝联合起来，成立了手机联盟，开发出与英特尔相抗衡的手机芯片。索尼将该芯片用在播放电台上，东芝将此用在数码电视上，而微软将此用在计算机服务和剪辑上。

法国汽车生产商标致（Peugot）打破了世界大公司合并的行业趋势，成为世界上除日本外利润最高的汽车生产商。该公司管理人员指出，他们成功的秘诀是快速生产系列有创意的小汽车，而公司合并会使管理者因致力融合两大公司而放慢创新速度。与此相反的是，标致汽车依赖联盟伙伴来减少开发新零件的成本——如与福特联盟生产柴油发动机。

### 2）产品联盟

当今世界，很多基于产品的联盟已经形成，尤其是在汽车行业，公司致力生产零件来创造效率。产品联盟对咖啡零售商星巴克也有极大意义。在美国和中国，星巴克与百事可乐联盟，生产瓶装的卡布奇诺。即使是服务供应商也可以从产品联盟中获取利益。在运营上的国际联盟使航空公司能够提供更全面的服务，更多的航线选择，同时帮助参与的公司减少成本。比如，由 13 家航空公司组成的星际联盟（star alliance）一致同意，对空客 A350 和波音 7E7 采取标准规格，这使发动机、刹车、航空电子和其他替换装置的库存成本大大降低，这是联盟内部成员都能够分享到的一个优势。

### 3）分销联盟

将重点放在分销的联盟变得越来越普遍。通用磨坊食品公司（General Mills）是一家美国公司，主要销售早餐燕麦，一直以来在美国都是排行第二，大约占有 27% 的市场份额，而排行第一的一直是科隆（Kellogg），该公司拥有 40%～45% 的市场份额。因为该公司在美国以外没有什么市场地位，故它与瑞士的雀巢公司达成了一项全球协议。两大公司共同拥有全球谷物伙伴公司（Cereal Partners Worldwide）。公司获得了雀巢公司在欧洲、远东和拉丁美洲的分销渠道和营销技术。作为回报，通用磨坊公司提供自己在科隆公司竞争中获得的产品技术和经验。全球谷物伙伴公司是全世界范围内的责任单位，当然除美国之外。时至今日，全球谷物伙伴公司的销售额已达到了 14 亿美元，遍及 130 多个国家。

4）联盟的未来发展

尽管许多旧的联盟是建立在技术交换的基础上，且形成于生产性公司之间的，也有些极富创意的协议是由服务公司签订的。但是，它们中有很多在实际中都是存在期极短，并在世界各大公司之间频频变化的。这种现象在大型电信服务商之间尤其明显。其中一个这种联盟叫作世界伙伴（Worldpartner），其中包括了美国电信（AT&T），日本 KDD，新加坡电信（Singapore Telecom），欧洲联资（Unisource of Europe）——其本身就是若干欧洲公司的联合。该联盟为 700 多个国际客户服务，囊括 35 个国家。但是，美国电信决意与英国电信联合，导致该联盟被有效终结。

尽管很多联盟都是由世界许多行业组合而成的，这也不能决定这些联盟是否就能成就成功的联营企业。有事实证明，两个实力相当的合作伙伴成立的联盟比由一个占统治地位的伙伴形成的联盟更难管理。此外，很多观察者质疑由技术竞争者形成的联盟。促成一个联盟运行的一个条件就是，创造能够覆盖整个伙伴机构的各层关联，或者说是网络。

许多战略联盟都失败了。更令人意外的是，即使有些战略联盟是不可行的，也仍然能够有效运营若干年。比如，德国电信，法国电信和 Sprint 公司创立了一个三方联盟，叫作全球第一（Global One）。仅仅 6 年之后，该联盟就因为超出预期的损失和内部矛盾而解散了。研究显示，终止一个联盟的高成本、沉没成本以及过高的预期都会延迟一个联盟的终结。

# 9.4　合并与收购

国际公司经常会收购其他公司。但是，更快进入市场的需要使收购变得尤其有吸引力。随着金融市场的开放，上市公司的收购更为简易，也使收购这一现象愈演愈烈。即使是外国市场上的恶意收购也变得越来越常见。

通过收购一家现成的公司，母公司排除了从头开始建立生产和销售渠道的麻烦。购买一个知名品牌会使公司立刻在市场上得以立足，并占领市场份额。南非酒业（South Africa Breweries）用 34 亿美元向飞利浦莫瑞（Philip Morris）购买了米勒啤酒（Miller Beer）。该收购使南非酒业立刻进入美国市场，并且获得了知名品牌，如 Miller Lite，Miller High Life，Miller Genuine Draft，Milwaukee's Best. 该收购也使南非酒业稳稳占据了世界第二的地位，并与昂鄂瑟布什（Anheuser Busch）相抗衡。通过在意大利、中国和哥伦比亚的收购，南非酒业继续着自己的扩展战略。

当一个市场被著名品牌占有且充满了竞争者时，收购也是一个很有吸引力的战略选

沃尔玛通过在不同国家使用不同的所有权战略来实现国际化。但是,通过收购进入市场的方式已经变得越来越普遍。

择。新进入者会发现该市场很难进入,而一个全新进入者的投入会使整个市场更加富有竞争力,对全部竞争者来说,利润也会变得更微薄。易宝(eBay)花费了超过 16 亿美元的资金用于收购,其中有 1 500 万美元是用于购买中国的易趣网(Eachnet)。在有些极端的例子中,政府可能会限定只能以收购的方式进入市场,目的是保护萧条的工业。2001 年的埃及银行业就是一个很好的例子。在当时,政府只允许国际银行购买现存的埃及银行,并拒绝给予新的执照,以创立新的公司。

因为来自发展中国家的公司进入国际市场通常会晚一步,因而它们通常会采取收购的方式进入市场,包括进入一些成熟市场,如美国。墨西哥的宾波面包店(Bimbo)在本国是一个寡头垄断公司,当该公司扩张进入美国市场时,用 3 亿美元收购了得克萨斯州的贝尔德夫人面包店(Mrs Baird)。此后该公司又连续收购了加拿大和美国的若干家面包店,最终将宾波面包店打造成为世界第三大面包店。许多印度公司——在各个行业(诸如电信、汽车零部件和医药行业)——也正通过收购的方式进入发达国家。事实上,当印度撤销禁止外国资本进入本国的限定之后,印度公司在一年之内就花了 37 亿美元用于收购外国公司。

虽然海外收购具有优势,但是也会给全球营销者带来挑战。低价出售的公司往往会存在较大的问题。作为国际市场上的迟到者,许多中国公司选择了收购海外公司,尤其是发达国家的竞争性市场。中国的计算机生产商联想用 12.5 亿美元收购了微软公司的个人电脑分公司，但是在收购之前，该分公司已经连续四年累积损失达 10 亿美元。中国最大的汽车零部件生产商收购了美国公司 21% 的股份，而该公司在一年前已经倒闭。此外，中国的消费电器生产商 TCL 公司收购了 RCA 公司和汤姆森品牌，却发现他们薄弱的生产计划根本就赶不上市场技术的变化。收购发生后三年，TCL 的股价跌了 75%。

随着越来越多的公司希望通过收购来获取海外市场份额，竞争者们也试图阻止他们通过这种方式进入市场。美国冰箱生产商惠而浦公司（whirlpool Corporation）同意支付给自己的美国竞争者美泰克公司（Maytag Corporation）28 亿美元，目的是阻止中国的海尔公司收购梅塔克公司，继而在美国市场上获得立竿见影的优势。

# 9.5　进入策略的选择与设计

本章解释了国际公司和全球公司可以采用的各种进入战略。许多变量会影响进入战略的选择。通过对 600 多篇文章的分析发现，进入模式的选择会受到要进入国家的风险、文化差距、公司资产、国际经验和广告集中度的影响。但事实上，大多数进入战略包括多种形式的结合。我们将决定最好的进入战略组合的过程称为进入战略设计。

很少有公司会对某个国家采取单一的进入战略。一家公司可能会开设一家子公司，在当地生产有些产品，同时进口其他产品来扩张自己的产品线。该外国子公司还可能出口到其他外国子公司中去。在许多情况下，公司们会将这些进入形式捆绑成单一的法人单位，事实上是不同进入战略相互堆砌而成的。

战略捆绑指的是在一个国家或者市场内只有一个法人单位。换句话说，一个外国公司在一个国家之内只设立一家公司，所有的市场进入行为都在该公司的荫庇下进行。但是，这种战略已经不是很典型的进入战略——尤其是对大的市场来说——许多公司开始分散他们的运营。

当一个公司分散化经营时，会将该公司在一国的运营分散到各个不同的公司中去。负责生产的工厂可能会独立注册，与销售子公司分隔开来。这一情况发生时，公司可能会选择不同的所有权战略，如在某部分运营上采取联营方式，而在其他部分采取全资所有权。这种战略分散行为在大市场上行之有效，如美国、德国和日本。同时这也使公司能够同时运营若干平行公司或者平行产品线。ICI 是英国一家大型化工公司，在美国有数个子公司，这些子公司向英国公司回报不同的产品线，且各自独立运营。具有独立产品分布的全球公司会发现，每一分公司都要针对关键市场形成自己的进入战略。

进入战略设计（entry strategy configuration）：公司决定进入一个国家或者地区的最好战略的决定过程。

战略捆绑（bundling）：指的是一个公司将某个国家或者地区的全部运营单位结合成为单一的法人单位的行为。

分散（unbundling）：一个公司将某个国家或者地区的运营分解成不同的法人单位的行为。

# 9.6　退　出　策　略

有时候环境会使公司想要离开一个国家或者市场。不能达到预期的营销目标可能是其中一个原因。2008年当美国经济一片狼藉时，德国的DHL公司停止了美国国内的快件投递和运输运营，尽管国际运输仍然没有间断。但是，公司必须考虑到如果要结束在一个国家运营工作的高成本，公司就需支付大额的员工解散费，而且该公司还可能会在其他市场或者国家丧失可信度。

## 1．缩减合并

有时候国际公司需要进行合并。这可能意味着众多的工厂合并成更少的工厂。产品合并，如果不是与实际的市场退出相结合的话，并不是我们这里提到的合并。我们所关心的是，一个公司实际上放弃服务某个市场或者国家的计划。

如果一个公司无法在一个竞争性市场上树立自己的品牌，合并可以成为一个选择。欧洲零售商家乐福因为在墨西哥市场面临了强有力的当地竞争，而不得不退出了该市场。与此类似，雅虎也宣布退出五大欧洲市场——英国、爱尔兰、法国、德国和西班牙——因为它发现自己在这些市场上屈居第三，且与前面几个市场差距极大。拍卖被证明是非常适合在网上进行的，但是买者和卖者更倾向于大型网站，自然导致了网络市场上的寡头垄断。易宝，美国和大多数欧洲国家的拍卖领头人，同意付款给现存的雅虎网络，通过取缔广告和相关文字链接来推广易宝的欧洲销售网站。

当一个国际公司因债务缠身而无法脱困时，通常会进行市场缩并。为了偿还债务，必须放弃一些运营不善的市场，甚至成功的公司也会被卖掉来凑取资金。雅芳产品为了支付在美国的债务，以4亿美元卖掉了60%的在日本经营的成功企业。荷兰零售巨头阿霍德因为在欧洲出现了财务丑闻，致使放款人收回了公司110亿欧元的资金，该公司不得不退出了拉丁美洲市场。

## 2．政治顾虑

政府法规的改变有些时候也会造成一些公司离开一个国家。政治风险也会促使公司离开某个市场。Sainsbury是一家英国的连锁超市，在世界范围内有10万多员工。它通过收购埃及一家国有超市80%的股份，进入埃及市场。该子公司在第二年遭受了巨大损失，部分原因是货物清关问题和无法获得建筑许可。更令公司雪上加霜的是，反以色列者举行了针对所有在埃及运营的西方公司的抗议活动。进入埃及市场三年后，Sainsbury公司宣布即将退出埃及市场，并将自己的股份卖给了埃及伙伴，其损失在14 000万～17 500万美元。

# 9.7　重　新　进　入

有时候公司会撤销它们的退出决策，第二次进入某个市场。当政治环境改善时，这一情况就可能发生。DHL世界快递公司离开阿富汗市场长达15年，因为该市场一度前景迷茫。当市场环境发生改变时，这一情况也可能发生。当汉堡王与麦当劳在日本进行价格战之后，离开了日本市场。但是，6 年之后，当日本人开始消费更多的美国快餐时，汉堡王又重新进入了该市场。

有些时候公司只是简单地意识到它们进入某个市场的首次尝试是不合理的。唐恩都乐（Dunkin's Donuts）进入中国市场没几年，但是它们的糖果对中国人来说太甜腻了。该公司也低估了将咖啡销售给一个喝茶的民族的困难，而且它还古怪地与一家航空公司达成联盟，结果非常失败。离开中国市场 10 年后，唐恩都乐准备再试一次。在其他亚洲市场，如中国台湾的成功经验给了该公司更多的信心。这一次，唐恩都乐与一家致力于购物中心和餐馆建设的中国公司合伙。唐恩都乐进行了大量的产品测试，并减少了甜点中的含糖量。该公司在选择合适的经营店面上也下了很大功夫。甚至在该公司的中文名字选取上，也经历了数月讨论，最后才决定为"唐恩都乐"。中国，这个过去曾被抛弃的市场，现在显然是一个重中之重的市场。

当美国对阿富汗周边国家进行轰炸之后，私人保安队在巴基斯坦拉瓦品第一家肯德基餐馆外站岗。作为美国文化的标志，美国快餐连锁店有些时候会成为政治暴徒的袭击对象。一股暴徒就放火烧了巴基斯坦卡拉奇的一家肯德基餐馆。印度的暴徒作乱使肯德基不得不离开了该国市场。

对于你的目标市场来说，什么样的进入战略是最合适的？

# 总　　结

市场进入战略会对公司的全球战略产生深远影响。它们决定了一个公司能够进入的外国市场数目以及公司国际化的速度。它们影响一个公司在每个国家市场上能获得的利润和能承担的风险。它们甚至能够将责任转移给当地伙伴，从而能够集中力量在全球利益上进行开发。尽管市场进入战略决策非常重要，令人意外的是很少跨国公司能够认识到这一战略的重要性。对欧洲四个国家的 105 家公司调查显示，只有 36％的管理者关注过其他进入方法。选择最好的进入战略是复杂的，包含了许多要考虑的因素。这些因素的相对重要性随着行业不同和每个公司的战略目标而改变。同时也随着每个国家的战略重要性不同而改变。表 9.5 展示了有些关键因素，以及它们对不同进入选择的合适度的影响。很显然,没有一种选择是完美无缺的。

表 9.5　市场进入战略模式合适度条目

| 战略考虑 | 间接出口 | 直接出口 | 颁发许可 | 全资生产 | 联营 | 收购 |
|---|---|---|---|---|---|---|
| 进入速度 | 高 | 高 | 高 | 低 | 低 | 高 |
| 退出容易度 | 高 | 中等 | 中等 | 低 | 低 | 低 |
| 技术的快速变化 | 低 | 高 | 高 | 中等 | 中等 | 中等 |
| 资源需求 | 低 | 中等 | 中等 | 高 | 高 | 高 |
| 潜在利润 | 低 | 高 | 低 | 高 | 中等 | 中等 |
| 市场竞争密集度 | 低 | 中等 | 中等 | 中等 | 中等 | 高 |
| 全球网络整合性 | 低 | 高 | 低 | 高 | 低 | 中等 |
| 战略重要性国家 | 低 | 高 | 低 | 高 | 中等 | 中等 |
| 一般重要性市场 | 高 | 低 | 中等 | 低 | 低 | 低 |
| 文化差距 | 高 | 低 | 中等 | 低 | 中等 | 低 |
| 与东道国政府的融洽度 | 低 | 低 | 中等 | 高 | 高 | 中等 |

比如,市场进入速度在有些情况下是一个重要的考虑因素,如果一个公司处在一个产品面临高开发成本的行业,公司就希望在很多国家进行产品销售。如果该产品在很多市场上都不存在,公司就需要迅速扩张来赶超全球竞争者。这对产品生命周期较短的产品意义更大,如许多高技术产品就是如此。通常情况下,迅速在很多市场上出现的必要性要求公司寻求合作伙伴,因为公司自身没有足够的资金或者管理深度来独立运营。颁发许可、联营或者进入分销联盟都是极其富有吸引力的方式。

在任何情况下,管理者都必须决定他们能够,或者想要投入多少资源到一个市场上。这些资源包括增加或者重置生产的必要投入,以及与产品研发相关和营销战略实施相关的投入。出口或者许可经营不需要新的资本投入,或者只需要少量的额外投入来扩大当前生产。全资生产设施要求巨大的资本投入。联营和其他的联盟方式会减少研发、生产和销售的资本成本。另外一个重要资源是管理时间。直接出口可能不需要额外资本投入,但是比间接出口需要更多的管理时间。联营和联盟都能减少对这一重要资源的需求。

其他考虑因素包括获利性和弹性。出口给一个市场是否会比在该市场上生产产生更多的回报呢?在全球或者地区实行规模生产是否足以抵消运输成本和关税?颁发许可或者联营要求分享利润。如果一个国家的政治环境或者商业前景不明,就必须考虑一个进入战略的弹性。公司扩张进入一个市场或者撤出一个市场有多快?成本有多大?终止间接出口比关闭一个海外工厂更容易。伙伴关系或者颁发许可协议都可能会对市场内或者全球的未来行动造成限制。

公司必须考虑对不同国家采取不同的进入战略。对有些国家来说,建立一个销售子公司可能是最好的选择,但是对其他国家来说,联营可能是必须的选择。公司必须全力以赴,将资源投入最重要的全球战略性市场。它们必须考虑到,在该国的进入战略会如何影响该公司融入全球市场中去。

公司必须权衡不同进入战略的优点与缺点。即使一个公司明确了自己的战略目标，极少有进入战略选择会毫无瑕疵。政府可能会不允许理想的市场进入选择，迫使该公司不得不选择不甚理想的选择，或者完全撤出该市场。通常情况下需要公司做一些妥协。营销者们应当会经营各种进入战略，而且在未来还会开发出其他类型的进入战略来为全球营销者们提供新的机遇和挑战。

# 问题讨论

1. 为什么对公司来说，进入美国、中国和哥斯达黎加的战略各不相同？

2. 一个天生的全球公司（见第 1 章）与一个成熟的跨国公司的进入战略有何不同？

3. 对一个具有战略重要性的市场来说，为什么有些时候颁发许可是一种合适的方式，而有些时候又不是呢？

4. 存不存在"无过错"联盟终结？或者说，联营的解散都是由哪些失败因素导致的？

5. 如果一个公司退出一个市场，并希望在 10 年之后回归，该公司可能会面临什么样的挑战？

# 第四部分

# 设计全球行销规划

# 第 10 章

# 全球产品策略

章节提纲

## 10.1 全球环境下的产品设计
1. 标准化生产的优势
2. 产品改进的优势
3. 气候、基础设施及使用条件
4. 依文化偏好改进产品
5. 产品大小与尺寸
6. 成本与价格
7. 依产品性能与质量期望改进产品
8. 全球标准

## 10.2 全球市场条件下的包装和标签

## 10.3 全球保修和服务政策
1. 产品保修
2. 全球产品服务

## 10.4 管理全球生产线
探索产品生命周期

## 10.5 生产全球化产品

## 10.6 新产品在全球市场下的开发过程
1. 组织总部研发中心
2. 国际主导市场及研发
3. 外国子公司在研发中的角色
4. 从国外购买研发成果
5. 新产品来源：进口
6. 新产品途径：收购
7. 新产品形成：联盟

## 10.7 向全球市场引入新产品
1. 观念检测
2. 试验营销
3. 新产品引入时间安排

总结
问题讨论

**学习目标**

学完本章,应该掌握:

- 列示产品标准化生产和产品改进的优点;
- 区别命令式产品改进与自由式产品改进;
- 解释全球产品标准与通用管理系统标准的概念;
- 解释为什么产品线在各个国家之间各不相同;
- 解释模块的定义和它对全球产品研发造成的影响;
- 比较并对比跨国公司总部和子公司对产品开发的不同角色;
- 解释主导市场的重要作用,并阐明其对产品开发的重要性;
- 解释公司如何通过收购研发机构或者从其他公司引进新产品来获取新产品;
- 讨论公司为了产品研发所做的收购、联营和联盟各有什么用处;
- 解释将新产品引入全球市场的过程,包括概念测试、营销测试和新产品引入时间安排。

在过去,一部好莱坞大片在某些国家上映可能要花费 7 个月。而如今,这个时间已经被缩减至 60 天。互联网是创造这一新速度的其中一个原因。电影在美国一上映,外国顾客就通过亚马逊等网络零售商来购买 DVD 版电影。在许多情况下,这些电影还尚未在其他国家市场上映。此外,世界各地的影迷们还可以在网络上获取电影的宣传片。这些宣传片甚至会出现得比本国上映时间更早,为观看这些电影而等待数月时间会挫伤外国消费者的热情。

但是制造一部全球上映的影片并非易事。当环球公司制造了影片《圣诞怪杰》(*Dr Seuss's How the Grinch Stole the Christmas*)时,在制片之前曾意识到该电影将会被翻译成 30 种语言。但是,索斯的作品出现了特殊问题,因为其中的语言技巧很难翻译。有些语句翻译过后完全变了味儿,当地的翻译者不得不进行调整。在有些情况下,对于索斯自己编造的新词,译者还可以通过造出自己的词来保留部分韵律。在西班牙语中,格林奇居住的"Pontoos"山脉被改成了"Pontienes"山脉,为的是与"los quienes"(在西班牙语中是"谁"的复数)相押韵。此外,通过修改英文原版的电影,也或多或少地避免了翻译问题。索斯的长篇叙述被大片省略,而换上了新的简短对话。

本章讨论改进产品以适应全球市场的相关问题。在本章中,我们一开始探讨在广袤的市场中,阻止使用统一或者标准产品的许多环境因素。接下来的部分集中于包装和贴牌,产品保证和不同国家的产品线管理。本章通过讨论全球产品开发作为总结。

## 10.1　全球环境下的产品设计

在全球营销中的一个首要问题是,一个公司的产品是否能以当前形式销售,还是需要针对外国市场要求做一些改进。表 10.1 列示了标准化产品与改进产品各自的优势。各个市场统一的产品有自身的一些优势。标准化可以帮助公司实现规模生产,加快投入市场的速度。在有些情况下,标准化生产甚至能够更好地服务消费者。另外,改进的产品可以更好地迎合消费者需求。

**表 10.1　标准化产品和改进产品各自的优势**

**标准化优势**

通过规模经济,降低生产成本

通过批量采购,降低买入成本

无须改装产品发生相关费用,如市场调查、设计和制造,从而节约成本

因为无须花费时间来做产品改进,能够快速生产

国际客户可能更喜欢世界范围内的相同产品

标准化产品可能加强客户对全球品牌的认知

**改进产品的优势**

强制性改进产品能够进入有些封闭的国家市场

产品可能在不同的设施和气候下都能够使用

在不同的使用环境下,改进产品能够显示出更好的性能

通过变换当地的原材料投入,产品成本可能会降低

通过减少不必要的产品外观,产品成本可能会降低

通过更好地迎合行业标准和消费者偏好,可以获得更好的销售量

## 1．标准化生产的优势

如果一个标准化产品能够在许多国家销售,就可以实现产品的规模化生产。规模经济随行业不同而不同,但是由于规模经济的存在,会使产品以更低成本生产。因此,公司就能以更低的价格出售,从而很可能增加自己的市场份额。而另外一种选择是,公司保持价格不变,以获取更多的边际利润,反过来可以支撑更高的销售和研发投资。

如果一个产品需要较高的研发成本,但是有一个较短的产品生命周期,如许多高科技产品,它可能需要快速进入全球市场。换句话说,公司必须在许多市场上销售大量产品,从而在产品过时之前收回投资。而在不同的国家市场上改进这种产品会费时太久。

此外,如果买者本身也是国际公司,他们可能更喜欢全球范围的标准化产品。这种对标准化产品的喜好有时候也会出现在消费者市场上。当电视连续剧《辛普森一家》(*The Simpsons*)的阿拉伯版首次在阿拉伯上映时,荷马(Homer)还在斯布林菲尔德的核电厂工作,和他病态的家庭居住在一起,包括他的不孝子。但是,荷马并不逛酒吧,也不吃咸肉,他喝的是软饮料而不是啤酒。这些由于文化敏感性而做的相应改变,被在美国的阿拉伯人看到后,批判说这些文化改装毁了这部电视剧。与之相反,当冷石冰激凌进入日本市场时,并没有进行敏感的文化改装,如提供绿茶冰激凌等。它保留了美国的标志性口味,比如棉花糖和蛋糕面糊,为的就是在当地竞争中脱颖而出。

产品生命周期(product life cycle):一个产品随时间推移所经历的市场阶段——引入,成长,成熟,衰退,退出。

## 2．产品改进的优势

尽管标准化生产有自己的优势,但是很多产品仍然需要针对不同国家市场做出相应

改进。即使是有些长期反对产品改进的营销者们也开始承认改进的必要性。尽管数年来，人们一直坚信国外买者已经适应了法国葡萄酒的口味，法国波尔多的酿酒商放弃了这一传统，开始研发全球消费者都喜欢的葡萄酒——更清淡、果味更重的葡萄酒。这一战略扭转了 5 年来的销售下滑，该区域的葡萄酒出口商也在一年之内增加了 26%。

互联网公司也需要进行产品的改装，尽管那些公司只是虚拟进入国际市场。简单对网页进行文字翻译是不够的。人们是从右到左读还是从左到右读？从上到下还是从下到上？他们喜欢什么颜色和形状？这些问题的答案会极大影响网站的页面排布和标志的运用。政府和社会的什么标准会影响网站内容？美国网络公司会习惯性地改变它们在亚洲的网站内容，通过自我审核，防止冒犯当地政府，尤其是在中国、新加坡和马来西亚，这些国家都对网络准入有严格限定。

很多产品改进是自由化的，也就是说，公司可以选择做这些改进，也可以不做改变。但是，在有些情况下，产品的改进是强制性的。产品要在某个当地市场销售，就必须做出改进。有些强制性改进是为了区分外观。比如，消费电器必须针对不同的电压、交流电和电器插座设计做出改进，因为这些条件在不同国家都是不相同的。

但是，大多数的强制性改进都是为了符合国家法律标准。比如，一家法国法庭要求雅虎网络禁止法国用户进入美国纳粹纪念品网站，从而创下了一个先例，即在全球范围内运营的互联网公司必须遵守各国自己的标准。该判决通过一个关键词过滤系统，阻止法国公民浏览销售纳粹物品的雅虎网站，雅虎公司获得三个月时间来执行这项裁定，不然将受到每天近 13 000 美元的罚款。

有时候自由化改进也会变成强制性改进。微软公司原先拒绝将自己的软件翻译成冰岛语，因为该语言的受众只有 27 000 人。没有这种翻译，冰岛的客户明显能够使用该种软件。但是，当冰岛政府强制要求微软翻译时，该公司也只好同意，除非它想离开该市场。

选择每个市场上最需要的产品特色对于全球营销者来说是一项复杂的决策。该方法的选择应该包含对许多因素的全面考虑，这些因素可能是强制性的，也可能是自由化的。具体说来，这些因素包括：气候、基础设施和使用环境；文化偏好；大小和成本考虑；性能和质量标准。

自由化改进（discretionary adaption）：一个产品的改进是可以选择的，但是很可能是某个市场的需要。

强制性改进（mandatory adaption）：一个公司为了能在某个国家或者地区销售产品，对产品进行的必要改变。

## 3. 气候、基础设施及使用条件

国际营销者们通常为了迎合某些物理特性而对产品做出改进，如区域气候和基础设施的变化。沙特阿拉伯的空调所运行的环境比很多美国环境更加炎热，而且尘土飞扬。油漆必须根据不同的气候环境做出改进，如高温、严寒、潮湿和刮风。汽车生产商必须考虑，汽车是在街道的哪一边行驶的——靠左还是靠右——据此来调整方向盘所在的位置。比如，英国和日本的驾驶员靠左行驶。包装食品的营销者必须考虑一国的分销基础设施如何。产品在分销渠道上要停留多长时间？仓库是否有空调，卡车上是否有冷冻装置？大多数巧克力如果没有低温储藏，就会损坏。一个世界范围内的工业刹车生产商甚至为了迎合原材料供应状况而对产品做出了改进。该公司通过改变原材料进口国家来维持精准的产品性能标准。

为了适应不同市场不同的使用标准，产品也可能需要做出改变。宝洁公司为了适应日本市场上不同的使用标准，不得不对奇尔（cheer）牌洗涤液的成分做出了改变。该产品最初在做宣传时指出它能够在所有温度下使用。但是，许多日本消费者在冰冷的水龙头下，甚至是剩余的洗澡水中洗衣服。日本人还喜欢在衣服中加入布织软化剂，而这会稀释洗涤液。宝洁公司调整了该洗涤液的配方，从而使该洗涤液能在冷水中和布织软化剂下更有效地发挥作用，产品定位也转为冷水中的强去污能力。

在有些当地市场中，顾客可能会希望一个产品具有一个与最初设定的目标不同的性能。一家美国的园艺工具出口商发现，日本人将该公司的电池修剪机用于修剪他们的小草坪。因而，电池和发动机都无法长久使用，因为他们本不是这样使用的。由于日本消费者需要不同的功能，设计上的改进就必须发生了。

## 4. 依文化偏好改进产品

依据文化需求做产品改进通常是自由的改进。但是能否了解文化偏好并据此做出产品改进对能否成功进入当地市场至关重要。依据各国的流行趋势和品位的不同程度，公司通常会改变它们的样式。比如颜色应该反映每个国家的美学价值观。对日本人来说，红色和白色都有幸福的寓意，而黑色和白色则是丧事的象征。绿色在马来西亚是不受欢迎的，因为它往往与原始森林和疾病联系在一起。美国的纺织品生产商在一开始经营出口业务时，就清醒地用颜色来迎合当地消费者的需求。比如，洛温斯坦公司成功将色彩鲜艳的纺织品出口到非洲。

典型的日本家庭要比美国家庭小，从而创造出对小家电的需求。

一个产品的味道和声音也可能会随着国家不同而不同。草莓味的洗发水在中国并不畅销，因为消费者们尽量避免使用闻起来像食物而实际上并不可吃的物品。工作人员不得不改变了原先为日本人设计的程序,该程序在使用者试图做一些不可行的事情时会发出"砰"的一声。但是日本办公室的工作人员抱怨说,当他们犯错时其他员工也会听到,这使他们感到很羞愧。这"砰"的一声就被取消掉了。

正如我们在第 3 章中所看到的,食品是一个很有文化特色的产品领域。在中国,雀巢的威化小吃是以不同的口味销售的,如芝麻味,红豆味,目的是迎合当地口味。雀巢著名的速溶咖啡,有 200 多个不同的品种——这甚至超过了它所销售的国家数量。在有些国家市场内,产品的改进是必须的。在瑞士,讲法语的瑞士人喜欢浓的黑咖啡,而讲德语的瑞士人更喜欢淡的牛奶咖啡。

与食品相关的文化差异可以衍生到口味之外。正如我们在第 3 章中所讲到的,宗教也会影响人们吃什么,不吃什么。其他传统的信仰也可能会要求产品做出相应改进。福利托雷(Frito-Lay)很奇怪,为什么它的薯片夏季在中国市场卖不出去。经研究发现,中国消费者将油炸食品,诸如薯片,与"阳"联系起来了,而按传统的中医理论来说,"阳"会使身体产热,从而应该在炎热的夏季里避免接触。于是该公司引入了淡妆素裹的"凉柠檬"。新的柠檬薯片成为该公司在中国的热销品。总体来说,同一品牌的食品在美国销售时,与在中国、日本和欧洲销售时相比,往往会具有更高的热量、含钠量和甜味添加剂。

即使是事实知识也免不了闪着文化之光。微软的网上字典,Encarta,在法语版列出欧洲最高的山脉,勃朗克山峰的高度是 4 808 米(15 770 英尺)。而在荷兰版,该山峰的高度是 4 807 米。而意大利人认为正确的高度应该是 4 810 米,因而意大利版的字典也是如此说的。

## 5. 产品大小与尺寸

瑞典家具和家用品公司,宜家(IKEA)家具进入美国市场三年后,决定放弃小型的欧洲标准的家具和床上用品,并针对新市场开发大号的产品。一个美国家庭平均有 1 800 平方英尺,是平均欧洲家庭的两倍。在美国家庭中,大家具更为合适,甚至是喝水的玻璃杯也要大一点,为的是能够容纳冰块,而这在欧洲是很少用到的。

即使其他的设计特色并不需要改进,但是产品大小和尺寸可能还是需要变化的。产品大小会受物理环境和提供的空间大小影响。在许多国家,有限的居住空间使小型的家用电器成为必要,而在其他国家诸如美国,人们居住在更大的房间里,自然会使用更大的家电。最近,美国产的主要电器都通过打折渠道进入了日本市场。尽管按国际标准来说,销售量并不大,有些富有的日本消费者更喜欢这种大型家电。但是,有些消费者在购买之后又退回了该产品,因为他们无法将冰箱搬进他们的公寓大门。

不同消费者的不同身体特性也会影响产品设计。瑞士手表生产商经过多年才掌握如何使它们的表带适应不同的手腕大小。比如,日本人的手腕就比美国人的要小。一家意大利领头皮鞋生产商在出口皮鞋到美国时也有相似的经历。该公司了解到,美国人的足踝更厚,足更窄小,扁平。该意大利公司为了生产更合脚的鞋子,决定对产品的设计做合适的改变,以便使美国顾客获得舒适感。

另外一个重大决策,尤其是对美国公司来说,是在外国销售产品时要选择米制还是非米制单位。世界上大多数国家都是采用米制单位的,但是美国是少数没有采用米制单位的国家之一。公司必须经常将非米制单位转换成米制单位(或者反之),以帮助消费者了解产品的设计。在有些情况下,公司为了迎合法规要求,必须将它们的产品规格改成米制。

## 6. 成本与价格

在有些市场上,许多潜在顾客的可支配收入极少,包装食品生产商通常会决定使用更小的包装,为消费者提供低价、买得起的产品。在拉丁美洲,25％的人口的每天花费不到2美元,巴西雀巢将波诺饼干的包装大小从200克减少至149克,该产品的销售量在一年之内就上涨了40％。在印度,联合利华的子公司将阳光丝绸洗发水包装成瓶,销售给社会上层人士,而包装成一次性小包的销售给买不起瓶装的消费者。与此类似,联合利华在好几个亚洲国家都引入了一种迷你除臭剂,因为发展中国家的很多消费者只有在特殊情况下才会购买除臭剂。

另外一种减少成本的方式是研发能在多个国家销售的产品。联合利华创造了一个研发团队,来开发一种叫作 Cubitos 的产品(浓缩的肉汤丁),以迎合发展中国家的消费者。该小肉丁遇到食物即化,可以作为一种食品添加剂,而成本大约为每片2美分。当断定出在大多数国家最符合消费者的口味是肉、大蒜和洋葱时,该公司在 25 个国家批量生产这种新肉丁。

为了能够维持较低的价格,公司除了改变产品的大小,也可以改变产品的物理特性。宝洁公司一直在考虑,发展中国家的消费者能够支付起多高的价格。然后他们就根据这些价格目标来设计产品。为了维持 Ace 肥皂较低的成本,宝洁公司从配料中删除了酶。但是,全球营销者们也应该意识到,随着发展中国家消费者收入的增加,他们也要求更大、更好的产品。在中国,这个世界第二大汽车市场上,消费者越来越多地购买高档车型。

## 7. 依产品性能与质量期望改进产品

生产商通常会根据国内的性能期望来设计产品。这个期望在其他国家可能并不适用,有时候还需要对产品做出一些改变。有些公司为了迎合外国市场上不同的质量标准而竭尽所能。德国汽车生产商宝马公司发现,日本顾客要求最高层次的质量。最典型的是,运输到日本的汽车都要完全重新刷漆。消费者不能容忍任何一个微小的瑕疵。当要求进行其他服务时,往往是公司在顾客家门口拿车,服务完成后再运送到顾客家门口。

对外国市场的产品质量或者性能进行加强(如果需要的话)的必要性正显得越来越明显。对公司来说,对产品进行简化的机会通常不太明显。在发达国家设计的产品通常会超出发展中国家所需要的性能要求。在这些市场上的消费者可能会喜欢更简单的产品,不仅是为了节约成本,也是为了保证在产品的生命周期里获得更好的服务。人们批评公司销售的产品性能过于复杂,简单的性能本可以满足要求。有些跨国公司正在处理这一问题,比如,当菲利普斯为印度的农村消费者设计产品线时,就集中于削减产品特色,为的就是发送不贵的产品,诸如上发条的收音机和最简单的电视机。当然正积极弥补这一市场差距的还有同样来自发展中国家的公司,它们当前的技术水平正与该市场上的消费者

减小一个产品的型号，让人们买得起，在发展中国家是一个成功的战略。在巴西，当雀巢公司将波诺饼干的包装大小从 200 克减少至 149 克时，该饼干销量剧增。

需求相似。例如，埃及当地公司生产的产品没有华丽的外表或者铺张的包装，目的就是将产品定位在较低的价格上。

　　当然，来自发展中国家的生产商试图进行海外销售时，也会面临相反的挑战。他们必须增加他们产品的性能，以迎合发达国家的标准。在墨西哥，生产具有竞争力的高质量产品供出口已经成为整个国家的热潮。大型公司，诸如阿尔法公司和墨西哥水泥公司，都已经和大学联合起来，设立各种项目，用顶级工程师来支持墨西哥工业。这一努力已经有了回报。加入北美自由贸易区 15 年以来，墨西哥的出口增加了不止两倍。

## 8. 全球标准

　　不相同的国家标准既会帮助全球竞争者，也会阻碍全球竞争者。手机行业的不相容技术意味着只是简单制造电话听筒是很难在世界范围内竞争的。缺乏国际标准也影响了电影行业。恐怖片《汉尼拔》在全球范围内的票房收入高达 23 000 万美元，但是影片中同类相食和肢解的镜头在意大利遭到了抗议，因为它的影片评定是针对所有观众的。在美国，17 岁以下的少年是要和成人一起观看的，但是有人看到 8 岁以下的孩子也和父母一起进去了。在西欧国家，观众必须年满 15 岁——可以没有陪同的成年人。但是在葡萄牙和乌拉圭只需 12 岁就可以。

随着全球商业的发展,对有些物品采用国际标准是有好处的,如信用卡、螺丝、汽车轮胎、纸张大小和 35mm 的电影的速度解码。当你试图在不同国家插上一个吹风机的插头时,国与国之间的差异变得更明显了。在每个国家之内都有国家标准局来维持一致,仍然需要有一个国际机构来协调各国之间的标准。

1) 自愿性标准

许多国家都有机构来设定产品或者商业实践的自愿性标准。例如,加拿大标准协会和英国标准协会设定了产品设计和测试的标准。如果生产者遵守这些标准,购买者可以确定这些产品质量是符合国家标准水平的。

欧洲的统一促使欧洲人意识到形成各国标准的必要性。在有欧洲标准的领域,符合标准的生产商就可以在产品上加上欧盟证书的标志。欧盟内外的公司都可以使用欧盟的证书标志,但是它们必须能够证明它们是遵守标准的。

与欧洲的标准设定过程相比,美国的过程较为零散。在美国,有 450 多家不同的标准设定团体,由美国国家标准协会随意协调。当 450 多家中的任一家设定了一个标准时,美国国家标准协会就会注册该标准成为"美国国家标准",如今该国已经有 11 000 多条标准。

国际标准组织位于日内瓦,成立于 1947 年,目的是协调全球标准的设定。国际标准协会是一个非政府组织,是一个由来自大约 140 个国家的标准组织形成的联邦。每个成员都是"本国最具有代表性的标准"制定者,每个国家只允许有一个成员。国际标准协会设定的大多数标准都是非常精确的,比如电影的解码速度、电话卡和银行卡的形式等。国际标准协会对于集装箱构成的标准使世界范围内的运输成本大大下降了。

为了设定一个国际标准,来自不同国家的代表们齐聚一堂,试图通过一个统一的标准。有些时候他们会采纳由某个国家提出的标准。比如,在 1987 年,英国质量标准(BS5750)被采用成国际标准(ISO9000)。这一标准具有革命意义,因为它是一条普遍管理系统标准。作为这种国际标准的首条,ISO9000 保证了一个组织可以持续销售满足消费者要求的产品或者服务,因为公司遵循一流的管理系统。换句话说,公司具有高质量的管理。ISO9000 可以适用于任何组织,无论组织是大是小,也无论它销售何种产品或者服务。ISO14000 是一条类似的普遍管理系统标准,尤其针对环境管理。符合这一标准的公司必须展示它们对环境造成了最小的损害。

普遍管理系统标准(generic management system standard):一个国际标准,包括一整套的公司行为,如果公司选择遵守的话,就可以获得相应的证书。

世界脉搏10.1

**翻　车**

当欧洲人在加固他们的车顶棚来承受翻车或者空中飞人时,他们的美国同行正使用一个并不严密的安全测试,甚至在 50 年内都没有做出改变。美国汽车生产商声称,他们的顶棚符合欧洲标准。但是,由通用汽车公司在 20 世纪 60 年代设计,国家高速公路安全局进行的测试,要求汽车在测试时的挡风玻璃必须保持完好无损。翻车时,当车顶最初撞到地面时,挡风玻璃通常会破裂,而如果没有挡风玻璃的话,车顶会丧失10%～40%的结构强度。在美国,很多风靡的小汽车在单车事故中都有翻车的可能,而在 42 000 例道路死亡中,有 1/4 是死于翻车事故。

欧洲并没有车顶强度标准,但是所有三家美国汽车生产商的附属公司——通用的萨博,福特的沃尔沃和丹瑞克莱斯特的奔驰——都选择将它们的汽车通过严酷的车顶测试。萨博通过将汽车开进一堆电缆中来模拟撞上麋鹿,以测试汽车性能。在过去 20 年,德国交通事故死亡数量下降了 70%,而在美国只下降了 20%。

美国汽车生产商开始越来越多地打价格战,他们纷纷抱怨在安全创新上的定价有问题。然而,美国政府将车顶强度标准加倍了。到 2017 年新车顶棚必须遵守这一标准,而这会增加汽车的重量。具有讽刺意义的是,增加的重量将使汽车生产商更难遵守美国政府设定的燃料节省标准。

资料来源:Aaron Bragman. U. S. NHTSA Roof Crash Standards Improvement to Cost US＄1. 4 Billion Annually. *Global Insight Daily Analysis*, May 5, 2009; US Will Require Stronger Roofs. *Global and Mail*, May 7, 2009; Stability Shouldn't Be Optional. *Business Week*, August 30, 2004, p. 50; and House Energy and Commerce Subcommittee on Commerce, Trade and Consumer Protection Hearing. Auto Safety: Current Mandates and Emerging Issues, *Congressional Documents and Publications*, May 18, 2009.

2) 强制性标准

有时候产品标准并不是自愿采用的,而是法律规定的。在这种情况下,为了进入市场而对产品的改进是强制性的,而非自由的。通常来说,这些强制性标准包括产品质量与安全、卫生和环保。符合这些标准会增加产品的成本,但是不遵守这些标准会将一个公司挡在一个重要市场之外。比如,意大利糖果巨头 Ferrero 公司生产的 Kinder Eggs 在一百多个国家都极受欢迎,在 ACNielsen 全球著名品牌榜上也是赫赫有名。但是它们在美国是不符合法律标准的,该空心巧克力蛋被包在橙色和白色的金属薄片中,内含复杂的塑料或者木质的玩具小奖品。按照美国消费产品安全委员会标准,这意味着消费者可能会被噎住。

许多人认为,欧洲通过自身在国际标准组织的影响和对设定强制性标准的积极立场,如今正在逐渐统治国际标准的制定。由欧盟制定的标准是想要出口到欧洲的亚洲和拉丁美洲公司的有效标准。欧盟有关消费者安全的标准通常比他们美国伙伴的标准更加严格——迫使美国公司不得不加以关注并遵守。比如,欧盟规定生产商必须移除或者大幅削减 6 种有毒物质(如铅和汞),不然的话要罚款,甚至坐牢,产品也会被禁止。有一家叫作 Coherent 的公司做了一个估计,根据新法规做出相应的改变要花费公司 1 000 万美元。其他国家和地区,如中国、韩国、加拿大和澳大利亚都宣布将采取类似的限定。

当产品被认定为不安全时,欧盟有更大的权力来召回产品,并下达紧急禁令。比起美国的执法者,欧盟的谨慎原则使欧盟的执法者可以在一个较低的危险产品证据基础上取缔某个产品。比如说,欧盟禁止便宜的中国打火机,该打火机在加拿大和墨西哥也被认定为不安全。但在美国,尽管政府测定了三年,该打火机还在美国市场上销售。

尽管在欧洲各国一直努力使产品标准达到统一化,但是许多强制性产品标准仍然远离标准化。比如,在各国汽车尾部的执照牌大小各不相同,有时候只差几厘米。

# 10.2　全球市场条件下的包装和标签

营销环境的差异可能会要求产品包装做特殊的改变。不同的气候条件通常需要改变产品包装,以保证对产品的足够保护和延长保质期。在推广中产品包装所起的作用依靠市场的零售结构。在自助服务销售程度较深的国家,公司应该对消费产品采取有强烈吸引力的包装外壳。此外,在世界范围内,不是所有的分销处理要求都是相同的。在发达国家,工资水平较高,产品包装应该能够减少零售员工的进一步处理。对消费品来说,销售商要做的只是将产品放到货架上。在低工资国家,零售结构并不复杂,个人需求可能要从大的包装单位里面得到满足,这一过程就包含了零售商部分额外的劳动力。

可能要采用的特殊包装包含了大小、形状、材料、颜色和质地。大小可能会受风俗习惯或者当前标准的影响,诸如对米制和非米制单位的要求。正如前面所提,高收入国家会要求更大的单位包装,这些人群并不经常购物,每次购买也能支付较大的数量。

包装可以采取任何形状,主要是看每个市场上的习俗和流行传统。美国人喜欢购买装在透明的塑料瓶中的蛋黄酱和芥末,德国和瑞士的消费者喜欢购买装在管子中的这些产品。在美国,罐子是最常见的包装啤酒的材料,而大多数欧洲的消费者更喜欢用玻璃瓶装。

包装的色彩和质地必须融入一个公司的销售战略,因此对各个不同的国家,要量体裁衣。对消费品来说,推广结果是非常重要的,有些公司甚至尝试将它们的包装颜色和布局标准化。在诸如欧洲和拉丁美洲地区,消费者频频到其他国家旅游,标准化的产品能够帮助他们迅速认出一个产品。这一战略靠的是,开发一种能够迎合不止一种文化或者一个市场的颜色与布局。一个很好的标准包装产品的例子就是宝洁公司的主导洗衣粉——汰渍。为数百万美国消费者所熟知的橙色和白色包装可以在许多外国市场上找到,尽管包装文字可能会随着国家的不同而选择不同的语言。

包装和标签的文化含义有时候会出乎意料地制造问题。一家出口软件到沙特阿拉伯的公司为了区分沙特市场的 CD,在盒子上放上了沙特国旗。该国旗上印有 Allah 字样,也就是阿拉伯语的上帝之意。对许多虔诚的穆斯林来说,抛弃盒子会意味着对上帝的不尊重。因此,当地的分销商那堆积了大量的盒子,因为消费者和员工都无法将盒子扔掉。

包装甚至会面临法律限制。一项英国法律将一个包装中所能包含的阿司匹林和对乙酰氨基酚片数量减少了,目的是降低过量服用的死亡率和缓解自杀性服用导致的肝功能问题。同时要求药片采用发泡包装,使一时冲动大量服用变得更为困难。三年之后,过量服用这些药片的死亡率在英国大大下降了。

标签是国际营销者们的另外一个考虑因素。标签帮助消费者更好地了解他们要买的产品,同时为他们的使用提供基本的指示。标签应该采用什么语言?有什么样的政府要求?

包装食品公司越来越多地遵守政府有关标签的要求，但是很多其他产品也受到影响。中国的山羊绒占世界产量的 2/3。当中国开始出口山羊绒线衫和其他衣服时，许多生产商都夸大了他们在产品中山羊绒的含量。这一行为违反了美国订立 60 年之久的羊毛产品标签法案，这一法案规定由羊毛和其他动物细毛制成的织物或者衣服必须准确贴牌，反映真实成分。对于每个违法者，联邦贸易委员会可以在联邦法庭上对其处以高达 11 000 美元的罚款。

# 10.3  全球保修和服务政策

全球买家在购买产品时，对产品的性能是怀有某种期望，并进一步希望公司能够完成对产品的性能所做的承诺。因此，证书和服务政策能够成为一个公司国际产品战略不可或缺的一部分。对国外贸易有兴趣的公司通常会发现它们处在不利地位，因为外国买家有时候希望供应商对产品做出额外的保障。因此，一个全面保障和服务政策可以成为国际公司一项非常重要的营销工具。

## 1. 产品保修

一个公司必须通过宣布国内保障书在全球范围内有效，或者根据特殊国家、市场的实际情况做出相应更改，向国际市场表明自己的保障政策。尽管用统一的性能标准宣布一个全球范围保障操作起来比较简单，当地市场情况通常会要求采用差异化。在美国，许多计算机的保修期是 90 天，而在欧洲和日本，更常见的保修期是 12 个月。

通常情况下会建议公司考虑实际的产品使用。如果一个国外市场的买家将产品放置在高压情况下或者不按要求使用，就有必要缩短产品的保修期。在发展中国家，技术的精密度远在北美和欧洲标准之下，维修也可能并不充分，从而导致设备经常坏掉。另外一个重要因素是当地竞争。因为一个富有吸引力的保修政策能够对销售量大有帮助，公司的保修政策应该与当地市场上的其他竞争公司保持一致。

但是，在一个国家无法维持质量、服务或者性能会很快对其他国家的公司也造成负面影响。法国瓶装水公司巴黎水（Perrier）的产品因在美国被发现有超标的浓缩苯，而不得不撤出了美国的零售店。美国的这一检测结果引发其他国家的安全局进行类似的测试。不久该公司就不得不撤出其他国家的商店，最后导致了全球范围内的产品召回。大约 10 年之后，可口可乐公司在比利时的灌装厂也遇到了一个相似的问题，并导致了许多产品的召回，这不仅发生在比利时，还有法国和波兰。约有 200 个顾客抱怨，因饮用可口可乐产品而致病。这引发了该公司历史上最大的产品召回。

## 2. 全球产品服务

对有些产品来说，产品保障并不可信，除非它有有效的服务机构作为支撑。尽管服务对消费者来说很重要，而它对于工业买家来说更具有重要性，因为设备或者产品故障可能会造成巨大的经济损失。这一风险使工业买家在选择产品时会相对保守，当他们有需求时总要仔细分析供应商提供服务的能力。

在公司本部之外提供所要求的服务水平给全球营销者们展示了一个突出的问题。选择某个组织来提供该公司的服务是一个重要的选择。当然,在理想状况下,最好使用本公司自己的员工,因为他们受过更好的培训。但是,只有当采用这种方法的市场足够大,能够对得起这样一种投资时,该方法才能获取经济收益。当一个公司不具有自己的销售子公司时,使用一个独立的服务公司或者当地分销商更有效率。为了通过独立的分销商提供充足的服务,需要对服务技术人员提供额外的训练,而这通常算在生产商的开支内。在任何情况下,选择合适的服务组织必须保证,在某个特定市场的顾客时间框架下能够提供训练好的服务人员。

与令人满意的服务政策紧密相连的是有足够的零部件库存。因为服务往往意味着替换某些零件,公司必须在自己的市场范围内储存足够的零部件。这些库存是保存在地区库房中还是通过销售子公司和分销商获取往往由容量的大小和所需的服务电话反映时间来决定。工业买家在下达大额订单前,通常会想要知道生产商会如何组织服务。

公司对某个市场具有浓厚的兴趣,因而设立它们自己的销售子公司通常会比使用分销商的公司有优势。一家德国卡车生产商在进入美国市场时,曾宣言"97%的零部件在当地是有库存的",从而给潜在的买家吃了一颗定心丸,这意味着他们可以及时得到零部件。无法建立服务部可能会影响一个公司的市场进入战略。富士通,日本一家电子办公器材生产商就遭遇了这种情况。通过与美国一家名为 TRW 公司合作,富士通以该公司的庞大服务组织为依托,从而能够在美国市场上销售办公器材。

因为可靠而有效的服务保证是一个公司的产品策略如此重要的一个方面,因而对服务中心的投资有时候还会放在销售之前。在这种情况下,服务成本应该被当作对未来销售的投资而不仅仅是个重置成本。

# 10.4　管理全球生产线

在本章的前面部分,我们讨论了有关单个物品的问题。然而,大多数公司都是生产或者销售各类的产品。星巴克并没有在各个国家改变自己的产品配方,但是它们的产品线是变化多端的。比如,当地生产商特别针对英国市场生产草莓和奶油的卡布奇诺。绿茶的卡布奇诺在中国台湾和日本成为销售最好的一种咖啡时,世界上其他地方还没有这种咖啡。Panera Bread,作为星巴克在日本的一个竞争对手,在白天销售咖啡,晚上销售酒水。于是在日本科博(Kobe)城的星巴克分店就悄然开始销售啤酒和葡萄酒。因为在美国有更加严格的酒水许可法律,在美国的星巴克销售酒水要困难很多。

正如每种产品的经营策略,公司可以选择在本国市场和国外市场提供完全相同的产品线,如果条件许可的话,也可以做适当的改变。在有些情况下,国外的产品线可能会比国内的更加宽泛。当名鞋折扣店 Payless 进入中东市场时,将男式凉鞋的品种拓宽了100%。但是,国外的产品线通常会比国内市场的产品线要窄一些。表 10.2 展示了许多宝洁产品在各个地区的差异。有些产品,诸如洗衣粉和纸尿裤在各个地区都有销售,但是对于治疗胃灼热的奥美拉唑药却只在北美市场上销售。

**表 10.2　部分宝洁公司产品在各地的销售情况**

| 产品名称 | 北美 | 欧洲，中东和非洲 | 拉丁美洲 | 亚洲 |
|---|---|---|---|---|
| A touch of sun | ✕ | | | ✕ |
| Ace | ✕ | ✕ | ✕ | |
| Actonel | ✕ | ✕ | | |
| Alomatik | | ✕ | | ✕ |
| Always | ✕ | ✕ | ✕ | ✕ |
| Attento | | | | ✕ |
| Ayudin | | | ✕ | |
| Bold | ✕ | ✕ | ✕ | ✕ |
| Bounty | ✕ | ✕ | ✕ | ✕ |
| Camay | ✕ | ✕ | ✕ | ✕ |
| Cover Girl | ✕ | | ✕ | ✕ |
| Crest | ✕ | ✕ | ✕ | ✕ |
| Dawn | ✕ | | ✕ | |
| Daz | | ✕ | | |
| Fairy | | ✕ | | ✕ |
| Frost & Tip | ✕ | | | |
| Gillette | ✕ | ✕ | ✕ | ✕ |
| Gleem | ✕ | | | |
| Iams | ✕ | ✕ | | |
| Ivory | ✕ | ✕ | ✕ | ✕ |
| Lenor | | ✕ | | ✕ |
| Loreto | | | ✕ | |
| Luvs | ✕ | | ✕ | ✕ |
| Muse | | | | ✕ |
| Olay | ✕ | ✕ | ✕ | ✕ |
| Pampers | ✕ | ✕ | ✕ | ✕ |
| Prilosec OTC | ✕ | | | |
| Salvo | ✕ | | ✕ | |
| Senior | | | ✕ | |
| SKII | ✕ | ✕ | | ✕ |
| Tide | ✕ | ✕ | ✕ | ✕ |

| 产品名称 | 北美 | 欧洲,中东和非洲 | 拉丁美洲 | 亚洲 |
|---|---|---|---|---|
| Vizir | | × | | |
| Whisper | | | | × |
| Yes | | × | | |
| Zest | × | × | × | × |

资料来源:公司网站 http://www.pg.com(viewed July 20,2009).

有很多情况会导致产品线的减少,但是其中有几条主要因素。缺乏足够大的市场是一个经常被提到的原因。母公司在大市场如美国、日本和德国的公司会发现,即使是最小的市场份额也会有足够的需求来满足额外的产品差异化和产品线的进一步拓展。但是在国外,这种市场份额的机遇就可能不存在,因为独立的市场细分可能太小,以至于无法保证商业开发的价值。市场不成熟是缺乏产品线差异的另外一个因素。贫困的发展中国家可能对产品线的某些最先进的产品并没有需求。最后,新产品的引进策略可能会影响国外的产品线。对大多数公司来说,新产品都是首先在国内市场引进,在本国市场取得成功后才引到国外。因而,将新产品扩张到国外市场的时间差可能也会对公司国内市场的产品线设计造成差异。

当公司面临产品线的缩减时,有时候会开发出针对某个国家的服务来填补产品线差距。在中国,大约有3亿人在学习英语,迪士尼就在着装和娱乐产品上增加了英文指示。但是,这种战略只能由有些公司采取,这些公司的外国子公司有足够的研发力量。

麦当劳为适应亚洲市场,提供以大米为基础的饭菜。诸如中国的这家多层餐馆,在其他亚洲国家也非常普遍。

## 探索产品生命周期

经验表明,在不同的国家,产品并不总是在产品生命周期上有相同的位置。正如图 10.1 所示,很可能会有一种产品在不同国家位于产品生命周期的不同阶段。当一个公司在成熟市场上的增长率下降时,可以通过扩张进入新的市场来补偿。另外,一个公司如果在当地市场还没能吸收新产品时,就直接进入其他新的国家市场,未免操之过急。为了防止这种失误,以长期发展的眼光看问题,国际公司可以采取以下战略。

在一个产品的生命周期的引入阶段,该产品可能会出现问题并得到改善。这一工作最好在母国市场或者离研发中心较近的国家进行。而且,营销方法也可以得到进一步提

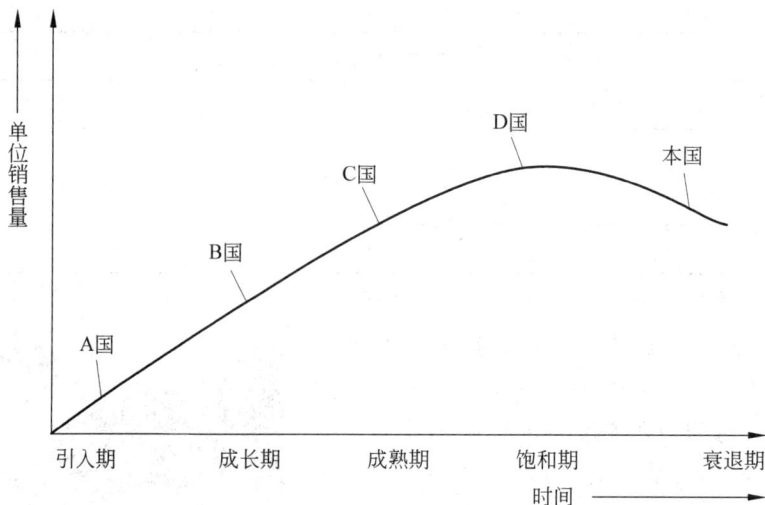

图 10.1　一个产品在不同国家可能经历的产品生命周期

高。在这一阶段，即使是更发达的国家市场也是相对较小的，而经济发展水平较低的国家就更没有商业开发价值。因此，引入期通常只限定在发达市场，通常也是公司的本国市场。

　　当一个产品在一个市场面临生命周期的成熟期或者是衰退期时，在其他市场仍然可以销售。大众最初在 20 世纪 30 年代引入了著名的甲壳虫小汽车，但是不久之后，除了墨西哥市场还在生产外，其他地方都停产了。但是要记住的是，对有些高技术产品来说，产品生命周期是非常短暂的。在这些情况下，产品在国内市场引进后不久，就很可能在世界各地销售，或者至少在所有可行的市场销售。

# 10.5　生产全球化产品

　　公司为了保持全球竞争力，越来越多地面临减少成本的压力。然而生产完全标准化产品的机会相对较少。因此，许多公司现在都采用了新战略，叫作全球产品战略。在全球产品战略下，最终产品的一部分是标准化生产的。但是，该设计仍然存在一些弹性，从而最终产品可以依据单个市场的需求而改变。这代表了在普通零部件等领域都尽量向标准化靠拢。

　　产品开发战略最重要的改变之一就是向模块化的演进。这一过程包括开发标准化零件，极易于和其他标准化零件相连接，来增加产品的多元化。通过这样做，全球公司可以通过标准化实现大量的成本缩减，同时又为不同市场提供定制化产品。

　　这一模块化方法在汽车行业显得非常重要，美国和欧洲的生产商生产越来越多世界性的部件来应对日益加强的日本竞争。比如，通用汽车公司为所有全球项目都建立了模块产品架构。未来的通用汽车按计划会使用来自 70 个不同模块的零件，大约有 100 个主要机械部件，如发动机、传动系统和刹车系统。通用计划通过将世界范围内 270 多种汽车收音机减少至 50 种，从而将汽车收音机成本下降 40%。

通用汽车和其他汽车生产商面临的挑战与所有工业和消费品生产商、销售商面临的挑战是相似的。成本压力促使他们采取标准化生产，然而市场压力又要求更多定制化产品。从理论上来说，这些公司可以在产品中增加标准化部件来降低成本，同时在每个细分市场维持产品"末端"的定制化。

大多数国际公司必须利用产品标准化生产的部分，或者是核心部分的规模经济效应。不同公司获得不同水平的标准化生产，但是很少有公司能够将自己的产品100％的标准化。对一个公司来说，甚至是从代表总产品15％的标准化生产上升至20％都是一个巨大的成本改进，代表了想获得的标准化生产的最高水平。对另外一个公司来说，公司核心要获得相同的效果，可能要将比例提高至80％。这些水平取决于公司或者行业所面临的市场特征。

全球产品（global product）：指的是最终产品的一部分是标准化生产的，一部分可以根据每个市场做改进。

模块化（modularity）：为了增加最终产品的多元化，开发极易与其他标准零件相连接的标准部件的过程。

# 10.6  新产品在全球市场下的开发过程

许多公司在开发产品时，都是胸怀天下市场。这些产品基于核心部件和一些衍生特征。产品核心可能在所有地区都是一样的。而经过延伸的核心可以应用于每个地区，但是在每个地区都不相同。每个地区可以根据当地条件开发不同的衍生产品。这一核心战略可以将不同设计的吸引力最大化，同时维持一个稳定的产品基础，以减少基本的开发费用。

从一个当地产品转向全球产品的开发要求公司从一开始就考虑主要市场的唯一或者特殊的因素，而不是后来对最初模型或者雏形做不同改进的尝试。本章章首的那个环球公司《圣诞怪杰》的例子，是全球产品开发很好的例子。一份全球性产品，不是在所有国家都是一模一样的。相反，一个全球产品在设计的最初就应该设定这么一个目标，将相同部件的百分比提到最大，直到能够用最小的额外成本快速满足当地需求为止。

## 1. 组织总部研发中心

当前，大多数公司都在全球范围内进行研发，而最初，它们的研发都是严格限定在公司国内市场集中的小设施中进行的。即使到了今天，国际公司花费的大部分研发投入也是用来支持国内研发的。这导致的结果就是，大多数新产品的想法最初都是在国内市场的背景下产生的。国内首先引入，下一步才会引入国外市场。

采用这种传统的方式有若干原因。首先，研发必须融入一个公司的整体营销战略中去。这要求研发中心和公司的首脑有经常的接触和交流。如果两部门靠得近的话，就更容易保持联系。其次，许多公司将研发部门中心化，是因为它们考虑到，如果将这个责任分散到多个子公司的话，会出现重复劳动。集中化的研发是公认的将有限研发资金最大化的方法。最后一个将研发集中化的原因是公司在国内市场的经验。一般情况下，国内市场对公司是非常重要的,对美国、德国和日本的国际公司来说,国内市场通常也是最大的市场。因此,新产品在研发时都会特别重视国内市场,从而研发中心也应该靠近本国市场。

要将产品研发集中在公司总部有很多好的理由,但对公司的工程师和研发人员来说,在设计被冻结之前牢记所有相关产品的修改方案是一个极大的挑战。经验表明,后来的产品改进或者变化会代价高昂。为了在一开始就使产品在许多市场或者相关市场获得准入,要求产品的研发人员在创作的早期就有全球概念。只有一个"心怀全球"的产品研发人员才可能在原始产品的基础上融入最大可能数量的差异化,从而保证产品在全球都能被接受。

---

**世界脉搏 10.2**

## 全 球 视 野

电视连续剧《法律与规则：犯罪意图》在美国大获成功,但是在面对法国观众时该做什么样的改变呢? 巴黎犯罪研究所警员的桌子仍然一片狼藉,但是该背景却折射出巴黎警察局一片光辉的现代建筑形象。有关暴徒的片段被省略掉了,情节叙述必须符合法国拿破仑法。

对于电视行业 1 100 亿美元的出口来说,改变通常是必须的,但是速度也很重要。那时候,欧洲人曾经要等数月或者数年才能知道美国流行的电视剧。而如今互联网上有观众上线分享剧情小结。同步播放可能是理想的方式,但是有时候也存在困难。尽管如此,所延迟的时间是越来越少。电视剧《迷失》在美国播放几天之后就可以在英国出现。

技术的变化和成本削减的需要推动电影行业向全球产品和全球发布的道路发展。通过防止从头开始开发一部电影,电影制片人正想方设法来减少新产品开发的成本。为了做到这一点,他们将目光投向了国外。梦工厂领军好莱坞,向重制亚洲影片进军。该公司花费 100 万美元购买了日本恐怖片《午夜凶铃》的版权,该影片在亚洲销售非常火爆。好莱坞版的《凶铃》,在世界范围内赚了 2 亿美元,其中在美国就赚了 1.29 亿美元。

资料来源：Karen Mazurkewich. Hollywood Sees Starry Remakes in Asian Films. *Wall Street Journal*, July 11, 2003, p. B1; Brrooks Barnes. New Accent. *Wall Street Journal*, March 1, 2007, p. A1; and Aaron O. Patrick. The Race to Get TV Shows Overseas. *Wall Street Journal*, March 28, 2007, p. B1.

---

## 2. 国际主导市场及研发

正如我们在第 8 章中提到的,参与主导市场是全球战略的一个重要部分。总体来说,一个主导市场是这么一个市场,它的发展水平超过世界上其他国家的市场,同时会给其他国家设定一个模式。主导市场并不限定在产品硬件上体现的技术进步,这个概念覆盖了设计、生产过程、消费需求模式和营销方法的发展。因此,事实上公司运营的每个步骤都会受到主导市场的影响,尽管这些集中在技术发展上的那一步特别重要。

在 20 世纪中期,美国获得了主导市场的统治地位。不仅美国产品在特色、功能和质量上是最先进的,而且它们也很可能会被销售给最先进的消费者和工业买家。美国的这一优势部分是靠高超的生产技术,尤其是首先在组装线上进行批量生产。美国的优势还进一步延伸到普遍管理方法上,尤其是在取得新客户方面。美国跨国公司的快速发展在很大程度上是基于对这些优势的开发,将这些优势应用到国外的发展中,并在许多国家创建了广泛的子公司网络。但是美国对其他国家压倒性的带领作用并没有持续很久。来自欧洲和日本的外国竞争者吞噬着美国公司的优势。结果是,如今没有一个国家或者市场单一领导着世界经济。

主导市场的划分导致了产品研发中心的大量产生,使市场需求、产品设计和生产技术上的发展要保持齐头并进变得愈加困难。即使是之前的发展中国家,如韩国,也在某些领域内取得了主导市场的地位。韩国的三星电子在商业周刊的工业设计优秀奖上牢牢锁定第三位。

公司要想在今日越来越国际化的商业环境下繁荣发展,必须关注变化的主导市场,将之作为新产品和生产技术的主要来源。新产品的想法可以源自买者需求、生产过程和科学发现。没有一个国家能够在一个公司发展的所有方面起到主导作用。这意味着,任何公司的研发中心都要向国外寻求新发展,而不能只锁定一个国内市场。

主导市场(lead market):一个国家或者地区市场,其发展水平超过其他市场,其经验为其他市场设定模型。

## 3. 外国子公司在研发中的角色

每年,通用汽车公司都会颁布一个凯特琳奖,给帮助通用公司维持技术领先地位、改善服务质量或者节约产品时间和成本的员工。凯特琳奖不仅承认美国、加拿大和德国的研究人员和工程师,也颁布给巴西和印度的研究人员及工程师。

如果产品需要根据当地市场做出一些改变,那么外国子公司也要承担一些研发功能。在较大的市场上,子公司甚至要承担开发特别针对当地消费的产品。当俄罗斯的票房销量直线上升时,迪士尼同时也开始拍摄俄语电影。

当子公司位于一个主导市场时,可能会承担一个更加全球化的角色。坐落在主导市场的子公司通常处于这么一个位置,能够更好地观察到产品的开发情况,根据新的需求做出调整。因此,在主导市场有子公司的国际公司就有机会,将这些单位转变成有效的"听点"。全球公司也可以对主导市场的子公司研究中心采取更加积极的态度。早在美国上市之前,柯达的口袋相机就在该公司的日本子公司得到构建和研发。

跨国公司为了获得关键市场的收入,日益增加在国外的研发投入。日本公司为了将自己的研发产品国际化,对在美国的研发中心做了巨大投资。在交流项目中,数百个日本科学家就与美国人在实验室工作一起工作。这一投资的目的就是获取其他国家的科学人才,哪里有人才存在,在全世界寻求人才的公司就会在那里开设研发中心。中国如今在专利申请上排名全球第五,许多西方公司都已经在中国开设了研发中心。这些公司中包括英特尔和微软公司,它们在北京附近开设了研发中心,因为许多中国的名牌大学都集中在那里。很多公司已经不再限于用这些中心来改进产品以适应中国市场。宝洁公司将中国的研发中心作为开发新的汰渍洗衣粉去污配方的主要地点，公司再将该产品销售到亚洲、东欧和拉丁美洲。

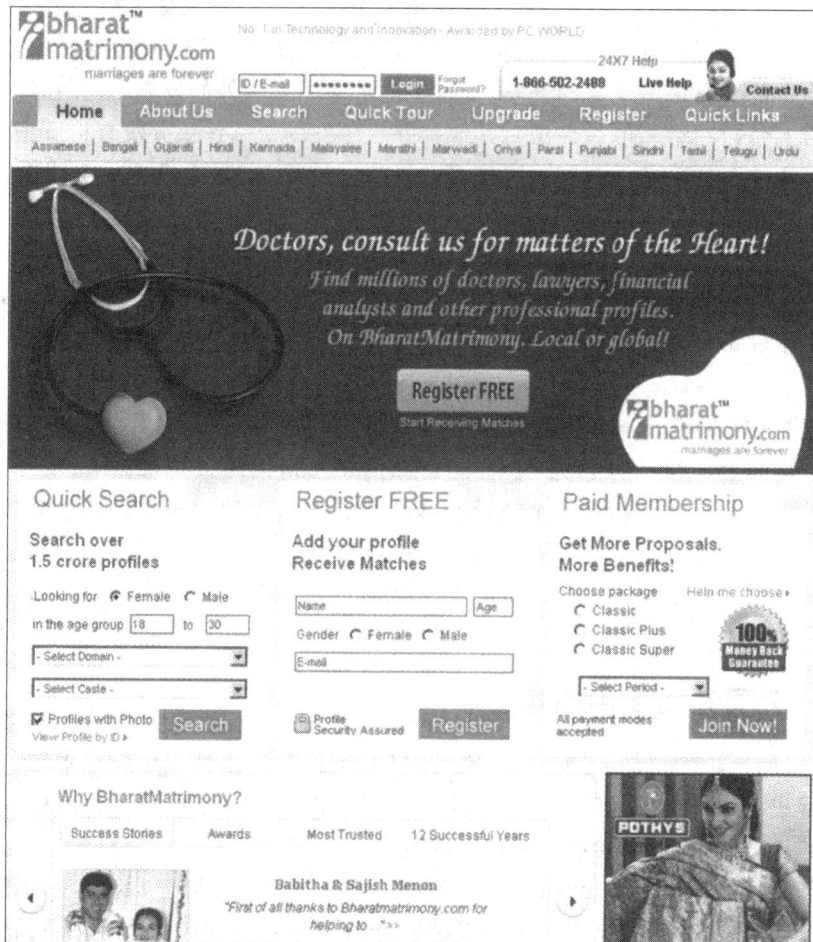

雅虎收购了巴拉特婚介网作为快速进入印度婚姻网站市场的方法。

开发一个全球产品也需要一个不同的组织背景。通用公司所构建的改变通常会成为其他国际公司行为的先导。随着世界汽车的出现，通用公司意识到公司需要在国内市场和国外子公司之间加强联系。因此，通用公司将国际员工从纽约搬到了底特律，目的是加速国内员工和国际员工之间的交流，该公司还采取了"项目中心"的概念来管理公司的工程。每一款新车设计中的分公司或者外国子公司将工程师带到一个中央组织项目中心，该中心设计、开发并引进新车。当该款新车引进之后，该项目中心就解散了。当然，并不是每个公司都觉得项目中心的方法是可行的。其他的选择方法为将主要任务分配给在新产品领域有特殊能力的子公司。

在未来，国际公司在开发新产品时，将要更好地使用当地子公司的人才。子公司仅仅作为一个销售或者生产的臂膀的角色将会被公司放弃，公司将会越来越多地找到创新方法,将在国外的一些附属公司加入产品开发过程中去。这一加入可以有若干种角色模型。战略领导者的角色,其责任是开发一系列的新产品,供整个公司使用,可以被分配给具有战略重要性的市场中具有较强能力的子公司。在某个领域有竞争力的其他子公司可以分配到的角色是决策贡献者,对有些产品做改进,以适应较小但仍具有重要性的市场。大多数的子公司,位于更小且不太有战略性的市场,接受的期望是成为整个战略的实施者,不论是在技术上或是战略上都不会有主要的贡献。

战略领导者(strategic leader):一个跨国公司的基地或者主要子公司,负责为整个公司开发产品。

决策贡献者(contributor):负责为较小市场改装产品的子公司。

实施者(implementer):主要任务是实施公司全球战略的子公司。

## 4. 从国外购买研发成果

公司不通过自己的研发人员开发新产品,可以从独立的外部资源购买产品。这可以伴随着许可、购买产品和收购其他公司。

许可是从主导市场获取新发展的传统方法。许可对于缺乏建设研发中心资金的创业者来说,是一个极大的恩惠。一个西班牙企业家最初是组织西班牙高校学生的留学项目,后来决定通过互联网将美国的大学引入西班牙。通过与美国三所知名高校——哥伦比亚大学、芝加哥大学和加州大学——建立关系,他成功获取了三所高校网络课程的西班牙语版权。该公司翻译了这些课程,并与银行、对外购培训感兴趣的中等大小公司签订合同。该公司如今正准备扩张到墨西哥、智利和阿根廷。

## 5. 新产品来源:进口

有些公司决定放弃内部支撑的研发,而选择直接从一个外国公司进口完成品来补充自己的产品线。比如,荷兰酿酒巨头喜力啤酒(Heineken) NV 公司与墨西哥的 Fomento 经纪公司形成联盟,成为三年来美国最受欢迎的两大墨西哥啤酒品牌的唯一进口商。该联盟预计能够帮助该公司打入西班牙市场,并将喜力啤酒(Heineken)在竞争激烈的美国啤酒市场中的销售量提升 28%。这一战略在实施时要特别小心,因为公司可能会帮助竞争者建立或者扩张市场地位,而该竞争者可能会在未来选择寻求自己的市场。这一战略可能最好应用到不是代表公司核心业务和技术的领域。

## 6. 新产品途径:收购

为了获取新技术或者独特产品的国际收购现在在全球市场上越来越普遍。雅虎为了在印度的网络业务中增加红娘网站而收购了巴拉特婚姻网站。与此相反,印度的软件公司正在收购美国的软件公司。这些收购的部分动机是获取更多的价值增值产品。

收购可以成为一种快速进入已经被竞争者统治的国家市场的方法。这对增加公司新产品也是成立的。臧健和女士在中国香港创建了湾仔码头品牌。该公司不久收购了通用磨坊食品公司(General Mill)公司,并由此在充满竞争的美国市场上引入一系列冰冻水饺。

## 7. 新产品形成：联盟

如前面第9章提到，许多公司都发现，联盟是一个分享技术和研发成果，增加竞争力的有效方法。为了分摊开发新产品的巨大成本，许多公司在新产品的开发时建立了联营或者联盟。在联盟方法下，成员公司加入工作联系中，而并没有形成一个新的整体。在完成分配的任务时，成员公司可以自由地与不同公司建立联系。这种非法律形式的研发协议正成为一个新的趋势，在各个国家以或多或少的非正规形式发生着。这很可能是归功于对合同和知识产权保护的改善。

因为开发新飞机相当昂贵，航天工业为联合开发产品提供了好几个例子。要想收回高开发成本，需要建造和销售200单位或者300单位的系列大型飞机。在这种情况下，几个公司联合起来形成联盟分担风险。早期非常成功的一个例子是欧洲的空客，由法国、英国和德国的生产商开发和生产。

全球买家也可以和生产商一样，使用联盟方法。几家航空公司已经达成联盟销售机票和购买燃料，如今正考虑一起购买飞机。其中一个团体包括加拿大航空公司，澳大利亚航空公司、汉莎航空公司和斯堪的纳维亚航空公司。联合购买需要对在通常情况下不同的选择品味达成一致，如机舱内部、座位布局和飞机的厨房。作为将特色标准化的回报，生产商们也同意，将标准化所节省的一部分成本回馈给消费者。

联盟法（consortium approach）：公司联合在一起形成合作关系，而没有形成新的法人团体。

# 10.7　向全球市场引入新产品

一旦一个产品是作为商业目的开发的，就需要做一些复杂的决策。除了是否要将产品引到国外这个问题外，公司还要进行需求营销测试过程、为产品引入选择目标国家、决定引入时间和顺序。如果可能市场数目很大，围绕新产品引进的决策通常会有战略重要性。

当然，决定将何种产品引到国外要看销售潜力。通过仔细的分析，营销者决定一系列目标国家，然后公司从中选择出通往目标国家的实际引入途径。

## 1. 观念检测

一旦有产品雏形或者样品被开发出来，公司可能会决定将该创新投放到一系列检测中去，来判定它的商业可行性。将一个新产品投入实际使用中是非常重要的，当开发过程是在实际使用国家之外发生时，实地检测就至关重要。该监测必须包含所有必要的使用步骤，来提供完整的信息。在一个典型的案例中，CPC国际公司在美国市场测试脱水汤汁，该产品是由最新收购的Knorr子公司制造的。公司主要集中在味道的测试上，以保证最终产品符合美国消费者的口味。广泛的测试也导致该汤的配方与欧洲销售的配方不相同。但是，CPC公司忽视了一点，它们并没有让顾客在家中真正地尝试该产品，并将该产品当作他们日常做菜的一部分。这种测试将会揭示消费者对Knorr公司产品的不满之处：煮的时间相对较长——要长达 20 分钟，而相对灌装汤汁的烧煮时间为 3 分钟。该公司直到产品完全引入美国市场，而销量没有达到预期目标时，才意识到这个问题。

如果产品只是在公司的国内市场监测，概念监测并不完整。在若干个主要市场进行完整的检测是必须的，只有这样，才能在针对单个国家的产品改进发生前——该改进通常代价高昂——也就是在早期找出产品的缺点。如果产品开发是建立在多个国家的基础上，有几个外国子公司同时进行投资的，这一方法就会显得特别重要。当大众最初测试 Rabbit 模型时，在所有主要子公司都有测试车，来保证该标准化生产后的车能够满足所有市场的需求。

## 2. 试验营销

正如在国内市场测试营销某个产品是理由充足的，国际测试能够给公司发布全球产品一些有价值的观点。一个常用的国际营销测试的方法是，在进入其他市场之前先将某个国家当作测试点。在欧洲，一些小的市场，诸如冰岛、比利时、奥地利和瑞士都可以被用来作为发布新产品的市场。因为这些国家相对较小，测试就可以是全国性的，其结果可以被认定是在其他国家也是适用的。

在加拿大的安大略，有 1 500 家跨国公司。对之后要进入美国市场的产品来说，加拿大是一个很好的测试市场。

但是，有时候，测试市场并不是在最初发布产品的国家。IBM 公司在加拿大进行了全球服务热线的品牌测试活动，但是最终该产品是在美国发布的。卡维尔工业公司在美国上市之前，在新加坡进行了牙刷的市场测试。与此类似，微软公司和摩托罗拉公司有时候在美国发布新产品之前，都会在韩国进行市场测试——该国有 3/4 的家庭是装有宽带链接的。

在一个国家市场和另一个国家市场之间，环境从来不可能是一模一样的，将一个市场的测试结果推演到另外一个国家必须非常谨慎。但是，新产品发布国家的选择越来越多地依赖一两个国家的营销测试，并快速向全球批量生产的趋势发展。亨氏在加拿大进行了新的以青少年为导向的厨房运动，此后在世界范围内生产时只做了很小的修改。显然，全球营销正在快速朝着这么一个方向发展：测试和对测试的解释将会基于来自不同——有时候还是遥远的——市场的数据，每个新产品在快速传递之前都会在当地市场进行测试。

## 3. 新产品引入时间安排

最后，公司要面临的是，建立新产品在国内市场和国外市场的引入顺序和时间安排。应该在什么时候将产品引入哪个市场？公司应该采用逐步进入策略还是同时进入策略？

正如我们在前面提到的，公司通常首先将产品引入本国市场，来获得生产、营销和服务方面的经验。但是，一个外国市场也可能是新产品发行更好的选择。德国的 Daimler Chrysler 公司是世界上最大的拖拉机公司，在历史上将本国——德国作为新产品的发布国，因为德国市场大，而且拥有老练的买家。但是，德国买家在接受服务创新时相对较慢。当公司准备发布一个远程分析系统时，据所做的分析显示，日本是一个首先发布该产品的更好的市场。

尽管日本被当作一个发布远程分析系统的有吸引力市场，当丰田发布雷克萨斯——一款高档轿车时，该公司忽略了本国市场。虽然丰田占领了大约一半的日本市场，但是在日本的高端市场上，它仍然实力不强，富有的消费者们更加青睐德国进口汽车。因此，该公司在美国发布了高端品牌，迅速成为一个身份的标志。16 年后，日本最终将雷克萨斯引入本国市场。

公司日益需要投入更多的资金到开发新技术和新产品上来。随着这些投入的增加，将新一代产品带入市场所需的时间也增加了，新产品要在专利过期或者竞争者出现相似产品之前进行商业化的时间也越来越短了。公司不得不迅速将新产品引入所有市场，包括主要的发展中国家市场。结果就是，时至今天，新产品国内发布和国外发布的时间差大大减少了。香草可乐在美国引入后一年，就扩张到了 30 多个国家。

技术进步有时候也会帮助全球产品的发布。麦当劳的儿童书籍《英国的玫瑰》同时以 30 种语言打入 100 多个国家。分布在不同国家的出版社联合在一起，运用新的数码印刷技术，快速转换成各种语言。该联盟通过与纸张供应商出色的还价能力和在插图上节约成本的能力，获取了成本优势。该全球同时发布还通过互联网论坛，引起全球媒体的关注并加以利用。

全球发布也是具有挑战的。当 DHL 世界快递公司为高技术客户提供新的供应链解决方案时，来自世界各地 30 个成员参与了该过程，并将此过程描述为"令人筋疲力尽"的。当雅芳计划在全世界范围内的同一天发布一款新唇膏时，因为担心该产品无法在指定日期在所有市场上市，导致该计划被放弃。

# 总　　结

要想在全球市场上获得成功，公司通常需要在产品和所提供的服务上进行变通。尽管某个产品在一个公司的母国市场可能会非常成功，市场之间的环境差异可能会迫使该公司进行意料之外的改变，或者是代价高昂的变化。少数产品在世界范围内销售时可能不需要较大改变，但是大多数公司发现，全球范围内的成功要看公司是否情愿根据当地市场要求进行改变。对于那些成功把握这些额外的国际困难，同时向外国顾客展示诚意的公司,在全球范围内的成功也会引领公司在国内外市场上获取更大的利润和更牢固的市场地位。

对全球营销者的挑战在于,发现标准化产品和服务以及根据特殊市场进行改进之间的平衡。当事实发生之后再做改进通常代价高昂。在未来,公司应该越来越多地在新产品开发周期的早期就考虑国际化问题。了解不同国家市场,并在早期针对这些市场做出必要的改进,可以使公司开发出的新产品能马上在许多市场上应用。这种在产品开发时就融入国际因素的行为会创造出更加成功的全球产品。

在新产品开发过程中,另一个影响越来越大的因素就是速度。从竞争原因考虑,公司希望成为最早获得新产品或者新服务的公司之一,因为新进入者能够获得更大的市场份额。为了加速进入市场,公司可能会进行合作开发项目。它们可以选择缩短在国内首发和世界发行时间的时间。最后,许多公司还可能会采取在多个国家发布或者全球统一发布。但是,这种全球发布也会增加风险,因为没有足够的时间来测试产品,以保证它符合市场性能的需求并迎合每个国家。

# 问 题 讨 论

1. 比较消费品和高端工业产品可能做的产品改进。两者有什么差异?为什么?

2. 美国的快餐、音乐和电影未做大的改变就在世界范围内非常流行,但是美国的零售店、银行和啤酒公司却要在全球市场上做更多的产品改进,为什么?

3. 你认为全球产品的未来如何?

4. 对美国公司来说,在若干个行业丧失主导市场地位的影响是什么?

5. 如果今天,你要对一个新产品的全球发布做市场检测,在欧洲、亚洲和拉丁美洲,你是如何分别选择测试国家的?

# 第 11 章

# 全球服务、品牌及社会营销策略

章节提纲

学习目标

　　学完本章之后,应该掌握:

- 描述服务营销与全球有形货物营销的差别;
- 解释文化如何影响服务营销的关键方面;
- 分别比较全球品牌名称和单个国家品牌名称的优缺点;
- 区分全球品牌名称和全球品牌战略;
- 辨别全球品牌和当地品牌的优缺点;
- 解释自有品牌的定义,解释为什么有些国际公司要使用自有品牌;
- 区分商标先买权、仿冒和产品隐私权,提出公司可以将这些最小化的方法;
- 解释全球社会营销和国际产品与服务营销的相似点和不同点。

　　惠普公司赢得了一项30亿美元的合同,来管理宝洁公司的全球信息技术服务。微软公司俄罗斯总部针对知识产权的价值做了讲座,并勉励员工不要买盗版的产品。在肯尼亚,国际卡尔公司的当地分部宣传能够减少异己的行为改变。

　　在第10章中,我们讨论了全球产品开发的问题。再这一章中,我们将讨论与服务营销、全球品牌和品牌保护相关的问题。此外,我们还将探索社会营销在国际大舞台上的作用。尽管第 10 章中包含的许多问题也可以应用到服务上来,但是我们在本章开始就将讨论使服务与有形产品不同的地方。接着解释文化如何影响许多与服务营销相关的问题。再接下来要讨论为国际市场选择品牌名称的各种问题,展示全球品牌选择的正反两面。接下来的部分将聚焦品牌保护。作为总结,我们将检测全球营销如何扩展成为社会营销的许多方面。

# 11.1　从全球角度营销服务

在世界 500 强公司中,有一半以上的公司是以服务为主的。当今世界,服务产生的价值已经超过了生产有形产品所产生的价值,服务上的国际贸易代表了大约世界总贸易量的 25%。

服务出口最大的一个类别是商业服务。这些服务是提供给公司、政府或者其他组织的,包含了通信服务、金融服务、软件开发、数据库管理、建筑施工、计算机支持、财务、广告、咨询和法律服务。许多服务现在就是针对跨国公司自身的,比如,IBM 的全球服务就是为跨国公司提供各类信息技术服务,从运营客户信息技术部门到系统升级咨询和建立全球供应链的管理应用。

针对商业买家,而且很可能要出口的服务往往是那些已经在国内获取成功的服务。美国服务公司的经验就可以被当作一个例子。在国外成功销售的有部分服务是金融服务。诸如花旗、摩根大通和美国银行等商业银行都在世界各地建立了许多分部,外国存款和利润已经占到交易量的近一半。广告公司也通过建立网络分部或者合并当地公司的方法,扩张到了海外。与此类似,许多美国营销研究公司也扩张进入外国市场。

国际会计服务也经历了飞速的成长。海外扩张对美国的会计公司很重要,原因如下。对大型会计公司来说,国际收益通常会超过国内收益。而且国外的收益增长更快,国际运营的净利润也更高。许多公司的会计客户本身经历了国际化,要求他们的会计人员也分布到世界各地。此外,欧洲和其他地方贸易的自由化促进了跨国经营,增加了对国际化会计人员的需求。

法务工作也出现了很多海外机遇。许多美国的法律公司也开设了海外分部,主要集中在伦敦,以抓住投资银行和其他金融服务公司的商机,因为这些公司往往在纽约和伦敦这两大资本市场中心都有分部。自 2005 年以来,美国和日本的法律公司将目光投到了日本市场,当年日本刚开始允许外国法律公司雇佣日本律师,合并日本公司以及实施日本法律。

从传统意义上讲,商业服务贸易主要发生在发达国家,诸如美国、荷兰、法国、日本、英国、德国和意大利。但是,来自发展中国家的服务供应商也纷纷崭露头角。在 225 家世界顶级建筑公司中,有 43 家是来自中国的。这些公司在 180 个国家运营,占到亚洲建筑项目的 17.5%,中东建筑项目的 9.5%,非洲建筑项目的 7.4%。中国最大的建筑公司——中国建筑国际集团有限公司甚至已经进入发达国家市场,获得了建造纽约马里奥旅馆和南卡罗来纳州三所学校的合同。

销售给国外顾客的服务也正在增加,如健身房、清洁服务、快餐连锁店和保险服务等。

甚至是保健服务也已经国际化。约翰霍普金斯是一家著名的美国保健研究医院和服务提供商,已经在迪拜和新加坡开设了药物分公司。但是,将服务销售给消费者可能会比卖给公司更加困难。因为不同国家之间消费者行为和使用模式可能比公司使用模式差异更大,为了使服务更加成功,许多服务都要针对当地环境做较大的改变。

因为与实物产品相比较,服务通常被认为与文化的关联更大,与消费者的关系更加密切。技术的进步使许多服务,诸如客户支持呼叫中心,都可以采用外包了。但是,文化仍然是一个问题。当一个咨询人员在调查墨西哥的蒙特利,作为美国市场一个可能的呼叫中心坐落点时,他去了当地一家购物中心来测试服务文化。他发现,那里的队伍都很短,销售人员也平易近人。这些都显示出消费者对服务的较高期望。购物中心使用的用英语播放的美国影片,以及在得克萨斯州度假的销售人员进一步显示了当地员工能够理解美国文化和服务期望。

服务与实物产品在四个主要方面是不同的。服务产品是无形的,它们无法存储、展现出来或者相互交换。服务的生产和消费是同时进行的。服务无法存储,也不存在生产线来传递同一质量的标准化产品。因此,服务在本质上是不一致的。最后,因为服务无法存储,它们具有易坏的性质。

**Without the right piece,
it is hard to put the puzzle together.**

At Mancera Ernst & Young, we are always concerned about providing the service that best suits your needs to help you meet your goals.

Team up with us and consolidate your business.

www.ey.com/mx

AUDIT · TAX · LEGAL · TRANSACTION ADVISORY SERVICES (TAS)

**MANCERA
ERNST & YOUNG**
*Quality In Everything We Do*

墨西哥安永公司用英语发布了一则广告。许多会计和咨询领域的服务供应商追随他们的国际客户去了外国。

服务的这些特性影响着它们的国际营销。在世界范围内保证服务质量是很困难的,与实物产品相比较,服务的规模化生产几乎没有可能。服务的后台服务——消费者看不到的计划和实施阶段——比服务的前台服务——消费者能看到的服务——在不同文化之间更容易标准化。比如,一个快餐供应商,如麦当劳,可能要将采购和库存过程标准化,但是它在沙特阿拉伯的柜台服务人员仍然要讲阿拉伯语,而且它的座位设计也要因地制宜,将男女区域分开。

后台服务(back-stage elements of services):消费者看不到的服务,包括计划和实施等方面的服务。

前台服务(front-stage elements of services):消费者能看到的,所接受的服务。

## 文化与服务经验

文化影响服务的很多方面,包括顾客期望、等待的过程、服务人员的选用和行为。

1)顾客期望

对于服务水平,顾客可能会展示出不同的期望。日本的百货商店仍然雇佣穿着和服的日本女人向到店里的顾客鞠躬致敬,服务人员必须是热情洋溢的。在美国,顾客可能会为了较低的价格而放弃高水平的服务。他们更习惯于自助服务,当销售人员在身边走动时,他们甚至会感到不自在。而在瑞士,当杂货店老板帮顾客选了好货时,顾客会感到非常开心。作为邻近一带的常客,他们值得拥有最好的商品。当然,这也意味着新顾客通常会拿到次一点的物品。这在美国人看来是带有歧视性且不公平的。如果要在瑞士长期居住,他们会更喜欢开车到大型超市,在那里所有东西都是包装好的,防止一些当面的服务交易。

从传统上讲,亚洲文化期望并且提供高水平的服务。正如美国有句话声称"顾客永远是对的",日本人也有一句相似的话,叫作"顾客就是上帝"。尽管对服务的期望更高,亚洲公司的顾客遭受低水平服务时,并没有西方顾客抱怨得多。其中一个可能的解释是,在集体文化下生活的顾客为了不妨害与服务供应商之间的关系,可能会选择自我牺牲和维持自律。另外,缺乏抱怨可能归因于他们试图不让供应商感到尴尬或者失面子。但是,感到不满意的顾客可能会向等待他们建议的成员倾诉他们的不满之处。集体文化下的顾客可能会比个人主义文化下的顾客展现出更高的忠诚度,更长久地容忍一个低等的服务供应商。但是他们的忠诚度也不是绝对的。因为缺乏抱怨,当这些不满意的顾客离开时,服务供应商可能会不知所措。

2)等待的过程

时间一直是服务的一个方面。对于等待服务所需时间的态度在各个文化之间各不相同。比如,欧洲餐馆中的服务员必须小心,不要催促客户。品味一餐美食——通常与朋友一起——是一个非常享受的过程。服务员们在一边候着,只有被叫到时才会递上账单,一顿正餐可能要花费几个小时才吃完。美国人可能要考虑,他们的服务员是不是出了问题。美国人期望餐馆有快捷的服务,账单能够立刻出现在餐桌上。对欧洲人来说可能是很好的服务,而对美国人来说就未必是了。

各国针对排队的态度也各不相同。英国人排队有序而耐心,并以此闻名世界。在瑞士,讲法语的人平时是彬彬有礼的,但当他们在某个入口处等待时,就很可能变成一帮拥挤的暴徒。美国人想了一个方法,用单个队伍引向多个服务点,而不是每个服务点都有独立的一排队伍。这一发明解决了美国人常见的一个抱怨,不至于有人会排到最慢的那个队伍。美国人也很纳闷，为什么世界其他地方没有采取这个方法。

在俄罗斯，顾客正排队等候。国与国之间对排队的文化态度不一。全球营
销者们为了成功迎合营销期望，必须了解这些文化差异。

在世界上有些地方，社会规范可能需要男女站成不同的队伍。我们可以在墨西哥城地铁站高峰时看到这个情景。在埃及，曾经进口过两个标志，一个代表"进入"，并引向一个服务点，另外一个是表示"出口"的，但在实际中的应用是，一个是给男性的，一个是给女性的，每条队伍轮流接受服务。

3）服务人员的选用和行为

当美国连锁旅馆的当地管理者准备在埃及开一家新旅馆时，他面临一个两难的境地。美国旅游者希望能够讲英语的女服务员来服务。而能讲英语的埃及妇女几乎都是来自社会上层。没有一个来自这些阶层的年轻妇女会在公共场合为陌生人提供食物。该管理者大吃一惊，急忙给朋友和家人打电话，最终在开业那天借到了足够的人手，如姐妹、女儿和外甥女等来充作饭店的服务人员。在一周之内，有个沙特阿拉伯的富翁来餐馆吃饭，女服务员与他相遇并嫁给了这个富翁。不管这个故事是真是假，它像野火般四处传遍，此后该经理再也没有在招聘女服务员上遇到难题。

在许多文化中，如中东文化，一个服务的岗位通常被认为与仆人相似。因为背负了这种社会耻辱，有些岗位招收合格的人员就非常困难，尤其是那些同时需要高等教育水平、技术水平和人际沟通能力的岗位。直到最近，中东的很多空姐还不得不从欧洲进口，护理在中东也从来没有达到西方的地位。女性和男性一样，都觉得这个岗位丢人现眼。对于一个收入很高的修理工人——如空调行业的修理工——穿着正装，打着领带，并提着装有工具的公文包也是很常见的。

因此，当公司离开本土时，找到理解核心的组织价值观的员工往往是困难重重。当迪士尼将它的"世界上最快乐的地方"这一理念传到东京时，并没有遇到问题。日本文化规则中的安全观、清洁观和顾客服务观都与迪士尼公司的道德观念相符合。然而，巴黎的迪士尼乐园就显得没有那么成功了。法国公民和潜在员工们高度重视个人主义和言论自由，他们觉得迪士尼的人力资源政策有极大的限制性，而且含混不清。

服务人员对服务的提供是相当重要的。因为在有些国家可能很难找到培训好的专业人员，跨国服务公司可能需要花费更大的精力来招收和培训员工。然而，跨国公司可以通过超过当地竞争水平的薪资来获取优势。

# 11.2　品牌决策

无论是销售产品或者是服务,全球公司必须管理并保护它们的品牌价值。品牌提供一个名称或者是标志,能够给予一个产品(或者服务)可信度,帮助消费者辨别产品。一个令消费者熟知并且信任的品牌可以帮助他们更加快速并且容易地做出选择。当一个公司进入新市场时,一个全球知名的品牌就是一项巨大的资产。比如,当麦当劳在南非的约翰内斯堡开业时,就有数千人排队等候。当可口可乐进入波兰时,它那红白相间的运输车在十字路口就招来了阵阵掌声。

商业周刊根据因特品牌公司设计的方法,将顶级全球品牌进行了排名。该方法通过估计品牌未来销售的净现值,考虑了诸如市场领导地位、稳定性、全球覆盖范围——品牌穿越地理国界和文化国界的能力。此外,所有品牌从性质上来说必须是全球性的——至少有1/3的品牌收入来自公司国内市场之外。如表11.1所示,顶级全球品牌绝大多数是美国品牌,接下来是欧洲品牌,尽管也有许多亚洲公司创造了强有力的全球品牌,如丰田、本田、索尼和三星。

**表 11.1　全球品牌 30 强**

| 排名 | 品牌 | 母国 | 排名 | 品牌 | 母国 |
| --- | --- | --- | --- | --- | --- |
| 1 | 可口可乐 | 美国 | 16 | 路易斯威登 | 法国 |
| 2 | IBM | 美国 | 17 | 思科 | 美国 |
| 3 | 微软 | 美国 | 18 | 马可波罗 | 美国 |
| 4 | 通用电气 | 美国 | 19 | 花旗 | 美国 |
| 5 | 诺基亚 | 芬兰 | 20 | 本田 | 日本 |
| 6 | 丰田 | 日本 | 21 | 三星 | 韩国 |
| 7 | 英特尔 | 美国 | 22 | H&M | 瑞典 |
| 8 | 麦当劳 | 美国 | 23 | Oracle | 美国 |
| 9 | 迪士尼 | 美国 | 24 | 苹果 | 美国 |
| 10 | 谷歌 | 美国 | 25 | 索尼 | 日本 |
| 11 | 奔驰 | 德国 | 26 | 百事可乐 | 美国 |
| 12 | 惠普 | 美国 | 27 | 汇丰 | 英国 |
| 13 | 宝马 | 德国 | 28 | 雀巢咖啡 | 瑞士 |
| 14 | 吉列 | 美国 | 29 | 耐克 | 美国 |
| 15 | 美国快递 | 美国 | 30 | 联合包裹 | 美国 |

资料来源: Adapted from "Best Global Brands", Business Week, September 29, 2008; by special permission, copyright © 2008 by the McGraw -Hill Companies, Inc.

## 1. 选择品牌名称

在国际基础上选择合适的品牌名称比只为一个国家选择品牌名称要复杂很多。一般情况下，一个品牌名称是植根于给定的语言的，如果在其他地方使用，将会有不同的含义或者意思完全不同。在理想情况下，营销者们会寻求在全世界激发相似的情绪或者联想的品牌名称。

品牌名称和符号的选择至关重要。营销者们必须按照目标受众的语言，认真评估含义和词汇的解释。该语言响亮易读吗？或者用当地语言读出来是否会扭曲意思？品牌改编的一个很好的例子就是可口可乐的名字选择，在中文里面是"好喝又欢乐"的意思。奔驰的中文意思是"快速往前开"，"夏普"意味着"声音的财富"。在亚洲的品牌，尤其是在中国，可能会更多依赖标志的视觉吸引，而不是品牌名称。大众、奔驰和雷克萨斯简单的地理标志在顾客心中排名甚高，而凯迪拉克、通用和菲亚特的标致相对来说就没有那么吸引人。

单一国家和全球品牌名称。全球营销者们经常会碰到这么一个问题，就是品牌名称是否应该全球化。诸如可口可乐和柯达等品牌都是普遍使用的，因而它们采用的也是整合国际营销战略。而今国际旅游非常普遍，许多公司认为除非一个品牌名称能够在全世界范围内都能使用，不然也没有必要采用单一的品牌名称。

当然，在任何地方都使用相同的名称不一定都是可行的。在这种情况下，就需要使用不同的名称。宝洁公司曾经在美国销售过一段时间名为 Mr. Clean 的洗涤剂，并且大获成功。但是这个名称在不使用英语的国家毫无意义。这使公司在国外销售时做了相应改变，如在法国时改为 Monsieur Propre，而在德国时改为 Meister Proper。但是无论在哪个国家，都会保留那个眼睛闪闪发亮的小精灵标志，因为该标志能够在美国和其他国家激起相同的回应。Google 在中国市场上也选择了一个当地名称。它的新名字——谷歌，在中文里面的意思是"收获之歌"。在改名发生之前，有些中国人曾经将该公司戏称为 Gougou（狗狗）或者 Gugou（古狗）。

## 2. 选择全球性的品牌名称

正如前面提到的，一个好的品牌名称应该简单易读而且能够揭示产品特性。但是，不论在哪个市场，都不应该有负面的形象。有很多这样的例子，公司使用的全球品牌名称在换成另外一种语言时，带有负面或者侵略性的含义。比如，一个全球建筑器材公司在销售一种建筑器材时，用英语"Grab Bucket（提桶）"来描述该产品的用途。当公司发现，在德语中该名称的意思是销售墓地鲜花的含义时，不禁大吃一惊。因为在德语中，grab 被解释为 grave（墓地），bucket 被解释为 bonquet（花圈）。

名字的创意可以无极限，但是要发现并且登记一个理想的品牌名称并不容易。国际公司在选择过程中煞费苦心。有些公司会咨询专业公司，后者专业从事寻找能在世界范围内使用的品牌名称。这些专业公司将许多国家的人聚集在一起，在专业人员的带领下，要求他们用自己的语言，结合要被命名的产品，来读出产品名称。如果用一个语言读出的名字在其他语言中听起来不舒服或者有不好的含义，其他语言的使用者可以立刻指出来。

经过几轮这种集会,咨询家可以积累多达 1 000 个名字,而后可以由公司的语言学家将之缩减到 500 个。客户公司按要求在其中选择 50～100 个名字,以便进一步选择。到这一点,这些名字要经历一个搜索步骤,以确定在考虑范围的所有国家都没有被登记在册。最后,大概只有 10 个名字可以过关。到这时,公司就可以做最后的选择了。尽管这个过程可能花费较高,但是与多年后花费在品牌名称的广告投入相比,这简直可以忽略不计。

当公司面临寻找一个在全球范围内使用的品牌名称的需求时,可以考虑以下几点:

- 在任何标准英语的字典中都无法找到的任意编出或者新造的词汇,如丰田的 Lexus;
- 极易辨认的英语(或者其他语言)单词,但是完全不会联系到正在谈论的产品,如奇尔(cheer)洗衣粉;
- 一个英语(或者其他语言)单词,仅仅暗示产品的一些特性或者使用目的,如 Mr. Clean;
- 一个清楚描述产品的单词,尽管该单词对于不会讲英语(或者其他语言)的人来说,可能毫无意义,如纸尿裤品牌 Pampers;
- 一个地理名称或是常见的姓氏,如 Kentucky Fried Chicken;
- 装置、设计、数字、非单词或者单词组合的其他元素,如 3M 公司。

## 3. 改变品牌名称

有些时候,公司会选择在当地市场或者全球市场上改变品牌的名称。做出这个决定并不容易。如果一个产品在一个或者多个市场上有较大的市场份额,那么改变名称将会使消费者感到迷惑和陌生。美国大型洗漱用品生产商高露洁,收购了东南亚领头牙膏品牌"黑人"(Darkie)。自 1920 年以来,该产品就以一个黑人音乐家作为标志,由一个当地公司销售。但是,收购该公司之后,高露洁在美国就遭到来自很多团体的压力,要求该公司不要使用一个如此具有冒犯性的品牌名称。该公司斥资进行了许多研究,为了找到一个没有种族歧视性,同时与原品牌相近,能够迅速被消费者认出的品牌名称和标志。在进行全面研究后,该公司决定将名称改为"达利"(Darlie)。但是,在有些市场,"黑人"品牌拥有多达 50% 的市场份额,要将老品牌改成新品牌而使品牌忠诚度保持不变,这是一个极大的营销挑战。

最近,中国的联想自收购 IBM 的私人电脑公司,并决定用 IBM 品牌来替换联想品牌之后,发现它的全球市场份额缩水了。该公司通过协商,成功获得了收购后五年内使用 IBM 名字的权力。但是,联想后来做出一个不成熟的决策,即毅然放弃 IBM 名字,从而挫伤了联想在中国之外的销售量。

今天有些跨国公司开始重新考虑它们制定的最初有关品牌的决策。1974 年,联合利华在英国发布杰夫吸尘器。25 年之后,该产品占到了 74% 的市场份额。尽管杰夫拥有市场统治地位和广为人知的品牌名称,联合利华还是决定改变这个品牌名称,以便和其他主要市场上的名称相呼应。当该产品最初发布时,曾经得到过不同的名称,有部分原因是各地语言的发音不同。这使杰夫(Jif)在法国和其他 39 个国家变成了司夫(Cif)。而在德国,它成了维斯(Viss)。在加拿大,它又成了维姆(Vim)。该产品一直没有引到美国,因

卡夫的 Lacta 品牌在欧洲极受欢迎，让人想起瑞士巧克力的高山图片。

为这一品牌名称已经被竞争者宝洁公司使用，与一种花生酱相联系了。联合利华展开了许多市场调查，以保证消费者们不会因为名字的改变而感到失望，并且开展许多推广活动来支持这个新名字，向消费者们确认司夫（Cif）实际上是杰夫（Jif）。

在 20 世纪 70 年代，联邦快递（Federal Express）开始运营急件服务。联邦快递的名字反映了美国 24 小时的快递服务。但是，随着该公司开设了国际分公司之后，这个名字就成了一个问题。在拉丁美洲，Federal（联邦）意味着腐败警员的意思，而在欧洲，该名字是与前联邦德国相联系的。因此，联邦快递将名字改成了 FedEx，这个词在有些情况下是作为动词使用的，意思是"当夜运输"的含义。因为 FedEx 有许多跨国公司客户，它希望有一个能够在全球通用的、简单的名字。

## 4. 全球化下的品牌策略

麦当劳是世界上较大的快餐连锁店之一，在 119 个国家运营。在互联网品牌上全球品牌排名之中，是名列前十的。但是该品牌在各国的定位（和人们对它的理解）是各不相同的。在美国，麦当劳代表了友善亲家环境下的方便快捷。在印度，麦当劳的改进使它能够被较低阶层的人所消费，品牌本身就蕴含着金钱价值。在亚洲的其他地方，该连锁店被当成青少年和年轻一代的时尚约会地点。

全球品牌的概念不仅仅是建立一个全球品牌名称。但是究竟是什么造就了对一个全球品牌，专家们意见不一？是全球各地的存在感还是名字的全球认同？当然也有些品牌名称，诸如可口可乐，在世界上大多数国家都是众所周知的。该名字在世界各地展示了相似的特性吗？产品在各地都是一模一样的吗？在所有重要市场中，品牌是一个重要因素吗？喜力啤酒（Heineken）满足前面两个条件，但是并不满足第三个条件。在许多出口市场中，它将本身定位为一个高质量的进口啤酒。瓶子本身和所装的啤酒在不同市场都是一样的。但是，由于它缺乏改进，在许多国家市场上都是一个知名而不重要的角色。

正如我们在前面提到的，商业周刊将一个全球品牌定义为至少有 1/3 的销售量是在公司国内市场之外的。其他的定义也都不全面，将全球品牌描述为产品定位、广告策略、个性、外观等诸多方面在各个国家都是相同的。在形成全球品牌时拥有这些特征的公司被称作是追随一条全球品牌战略。

设计和实施全球品牌战略包括以下几个步骤：

(1) 公司必须辨别世界各地相同的消费者需求，决定全球品牌如何为这些顾客提供功能上和情感上的益处；

(2) 必须建立一个过程向消费者、各个渠道和公司员工传递品牌身份；

(3) 必须有一个承载品牌全球地位是否成功的方式，如百事可乐使用的消费者意见调查；

(4) 公司必须决定，应该采用一个集权化、从上至下的全球品牌定位方法，还是采用缓慢的、由下至上的方法。索尼和美孚公司都是采取由上至下的方法，由一个全球管理团队决定全球品牌战略，各个国家的战略都是源自该战略。在一个由下至上的方法中，各个国家的战略根据一些相似点，如经济发展水平和竞争情况（该品牌是否在该市场上占统治地位）来分组。在这些分类中，首先发现这些相似的元素。随着时间的推移，各个子公司之间相互分享经验和最好的实践例子，一个全球化的战略就出现了。

在任何情况下，一个品牌管理者被赋予的责任是，建设和管理全球品牌。这应该包括监测各个市场的品牌，以及授权其他产品或者业务（品牌扩张）中该品牌的使用。该品牌管理者可以是公司总部的高级管理人员，也可以是产品研发组的管理人员，主要国家市场或者是有较大市场份额的市场的管理者。比如，联合利华曾经一度禁止法国子公司使用立顿品牌。

对许多跨国公司来说，全球品牌战略提供了一个削减成本，同时提供一个与不断顾客交流品牌的机会。早在 20 世纪 80 年代中期，全球品牌战略在跨国公司中就非常流行。时至今日，联合利华声称，它 3/4 的业务都是来自 20 个全球品牌。原先对于全球品牌的热情，有些已经消退了，但是不同国家的消费者如果认为一个品牌的命名者是天方夜谭，他们就会抗拒这个品牌。跨国公司的回应是，采用混合的全球战略，即试图将后台质量的改善和成本的下降结合起来，如技术、生产和组织等，各个元素都会根据各地的实际情况裁定，如改变产品外观特色、销售渠道和推广方式等。

有些人建议，为了区分上述全球战略与另外一种全球战略，即在不同的国家市场中维持标准的营销战略和营销组合的战略方法，使用国际品牌这一术语。但是，全球品牌这一术语仍然经常在上述两种情况中使用。

全球品牌战略(global brand strategy)：产品定位、广告、外观和品牌个性在各个市场都保持不变的战略。

由上至下的方法(top-down approach)：全球品牌战略的一种方法，由一个全球团队来决定全球品牌战略，其他国家的战略都是源自这个战略。

由下至上的方法(bottom-up approach)：全球品牌战略的一种方法，品牌战略源自公司子公司分享的经历和成功经验。

品牌管理者(brand champion)：公司内的一个管理者或者团队，负责构建和管理一个全球品牌。

全球战略(global strategy)：抓住质量改善和标准化后台活动的成本节省，但是根据当地需求来改变营销组合（如产品外观特色、分销和推广）关键要素的战略方法。

国际品牌（international brand）：遵循全球化战略，但是在所有国家市场采取相同的标准化营销战略和营销组合的品牌。

---

**世界脉搏 11.1**

### 啤酒的重新定位

比利时酿酒商英特布鲁公司（Interbrew NV）决定，它的财务未来就看能否吸引一群势利的消费者。所以它决定将自己的品牌，斯特拉阿图瓦斯（Stella Artois）——在比利时是一款适合"老农民"的啤酒——作为一个高档品牌在其他地区销售。这一战略最先在伦敦打响，该品牌的广告语是"真正的昂贵"。斯特拉阿图瓦斯不久就变成英国进口最多的啤酒。接着，该公司选择纽约市场来测试它的战略。该公司雇用了由年轻聚会参与者组成的一个团队，来辨别该城市中最独特的 20 家酒吧。斯特拉阿图瓦斯，以每一小桶定价高达 100 美元，供应给这 20 家酒吧。销售量比上一年翻了整整一倍。

南非酿酒商米勒（SAB Miller PLC）公司也宣布，准备将普通的米勒纯酿作为一个高级国际酒水引入匈牙利、斯洛文尼亚、罗马尼亚、捷克、波兰和意大利。该公司希望，一个新的欧洲品牌能为摇摇欲坠的美国品牌创造一个"全球轰动"，尤其是在啤酒消费日渐上涨的市场之中。该啤酒将会与其他出口啤，如喜力啤酒（Heineken）定价相似，瞄准舞厅酒吧。唯一的问题是：欧洲人不禁要想，美国啤酒的酒精度太低，太水啦！

资料来源：Dan Bilefsky. U. S. Beer Has Euro-Puzzle. *Wall Street Journal Europe*，July 21，2004，p. A5；David Kesmodel. SABMiller Profit Climbs. *Wall Street Journal Europe*，May 16，2008，p. 7；and "Polish Beer Consumers Loyal to Domestic Brands". *Polish News Bulletin*，July 1，2008.

---

消费者对全球品牌的回应。为了更好地了解全球各地的消费者是如何看待全球品牌的，Douglas Holt，John Quelch 和 Earl Taylor 进行了全球品牌调查。该调查运用了定性和定量的研究方法，整合了来自 41 个国家 3 300 名消费者的回答。研究者们总结出，消费者们是从三个关键方面来评估全球品牌的。

- 质量信号。在全球品牌激烈的竞争战中，消费者关注的是质量。全球品牌变成了质量信号。44％对品牌的喜爱是由这一点解释的。

- 全球神话。全球品牌也是文化的标志，与现代化和都市身份相关联。在全球品牌调研中专门有一个调查对象发表言论，说"当地的品牌展示的是我们自身如何，全球品牌展示了我们想要成为什么。"另外一个参与者评论说"全球品牌使我们感到自己是世界公民的一分子"。12％的品牌偏好可以由这一点解释。

- 社会责任。在一般人看来，全球品牌背后的公司拥有巨大的权力和影响力，消费者期望这些公司能够解决社会问题——而许多当地公司更容易逃避这一问题。比如，人们不会要求当地公司解决全球气候变暖的问题，但是跨国能源公司诸如 BP 和 Shell 就会遭到这种问题。8％的品牌偏好是由这一点解释的。

基于全球品牌的这三个方面，该研究团队更进一步，分出了四大类人群。

- 全球公民。这些消费者依据品牌的成功度来辨别高质量和创新产品。但是,他们还期望跨国公司对有些问题,如工人权利和环境问题担负责任。这类人在研究中占大多数,达到消费者的 55％。全球公民在英国和美国相对较少,而在巴西、中国和印度尼西亚更为普遍。

- 全球梦想家。这一部分消费者在研究中排名第二,占到 23％。这些消费者也是将品牌和质量联系起来,他们被全球品牌所展现的生活方式所吸引。但是,这些消费者并不太关注与跨国公司相关的社会问题。另外一项研究再次确定了全球梦想家的重要性。根据该研究报告,在罗马尼亚、俄罗斯、乌克兰和美国的许多年轻消费者将他们自己当成是全球的一分子,因此对于各种产品,他们都更喜欢全球品牌。

- 反全球品牌者。这部分人——约 13％的消费者——对全球品牌的质量和拥有他们的跨国公司持有怀疑态度。他们更加喜欢当地品牌,拒绝购买全球品牌。这一部分人在英国和中国更加普遍,在埃及和南非相对不常见。

- 不可知论者。这一部分人用相同的标准评判全球品牌和当地品牌,不会因为一个品牌是全球品牌就特别喜欢或者特别厌恶。这部分人群约占消费者的 8％,在美国和南非的数量相对较高,而在日本、印度尼西亚、中国和土耳其相对较低。

尽管存在反全球品牌者和不可知论者,一项后来的调查发现,全球品牌能够激发整体的积极感受。这一积极的光环效应同时出现在赞成和反对全球品牌的调查者之间。研究人员总结说,尽管确实有人发表了对全球品牌的负面态度,但是对于一个在不同市场上提供并得到认可基本相同的品牌来说,它仍然是具有某些吸引力的。

全球公民(global citizens):将全球品牌和质量与创新联系起来的消费者,期望跨国公司对工人权利和环境问题等担负责任。

全球梦想家(global dreamers):将全球品牌和质量对等起来的消费者,被他们所展现的生活方式所吸引。

反全球品牌者(antiglobals):对全球品牌的质量和拥有他们的跨国公司持怀疑态度的消费者。

不可知论者(global agnostics):用相同标准评判全球品牌和当地品牌的消费者,不会因为一个品牌是全球品牌就印象深刻或者就此排斥。

## 5. 区域品牌决策

完全全球化的品牌可能很少,但是区域品牌决策的重要性正在不断加强。在拉丁美洲,巴西的瓦里格航空公司(Varig Airline)正准备改变设计和标志来增大地区吸引力。翻新过后的标志看起来更加现代化,更能传递一种温情,同时与一个广告相得益彰,在广告中下飞机的乘客们都得到了很好的休息。与此类似,香格里拉连锁旅馆在亚洲已经成为强大的区域品牌。香格里拉提供的舒适环境可与其他豪华旅馆相较,还伴有亚洲人的热情好客。所有员工的服装都具有当地特色。香格里拉用广告来吸引亚洲的高管,因为那些高管通常会由他们所选择的旅馆被人评价。在香格里拉广告上的标语是"只有香格里拉"。

　　为了创造亚洲品牌，管理者们建议使用来自亚洲不同国家的文化标志的组合，这也正是旅游代理"Zuji"所做的。Zuji 在中文中的意思是足迹。但是，消费者调查显示，人们认为这个名称是日语的，让人觉得质量好且可以信赖。该景点的颜色选择是天蓝色和绿色，典型的泰国人的色彩。

　　此外，对亚洲品牌战略的研究发现，要想创造出成功的区域品牌，必须抓住最新展现的亚洲自豪感和自信心。比如，在时尚和音乐方面，年轻的亚洲女性认为，日韩两国比法国和美国更时尚。该研究也显示，亚洲的消费者对本地品牌更有亲近感。但是，使用一个与西方有关联的品牌能够帮助亚洲品牌克服原产地的负面影响。这种与西方的联系可以体现在从一个国外成功品牌的例子到在纽约城拍摄一个品牌的广告。

　　在欧洲，区域品牌叫作欧洲品牌。在一项调查中，来自 13 个国家 200 多个欧洲品牌经理中，81％指出他们正努力往标准化和品牌统一化发展，只有 13％的人表明，他们让每个国家自由决定自己的战略。该调查明显揭示了大多数国家对欧洲品牌战略的偏好。欧洲品牌的例子——在欧洲销售的产品具有相同的品牌名称、配方、包装、相同的定位和广告策略——包括宝洁公司的帮宝适和海飞丝，米奇轮胎和劳力士手表。

　　欧洲品牌（Eurobrands）：欧洲的区域品牌。

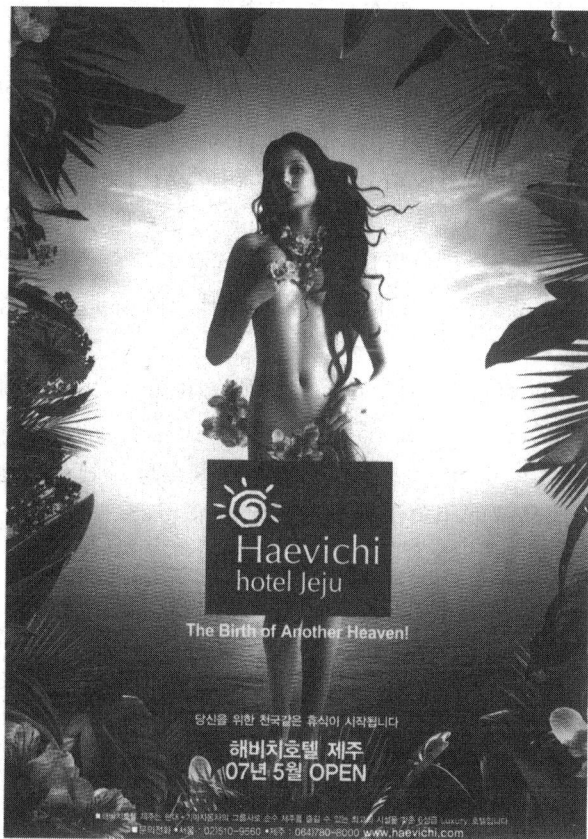

海维彻（Haevichi）旅馆，一个知名亚洲品牌的广告。

## 6. 全球化品牌与当地品牌

全球品牌研究的发现对全球品牌或区域品牌针对当地品牌的内在价值提出了质疑。尽管国际品牌的潮流势不可当,但是当地品牌依然存在。在比利时,宝洁公司企图用它在欧洲的统一品牌 Ariel 来取代当地品牌 Dash,甚至终止了 Dash 的广告。但是,该公司不久发现洗衣粉的销量直线下滑,不得不重新支持 Dash 品牌。

对法国、德国、意大利和英国的消费者的调查进一步强调了什么才是造成当地品牌盛行不歇的力量。消费者指出,当地品牌拥有与全球品牌并肩的质量。此外,他们认为当地品牌更可靠,具有更高的性价比。事实上,跨国公司的大品牌随着品牌不同,在全球范围的覆盖率也不同。有些品牌只在一两个国家销售,而其他品牌可能在更多的国家销售。表 11.2 揭示了部分卡夫品牌在全球的覆盖率。

表 11.2　部分卡夫品牌在全球的覆盖率

| 品　　牌 | 市　　场 |
|---|---|
| Alpen Gold | 波兰,俄罗斯,乌克兰 |
| Capri Sun | 波多黎各,美国 |
| Grand Mere | 法国 |
| Honey Maid | 加拿大,美国 |
| Jacobs | 奥地利,波罗的海,捷克,德国,希腊,匈牙利,波兰,罗马尼亚,俄罗斯,斯洛文尼亚,瑞士,土耳其,乌克兰 |
| Jell-O | 加拿大,墨西哥,波多黎各,美国 |
| Kenco | 爱尔兰,英国 |
| Kool-Aid | 加拿大,墨西哥,菲律宾,波多黎各,美国 |
| Lacta | 巴西,意大利 |
| Lunchables | 美国 |
| Marabou | 丹麦,芬兰,瑞典 |
| Maxwell House | 加拿大,中国,法国,德国,爱尔兰,中东,波兰,俄罗斯,中国台湾,乌克兰,英国,美国 |
| Milka | 阿根廷,奥地利,比利时,保加利亚,克罗地亚,捷克,法国,德国,匈牙利,意大利,荷兰,波兰,罗马尼亚,俄罗斯,西班牙,土耳其 |
| Miracle Whip | 澳大利亚,加拿大,丹麦,德国,菲律宾,美国 |
| Oreo | 阿根廷,澳大利亚,加拿大,中国,印度尼西亚,墨西哥,荷兰,秘鲁,波兰,波多黎各,罗马尼亚,俄罗斯,西班牙,中国台湾,泰国,美国,委内瑞拉 |
| Ritz | 澳大利亚,加拿大,中国,厄瓜多尔,中国香港,印度尼西亚,墨西哥,秘鲁,波多黎各,中国台湾,泰国,英国,美国 |
| Royal | 阿根廷,巴西,哥伦比亚,厄瓜多尔,秘鲁,葡萄牙,南非,西班牙,委内瑞拉 |

续表

| 品　　牌 | 市　　场 |
|---|---|
| Simmenthal | 意大利 |
| South Beach Living | 美国 |
| Stove Top | 加拿大，美国 |

资料来源：选自品牌网数据"卡夫：最大的品牌"，http://www.kraftfoods.company.com.

有证据表明，美国和欧洲的当地品牌依然具有强大竞争力，也有证据表明，在发展中国家，当地品牌的竞争力也不容小觑。在 20 世纪 90 年代晚期，全球品牌对俄罗斯和苏联各州的消费者尤其富有吸引力。直到最近，全球品牌备受打击，因为全球品牌价格较高，有时候市场完全由这些品牌垄断，许多消费者开始对这些品牌表现出兴致缺缺。对全球品牌的冷淡使跨国公司开始重新挖掘当地品牌。卡夫买下了传统的匈牙利的棒糖公司，Sport Szelet，而且完全采用该公司 50 年不变的包装设计来销售。联合利华紧随其后，买下了传统的 Baba 私人护理品牌。

当问及中国消费者，具有相同价格和质量的产品更喜欢的是当地品牌还是全球品牌时，他们普遍表示喜欢当地品牌的食物、清洁用品和家庭用品，尽管对于家用电器来说，他们更加喜欢全球品牌。当涉及服装时，喜欢当地品牌和全球品牌的消费者各占一半。因此，我们能够理解当法国包装食品公司达能买下中国公司时，它仍然在原有的中国品牌下销售产品。总的来说，达能在中国 80% 的销售额要归功于这些中国品牌。中国政府甚至希望该公司创造一种中国的可乐，与可口可乐和百事可乐竞争。非常可乐在中国排名第三，被称为"中国人自己的可乐"。

但是，这对全球品牌来说并不全是一件坏事。在许多发展中国家的调查表明，对于不同的产品来说，人们认为，著名的西方品牌具有更好的产品或者服务质量。对于某个产品来说，原产地为西方国家的全球品牌具有额外的价值，因为发展中国家的消费者会将这些产品与更高的社会地位联系起来。因此，围绕当地和全球品牌的争论依然存在。

## 7. 自有品牌

自有品牌，或者是低价供应第三方，并在第三方的品牌下销售产品的实践在许多市场上都已经非常普遍。日本公司 Ricoh（现在是小型个人复印机和传真机的全球领先者）曾经是著名大公司的合同生产商，用自有品牌的方法获得了欧洲和美国的市场准入。现今，许多中国公司采用这一方法作为进入出口市场的方式。

此外，国际市场上的大型零售商正开发他们的内部品牌，并外购这些产品的生产。这些品牌代表着全球品牌强大的竞争力。比如，印度的马恒达公司（Mihindra&Mihindra）决定在新开设的 Mom&Me 店发布自己的自有标牌。该自有品牌将与全球品牌如 Mattel 一起销售。

自有品牌为一个公司带来独特的优势，它具有强大的生产技术，但是无法进入外国市场，缺乏市场经验。通过当地分销商或者公司现有的分销网络来销售产品，可以降低失败的风险，同时现成的市场准入提供快速的销量增长。

对生产公司来说，自有品牌合同并不是毫无瑕疵的。因为市场的控制权在另外一个生产商或者分销商手中，该公司无法独立，只能间接地影响销售。从长期利益来看，公司通常发现，它们需要将资金投入创造品牌价值中去，而且需要在它们自己的品牌下宣传和销售产品。然而，从一个供应商转变为一个全球大品牌并非易事。亚洲以一个大型生产中心的身份浮出水面40年来，极少数公司在创建世界级品牌上是成功的——其中有来自日本的索尼和佳能，以及韩国的三星。许多亚洲生产商仍然缺乏销售部门，在向海外零售商直接销售时缺乏经验。

# 11.3　商标与品牌保护

违反商标法——帮助消费者辨别品牌的名字、词语或者标志——已经成为全球营销者无法逃避的问题。这些违反行为包括对一个品牌名称的合法劫用或者当地先买权的获取。比如，在一个国家，如果古驰(Gucci)还没有注册，有些人就可以先注册这个品牌。如果古驰想进入那个市场，就要买回自己的品牌或者在另外一个品牌下销售。在有些国家，商标不需要经过注册后才在市场上销售，品牌先买权也特别普遍。

商标(trademarks)：使消费者得以辨别不同品牌的名字、词语或者标志。

先买权(preemption)：当一个品牌还没有注册时，合法劫用或者注册一个品牌的名称。

保护著名国际品牌在当地市场被先占的国际条约源自1883年的巴黎和约。然而，即使是在缔约国，问题依然会出现。为了维护自己在巴黎和约下的合法权益，古驰在墨西哥与侵权的公司打了两场官司。它赢了一场，输了一场。在输掉的那场官司中，墨西哥的法官不认为墨西哥政府正式批准了100多年之前的巴黎和约。

今天，巴黎和约已经被世贸组织下的商标保护法规所取代。加入世贸组织的国家必须建立国家法律来保护全球品牌。这些法律必须包含这些规定，即著名国际品牌的所有者可以成功反对当地先注册者使用该品牌。当地法律必须能够阻止品牌仿冒，对于申请商标保护的公司，各国不得对当地公司和外国公司有所偏袒。根据一个国家的经济发展水平，可以允许有11年时间来完善当地法律。

然而，要使这些国家完全达到这些要求是言过其实的，事实上世界贸易组织的签约国在加入该组织时，就商标保护呈现出完全不同的水平。一项针对各国在世贸组织成立前几年国家商标保护状况呈现出完全不同的模式。发达国家提供最全面的商标保护。发展中国家、俄罗斯和东欧转型经济体展现出较弱的当地法律，而且在转型经济体中，外国商标应用的进程显得尤其缓慢。许多新工业国家和地区，包括中国台湾和韩国，已经建立起与发达国家相当的当地法律。但是，由于缺乏资源，这些国家和地区全力贯彻这些法律的能力仍然潜伏着危机。

世界贸易组织建立的规则无疑是朝正确方向迈进了一大步，但是问题仍然存在。尽管苏联集团国家已经按照世贸组织规则采取了商标保护法，但是这些法律的实施仍然充满问题。有人担心，俄罗斯的法官和审判者并不明白最新采用的商标法的本质——尽管该法律在书面上已经赫赫在目。美国的烟草公司菲利普莫里斯(Philip Morris)竭尽全力，阻止一家俄罗斯公司生产一种香烟，该香烟的包装与菲利普莫里斯公司两款最畅销的香烟品牌非常相似。但是菲利普莫里斯公司败诉了。莫德罗集团(Grupo Modelo)是墨西哥生产"电晕"牌(Corona)啤酒的公司,在一个商标案中起诉一个俄罗斯公司盗用莫德罗的品牌名称,也失败了。但是,在亚洲也有类似事件。在中国,星巴克与一家咖啡连锁店打官司,该连锁店的中文名与星巴克非常相似,星巴克胜诉了。与此类似,本田(Honda)在与一家名为 Hongda 的摩托车生产商的官司中也获胜了。

尽管世界各地都为统一品牌保护法做了努力,但是各国在商标领域仍然存在诸多差异。在美国,商标权益通常会扩张到相关产品和服务。但是在中国就不是如此,为了覆盖一个公司的全部产品线,可能需要进行许多项注册。许多政府,但不是全部政府都要求如果一个商标想要在一个市场上受到持续的保护,就必须在该市场上使用。星巴克在俄罗斯注册了该商标,但是直到该商标在俄罗斯市场上过期都没有使用过。一个当地抢夺者就注册了该商标,因为在他们看来,这个商标是被原有持有者所放弃的。星巴克经过一场持久的法律战才夺回自己的品牌。

---

**世界脉搏 11.2**

## 印度尼西亚的品牌抢占

英国皇家烟草集团,世界第四大烟草制造商,正计划在印度尼西亚建造一个 7 000 万美元的工厂,来生产高级卷烟 Davidoff。但是,一家名为 Sumatra 的当地烟草公司非常善于将著名商标归为己有,该公司已经在印度尼西亚拥有了 Davidoff 的名字。这家当地公司在印度尼西亚总共注册了 201 个著名商标,其中包括香奈儿和人头马。Sumatra 烟草公司不仅生产与著名品牌相关的产品,还将品牌应用到拓展产品上——如他们销售的洛里斯香烟,就是该公司在中国境内销售的。

皇家烟草公司并不是唯一一家在印度尼西亚面临品牌盗用的公司。英特尔,世界上最大的微处理器生产商,在与印度尼西亚英特尔牛仔裤生产商和英特尔家用电器生产商的战争中一败涂地。该问题要追溯到 1961 年印度尼西亚的商标法,该法律声称,在印度尼西亚首次注册一个商标的对象是该国内该商标的所有者。印度尼西亚的新商标法理应停止这种盗用著名国际品牌的行为,但是事实看来,法庭并没有贯彻这项法律。事实上,美国就印度尼西亚的商业导航指出,当地司法体系令人沮丧,不可预测。

皇家烟草公司将此案上诉到印度尼西亚的最高法庭。与此同时,该公司开始寻找一个新的东南亚生产中心。最终印度尼西亚最高法庭判定皇家烟草公司胜诉。但是,Sumatra 烟草公司反对这个裁定,使皇家烟草公司在印度尼西亚的计划投资又被推迟了。有些观察家预测,除非印度尼西亚的法官接受足够的知识产权训练,否则其他在印度尼西亚的投资都会受到阻碍。

资料来源：Timothy Mapes. Big Cigarette Firm Fumes at Jakarta Over a Trademark. *Wall Street Journal*, May 22, 2003; Gunawan Suryomurcito. Intellectual Property Laws Still Weak. *Jakarta Post*, January 31, 2005, p. 6; Frans H. Winarta. Protection of Popular Brands. *Jakarta Post*, April 4, 2008, p. 8; and Doing Business in Indonesia. U. S. and Foreign Commercial Service and U. S. and U. S. State Department, 2009.

## 1. 仿冒和盗版

现今,国际营销者在品牌保护方面面临的最大问题就是仿冒,仿冒是对注册商标的非法使用。仿冒者摹仿一个品牌的产品,并通过品牌价值获取收益。因此,仿冒者通过盗用品牌价值,伤害了合法经营。据世界海关组织估计,仿冒者占到全球商品贸易的6%或者在一年内超过6 000亿美元。据估计,许多财富500强公司每年要花费200万~1 000万美元来打击仿冒产品。

当消费者在不知情的情况下购买了仿冒品,还以为是正品时,消费者也会受到伤害。因为仿冒品通常并不模仿正品的质量或者安全保障,它们并不能按人们的期望运行。AC德尔佳刹车板的仿冒品,其使用寿命是正品的一半。Mitsubishi电梯公司收到一个来自消费者的投诉,声称新电梯老是停留在楼层之间。结果发现该电梯是个仿冒品。全球仿冒呈现出最大的消费者威胁之一是药品的仿冒。世界卫生组织指出,在世界范围内多达10%的药品是仿冒的。

盗版一词通常用在版权产品的仿冒,如书本和计算机软件。因为非法生产——或者更形象地说,是复制——这些产品相对简单而成本低下,它们很容易就成为目标。录制的音乐长期以来饱受盗版之苦,在许多国家,盗版音乐的销售还超过了正版音乐。在中国,几乎所有下载的音乐都是盗窃的。中国的网络搜索引擎,如百度,通过提供便捷的盗版音乐下载,助长了这一现象。在中国的谷歌就不提供这一服务。有些专家指出,他们为这些决定的做出付出了高昂的代价,因而只控制了23%的搜索市场,而百度控制了58%。

DVD也是盗版的一个主要目标。仅仅几年之前,盗版DVD需要工厂拥有硬盘刻录设备,该设备价值100万美元。因此,主要的操作者只是亚洲能够支付这种投资的犯罪集团。而今,相同的技术让家庭录影机也能刻录它们自己的DVD,重塑了这个充满竞争的盗版世界——进一步威胁电影行业,使其成本更加巨大。盗版制作如今轻便微小,使当局更难发现,也更难打击。中国香港当局已经从寻找仿冒品生产商转为关闭销售盗版品的零售商,在长达5年的时间里,这种商店从1 000家减少至仅80家。

在商标的法律保护薄弱的国家,仿冒受商标保护的商品大行其道。在所有的仿冒品中,中国占了2/3。其他的问题国家包括菲律宾、俄罗斯、乌克兰、巴西、巴基斯坦、巴拉圭和越南。在越南,仿冒行为欣欣向荣,因为政府几乎没有什么资源来有效贯彻现行法律或者控制边界。有些在越南有业务的国际消费品公司声称,它们的销售量被随处可见的非法低价仿冒品削减了多达50%。因为非法运营者收集宝洁公司的容器,然后用仿冒品填充这些容器,使宝洁公司丧失了高达25%的销售量。杜松子酒和威士忌等品牌也遭受了相同的境遇,重复使用的瓶子又被装上了甜朗姆酒。

电子商务的兴起促成了仿冒品全球贸易的进一步增长。总的仿冒品网上交易量估计在250亿美元,是仿冒品总交易量的1/10。网络仿冒品生产商分部在约5 000个网站。他们既包括国际运营商,也包括小基地生产的当地年轻人。劳力士,瑞士奢侈品牌手表生产商,频繁地查阅易宝的拍卖网点,在那里,任何一天都会有成百只仿冒的劳力士手表供拍卖。许多其他奢侈品生产商也在做着相同的事。路易斯威登频繁地登录易宝,以便对仿冒产品做出反应。到2001年年初,易宝担心自己要对欺诈和其他非法销售负责,开始

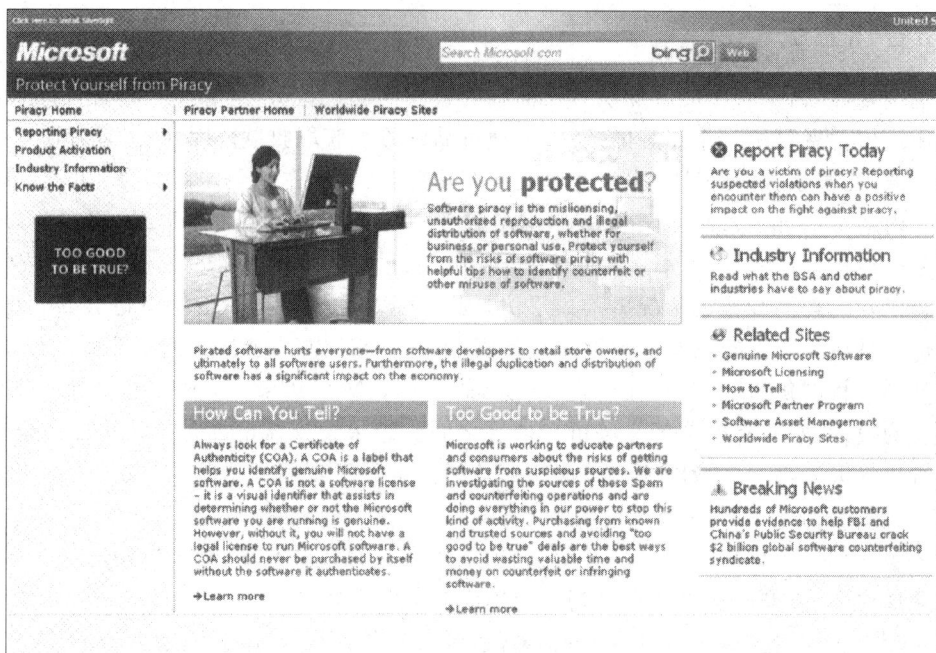

对微软来说，打击盗版是一项全球性的活动。

从自己的网站上过滤并移除明显侵犯版权的物品。但是，仍然有很多奢侈品生产商认为易宝对于阻止仿冒品的流通做得不够。路易斯威登和其他奢侈品牌已经在打击互联网零售商上赢得了 6 400 万美元的诉讼费用，这些互联网零售商以在本网站销售正品或者赝品来获利。

仿冒（counterfeiting）：对一个注册商标的非法使用。

盗版（piracy）：有版权材料的仿冒生产。

## 2. 打击仿冒

跨国公司可以采用多种方法来阻止它们的产品被仿冒。

- 不作为。如果仿冒行为没有严重影响公司的品牌，公司可以忽视该种行为。对于一个公司来说，阻止仿冒者代价高而且费时久。而不幸的是，如今大多数公司都已经意识到不作为不再是一个好的选择。
- 与侵犯者合作。一个硬件产品生产商发现一个亚洲仿冒者正仿制出良好的产品。该公司就请仿冒者成为自己的合法合同生产商。仿冒者的分销商也可以成为品牌的合法分销商。但是，这一选择也有很多的不利因素：许多合法合同生产商、许可证经营者和分销商也参与到仿冒市场中来了。他们的合法地位可以帮助他们隐藏更多违法的交易。联合利华发现上海一家供应商制造出过量的肥皂，并直接销售给零售商。宝洁公司发现一家中国供应商将空的宝洁洗发水瓶子销售给另外一家公司，该公司用这些瓶子来盛假的洗发水。当 New Balance 发现一家许可证获得者在国际市场销售"未授权"的鞋子时，它们决定，它们最好的选择是以

10 美元每双的价格从许可获得者手中重新买回鞋子,而不是任由鞋子以打折的价格在市场上销售,从而遭受品牌掺水的风险。

- 教育政府。公司可以采取措施来教育政府有关仿冒的社会和政治后果,在打击仿冒者上自愿提供帮助。有些政府,尤其是发展中国家的政府,对于跨国公司处理仿冒行为的请求长期以来无动于衷。仿冒行为通常能为发展中国家提供就业机会,有些政府认为,贫穷国家消费者为全球品牌价值所支付的价格是毫无必要而且非常极端的。然而,有现象表明,发展中国家政府正在改变他们对仿冒价值的认识,原因如下。

  (1) 如前所述,仿冒行为有时候会伤害消费者。在非洲,仿冒药品占到市场的 40%。

  (2) 许多政府越来越关注它们大型非正式经济(包括仿冒行为和它们的分销商)的不利面,因为非正式经济的参与者不支付税收,不遵守劳动法律。这个规则的一个例外是朝鲜,该国政府声称一年可以从生产的仿冒品中获得 1 亿美元收入。

  (3) 仿冒行为越来越多地损害发展中国家的公司,而不仅仅是外国的跨国公司。诸如巴西、韩国和中国台湾如今发现,它们自己国内的品牌也被仿冒了。甚至如中国品牌,像青岛啤酒和李宁鞋都已经成为仿冒者的目标。这促使当地政府对处理这一问题采取更加严肃的态度。

  (4) 仿冒行为逐渐融入有组织犯罪和恐怖主义的领域,后者使用仿冒行为得到的资金来支持恐怖主义行为。两种团体都威胁着合法政府的主权地位。

- 广告。跨国公司可以尝试将购买正品而非仿冒品的优势传递给消费者。此外,可以发动各种活动来教育消费者有关仿冒行为的道德问题。当《哈利·波特》系列在中国发行时,该书出版商将书印在浅绿色的纸张上,并举办了大量的媒体活动向消费者解释如何区分正版图书和盗版图书。

中国香港的迪士尼也采取了这个方法,它举行了一个推广会,鼓励消费者参加竞赛获取 DVD、电视机和中国香港迪士尼乐园之旅。该进入形式要求消费者附上一张红色官方全息图覆盖的贴纸,而该贴纸只在合法迪士尼产品上拥有。该竞赛使用了中国的幸运数字 88,合法迪士尼产品券的价格为 88 元(约 11 美元)。该推广在中国迪士尼多样化和卡通展示会——神龙俱乐部上打出广告,孩子们被鼓励着去寻找真的全息图。该公司声称,在最初的三个星期内就收到了 25 000 个参赛报名,该推广活动顺利收回成本。然而有些人还是持怀疑态度,他们指出,仿冒者们以成功仿制全息图而闻名。

- 直接参与到调查和监管中。不能总是依靠政府来打击仿冒行为。公司越来越多地开始接受调查这一角色,而这一角色通常是由警察来扮演的。动画协会雇用了自己的私人警察,在亚洲建立监视网络,追踪盗版 DVD,帮助海关人员打击非法操作。据报道,路易斯威登雇用了 20 个全职员工,与调查人员和律师一起工作,来保护自己的品牌免受盗版。然而,这种行为也并不是没有风险的。一家欧洲大型酒水饮料公司的主管人员在泰国帮助制止仿冒者时,遭受了两次枪击,并受了一次伤。

- 改变产品的某个方面。公司可以不断改变它们的产品,使用高科技的标签和包装。比如,阿斯利康(Astra Zeneca)的溃疡药物,Nexium,采用了全系图,分子标牌和防高温封口。其他方法包括无形标志装置或者水印、纳米追踪仪、激光刻制或者包含生产日期和地址的复杂条形码。但是,很多仿冒者很擅长处理这些变化,并采用了一流的生产设备。

- 促进反仿冒的良好法律环境。美国在 1984 年通过了商标仿冒法案,使仿冒行为的罚款最多高达 250 000 美元,有期徒刑最多高达 5 年。中国在 2004 年降低了仿冒者刑事判定的门槛。如今个人只要被发现有 6 000 美元价值的仿冒品就会面临判决,而这个门槛之前是 12 000 美元。许多其他国家也正加强这些法律,增加仿冒行为的惩罚力度。这在许多新工业国家尤其符合事实,而这些国家过去都曾是主要的违法者。但是,新的立法只是个开始。大多数发展中国家在未来许多年里对新法律的贯彻可能仍然非常薄弱。

- 使用联合方法。如果全球公司联合起来,游说政府完善并执行法律,可以获得更好的结果。这对母国政府来说也是成立的。自从美国、欧洲和日本表现出一致的态度后,中国政府在回应仿冒行为的抱怨时显得更加严肃认真了。

- 重新考虑侵犯性的定价。在有些情况下,品牌所有者可能选择放弃一些品牌价值,降低价格来应对仿冒行为。为了与中国的仿冒行为做斗争,雅马哈决定降低价格。它将最便宜的自行车价格从 1 800 美元降低至 725 美元。仿冒者之前收费 1 000 美元,只好以 500 美元价格来回应。与此类似,墨西哥影片和录像分销商 Videomax 和 Quality Films 与美国的动画协会联合起来,决定在墨西哥市场上降低价格,通过相同的街道小贩——过去曾销售盗版影片——来销售合法的影片。这些分销商大减价,使他们的价格与盗版片的价格相当甚至比盗版片的价格更低。

- 退出或者避免一个市场。当微软进入俄罗斯市场时,它面临着 99% 的软件盗版率。该公司做出决策,将目标对准该消费者市场是没有利润可言的。取而代之的是只集中在公司市场上,通过提供售后技术支持作为激励公司购买合法软件的手段。

尽管跨国公司继续研究阻止仿冒行为的方法,仿冒现象将仍然是全球营销者在可预见的将来不得不面对的一个问题。政府越是延迟处理这个问题,有组织的犯罪就会越严重,这是犯罪行为参与到这个利润丰厚的行业的必然结果。

# 11.4 全球背景下的社会营销

社会营销指的是将营销实践改用到旨在影响目标群体自愿性行为的项目中,以便来改善他们个人的福利和他们所属社会的福利。社会营销的目标可能不会相信——至少在最初不会——他们正遭受或者造成了一个问题。这正如滥用酒精或者毒品的青少年,或者如孟加拉国的父亲们,他们认为他们的女儿不应该接受教育。

与商业领域的营销相类似,社会营销已经走向全球。正在从事慈善和教育项目的非

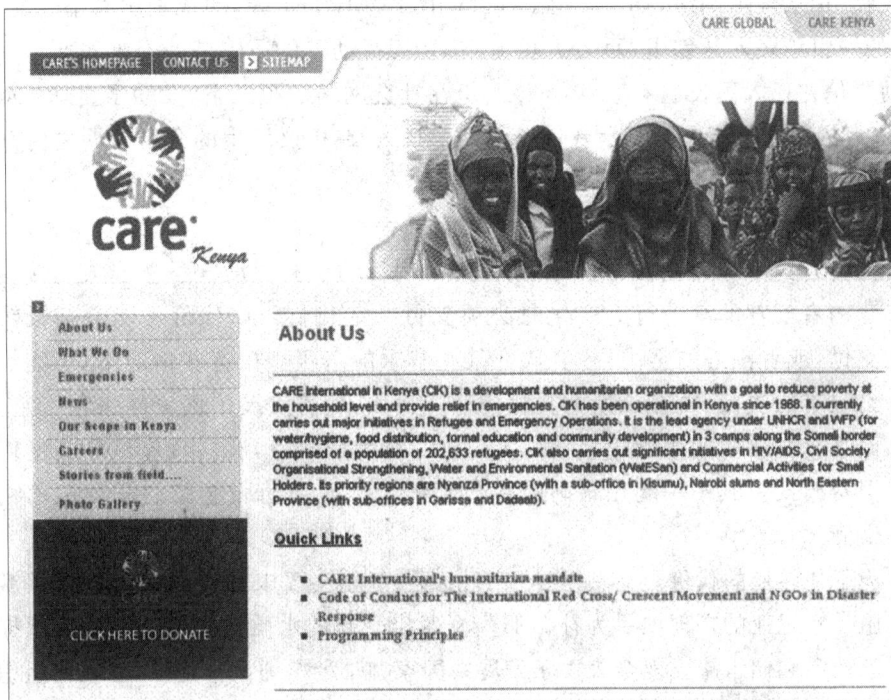

政府组织的全球覆盖率达到了前所未有的盛况。不论他们是当地性的还是跨国的，公有的还是私人的，参加社会营销的组织对探索其他国家的优秀实践越来越感兴趣。

正如全球性产品一样，各国采取的社会营销项目可以展现出标准化的特点，同时也展现出为适应当地环境和文化的特色。比如，研究显示，当一个社团内的言论领导人赞同艾滋病预防理论，并在培训后将该言论引入与同辈们的交流中去，那么与艾滋病传染相关的高风险行为就会减少。来自威斯康星的一队社会营销者选择了言论领导人模型来做国际扩散。该团队认定了包括非洲、东欧/俄罗斯、中亚、拉丁美洲和加勒比海等地区 78 个国家的主要艾滋病预防非政府组织。每个非政府组织都配有一名行为科学顾问，该顾问对非政府组织所服务地区的文化非常熟悉。其结果是，该非政府组织在改变言论领导模型来适应当地文化需求时获得了帮助。55％的非政府组织将该模型融入他们的项目之中。此外，这些非政府组织在推进该模型时，与该国内其他组织形成了网络关系。在 26％的目标国家内，政府也将该模型纳入官方艾滋病预防项目。

如前所述，为商业活动研发的营销实践通常对社会营销也非常适用。当全球顾问公司麦金森开发项目来改善发展中国家咖啡种植者的福利时，它首先细分了市场。有些种植者为了获取更多的利润，理所当然地转向种植特种咖啡。然而，其他人为了生存，可能要完全放弃咖啡种植。这对社会营销的建议是，设定两种不同的细分。与此类似，与国际非政府组织护理相关的社会营销者们在一项改善水的清澈度和减少疟疾的活动中，将目标对准了肯尼亚农村地区的种植和养鱼人群。营销调查需要同时使用集中归类法和调查研究方法的，需要非常小心。

社会营销从全球网络，如 Facebook，Twitter，MySpace 等的成长中获益。比如，哥伦比亚的一组年轻人开创了"百万人反对 FARC"行动。FARC 是一个半军队性质的团体，威胁哥伦比亚人民长达 40 余年。该组织在社会网络的帮助下，发动了全球 190 个城市 1 200 万人民在大街上游行示威，以反对 FARC。在抗议发生的几个星期之内，FARC 中就有大批人员潜逃。

但是，社会营销的有些方面与商业营销不同。

- 社会营销不像商业营销一样，关注某个项目的获利程度。虽然当人们接受社会营销者推荐的某个行为变化时必须支付一些代价。该代价可能包括金钱上的支付，或者额外的努力，或者放弃某些享乐的东西。在有些情况下，可能需要做出艰难的决策，放弃长期的文化信仰。比如，随着发展中国家越来越富足，它们面临日益增多的酗酒现象。为了与这一行为作斗争，有些政府试图转变传统的消费模式。其中一起在泰国的社会营销干预成功劝服村民们放弃在葬礼上提供酒水。

  为了使转变的代价更容易为人们所接受，可能会要求社会营销者们提供激励措施。肯尼亚的护理项目为补贴那些愿意接受新的水质量净化程序的家庭提供化学药品和储水罐。麦金森关于发展中国家咖啡种植的报告建议，非政府组织和政府为转向新作物的农民提供短期贷款。

- 尽管缺乏利润焦点，但是社会营销者们必须寻找资金补偿来覆盖各项花费，以便维持运转。然而，他们的资金并非来自他们的目标市场，而是有其他来源。这些来源包括政府和私人的捐赠。针对这些资金来源的额外营销也是必须的。社会营销者们必须理解这些捐助者的动机和价值观，他们还要经常与其他社会营销者为资金而竞争。

- 尽管非政府组织可能会为了资金而竞争，但是他们通常会一起合作——以正式或者非正式的形式——来完成一个共同目标。这种侧面的伙伴关系有助于效率的提高，同时也有助于更好、更有效的实践的形成。在国际背景之下，这种方法显得特别有用。跨国营销者可以为当地社会营销者提供额外的资金和经验，而后者可以为前者提供文化和社区准入。

- 社会营销者们，尤其是在国际背景下，必须考虑政府——无论是东道国政府还是本国政府——是如何看待它们正在营销的产品的。有些时候社会营销者们采取的行为正是政府通常主办的活动范围之内的。有些政府欢迎这种帮助。其他政府可能会对此感到不自在。此外，什么是组成公共利益的——以及所需采取的行动——也可能成为政治主题。

侧面的伙伴关系（lateral partnership）：非政府组织之间为了朝一个共同目标努力，提高效率而签订的正式或者非正式的协议。

你需要针对你的目标国家对你的服务或者社会营销做出相应的改变吗？你将如何注册并保护你的品牌？

# 总　　结

在本章中我们看到,国际上的社会营销和服务营销与全球产品营销有许多相似之处。但是,它们各自有各自独特的挑战。不论是营销产品还是服务,如果一个公司想要开发全球品牌,打击仿冒行为,还需要进一步努力。如果公司能够成功克服这些额外的国际困难,并且对外国顾客履行自己的承诺,全球范围内的成功会增加公司利润,并且在国内和全球市场上获得更稳定的市场地位。

# 问 题 讨 论

1. 为什么在营销服务时更难达到产品的标准化?

2. 在你看来,为什么当可口可乐最先引入波兰时,就有很多波兰人认出了可口可乐的名字和标志?

3. 为什么将当地品牌名称改为全球品牌名称的决策很难做出?

4. 由上至下的全球品牌战略有什么优缺点? 由下至上的全球品牌战略呢?

5. 全球品牌对社会营销者来说是如何体现其价值的?

6. 诸如 Facebook,Twitter,MySpace 等社会网络是如何影响不同国家的社会营销的? 给出具体的例子。

# 第 12 章

# 国际与全球市场定价

**章节提纲**

## 12.1 影响定价的利润与成本因素

1. 运输成本
2. 关税
3. 征税
4. 当地生产成本
5. 渠道费用

## 12.2 影响定价的市场因素

1. 收入水平
2. 文化与消费者行为
3. 购买力
4. 竞争情况

## 12.3 影响定价的环境因素

1. 汇率浮动
2. 通货膨胀率
3. 政府价格控制
4. 反倾销法律
5. 信用与收款设施

## 12.4 全球定价中的管理问题

1. 出口提价管理
2. 转移价格的制定
3. 以外汇报价
4. 平行进口或者灰色市场的处理
5. 设定全球价格
6. 非现金定价：反向贸易

**总结**

**问题讨论**

**学习目标**

学完本章，应该掌握：

- 区分全额成本定价和边际成本定价，并解释两种定价方法对全球营销者的意义；
- 指出国际运输成本、关税、税收、当地生产成本和渠道费用是如何对定价决策产生营销的；

- 解释不同国家的不同收入水平、文化、购买力和竞争情况是如何需求不同的定价战略的；
- 比较并对比：汇率浮动和通货膨胀率使得全球定价复杂化的方式有何不同；
- 列出全球营销者们可能碰到的政府控制价格的例子；
- 解释倾销的含义，解释它是如何限制定价战略的；
- 了解一国的信用和收款基础设施是如何影响该国的定价策略的；
- 描述全球营销者如何管理价格提升，确定转移价格，用外币有效报价；
- 解释平行进口的含义、原因，列出控制它们的方法；
- 区别不同形式的反向贸易，平衡处理非现金交换的机遇和风险。

在最近几年，美国司法部门将美国最大的几起刑事案件诉至于庭。这些被告者是来自比利时、英国、加拿大、法国、德国、意大利、日本、墨西哥、荷兰、韩国、瑞士以及美国本身的全球管理者。起诉原因是与竞争者同流合污，限定全球价格。该判决结果是对公司的巨额罚款以及管理者的牢狱之灾。其中一个限定价格的案例是围绕维生素的。国际药物公司达成了生产和价格协议，向包装食品公司如通用磨坊（General Mills）、科隆（Kellogg'）、可口可乐和宝洁公司抬高价格。这些价格自然向服用维生素、喝牛奶和吃燕麦的消费者传递过去了。与此类似，调查者们也揭露了一个长达17年的价格限定阴谋，该阴谋发生在美国、德国和日本的山梨酸（一种食品防腐剂）生产商之间。该卡特尔预计在美国境内就影响了不止10亿美元的销售额。全球卡特尔抬高各种产品的价格，如软饮料、炸药、近海石油和天然气钻探平台等。在调查全球公司的定价策略上，越来越多的亚洲和欧洲政府开始与美国政府一道。

是什么促使一个管理者冒着牢狱之灾的风险来限定全球价格？市场的全球化提供了几个可能的解释。竞争加剧了。公司不仅要在外国市场上竞争，也面临着本国市场上国外公司的竞争。许多行业内的合并创造出更少但更大的竞争者。苛求的消费者渴望质量好而价格低的产品。降低价格的压力紧迫而来。但是定价是营销组合的一部分，为公司输送潜在利润。对有些公司来说，获得订单和全球市场稳定地位的吸引力是巨大的。

管理全球定价要比制定国内定价战略复杂得多。本章将提供影响国际环境下定价策略的主要因素（见图12.1）。首先我们将关注成本是如何影响国际定价决策的。其次探索市场和环境因素的影响。最后关注定价管理问题，如转移价格、全球定价和反向贸易。

## 12.1　影响定价的利润与成本因素

美国国际集团在印度的农村地区引入一项保险政策，允许农民一年花费10美元为一头奶牛购买保险。印度较低的成本花费支持这项定价战略。在印度换一头奶牛的成本比在美国低很多，雇用保险业服务人员的成本也低很多。许多公司在内部成本结构和获利目标的基础上仔细思考定价战略。任何一个有效的定价战略必须从清楚了解这些成本和利润变量开始。因此，了解不同的成本因素是成功的国际定价战略的前提。

按照标准的国际会计实践，成本被分为两大类：固定成本和可变成本。在给定的产

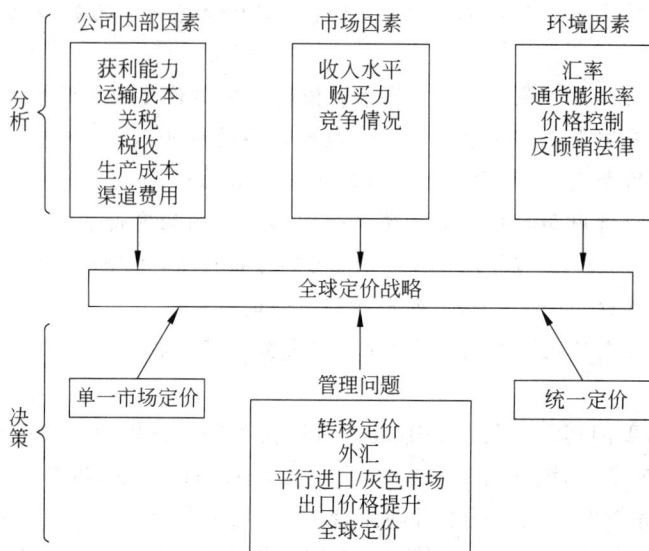

图 12.1　全球定价战略

量范围内,固定成本是不会变化的,而可变成本直接随着产量的变化而变化。这些变量的关系可以从表 12.1 虚构的西部机床公司来反映,假设该公司是一家机床生产商,在美国市场上每台售价为 60 000 美元。

固定成本(fixed costs):不会随着生产力水平变化而变化的成本。

可变成本(variable costs):随着生存力水平变化而变化的成本。

表 12.1　西部机床公司的利润和成本计算　　　　　　　　　　单位:美元

| | | | |
|---|---|---|---|
| 销售价格(每台) | | | 60 000 |
| 直接生产成本 | | | |
| 　劳动 | 10 000 | | |
| 　材料 | 15 000 | | |
| 　能源 | 1 000 | 26 000 | |
| 间接生产成本 | | | |
| 　监管 | 5 000 | | |
| 　研发 | 3 000 | | |
| 　工厂管理费用 | 5 000 | 13 000 | |
| 总行政成本 | 10 000 | | |
| 销售和营销费用 | 5 000 | 15 000 | |
| 总成本 | | | 54 000 |
| 税前净利润 | | | 6 000 |

一台机床的总成本是 54 000 美元,以 60 000 美元的价格销售,该公司从每台的售价

中获得的税前利润是 6 000 美元。但是,如果有一台额外的机器被卖掉了(或者没有卖),边际影响数量是超过 6 000 美元的利润(或者损失)的,因为新增加的一台机床的额外成本仅限于可变成本,或者说是表 12.2 显示的 26 000 美元。对于任何一台新增的销售量,边际利润(marginal profit)都是 34 000 美元,超过可变成本的数量。

边际利润(marginal profit):产品的销售量增加一单位时总利润的变化。

表 12.2　西部机床公司的边际成本计算　　　　　　　单位:美元

| 售价(每台) | | | 60 000 |
| --- | --- | --- | --- |
| 可变成本 | | | |
| 直接生产成本 | | | |
| 劳动 | 10 000 | | |
| 材料 | 15 000 | | |
| 能源 | 1 000 | 26 000 | |
| 总可变成本 | | | 26 000 |
| 边际贡献(售价减去可变成本) | | | 34 000 |

假设西部机床公司有机会将一台机床出口到国外,但是该国外购买者愿意支付的最高价格是 50 000 美元。西部机床公司用全额定价法,声称如果该买卖成立的话,公司要遭受 4 000 美元的损失。但是,对于新增的一台机床,只会增加额外的 26 000 美元可变成本,因为所有的固定成本早就发生了,在之前销售的机床中已经得到了补偿。事实上该公司可以继续这个交易,获取 24 000 美元的边际利润。在这种情况下,如果一个公司没有充分了解自己的成本组成,很容易便拒绝一个可获利的销售。

成本组成会有变化。比如,如果增长的出口量增加了一个工厂的生产量,公司可以达到规模化生产,从而降低每单位的总成本。这一考虑进一步支持边际定价战略的使用。然而,营销者们应该关注,边际定价战略是否会严重影响出口市场的国内竞争。正如我们将会在本章下面看到的,这会导致针对出口者的倾销指控,以及随之而来的法律制裁。

## 1. 运输成本

西班牙的时尚连锁店 ZARA 是欧洲最重要的时尚连锁店之一,它以对潮流走向的快速反应和向国外分公司及时传送最新款而闻名于世。但是由于分销中心位于西班牙,分店离母公司越远,价格就越高。比如,ZARA 在美国的价格比在西班牙的要高出 65%。

国际营销通常需要长途运输产品。运输成本会成为有些公司国际定价策略的重要一部分。一项研究美国和韩国公司是如何确定海外价格的调查显示,公司在国外市场收费要高于国内市场,因为增加了运输成本。换句话说,这些公司,不论是美国的还是韩国的,显示使用成本增加模式来设定海外的价格,在外国市场最终设定的价格中有意识地加入运输成本。

特别是消费品,低运输成本会决定谁能得到订单。对于更加昂贵和有差异化的产品,如计算机和精密电子仪器,运输成本通常只代表总成本的一小部分,对定价决策的影响也比较小。对于处于这两个极端之间的产品,公司可以通过选择合适的运输方式,极大地影响单位运输成本。比如,通过引入海洋集装箱运输船致使许多产品的运输成本大大减少。集装箱运输降低了海运成本中汽车和卡车运输的成本,使出口者对当地生产商的竞争力大大提高了。但是,因为各种运输模式,包括铁路、公路、航空和海洋运输,都依赖大量的能源,对于跨国公司来说,总成本是一个越来越严重的问题,且对世界石油价格非常敏感。

在 FTD 网站上,你可以为许多不同国家的朋友赠送鲜花。每个市场的价格不同。网站中不同地区的送花人有不同的劳动力成本和租赁费用。鲜花运输的平均距离在各个地区也不相同,从而导致了不同的燃油成本。

## 2. 关税

当产品跨越国界运输时,可能要支付关税。关税通常根据产品的着陆成本来收取,该成本包括到进口国的运输成本,关税通常是以着陆价的百分比收取。世界贸易组织与它的前身关税贸易总协定一样,在削减关税的道路上任重道远。但是,在某些市场的某些产品中,他们还是起了很大的作用。关税成本有一个涟漪效应,能够极大增加最终使用者的价格。对于中间商来说,无论是销售子公司还是独立的分销商,倾向于在他们销售的产品中加入关税成本,并以此为基础计算运营利润。因此,如果关税税率高的话,对最终使用者的价格影响是很大的。

有时候,跨国公司为了防止或者减少关税的成本效应,会将它们的产品重新分类。当美国为限制进口卡车而将卡车的关税暂时性从 2.5％提高到 25％时,英国的路虎(Land Rover)抱怨,它们生产的四个轮子,价值 40 000 美元的车辆不应该归为卡车,指出该工具车有四扇门,而不是像典型的轻卡那样只有两扇门。该车辆被重新归类,高关税就此被避开了。

## 3. 征税

许多当地税收也会影响产品的最终成本。比如,对于奢侈品爱马仕(Hermès)来说,不同国家市场的不同税收导致了不同的价格。含税的爱马仕(Hermès)海滩毛巾,在纽约价值 553 美元,巴黎为 599 美元,法兰克福为 631 美元,东京是 720 美元。

最常见的税收之一是欧盟成员国之间使用的增值税。这种税收与美国州政府征收的销售税类似,但是它是基于产品在任一阶段所增加的价值来评估和收取的,因而更加复杂。

每个欧盟成员国都设定自己的增值税结构。但是,在所有国家都可见的是,出口货物的零关税(关税免除)现象。一个公司从荷兰出口货物到比利时,不需要支付在荷兰价值增加所对应的税。然而,比利时当局却以比利时的税率,对来自荷兰的产品征税。从非欧盟成员国(如美国或日本)运输到欧盟成员国的商品,除了这些产品的关税以外,还要以着陆价计算增值税。

不同国家还要征收不同的过失税。这种税收是针对合法但是不被社会鼓励的产品征收的。香烟和酒水通常就属于这一类。比如,瑞典通过实施欧盟关于酒水的最高税收,来打击盛行的酗酒现象。这些税收抬高了对消费者的价格,反过来却降低他们的消费量。瑞典与酒精相关的死亡和疾病降至发达国家的最低水平。但是,瑞典在欧盟成员国的身份给这些成果带来了隐患。瑞典南部的居民可以通过一座桥,到丹麦购买低价酒水,并把它带回瑞典。

增值税(value-added tax):基于产品或者服务生产和销售的每个阶段价值增加而征收的税,最终该税收传递给买家。

过失税(sin taxes):针对合法但是不被社会鼓励的产品所征收的税。

## 4. 当地生产成本

直到这里,我们一直假设一个公司只有一个生产地点,从这个生产点向其他市场出口。然而,大多数跨国公司在若干个国家生产产品。在这种情况下,不同国家之间的运营成本、工资、能源/融资可能差异很大,公司为了利用低成本优势降低价格,就可以从一个具有特别优势的地方运输产品。公司越来越多地选择能够给予它们生产成本优势和运输、关税以及其他转移成本优势的生产地点。

因此,对采购点的明智管理可以减少产品成本,从而增加价格弹性。墨西哥吸引了许多美国糖果生产商。该吸引力部分来自墨西哥的年轻人市场,他们以爱吃甜食而出名。

但是,墨西哥也作为一个出口糖果国返回美国的平台,墨西哥工人赚取的却是美国工人的 1/10。更重要的是墨西哥的甘蔗成本很低——是美国的一半,因为在美国有联邦支持。

消费者自身很少为了低成本国家的成本而穿越国界。但是,这在波兰相对普遍,因为波兰的物价是欧洲最高的地区之一。病患者为了避开高价的药物治疗,也越来越多地穿越国界。一个病人飞行了 22 小时到达印度的马德里,就是为了在阿波罗医院接受臀部手术。该手术在马德里只要 4 000 美元,而到美国或者欧洲需要 3 万美元。因为较低的生产成本,印度的医疗旅游正成为一个增长行业。

### 5. 渠道费用

渠道成本是渠道长度、分销利润和物流的函数。许多国家的分销渠道比美国的要长,由于增加了中间商的层数,使总成本和终端消费者价格上升。此外,美国以外的地区零售水平的总成本要相对较高。因为很多国家物流系统没有美国那么发达,每单位的物流成本也比美国要高。所有这些因素都为国际营销的产品增加了额外的成本。

美国的金宝汤公司(Compbell Soup Company)发现,该公司在英国的零售商购买少量装的汤料——也就是一盒 24 罐的,要求每一罐都能够在运输时直接用手拿起。在美国,该公司可以将各种汤料直接销售给零售商,也就是 48 罐每盒的。为了处理在英国的小额购买问题,该公司不得不增加一层分销渠道和新的设施。结果使得在英国的分销成本要比在美国的高 30%。

## 12.2　影响定价的市场因素

公司不能在真空状态下制定定价政策。尽管成本信息是必要的,但是价格也要反映市场现实。因为要考虑众多的当地情况,国际市场充满了挑战。有四个因素显得尤其重要,必须进行详细的分析,它们是:收入水平、文化与消费者行为、购买力和竞争情况。

### 1. 收入水平

正如我们在前面章节所讨论过的,一个国家人民的收入水平决定所购买产品和服务的数量和种类,这在消费者市场上尤其明显。如果无法得到详细的收入数据,收入通过国内生产总值(GDP)或者国民生产总值(GNP)除以总人口来表现。国内生产总值是一个国家生产的产品和服务的总价值。国民生产总值包括国内生产总值加上居住在国外的国民的收入。这一新的测量方法,也就是人均国民生产总值或者人均国内生产总值,可以替代个人收入,用来比较各国的收入水平。为了便于比较,所有的 GDP 和 GNP 必须转换成相同的货币。我们在前面也提到,将人均 GDP 或者 GNP 在市场汇率的基础上转换成美元可能会低估一国消费者的真实购买力。更准确的方法是,在相对购买力的基础上将发展中国家的人均 GDP 或者 GNP 转换成美元。

此外,可支配收入——获取衣食住等基本必需品后所剩下的——各国之间各不相同。在东南亚的很多地方,20多岁的子女仍然与他们的父母住在一起。实际上他们所赚取的全部收入都是可支配收入,这使他们成为一个非常有吸引力的目标市场。在中国,国家机关的职员通常能够享受令人羡慕的住房补贴,这一措施极大增加了他们的可支配收入。

因为收入和价格水平差异极大,对任何给定产品的需求弹性也会变化很大。高收入水平的国家通常显示出对必需品如食物、住所和医疗的低价格弹性。这些低价格弹性部分反映了选择对象(如自己动手)的缺乏,促使这些国家的买家不得不以高价购买这些产品。与此相反,在许多低收入水平的国家,有相当多一部分人,在没有足够的现金购买产品或者服务时,还有其他选择,即自己生产食物,建造房屋。这种选择的存在增加了价格弹性,因为这些消费者比发达国家的消费者更容易选择跃出现金经济。

当然,在任何国家都有不同收入水平的不同消费者组合,也隐含了不同的价格弹性。在一个商家对商家(B2B)信息技术支持买家的价格弹性的调查中,确定了在所调查的每个国家都存在不同种群的顾客,他们拥有不同的价格弹性和需求。研究者们判定,价格弹性可以用来划分国家,从而可以为不同区域和全球设计不同报价来迎合不同的细分市场。

即便是将价格往下调了,许多跨国公司仍现实地将目标限定在贫困国家的部分人群。为了能够适应中国较低的收入水平,一个大迈克汉堡只要1.83美元,远远低于美国3.54美元的价格。最典型的是麦当劳采用的引入价,吸引了更多的顾客。但是,麦当劳的餐费在中国仍然是偏高的。一个中国的三口之家在店里消费一次,要支付通常城市月工资的10%。

公司应该经常地评估它们在发展中国家的定价政策,尤其是当它们收费较高,以精英阶层为目标的时候。这些国家日渐增长的中产阶级会比少数上层阶级更加富有吸引力。比如,通用汽车宣布开发专为中国8亿农村人民设计的农民小汽车,那些农民的收入比城市居民更低,通用试图决定利用这个迄今为止都被跨国汽车生产商所忽略的细分市场。该款小汽车的建议价格要比销售给中国城市居民的别克(4万美元)便宜7 000美元。随着许多生产商开始降低汽车价格,不久更多的人能够支付起城市中销售的汽车。随着中国消费者收入的增加,充满竞争性的汽车标价以及信用消费的兴起,中国很快成为世界第二大汽车市场。

可支配收入(discretionary income):获得衣食住等基本必需品后所剩余的收入。

两个缅甸和尚路过孟买一个苹果Macintosh计算机的广告牌前。在这个亚洲国家,一千人中只有大约一个人是拥有私人电脑的,利用低价的吸引力很合适。

## 2. 文化与消费者行为

文化也会影响消费者行为，反过来影响定价。当地传统习惯的作用会令人大吃一惊。在中国，数字 8 与财富和好运相联系，而数字 4 与死亡相联系。一项调查发现，中国的营销者避免以 4 结尾的价格，而以 8 结尾的价格要比其他数字结尾的价格多 4 倍。

随着文化不同而不同的一个方面就是高价在购买决策中所起的作用。比如，据观察，日本人会为象征身份的产品支付吓人的价格，象征身份的汽车在日本的价格比在美国还要高。有些观察家们将这种现象称为"日本特别价格"。一辆宝马 545i 在美国的标价为 56 000 美元，在日本却可以卖到 84 000 美元。与此类似，一辆奔驰 E500 在美国的售价为 57 000 美元，而在日本为 85 000 美元。高的价格也可能意味着高的品质，但是这一点在不同文化间也有差异。一个对美国和泰国消费者的调查发现，与美国消费者相比，泰国消费者认为他们缺乏产品知识，这使泰国人更倾向于从价格来推断产品质量。

讨价还价是消费者行为的另一个方面，在有些文化中显得更加普遍。在许多新兴市场，如土耳其，在较传统的市场上还价是可以接受的——甚至是意料之内的。中国的消费者也习惯于讨价还价，如今正用互联网来增加他们的还价优势。网络促使中国人组合在一起形成购买团队，进入零售店要求数量上的打折。在短短一年之内，其中这样一个网站就有十万人注册。在上海，这种购买团队与通用汽车经销商达成了打折价格协议。但是，有些国际零售商拒绝讨价还价。

## 3. 购买力

正如可支配收入是消费者市场上一个重要考虑因素，购买力在 B2B 市场上至关重要。在欧洲最近的经济衰退中，一家大型杂货连锁店将大约 300 种联合利华的产品从比利时分店中移除了，声称这些产品的价格太高了。大买家，无论是在零售业、服务业还是制造业，对供应商来说非常重要，反过来这些买家也可以要求供应商提供更低的价格。如果一个国家的行业中只有少数几个买家，价格将会比有许多小买家的市场要低。在有些全球性产业中，如航空航天，供应商面临着国际水平上日益增长的购买力挑战。

## 4. 竞争情况

竞争的密度和力量也会极大影响某个给定市场的价格水平。一个公司如果是某个给定市场上单一的供货商，就会享受较高的定价弹性。从反面论证这也是成立的，即假如该公司不得不与若干当地公司或者跨国公司相竞争。因此，竞争者的数量和类型极大影响某个市场上的定价战略。如前面提到，中国已经成为世界上第二大汽车市场，也是竞争最激烈的市场之一。国内汽车公司和全球汽车公司价格的下降，削减了所有竞争者的利润。在中国，标明的价格上削减 27% 也并不是不常见。

在偶尔的情况下，价格水平是由卡特尔来操纵的，或者说是竞争者之间的定价协议。在美国，卡特尔是被法律禁止的。此外，如果美国公司积极参加外国的卡特尔，也可能会发现自己违反了美国法律。如果卡特尔不损害消费者，许多其他外国政府是允许卡特尔存在的，但是欧盟对卡特尔是越来越严厉了。欧盟委员会起诉 18 家限定双氧化氢价格的药物公司,其中包括阿克苏诺贝尔(Akezo Nobel),阿科玛(Akema),德固赛(Degussa),凯米拉(Kemira)和索尔维(Solvay)。如果这些公司确认有罪,罚款将高达它们年收入的10%。

与此类似,如果非美国公司的价格限定行为影响到美国市场,也会被罚款。作为美国法庭抗辩协议的一部分,英国航空公司和韩国航空公司因为与竞争者协商,限定乘客机票和货物的燃油附加费,而不得不同意支付近3亿美元的罚款。

卡特尔(Cartel):一群公司联合起来控制某个产品或者服务的价格。

---

**世界脉搏 12.1**

## 卡特尔,奉命行事?

随着中国作为世界生产商的地位日渐强大,它设定世界价格的能力也日渐增强——尤其是在很多中国公司看来,禁止价格协定简直是毫无道理可言。中国生产商称为"自律"。当然,这种合作使得他们成为最近美国反托拉斯调查的目标。维生素C就是一个很好的例子。当中国四家最大的维生素C生产商达成协议,引起价格波动后,美国消费者打起了官司。中国的被告提出了两条抗辩:首先,公司强调,它们提高价格是为了防止倾销的起诉;其次,公司声称它们作为中国政府的代理人,不受到美国反托拉斯法的制裁。后者是基于以下事实:中国商业部明令四大公司确定更高的价格,一个国家的行为是不会在外国法庭上受到制裁的。比如,石油卡特尔石油出口国组织(OPEC)的成员国就不会因为价格限定而受到起诉。

一个美国的地区法官认为,中国的抗辩是"闻所未闻",否认该声明与国家主权相关。许多人也认为该陈述毫无道理。一个观察家指出,中国公司将它们的竞争者赶出市场后,才提高价格。事实上,中国的糖精生产商在提高价格时也承认了这一点。因为他们已经超越了美国和韩国的竞争者,继续实行低价也没有意义了。

资料来源:John R. Wilke and Kathy Chen. Planned Economy. *Wall Street Journal*, February 10, 2006, p. A1; John R. Wilke. China Defends Price Fixing by Vitamin Makers. *Wall Street Journal*, November 25, 2008, p. B1; and US Anti-Trust Ruling Impacts Magnesite Case. *Industrial Minerals*, January 1, 2009.

---

# 12.3　影响定价的环境因素

到目前为止,我们一直将定价当作成本和市场因素问题。许多环境因素也影响着国际水平的定价。这些外部变量,不是由任何一个单一公司决定的,它包括汇率浮动、通货膨胀率和政府价格控制。这些因素限制着公司制定决策的阶层,可能成为各国经理人的主要考虑因素。

## 1. 汇率浮动

正如我们在第2章中讨论的,影响价格最难预测的因素之一是汇率的变动。汇率的上下波动尤其会影响出口商。当一个公司的成本是由国内货币确定时,随着这一货币的减弱,该公司的货币用另外一种货币衡量时会显得低一点。比如,当欧元最初发行时,每一欧元的价值是 1.2 美元。六个月后,欧元跌至 1 美元。结果就是,在欧洲生产的产品用美元衡量就便宜了,在美国市场上和其他政府将货币与美元挂钩的国家市场上也更具有吸引力了。

如果公司从货币升值国家进口,汇率变动会给它们营造困难。这些公司被迫接受以外币计价的销售额的下降,或者提高价格来维持它们之前的利润。后一选择显然会导致出口需求的下降。当俄罗斯卢布在几个月之内下降了 22% 时,这一情况就表现得非常明显。到俄罗斯的出口下降了 50%,当面临购买当地生产的 7 卢布一支的牙膏还是进口的 24 卢布的高露洁的选择时,几乎没有俄罗斯消费者会选择高露洁。

## 2. 通货膨胀率

通货膨胀率会影响产品成本,可能会促使一个公司采取特别的行动。在历史上,汇率随着时间浮动,更重要的是,在各国的变化都不同。当经济开始变热时,美国和欧洲就会提高利率,将通货膨胀率保持在 0～3%,从而成功管理了通货膨胀。在历史上,通货膨胀在发展中国家的问题更大。在有些情况下,通货膨胀率上升到百分之几百。阿根廷、玻利维亚、巴西、尼加拉瓜在过去都曾经历过四位数的超级通货膨胀。如果一个国家的货币贬值了,该国就很可能发生了通货膨胀。这会导致大多数进口货物的成本立刻上升,增加了通货膨胀压力。

一个公司通过不断调整价格,维持正常运营的利润,通常能够保护自己免受快速通货膨胀的危害。然而,消费者收入水平通常会落后于通货膨胀,许多消费者认为,高一点的价格只是将产品标出他们的能力范围之外。此外,如果政府决定实施价格控制,这一战略就会充满危险。

## 3. 政府价格控制

尽管中国官方声明,96% 的价格都是由市场决定的,但是政府在关键产品上实施价格控制,如化肥、燃料、医药和运输服务。价格控制在发展中国家中最为普遍,可以被应用到整个经济中来对抗通货膨胀。另一个选择是,部分法规也可以有选择地应用到特殊行业中。市场自由化的结果就是,全面价格控制已经不常见了。特殊行业的价格控制更加普遍了,比如为了回应价格的上升,泰国政府威胁水泥生产商,如果他们不自愿控制价格,政府将采取价格控制。此外,水泥生产商也同意排除那些高收费的分销商。

在许多国家,药物生产商都会面临价格控制,这些国家包括加拿大、日本和欧洲诸国。在欧盟,国家经济的许多方面都是统一的,但是在控制药品价格的方法上差异颇大。在印度,想要申请药品专利的厂商必须上报印度市场上相似产品的价格和该药品在每个销售国家的价格。印度政府会接着评估该药品的治疗价值,对该药品可收取的利润设定一个上限。

如果公司有证据表明生产产品的成本增加了(这也是通常会出现的情况),政府可能会允许一个公司提高价格。该过程需要投入许多的管理时间,而产出还是不确定的。即使提高价格的申请最后通过了,边际利润还可能会变差。另外一种选择,或者说额外的情况是,一个公司可以通过对产品进行改进,以获取更低的投入成本,从而维持或者增加利润,以此来应对价格控制。公司也可以因为价格控制而决定离开一个市场。然而,价格控制通常是暂时性的。公司通常会发现,当价格控制被撤销后,他们准备重新进入该市场时,之前离开该市场会对品牌造成伤害。

在价格控制中幸存的一个最好战略是,市场多元化。在乙醇潮中,谷物价格降至67%,墨西哥强制限定了玉米粉圆饼和面粉的价格。Gruma,该国最大的面粉生产商,用75%的面粉制作玉米粉圆饼。幸运的是,该公司在全球范围内实现多元化,2/3的销售量都在墨西哥国外。

## 4. 反倾销法律

将一个产品以"不合理"的价格出口,最终损害当地竞争的行为被称作倾销。因为会对国内生产商造成潜在伤害,大多数政府都采取了反倾销法规。只要达到以下两个要求,反倾销行为是符合世界贸易组织规定的:价格定位在"正常价格"之下,该结果对国内行业造成"实质性"伤害。第一个标准通常解读为,在国外销售的价格低于原产地国家的价格,尽管这也存在一些例外。因此,投诉国政府可能被要求列举事实,证明该国内价格事实上是在生产、运输和营销的总成本以下的。WTO规则禁止设立报复性关税,要求所有的程序都采取公开化。

在20世纪80年代和90年代早期,80%的反倾销投诉都是来自美国、加拿大、欧盟和澳大利亚——而且通常是针对亚洲国家的。然而,许多上诉到WTO的新的反倾销案例是由发展中国家提出的,如南非、印度、巴西、印度尼西亚和墨西哥。国际营销者们要明确了解限定出口价格最低限的反倾销法律,即使是在过载或者行业不景气的情况下也要限定价格弹性。另外,反倾销立法也会增加一个公司的优势,保护其免受外国竞争的影响。韩国贸易协会发现,日本工业机器人在韩国以不公正的价格出售,损害了韩国的机器人行业。商务部、工业与能源部要求,对日本产品收取9%~19%的反倾销关税。

倾销(dumping):将一个产品以"不合理"的价格出口,最终损害出口市场上的竞争的行为。

## 5. 信用与收款设施

定价也会受到一个国家能否提供信用,以及对消费者提供信用后的收款能力所影响。在印度,大多数农村手机客户使用的是提前支付卡,而不是签订每月支付计划。这样做的一个原因就是,贫困的消费者需要购买能支付得起的数额。然而,因为没有邮箱服务,账单无法送到,这为简单的手机账单服务埋下了隐患。如果消费者无法利用互联网在线支付账单,那么互联网账单也是无法站稳脚跟的。

在中国,信用卡的使用落后于网上购物,为网上营销制造了困难。网上营销者只能依赖昂贵的货到付款系统或者在线支付(后者与美国的支付宝服务类似)。这两个选择都会增加成本,不是增加买家的成本就是增加卖家的成本。

WTO 越来越多地收到发展中国家提出的反倾销投诉。

## 12.4　全球定价中的管理问题

到现在为止，我们已经给出了一个国际定价环境的整体情况，接下来要转向管理问题了——那些管理上要经常注意而且从未被真正解决过的问题。这些问题包括出口提价管理，转移价格的制定，以外汇报价，平行进口或者灰色市场的处理，设定全球价格和非现金定价——反向贸易。

### 1. 出口提价管理

如表 12.3 所示，会使出口价格大幅高于国内价格的因素除了我们之前提到的，还有一些额外成本。这一现象叫作出口价格提升，它引发了战术和战略性问题。从战术上讲，出口商必须决定由谁支付出口中涉及的不同成本，需不需要重新设计产品来降低成本，需不需要找一个便宜的地点来出口产品。主要的战略问题是，要不要将国外产品重新定位。

表 12.3　一个例子：出口价格的提升 　　　　　　　　　　　　　　美元

| 产品的交货成本 | 国内市场 | 出口市场 |
|---|---|---|
| 出厂价 | 10.00 | 10.00 |
| 国内运输 | 1.00 | 0.75 |
| 出口文件 | | 0.75 |

| 产品的交货成本 | 国内市场 | 出口市场 |
| --- | --- | --- |
| 海外运费 | | 1.75 |
| 保险 | | 0.25 |
| 关税 | | 0.75 |
| 最终价 | 11.00 | 14.00 |

出口价格提升（export price escalation）：出口文件、海外运输、保险和关税等成本将产品的海外价格提升到国内市场产品价格高一个价位的现象。

如果一个公司使用一个外国分销商或者直接将产品销售给国外顾客，那么公司必须认清，在诸多的出口成本中哪些是归属于出口公司的，哪些是由外国分销商或者顾客承担的。在认清这一问题时，有许多术语应用在出口定价上。国家出口指引中通常会有这些术语的列示，包括美国出口网站 http://www.export.gov.，其中最常见的术语如下所述。

- CIF（成本，保险，运费）是在海运中经常用到的术语，意味着出口者所报的价格中包含了产品的价格和他们到外国港口所需的运费及保险。
- CFR（成本及运费）与 CIF 类似，都包含了产品和运输的成本。但是，分销商或者顾客负责支付在运输途中的保险。
- FOB（离岸价）意味着出口者只支付将产品将产品运至出口港的成本。买者负责装卸、运输以及保险的成本。

无论由谁来支付这些不同的成本，除非出口商、分销商，或者是两者都愿意接受更低的利润，不然的话出口价格提升会使产品在国外的价格更高。若是不接受低利润，公司也可以想办法降低出口产品的成本，如重新设计产品，让产品价格不至于太高。此外，出口销售会引起生产上更深程度的规模经济，最终导致更低的出口价格。全球营销者在出口定价中也应该小心，不要将只应用在国内销售中的成本增加到出口成本中去，如在国内市场上打广告的成本。最后，出口公司可以选择成本更低的生产地点。如果关税很高而出口市场的吸引力很大，公司可以决定在外国市场上生产或者组装产品。福特在俄罗斯组装并销售汽车，尽管有 80% 的零件是进口的，但是它销售的价格比其他进口汽车竞争者要低很多。

此外，公司可以做出战略性决策，调整营销组合，宣扬一种高级的地位。当加利福尼亚的我的美元小店（My Dollarstore）进驻印度时，就采取了这一战略。该小店为印度中产阶级服务，他们中有很多人在美国学习或者工作过。通过提供诸如好时（Hershey's）巧克力甜酱和普林格（Pringle）最新口味的薯条等，营造了一种回归美国的感觉。在美国，美元小店针对的是爱还价的顾客，坐落于廉价的店面中。所有产品的定价都是 1 美元。在印度，由于要考虑运输成本和关税，产品的定价是约为 2 美元。因此，美元小店开在高档的商业街中，针对的也是富有的顾客。

## 2. 转移价格的制定

在母公司和子公司之间会发生大量的国际市场交易。据估计，子公司之间的内部交易在世界 800 个最大的跨国公司之间占到 1/3 的交易量。国际转移价格（international transfer price）是指公司的进口或者购买单位支付给出口单位的价格。比如，中国台湾私人电脑生产商的美国营销子公司在收到中国台湾的机器后，会支付一个转移价格。实际的转移价格可以由参与的双方协定，或者由跨国公司中心决定。这些价格如何设定，对跨国公司和政府来说仍然是一个大问题。

国际转移价格（international transfer price）：公司的一个单位为了进口某个产品或者服务，支付给提供该产品或服务的相同公司的另外单位的价格。

因为转移价格的协商并不是独立参与者之间坐到一起进行协商，最终价格通常与自由市场的价格不同。公司可以偏离近距离定价，将利润最大化或者将风险和不确定性最小化。为了实行利润最大化战略，公司可以将从某个子公司运输过来的产品的转移价格降低，同时提高运往其他公司的产品的价格，目的是在有优势的国家积累利润，而在没有优势的国家维持较低利润。

各个国家之间不同的税收、关税和子公司结构经常会促使公司采取这种战略。通过在一个低税收国家积累更多的利润，公司降低了总体税收，从而增加了利润。与此类似，在高关税国家报上较低的转移价格，可以减少关税。在国家对货物转移的汇率和资本或者利润转移的汇率不同的情况下，公司可以尝试用转移价格将资金从该国移出，而不是以劣势转移利润。这在有些限制利润遭返的国家同样适用。此外，公司可能想要在一个全资子公司上积累利润，而不是在一个只有少数所有权子公司内。通过使用转移价格机制，公司可以减少与当地合作者分享的利润。

如果一个国家长久地存在国际收支问题或者货币贬值问题，公司可以通过使用转移价格机制移出利润或者资产，将风险或者不确定性最小化。因为在这些国家，经常性利润汇款可能会受到严格的限制，许多公司将转移价格当成是遭回资金的唯一方法，从而减少了风险资产的数额。如果由于政府干预，公司卷入政治或者社会动乱，或者对利润的直接威胁事件，也可以采取相同的方法。

在实际中，公司可以选择很多方法来转移定价。基于市场的价格是与独立公司之间或者面对面协商的价格是一样的。在 30 家美国公司中，有 46% 是采用市场定价系统的。另外的 35% 采用成本定价系统来确定转移价格。成本是基于一个设定好的公式来确定的，该公式中包含有标准的毛利。

1）内部考虑因素

如果利润被虚假地减少了，大力使用转移定价机制来减少公司税收和关税或者在货币坚挺区将利润最大化也会给子公司管理者带来问题。当直接利润激励被移除后，管理者是很难激发的。此外，公司的资源配置也可能会变得没有效率，因为资金被运输到利润虚假增加的单位去了。与此相反，资源不会被运输到那些由于转移价格而导致收入报表上数额减少的子公司。人们普遍赞成转移定价机制不应该被用来配置资源，通过节省税收增加的收入很可能会因为其他低效率行为而丧失。

2）外部问题

政府并不看好旨在减少它们税收收入的转移定价机制。美国政府关于转移定价的政策是由税收法律管理的，主要是 1962 年《收入法》的 482 部分。该法案的目的是准确分配相关公司之间的成本、收入和资本，以保护美国的税收收入。而国内收入服务部门通常偏向于市场价格。如果市场价格不存在，经济环境允许的情况下，国内收入部门也会接受成本加成法。然而，如果转移价格没有给美国公司带来利润，这种情况是不被允许的。其他方法，诸如协商价格，只要该转移价格和向没有关联的第三方收取的价格是相当的，就是可行的。此外，内部收入服务部门要求所有公司保留支持他们转移定价政策的基本根据和分析的详细解释。该部门颁发的高级定价协议程序（APA）在1993年12月31日生效。在这一程序下，公司可以从内部收入服务部门取得转移定价程序的批准。

澳大利亚、日本和韩国都有正式的转移定价安排，而中国、印度和新西兰都没有正式的程序。但是，随着全世界范围内政府立法的加强，使得全球公司必须制定并保护它们自己的转移定价政策。根据一个针对欧洲280家跨国公司的调查发现，85%的公司已经对三年期的转移定价进行了审计。对转移定价政策的审计会产生数十亿美元的税收负债。美国内部收入服务部门根据12多年前对Glaxo Smith Kline的审计结果，发给该公司一个50亿美元的税收账单。美国内部收入服务部门声称，该公司为了减少美国税务负担，以高价从其他国家转移成本到美国。

## 3. 以外汇报价

对许多国际营销交易来说，在销售和购买商品时以本国货币报价并不总是可行的。尽管大多数美国出口商是以美元报价的，在有些情况下，消费者们更喜欢用自己的本国货币报价。事实上，一个对美国、芬兰和瑞典671家公司的调查研究发现，响应消费者用本国货币报价的公司获取了更大的出口业务量。

当一个市场交易涉及两种货币时，存在这样一个风险：出票日期和真正的销售日期之间会出现汇率的变动。这种交易风险是国际营销的内部因素，将国内营销和国际营销明显地区分开来。值得庆幸的是，存在各种选择保护卖者免受交易风险的影响。

对大多数主要货币来说，各大银行里的国际外汇交易商报出一个当前价格和远期价格。现货价格决定当日买入或者卖出一定数量外汇需要支付的美元数量。远期价格报的是从今天起30天、90天或者180天后买入或者卖出一定数量的外汇所需支付的美元数量。然而，远期价格并不总是未来现价的估计。相反，远期价格反映两种货币在30天、90天或者180天后的利息差异。因此，并没有明确的证据显示某个给定货币在未来的现价是多少。

以外汇采购或者销售的公司可以简单地将交易留至到期日，在到期日时支付当时价格。当预期汇率不会变化或者在最近的将来汇率变化会使公司获益的情况下，可以选择未平仓。若汇率的日浮动率很大，即使是在主要贸易国之间，如美国、日本、德国和英国，公司也可能会面临巨大的外汇风险。因为许多跨国公司都是通过销售货物，而不是预测汇率来获取利润，管理者通常要保护自己不受预期之外的汇率浮动的影响。

其中一个保护方法是套期保值。一个公司可以不接受30天或者90天后以当前市场现存汇率结算，而是选择与金融中介签订合同，以固定价格在未来交付外汇，而不管当时的现价是多少。这使得公司能够将汇率融入价格制定中去。当然，如果一个公司希望预测90天后的现价，而且对自己预测的准确度怀有合理的自信，就可以选择下面这两种方法中更有利的一个：预期汇率或者当前远期汇率。然而，这种预期应该在熟悉汇率的专家的指导之下做出。

　　交易风险(transaction risk)：在出票日和发货日之间对买家或者卖家不利的汇率变动风险。

　　现货价(spot price/spot rate)：在1～2个交易日内一种货币对另一种货币的汇率。

　　远期价(forward price/forward rate)：经双方同意，在某个固定的未来日期由一方给另外一方一定数量的货币。

　　未平仓(uncovered position)：公司采用不作为的战略来减少交易风险。

　　套期保值(hedging)：通过与金融中介签订合同，在未来以固定汇率用一种货币换取另外一种货币。

　　为了解释套期保值选择的过程，我们假设一个美国飞机出口商将一架价值2 400万美元的飞机销售给一个德国客户（见表12.4）。该客户将以3月3日当前汇率，即1欧元对1.31美元，或者说是18 320 610欧元支付。该金额将在三个月（90天）内支付。因此，美国出口商将要想方设法保护这个即将到来的货款不受汇率风险影响。尽管对出现的结果还是不确定的，出口商的银行指出，欧元即时汇率停留在1.31美元（C种情况），或者贬值到1.2美元（A种情况），或者升值到1.45美元（B种情况）的概率都是一样的。因此，出口商可以选择这笔远期收入以1.321 3美元的汇率在90天的远期市场上卖掉。

表 12.4　套期保值情景　　　　　　　　　　　　　　　　　　　　　　单位：美元

| | A | B | C |
|---|---|---|---|
| 3月3日即期汇率 | 1.31 | 1.31 | 1.31 |
| 6月3日即期汇率（预期） | 1.2 | 1.45 | 1.31 |
| 6月3日即期汇率下18 320 610欧元的美元等价值 | 21 984 735 | 26 564 884 | 24 000 000 |
| 外汇收入（损失） | (2 015 265) | 2 564 884 | 0 |

　　出口商的另外一个选择是将发票上的数额远期出售，以52 020美元的成本获取实实在在的23 947 980美元。预期欧元会发生贬值，就建议采用这种套期保值的方法。从而，52 020美元就代表了避免更大损失的收获，如A种情况所预测的。然而，公司也会失去B种情况下所能获得的收益。

　　当公司以软通货交易，或者该通货有较大起伏时，套期保值就不是一个选择。在预期卢布会发生贬值之前，几乎所有出口到俄罗斯的厂家都在寻求套期保值合同。卢布的保值合同越来越难找到，最后完全从市场上消失不见了。曾经有一次，当土耳其政府允许里拉（之前一直是盯住政策）浮动时，该货币在几天之内崩溃了近40%。在随之而来的混乱中，里拉的保值机会也同样难以找到。

　　套期保值的另外一个选择是在整个货币市场平仓。这包括借入当前有风险的货币资金直至到期。比如，持有欧元可回收账款而又不愿意吸收相关货币风险的美国出口商可以借入欧元，以运营资本为目的交换美元。当顾客最终以欧元支付时，美国出口商以这些欧元支付贷款。任何汇率浮动都会被抵消，从而没有损失也没有收益。

## 4. 平行进口或者灰色市场的处理

因为存在不同市场和竞争力因素，国际营销者通常会选择在不同国家市场以不同价格销售相同的产品。当这种价格差异变得足够大时，企业家们就可以介入，在低价国购买产品，重新出口到高价国，从价差中获取利润。这种套利行为创造了通常所谓的平行进口，或者说是灰色市场，因为这些出口发生在由商标所有者建立的官方销售渠道之外。

灰色市场正值最繁荣的时期。欧元的引进刺激了欧盟地区的平行进口，使国与国之间很容易进行价格比较。与此类似，灰色市场也伴随着互联网迅速发展，因为互联网使买家很容易在不同市场间比较价格。在有些情况下，甚至不需要中介商来推动平行进口。许多年长的美国人通过网上可邮寄的加拿大药店购买处方药，因为那些药店的价格要低很多。尽管从技术上说，私人进口药品到美国是不合法的，但是该法律并没有得到贯彻执行。

公司强烈反对灰色市场，因为它伤害了公司与授权经销商的关系，尤其是因为公司为了将全球利润最大化，在不同市场收取不同价格，而灰色市场会削弱公司这种能力。在欧洲，当平行进口导致产品损害危机发生之后，为可口可乐的公共关系带来了困难。当比利时数百名可乐饮用者投诉该产品致病时，公司开始召回产品。不幸的是，追踪比利时生产的问题产品非常复杂，该产品甚至在不该出现的地方出现了，如西班牙、德国和英国。但是这也并非完全出人意料之外。欧洲软饮料的灰色市场是相当庞大的。

平行进口/灰色市场（parallel imports/gray market）：通过商标所有者建立的官方分销渠道之外的途径进入一个市场的进口。

墨西哥提加纳的一家药店。这里销售的药品比穿越国界后美国的药品便宜许多。这种价格差异促成了灰色市场。

寻求法律纠正。跨国公司希望政府禁止平行进口进入它们的国家。但是禁止平行进口的法律尝试受到事实阻碍：世界各国的政府对灰色市场采取不同的立场。当前的问题是，商标所有者管理商标产品销售的权力和消费者享受低价——通常由平行进口提供的产品的能力之争。大多数国家采取稍有变化的穷竭原则(exhaustion principle)，该原则建立了商标所有者放弃自己控制产品重新销售的权力的状况。

国家穷竭原则假定一个公司在某个国家销售有商标的产品，它不能禁止该产品在该国内进一步的分销。但是，该公司保留合法权益，禁止在其他地方销售的产品以平行进口的方式进入该国家。对全球营销者来说，不幸的是很少有国家采取这种原则，即使有国家采用了，真正应用到实际中也是有限的。比如，美国对伦理药品采用国家穷竭原则。但是，即使是这种对平行进口有限的限制也经常遭到美国市场上宣扬低药价的人的政治攻击。

区域穷竭原则假定一个公司在一个区域内销售有商标的产品，它不能限制该产品在该区域内的进一步销售。欧盟遵循的是区域穷竭原则。一旦一个注册产品在欧盟任何地方销售，该商标所有者不能限制欧盟内部该产品的再次销售。但是，欧盟允许商标所有者禁止来自欧盟之外国家的平行进口。比如，Nintendo，日本的录像游戏公司被发现违反了欧盟反托拉斯法，因为该公司为了维持高价，与分销商们合作，非法禁止欧盟国家之间的销售。但是欧洲法庭维护李维斯的权力，禁止来自美国低价进入英国，即平行进口的牛仔裤。

许多发达国家和大多数发展中国家都采取了国际穷竭原则。当一个国家采取这种原则时，事实上就不可能以法律禁止进入该国家市场的平行进口。这些国家为了鼓励低价，欢迎平行进口进入他们的国家。此外，发展中国家并不太关心商标持有者的权力，因为当地较少的公司持有有价值的商标。

不管一个国家采取了何种穷竭原则，事实上有关平行进口的法律是非常复杂的。比如，如果原始销售面临价格控制，除非合同另有规定，不然日本就承认国际穷竭原则。

美国有关平行进口的法律是最模糊不清的国家之一，这很可能是因为它采用的是案例法体系。从本质上说，一旦一个产品在世界其他地方已有销售，美国维护一个公司禁止其他产品在美国境内再次销售的权力。但是，与日本类似，美国也承认一些例外。其中有些例外基本对灰色市场没有影响。公司发现其中一个对禁止平行进口有用的例外，即如果进入美国市场的产品在实质上与美国官方销售的产品不同，商标所有者也可以禁止该平行进口进入美国市场。比如，在持有意大利商标所有者的执照，而在委内瑞拉生产的 Perugina 巧克力的案子中，法院宣判委内瑞拉制造的平行进口的巧克力与意大利生产的巧克力是不同的。但是，该巧克力的品质水平、脂肪含量、成分以及包装都相同，很可能会迷惑美国消费者。因此，意大利商标持有者可以限制委内瑞拉产品进口到美国市场。

穷竭原则(exhaustion principle)：一项法律原则，列出商标所有者放弃控制产品再次销售的权力的情况。

国家穷竭原则(national exhaustion)：一项穷竭原则，规定如果一个公司在某个国家销售一个有商标的产品，它不能限制该国内该产品的进一步销售。

区域穷竭原则(regional exhaustion)：一项穷竭原则，规定如果一个公司在一个区域(如欧盟)销售有商标的产品，它不能够限制该区域内该产品的再次销售。

国际穷竭原则(international exhaustion)：规定一旦一个公司在全球任何地方销售

产品,它不能限制某个特定国家该产品的再次销售的穷竭原则。

**世界脉搏 12.2**

## 为韩国设计的汽车

进口汽车曾经是韩国的奢侈品,总是需要很高的价格。但是这个时代已经结束了。高端汽车的平行进口发现了一个新的、价格敏感的韩国消费者市场。在世界范围内,灰色市场一直与中小型公司相联系。但是,在韩国灰色汽车市场上,出乎意料地有一家新的进入者——SK集团,该公司是韩国一家大型的企业。

很多人怀疑,为什么这么大一家公司会参与平行进口。SK已经是奢侈品牌Jaguar和Infinity的授权进口商,它在平行进口上的削价策略撼动了整个市场。一名SK的官员甚至承认,该集团并不在乎进口产品是否盈利。行业观察家们怀疑,SK正在寻求一个消费者基础来销售汽车修理和汽车保险的相关产品线。

具有讽刺意义的是,不仅是外国汽车才通过平行市场进入韩国。当韩国现代(Hyundai)汽车在美国发行高档运动轿车捷恩斯(Genesis)时,设定的价格是33 000美元。在韩国,捷恩斯的售价超过48 000美元。造成这种价格上的大差异的原因之一是在韩国制造和销售的汽车税率是24.3%。此外,韩国版的捷恩斯提供20多种额外的特色,而这是美国版捷恩斯所没有的。该公司也承认,捷恩斯在国内的定位是相对高端的汽车,但是在海外是一款较为基础的车型。并不是所有的韩国人都喜欢高价车的,许多灰色市场营销者就快速地重新进口出口汽车。

资料来源:Low-Price Parallel Imports Shake Up South Korea Auto Market. *Nikkei Report*, March 21, 2008; Parallel Imports Under Price High-end Models. *Nikkei Weekly*, April 21, 2008; Why Is a Car That's Made in Korea Cheaper in the U. S.? September 2, 2008, Joins.com.

公司对灰色市场的其他反映。对美国出口商的调查鉴定了极大限制平行进口的三个因素。第一,针对当地市场顾客要求将产品改造的公司会更少遭遇平行进口的问题。即使是实质产品保持不变,也可以根据顾客要求改进售后保障。新加坡一家授权的保时捷分销商提供5年的免费维修以阻止源于该高档车平行进口的竞争。第二,如果公司对自己的分销渠道拥有或者保留更大的控制权,会经历较少的灰色市场问题。第三,一个跨国公司拥有较高的中央控制权的情况下,和在跨国公司允许各国子公司拥有更大的自主权的情况相比,在前者的情况下平行进口更加不易发生。第三点的一个原因是有些当地子公司明知故犯,加入平行市场中去。比如,为了提高当地销售额,有些国家市场上美国博士伦公司的子公司管理者就与灰色市场营销者合作,即使他们助推的其他国家的平行进口损害公司整体利益也在所不惜。

第四,提醒消费者通过合法渠道购买产品的好处。当产品保障对消费者非常重要,而又只能通过授权方式获得时,这种方法就非常有效。事实上,南非的一项法律规定,平行进口商要提醒消费者南非授权经销商并没有义务遵守生产商的保障或担保。对于所有的产品展示、店内推广以及各种广告和网站都要求有这种提示。

第五,也是有些争议的一个选择,通过限制给低价市场上分销商的供货来禁止灰色市场。拜尔集团试图禁止法国和西班牙平行进口到英国的拜尔心血管药物——Adalat，该药物在法国和西班牙的价格要比英国低40%。拜尔根据这两个国家市场上预计的需求量，限制两国批发商能够获得的药品数量。批发商们纷纷投诉，欧洲委员会也做出了罚款，因为他们认定限定平行进口是违反竞争协议的。然而，欧洲法庭扳回了欧洲委员会之前的裁定，允许药品生产商在涉及平行贸易的国家限制供货。

第六，可以使用战略性定价使价格维持在一定范围之内，从而破坏套利的机会。这种战略通常需要在高价市场上削减价格，从而也放弃了之前的利润。这也可能需要在低价市场上抬高价格，而这会丧失销售量。但是，在有限的法律约束和日益精明的平行进口商的环境下，公司们意识到，这可能是有效处理灰色市场的必要战略。

## 5. 设定全球价格

为了使公司利润最大化，以不同市场为基础设定价格显得有理可循，在每个市场上寻求价格和预期销量的最佳组合以产出最大的利润。这一战略在许多公司国际化发展的早期很常见。对许多消费品来说，在众多国家仍然存在明显的价格差异。比如，表12.5表明了麦当劳的巨无霸汉堡价格是如何随国家不同而不同的。

表 12.5　巨无霸汉堡的价格

| | 价　格 | | | 价　格 | |
|---|---|---|---|---|---|
| | 计价/美元 | 当地价格与美国价格的百分比差异/% | | 计价/美元 | 当地价格与美国价格的百分比差异/% |
| 美国 | 3.54 | 0 | 日本 | 3.23 | −9 |
| 阿根廷 | 3.30 | −7 | 马来西亚 | 1.52 | −57 |
| 澳大利亚 | 2.19 | −38 | 墨西哥 | 2.30 | −35 |
| 巴西 | 3.45 | −2 | 新西兰 | 2.48 | −30 |
| 英国 | 3.30 | −7 | 波兰 | 2.01 | −43 |
| 加拿大 | 3.36 | −5 | 俄罗斯 | 1.73 | −51 |
| 智利 | 2.51 | −29 | 新加坡 | 2.61 | −26 |
| 中国 | 1.83 | −48 | 南非 | 1.66 | −53 |
| 埃及 | 2.34 | −34 | 韩国 | 2.39 | −32 |
| 欧元区 | 4.38 | +24 | 瑞典 | 4.58 | +29 |
| 匈牙利 | 2.92 | −18 | 瑞士 | 5.60 | +58 |
| 印度尼西亚 | 1.74 | −51 | 中国台湾 | 2.23 | −37 |
| 以色列 | 3.69 | +4 | 土耳其 | 3.13 | −12 |

资料来源：Adapted from "Big Mac Index"; Economist, Economist.com. © The Economist Newspaper Limited, London, July 10, 2009. Reprinted with permission.

随着全球品牌时代的到来，跨国公司越来越关注全球定价的问题。它们很少在每个国家都采取统一的价格，但是在不同国家之间都建立了特定的定价策略——对高档品牌设定相对较高的价格,而对价值品牌设定相对较低的价格。一个针对发达国家跨国公司全球定价策略的调查显示,一个子公司采用与母公司相似的定价策略的可能性大小受经济环境、法律环境、消费者特征和产品生命周期阶段等市场相似度的影响。

但是,对于那些在许多市场上都是相似的、运输成本不大的产品,巨大的价格差异迅速导致了平行出口的出现。这使有些公司开始考虑在全球范围内使用一个更加统一的定价战略。在全球范围内采用统一定价战略要求公司在价格转换成基础货币后,在任何地方都收取相同的价格。比如,在印度,酩悦·轩尼诗—路易·威登集团(LVMH)销售泰格豪雅运动表(Tag Heuer)的价格是 18 000～40 000 卢比,这与在迪拜购买相同手表的国际价格是相等的。

此外,跨国公司对环球经营的公司客户提供不同价格时要非常小心。当公司客户质疑为何他们国家的价格要比其他国家高时,甲骨文(Oracle)公司做出的回应是,开始将软件价格标准化。事实上,全球客户通常会施压,要求统一的更低的价格。一份针对美国、欧洲和亚洲 50 多个负责全球会计管理的主管人员的研究表明,他们认为全球采购是获取低价的一个方法。

在实际中,当涉及不同的税收、贸易边际和关税时,采用统一定价战略变得非常困难。此外,一开始就在不同国家采用相似价格的公司不久就会发现,他们不得不改变价格使其与巨大的货币浮动保持一致。尽管不同市场采用不同价格的定价战略会引发困难这一事实已经越来越明显,但是许多公司发现,换成统一定价战略就如追随一个变动的目标。然而,公司可以采用修正统一定价战略,通过仔细观察每个国家的价格水平,防止出现大的价格差异让灰色营销者乘虚而入。

统一定价战略(uniform pricing strategy):当价格转换成基础货币时,公司在任何地方都收取相同的价格的定价战略。

修正统一定价战略(modified uniform pricing):公司观测不同国家的价格水平,防止出现大的价格差异,从而排除灰色营销者的定价战略。

## 6. 非现金定价:反向贸易

有时候国际营销者会碰到这种情况,一个对新兴市场感兴趣的顾客无法用硬通货融资。在这种情况下,该顾客可以提供一种产品或者商品来交换。该供应商就必须将交给顾客的产品换成硬通货。这种交易,叫作反向贸易(countertrade),曾经估计其占有世界贸易的 15%～25%,随着苏联的解体,反向贸易的数量已经大大下降了。但是,仍然有很多国家存在某些形式的反向贸易,作为它们政府采购项目的一部分。比如,在菲律宾,农业部要求进口农用器材和机器价值的一半要用农产品或者渔产品来支付。

1) 补偿交易

人们称为的补偿交易指的是当出口值有部分是由进口交易抵消,反之亦然。补偿交易通常发生在政府采购中,如国防项目,当一个国家想要获得履行合同外的额外进口时。印度尼西亚政府要求大型政府合同的获得者采用部分印度尼西亚生产的商品来支付(石油和天然气除外)。

补偿交易分为两大类:全额补偿和部分补偿。在全额补偿交易下,出口商承诺购买出口合同上签订的同等数量的产品或者服务。在部分补偿交易下，出口商收到以硬通货形式的部分采购价值，余下的用商品形式支付。

在任一情况下，除非找到买家，出口商都不能将货物换成现金，即使找到买家，通常也必须折价出售。另外一种选择就是将这种承诺卖给第三方，第三方向出口商收取费用，承担该承诺。因此，当全球营销者决定是否接受补偿的产品时，应该区分耐用品（容易销售的商品）和非耐用品（打折极多的商品，再次销售可能更加困难）。

2）抵消交易

发展最快的反向交易类型之一是抵消交易。在一个抵消交易中，卖方公司承诺使用来自买方公司最终产品中的一些产品或者服务。当涉及大型政府采购时，这种交易就非常普遍，如购买公共设施或者国防相关的器材。政府要求采用抵消交易的动机是因为它们能够帮助当地企业。比如，南非政府有效地使用抵消交易，作为采购军用设备的交换，刺激了当地工业的发展。

3）合作协议

合作协议，或者买回协议，是延续时间较长的特殊的反向贸易协议。合作协议通常包括相关产品，诸如通过纺织机器生产的产品来支付新的纺织机器。尽管一个大型设备或者整个工厂的销售额有时候可以只通过包含买回工厂产出的合作协议来解决，但是在协议达成之前必须考虑长期的负面影响。在钢铁和化工等行业，有时候西方生产技术出口商和东欧进口商之间的大额买回协议带来的影响是毁灭性的。西方国家，尤其是欧洲，剩余产品泛滥成灾，欧盟建立了有关合作协议的总政策，防止国内行业进一步腐化堕落。

4）管理反向贸易

在澳大利亚 196 家公司的调查中，参与者们赞成反向贸易是非常重要的（71%），它增加了销售潜力（67%），加强了公司的竞争地位（61%），完成了买家的要求（53%）。然而，反向贸易协定可能会非常复杂而且费时，因此他们需要的公司资源也可能超出公司意料。许多大公司建立了特别分公司，这些公司仅有的目标就是参与反向贸易。小型公司也可以通过运用独立的贸易公司或者专门的代理商来使用反向贸易。

反向贸易的另外一个挑战就是很难找到作为交易一部分的商品的买家。有些时候，在行业受到保护的国家，这种交易最终是与国家机构结算的。如果商品本身特征是不容易销售的，可能质量低劣。由此导致的结果是，出口商可能要折价出售该种商品。这些打折力度的差异可能极大，甚至会高达产品价值的 1/3。

在销售协议结算时，出口商应该清楚了解用于反向贸易的商品。商品的产地、质量、数量和运输安排都应该详细说明。在具备这些详细的描述下，专业贸易商才能提供合适的折价估算。精明的出口商就会提高出口合同的价格以包含这种潜在的折价。因此，出口商在没有得到其他信息之前不接受任何价格这一点非常重要。反向交易中，在协商时保持弹性需要技术和耐心，但是这也意味着获利与损失之间差别。

反向贸易（countertrade）：以货易货的交易。

耐用品（hard goods）：容易再次销售的反向贸易商品。

非耐用品（soft goods）：很难再次销售的反向贸易商品。

合作协议/买回协议（cooperation agreement/buyback）：延续数年的反向贸易协议，

通常包括用资本设备的产出交换资本设备。

# 总　结

　　管理跨国公司的定价战略是一项令人望而生畏的任务。全球营销者们面临许多来自经济、法律和法规环境的无法控制的因素,这些因素都对如何在不同国家设定价格产生影响。此外,在不同国家之间协调定价战略也越来越重要了。管理国家之间的价格差异并将它们维持在可容忍的限度之内是全球定价中的主要任务。

　　影响价格水平最重要的因素之一仍然是外汇浮动。今天,管理者们发现货币在上下浮动,其波动幅度达到可能会极大影响一个公司的竞争力的程度。了解影响外汇市场的因素,掌握一些保护公司免受大幅度波动影响的技术工具已经成为全球营销者的必备技术。一个公司比它的竞争者应对汇率波动的能力越强,就能获得额外的竞争优势。

　　因为影响国际范围价格水平的因素总在不断变化,全球定价任务是永无止境的,每一天都可能会带来新的问题。如果一个公司适应较慢,或者做出了一个错误的判定,竞争者和套利者就会迅速发现其弱点。因此,在国外销售的任何公司,无论是新的出口商或者是历史久远的跨国公司,都应该经常回顾它们的定价战略。

# 问 题 讨 论

　　1. 讨论对公司产品在所有国家设定标准定价的困难之处。标准价格能够提供什么优势?

　　2. 你是一个工业安装项目出口商,收到来自日本客户 100 000 美元的一个订单。该工作要花 6 个月来完成,完成时全额支付。现在你的日本客户打电话给你,要求你用日元报价。你用日元报价多少? 为什么?

　　3. 什么因素影响麦当劳在拉丁美洲以不同价格标价大汉堡?

　　4. 政府应该在平行进口中持有什么态度? 政府应该采取什么行动吗?

# 第 13 章

# 管理全球分销渠道

章节提纲

**13.1** 全球销售系统结构

**13.2** 外国销售市场渠道成员

   1. 进口中间商

   2. 当地批发商与代理

   3. 零售商

   4. 商业交易渠道

**13.3** 分析国内渠道

   1. 分销密度

   2. 渠道长度

   3. 渠道结盟

   4. 物流

**13.4** 影响渠道成员选择的因素

   1. 成本

   2. 产品与产品线

   3. 控制, 覆盖, 协同

**13.5** 找到并选择渠道伙伴

**13.6** 管理全球分销

   1. 激励渠道参与者

   2. 控制渠道参与者

**13.7** 进入销售渠道

   1. "锁定"渠道

   2. 其他进入方法

**13.8** 全球物流

   1. 物流决策领域

   2. 全球供应链管理

**13.9** 全球零售业趋势

   1. 大型零售商

   2. 小规模零售商重获商机

   3. 国际零售商

   4. 直接营销

   5. 网上零售

**13.10 走私**

**总结**

**问题讨论**

**学习目标**

学完本章,你应该掌握:

- 列出并描述国内渠道和国外渠道的主要成员;
- 解释分销密度、渠道长度和渠道结盟对国家渠道战略的影响;
- 描述成本、产品线、覆盖面和协同是如何影响合适的渠道成员的选择;
- 提出选择国外分销者的方法;
- 列出激励和控制外国分销者的方法;
- 在竞争者一起控制分销渠道的市场上,提出可选择的进入战略;
- 辨别全球物流管理和全球供应链管理的差异;
- 列出并解释全球物流管理的五个关键领域;
- 解释大批量零售商、国际零售、直接营销、网上零售和走私的重要性。

加拉加斯(委内瑞拉首都)的购物者习惯去逛街角的小店。从本质上说,委内瑞拉的零售部门是由家庭小店、中等大小的超市和若干特产连锁店构成的。即使是现代商城也不过是各类服装店的混合。当大型超市 Tiendas Exito 在加拉加斯东部郊区开业时,这个由法国、哥伦比亚和委内瑞拉的合作伙伴组成的新联营公司遭到了媒体的怀疑。委内瑞拉人会真正放弃在小型当地商店购买的社会习俗吗?

该大型超市毫无惧意,以帮助消费者削减花费为目的的展示在人前,它比竞争者的价格要低 8%。为了实现这一承诺,该超市将采用大量采购、集中化仓管和运输以及信息化库存管理,而这些在当地环境下都是具有革命性意义的。这一承诺对加拉加斯公众来说也是吸引人的。一项国际调查将加拉加斯作为世界上第八个生活成本最高的城市,甚至比巴黎、洛杉矶和日内瓦都要高。然而就工资来说,它在所调查的 58 个城市中排名 13。Tiendas Exito 开业一个月之后,销售额比预期还要高 35%。

分销系统一直受到很多因素影响——经济发展水平、消费者可支配收入、基础设施如道路、电信的质量以及文化、外部环境和法律及政治体系。全球营销者们要了解环境是如何影响分销战略和选择的。使用这些知识,他们必须以国家为基础,建立有效的产品渠道。他们也必须考虑区域和全球分销商的出现以及全球物流的改变是如何影响他们在国际范围内运营的。

在本章中,我们将讨论全球分销系统的结构以及渠道成员的选择、定位和管理方法。我们要探索跨国公司如何进入当地渠道,管理国际物流。我们将以零售业全球走势和对国际走私的管理建议作为总结。

# 13.1　全球销售系统结构

设计分销战略的营销者们必须决定,如何将产品从生产点运输给消费者。尽管分销可以完全由生产商处理,但是通常情况下产品是通过中间商,如代理、批发商、分销商和零售商来运输的。了解可得到的分销系统结构对营销战略的形成相当重要。生产商可供选择的各种渠道在图13.1中显示。本国渠道成员已经在第9章中讨论过了,以下讨论的是东道国的渠道成员。

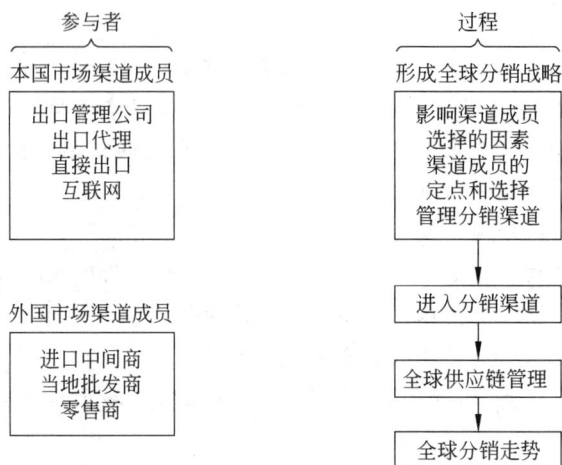

参与者　　　　　　　　　　　　　过程

本国市场渠道成员　　　　　　　　形成全球分销战略

出口管理公司
出口代理
直接出口
互联网

影响渠道成员
选择的因素
渠道成员的
定点和选择
管理分销渠道

外国市场渠道成员

进口中间商
当地批发商
零售商

进入分销渠道

全球供应链管理

全球分销走势

图 13.1　国际营销渠道选择

# 13.2　外国销售市场渠道成员

如图13.1所示,一旦产品离开本国市场,在全球市场上有许多渠道选择:进口中间商、当地批发商与代理、零售商。即使是本地生产,公司也要将产品从工厂运输到消费者手中。

## 1. 进口中间商

进口中间商确认了本地市场上的消费者需求后,在世界范围内搜寻以满足这些需求。他们通常以自己的名义采购产品并独立于厂商行动。作为独立个体,这些渠道成员使用自己的营销战略并与他们所服务的市场保持紧密联系。生产商想要在独立中间商的市场领域内销售产品,必须首先调查这个渠道伙伴,作为联系该领域内批发商和零售商的一种方法。

## 2. 当地批发商与代理

在每个国家,都可能有一系列渠道成员将生产商的产品运输给零售商、工业公司,或者在有些情况下是给其他批发商。当地批发商会拿走产品的所有权益,而代理不会。当地批发商也叫作分销商或者发牌者。在有些案例中,当地批发商获得某个地理区域或者国家的独家分销权。

批发商的作用可随国家不同而不同。在有些国家,批发商提供仓库管理、从零售商中拿到订单并向他们运输适当数目的商品。日本的批发商不但提供基础的批发职能,还通过为零售商提供融资、产品开发,甚至有时候还要提供管理和营销技能,与零售商共担风险。

---

**世界脉搏 13.1**

### 印度:零售业的革命?

毫无疑问,印度如今是世界上最有吸引力的零售市场之一。该市场最近的价值为3 700亿美元。随着中产阶级的迅速增长,预计该数目到2015年将增长到6 500亿美元。当前,零售需求主要是由小型的独立店面满足的,超市和百货商场只占到零售业的5%。但是大型零售商正准备改变这个现状,他们中有很多人已经制定好战略,准备在这个日益增长的大馅饼中夺得属于自己的一份。

然而,当外国公司准备在印度获得一席之地时,必须小心谨慎。当前印度的法规限定,非印度公司在大多数零售公司中只能小额持股。这使大型国际零售商纷纷涌向联合投资,其中包括德国的麦德龙(Metro AG),法国零售巨头家乐福(Carrefour)和英国零售商乐购(Tesco)。但是,许多人仍然期望政府最终放宽对零售部门外国投资的限制。

然而,政府法规可能是大型零售商面临的最小障碍了。越来越多的小型商店转为大型连锁店,激发了猛烈的、有时候甚至是暴力的反抗。因为乡镇商人、农民和小店主人担心他们的生计受到影响,一时间濒临暴动的抗议者和游行示威者席卷全国。零售业占到就业的7%~9%,有些人表示,随着西式零售方式进入该国,有高达4 000万印度人可能会丢掉工作。为了减轻小型零售商和左翼政治分子的担忧,政府命令刚进入印度的沃尔玛只能向批发商、公司以及他们的家人和朋友销售。

这种仇恨情绪不仅是针对外国零售商的。在争议中,印度公司 Reliance Industries 首当其冲。政府当局出于安全考虑,强制关闭了 Reliance 的几个店面。自然地,这些呼声使有些国外公司将投资计划暂时冻结。这个充满吸引力的同时又问题多多的市场在未来将何去何从,我们拭目以待。

资料来源:Steve Hamm and Nandini Lakeshman. Widening Aisles for Indian Shoppers. *Business Week*, April 30, 2007, p. 44; Vibuhuti Agarwal and Krishina Pokharel. India's Populist Resist Big Retail. *Wall Street Journal*, October 9, 2007, p. A6; John Elliott. India's Shaky FDI Rules Need Clarification. *Financial Times*, July 9, 2009; and Emily Wax. India's First Wal-Mart Draws Excitement, Not Protest. *Washington Post*, July 13, 2009, p. A8.

## 3. 零售商

零售商是消费者分销渠道的最后成员,购买产品重新销售给消费者。各个国家零售渠道的大小和可进入性差异极大。在欧洲地区,每个零售商对应的人口数在较低国家如乌克兰只有52人,葡萄牙为61人,匈牙利为65人,西班牙为66人,而在较高国家如俄罗斯有292人,德国236人,澳大利亚203人。

　　零售业在亚洲很多地方都呈爆炸式增长。在亚洲,一大部分人口正跨过收入门槛,开始购买全新的产品,如包装食品、电视和电动车。这种现象,称为"魔法时刻"(magic moments),已经登陆中国台湾、印度尼西亚、泰国、马来西亚和中国大陆。当一个国家迈过魔法时刻的门槛时,分销系统开始改变现代商店的形成。此外,中国正经历从国有分销到私人分销的重大改变。国有的零售和批发公司大大下降,私人所有的零售和批发公司迅猛增加。全球营销者必须评估一个国家可获得的零售商,在现存——有时候是改进中的——零售结构中形成自己的战略。

　　魔法时刻(magic moment):描述一个国家现代零售业兴起的时刻的术语。

### 4. 商业交易渠道

　　当公司销售的对象不是消费者而是公司客户时,该渠道与我们所描述的渠道仍是相似的。尤其是小公司可能会从零售店购买,而这些零售店又是由批发商供应的。然而,许多公司之间销售经过的渠道更短,出口代理、进口中间商,或者是生产商本身通常不会使用再一层的中间商而是直接与公司客户接触。

## 13.3　分析国内渠道

　　分销战略是营销组合的一个部分,要与营销战略的其他方面保持一致:产品政策、定价战略和沟通战略。图 13.2 展现了在形成分销战略时要考虑的重要因素。在决定分销战略之前,全球分销者们必须了解不同市场上的渠道的特点。

　　以下 4 个变量尤其重要。

- 分销密度。分销密度指的是一个产品所需的展示数量或者是覆盖数量,尤其是为了能够足够覆盖整个市场所必须的销售点的数量。
- 渠道长度。渠道长度的概念包括将某个产品从公司传递到消费者手中所涉及的中间商的数量。
- 渠道结盟。渠道结盟指的是选定成员之间为达到统一的战略而形成的组织结构。
- 物流。物流包括产品随着渠道的实际流动。

　　前面三方面的决策不能独立做出。这些决策是相互关联的,它们需要与营销战略的其他方面一致。尽管从逻辑上评估分销战略很重要,营销经理人通常要在前任经理人建立的国际分销结构的基础上工作。现存的系统可能会限制一个公司做出改变和继续增长的弹性。然而,一个富有创造性的经理人通常能够找到机会,跨越当前处境。比如,当意大利的 Nordica 决定对日本的分销采取更直接的控制时,它已经在日本销售了 25 年。Nordica 公司与它唯一的分销商 Daiwa Sports 达成了一个融资协议,并雇用了处理这个分销线路的 85 名员工。这使得 Nordica(后被 Tecnica 收购)能够掌握控制权,同时不丧失分销商所形成的经验和关系网。接下来的部分解释公司政策为什么必须随分销密度、渠道长度、渠道结盟和物流的改变而改变。

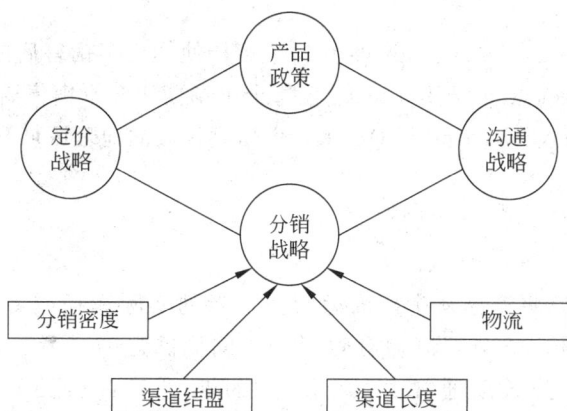

图 13.2  分销政策

## 1. 分销密度

公司产品有效营销所需的销售店和分销点的数目被称作分销密度。该密度决定于一般消费者逛街或者购物的习惯。选择最佳的分销渠道要求营销者查明消费者是如何根据产品类别来选择经销商和零售店的。对许多消费品来说,如果消费者很可能不大愿意花费太多精力购物,就需要一个全面(extensive),或者说是宽泛的分销渠道。这种产品,也叫作便利品,通常是在周边零售店购买的。至于其他产品,如器材或者服装,消费者可能要逛两家或者更多家店。这种产品需要一个更有限,或者说是选择性的分销,在每个市场区域有较少的分销点。对于特殊产品来说,这些产品会激发消费者对某个品牌的忠诚度,就需要一个非常有限的,或者是独家分销渠道。这是以消费者会寻找想要的产品而不会接受替代品的假设为前提的。

分销密度的关键是消费者的购物行为,尤其是寻找想要商品愿意花费的精力。这些行为在国与国之间的差异可能很大。比如在美国,人均收入很高,消费者在超市或者其他日常可见的零售店,如药店,购买很多日常使用的物品。在其他国家,尤其是一些人均收入比较低的国家,这些物品的购买就很可能没有美国那么频繁,消费者可能愿意花费更多的精力来寻找这些物品。这使得这些产品拥有较少的分销点成为可能。

不同国家之间消费者购买某种产品的情况也可能有极大差异。在德国,隐形眼镜洗护液只有在眼镜店才可以找到,而在法国,大多数药店都有该产品。在美国,许多杂志都是在杂货店销售的,而在英国,他们主要是通过报纸代理商销售的。在分销分析的早期,找出消费者在哪里购买你要营销的产品是非常重要的。

这在公司对公司的销售中也是一样的,买家行为的差异或者是某种产品使用的差异可能需要改变分销店和分销密度。比如在美国,放射产品是通过医院供货直接销售给医院或者放射科的,而在法国,病人在进入医院放射科之前必须从药剂师那里获得处方下的放射必需品。在后者,放射存货必须推荐给药剂师,然后存放在药店才能够使用。在法国的分销比在美国更加宽泛,因为在美国,只有医院是分销渠道的成员。

分销密度(density of distribution):一个给定的地理市场利用的销售店和分销点的

数量。

全面分销(extensive distribution)：在每个市场使用许多销售店的分销战略。

选择性分销(selective distribution)：在每个市场使用若干销售店的分销战略。

独家分销(exclusive distribution)：在一个相对较大的地理区域只有一个分销点提供产品的分销战略。

## 2. 渠道长度

渠道长度指的是，将产品从生产商运给消费者的实际途径或者所有权路径中直接涉及的中间商的数量。长的渠道拥有若干个中间商。短的或者直接的渠道只有几个或者没有中间商。渠道长度通常由三个因素影响：①产品分销密度；②平均订货数量；③渠道成员的可获得性。具有全面分销渠道，或者是众多销售终端的产品倾向于含有较长的分销渠道。与此类似，随着平均订货数量的减少，产品经过更长的渠道来提高分销的效率。

因为分销密度影响渠道长度，影响分销密度的相同因素明显也会影响渠道长度，这些因素中最重要的因素是消费者的购物行为。平均订单数量通常依赖给定消费者群体的购买力或者收入水平。在收入水平较低的国家，人们通常在附近小店按天购买食物。这与富有的消费者形成鲜明对比，富有的消费者买得起一周甚至一个月的食物或者谷物且不介意多走点路来进行他们不太频繁的购物。

日本的批发渠道是发达国家中最长的，大多数产品都要经历多达6个中间商。这种漫长的分销渠道让人想起发展中国家而不是发达国家的分销系统。但是，日本分销系统正响应消费者需求，准备做出改变。在戴尔电脑的带领下，日本的 Seiko Epson 绕过传统日本渠道成员，在私人计算机上实行直接销售。通过这种方式，公司为消费者节省了许多费用，从而能够吸引大批消费者。这种改变并不仅限于私人计算机。如今日本在直接销售总量上排名世界第二。

渠道长度(channel length)：将产品从生产商运至消费者的实际途径或者所有权路径中直接涉及的中间商的数量。

## 3. 渠道结盟

渠道结盟是营销中最困难的任务之一。渠道越长，保证不同渠道成员协调行动以获取产品或者服务统一的营销方法也变得更加困难了。在国际层面上，由于公司可能在远离分销系统之外组织渠道，在当地影响力极小，从而协调工作也更为艰难。如果存在一个具有强大销售能力的当地子公司，跨国公司就会发现，控制分销渠道变得容易多了。在公司没有当地驻点而只能依赖独立分销商的国家，控制权很可能会转移到独立分销商手中。如果该跨国公司的销售量只占到当地分销商业务的一小部分，这种控制权的丧失会进一步加深。当然，如果跨国公司的产品占到销售额中很高的百分比，情况就会相反。

通常，其中一个参与者会成为渠道首领或者主导成员。该渠道首领频繁地限定影响其他渠道成员的定价、运输条款，有时候甚至是产品设计条款。一般情况下，发展中国家

百事可乐等全球公司越来越多地瞄准发展中国家的农村市场,但是
在这些市场建立分销渠道非常困难。

的批发商相对权力较大。随着国家的发展,权力从批发商手中转移到零售商或者生产商
手中。这可以从美国看出来,曾经强大的批发商已经没有那么有影响力了,取而代之的是
生产商或者大型零售商(如家得宝和沃尔玛)已经成为渠道首领。这一规则仍然有个大例
外:日本的批发商仍然控制着分销渠道。

全球营销者必须意识到极大影响公司在渠道协商中还价能力的国家差异,他们必须
时刻做好准备应对影响各国渠道还价能力的种种变化。比如一提起印度的购物,人们就
会涌现小型零售店和拥挤的人行道的图像。然而,如今购物中心正在印度崛起以迎合印
度日益增长的中产阶级的需要,印度市场中除 1 200 万家家庭零售额外的有组织的销售
正在迅猛发展。

在中国,分销商从发售消费品种就收获了约 80％的利润,而零售商只得到 20％(在美
国,这个数据几乎是倒过来的。批发商得到 30％,剩下的都归零售商)。中国政府保护批
发商,有很多批发商都是政府所有的。然而,加入世贸组织正迫使中国发生改变。在将来
的十年中,预计有三大趋势将极大改变中国的批发业:

- 外国公司将进入批发业,最初是以联营方式进入的;
- 较大的、更现代化零售商可能会越来越多地绕过批发商;
- 生产商会越来越多地使用第三方物流供应商来取代传统的批发商。因为随着消
  费品行业的合并,使得直接运输的经济效益更加富有吸引力。

渠道结盟(channel alignment):为了在产品或服务的营销中提供统一的方向,将不
同渠道成员协调在一起。

渠道首领(channel captain):占统治地位的渠道参与者,规定定价条款、运输条款或
者产品设计条款。

## 4. 物流

物流聚焦产品在渠道的实际移动,作为分销系统非常重要的一个部分,物流将在后面
的章节中详细讨论。

# 13.4 影响渠道成员选择的因素

营销者需要在不同国家辨别并选择合适的分销伙伴。分销伙伴的选择是一个很重要的决策，因为该伙伴通常要承担一部分，甚至是所有的营销责任。此外，分销伙伴通常也参加将产品运送至消费者的实质传送（物流）。错误的决策会导致分销者表现得黯然无光。由于当地法律，转换分销伙伴可能会很昂贵，有时候甚至是不可能的。Vulcan 化工终止了 Philip J. Barker 在日本、中国、韩国和中国台湾营销和分发氯化钠和氯的化合物的合同权力，这是不公正的，Vulcan 公司被罚款 2 300 美元。该公司声称它的销售额下降到每年 200 万美元不到，所以才想终止分销合同。该公司在国际上的成功主要依赖于它所选择的合作伙伴。有若干因素影响分销伙伴的选择，这些因素包括成本、产品与产品线的特征、想要的控制水平和覆盖面，以及跨国公司和渠道之间的潜在协同合作能力。

## 1. 成本

渠道成本分为三大类：创办成本、维修成本和物流成本。渠道创办成本包括找出并建立渠道的所有成本，如找出并选择渠道成员的行政时间和出差表，与渠道成员达成协议的成本，以及建立渠道的资本成本。资本成本包括库存、运输中的货物、可收回货款以及托运库存的成本。直接销售渠道的建立通常需要最大的投入，而使用分销商通常能够减少所需的投入。由于选择合适渠道成员的必要性，公司可以预期这些成本在有些国家会相对较高。日本就是这么一个国家，在前期投入更多的时间和资金都是有意义的，因为解除关系的社会和经济成本都高的令人难以接受。

渠道维修成本包括公司销售人员、销售经理成本以及出差费用。维修成本也包括审计和控制渠道运营的成本及分给渠道中间商的利润。物流成本包括运输费、存储费、将大捆物件拆装成小包装的成本以及海关文书成本。

当选择不同渠道成员时预测所有成本通常很困难，但是为了估计所有选择的成本，这些预测也是必要的。高的分销成本通常会导致消费者更高的价格，而这会给进入一个新的市场埋下障碍。公司通常要建立直接的渠道，希望减少分销成本。但是，不幸的是，大多数渠道的职能都是无法删除的，所以这些成本最终还是会出现。

渠道创办成本（initial channel costs）：寻找并建立一个渠道的成本。

渠道维修成本（channel maintenance costs）：管理和审计渠道运营的成本。

物流成本（logistics costs）：运输并储存产品，处理产品经过海关的成本。

## 2. 产品与产品线

产品的本质会影响渠道的选择。如果产品容易腐坏或者是上架时间较短，生产商可能会被迫使用较短的渠道使产品更快到达消费者。ProFlower.com 是一个网上鲜花门户，开发了一个新的分销网络，能够比传统的花商花费少一半的时间将鲜花从农民手中运到消费者手中。该运输系统的成功使它也被网上销售鲜肉、水果和其他易腐烂商品所采用。通过它的附属公司 Flowerfarm，该运输系统在近 80 个国家都可获得。

高技术产品通常需要直接销售或者高技术渠道伙伴。比如，马萨诸塞州的康桥指数技术公司销售了一个精密的软件产品，将软件系统的开发自动化，称作计算机辅助系统工程。该公司以直接销售的方式进入英国和澳大利亚市场，但是为了节省创办成本，它决定在法国、德国和斯堪的纳维亚采用分销商。但是，由于这些分销商的效率不高导致该公司决定在法国和德国建立自己的销售处，而在斯堪的纳维亚购买分销商。高技术产品的特性要求 Index 公司比销售普通或者不精细的产品需要在分销渠道投入更多的时间和金钱。

产品线的大小也会影响渠道成员的选择。产品线越广，对渠道成员的需求也越大。一个分销商或者经销商可能储存更宽的产品线而不是单一产品。与此类似，如果一个生产商拥有更宽、更全面的产品线，采用更直接的渠道也更容易收回成本。因为有更多的产品可以销售，每份销售电话更容易收获高的平均订单。而如果产品线有限，代理商或者分销商就会将公司产品和其他公司产品融为一体以增加平均订单的大小。

## 3. 控制，覆盖，协同

每类渠道都会给生产商提供不同水平的控制力。在直接销售下，生产商可以控制价格、推广、投入人力和使用的零售店类型。如果这些都很重要，那么控制水平的增加可能会抵消直接销售成本的增加。长一点的渠道，尤其是拥有产品名义的分销商，通常会导致较少拥有或者没有控制权。在许多情况下，公司可能不知道谁才是最后的买家。

覆盖面指的是生产商想要达到的地理区域。尽管在大都市覆盖面很容易获得，但是在较小的城市或者是人口分布稀少的地区获得足够的覆盖面可能会很困难。渠道成员之间的选择可能会受各个代理或者分销商所提供的市场覆盖面的影响。为了评价一个代理或者分销商的覆盖面，必须决定以下几点：①销售点的定位；②销售人员的总部；③不同地理区域前一年的销售。销售办公室的地点暗示了所有努力的集中点。销售人员通常在他们本部附近有较好的穿透力，过去的销售经验也明显表明在每个地理区域渠道成员的成功程度。

渠道成员或者伙伴的选择有时候会受可以增加分销系统总产出的互补技术的影响。这种协同作用通常发生在当一个潜在分销商具有能够快速进入市场的技术或者经验的时候。比如，当康柏进入国际私人计算机市场时，该公司决定只通过强有力的授权经销商销售。当康柏集中于开发应用市场诸如自动化销售、计算机辅助设计和办公室生产力时，该公司使用经销商来开辟市场。当它与惠普并购时，康柏在日本占有 3.7% 的市场份额，在其他亚洲国家占有 6% 的市场份额，在西欧占有 17.3% 的市场份额，在世界其他地方占有 14.6%，而在美国国内占有 13.8%。

## 13.5 找到并选择渠道伙伴

建立一个国际分销渠道通常要花 1～3 年。该过程包括如表 13.1 所示的一系列步骤。形成一个成功的分销系统最重要的方面是找到并选择渠道伙伴。

**表 13.1   建立一个国际分销系统的过程**

1. 形成分销战略
2. 建立选择分销伙伴的标准
3. 找到潜在分销伙伴
4. 招揽感兴趣的分销商
5. 筛选并选定分销伙伴
6. 商讨协议

在包括分销密度、渠道长度和渠道联盟等方面的国际分销战略的形成会建立起一个"理想的"分销伙伴的框架。在影响渠道伙伴选择的关键因素方面（成本、产品、控制、覆盖面和协同）的公司偏好会和分销战略一起，被用来建立选择渠道伙伴的标准。选择标准包括地理覆盖面、管理能力、财务稳定性、年销售量和声誉。在寻找可能的分销伙伴上，有几个因素非常有用，主要包括如下内容。

- 国家出口门户网站。比如，美国出口门户，http://www.export/gov ，帮助美国出口商寻找海外分销商和代理。
- 银行。如果公司所在的银行有海外分行，它们可能很乐意帮助寻找分销商。
- 通讯录。国家分销商通讯录或者特别通讯录，如列明计算机分销商的通讯录，可能很有帮助。
- 贸易展销会。在国际贸易展销会上展示或者只是参加一个国际贸易展销会，能让经理人接触许多分销商和他们的销售人员。
- 竞争者的分销伙伴。有时候一个竞争者的分销商可能会对转变产品线感兴趣。
- 顾问。有些国际营销顾问擅长于寻找分销商。
- 协会。存在国际中间商协会或者是国家中间商协会，比如，一家在美国寻找代表或者代理的公司可以与以下人员联系：国家生产代理商协会或者是 http://www.manaonline.org；食品服务业生产代理协会。
- 外国领事馆。大多数国家在他们的大使馆或者是独立领事馆设有商务部。这些人在寻找他们国内的代理或者分销商方面会很有帮助。

在发展中国家，消费者仍然在传统市场购物，如图中印度的拉贾斯坦邦。但是传统的零售商越来越多地面临与诸如沃尔玛等公司的全球竞争。

在编出一系列可能的分销伙伴后，公司可以和每个可能的分销伙伴联系，提供产品资料和分销要求。要求对公司产品线感兴趣的潜在分销商提供诸如当前运营的产品线、每年销售量、销售人员数量、所覆盖的地理领域、信用和银行推荐信、物质设施、与当地政府关系以及英语和其他相关的语言知识等信息。应该针对选择标准核查回应的公司。在做出最后决策之前,生产商代表应该到达该国并与零售商或最终使用者交流,将范围缩小到最强的 2~3 个竞争者。在该国时,生产商代表应该与分销商候选人会面并评估这些候选人。

# 13.6　管理全球分销

选择最合适的渠道参与者并进入市场,这在获取完整而敏感的分销渠道上是特别重要的步骤。然而,如果对该渠道没有合适的激励和控制,销售量可能还是不令人满意。这一部分将讨论通过获取所有渠道成员的全面合作,保证公司产品在渠道内流通所必须采取的措施。

## 1. 激励渠道参与者

使渠道参与者充满动力是国际分销策略的一个重要的方面。以高于平均总利润形式的财务激励是一种非常有效的激励方法,尤其是在独立分销商、批发商和零售商的管理上。预期总利润受该渠道文化传统的影响。比如,如果某一类的零售商通常得到 50% 的利润而公司只提供 40%,零售商所做的努力可能就达不到预期。将渠道成员邀请到年会中和引入新产品也非常有效。在分销领域诸如库存控制、账款回收和广告等方面的管理上提供能够埋下好运的种子,在以后对公司大有裨益,也可以帮助公司建立特殊的项目训练或者形成激发渠道成员的销售力量。

如果把货币激励与帮助渠道成员更有效率且更有竞争力的方法一起考虑,激励外国独立中间商的项目就极有可能获得成功。当然,拥有前途光明的中间商也是跨国公司的利益所在。对于同时分销其他公司产品的独立中间商,这些项目和政策尤其重要。通常情况下,他们也会受到其他产品负责人的围攻。每一方都试图从分销商那里获得最多的注意力和服务。因此,跨国公司必须想方设法保证渠道成员对自己的产品投入足够多的努力。

出口生产商和分销商之间更紧密的联系通常能为分销商带来更好的表现。跨国公司所需花费的精力要看针对那个市场的营销战略。比如,如果一个公司正用密集的广告推动该渠道的产品,中间商可能只需要拿到订单并运输产品;它并不需为销售做努力。反之,如果营销战略依赖渠道成员开发市场或者通过该渠道来推动产品,这就需要渠道成员花费极大的努力去销售。生产商应该尽可能地发布产品新闻和公共关系,以引起人们对自己的产品的关注,支持分销商代表公司所做的努力。

定期拜访分销伙伴可以对他们的激励和控制产生积极影响。通常,通过和一个渠道成员的销售人员一起出差来了解市场并评估销售人员的技术是大有裨益的。拜访渠道成员最重要的好处是,发布一个明显的信息,即成员的表现对公司很重要。拜访能够加强生产商和渠道成员之间的私人关系。对国际分销伙伴表现的研究发现,使用产出控制,诸如销售伙伴卖掉多少实际上不如社交控制来得有效。社交控制指的是伙伴之间个人互动的模式,着重强调对相互尊重和信任的深层关系的需求。

转换渠道战略可能代价高昂但物有所值,尤其是伴随着国家市场的变化。但是,除非一个跨国公司决定剔除一个渠道成员，否则公司应该注意引起生产商和渠道成员之间冲突的战略。生产商和独立分销商之间的渠道冲突最有可能是由于同一渠道和市场上、分销商和生产商自己的直接销售人员或者多个分销商之间的销售竞争所引起的。开设新的打折渠道，即以更低的价格提供相同的产品也是充满问题的。

## 2. 控制渠道参与者

跨国公司希望对渠道成员拥有足够的控制权，保证他们准确理解并且适当执行公司的营销战略。公司想要确保当地中间商是按照公司政策定价的，这在销售、广告和服务政策上也是一样的。当独立的中间商无效或者低效率地处理当地分销时，跨国公司在当地市场的声誉就会受损，因此跨国公司密切关注当地渠道成员的表现。对当地渠道成员施加影响的一个方法就是在分销协议中清楚列出每一点责任，如最小年销售量。达到每个销售目标可以成为续订合同的要求。

许多跨国公司只提供短时间、但是定期更新的分销权力。但是小心驶得万年船，因为分销权力的取消通常受到社会规范和禁止突然中断协议的法律的限制。尽管在美国，因分销商或者代理的表现不好而终止协议是件相对容易的事情，在世界许多地方，终结国际渠道成员可能代价很高。在日本，外国公司在选择当地分销商时要特别小心，因为公司按预期都要签订长期的关系。当一个公司停止与一个分销商的关系时，会对自己造成很不好的影响。在这种情况下找到另外一家分销商会很困难。

在有些国家，跨国公司为了终止与一个代理的关系，可能要被迫支付大量当地代理的年度总利润。在其他国家，对代理和分销商的终结补偿可能除了开发业务产生的费用之外，还要包括代理或者分销商为品牌所建立的信誉的价值。跨国公司可能还要对被解雇的原先在生产线上工作的员工所认领的补偿费负责。因此，终结一个渠道成员可能是一个成本高而痛苦的过程，在几乎所有的案例中都是由当地法律判决，而当地法律倾向于保护并补偿的当地渠道成员。

但是，研究显示，在发展中国家的跨国公司通常会买下或者解雇他们的当地分销商，或者形成他们自己的营销和销售子公司。这些公司抱怨新兴市场的分销商通常没能在业务增长时投资，志向也不够远大。

# 13.7　进入销售渠道

进入一个市场可以通过许多渠道成员来完成。但是，看起来最合理的渠道成员可能已经和公司的一个竞争者建立关系了。这为国际营销者带来了一些特殊的挑战。这一部分旨在解释当公司在劝服渠道成员运营他们产品中遇到困难时，公司可以采用的方法。

## 1. "锁定"渠道

当事实显示市场和经济因素都是可行的，但是一个新进入者却不能轻松劝服渠道成员参与时，该渠道被认作是"锁定"的。渠道成员通常按情斟酌哪些产品可以增加到产品线上，哪些产品可以剔除。零售商们通常会选择他们预期容易且大量销售的产品，当有更好的机会出现时,他们就会转换货源。与此类似,批发商和分销商在经济基础上竞争零售客户和工业用户。他们可以通过提供更合算的交易,诱使一个客户转换自己的货源。同样的道理,生产商之间相互竞争批发商,他们预期如果己方报价优于竞争者的报价,渠道成员就可能被劝服而从给定的供应商那里采购。

但是,存在一些障碍限制批发商增加或者减少某个产品线的弹性。分销商可能在协议中同意不销售竞争性产品,或者他的业务中很多是来自某个保守的生产商的。在日本,生产商、批发商和零售商之间的关系从本质上说是持久的,即使提供更好的产品和价格,也不允许渠道参与者迅速将他们的忠诚转移给另外一个货源。日本的渠道成员形成了紧密的私人关系,使得任何一个参与者想要打破长期关系都非常困难。当柯达进入日本市场时,它很难进入小型零售店,因为日本的富士胶卷公司统治了四大批发商。柯达花了数年时间融入这些大型批发商,但是基本没有什么收获。所以当柯达进入数码相机市场时,它决定收购 Chinon,日本一家精密仪器公司,以便更好地进入市场。

文化力量可能不是阻碍进入分销渠道的唯一障碍。渠道成员可能不愿意承担风险来探索不知名的产品。竞争者们,不论是国内的还是国外的,可能会试图阻碍一个新公司的进入。为了对付这些挑战,全球营销者们应该富有创新意识。当美国标准洁具公司(American Standard),世界最大的洁具供应商准备进入韩国市场时,发现自己被锁在了普通洁具分销商的大门外,因为后者是由当地生产商所控制的。该公司为这个日渐兴起的业务寻找一个可供选择的分销渠道。它找到了家居(Home Centre)——家庭装修材料和器具最大的供应商之一,从而成功克服了这个被锁定的渠道。

柯达在中国也面临了相似的挑战。当柯达最先进入该市场时,是远居第四的,面临的是强大的竞争者(如富士胶卷)和锁定的分销渠道。柯达下了一个赌注,进入中国公司来开设柯达照相馆,结果它赢了。十年之后,柯达的市场份额一路飙升到了 63%,而富士却缩水到只有 25%。通过进入中国近 8 000 家照相馆,柯达满足了许多中国人自己开公司的愿望,其本身也获得了成功。

## 2. 其他进入方法

国际营销者对进入锁定分销渠道的艰难任务,设计了若干方法。这些方法包括挂靠、联营和收购。

### 1) 挂靠

当一个公司发现没有任何渠道伙伴对开辟新产品感兴趣时,挂靠的方法可以帮公司走出困境。挂靠是借助另外一个公司,将新产品销售给该公司顾客的做法。该产品仍然保留真正生产商的名字,双方通常会签订一个多年的合同持续供货。新公司实质上是将自己的产品"挂靠"在著名公司的销售力量之上。

在挂靠的方法下,生产商保留对营销战略的控制权,尤其是定价、定位和广告。其合作伙伴只是一个租赁的销售力量。当然,这与私人贴牌战略大不相同,在后者的情况下生产商为营销商供货,而营销商将自己的品牌贴到产品上。贴牌方法在医药行业非常常见,公司在发布某个新药时总会与竞争公司合作。华纳兰伯特(Warner Lambert)是一家大型医药公司,在 Pfizer 的帮助下在美国最先发布降胆固醇新药 Lipitor。这是至今为止最成功的新药引入案例之一。

挂靠（piggybacking arrangement）：一个公司同意以自己现成的渠道为另外一个公司分销产品。

可口可乐在挂靠方法上首创新的曲线方法。该公司利用自己在非洲广泛的分销系统来援助 UNAIDS（联合国抗击艾滋病的一个机构）。除了苏丹和利比亚之外，可口可乐的分销遍布非洲所其他国家，它们的产品甚至进入最贫困的乡村。该公司提供库存和卡车运输空间以及物流援助，来帮助慈善机构寻找最好的途径运输资料和测试装备。但是，可口可乐不能帮忙运输冷藏的艾滋病药物，因为它的卡车不是冰冻的。

2）联营

正如我们在第 9 章中提到的，当两个公司同意成立一个新的法人团体时，称为联营。这在联合生产地区非常普遍。我们的关注点仅限于以分销为首要目标的联营。通常情况下，这种公司在一个有现存市场渠道的当地公司和想要在一个国家营销产品而又没有现存市场渠道的外国公司之间形成。比如，两个国内啤酒生产商以独家经销合同与墨西哥国内零售店结盟。从而 Anheuser－Busch 公司决定通过与墨西哥啤酒巨头 Modelo 公司形成联营来进入墨西哥市场，而不是试图从头开始建立分销系统。

3）收购

收购一家现存的公司可以让一个外国进入者直接进入分销系统。比如，为了进入日本的医药分销渠道，Merck 收购了日本的 Banyu 医药公司。与此类似，瑞士的 Roche 医药公司购买了 Chugai 医药公司的控制权。尽管这需要巨额资本，运营结果比那些新投资要好得多，因为新投资往往要承担首期损失。找到一家与批发商和零售店有良好关系的收购对象比找到一家有健康财务前景或者顶级产品的收购对象更为重要。

# 13.8　全球物流

包含产品实际运输的物流系统也是国际分销的一个重要组成部分。它包括材料或者完成品从出发点到使用点实际流动的计划、实施以及控制。作为大多数公司核心业务之外的资本密集型和劳动密集型的运作，物流已经变得越来越复杂。同时物流价格较高，对大多数公司来说占到总收益的 15%～35%。

在全球背景下，这一任务变得更加复杂了，因为有许多外部变量会对材料和产品的流动造成影响。随着到达外国市场地理距离的增加，可以从更有效的物流系统结构中获取竞争优势，如节约时间、成本或者增加公司的可信度。物流可作为达到竞争优势一种手段，这种现象的兴起使得公司越来越关注这一重要领域。许多生产商和零售商都在重构他们的物流系统，将内部分销部门撤销，更加偏好外部物流专业人士。

## 1. 物流决策领域

在这一部分，我们要讲国际物流系统的目标，要管理和整合出一个有效系统的各种行动。物流管理的总目标包括 5 个分开但相互关联的方面：①交通或者运输管理；②存货控制；③订单处理；④材料处理和仓库管理；⑤固定设备放置管理。在以下部分，我们将详细探讨每个决策领域。

1) 交通或者运输管理

交通管理主要处理产品运输的模式。主要选择有空运、海运、铁路运输、公路运输或者是前面几种的结合。运输成本极大增加了在国际上营销产品的成本，所以必须特别关注运输模式的选择。这一选择要考虑三个主要因素：前置时间、运输时间以及成本。有较长前置时间的公司倾向于使用较慢但是节约成本的运输模式，如海运和铁路运输。当需要较短的前置时间时，就要使用较快的运输模式，如空运和公路运输。较长运输时间要求更高的金融成本，因为货款更迟到达，且无论在始发点还是目的地都需要更高的库存成本。适合较长运输时间的运输模式依然是海运和铁路运输，而空运和公路运输可以获得更短的运输时间。运输成本是选择运输模式时第三个要考虑的因素。若距离一定，空运和公路运输通常要比海运和铁路运输贵。

当地法律和限制规定会对运输成本造成重要影响。比如，印度尼西亚国家和当地的法规是相互冲突的，使得该国运费因昂贵低效而臭名昭著。此外，对腐败官员和犯罪团体的非法支付使货物进出口印度尼西亚变得更加艰难。与此类似，在中国管理物流仍然困难重重，因为存在贪污以及在很多城市间只允许当地公司送货的地方保护主义。美国驻中国上海的商务部估计，在中国的物流成本比在许多发达国家要高4倍。

2) 存货控制

现有的存货水平极大影响一个公司物流系统的服务水平。在国际运营中，为了预防物流系统中不可预测的故障，需要储备足够的存货。但是，为了防止锁定资本的大额成本，在理想状态下，存货应该减少到所需的最小数额。为了减少存货水平，许多公司都采用了日本的零部件准时生产（JIT）系统。比如，在实施准时生产制之前，许多公司都持有30～40天的零部件缓冲存货。实施该制度后，缓冲库存可以降至1～2天。对将生产搬到中国的公司来说，准时生产还是充满挑战性的。从中国到美国的运输要花22～24天，有时候还会因为燃料不足或者洪水而耽搁，对来自中国的零部件实施准时生产可能问题重重。

3) 订单处理

因为订单的快速处理缩短了订单周期，允许客户方有更低的安全存货，这一领域也变成了物流管理的核心问题。现存的沟通技术极大影响了处理一份订单的时间，互联网也在这方面大大提高了我们的能力。但是，时至今日在世界范围内提供有效的订单处理系统仍然是公司的一个大挑战。做到这一点就能转为竞争优势，顾客从这一系统中收获额外的好处，而使顾客满意意味着业务的成功。

Swisscom，瑞士最大的电信供应商，一直被不透明且低效率的订单处理系统所困扰，该系统要花费40天的时间来完成。公司安装了新的订单处理软件，将这一数字减少为10天不到。这不仅提高了员工和顾客的满意度排名，也加快了顾客的支付速度。

4）材料处理和仓库管理

在物流周期中，材料和产品必须存储起来，以备运动和运输。产品如何储存和移动是材料管理的主要问题。对国际运输来说，运输的技术和数量可能不同，要求公司对这些新环境调整国内政策。国外的仓库管理涉及处理不同的气候环境。较长的平均储存时间可能需要改变仓管操作。一般来说，国际运输和国内运输采用不同的运输模式。如果公司根据国外现行处理程序调整自己的运输方案，就可以节省大量的物流成本。

自动化仓库管理是对处理、储存和运输物品的较新概念。仓库通常与工厂毗邻，所有物品都自动储藏在大竹藏箱里面，有的甚至有12层楼那么高。所有物品的进出都由计算机系统控制。尽管自动化仓管需要大量的前期资本和技术，他们最终会极大减少仓管成本。

无线电频率辨别技术指的是可以放入托台、箱子或者单个物品的小型辨别芯片。该技术已经被沃尔玛、乐购（Tesco）、麦德龙（Metro）和许多其他公司用来加快材料的处理（产品从仓库到卡车到顾客仓库的过程）。比如，Kimberly－Clark 将箱子和托盘从德国工厂运输给麦德龙（Metro）、乐购（Tesco）和其他零售商。据预计，许多大型零售商的供应商都将被要求使用无线电辨别技术。

5）固定设备放置管理

对物流至关重要的是生产设备和仓库管理。为了服务全球客户，将总物流系统的效率最大化，可能要将生产设备安置到若干个国家。这通常需要在规模经济和节约物流成本中做出一个选择。

仓管设施的地点选择可能会极大影响公司收到或处理订单的响应能力。这也会支撑公司的售后政策，尤其是能否及时运输替换产品和零件的能力。在每个有业务的国家都设有仓库的公司会在运输上形成自然优势，但是这种系统会增加仓管成本，最可能的是增加世界范围整个系统库存所需的水平。

因此，跨国公司应该在满足顾客及时运输需求和减少总的物流成本之间寻求一个平衡。微软在柏林和爱尔兰设了一个独立的仓管和分销中心以服务整个欧洲。新的分销中心使公司能够有效服务整个欧洲市场，而不必在每个国家都设立仓库和存货。

## 2. 全球供应链管理

全球供应链管理一词越来越多地被用来囊括全球物流中许多相互关联的职责。全球供应链管理是形成有效全球供应链的必要的整体管理行为和决策。它的责任范围包括系统整合、业务过程管理、供应商和顾客关系管理。尽管全球供应链管理经常和全球物流互换使用，但是前者通常包括许多全球物流所不包含的部分，包括营销关系、产品开发和生产，以及供应链上的收益和商品的回流管理。它的目标是将不同国家间公司的供求管理衔接得天衣无缝。

全球供应链的管理无疑需要迎合不同公司和不同国家的特定需求。对美国和巴西之间供应链关系的调查显示，高语境的巴西人更喜欢私下接触，如亲自拜访和电话联系，而不是邮件联系。然而，对在北美、欧洲和太平洋盆地运营的公司的调查发现，有几个共同点对供应链的成功至关重要。运输可靠性和客服是最重要的,接下来是所含成本、运输弹性和运输速度。

全球供应链管理(global supply chain management):对形成有效全球供应链相当重要的整体管理行为和决策。

## 13.9 全球零售业趋势

随着经济和社会的发展,全球零售系统正在不断改变。设计全球分销战略的经理人不但要考虑当前零售状况,还要考虑未来预期零售系统状况(表13.2列出了商店类型——小型零售商、折扣店和超级市场——是如何随地区不同而不同的)。

表13.2 不同地区的零售店

| | 2003 年 | 2004 年 | 2005 年 | 2006 年 | 2007 年 | 2008 年 |
|---|---|---|---|---|---|---|
| 小型零售店 | | | | | | |
| 亚太地区 | 10 895 328 | 11 173 097 | 11 390 213 | 11 608 601 | 11 798 846 | 11 968 247 |
| 东欧 | 487 341 | 485 521 | 484 369 | 484 484 | 482 553 | 480 192 |
| 拉丁美洲 | 1 111 417 | 1 101 568 | 1 128 163 | 1 134 060 | 1 134 360 | 1 143 710 |
| 中东和非洲 | 822 276 | 819 109 | 804 469 | 796 502 | 790 980 | 797 051 |
| 北美 | 216 061 | 216 792 | 215 444 | 215 518 | 214 158 | 211 311 |
| 西欧 | 437 823 | 431 644 | 422 391 | 420 037 | 415 761 | 413 065 |
| 折扣店 | | | | | | |
| 亚太地区 | 673 | 1 176 | 1 488 | 1 743 | 1 944 | 2 166 |
| 东欧 | 4 165 | 4 799 | 6 196 | 7 587 | 8 941 | 10 020 |
| 拉丁美洲 | 3 262 | 12 716 | 25 310 | 26 974 | 27 152 | 28 607 |
| 中东和非洲 | 1 789 | 1 931 | 2 037 | 2 163 | 2 285 | 2 512 |
| 北美 | 3 116 | 3 173 | 3 256 | 3 174 | 3 262 | 3 300 |
| 西欧 | 34 400 | 35 491 | 37 049 | 39 224 | 41 413 | 43 710 |
| 超级市场 | | | | | | |
| 亚太地区 | 1 293 | 1 721 | 2 029 | 2 485 | 2 872 | 3 337 |
| 东欧 | 687 | 830 | 990 | 1 207 | 1 391 | 1 556 |
| 拉丁美洲 | 1 151 | 1 223 | 1 315 | 1 450 | 1 666 | 1 758 |
| 中东和非洲 | 270 | 289 | 342 | 341 | 379 | 431 |
| 北美 | 2 419 | 2 808 | 3 107 | 3 431 | 3 695 | 3 921 |
| 西欧 | 5 427 | 5 586 | 5 838 | 6 223 | 6 404 | 6 547 |

资料来源:Euro monitor.

## 1. 大型零售商

沃尔玛通过收购阿斯达（Asda）260 家分店而进入英国市场，为消费者提供较低的价格，同时推动了超市，甚至大型超市的增长。沃尔玛比英国其他零售店的增长都快，如今它正在增加拍照中心、珠宝中心、视觉中心和药店。

如今世界正朝更少、更大型的零售店方向发展。随着各国经济的发展，零售业务逐渐被更少、更大的商店所统治。这在日常零售方面尤其明显，世界各地小型零售商的数量已经下降或者保持不变，而大型折扣店和大型超市的数量增加了。三个因素促成了这一趋势：汽车所有者人数增加、拥有冰箱和冰柜的家庭数量增加、职业女性数量增加。25 年前，欧洲的家庭主妇在一天之内可能要逛 2～3 趟当地的商店，而随着交通运输量、冰箱容量、家庭现金流的增加和购物时间的减少，助长了乘车去超市购物的习气。因为零售商变得更大更老练，他们相对生产商和批发商的影响力也更大了。

宜家（IKEA），是斯堪的纳维亚的零售商，在欧洲、亚洲和美国都成功将顾客引进了200 000 平方英尺的商店内。宜家（IKEA）让顾客自己挑选、运输并组装价格范围较小的家具，该战略为顾客提供了较低的价格。顾客一旦进入店内，就会收到卷尺、产品图册、纸张和铅笔。该店同时提供保姆和免费的纸尿裤。每个分店还有提供斯堪的那维亚美食，如烟熏大马哈鱼和瑞典肉圆的餐馆。顾客还可以借用搁架将家具运送回家。宜家（IKEA）创造了一种有趣的购物体验，鼓励人们在购物的同时享受乐趣。每平方英尺的销售人员要比传统的家具店的多 3 倍，宜家（IKEA）在 37 个国家拥有 200 多家这种店面。

## 2. 小规模零售商重获商机

尽管大型零售店的数量正在增加，在许多市场上独立的店面仍然是并且在未来的一段时间里都将是主力。比如在拉丁美洲，小型家庭商店仍然占到店内销售总额的 60％。这一现象没有逃脱许多全球运营商的眼睛，他们最近重新将注意力集中到如何与这些小型零售商合作上来了。

宝洁就是这么一家公司。该公司对自己在发展中国家的销售百分比大失所望（只有26％，而高露洁达到了 40％），希望在未来几年增加 10 亿顾客，尤其是发展中国家的妇女顾客。他们计划通过将产品放到"光顾频率高的小店"——小的当地店面，通常是在人们家中运营的。宝洁公司估计在世界范围内有 2 000 万家这样的小店，目前只有 250 万家销售宝洁的产品。该公司在这些店里游说，企图获得上架机会。因为架上空间有限，通常每次只要一个上架空位，销售的产品也更倾向于独立使用的产品。宝洁公司甚至和中国政府签订协议，改善现存的零售店面，建立新店，并为 10 000 个村庄的当地居民提供零售培训。因为这一提议能够增加农村消费，刺激经济增长，中国政府也是大力支持。

对小型零售商的兴趣不仅仅出现在发展中国家。德国斯蒂尔（Stihl）拒绝在美国使用劳氏（Lowe's）或者家得宝（Home Depot）来销售颜色亮丽的橘黄色电动工具。该公司在广告中提出这么一个问题：是什么使得该款手动吹风机力量太过强大而无法在劳氏或者家得宝销售呢？答案是用小号字体标出的：在大型连锁店没有提供建议和服务的

8 000 个独立分销商的力量。大型零售商要求生产商提供较低价格以便传导给顾客。有些出口商认为,要在一个新市场上建立一个高档品牌的声誉,这并不是一个好的战略。

国际零售商宜家(IKEA)的总部在瑞典,但是它在世界各地都有分布。在沙特阿拉伯,该店不仅瞄准当地居民,还关注居住在该国的许多派遣劳工。它的网站是阿拉伯语和英语双语版的。

## 3. 国际零售商

国际零售商的数量正在上升。这些零售商大多数是源于发达工业国家,再传播到世界其他发达国家和发展中国家。这一潮流是由许多成熟国内市场的大型零售商发动的,与国外潜在机会相比,他们在国内几乎看不到增长的希望。最成功的跨国零售商有采用特许经营的,如麦当劳、肯德基,也有折扣零售商,如沃尔玛。

与其他跨国公司类似,寻求外国市场的零售商也面临着许多影响他们营销战略和业务运营的文化因素。比如,在中东,购物是许多阿拉伯妇女主要的消遣,她们中大多数都是家庭主妇。有些人一周到相同的商店好多次来寻找新的商品。试衣间很宽敞,家人和朋友也经常一起购物。服务要求极高,阿拉伯妇女喜欢人多的地方。了解这些文化需求通常能让当地零售商拥有超越外国竞争者的优势。

国际零售商通常也会面对独特的法规限制。德国当局强制沃尔玛提高许多产品的价格。该商店被指责以低于成本的价格出售日常用品，如牛奶、白糖和面粉等。这威胁到了中小型零售商，违反了德国的反托拉斯法。雅芳在中国的潜在女销售员必须参加笔试，参加有关中国最新销售法规的课程。尽管中国已经废除了之前有关直接营销的禁令，该行业还是法令重重。政府将销售佣金限定在 30%，销售代表只能通过销售产品来获取收益，而不是招收其他的销售代表。此外，在中国解放零售业后极短的时间内，政府又在阻碍外国零售商增长方面考虑新法规。提议的新法规中包含这么一条要求，大型零售商登记新分店的详细蓝图，针对他们对社区的影响召开听证会。

尽管进入外国市场充满挑战，但是零售业的国际化被许多因素推动着，诸如密集的数据交流、新形式的国际融资、政府进入门槛的降低。单一欧洲市场让欧洲零售商看到了许多国际零售商进入他们的国内市场，也激励着欧洲零售商向海外扩张。零售商被引至国际市场如中国和印度，这些市场通常能够比他们的本国市场提供更高的增长率。随着零售增长在成熟市场逐渐放缓，许多零售商在新兴市场寻求未来增长。表 13.3 列出了对国际营销者吸引力最大的 30 个新兴市场的排名。

**表 13.3　新兴市场的零售潜力**

| 国家 | 零售潜力排名 | 市场吸引力排名 | 时间压力排名 |
| --- | --- | --- | --- |
| 印度 | 1 | 21 | 2 |
| 俄罗斯 | 2 | 7 | 1 |
| 中国 | 3 | 14 | 5 |
| 阿联酋 | 4 | 2 | 29 |
| 沙特阿拉伯 | 5 | 13 | 13 |
| 越南 | 6 | 30 | 2 |
| 智利 | 7 | 7 | 20 |
| 巴西 | 8 | 6 | 23 |
| 斯洛文尼亚 | 9 | 3 | 20 |
| 马来西亚 | 10 | 12 | 10 |
| 阿尔及利亚 | 11 | 29 | 6 |
| 墨西哥 | 12 | 11 | 14 |
| 拉脱维亚 | 13 | 1 | 20 |
| 突尼斯 | 14 | 19 | 27 |
| 埃及 | 15 | 28 | 14 |
| 立陶宛 | 16 | 3 | 16 |
| 乌克兰 | 17 | 22 | 4 |

| 国家 | 零售潜力排名 | 市场吸引力排名 | 时间压力排名 |
|------|------------|--------------|------------|
| 秘鲁 | 18 | 22 | 12 |
| 摩洛哥 | 19 | 27 | 11 |
| 土耳其 | 20 | 7 | 18 |
| 保加利亚 | 21 | 16 | 8 |
| 印度尼西亚 | 22 | 18 | 16 |
| 罗马尼亚 | 23 | 16 | 7 |
| 克罗地亚 | 24 | 7 | 9 |
| 菲律宾 | 25 | 25 | 24 |
| 泰国 | 26 | 24 | 18 |
| 匈牙利 | 27 | 5 | 28 |
| 哥伦比亚 | 28 | 20 | 26 |
| 塞尔瓦多 | 29 | 25 | 30 |
| 阿根廷 | 30 | 14 | 24 |

资料来源：Selected data from 2009 Global Retail Development Index, A. T. Kearney, and author's caculations.

从整体上说，美国零售商比欧洲和日本的零售商进入外国市场的时间要晚。但是，沃尔玛进入第一个外国市场墨西哥时，其成功轰动一时。在首次进入墨西哥市场十年之后，沃尔玛就统治了该国的零售业。该美国零售商与西弗拉（Cifra）——墨西哥零售业领航人和折扣店先驱——联合投资。在联营早期，他们面临许多困难。关税抬高了从美国进口的商品的价格，沃尔玛在获取进口许可上撞到许多腐败官员。又因为道路系统较差，运输计划也靠不住。随着北美自由贸易区的成立，关税下跌了，文书取消了，道路建设改善了。沃尔玛直接从美国供应商处购买，并将订单纳入自己在得克萨斯州的拉雷多分销中心。从沃尔玛雇用的卡车第二天就能将产品运输到墨西哥分店。作为一个大批量买家，沃尔玛能够要求供应商以西班牙语贴标牌。最重要的是，它可以要求更低的价格。公司将这些节约下来的成本传递给消费者，提供传统小型零售商无法比肩的价格。

尽管在墨西哥市场获得了极大的成功，其他市场相对较难。当沃尔玛首次进入巴西市场时，并没有注意到大多数目标家庭只有一辆车，而且只在周末购物。超市的停车场和走廊无法容纳周末的顾客大潮。与供应商的关系非常紧张，因为在这个讲葡萄牙语的国家开会时却总是用英语。至此之后沃尔玛在当地市场改变了一贯作风，做了微小但是具有重大意义的运营变化，如增加食品销售的空间，只建造一个入口以免顾客混淆。

有时候国际零售商会决定放弃困难的市场。沃尔玛从德国和韩国市场撤出，家得宝从智利退出。尽管在国外有许多障碍，成功的国际零售商分为三种不同的类型：复制者、绩效管理者和二次创造者。

**世界脉搏 13.2**

## 撤 出 德 国

德国人有特殊的购物习性,他们与许多其他地方的购物者都不相同。对德国人来说,售货员站在门口跟他们打招呼或者帮他们挑选衣服都是具有冒犯性的,这些都被解读为激进型销售方法。因此,当沃尔玛用"美国人的热情"展开它的巨型超市时,立刻遭遇到了文化冲击。消费者们想要自己打包产品,不希望别人打断自己的购物。因此,像沃尔玛之类的公司,他们的成功部分是源于服务,但在德国就不得不改变方法。

德国市场为沃尔玛提供了8 400万美元高收入和99%有文化的消费者。这个市场也呈现出巨大的挑战。在德国,如阿尔迪(Aldi)等无装饰的折扣店已经存在数年,统治着整个市场。一个阿尔迪店面内只有700件物品,而沃尔玛大型超市内有150 000件。事实上,与阿尔迪相比,沃尔玛看起来太过奢华,店中所有物品都是放在盘子上给消费者挑选的。依据麦金森公司的数据,阿尔迪在德国的运营利润高达9.3%,使它们比沃尔玛更有效率,后者还在德国苦苦挣扎以获得利润。

为了建设店内运输,沃尔玛尝试了许多创新的点子。在德国91家店中,大多数店都会在星期五晚上赞助一个单身晚会。单身男女注册抽奖,将他们的信息登记在新闻板上,并得到一个供他们购物用的小碗。当他们在卖肉的柜台或者水果柜台相遇时,这个小碗就表明了他们随时可以搭讪。

最后,沃尔玛还是不能找到合适的营销组合以满足德国市场的特殊需求。公司选择了放弃,承受了8.63亿美元的损失。沃尔玛将自己在德国的资产卖给了麦德龙(Metro),一家德国的全球竞争者。

资料来源：Cecilie Rohwedder. Metro's Wal-Mart Deal Helps Boost Profit. *Wall Street Journal*, March 22, 2007, p. B4; Marcus Walker. House of Discards. *Wall Street Journal Europe*, October22, 2007, p. 30; David H. Hennessey, and Jean-Pierre Jeannet. "Culture Shock in Germany" in Kate Gillespie. *Global Marketing*. Houghton-Mifflin, New York, 2007; and Elizabeth Rigby and Gerrrit Wiesmann. Closing Time for Old Stores in Germany. *Financial Times*, June 10, 2009, p. 14.

**1）复制者**

诸如贝纳通(Benneton)、ZARA以及星巴克(Starbuck)等复制者开发出一款简单的零售模型,辨别该模型能运作的市场,然后一成不变地将模型出口。即使对零售形式和销售的产品做了较小的改进以适应当地市场,这一战略能够以标准化的操作进行快速国际扩张,还可获取规模经济效应。国内和国外业务都可以达到全球集中化(或者至少可以达到区域集中化),使全球品牌的营销和管理更易协调。

**2）绩效管理者**

绩效管理者,如阿霍德(Ahold)和翠鸟航空公司(Kingfisher)通过收购现存零售商并开发成独立个体进行全球扩张。这些国际零售商以他们在公司融资、收购后管理和管理系统上的经验为所收购的公司增加价值。收购是进入外国市场的捷径,但是对所收购的公司输出经验和升级是一件很费时的工作。但是一旦经验输出之后,绩效管理者就会撤销当地管理的自主权。

3）二次创造者

二次创造者,诸如家乐福(Carrefour)和乐购(Tesco)采用标准的末端系统和程序,但是为每个国外市场创造一个量身定做的零售形式。比如,乐购在伦敦的超市就和曼谷或者华沙的超市差异很大。但是,一项最近的调查发现,零售业物流的竞争力是迁移到海外的大型零售商成功与否的主要决定因素。这种竞争力使零售商能够削减成本、缩短采购时间,并对顾客需求快速做出反应。

每个国家市场都是二次创造者的潜在市场。但是了解并适应不同市场需要时间,会减缓他们国际化的进程。在中央控制和当地分权之间找到最好的平衡点也是充满挑战的。

## 4. 直接营销

尽管美国是直接营销的全球领航者,这个市场在其他地方也正在增长。如前面提到的,复杂而层次繁多的日本分销系统刺激有些外国公司和当地公司直接走向消费者。日本直接营销的增长由许多地理和技术因素支撑。职业女性从 50%～75% 这一显著增长导致了购物时间的减少。免费电话和电信的引入也使得家庭购物更为便捷。

玫琳凯在中国市场做广告。直接营销者经常发现发展中国家是富有吸引力的市场。

直接营销在新兴市场也显示出其作用,但是同时也面临着许多挑战。在有些国家,如俄罗斯,直接营销被当作是负面的、扭曲的西方商业概念之一。贝塔斯曼(Bertelsmann),德国一家媒体公司,当看到印度最大的 23 个城市中的试运图书俱乐部只产生 297 000 个潜在会员时——这一市场机会不免太小——该公司中断了印度图书俱乐部的项目。大多数发展中国家有关运输和电信的基础设施建设也落后于发达国家市场。电话营销被电话的缺乏所阻挡。举个例子,只有 1/10 的巴西人拥有电话。但是,巴西是一个大市场,在直接营销上居于其余拉丁美洲国家前列。巴西城市居民每月平均收到 10 封直接营销邮件。

直接营销公司诸如安利(Amway)、雅芳(Avon)和玫琳凯(Mary Kay)在许多新兴市场上都获得了极大的成功。对雅芳来说,巴西是在销量上仅次于美国的第二大市场。这些公司的成功大部分归功于招纳独立销售人员来推广产品。许多发展中国家居民认为这是一个补偿可怜的收入的机会。此外,直接营销也迎合集体主义文化,人们通常将业务和私人关系混合在一起。许多巴西顾客承认,他们从熟人那里购买产品会比在专柜购买支付得更多。因此,许多当地克隆公司出现并蓬勃发展。巴西自己的悦碧绝(Natura Bissé)被认作比雅芳更高级的产品,其增长引发了一时轰动。

## 5. 网上零售

互联网为零售商和生产商销售产品开启了一个全新的渠道。美国的网上零售商,如亚马逊(Amazon)已经扩张到国外,在英国和德国都有独特的"分店"。但是,大多数的网上零售都是穿越国界的,消费者只要拥有合法网址就可以进入任何一家网上商店。

在世界上有些地方,电子商务的采用率已经达到了近 100%。最积极的网络顾客来自韩国,有 99% 的网络使用者在网上购物。其他国家并没有如此狂热的购物者。在拉丁美洲,由于大众间信用卡的使用有限,网上销售受到极大限制。但是,按预计信用卡在拉丁美洲的使用将以 20% 的年增长率发展,在未来必能缓解这一限制。当公司试图在国外进行电子销售时,必须考虑他们的产品在生命周期中位于哪一点。当戴尔得知,有超过 9 000 万的中国人可以使用网络时,就迫不及待地在中国实施美国的电子普及战略,而没有进行什么改变。这一战略在中国消费者之间并不受欢迎,因为他们通常是首次购买私人电脑,并不愿意进行盲目地大采购。意识到自己的错误估计,戴尔与国美,中国最大的电器零售商签订了协议,通过实体店来销售自己的计算机。

在有些情况下,过去和现在的世界会通过互联网相互冲击。新的网站正在销售发展中国家的传统能人巧匠制作的家具、饰品和玩具。互联网通过提供艺人直接进入国际市场的渠道,有潜力改善亚洲和美洲贫困家庭的生活。特殊的成功故事如喜马拉雅艺人在 Worldtomarket.com 的网站上销售的手工制作的铜罐铜壶,而这之前被认作一个正在消亡的艺术。在世界的另一个角落,乌干达妇女通过制作闪亮的珠宝卖到生活之珠公司(一家科罗拉多公司),赚取的是他们国家人均收入的 4 倍。

网上销售需要大量相关人群。正如许多电子商务主管所知,网上零售业依赖一个坚实的完成系统将预定的产品迅速送到消费者手中。当这些发生在不同国家之间时,还可能存在关税问题,会减慢运输系统的速度。许多外国市场并不为小型网上零售商提供可使用的可靠运输中心。但是,趋势正明显朝着解决这一问题的方向发展。一旦这个问题解决了,更多消费者会进入坐落在遥远地方的网上商店,将每个网上营销者转变成国际零售商。

# 13.10　走　私

走私最近成为许多国际营销者的大挑战。印度海关认为进入印度支持黑市经济的黄金、白银和耐用消费品走私价值达到国内生产总值的 20％。在一年之内,约有一半在巴西销售的计算机是走私计算机。时至今日,在世界范围销售的香烟中,走私烟估计占到1/3。

走私是非法将产品运过国界,可能包括非法产品诸如非法药物和武器的分销,也可能包括合法销售和使用的产品的非法运输,如计算机、化妆品和 VCD。在贸易自由化之前,走私到墨西哥的产品中最常见的就是电子消费品、食物、酒水、衣服、汽车和汽车零件、玩具和游戏。这里我们关注的是合法产品的走私。

走私在发展中国家和苏联转型期最盛行。它是作为长期以来对进口产品的高关税和低配额的产物。比如,在墨西哥一张走私的光盘只卖 200 美元,而合法进口的光盘要卖600 美元。随着新兴市场向贸易自由化发展,我们相信随着关税和配额的减少,走私也会逐渐走向凋零。

尽管走私在有些国家已经下降了,但是从来没有被根除。这一现象有若干原因。首先,贸易自由化并不是统一和完全的。许多国家许多产品的关税水平仍然推动着走私。除了保护当地工业这个原因外,政府可能还会限制产品的流入。比如,当澳大利亚和新西兰 40 个养牛场被指控没有按照伊斯兰教律法屠宰时,马来西亚政府禁止了来自这些国家的牛肉副产品。此外,关税并不是走私者们唯一可以避过的税收。他们还可以逃过销售税和增值税。如果走私者变成合法的进口商,他们必须向海关申报。这使得政府能够辨别并向他们收取收入税。因此,关税的下降减少了走私者们之前享受到的成本优势,但是也并没有完全根除它。最后,因为许多国家在海关加强监督,以禁止并抓住进入该国的仿冒者,仿冒者们越来越多地转向了走私。仅在一个案子中,美国政府破获了仿冒耐克鞋的走私团体,抓获了价值 1 600 万美元的走私品。

多年来,国际营销者们一直将走私当作良性甚至是积极的现象。在有些情况下,走私者将产品运输到其他方法无法进入的市场。而在另外的情况下,走私者以相对较低的价格将产品运输给消费者,促进了更大的销售量和市场增长。在任意一种情况下,通过走私产品都能获得更大的销售额,跨国公司都是坐享其成的。

最近,对大型国际卷烟公司记录的分析显示,这些公司的许多主管都知道某些国际分销商卷入大规模走私运动,甚至以某些方式帮助他们。英美烟草公司的三个经理人被投诉或者确定犯了走私罪。欧洲和发展中国家里有数个国家发动了针对香烟公司的上诉,以收回因走私而流失的税收,虽然这些案件有很多都被司法机关撤诉了,但是国际香烟行业的行为让政府更加怀疑其他声称没有参与走私的跨国公司。

然而,政府有时候对走私呈现模糊的态度。在波兰加入欧盟前,波兰消费的 25％的酒水和15％的香烟都是从俄罗斯、白俄罗斯以及乌克兰走私进来的。但是,资金和代理人的缺乏阻挠了波兰国界上的巡逻,海关官员通常对走私品睁一只眼闭一只眼。如果抓住俄罗斯走私者,海关人员仅仅是将他们遣送回国。波兰政府也意识到,在失业率达到35％的东部国界区,走私为许多人提供了生存之道。但是当波兰加入欧盟后,布鲁塞尔担心欧盟会充斥从波兰进来的走私品,决定关闭走私品交易。欧盟坚持对走私者实行罚款,敲碎走私者的车辆并撤销波兰人的签证。此外,欧盟拨款以保证波兰海关拥有最先进的侦探仪器,如一流的X光探测器。

此外,走私的黑暗一面也变得明显了。在过去十年中,走私伴随着传统组织犯罪的路径发展。走私也变得越来越集中化和暴力化。随着利润逐渐被贸易自由化榨干,走私者想方设法来保护他们的成本优势,如仿冒他们之前购买的产品。有些运输消费品到发展中国家的走私者与毒品集团合作以榨取金钱。这一现象使有些公司,如惠普、福特、通用汽车、索尼、威斯汀、惠尔浦和通用电气等被美国通用律师事务所邀请去回答有关产品分销如何涉及毒品交易的问题。在未来,东道国政府和本国政府可能要求跨国公司采取更多的防范,以保证他们的产品不是通过这些非法渠道销售的。

走私(smuggling):非法将产品运过国界。

# 总　　结

一个公司要想在全球市场上获得成功,必须在市场上获得买家的接纳和分销渠道的准入。为了进入市场,公司必须选择最合适的渠道成员,时刻牢记不同国家批发水平和零售水平都存在极大差异。各国在分销方面差异存在主要差异。当地习俗和文化、法规限制和基础设施建设都会影响在一个新的国家分销产品的成功。合适的分销策略要考虑到当地市场的买入和购物习惯。公司应该考虑到在不同市场采用不同的分销密度、渠道结盟和渠道长度。物流系统必须反映当地市场状况和长距离运输产品的内在困难。找到乐意合作而又合适的渠道伙伴可能相当困难。可能只有通过和已经进入当地市场的渠道成员或者当地公司形成特殊联盟,才能进入当地市场。一旦设计好分销系统,仍然需要激发和控制参与者以保证公司营销战略被适当执行。政府可能越来越多地问责公司是否走私产品,促使营销们更好地控制自己的渠道。

网上零售业正发生重大的技术革命,使用互联网的消费者也逐渐扩散。这些趋势很可能会重塑全球分销系统和公司接触世界各地市场的方式。互联网的使用使公司或者家庭消费者更容易接触外国供应商。随着新的世界经济逐渐适应互联网的挑战,这些都会对全球营销者产生深远影响,需要慎重考虑。

# 问 题 讨 论

1. 你接受了一个任务:在马来西亚挑选一个分销商来经营你公司的汽车电池。你将会使用什么标准在12个可能的分销商中选择?

2. 你公司在南美的代理和分销商的业绩在过去三年都不理想。列出可以改善这些代理和分销商管理绩效的可能方法。

3. 在全球零售趋势下,一个世界级女装生产商可以考虑什么分销战略?

4. 你公司刚刚进入波兰瓶装水市场。主要分销商已经被瓶装水竞争者所获取。你可以使用什么战略进入这个市场?

5. 从生产商的观点比较并对比平行进口(第 12 章)和走私所带来的问题。如果政府从平行进口加强对国际营销者的限制,这些营销者是否对走私负责? 解释你的思路。

# 第 14 章

# 全球推广策略

章节提纲

**14.1 全球推广策略**

推式战略与拉式战略

**14.2 个人销售**

1. 国际销售（多国销售人员）

2. 国际买卖协商

3. 当地销售（单个国家的销售人员）

**14.3 全球客户管理**

实施成功的全球客户项目

**14.4 向政府和企业销售**

1. 国际贸易展销会

2. 投标销售

3. 集团销售

**14.5 其他推广方式**

1. 促销活动

2. 体育赞助

3. 电话营销、针对性邮寄和广告邮件

4. 产品置放

5. 口碑管理

**14.6 公共关系**

**总结**

**问题讨论**

学习目标

学完本章，应该掌握：

- 列出决定一个公司在不同国家市场使用推式或者拉式战略的能力的主要因素；

- 对比使用国际营销人员和当地营销人员对国际营销者的好处；

- 描述不同购买行为、购买标准、语言和协商风格对国际销售的影响；

- 解释全球客户管理的重要性；

- 描述全球营销者应该如何成功利用国际贸易展销会和管理国际竞标过程；

- 列出推广活动在各种文化之间不同的例子，并提出这些差异的原因；

- 指出最近促销活动、体育赞助、电话营销、产品放置及口碑管理的趋势；

- 给出公共关系灾难的例子，提出公司可以传达善意的方式。

每一年,民用航空业的巨头都会在巴黎飞行秀上露面。美国的波音公司和欧洲的空客工业公司不仅想要获取销售量,还想抓住潜在客户的心思。公司代表与大客户会面并讨论当前产品,建立可以最终促成这些大票物件销售的要点。但是仅推广当前产品是不够的。巴黎飞行秀是展示新点子,呈现公司对未来飞行的构想的时间。这构想和实际产品都有助于建立公司形象。在这个全球化行业中,公司形象是非常重要的。公司能够兑现它对速度、经济舱的舒适度和创新点的诺言吗?民用飞机的国际营销者必须向潜在客户传递该答案:能。

全球推广战略包括公司的营销沟通,涉及个人销售、降价推广、公共关系和广告。管理单个市场的沟通过程并非易事。对于全球营销者来说,他们必须与许多国家市场的潜在客户进行沟通,这个任务就更加困难了。在这个过程中,他们必须与不同的文化、习俗和语言奋斗。

我们在这一章的开始部分观察推拉战略的跨文化内涵。接着考察国际水平和当地水平上形成个人销售的挑战,讨论不同销售实践以及销售人员的吸收和补充。其他涉及公司对公司或者政府的推广问题在下一部分进行讨论。接着再探索全球推广的其他方面,如降价促销、体育赞助、邮件促销、产品放置、口头传播以及公众关系等。

广告,推广组合的另外一个关键因素,将在第15章中详细介绍。

# 14.1　全球推广策略

对许多公司来说,如何管理全球性推广战略是一个至关重要的问题。有些公司以某种方式经营,当它们进行国际化时也没有重新考虑它们的推广决策。但是,许多公司发现它们所在的国家或者情形需要对推广组合进行调整或者大幅改变。本章和下一章都将分析不同的国际环境如何影响推广组合决策的。

## 推式战略与拉式战略

拉式战略的特点是较多依赖推广,包括促销和广告,针对的是一种产品或者服务的最终买家或者使用者。拉式战略一般是由消费品公司采用的,针对的是广大消费者。推荐使用拉式战略的情况有:产品被消费者广泛使用,渠道很长,产品不是很复杂,自助服务是主导购物行为。全球营销者是否应该增加拉式战略由许多因素决定,其中最重要的是能否获取广告媒体、渠道长度以及公司拥有分销渠道所包含的杠杆水平。

习惯于媒体唾手可得的营销者们可能会发现海外市场的选择非常有限。对许多产品来说,极度依赖广告的拉式战略只有在可获取电子媒体的情况下才有效,尤其是必须有电视。在其他有些国家,进入这些媒体受到政府强制的时间限定。因此,当公司从一个法规宽松的环境转移到一个法规严谨的环境中去时,会发现它们很难复制自己的推广战略。

渠道长度是拉式战略可行性的另外一个主要的决定因素。消费者市场内的公司通常面临较长的渠道。因此,它们试图将推广活动直接瞄准终端使用者来克服渠道惰性。当一个公司在国外营销时,因为当地分销安排不同,公司可能面临更长的分销渠道。日本就是一个典型的例子,那里的分销渠道比美国的要长很多。因此,更多地依赖拉式战略可能是明智而且必须的。

对不同的公司来说，不同市场的分销杠杆也是不同的。与当地销售点的合作，尤其是在零售部门，可能会比国内市场困难很多。货架空间之战可能非常激烈，大多数市场的货架空间都是有限的。在这些竞争性更强的情况下，依赖拉式战略显得更重要了。如果消费者对公司产品有需求，零售商应该尽一切努力来满足。

与拉式战略相反，推式战略关注一个产品的分销商，而不是终端使用者或是最终买家。给批发商或者零售商提供激励来运营或者推广一个产品。当公司无法进入广告媒体使得拉式战略无法奏效时，可以采用推式战略。如果公司把一个拉式战略从本国市场转移出去的能力有限，会对外国市场的公司绩效造成影响。广告量的减少会放缓新市场上的产品接受过程，迫使公司接受更缓慢的增长。在竞争者遍地的市场中，如果拉式战略的平台受阻，新来者会很难打出名号。

因此，进入新市场的公司要在自己制订的计划中考虑这些情况，并依此调整自己的预期结果。一个习惯于使用某种给定形式的沟通组合的公司通常会在频繁使用的方法中形成专业能力或者独特的竞争力。当公司突然间面临竞争力无法完全应用的情景时，失败或者达不到目标的风险就成倍上升。这些限制甚至会影响进入战略和市场选择过程。

拉式战略（pull strategy）：针对产品或服务最终买家或者终端使用者的推广战略。

推式战略（push strategy）：针对产品分销商的推广战略。

---

**世界脉搏 14.1**

## 印度节日引来了营销者

印度的排灯节总是与糖果联系在一起。在印度，诸如 Cadbury、PepsiCo 和 Pantaloon 等公司为该节日设立了特殊的推广活动，包括特别的礼物包和专为节日设计的广告活动。在大不列颠，Patak 等印度公司会针对该国少数印度人赞助游行和音乐会。

印度有许多年度节日，为全球和当地营销商提供了推广产品的机会。12 年一次的空巴梅拉节（Kumbh Mela）却在这个日渐重要的印度市场上引发了可口可乐和百事可乐大战。该印度节日吸引了 3 000 万名参与者赶到恒河（Ganges）和亚穆纳（Yamuna）河的交汇处进行宗教洗礼活动。许多参与者都来自贫困的乡村和小城镇，10 亿的印度人中有 80% 居住在那里。这些潜在客户中许多都是大多数现代媒体所无法触及的。在这个节日中，让他们尝试一个新产品可以成为潜在无限的口头广告之始。在最近的印度空巴梅拉节日中，百事可乐在印度的分公司除了自己拥有的 20 个独家分销商之外，还与国家旅游局联合起来。而它的竞争对手可口可乐在 115 个摊位上销售。可口可乐有 15 000 张海报和广告牌、彩旗以及绘着红色标志的警察站岗亭。

有些印度人批评古代宗教传统的商业化，尤其憎恶国际营销者所扮演的角色。许多印度民族分子将外国产品当作是经济帝国主义行为。但是，这些节日的宣传显得非常成功。在许多宗教节日中，汽车销售量也会上升。在这些时候购买昂贵的物品被认作是吉祥的，汽车经销商为了进一步促进这一信念，提供非常有吸引力的购物计划。对于空巴梅拉节来说,一个农村与会者在三天之内喝下第五瓶百事可乐之后,说出了该公司想听的话——我喜欢。

资料来源:From Rasul Bailay. A Hindu Festival Attracts the Faithful and U. S. Marketers. *Wall Street Journal*, February 12,2001; Ashok Bhattacharjee. Indian Car Buyers Pause for Breath. *Bloomberg News*, December 14,2005; Big Brands Make a Splash as Sweet Prices Soar. *Press Trust of India Limited*, November 7,2007; and Rasual Bailay and Livemint. Pantaloon to Launch Its Own Chocolate Brand, June 10,2008.

# 14.2 个人销售

当顾客与营销公司的代表亲自见面时,个人销售就发生了。在全球范围做业务时,公司必须与来自不同国家的人见面。这些人通常习惯于不同的商业风俗,会讲不同国家的语言。这就是为什么个人销售非常复杂,而且要求销售人员具备非常特殊的技能。

产品的复杂度通常会影响个人销售使用的广度。复杂水平要与顾客对产品的知识相比较。公司在国内外销售相同的产品,如果外国顾客没有国内顾客那么老练,公司可能发现在外国需要更多的个人销售。一家美国公司在欧洲使用与在美国相同的个人销售,而在发展中国家,如果产品对市场来说是全新的,公司就可能需要投入更多的个人销售。

尽管个人销售是一个非常有效的推广手段,但是需要大量的销售人员,成本会很高。各国之间成本也有差异。在美国,典型的电话销售估计成本要超过 300 美元。这促使有些公司转向其他形式的推广手段。戴尔计算机公司认为在巴西的电话销售成本太高,所以选择了将产品图册发给潜在小公司客户的方式。该公司花了一年多时间将这些名字和地址集合在一起,因为这些在巴西都没有现成的。但是,这种邮寄方式最终获得了成功。

在这一部分,我们要区分国际销售和当地销售的差别。当一个公司的销售人员跨越国界,直接与国外客户见面时,就是国际销售。这种类型的销售需要能够处理不同文化的特殊技能。但是在更多的情况下,公司会采用当地销售法:它们组织并雇用由当地居民组成的销售人员在该国内进行销售。与管理多国销售人员相比,管理本地销售人员会有许多不同的问题出现。

个人销售(personal selling):潜在买家与销售人员之间的沟通,目的是了解买者需求,用供应商的产品或者服务迎合这些需求,最终达成销售目的的行为。

国际销售(international selling):穿越国界,使用派遣到不同国家的销售人员的销售方式。

当地销售(local selling):针对单个国家的销售方式。

## 1. 国际销售(多国销售人员)

国际销售人员的工作看起来光鲜亮丽。我们可以想象这么一个人,频繁地到国外出差,游历许多国家,与不同背景的商人会谈。但是,这种工作非常累人,需要一系列特殊技能。

只有当公司直接与国外客户打交道时才需要国际销售人员。这种情况通常出现在工业设备或者商业服务上，而很少在消费品或者服务上出现。因此，针对我们的目标，国际销售人员将在公司对公司销售的背景下讨论。

1）采购行为

在公司对公司的销售中，其中一个最重要的部分就是辨别客户公司的采购部门。采购部门包括所有对采购决策产生影响的人员。卖家必须找到实际决策制定者并且与之接触，这些决策制定者在不同公司和不同国家之间拥有不同的职位。在不同国家中，采购经理可能有不同的责任，工程师的角色可大可小。在许多亚洲和拉丁美洲公司，采购决策更加集权化，通常是由公司所有者做出最后的购买决定。与最高管理层接触可能并不容易，也可能需要时间。即使是在欧洲，首个销售电话和真正购买的时间可能要比美国长50%。在日本，销售时间可能更长，因为日本人强调要在采购部门获得一致通过。采购部门的成员想要探索并讨论其他的选择，同时要在内部达到团结和均权的目的。

2）购买标准

除了不同的采购模式，国际销售人员可能还要处理采购方不同的决策标准或目标。不同国家工业产品的买家或者使用者可能期望将不同的目标最大化。比如，希悦尔空运（Sealed Air）就无法说服中国台湾公司购买更昂贵的包装系统来保护运输期间的产品，即使这些系统经过事实证明是能够有效防范破裂的。不像其他市场上的买家，中国台湾生产商几乎只集中于包装的采购价格。

3）语言

克服语言障碍对国际销售人员来说是一个尤其困难的问题。在第 3 章中，我们已经讨论过和文化与语言相关、能够影响整个国际营销尤其是个人销售的几个问题。不同社会使用不同形式的称呼，使用或者不用某种体态语言，对于表达感情的合适度也大有差异。有些社会是低语境文化，词语的含义非常明确。而有些社会不仅是高语境文化，单词的含义不明确，而且会随讲话人、讲话时间和讲话地点的不同而不同。对于非本地人来说，流利使用高语境文化的语言是非常困难的。

当然，如果销售人员能够讲顾客的语言，个人销售的结果就会明显加强，但是对许多行业来说，今天对当地语言的依赖已经没有十几年前或者二十几年前那么强烈了。对于许多新的复杂的产品，如电子和航空行业，英语是大多数顾客所使用的语言。结果就是，随着许多国家越来越多的管理人员都开始讲英语，许多公司都可以不用当地中间商而直接营销它们的产品。

英语在欧洲广泛使用，它也是亚洲和拉丁美洲主要的第二语言。因此，精通多门外语的能力也没有那么必要了。但是，学习一门外语是了解一种外国文化最好的方法，语言的精通仍然对销售有积极影响。当地顾客通常更加喜欢会讲他们语言的销售代表，这意味着公司对市场的忠诚，对当地人和当地文化的欣赏。

在有些行业，当地语言知识比较重要，公司倾向于用语言技能为基础将销售区域划分给销售人员。一个欧洲跨国纺织器材生产商根据销售人员所讲的语言分配国家，这在传统行业，如纺织品生产行业，比较重要，因为这些业务更具有当地方向，管理人员可能不熟悉英语。

即使是英语讲得很好的主管人员可能也无法了解产品描述或者规格的详细内容。因此,公司可以通过将销售簿册翻译成几种重要语言,给人留下深刻印象。欧洲公司习惯于以若干种语言生产公司出版物。在斯堪的纳维亚可能并不需要将英语翻译过来,因为一般人都能讲英语。但是,在世界其他英语水平不高的地方,这些翻译工作就是值得的。

4)商业礼仪

与很多市场打交道的全球营销者从一个国家流动到另外一个国家时,很可能会遇到许多种商业实践。因为人与人之间的行为是与文化紧密相关的,销售人员这部分的工作会随国家不同而不同。在如何定下约会、如何(或者是否需要)做介绍、约会时需要提前多少时间都存在许多差异。虽然在中国内地、印度和印度尼西亚拜访者是可以迟到的,但是在中国香港,迟到是不被认可的。迟到会使来访者"丢面子",在中国香港商人看来是极其严重的问题。在瑞士,准时到达非常重要,如果销售人员在约会前10分钟或者15分钟内到达,会给客户留下良好的印象。

销售人员也要知道,对方是否期望或者想要礼物。在大多数中国文化中,送礼被看作是卖方真心想要与客户建立或者维系关系的标志。交换商业礼物在中国台湾很普遍,但是在沙特阿拉伯就没有那么常见。在瑞士,最好等到销售达成之后才给客户提供一份礼物。即使是到了那个时候,礼物也不应该太贵重,不然会被当作是贿赂,具有冒犯性。简而言之,在有些国家允许或者期望的行为但在其他国家可能是个禁忌。

没有一个经理人能够知道每个国家的商业习俗,因此必须从特殊渠道获取重要信息。一个公司自己的国外市场代表或者销售子公司可以提供关键信息或者建议。此外,政府也可以通过设在国外的商业部官员收集商业实践数据。有些商业服务公司,如全球会计公司或者全球银行,也为消费者提供外国商业实践的资料。

接待来自美国或者其他国家的外国商人很少期望国外来访者熟悉所有的当地风俗。但是,如果来访者对最常见的习俗很熟悉,也愿意遵守这些习俗,会让接待者心生好感。学习一些外国习俗能够引发对公司的好感,增加销售成功的机会。

## 2. 国际买卖协商

达成销售是大多数销售人员的终极目标。正如我们在第5章中提到的,协商可以在销售中起到一个很重要的作用,尤其是对公司和政府来说。销售条款——价格、运输条款和融资选择——都是可以协商的。在全球舞台上的协商是复杂的,因为协商伙伴通常来自不同的文化背景。结果就是,他们之间可能会有错误的理解或者错误的判断。为了在这些困难而又漫长的协商中将效用最大化,国际销售人员必须熟悉文化差异。对外国现行文化常规仔细做好准备是成功协商和销售的起点。

比如,买卖协商花费的时间因国而异。在有些国家,如中国,协商要比在美国和其他西欧国家花费更长的时间。一个在中国设立联营公司的欧洲公司发现,在一次协商中,其他地方只需要几个小时的讨论在中国花了两个星期。在这种情况下,大多数时间都花在中国人自己部门之间的协商,而不是与欧洲公司面对面的谈判。但是,在巴基斯坦,许多国际买卖协商都发生在卖家与客户的CEO,或者包含CEO的团队之间发生。因为权力的集中化,决策也相对较快。

另外一个文化间的差异是他们对最终协商的合同的态度。美国的经理人喜欢"将所有都写入合同"。合同通常要清楚列出许多意外事件，注明当这些事件发生时双方的立场。美国人认为如果这些都提前制定出来了，双方关系就会进行得更顺利。其他文化认为这种对明确书面合同的坚持是缺乏弹性，甚至是美国人缺乏信任的表现。在巴西，即使是书面合同也可能是不固定的，而是可以进行再协商的。在任何情况下，了解盛行文化态度是成功达成最后销售的必要条件。

但是，一份最近的调查显示，不应该过度强调这种对合同的文化差异。该调查发现，来自关系导向国家的商人，如墨西哥人和土耳其人，事实上更喜欢书面合同，而美国人更赞成允许形成良好合作关系的宽松的合同。这一明显的文化汇合可能是日益增长的全球营销的结果。

全球买卖协商需要文化敏感性。买家和卖家都日渐展示出更大的跨文化理解能力。

## 3. 当地销售（单个国家的销售人员）

如果一个公司能在它经营的国家获得当地销售人员，那么缝合与当地顾客间文化代沟的许多困难都可以被放小。当地销售人员一般了解的当地习俗，全球公司也能在该市场上获得更高的接受度。这主要是因为当地的销售人员通常是由当地国民组成的。但是，这仍然有许多挑战，管理当地销售人员往往需要与管理本国国内销售人员实行不同的战略。

1）当地销售人员的角色

对大规模使用分销销售人员的公司来说，使用责任有限的出差型销售人员可能就足够了。出差型销售人员集中于和当地分销人员一起拜访客户。它的目标是推广产品，而不是分销产品或者达成买卖。如果全球公司的销售人员需要做完整个工作，可能需要更多的人手。当地销售人员的规模很大程度上取决于客户数量和所需拜访的频率。这一频率在国与国之间各不相同，意味着销售人员的规模也会因此改变。

控制一个公司的销售活动通常被引为运营公司所有的当地销售人员的优势。通过自己的销售人员,公司可以在任何时间突出自己想要营销的产品,可以更好地控制它所代表的渠道。在许多情况下,以打折或者回扣形式的价格协商是统一处理的,而不是将这些决策权交给分销商,让他们拥有不同的收益。拥有公司自己的销售人员能够保证他们具有必要的培训和资格。控制所有这些参数通常意味着比分销者拥有更高的销售量。

此外,当地销售人员代表是与当地商业团体之间重要的桥梁。对有些行业,购买行为是当地性的而不是全球性的,销售人员讲的是当地顾客的语言。我们可以预期他们了解当地商业习惯,使国际公司能够更贴近终端使用者。在许多案例中,即使当地消费者并不反对从一家外国公司购买,他们仍然更喜欢与该公司的当地代表打交道。

当地销售人员的角色要与每个市场的推广组合相一致。正如许多公司知道的,可以使用广告和其他形式的推广手段使得销售人员的作用更有效。在许多消费品行业,公司更喜欢拉式战略,将它们的推广预算集中到最终消费者上。在这些情况下,销售人员的作用受到分销准入的限制。但是,如我们在前面所述,有些国家严格限制媒体准入。结果就是,公司可能会更强调推式战略,严重依赖当地销售人员。这会影响销售人员的角色和规模。

此外,文化差异会影响当地销售人员在吸引新客户和保留老客户上所分配的时间。一份比较拉丁美洲和美国买家——卖家关系的调查总结出,拉丁美洲的买家对当前的供应商更忠诚,也更愿意容忍问题。在这种市场上,销售人员将需要花费更多的时间和努力将新的消费者从他们当前的供应商那里吸引过来。

出差型销售人员(missionary sales force):推广一个公司,或者公司产品或服务,但并不达成买卖的销售人员。

2)外国销售实践

尽管世界各地都有销售人员,他们与当地消费者的互动在每个市场上都是独特的,会影响到当地的销售活动。对大多数西方人来说,日本的销售实践尤其特殊。这里有一个由东京一家管理咨询和招聘公司——康桥公司的总裁 Masaaki Imai 报道的例子。

当博士伦首次将当时的新款软镜片引入日本时,该公司瞄准了每个销售区域有影响力的眼科医生。该公司猜想,要是这些带头实践者签下了新产品,向广大眼科医生营销就会容易许多。但是,一个重要消费者迅速驳回了一个销售人员。这名医生说,他对博士伦眼镜的评价很高,但是更喜欢为他的顾客提供常规镜片。该销售人员甚至没有机会做出反应,因为这是他第一次来到这个诊所,便决定在附近等一会儿。他与诊所中的一些助手和医生的妻子聊了会儿天,而后者是管理该诊所的行政工作的。

第二天,销售人员再次来到诊所,发现医生很忙。他又和医生的助手和妻子聊上了,当医生的妻子做饭时,他还跟她一起谈论食物。当这对夫妻的小儿子从幼儿园归来时,这位销售人员和孩子一起玩并出去为孩子买了个玩具。医生的妻子对这位好心的保姆很满意。她后来向销售人员解释,她丈夫在白天基本没有时间听取任何销售人员的言论,所以她邀请这位销售人员晚上到他们家里去。这位医生明显受他妻子影响,热情接待了这位销售人员,他们一起享用了鲑鱼生鱼片。该医生耐心听取了销售人员的陈述,回答说他并不想立刻在他的病人身上使用软镜片。但是,他建议销售人员第二天在助手身上试试。

因此，在第三天，销售人员回到诊所，为诊所里的几个助手配上了软镜片。收获的反响非常好，医生终于下了订单。

日本消费者通常通过他们收到的拜访频率来评判公司是否真的想做成业务。销售人员如果比他的竞争者更加频繁地拜访一个潜在客户，人们会认为他更加真诚。这意味着在日本经营的公司要经常拜访他们的重要消费者，即使只是为了礼节性原因。尽管这些接触可以是偶尔的一个电话，经常性拜访会极大影响公司销售人员的配备水平。

3）销售人员的招收

公司经常发现，在许多全球市场上招收销售专业人员非常具有挑战性。即使是在发达国家，合格销售人员的获得仍然是个问题，在发展中国家，技术人员的缺乏就更严重了。全球公司习惯于雇用某种标准资格的销售人员，可能会发现在短时间内找到合格的销售人员非常困难。影响他们在许多国家可得性的因素是当地经济情况。一个良好的经济环境会限制公司从现存其他公司里挖来员工的数量，除非大大增加他们当前的奖励。

此外，各国之间销售人员的地位并不是一致受到推崇的。在美国，销售作为一种工作或者事业一般被人看好。这帮助公司能够招收优秀人才，通常是大学毕业生，成为销售人员。这些大学毕业生将销售当作一种高收入工作或者是通往中层管理的捷径。这种对销售的看法在世界其他地方是很少见的。在欧洲，许多公司还是发现招收大学毕业生成为销售人员是一项很困难的工作，除非是在高技术如计算机领域，新员工通常是工程师。当销售被当作是一份不太期许的工作时，销售人员的质量就要遭殃了。如果公司坚持要雇用高质量的新员工，那么它填满销售岗位的时间可能要大幅提升了。

4）奖励

全球公司在母国市场通常使用许多销售人员，它们习惯于用给定的方式安排并激励销售人员。在美国，典型的激励方法包括达到某种销量或者是预算项目后的佣金或者奖金，以及对绩效排名前列的假期奖励。当一个全球公司在不同国家管理当地销售人员时，公司必须判定最好的激励方法。来自不同文化的销售人员的反应可能各不相同。激励方式也要随国家不同而不同。

当美国的康宝莱（Herbalife）最先进入墨西哥市场时，Jorge Vergara 就加入了该公司，不久他就成为一名明星销售人员。接着他离开该公司，创立了他自己的营养品公司奥谐生（Omnilife）。打破了康宝莱的销售模式，Vergara 修改了自己的奖励系统。他不是以销售量为基础奖励员工，而是以持续销售为基础。他按拉丁美洲的习俗，两个月发一次工资，而不是按月发放。仅仅八年之后，奥谐生成为拉丁美洲最大的营养品销售公司之一，超过了康宝莱和安利公司。

在激励销售人员方面讨论最多的问题就是佣金的价值或者是奖金的结构。在不确定性预防排名高的国家，销售人员可能更喜欢固定工资。另外，美国公司倾向于对它们的销售人员使用佣金形式。尽管这在不同行业之间可能有浮动，美国公司比欧洲公司使用更有弹性也更加依赖销量的奖励结构。日本公司更多使用直接工资奖励。为了激励销售人员，达到更好的绩效，全球公司要根据当地习俗，使用不同的奖励措施。

# 14.3　全球客户管理

客户管理从传统意义上来说是以国家为基础管理的。即使是在大型跨国公司内部，这一实践总会导向各国独立的销售人员。但是，正如我们在第 5 章中提到的，有些公司将它们的销售人员组入全球客户团队中去。全球客户团队（global account team）在全球或者世界各地有顾客关系存在的地方服务整个顾客群。全球客户团队可能由全球不同地方的成员组成，他们都服务于全球客户的细分市场，通过全球客户管理结构协调统一。

全球客户是伴随着跨国公司集中采购而兴起的。在世界许多地方购买相似部件、原材料或者服务的公司意识到，通过将采购职能联合在一起，实行集中管理，可以从供应商那里得到更低的价格和更好的服务。时至今日，许多公司在全球范围内寻找最合算的采购。

西门子的自动化系统分公司已经根据这些新情况改变了自己的销售结构。该公司为重要客户如大众和福特保留了全球客户团队。该团队负责公司的整个业务，甚至零件是在哪里购买还是在哪里使用的。从消费者层面看，该优势源于对伙伴的清楚认定，后者将会处理他们商务关系的各个方面。全球客户管理系统在专业服务领域也广泛使用。在全球范围活跃的银行如花旗，已经维持全球客户结构达到数年之久。与此类似，广告代理商为全球客户提供全球客户管理，在许多国家他们的协调都是天衣无缝的。世界顶级会计公司，如德勤（Deloitte Touche Tohmatsu International），有一个长久不变的传统，即从单个公司管理国际客户。

高端信息技术的发展，大大加强了全球客户管理的能力。团队的成员分散在世界各地，认真协调所有行为显得很有必要。有些工具，诸如视频会议和电子邮件的发展和快速传播极大扩展了管理团队在传统的单个办公室之外的覆盖范围。

然而，全球客户管理也会为全球营销者带来挑战。对 16 个大型跨国公司的调查显示，报给全球客户的价格更有可能是下降而不是上升。在 27％的案例中，被评估的价格在三年之内大大降低了。尽管全球客户管理在有些情况下显得非常有效，但它不仅实施起来非常困难，而且成本巨大。基于这些考虑，许多卖家建立了消费者评定为"有价值的全球客户"（worthwhile global accounts）的清晰的标准。潜在全球客户可能需要达到最小收益标准以支撑全球客户管理所需的额外管理费用。玛丽奥国际公司要求潜在全球客户的年度旅馆服务购买量超过 2 500 万美元。虽然顾客都希望成为全球客户以获得大批量价格优惠，卖家也期望全球客户顾客辨明他们的卖家身份，从而提高销售量。

## 实施成功的全球客户项目

为了实施成功的全球客户项目，卖家公司要和它们的顾客一样全球化和协调一致——不然就会出现问题。当一家公司收到全球顾客的一个电话，要求在印度尼西亚建立一座工厂时，该公司大吃一惊。该公司在印度尼西亚没有销售点或者服务设施，但是它依然很乐意做出回答。它派邻近国家的公司人员以巨大代价飞往该国。高级管理人员的承诺是非常必要的。全球消费者希望经常与主要卖家的高级管理人员会面。顶层管理人员也必须将必要的人力和资源分配到全球客户团队中去。这可能需要将人力和资源从其他国家和地区运送到总部的某个部门。

全球客户管理需要一个强健的信息技术系统。全球信息技术系统可以追踪全球账户进程，如下订单、订单延期、运输、可支付账款、投诉和收益。他们可以同时为卖家和买家创造价值。比如，在玛丽奥国际公司，对 IBM 的全球账户管理能够追踪 IBM 公司全球会议的取消。每年 IBM 公司要在这上面花费超过 100 万美元。玛丽奥国际公司的客户管理者为 IBM 的员工创造了一种内部电子新闻以购买取消的空间，从而减少会议取消费用，大大降低了 IBM 公司的成本。

最后，全球客户管理者必须具备特殊技能。许多国家客户管理者可能不具备该工作要求的足够的跨文化技能和广泛的商业敏锐性。全球客户经理所需的技能与总经理的技能更为一致，而不是高级销售人员的技能。全球客户经理可能需要分析一个行业，了解竞争性战略，辨别他们公司能为客户战略贡献的新方式。许多有全球客户管理项目的公司发现，可能需要对接受这一任务的经理人给予额外的培训。

## 14.4  向政府和企业销售

主要针对公司和政府市场的推广手段对在这些市场上运营的跨国公司很重要。特别地，对国际贸易展销会的利用、对国际项目的投标和集团销售都需要在国际背景下来了解。

### 1. 国际贸易展销会

参加国际贸易展销会已经成为公司对公司国外营销的一个重要方面。贸易展销会是向客户和潜在分销商展示公司产品的理想地方。不论是刚创建的公司还是成立已久的公司都广泛使用这一手段。在美国，可以通过众多媒体接触到公司客户，如针对某个行业的专业杂志。在许多海外国家，因为市场太小，无法仅为一个国家出版这种贸易杂志。因此，潜在客户通常定期参加这些贸易展销会。贸易展销会也为公司提供了在随和的气氛中与潜在客户会面的机会。对于一个在市场上初来乍到、还没有建立任何关系的公司，参加贸易展销会可能是接触潜在客户的唯一方法。

据估计，每年大约有 600 个展销会在 70 个国家举行。德国的汉诺威展销会被认为是世界上最大的工业品展销会，吸引了来自 60 多个国家建筑和技术方面约 6 000 多个参与者。其他大型普通展销会包括中国的广交会和意大利的米兰展销会。德国举行的贸易展销会最多，每年都会吸引约 1 000 万人。除了普通贸易展销会，专业贸易展销会集中于某一行业或者使用者群体的一部分。这种展销会通常只能吸引有限的参与者，包括展会成员和访问者。一般情况下，这些展会更具有技术含量。有些专业展览会并不是每年都有的。其中一个化工业主要专业展销会是阿赫玛（Achema），即每三年一次在德国法兰克福举行的一个展销会。其他具有国际名气的专业展销会包括巴黎和英格兰范保罗的飞行秀，在那里有航空航天产品展示。

对于一个想要打入新市场而又对新市场没有任何接触的公司来说，参加贸易展销会可以节约时间和精力。对想要发布和展示新产品的公司来说，贸易展销会提供了一个理想的舞台。贸易展销会也可以被竞争者用来窥探彼此间最新的产品开发。他们可以让新来者了解外国市场上的潜在竞争。因此，贸易展销会既是销售产品的手段，也是收集重要而有用的市场情报的机会。因此，具有全球野心的营销者们会认真寻找针对他们行业或者顾客群的贸易展销会，制订定期的参与计划。

参加国际展销会可能比参与国内展销会需要更多的计划方案。第一，提前 12～18 个月的时间准备，要考虑到国际运输可能会有耽搁。第二，检查展会的参与情况。许多展会允许一般人参加，在这种情况下你可能需要安排私人空间与潜力客户会面。第三，在美国，一个展会中可能充斥着销售人员和中级管理人员。但是在许多国际展会上，消费者可能会看到 CEO 和高级管理人员。第四，通过当地的分销商、顾问或者销售代表来帮你运营当地物流，了解当地文化。

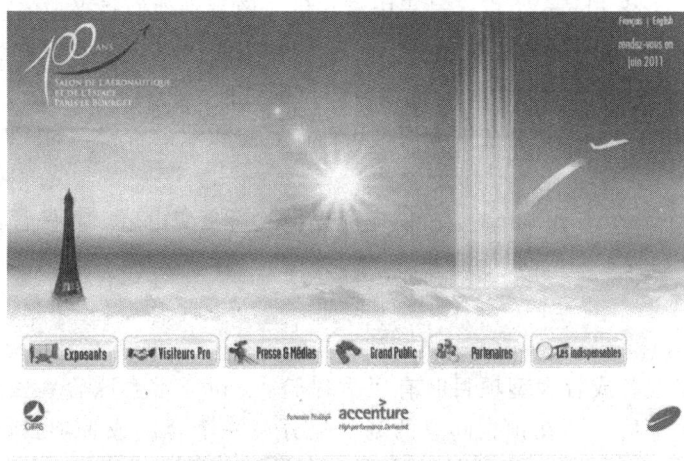

巴黎飞行秀是航空业一个重要的贸易展销会。成立于 1909 年，该展会迄今已有 100 多年的历史。

## 2. 投标销售

全球工业产品营销者可能会涉及投标过程，尤其是包含大型资本装备的时候。竞争这些大型项目的公司必须在具体采购开始前就采取措施。一般情况下，公司会积极寻找新项目，接着在提交正式投标之前，做好它们选定项目的前期资格审查。每一步都需要仔细的管理和资源的合理分配。

在搜索阶段中，公司想要确定它们了解所有与自己产品相关并能够引起他们兴趣的项目。对政府赞助的超大型项目，在主要国际报纸或者政府网站上可能会有整页的广告。公司也可以利用它们的代理商、联系人或者之前的顾客网络来告知他们正在酝酿的项目。

在前期资格审查阶段中，采购者会频频向感兴趣并想要做出正式投标的公司索要文件。这里不需要上交正式的投标文件。买家更感兴趣的是公司总体背景，而且很可能会让公司描述之前参加过的类似项目。在这一步，公司将要推销自己和自己的能力。可能会有众多公司想要通过前期资格审查。

在下一步,顾客选择公司——通常只有 3～4 家——要求公司上交正式投标。正式投标包括如何解决客户问题和公司收费的书面提议。对于工业装备来说,这通常需要专人视察、有些零部件的特殊设计以及所有文件的准备,包括给客户的设计图纸。投标准备的成本可能相当大,对有些大型项目来说,可能高达几百万美元。客户会从正式提交提议的公司中选择竞标得胜者。一般情况下并不是报价最低的竞标者会获得投标。技术水平、提议的解决方案、融资安排以及公司的声誉和经验都会起作用。

一旦获得订单,供应公司就应该保证自己的绩效。为了达成这个目标,公司可能要签署绩效合同,这是一份保证,如果工程并没有按照协商好的规定完成,公司将偿付一定的损失费。绩效合同通常是由银行代表供应商签署的。整个过程,从找到新的项目到获得订单,可能要花费几个月甚至是几年时间,依项目大小和行业而定。

搜索阶段(search phase):投标过程中潜在供应商辨别他们感兴趣的项目的过程。

前期资格审核阶段(prequalifying phase):潜在买家向感兴趣的供应商索要文件,以确保投标者值得信赖并有能力处理竞标项目的投标过程。

正式投标(formal bid):潜在供应商报出他向客户收取的价格,详细列明项目条款的投标过程。

绩效合同(performance bond):由供应商提供的资金交由第三方保管,以保证当项目没有按照商谈好的规定完成时,买家将会得到补偿。

## 3. 集团销售

因为在营销设备或者大型项目时有巨大风险,公司通常会联合在一起形成一个集团。集团公司是一群公司在预先同意的基础上分享一个合同或者项目,但是以单一的公司形象出现在客户面前。在有些大型项目中,抱在一起形成集团公司可以帮助公司分担风险。如果参加的是一个全承包项目,集团公司还可以加强公司成员的竞争力。一个全承包项目是由供应商提供完全的解决方法的项目,所以整个运营就可以“水到渠成”地开始。

大多数集团公司都是为某个特定目的而成立的。比如为了建造一个大型钢铁工厂,提供单个零件的公司可能联合形成一个团队,向客户提供一份投标。该集团公司成员已经同意分享所有的营销成本,在设计和工程建造上相互帮助。与此类似,一个集团公司还可以联合起来向沙特阿拉伯政府移交一个全承包的医院,这包括建造基础设施、安装医用器材、招收医生和培训员工等。在任一情况下,客户只需要和一个供应商打交道,极大简化了这一过程。为某个特定目的形成的集团公司也可以为非常大型、需要成员间特殊技术的项目而成立。在频繁需要相同技术和产品的情况下,公司还可以形成永久性的集团。当合适的机会出现时,集团成员会立即准备投标资格。

集团成员通常是来自一个国家的。然而,电信集团通常会将一个当地公司(该公司的当地联系非常重要)和一两个国际电话运营公司(能为网络运营提供专业知识)联合起来。有时候,这些集团还会包含设备供应商以保证在任何达成的合同中都会提及它们的设备。

集团公司(consortium)：在预先同意的基础上参加一个项目，但是以单个公司形象出现在买家面前的一群公司。

全承包项目(turnkey project)：供应商提供买家全部解决方案，可以立即使用、获取或者运营的项目。

# 14.5　其他推广方式

到目前为止，我们着重将个人销售和工业销售作为推广组合的关键因素。但是，除了销售和广告之外，其他推广形式也可以在营销中起到重要作用。正如我们在13章中讨论过的，直接营销不仅仅是一个分销战略，也是一个推广战略，因为它包括直接与客户的交流。全球推广的另一种形式是促销活动，包括店内零售促销和优惠券活动。这类工具中有许多都是针对消费品的，在营销工业产品时用得较少。在这一部分，我们将讨论促销活动、体育赞助、电话营销、针对性邮寄和广告邮件，产品放置以及口碑管理。

## 1. 促销活动

促销活动包括以增加产品价值来激励消费者购买或渠道间合作来增加销量的营销行为。大多数国家都会使用诸如优惠券、小礼品和各种不同的降价标签的促销活动。在有些国家，免费试用品、买一送一和其他店内装饰也很重要。然而，政府规定和不同的零售规则会限制跨国公司的选择。

促销活动的领域主要是当地市场。比如，在墨西哥，85%的水泥销售是给个人的。成千上万的自给自足者买下成包的水泥，建造自己的房子。水泥销售的领头人 Cemex 有时候会在新房建成时为庆祝人员购买食物。如果销售量增加，公司5 000个分销商还可以获得针对假期的积分。

优惠券——消费者可以拿着产品优惠券去零售店获取降价产品——在不同国家之间差异很大。在美国，优惠券是促销活动的主要形式。在意大利，分发优惠券非常流行，而且有增长趋势，但是在英国和西班牙，优惠券正在凋零。优惠券在日本相对较新潮，报纸的优惠券还曾经被禁止过。

针对分销商的促销活动的一个例子就是安置津贴。这是作为零售商同意买入新产品的支付。安置津贴补偿零售商在他们的货架上放置新产品所需的时间和努力。随着产品的激增，在货架上找到空间越来越困难了，公司必须进行竞争以进入这个可怜的空间。在欧洲日益集中的超市业中，安置津贴已经变得非常高。与此类似，在沙特阿拉伯，因为超市货架空间有限，安置津贴也非常高。

尽管大多数的促销活动都是短期的，有些促销却可以不断持续下去。鼓励消费者忠诚度和重复采购的促销活动在世界各地用得越来越多。忠诚度项目，如飞机常客奖，自20世纪90年代起就在苏联集团遍地开花。但是并不是所有的飞机常客项目都得到了良好的管理。波兰航空公司为飞机常客设立了三个等级(蓝色、银色和金色)，但事实上对所有的顾客都是同等对待。这导致许多顾客对该项目不满意，许多常客还转向了竞争者英国航空公司。

大多数国家限制有些形式的促销活动,抽奖活动通常就受到法规限制。比如,日本限制一个产品的促销礼品的价值不能超过产品价值的 10%。日本也对彩票奖金加以限制。美国快递公司对符合条件的顾客提供纽约到伦敦的免费游。但是该公司就无法为日本客户提供相似的促销,因为日本严格限定这些奖励的价值。

在历史上,德国是对大多数促销活动限制最多的国家之一。20 世纪 30 年代颁布的法律严格限制使用打折、回扣和免费产品等活动,因为纳粹政府将它们当成是马克思主义消费者合作社的产物。还在几年之前,一个德国法庭禁止一家药店分发免费购物袋来庆祝店面周年纪念日。一家大型零售商企图通过每个使用签证卡的消费者交易为艾滋病研究捐赠一点心意,这一行为也被禁止了。法庭宣判,这种促销活动不公正地利用消费者的感情。

一个欧洲电子商务警员提出了废除德国 70 年之久的反促销法的必要。该警员要求竞争者国家使用的法规应该应用到整个欧盟的促销活动中去。在那个时候,不到 1/10 的德国人在互联网上买过东西。但是,德国政府担心,禁止德国竞争者提供在邻国境内允许的促销活动,最终会将德国竞争者置于不利境地。除了反促销法,许多反不正当竞争法仍然在德国法律中。有些人担心,某些竞争者仍然试图用该法律来阻止其他公司的促销活动。

因为全球公司会在不同国家遇到一系列有关促销的法规和禁令,基本上没有可能在不同市场实行统一的促销活动。促销活动也可能会受当地文化和市场竞争力强度的影响。一份有关消费者对促销活动态度的调查发现,促销活动在中国台湾、泰国和马来西亚都存在着巨大差异。中国台湾消费者更喜欢优惠券而不是彩票奖励,而马来西亚和泰国消费者更喜欢彩票奖励。在欧洲,麦当劳发现孩子们更喜欢托盘上的小谜语或者充气小动物,而并不是像美国一样的更昂贵的快乐午餐。这种市场间的差异使大多数公司将促销活动的责任分配给当地经理人,因为他们更了解当地的喜好和限制。

但是,公司应当确认子公司之间有足够的交流以保证最佳实践和最新的促销办法在公司内部得到传播。有时候,交流与促销相关的问题更为重要,因为只有这样它们才不会在其他国家市场上犯同样的错误。菲律宾的一家百事可乐公司决定奖励一名 37 000 美元大奖获得者,但是由于计算机系统错误,产生了数千名中奖者,30 辆百事可乐的运输车被烧毁了,公司官员也受到威胁。更悲剧的是,一枚针对百事可乐运输卡车的炸弹滚进了邻近一家商店,炸死了一名母亲和小孩。

## 2. 体育赞助

大型体育活动越来越多地被各地媒体所报道。这些事件的商业价值在过去十年中一路飙升。今天,大型体育活动如奥林匹克运动会和特殊项目的世界锦标赛,如果没有公司赞助就不可能以今天的形式存在。

对于有些活动,公司可以买下看台或者体育运动进行的舞台空间来展示公司标志。当该活动被电视报道时,照相机自动将这些标志当作报道的一部分。除了在广播项目中购买广告点和标志位,单个公司还可以参加赞助。体育赞助在欧美很普遍,在东亚、中东、巴西和印度也迅速流行起来。

在利用全球体育运动会时,公司应该有一个能够面向全球观众的标志或者品牌名称。我们毫不意外地发现,大多数常见的赞助商都是生产具有全球吸引力的消费品的公司,如软饮料生产商,电子消费品生产商和电影公司。最新崭露头角的全球参与者,如韩国的三星和现代汽车,经常在国外赞助大量的运动会,尤其是在新兴市场如非洲、东欧和拉丁美洲。

公司必须考虑某个活动的受欢迎度。很少有体育运动是受全世界关注的。棒球和美式足球在欧洲、部分亚洲和非洲地区几乎没有什么吸引力。但是,英式足球在世界许多地方都是首屈一指受关注的运动。耐克估计在英式足球上投入了 40％的全球体育广告预算。该公司签订了一份 429 万美元的多年合同,为英国曼联足球俱乐部成员提供全套装备。耐克同时赞助 6 个国家的足球队,其中包括巴西和美国。

通过世界各地在新闻媒体中对体育运动的大量报道,许多公司持续将运动会赞助权作为他们全球沟通项目的一个重要元素。成

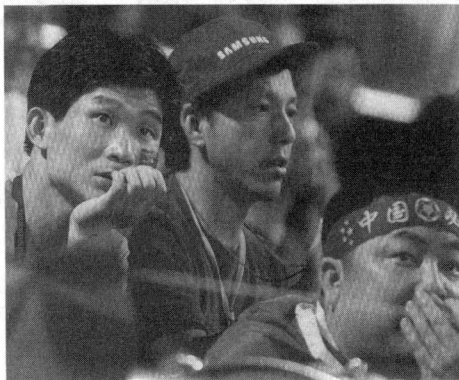

足球世界杯越来越多地敲响了"伏击者"的警钟,如在韩国举行的世界杯足球赛上,中国粉丝戴上了三星的帽子。三星并不是该活动的官方赞助商,但是由于它生产的帽子,该公司从比赛的电视报道中得到了免费的宣传。

功获取赞助权的公司必须在选择可获得的活动或者参与者之中展现出弹性和独创性。在世界有些地方,运动会赞助权可能将持续成为他们接触大量潜在客户的唯一可行方法。但是,在有些文化中,全球营销者们必须意识到失败的队伍带来的冲击。举个例子,在对阵澳大利亚板球队铩羽而归之后,粉丝们要求联合抵制诸如百事可乐等支持印度队的产品。中国粉丝也很多。当他们的队伍输掉后,他们就会待在家里——令赞助商们大失所望。因此,中国市场中的很多全球公司越来越多地关注草根项目。百事可乐赞助少儿足球队,阿迪达斯赞助足球营,耐克开创了一个高中篮球联盟。

竞争抢夺运动会赞助权的事件也频频发生。除了合法的赞助权,耐克还在大型全球运动会上争风头,这是众所周知的——比如,当公司没有获得奥林匹克运动会的赞助权时,它就在举办城市购买大量广告牌。但是在 2006 年世界杯中,这种战略很有难度。世界足球联盟请求当地德国法庭保护自己的营销权,要求举办城市在销售广告牌时优先对待官方赞助商。

世界脉搏 14.2

## 奥林匹克对阵世界杯

奥运会期间,来自 200 多个国家的队伍在每个可以想到的运动中相互竞争,以期能带回金牌、银牌或者铜牌。首尔运动会将三星从区域品牌转变成为全球品牌,中国的计算机巨头联想是排名前 12 位,为了成为北京奥运会的赞助商至少花了 6 000 万美元的

公司之一。尽管全球经济下滑，但是阿迪达斯、英国石油公司、法国电力能源公司、英国航空公司、劳埃德集团都与2012年伦敦奥运会签下了合同。

世界杯（在美国称为英式足球）是挑战奥林匹克作为全球品牌促销平台的一个运动项目。在美国，英式足球并没有其他团队运动如美式足球、篮球和垒球那么高的收视率，但美国不能够代表世界其他地方。在大多数国家，英式足球是最受欢迎的节目，世界杯在世界各地都是一件大型媒体事件。

阿迪达斯在足球产品上拥有34%的全球市场份额。这家德国公司又延长了自己与世界杯40年的合同，同意赞助2010—2014年的世界杯。在这预计价值350万美元的合同中，阿迪达斯也赞助了2010—2014年所有的球协锦标赛，包括男子世界杯、女子世界杯和世界少儿锦标赛——公司要花费35万美元的成本。世界杯赞助商在20个场馆中都有一个场内广告牌。万事达为了提高自己的曝光率，在长达90分钟的世界杯比赛中每10～13分钟就出现一次，而这都被世界上十几亿名观众和2.5亿名足球爱好者收入眼帘。

奥运会和世界杯均被埋伏的营销者所累，他们是非赞助品牌，却假装成运动协会的一分子。自该技术最先在1984年洛杉矶奥运会上出现以来，已经累积出现400起左右伏击营销。百威（Budweiser）是2006年世界杯的官方赞助商，但是荷兰球迷们却穿着竞争啤酒品牌巴伐利亚（Bavaria）的外套来到体育馆。官员们要求他们脱下外套，球迷们只能穿着内衣观看球赛。该事件引得人们对巴伐利亚议论纷纷。

资料来源：George Frey. Leadership in Soccer Products Means Profitable World Cup Year in 2010. *Associated Press Newswires*, June 10, 2009; Roger Blitz. "Ambush Marketing" Threat to 2012 Olympics. *Financial Times*, July 3, 2009, p. 4; Brian Mukisa. Beware of Ambush Marketers at World Cup. *All Africa*. July 21, 2009; Robert Orr. Financial Glue that Binds Olympic Rings Holding Firm. *Financial Times*, July 27, 2009; Slim Pickings for Olympic Sponsors. *South China Morning Post*, July 27, 2009, p. 5; and Ahead of the Games. *Marketing*, July 29, 2009, p. 14.

### 3. 电话营销、针对性邮寄和广告邮件

电话营销可以用来招揽生意，为当前和潜在客户提供更好的服务。但是要使电话营销有效的话，要求具有有效的电话系统。针对单个家庭电话销售成立的条件是：存在许多预约者，而且他们的电话号码很容易得到。因为涉及语言问题，公司必须保证他们的电话营销人员不仅会讲当地顾客的语言，而且语言还要流利且带有正确的当地或者区域口音。

但是，并不是所有国家都接受直接针对家庭的生意招揽方式。欧盟的一个电话营销指令允许消费者将他们的名字放在电话簿册的偏好一列，删除了直接打电话到家的电话营销。任何给潜在客户打电话的公司将会受到罚款的惩罚。即使这样，电话营销在欧洲仍然是个大业务；在这一领域的全职员工花费估计有150多万美元。

电话营销在其他地方也在加强。在拉丁美洲，电话营销的增长很快，呼叫中心在巴西迅速扩张。但是，用话筒比用电话可以更有效地接触更多的巴西人。沃尔玛开出绿色大

巴,在圣保罗的现代化大街上呼啸而过,用高音话筒邀请人们去公司的 Todo Dia 分店申请信用卡,获得了极大成功。

在全球水平上,电话销售在公司对公司的销售上非常成功。因为国外出差成本很高,在各国之间或者全球基础上的电话营销可能会极大地节约成本。与此类似,互联网通过允许公司以邮件回复顾客要求,进一步降低了消费者的服务成本。

与电话营销类似,针对性邮递销售极大依赖基础设施建设。然而,创新和坚持不懈有时候能够克服邮寄系统匮乏带来的障碍。当卡萨集团(Carsa Group)在秘鲁为金融服务首次发行直接邮件活动时,它所面临的邮政系统事实上并不存在。即使是使用私人快递公司也是问题多多:这些公司因为将公司客户的邮寄名单发送给竞争者而臭名远扬。省级快递公司将寄送邮件当成他们的主营业务——如化肥销售——之外的副业。但是,卡萨集团并没有放弃这项活动,设计了自己的产品图册并建立一个呼叫中心来支持这项活动。响应率高达 26%——比许多美国活动认为的突出成果还要高十倍以上。这种高回应的原因是什么呢?在秘鲁,69%的家庭每月收到的邮件还不到两封,所以该项活动个性化信件的影响力是惊人的!

随着互联网的到来,许多营销者发现了这么一个机会:通过电子邮件以低成本和高效率接触许多潜在客户。但是,他们的潜在目标却很反感这种不请自来的商业邮件,或者说是垃圾邮件。尽管在有些新兴市场诸如亚洲,对垃圾邮件的法规还不是很严格,但是发展中国家的法律并不鼓励这种行为——新技术正试图阻止即将到来的垃圾邮件。2003年 10 月 31 日,欧盟一项指令开始生效,要求成员国实施法律禁止未经消费者同意,或者在有些情况下,没有存在商业关系的电子邮件不请自来。该欧盟法规包括电子邮件、传真、自动化呼叫系统和手机信息。国家政府可以决定实施力度,但是必须允许消费者申请赔偿。欧洲现在拥有比美国更加严格的隐私法。但是,据估计,欧盟 53%的邮件都是不请自来的商业垃圾邮件。80%是用英语写的,据说是来自北美。

垃圾邮件(spam):不请自来的商业电子邮件。

## 4. 产品置放

营销者们越来越多地寻求机会,让他们的产品出现在电视节目或者电影中。有些人甚至付钱请人将他们的产品写入播放的剧本中。但是,全球营销者们逐渐发现不同的文化和法律环境可能会限制这一实践的全球扩张。比如,一项调查显示,中国消费者比美国消费者更加难以接受剧本中嵌入产品。这种嵌入在英国遭到了严格的法规限制,人们担心广告和娱乐的界限都会因此模糊。当且仅当一个品牌名称被英国独立电视委员会——一家颁发执照和约束规范商业电视的机构——"审查通过"时,该品牌才可以在电视中被提及。比如,当亨氏(Heinz)赞助名为"晚餐医生"的烹饪系列节目时,该公司的名字只能在赞助商名称上出现。在节目内容中不得提及或者出现亨氏产品。

## 5. 口碑管理

当美国的比亚乔(Piaggio)进口商想要刺激停滞不前的黄蜂牌小型摩托车时,该公司雇用美丽迷人的年轻女性作为摩托车骑手,频频光顾洛杉矶时尚的咖啡馆。骑摩托车的模特就会与店内其他顾客进行交谈。当有人称赞她们的摩托车时，她们就会拿出一本记事本，写下当地经销商的名字和手机号码。在加拿大，宝洁公司通过让衣着光鲜的购物者插入超市的即时时装秀中，向观众说明他们的衣服是用洗好(Cheer)洗衣粉洗的，一起来为该洗衣粉做宣传。荷兰的沃达丰(Vodafone)用 Twitter 和消费者聊天，激起消费者对主要产品的兴趣。在以上案例中，营销们试图抓住潜在客户的注意力，不仅是为了促销产品，同时也希望人们向他们的朋友介绍产品。这种对口碑的管理称作蜂鸣营销。

蜂鸣营销的成本可以很低；不需要购买任何国家的媒体，也不需要昂贵的促销。产品的推荐似乎是来自顾客最冷静的朋友。但是，专家建议，如果消费者感觉这种营销具有颠覆性或者太多公司都采用这种办法，蜂鸣营销反倒会让公司功亏一篑，让人们感到厌烦。

在个人主义盛行的文化中，如美国和加拿大，一个人最"冷静的"的朋友可能是一个刚见面的朋友。在集体主义更为盛行的文化中，人们对外人的防御心很重，营销者们可能要非常仔细地从目标群体中选择人员来扮演这个角色。陌生人就无法做到这一点。在卡勒(Kaler)，印度农村中一个只有三百户家庭的小镇，现代汽车找到该镇的领头人，人们总是在婚姻、庄稼和最近兴起的买什么电视和汽车等问题上询问他的意见。该领头人自己说："如果我跟他们说我喜欢什么牌子，他们就会去买什么牌子"。

在许多亚洲国家中，口碑对营销尤其重要。在日本，高中女生平均每天发送大约 200 条手机短信。口头传播是进入这个市场的关键所在。事实上，最依赖口头传播的 10 个国家中有 6 个是亚洲国家。这些国家和地区包括中国香港、中国台湾、印度尼西亚、印度、韩国和菲律宾。另外四个国家却是截然不同的——新西兰、爱尔兰、墨西哥和阿拉伯联合酋长国。

在中国，玛氏(Mars)公司用蜂鸣营销成功推广了士力架花生夹心巧克力(Snickers)。因为中国的老年人认为这个巧克力太甜了，该公司决定瞄准年轻男孩。玛氏成为北京奥运会的赞助商并创办了自己衍生的运动会，其中包括士力架街头奥运会和士力架极限跳跃。在后面这个活动中，参与者为了得奖，尽可能地跨越更多的士力架横栏。为了向自己的目标市场推广这些活动，玛氏在互联网上发动了蜂鸣营销。比如，网上游戏是与街头奥运会相连接的，但是必须有四个人一起参加，这使一个玩家要另找三个人一起玩。该公司对这种结果很满意。其中一个管理者这么评价这些男孩子"像海鸥般成群而来"。

口碑在公司对公司的营销中也非常重要，推荐人往往起着关键作用。但是，对于潜在的采购行为，经理人如何寻求建议显然也存在文化差异。一份对美国和日本金融服务的公司买家的调查显示，日本使用的推荐资源——不论是公司还是私人的——几乎是美国公司买家的 2 倍。这支持之前的调查，即日本公司买家比美国公司使用更多的推荐资源。

蜂鸣营销(buzz marketing)：口碑管理，公司既要提高销售量，又想要鼓励人们谈论公司的产品或者服务。

# 14.6　公共关系

百事可乐的员工在一份德国贸易杂志上看到有关百事可乐的重要 Twitter 海报，他们通知了公司。该项针对减肥可乐的广告展示了一个卡路里自杀的样子。一个著名评论员的姐姐自杀了,所以该评论员极其反对这个广告。百事可乐中数码和社会媒体总监立刻发出一份致歉信。

一个公司的公共关系职能包括通过推广(或者保护)该组织的善意来加强品牌价值的营销活动。反过来,这一善意能够鼓励消费者信赖公司并倾向于购买公司产品。Tim Horton's 是加拿大一家甜甜圈和咖啡连锁店,它成功抗击了世界最大的甜甜圈公司——Dunkin Donuts。在加拿大挣扎了 30 年之久,Dunkin Donuts 只获得了加拿大 6% 的市场份额。加拿大顾客喜欢 Tim Horton's 的原因之一就是,它的慈善团体为残疾儿童提供归宿。得克萨斯州是对美国汽车很忠诚的一个市场,日本汽车生产商丰田试图成为圣安东尼奥城的一个主要艺术赞助商来改变消费者的态度。

国际营销者们经常会发现,公关活动对于保护品牌声誉免遭损毁是非常必要的。随着数百万欧洲人担心因为吃牛肉而感染疯牛病,麦当劳公司展开了一项别开生面的公关活动。在法国,消费者应邀去参观麦当劳的牛肉包装工厂,该工厂为法国 860 家餐馆供货。参观的游客了解到,这些牛肉 100% 是牛肌肉,而不是会引发疾病的神经组织。

公关活动本身可能会犯错。有些时候这些活动不但不能中和,还会加强这些不利舆论。在全球社会下,这种失态会传播到整个世界。在捷克,菲利普·莫里斯的子公司为了得到捷克政府的好感,赞助了一项研究来证明香烟对国家有积极的财政作用。除了从香烟销售中获得的税收,该子公司还声称若有公民因吸烟而早死的话,国家还可以节约很多的养老金。当媒体听到这个调查之后,愤怒的檄文在世界各大报纸上纷纷涌现。

其中一个最著名的公关危机出现在 20 世纪 70 年代雀巢在发展中国家运用的奶粉促销战略。40 年后,该危机还对公司和其产品留有阴影。在 20 世纪 70 年代,雀巢和其他奶粉生产商涌进发展中国家的产房,提供他们产品的免费试用品。当新妈妈缺乏样品时,却发现她们的母乳也干涸了。但是很少有人能够付得起昂贵的奶粉费用,有些人只好将奶粉稀释来延长喂养时间,这有时候会使婴儿死亡。活动家们组织了针对雀巢产品的全球抵制活动,联合国儿童基金会(UNICEF)是联合国负责保护孩子的机构,拒绝了雀巢公司提供的现金捐助。

主要奶粉生产商同意遵守 UNICEF 和国际卫生组织的自愿营销规定,禁止销售任何免费奶粉,但是该争议并没有因此停止。公司们只知道在发展中国家应用这些规定,而联合国儿童基金会指出,他们认为该规定也适用于发达国家。该争议在非洲盛行的艾滋病的阴影下激烈起来了。研究显示,非洲患艾滋病的妇女中,15% 会通过母乳喂养将艾滋病传给她们的孩子。雀巢声称,他们收到了来自非洲医院请求免费奶粉的绝望呼唤,但是又害怕会违背规定。雀巢和惠氏决定为非洲感染艾滋病的妇女提供几吨的免费奶粉。但是,联合国儿童基金会不同意它们的请求,因为 UNICEF 不会再信任一个多次犯规的公司。

国际营销者通常受到这种指责,说他们改变了消费模式,损害了当地文化。积极的公关活动通常能够消除这种排外反应。当美国在 2001 年秋天拉响了阿富汗战争警报后,印度尼西亚的穆斯林激进者炸了一家肯德基餐馆。但是在印度尼西亚的麦当劳特许经营店却没有引起人们的反感,因为它在过去通过向伊斯兰机构捐赠食物和餐厅设施,与周边穆斯林社区建立了良好的关系。许多跨国公司参加慈善活动，投入资金和员工的时间。其他公司提供公司赞助的奖学金。不论是哪种方式，公司在当地社区传达出良好意愿在国际推广战略中发挥越来越大的作用。

# 总　　结

在国际背景下的推广活动是相当富有挑战性的，因为经理人不断面临与来自不同文化背景的顾客交流的任务。这增加了交流任务的复杂性，而这还需要对文化、习性、行为方式和伦理标准的敏感性。

除了影响沟通内容和方式的文化差异，跨国公司也面临着对推销组合重要元素的不同成本限制，如销售和广告。因为国与国之间的差异如此之大，跨国公司要仔细设计它们的沟通方式来迎合每个市场。此外，任何一个元素的存在也不可能被当作是理所当然的。推销组合任何一种元素的缺失，如法律因素或者经济发展水平的限制，可能会迫使跨国公司在其他促销工具上花费更大，以此来弥补这种缺失。

当设计有效的销售人员时，国际营销者们要比较国际销售和当地销售所包含的挑战。如果公司针对一个明确市场销售差异很大而且复杂的产品，可以采用国际销售人员。在大多数情况下，产品是针对更宽泛的公司或者终端使用者的，跨国公司可以在每个市场采用当地销售人员。当地销售人员在他们本国或者本地市场上总是非常有效的。成立当地销售团队并且管理好当地团队在许多外国市场都是极富挑战的，要求经理人对当地法律、法规和贸易实践特别敏感。

正如我们在第13章和本章中看到的，所有的直接营销和互动营销形式也是适用于国际市场的。许多公司通过采用美国式的或者源于美国的直销观点，并灵活应用到国外，他们都非常成功。随着国际电信基础设施的飞速发展，电话营销和基于网络的互动营销的应用将会大大增加。对于所有在全球活跃的跨国公司，这些无疑都会成为沟通组合的重要元素。

# 问题讨论

1. 如果一个美国销售人员期望在中国两周的时间之内成功销售工业设备，他将会遇到什么困难？

2. 你认为为什么许多国家限制用彩票或者其他摸奖的形式进行促销活动？

3. 你建议什么类型的公司来赞助下一届奥运会？这些公司如何从赞助活动中获益？

4. 你支持联合国儿童基金会的决策，反对奶粉公司向非洲医院捐赠奶粉吗？为什么？

# 第 15 章

# 管理全球广告

**学习目标**

学完本章,应该掌握:

- 列出标准化广告活动的优势和特殊要求;

- 定义全球主题广告法,并解释它与完全标准化的广告法有何区别;

- 解释在广告信息和广告执行上的市场限制和文化限制;

- 辨别与广告相关的关键问题,即可能受到国家政府法规限定的问题;

- 列出避免错误翻译的方法及将翻译需求最小化的方法;

- 解释媒体可获得性、媒体习惯和国际广告时间安排是如何影响广告活动的;

- 辨别使用国内广告代理、当地市场广告代理和国际广告网络三个选择的差别;

- 列出影响公司做出将广告集中化还是当地化决策的内部和外部因素。

埃克森美孚并购后不久,坐落于得克萨斯欧文的新公司就宣布,该公司将以全球电视广告形式来推广自己的四大主要品牌——埃克森、美孚、埃索和通用。

全球推广活动对公司来说并不新鲜。埃克森在 1965 年的老虎广告中说道"在你的油箱里放只老虎",这则广告在美国、欧洲和远东地区都有播出。但是,新推广活动是针对 100 多个国家的,其成本达到 15 000 万美元。长达 5 个小时的影片是在公司总部开发形成的,即将要通过公司在不同国家的子公司的评审。由 6 组不同的演员阵容在一旁整装待发,饰演基本上相同的故事——当然会有一些小差异。相同的场景可以由一个日本人、一个撒哈拉沙漠边缘的非洲人、一个北欧人或者是一个南欧人来饰演。在一幕饭桌上的场景中,演员吃饭所使用的手也是不同的(在有些文化中,按传统食物只用右手吃)。旁白用 25 种不同的语言讲述相同的故事。集中生产为埃克森美孚节约了许多成本并保证全球各地的电视广告都是统一且具有相似的质量。这对广告机构来说也是笔大业务——在本案中,该机构是奥姆尼康集团的(Omnicon)DDB 环球广告公司。并不是所有人都赞成,广告的集中制作是个好主意。柏康 3 集团(Bcom3 Group)的李奥贝纳广告公司(Leo Burnett Worldwide),一家竞争广告商的总裁指出,品牌在世界各地具有不同的生命周期,需要不同的信息和广告活动。

国际营销者面临一个重要的问题:广告活动应该当地化还是全球化?本章第一部分就是围绕影响这一决策的关键因素,接着讨论与媒体选择和活动实施的主要问题。

# 15.1 全球广告与当地广告

如表 15.1 所示,全球营销者已经成为主要的广告人了。这些国际公司面对的一个重要问题就是,在不同国家应该将广告标准化还是当地化。在不同国家使用统一的广告引起了广泛的关注,这一现象被认为是国际广告活动中最有争议的话题。最成功——也是最早——的标准化广告是菲利普·莫里斯在欧洲的马可波罗广告。马可波罗作为主导品牌的成功始于 20 世纪 50 年代,当时该品牌重新定位,向吸烟者保证香烟的味道不会因过滤嘴而改变。该广告的主题"寻找滋味,请来马可波罗王国"在美国和其他国家都立刻获得了成功。与此类似,百达翡丽(Patek Philippe),一家名表生产商,运用一个统一的电视广告来撑起自己的品牌,该广告主题是"你从来不曾真正拥有一个百达翡丽,你只是永远追随百达的脚步"。该广告在美国、欧洲、中国、日本、新加坡和中国台湾地区都极其成功。

**表 15.1 顶级全球营销者**

| 排名 | 公司 | 母国 | 行业类型 | 世界范围内广告花费/百万美元 |
|------|------|------|----------|------------------------------|
| 1 | 宝洁 | 美国 | 化妆品/卫生用品 | 9 358 |
| 2 | 联合利华 | 英国 | 化妆品/卫生用品,食物/饮料 | 5 295 |
| 3 | 欧莱雅 | 法国 | 化妆品 | 3 426 |
| 4 | 通用汽车 | 美国 | 汽车 | 3 345 |

| 排名 | 公司 | 母国 | 行业类型 | 世界范围内广告花费/百万美元 |
|---|---|---|---|---|
| 5 | 丰田汽车 | 日本 | 汽车 | 3 202 |
| 6 | 福特汽车 | 美国 | 汽车 | 2 906 |
| 7 | 强生 | 美国 | 化妆品/卫生用品 | 2 361 |
| 8 | 雀巢 | 瑞士 | 食物/饮料 | 2 181 |
| 9 | 可口可乐 | 美国 | 食物/饮料 | 2 177 |
| 10 | 本田汽车 | 日本 | 汽车 | 2 047 |
| 11 | 时代华纳 | 美国 | 出版商,印刷商,刻录商 | 2 022 |
| 12 | 利洁时 | 英国 | 化妆品/卫生用品,食物/饮料 | 1 983 |
| 13 | 索尼 | 日本 | 电子产品 | 1 886 |
| 14 | 卡夫食品 | 美国 | 食物/饮料 | 1 853 |
| 15 | 尼桑汽车 | 日本 | 汽车 | 1 826 |
| 16 | 葛兰素史克 | 英国 | 医药/护理 | 1 802 |
| 17 | 麦当劳 | 美国 | 快餐 | 1 740 |
| 18 | 大众 | 德国 | 汽车 | 1 729 |
| 19 | 玛氏 | 美国 | 食物/饮料 | 1 708 |
| 20 | 迪士尼 | 美国 | 广播,电视,电影/影像 | 1 677 |
| 21 | 百事可乐 | 美国 | 食物/饮料 | 1 553 |
| 22 | 克莱斯勒 | 美国 | 汽车 | 1 319 |
| 23 | 达能集团 | 法国 | 食品加工/生产 | 1 306 |
| 24 | 标致雪铁龙 | 法国 | 汽车 | 1 292 |
| 25 | 通用电气 | 美国 | 照明设备 | 1 277 |
| 26 | 百盛 | 美国 | 餐馆 | 1 238 |
| 27 | 新闻集团 | 澳大利亚 | 控股公司 | 1 144 |
| 28 | 麦森韦斯特 | 德国 | 控股公司 | 1 076 |
| 29 | 凯洛格 | 美国 | 食物/饮料 | 1 054 |
| 30 | 卫康 | 美国 | 广播,电视,电影/影像 | 1 002 |
| 31 | 松下 | 日本 | 电子产品 | 999 |
| 32 | 高露洁 | 美国 | 化妆品/卫生用品 | 994 |
| 33 | 汉克 | 德国 | 化工 | 993 |
| 34 | 辉瑞 | 美国 | 医药 | 918 |

| 排名 | 公司 | 母国 | 行业类型 | 世界范围内广告花费/百万美元 |
|---|---|---|---|---|
| 35 | 沃达丰 | 英国 | 控股公司 | 913 |
| 36 | 法国电信 | 法国 | 电信 | 897 |
| 37 | 西尔控股 | 美国 | 控股公司 | 893 |
| 38 | 雷诺 | 法国 | 汽车 | 873 |
| 39 | 现代汽车 | 韩国 | 汽车 | 848 |
| 40 | 庄臣 | 美国 | 清洁剂,化妆品/卫生用品 | 843 |
| 41 | 安海斯-布希 | 比利时 | 食物/饮料 | 829 |
| 42 | 戴尔 | 美国 | 计算机/电子产品 | 824 |
| 43 | 费列罗 | 意大利 | 食物/饮料 | 820 |
| 44 | 贝尔 | 德国 | 医药 | 780 |
| 45 | 佳能 | 日本 | 计算机/电子产品 | 760 |
| 46 | 戴姆勒 | 美国/德国 | 汽车 | 748 |
| 47 | 米尔 | 美国 | 食品/饮料 | 741 |
| 48 | 沃尔玛 | 美国 | 零售业 | 734 |
| 49 | 维旺迪 | 法国 | 媒体 | 729 |
| 50 | 花王 | 日本 | 化工 | 719 |
| 51 | 西班牙电信 | 西班牙 | 电信 | 700 |
| 52 | 麦德龙 | 德国 | 零售业 | 667 |
| 53 | 三星 | 韩国 | 计算机/电子产品 | 656 |
| 54 | 美国国际 | 美国 | 金融服务 | 654 |
| 55 | 微软 | 美国 | 计算机/电子产品 | 628 |
| 56 | 惠普 | 美国 | 计算机/电子产品 | 624 |
| 57 | 菲亚特 | 意大利 | 汽车 | 613 |
| 58 | 惠氏 | 美国 | 医药/护理 | 610 |
| 59 | 花旗 | 美国 | 金融服务 | 602 |
| 60 | 铃木 | 日本 | 汽车 | 586 |
| 61 | 路易斯威登 | 法国 | 奢侈品 | 584 |
| 62 | 金宝汤 | 美国 | 食物/饮料 | 581 |
| 63 | 互动集团 | 美国 | 媒体 | 570 |
| 64 | 美国快递 | 美国 | 金融服务 | 565 |

| 排名 | 公司 | 母国 | 行业类型 | 世界范围内广告花费/百万美元 |
|------|------|------|----------|---------------------------|
| 65 | 宝马 | 德国 | 汽车 | 558 |
| 66 | 先灵葆雅 | 美国 | 护理 | 550 |
| 67 | 马自达 | 日本 | 汽车 | 548 |
| 68 | 维萨 | 美国 | 金融服务 | 543 |
| 69 | 诺华 | 瑞士 | 医药/护理 | 518 |
| 70 | 高乐氏 | 美国 | 洗涤剂 | 508 |
| 71 | 凯亚汽车 | 韩国 | 汽车 | 499 |
| 72 | 任天堂 | 日本 | 游戏 | 494 |
| 73 | 国际纸业 | 美国 | 纸业,包装/容器 | 478 |
| 74 | 马特尔 | 美国 | 游戏/玩具 | 466 |
| 75 | 家乐福 | 法国 | 零售业 | 462 |

资料来源：数据来自"世界营销商 100 强",广告时代,2008 年 12 月 8 日,pp.4-6.

随着时间的推移,统一的广告越来越多。对 20 世纪七八十年代的国际广告调查发现,那时候还很少应用统一的广告。但是,最近一份对 38 家国际企业的调查揭露,在设计并执行它们的全球广告时,大约有一半的公司会使用广泛或者完全的标准化制作。只有1/4 的公司声明在它们公司,标准化使用非常有限或者根本不存在。因此,看起来总体是向标准化制作方向发展。但是,许多营销主管仍然对全球广告的价值表示怀疑,这些趋势也可能会反向发展。比如,可口可乐放弃了在印度实行统一的广告,如今在该市场播放由在印度制作,按印度消费者喜好裁定的广告。

# 15.2  设计全球广告

当然,公司没必要只在全球完全统一的广告和完全当地化的广告之间选择。与设计全球产品类似,许多公司采取了较为温和的方法:公司可以在所有广告中选择一些特色作为所有的标准,在其他细节上增加当地化特色。最常见的就是全球主题法,即在全球范围内使用相同的广告主题,但在每个市场执行时略有差异。以"可乐时代"为主题的可口可乐全球广告在许多顶级市场上设计并拍摄,其中包括巴西、德国、意大利、法国、南非和美国。在"西班牙婚礼"中,一个典雅的年轻女人在换上婚纱时还在享受着可乐的味道。此外,如果全球广告并不合适,那么区域广告可能合适。

在设计全球(或者区域)广告时,公司应该采取与设计全球产品相似的步骤。换句话说,不能在事后才想起要根据当地实情做改变。应该在早期就从广告最终要播放的市场上收集信息并融入广告设计。这能够保证对每个市场来说信息是合适的,所用的媒体也是可获得的。这也能够辨别公司设计全球广告时要做哪些改进,从而缩短这些改进所需的时间。

比如,由汽车生产商菲亚特发布的标准化广告最初在意大利设计,由不同国家市场的当地代理进行微小的改变(如翻译)。接下来,公司与公共集团(Publics Groupe)合作,在欧洲成立了一个专门针对菲亚特的广告公司,制作欧洲地区的广告。该新设的机构的一个关键指令就是在广告设计早期收集资料,以判定应该在欧洲施行统一的广告还是需要对不同市场设计不同的广告。

全球主题法(global theme approach):在全球市场上使用单一的广告主题,但在每个当地市场执行时略有差异的广告方法。

两个广告——一个是用英语,一个是用西班牙语——推广阿姆斯特丹地板,向潜在顾客指出公司网址。不同的装潢体现了不同的文化。

# 15.3　全球与当地决策计划

许多成本、市场、法规和文化因素影响广告可以标准化的程度。

## 1. 成本的节约

标准化广告方法的一个优点就是非常经济。在许多市场,它们设计各自的广告时,要花费很多重复成本,如拍摄、布景和电视广告的制作。在一个标准化方法中,若这些生产成本都可以减少,就能够有更多的资金购买媒体空间。

## 2. 定名

在 11 章中,我们已经讨论论过,跨国公司对全球品牌的兴趣越来越大。许多公司在全球范围或者区域范围内只用单一的品牌营销产品。伴随着如今大量的国际旅游和跨越国界的媒体覆盖,公司对创造单一品牌形象越来越有兴趣。如果当地广告相互冲突,那么这一形象就会让人迷惑。以下列出公司想要创造单一品牌形象的一些例子。

- H. J Heinz 为亨氏(Heinz)牌番茄酱设计了一个全球广告,为的是在不同国家市场上形成一个统一的品牌形象。
- 捷豹(Jaguar)发现自己的 S 型车对世界范围内的相似消费者都有吸引力,所以它使用了相同的广告语"从芝加哥到雷亚迪,到东京,到柏林"。这使捷豹(Jaguar)在世界范围内保持统一的形象,也无须在每个市场设计不同的主题,从而节约了成本。
- 迪士尼为自己的主题公园发起了第一次全球性广告活动。在这之前,该公司在每个地区独立宣传。现在,迪士尼期望面对全球旅行者并将他们拉入随处可见的迪士尼主题公园。

## 3. 目标市场

如果目标市场限定得比较小,那么全球广告可能更成功。比如,宝洁公司在四年之内将品客(Pringles)薯片的销售量增加了一倍,达到 10 亿美元。如今,作为宝洁三大顶级品牌之一,品客在 40 多个国家销售。宝洁将这个全球性的成功归结于针对小孩子和青少年的统一广告。该信息在全球都是一样的"一吃停不下"。尽管宝洁在不同市场的产品上允许存在当地差异,如口味的选择,但是整个广告是采用标准化制作的。

## 4. 市场条件

尽管在节约成本、全球定名和集中目标市场上都需要进行标准化广告制作,不同的市场条件可能会限制标准化的使用。

### 1) 生命周期阶段

因为在不同国家的产品可能处在不同的生命周期阶段,考虑到不同的消费者意识,可能需要采取不同的广告类型。一般来说,在产品生命周期早期的广告集中在让人们熟悉产品类型,因为许多潜在顾客可能还没有听说过该产品。在接下来的阶段,随着竞争的加剧,广告要转向宣传自家产品超过竞争者产品的优势所在。有时候菲多利(Frito-Lay's)公司的产品在许多国外市场都非常陌生,广告活动就集中在教育消费者改变消费习惯上。比如,中国广告向顾客展示薯片是土豆被切成片的,所以人们知道薯片是如何来的。在土耳其,菲多利(Frito-Lay)分发小手册倡导新的食谱和饮食习惯:"尝试中午吃个金枪鱼汉堡,再加带包薯条吧!"

与此类似,当宝洁进入中国市场时,也采用了实用性广告,如教消费者如何正确洗头。但是,随着消费者越来越老练而不太需要指导时,宝洁就将重心从指导转为激发消费者对它们产品的积极态度上。

2）对产品的看法

在某些市场,产品可能面临特殊的挑战,要求根据不同国家采取不同的广告活动。比如,斯柯达汽车在整个欧洲和部分亚洲、拉丁美洲地区销售。但是在英国,它臭名昭著。在一个消费者调查中,60％的消费者均说他们无论如何都不会考虑购买一辆斯柯达——即使在宝马收购了捷克汽车公司并极大改进了这一车型。这种情况的解决方案就是一则广告,以英式幽默和斯柯达的状况作为笑点。每个自我贬低的广告结束语都是这么一句话"这真的是辆斯柯达啊"。这个广告非常成功,提高了这款车在英国市场上的接受度。

**世界脉搏15.1**

## 疏离消费者的广告

跨文化广告具有这么一个风险:如果潜在消费者发现该广告具有侵略性,那么这个广告必将疏离消费者。消费者们越反感广告,他们就可能越反对这个产品或者品牌。有些问题乍看是无害的,但会让全球营销者不得安枕。比如,沃尔沃担心,一个新的广告着重强调与家人一起玩乐,可能会疏远那些将品牌与安全性联系在一起的传统客户。

什么是可接受的,什么是不可接受的,这些文化差异特别让全球广告者感到头痛。在日本的百事可乐挑战广告中,百事将自己与可口可乐做对比并认为自己更受欢迎,但是这个国家并不习惯比较性广告,时至今日他们仍然反对百事可乐,百事可乐也无法成功摆脱这个惯例的束缚。苹果公司推出了一个Mac打败胆小的PC的广告并在美国大获成功时,该公司尝试着将这则广告推广到国外。为美国市场上的PC设计的斗败了的狗的形象在日本看来缺乏地位。在日本观众的眼中,苹果应该给予PC更多的尊重,给它穿上合适的办公室套装,而不是让它穿着傻里傻气的衣服。即使是在英国,Mac对阵PC的广告也宣告失败。正如一个评论员所说,PC显得邋遢但是很可爱,但是Mac显得自命不凡。

当然,有些广告会疏离政府当局。一则百事可乐的广告展示了公寓广场上一圈喝着百事可乐、玩着音乐的喧闹少年。当其他房客抱怨时,这些少年还调高了音量。俄罗斯监管广告的机构命令禁止该则广告的播出,依据的是一则广告不得倡导暴力和残酷行为的法律。

资料来源: Geoffrey A. Fowler, Brian Steinberg, and Aaron O. Patrick. Mac and PC's Overseas Adventure. *Wall Street Journal*, March 1, 2007, p. B1; Stephanie Kang. Volvo Is Steering Gingerly to Seem Safe and Sexy. *Wall Street Journal*, August 30, 2007, p. B2; Jason Bush. Wooing the Next Pepski Generation. *BusinessWeek*, October 29, 2007, pp. 74-75; and Kara Chan, Lyann Li, Sandra Diehl, and Ralf Terlutter. "Consumers" Response to Offensive Advertising: A Cross-cultural Study. *International Marketing Review*, Vol. 24 No. 5 (2007), pp. 606-628.

## 5. 法规环境

在许多案例中,某个国家的特定法律可能会禁止公司使用标准化制作的广告,尽管这些可能显得很有必要。马来西亚是一个穆斯林人口大国,禁止在广告中露出妇女穿着无袖衣服和露出内衣的图片。马来西亚也禁止在电视广播中有亵渎神灵的行为。电视播出要受到国家审核委员会的审定。有些现场直播的节目，如世界杯，其播放会有几分钟的耽搁，为的是经过审查。在有些欧洲国家，糖果广告必须展示牙刷的标志。

在中国，广告要经过大量的审核和法规限制。所有的户外广告都要经过多级政府机构的批准。禁止使用一些最高级形容词如"最高的品质"和"最好的成分"。有些"冒犯性产品"如痔疮膏和运动员足部润滑油等电视广告就不能在三餐时播放。商业广告中展示的孩子要尊重年长的人，孩童的广告不应该植入一种因拥有产品而产生的优越感。中国的法规也可能在一夜之间改变。为了准备北京奥运会，当局开始移除或者覆盖整个城市中的广告牌。

有些行业比其他行业面临更多的法规限制。不同的国家法律治理医药、酒水和金融服务的广告。在许多国家，烟草产品的广告受到严格的限制。欧盟取缔了所有广告牌和印刷品的烟草广告。烟草广告管理相对较松有限的地区如中亚和高加索山脉地区，之前是苏联的一个部分。在这些国家中，大多数都允许在电台和电视上做香烟的广告，尽管有些规定只能在晚间播放。但是，这种自由也是很稀少的，建议全球营销者们在发起任何形式的广告之前要先仔细检查当地的法规。一个鲁莽的飞行员在立陶宛因为非法宣传香烟而被逮捕，因为该国国会刚刚禁止了香烟广告。

当前，欧盟正在打击各种食物产品广告中有关对健康有益的声明。在大约 4 000 种产品中，欧盟食物与安全管理局检查了前面 43 个健康声明，结果证明只有 9 个是真正有效的。这也难怪行业专家们认为欧盟的法规是世界上最严格的。

## 6. 文化差异

文化差异也会限制标准化广告的使用。Taco Bell 是一家美国的连锁餐厅，有 7 000 家分店。该餐厅发现啾啾（Gidget），在美国广告中用到的一条会说话的狗，不能在亚洲和伊斯兰国家使用。在亚洲，很多人将狗当作一道美食。而在伊斯兰国家，甚至摸一下狗都是禁忌。当科蒂集团（Coty）针对中东市场为 Jennifer Lopez 香水做广告时，它将广告放在最新发布的中东版《她》的杂志中。但是出于对区域敏感性的考虑，该广告经过改变，只展示了歌手的脸，而不是原先广告中展示的歌手签名的轮廓。当西方广告商最初进入东欧时，文化差异也曾造成了阻碍。一家食物生产商想要通过一户幸福的家庭在聚餐的场面向罗马尼亚人推荐肉汤布丁。该广告最后被置换了，因为罗马尼亚人并不熟悉家庭聚餐的概念。

虽然法律并不禁止在广告中使用裸体模特，但是在许多文化中这类广告都是极富争议的。莎莉集团（Sara Lee）是一家美国公司，拥有 Playtex、Cacharel 和 Wonderbra 等内衣品牌，在墨西哥设置的广告牌上面对了许多反对。该公司发布了全球 Wonderbra 品牌的广告。作为户外广告的一部分，其中展现了一个穿着内衣的捷克模特。在许多墨西哥城市，人们都发出了抗议，认为该广告具有侵犯性。该公司为墨西哥市场重新设计了广告，为模特穿上了外套。

1）软销售之王：在日本市场上的广告

日本是仅次于美国的世界第二大广告市场。但是，当许多西方公司为这个重要市场设计广告主题时,他们面临着许多特殊的挑战。日本的主流广告形式是图片展示法,或者说是"软销售"。这与真实销售法,或者说是"硬销售"形成鲜明的对比。硬销售法是美国广告的传统,同时与幽默式广告一起盛行英国。

在日本和其他亚洲文化中,与北美和欧洲形成鲜明对比的是,消费者更倾向于被情感打动,而不是广告中的逻辑。因此,需要在情感上劝说消费者购买产品。这使得广告很少提及价格,也避免了针对贬低竞争对手产品的比较性广告,有时候甚至会忽略产品的特色和质量。据有些专家指出,西方广告旨在使产品看起来更高档,而日本广告旨在使产品看起来是值得拥有的。日本语里面甚至有一个专门的动词,用来描述与顾客理性判断相悖的被说服的过程。

但是,日本人对其他国家和语言很感兴趣,尤其是使用英语的国家。日本的 Nikkei 广告研究所进行了一项研究,比较广告标题中外国单词的数目。日本的比例是 39.2%,是在广告中最多使用外语单词的国家,接下来是中国台湾,占到 32.1%,韩国 15.7%,法国为 9.1%。在美国,受调查的广告标题中只有 1.8% 使用外语单词。

日本的电视商业广告中充满了美国主题。它们经常会融入美国的领土和背景,雇用美国名人。你可以在化妆品、衣服和饮料的广告中看到 Meg Ryan,Brad Pitt 和 Demi 等大牌明星。通过在它们的广告中使用美国明星,日本公司给人这么一个印象:这些产品在美国非常流行。由于日本人对许多美国文化主题都很感兴趣且持积极态度,这种战略往往颇有成效。

2)广告的可信度

英国的初中会教学生如何成为"有责任心的消费者"。除了其他事项,这一规定课程鼓励学生们批判公司广告。

除了市场间的其他文化差异,对于广告的可信度也存在国家差异。一个营销研究公司采用比较研究法调查了 40 个国家的广告可信度。在美国,86% 的消费者迫切批评广告活动,尤其是那些针对孩子的广告,有 75% 的消费者赞扬广告的创造性。在亚洲,消费者的态度更为积极。47% 的人认为广告提供了好的产品信息,40% 的人说广告商相信消费者的判断力。在全球范围内,这些比例分别为 38% 和 30%。

苏联的消费者是最具有怀疑态度的消费者之一。只有 9% 的消费者相信广告提供了好的信息,只有 10% 的人认为他们尊重消费者的智商。在全球范围内,61% 的消费者称赞广告所具有的创造性和娱乐价值,居住在苏联的消费者中只有 23% 的人赞成这一观点。在罗马尼亚进行的针对消费者对网络广告的态度调查显示了相似结果。罗马尼亚消费者认为网络广告是有趣的,但是他们对广告的可信度表示怀疑。

跨国公司必须考虑总体市场不同的广告信任度,尤其是有些媒体的可信度。在信誉高的国家,公司可以更多的依赖广告的作用,而在其他国家,营销者们应该谨慎考虑是否应该使用其他形式的沟通方式。

3)处理文化差异

在运用全球主题法时,全球公司可以采取一个积极的方法处理文化差异。在玛氏糖果的大型更名广告中,户外广告牌上的标语都是为了引发当地观众的愉悦感。在英国,该口号是"星期六下午三点",指的是万众期待的足球开球时间。在法国,单词"八月"指的是整个国家传统的假期时间。在德国，词语"最后的停车空间"是依据他们独特的国家偏好选定的。

另外一种处理国际广告面临的文化挑战的方法是，考虑仅在世界分享同一种文化的地区使用这种广告。一项对埃及、黎巴嫩和阿联酋的广告的调查发现，这是有可能实现的。但是，营销者们应该记住，共享文化特色的国家也可能存在差异。比如，中东的受教育程度差异很大，这反过来也会影响产品和服务的广告方式。

为保证广告信息与目标市场的现存文化信仰相一致，公司可以选择很多资源。当地子公司员工或者当地分销商都可以判定信息的文化内涵和可接受性。有当地办公室的广告公司也能提供帮助。在考虑使用当地化、区域化还是全球化方法时，国际营销者的责任是保证有知识的当地国民能够接受信息，从而能够防止在给定市场犯下不恰当运用感染力的错误。

## 15.4　克服语言障碍

即使运用全球广告，如何恰当翻译广告仍然是全球营销者们一个主要的文化挑战。即使是在讲英语的人群中，日常使用的单词也不一样，如表 15.2 所示。在过去，大多数全球广告的翻译错误都是在目标国之外进行的字面翻译的结果。时至今日，可以通过征募当地国民或者语言专家来避免错误的翻译。全球营销者们一般让当地广告公司、自己的当地子公司或者目标国内独立的分销商来检查翻译结果。

表 15.2　英语的差异

| 美国方言 | 英国方言 | 美国方言 | 英国方言 |
| --- | --- | --- | --- |
| Apartment | Flat | make a decision | take a decision |
| Appetizer | Starter | Pantyhose | Tights |
| Attic | Loft | Paper towel | Kitchen towel |
| Baby carriage | Pram | to rent | to let |
| Car trunk | Boot | Realtor | Estate agent |
| College | University | Stove | Cooker |
| Commercial | Advert | Sweater | Jumper |
| Cookie | Biscuit | Washcloth | Flannel |
| Doctor's office | Surgery | Yard | Garden |

当在一个国家或者区域市场上需要运用翻译来接触讲不同语言的消费者时，这些方法同样适用。当加利福尼亚的牛奶加工董事会决定将自己著名的"你有牛奶吗？"这则广告译成西班牙语时，一位从委内瑞拉的加拉加斯搬到洛杉矶的女性广告人提醒董事们，该标语翻译成西班牙语后的字面意思是"你分泌乳汁了吗？"该董事会明智地将广告改成了"你呢，今天给他们喂牛奶了吗？"

在欧盟,许多广告商强调用视觉交流的方法,而不是试图通过各地区的不同语言来交流信息。融入图片的视觉广告比单词更容易被受众接受。视觉广告的优势是没有文化针对性。比如,卡地亚(Cartier)是一家法国奢侈品公司,该公司在123个国家播出广告。该广告只使用杂志和最少的特色语言。它强调戏剧般的照片,使相同的信息能够在巴西、日本、俄罗斯和许多其他国家传递。

但是,全球品牌的一些经理人正在重新考虑当地语言的力量。威尔士语言董事会鼓励在威尔士的广告中使用传统的语言,尽管在20世纪大部分时间该语言都在衰退,该国正在实行复兴运动,今天在英国已经有50万人讲这种语言。结果是,可口可乐公司同意在双语海报中使用威尔士语。

# 15.5  全球媒体策略

正如前面提到的,今天的全球营销者是媒体空间的主要购买商。在世界各地有许多的媒体。但是,问题是,不是所有媒体都可以进入任何国家的。即使它们能够进入某个国家,它们向目标受众传递信息的技术能力可能是有限的。因此,全球营销者必须考虑不同媒体的可获得性和目标国家的传媒习惯。

## 1. 全球媒体

营销者们有时候有机会选择使用全球媒体。全球电视包括新闻网络,如BBC和CNN;消费者频道如动物世界,Discovery,ESPN和MTV。但是,全球印刷媒体主要包括针对商业主管的杂志,如《商业周刊》《经济学人》《财富》《时代杂志》以及少数消费者杂志,如《都市报》《她》。但是,这些杂志在推广全球品牌上非常具有吸引力。一项针对巴西、中国、法国、印度、韩国、泰国和美国《都市报》上的广告的调查发现,除了印度,每个国家的《都市报》上的跨国公司的产品广告都多于国内产品的广告。

卫星电视渠道并不受政府管束,在世界许多地方都对电视发起了一场革命。英语是大多数卫星渠道的通用语言。但是,使用当地语言播放的趋势正在发展。如今,卫星渠道已经能够提供数种语言,如阿拉伯语、德语、法语和瑞典语。

最成功的全球卫星公司之一是MTV。这一音乐频道30年前在美国成立,如今已拥有18种不同语言在164个国家10%的听众,其中有80%居住在美国之外。麦当劳在MTV的160多个国家中选择性的参与战略旨在利用其全球覆盖面和被吸引的年轻听众。因此,麦当劳成为MTV《先兆》的唯一赞助商,该节目关注新兴音乐才人,是MTV首个真正的全球节目。

## 2. 当地现有媒体

广告商在媒体上的投入(或者说是广告花费)依国家而不同,如表15.3所示。美国和许多欧洲国家的广告商已习惯于使用随处可得的全方位的当地媒体。除了传统印刷媒体(包括报纸和杂志),美国广告商还可以使用电台、电视、广告牌、电影院和互联网。此外,也可以在极有潜力的客户群体间使用直接邮寄的方式。这种广泛的媒体选择不是在

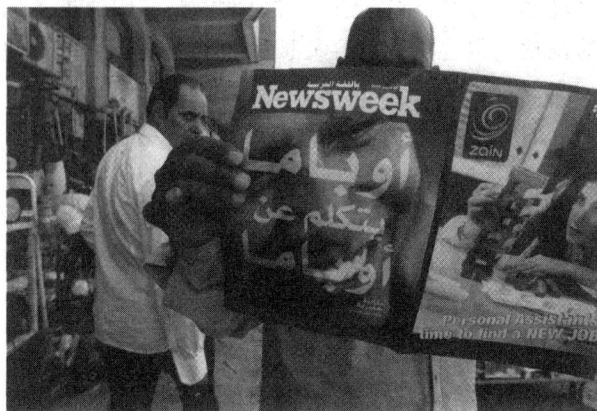

全球杂志诸如《商业周刊》《经济学人》《都市人》和《她》已经触及世界不同国家的城市知识分子。

每个国家都可获得的,尤其是在落后地区。因此,在多个国家营销产品的公司可能会发现自己无法在所有市场上都使用相同的媒体组合。即使有时候可以获得某种媒体,准入性还会受到部分限制。在有些国家,公共或者私人电视频道只为广告提供极少的播出时间。

表 15.3 部分国家的广告总投入

| 国家 | 广告花费/百万美元 | 人均广告花费/美元 | 国家 | 广告花费/百万美元 | 人均广告花费/美元 |
|---|---|---|---|---|---|
| 中国 | 18 388.3 | 13.9 | 哥伦比亚 | 2 001.5 | 42.8 |
| 印度 | 6 215.2 | 5.3 | 墨西哥 | 4 771.3 | 44.3 |
| 印度尼西亚 | 2 844.4 | 12.1 | 委内瑞拉 | 688.5 | 24.8 |
| 日本 | 45 034.6 | 352.7 | 埃及 | 1 193.3 | 15.8 |
| 马来西亚 | 1 594.6 | 57.7 | 以色列 | 1 062.3 | 145.8 |
| 巴基斯坦 | 270.1 | 1.6 | 肯尼亚 | 111.7 | 2.9 |
| 菲律宾 | 4 609.6 | 51.1 | 尼日利亚 | 88.5 | 0.6 |
| 新加坡 | 1 438.1 | 310.0 | 沙特阿拉伯 | 1 273.0 | 50.3 |
| 韩国 | 8 581.0 | 176.5 | 南非 | 3 981.3 | 81.5 |
| 中国台湾 | 1 607.0 | 70.0 | 阿联酋 | 1 702.0 | 378.0 |
| 泰国 | 3 285.0 | 51.1 | 加拿大 | 10 999.6 | 330.6 |
| 越南 | 572.3 | 6.6 | 美国 | 187 760.8 | 616.7 |
| 澳大利亚 | 9 125.9 | 428.4 | 法国 | 18 036.3 | 292.0 |
| 捷克共和国 | 3 508.2 | 340.1 | 德国 | 26 157.7 | 318.2 |
| 匈牙利 | 3 421.1 | 340.8 | 意大利 | 13 167.5 | 223.3 |
| 波兰 | 2 718.0 | 71.4 | 挪威 | 4 660.1 | 991.2 |

| 国家 | 广告花费<br>/百万美元 | 人均广告花费<br>/美元 | 国家 | 广告花费<br>/百万美元 | 人均广告花费<br>/美元 |
|---|---|---|---|---|---|
| 俄罗斯 | 9 464.2 | 66.6 | 西班牙 | 11 688.6 | 259.4 |
| 乌克兰 | 1 116.9 | 24.2 | 瑞典 | 2 938.0 | 320.8 |
| 阿根廷 | 1 951.3 | 48.9 | 土耳其 | 2 787.0 | 37.5 |
| 巴西 | 9 105.4 | 46.8 | 英国 | 23 452.4 | 384.4 |
| 智利 | 1 138.8 | 67.8 | | | |

资料来源：全球市场信息数据库，2008，国际欧洲监控。© Euro monitor International 经许可出版。

在不同地区，全球公司通常运用不同的媒体组合。这些在全球广告花费上的差异部分反映了媒体可获得性的差异。在媒体差异和市场差异方面，全球经理人在制订他们的媒体计划时，必须保持弹性。一个公司不可能预期在任何地方都能最大程度地使用自己最偏好的媒体。因此，全球广告活动必须具有足够的弹性，以适应当地的情况。比如，当国际保险商进入印度保险市场时，他们估计该市场只被开发了 1/4。因此，广告商们便解释人寿保险如何提升人们的福利水平。无所不在的广告出现在广告牌上、报纸上、色彩斑斓的网站上和书报亭的海报上。

## 3. 媒体习惯

不同国家媒体花费各不相同，如表 15.4 所示。选择使用哪种媒体不仅受到不同媒体的可获得性和市场穿透力影响，还要受到国民尤其是目标市场的媒体习惯影响。国际营销者不但要关注媒体的可获得性，同时也要考虑不同国家市场的媒体习惯，世界范围内的媒体习惯存在极大差异。不同的文化更偏好某种媒体，而不管媒体的穿透力如何。在许多发展中国家，有关媒体使用的真实数据可能无法获得，从而增加了选择媒体和设计全球广告的困难度。

表 15.4　部分国家主要媒体所占百分比　　　　　　　　　　单位：%

| 国家 | 电视 | 电台 | 印刷 | 电影院 | 户外 | 网络 |
|---|---|---|---|---|---|---|
| 阿根廷 | 48.7 | 2.5 | 37.0 | 1.3 | 8.0 | 2.5 |
| 澳大利亚 | 29.7 | 9.6 | 43.0 | 0.8 | 4.0 | 13.0 |
| 巴西 | 65.5 | 4.4 | 23.9 | n..a. | 4.5 | 1.8 |
| 加拿大 | 30.0 | 13.1 | 39.4 | 0.0 | 3.5 | 14.0 |
| 智利 | 55.7 | 6.4 | 28.7 | 0.0 | 7.3 | 1.6 |
| 中国 | 39.5 | 6.5 | 31.8 | 0.0 | 13.7 | 8.5 |
| 捷克 | 47.1 | 4.9 | 37.6 | 0.4 | 5.0 | 4.9 |
| 埃及 | 35.9 | 6.7 | 57.1 | 0.3 | 0.0 | n..a. |
| 法国 | 36.1 | 7.7 | 36.0 | 1.2 | 11.8 | 7.1 |

| 国家 | 电视 | 电台 | 印刷 | 电影院 | 户外 | 网络 |
|---|---|---|---|---|---|---|
| 德国 | 24.4 | 4.0 | 62.6 | 0.5 | 4.6 | 3.9 |
| 印度 | 44.9 | 1.6 | 46.7 | 1.2 | 4.3 | 1.3 |
| 印度尼西亚 | 60.1 | 1.6 | 34.5 | 0.2 | 3.5 | 0.2 |
| 意大利 | 52.1 | 6.9 | 33.7 | 0.7 | 3.5 | 3.0 |
| 日本 | 43.0 | 3.5 | 29.9 | n..a. | 8.9 | 14.6 |
| 肯尼亚 | 28.4 | 36.9 | 33.7 | 1.0 | n..a. | n..a. |
| 马来西亚 | 37.5 | 4.2 | 53.8 | 0.5 | 4.0 | n..a. |
| 墨西哥 | 68.4 | 9.7 | 21.9 | n..a. | n..a. | n..a. |
| 尼日利亚 | 14.3 | 0.7 | 80.6 | 0.0 | 4.5 | n..a. |
| 巴基斯坦 | 43.9 | 2.4 | 35.7 | 0.2 | 17.4 | 0.4 |
| 波兰 | 51.6 | 8.1 | 26.1 | 1.0 | 8.3 | 4.9 |
| 俄罗斯 | 50.5 | 5.1 | 23.5 | 1.0 | 18.2 | 1.8 |
| 沙特 | 6.0 | 2.5 | 66.4 | n..a. | 14.4 | 10.7 |
| 南非 | 49.3 | 11.8 | 33.0 | 0.8 | 4.3 | 0.7 |
| 韩国 | 33.4 | 2.6 | 42.8 | 1.0 | 7.7 | 12.5 |
| 瑞典 | 22.6 | 2.9 | 57.2 | 0.4 | 5.8 | 11.0 |
| 中国台湾 | 34.3 | 9.2 | 39.9 | n..a. | 8.5 | 8.1 |
| 土耳其 | 53.4 | 3.5 | 24.4 | 1.2 | 6.2 | 1.2 |
| 阿联酋 | 1.5 | 0.8 | 83.7 | 1.1 | 10.4 | 2.5 |
| 美国 | 32.8 | 11.6 | 43.5 | 0.3 | 3.8 | 8.0 |
| 英国 | 25.5 | 3.7 | 42.4 | 1.3 | 6.7 | 20.4 |
| 委内瑞拉 | 59.3 | 3.7 | 20.0 | 6.6 | 10.4 | n..a. |
| 越南 | 72.3 | 22.2 | 0.0 | 5.2 | 0.1 | 0.2 |

注：n..a.＝无法获得数据。

资料来源：全球市场信息数据库，2008，国际欧洲监控。© Euro monitor International 经许可出版。

电视和电台的所有权和使用权在不同国家差异极大。印刷媒体（如报纸和杂志）的受众也随国家不同有较大差异，这受到国民的文化程度影响。尽管在工业产品市场上，公司并不太考虑国家文化程度，但是在消费品广告中，这是一个非常重要的因素。在大部分人口都是文盲的国家，印刷媒体的使用几乎没有什么价值。公司运用电台和电视克服受教育水平问题。但是，这些媒体并不能在穿透性有限的地区使用。

在发达工业国家，所有主要媒体都具有极高的穿透率。但是，不同地区的媒体可获得性正变得越来越相似。比如，2003—2009年，北美和南美互联网的使用者逐渐接近，北美洲的使用者有 26 000 万人,而南美洲是 2 亿人。这推动了用旗帜广告和品牌赞助网络游戏作为接触不同国家有文化的网络消费者的发展。在有些国家,如韩国,许多年轻消费者在网上花费大量时间,却很少花时间看电视。这种现象在中国也可以看到。因此,这些国家的广告花费正从传统媒体转向新媒体。

**世界脉搏 15.2**

## 中国的网络广告

即使是繁荣的中国经济,也遭到国际经济衰退的迎头一棒。这使营销经理人和广告机构主管在中国市场寻求更廉价的广告方式。结果就是,尼尔森(Nielsen)公司估计中国的网络广告仅在一年之内就增加了 42%,其速度令人咋舌。各大品牌纷纷探索方法与中国的网络平台合作。尽管可口可乐仍然购买昂贵的中国国家电视台的播放时间,该公司也在互联网上为零度可乐做广告。该广告请各大社会网点使用者上传照片证明为什么他们应该成为下一个詹姆斯邦德。获奖者可以赢得一天时间像邦德一样生活,一切费用由可口可乐支付。

新媒体在获取中国的青少年消费者上非常重要,这些消费者花费大量时间在互联网上,基本没有时间看电视。为了这一目的,Estee Lauder 的 Clinique 品牌设计了长达40 集的数字情景喜剧,讲述一个上海女大学生的故事,以此来宣传自己的化妆品。收看者可以在博客上贴海报或者信息陈述他们是如何看到女主人公克服面临的挑战的。在 3 个月内,该电视剧吸引了 2 000 多万名观众。

汽车销售量在许多主要市场都在下降,汽车公司希望增长的中国市场来支持全球销售。在购买汽车时,口碑在中国非常重要,但是许多汽车购买者都是他们朋友或者家庭中首个购买汽车的人。因此,他们将互联网当作一个重要的信息来源。上海通用汽车公司将互联网广告花费增加到总广告花费的 10%,并预期还要增加公司在社交网络的广告。

资料来源:Geoffrey A. Fowler. Marketers Flock to China's Biggest TV Network. *Wall Street Journal*, November 20, 2008, p. B8; Loretta Chao. Online Advertising Gets Boost in China. *Wall Street Journal*, December 11, 2008, p. B6; Mei Fong. Clinique, Sony Star in Web Sitcom. *Wall Street Journal*, March 27, 2009, p. B4; and Juliet Ye. Auto Makers, Flock to the Web to Woo Chinese Buyers. *Wall Street Journal*, April 9, 2009, p. B9.

事实上,发展中国家的现代化创造出了许多新的媒体机会。在亚洲——手机数量激增而且对垃圾信息很少有法规限制——广告商们越来越多地通过手机短信方式接触消费者。在印度,手机的穿透力比其他媒体(如电视和互联网)都强,手机广告在获取该国庞大而多样的人口中显得非常有效。尽管手机广告在诸如印度等国家的广告费用仍然很低,但是预计在未来将会上升。此外,亚洲的不同文化可能特别适合手机广告的简洁特性。正如我们在前面提到的日本,亚洲文化倾向于消费者预期在广告中得到较少的产品信息。

新兴国家的城镇化也为媒体创造了机会。在北京,交通广播满足了中国新一代通勤者的需要。除了提供交通即时信息，该电台还会播放流行的轻音乐来舒缓困在交通中的司机的神经。80％的北京司机会融入音乐。随着中国私人汽车的增加，交通广播成为该国广告收益最高的电台之一。为了利用繁忙的上海地铁系统（该系统每天运载 220 万通勤者），星巴克创造了一个"地铁京剧"，在地铁车辆和站台的高技术平板电视上播出。在迪拜，政府与公司协商，销售 24 个站台的命名权，这些站台是该国新建的大众运输系统的一部分。这可为营销者们提供一个独特而关注度极高的媒体。

一位中国市民进入地铁。发展中国家的城市化为全球营销者们创造了新的媒体机遇，包括电子广告牌，甚至是上海地铁中播放的"地铁京剧"。

在有些情况下，媒体选择的全球爆炸也遇到一些阻力。比如，户外宣传是接触俄罗斯富有消费者的一个好方法。俄罗斯商人读的报纸、观看的电视要比世界其他地方的商人少，城市居民经常堵在路上，许多俄罗斯人在视觉上已经习惯了从共产主义时期流传下来的大型海报。但是，当广告海报在莫斯科像摩天大楼那么高时，立刻激起了保守分子、立法者，甚至是广告行业有些人的惊呼。尽管这些广告是非法的，但是笨拙的俄罗斯法律系统也要花上好几个星期来废除它们。

## 4．规划全球宣传

广告花费总是在销售量置顶之前达到最高峰。而在多久之前达到最高峰要看消费者做出购买决策的复杂性和他们考虑的时间。这些规则在这里尽管有些笼统，但是对国内市场和国外市场一样通用。然而，因为不同的销售顶峰、国家假期和宗教节日，以及购买方面考虑时间的不同，差异仍然是存在的。

销售顶峰受气候季节、习俗和传统的影响。北美和欧洲的冬季时间是南半球（如澳大利亚、新西兰、南非、阿根廷、巴西）的夏季。季节影响许多消费品如衣服、假期服务、旅游、冰激凌和软饮料等的购买和消费。假期对有些欧洲国家尤其重要。正如第 3 章中所讲的，宗教假期也可能会影响消费者采购以及因此而导致的广告的投入和时间设置。

对工业产品来说，支撑销售的广告时间可能会受某个国家习惯的预算周期影响。公司受到自身的预算周期的影响很大，通常会跟它们的会计年度相一致。比如在日本，许多公司的会计年度都是始于 6 月而不是 1 月。因为资本预算总是在新的会计年度开始之前完成，需要通过预算案的产品就需要在预算完成之前得到广告支持。

考虑一项采购所需的时间是决定广告高峰比销售高峰提前多久的决策首先要考虑的因素。在国内市场,公司可能已经熟悉消费者的考虑时间。但是由于消费者的考虑时间可能会受收入水平和环境因素的影响,其他市场可能会显示出不同的模式。采购或者置换一个小型的家用电器可能是北美家庭的日常决策,该采购行为可能就会在有需要时产生。在一个低收入水平国家,这种采购可能要在几个星期或者几个月之内计划好。因此,采用国际营销的公司需要仔细评价国内广告政策的形成假设,不要想当然地将它们应用到任何地方。

# 15.6　组织全球广告

全球营销主管关注的焦点围绕公司全球广告活动的组织。最关键的因素包括总部、子公司以及广告机构所发挥的作用。营销者们意识到,采用更和谐的国际广告方法可能会提高总投入的质量和效率。组织这一活动需要许多时间,因为每种产品都需要独立的广告。在这一部分,我们将仔细分析广告机构的选择和跨国公司在进行全球广告活动时可能出现的管理问题。

## 1. 广告机构的选择

在与广告机构的合作方面,全球公司有很多选择。许多公司与国内的广告机构建立关系,但是它们必须决定是否期望由国内广告机构处理它们的全球广告业务。在有些外国市场,公司需要选择合作的外国机构——这个决策可以由总部单独决定或者交给当地子公司。另外一个选择是,跨国公司可以使用具有全球覆盖面、联合在一起形成全球网络的广告机构。

1) 与国内广告机构合作

当一个公司开始跨国发展时,由国内广告机构同时处理国际广告业务也并不出奇。但是,只有当国内广告机构具有全球经验和能力的时候才可以。公司被迫做出其他选择。通常情况下,全球公司通过在自己运营的每个外国市场指定单独的广告机构。这可以在当地子公司或者是公司总部的帮助下完成。但是,不久之后公司可能会与许多广告公司建立关系,使全球协作变得困难。

2) 与国外的当地广告公司合作

当地广告机构能够完全了解当地环境,能够创造出针对当地市场的广告。尽管奔驰是世界上最著名的品牌之一,但是有时候,该公司是使用众多当地广告机构的公司之一。在 1980 年之前,该公司确实在全球广告中投入颇多,采用的机构是 Ogilvy & Mather 全球广告公司。但是当 Ogilvy & Mather 全球广告公司寻求它的竞争对手福特汽车公司的业务时,奔驰解聘了这个广告机构。自此之后奔驰就采用了在各国使用不同的品牌形象的策略,在每个国家都使用最有创造力的广告机构。

3) 与国际广告网络的合作

许多在多国运营的公司发现同时与众多国内外的广告机构合作非常困难而且笨拙。因此,跨国公司倾向于将它们的客户集中在一些拥有自己的全球网络的大型广告机构。

表 15.5 列示了世界排名前 50 名的营销组织/机构。

**表 15.5 世界前 50 个广告公司**

| 排名 | 机 构 | 总 部 | 世界范围收益/百万美元 |
|---|---|---|---|
| 1 | WPP | 英国 | 13 600 |
| 2 | Omnicom Group | 美国 | 1 336 |
| 3 | Interpublic Group of Cos. | 美国 | 6 960 |
| 4 | Publics Groupe | 法国 | 6 900 |
| 5 | Dentsu | 日本 | 3 300 |
| 6 | Aegis Group | 英国 | 2 490 |
| 7 | Havas | 法国 | 2 310 |
| 8 | Hakuhodo DY Holdings | 日本 | 1 560 |
| 9 | MDC Partners | 加拿大/美国 | 584 |
| 10 | Asatsu-DK | 日本 | 503 |
| 11 | Alliance Data Systems(Epsilon) | 美国 | 491 |
| 12 | Media Consulta | 德国 | 427 |
| 13 | Microsoft Corp. (Razor fish) | 美国 | 409 |
| 14 | Photon Group | 澳大利亚 | 382 |
| 15 | Carlson Marketing | 美国 | 367 |

| 排名 | 机 构 | 总 部 | 世界范围收益/百万美元 |
|---|---|---|---|
| 16 | Cheil Worldwide | 韩国 | 339 |
| 17 | IBM Corp. (IBM Interactive) | 美国 | 313 |
| 18 | Sapient Corp. (Sapient Interactive) | 美国 | 306 |
| 19 | inVentiv Health (inVentive Communications) | 美国 | 280 |
| 20 | Grupo ABC（ABC 集团） | 巴西 | 279 |
| 21 | STW Group | 澳大利亚 | 255 |
| 22 | LBi International | 瑞典 | 241 |
| 23 | Clemenger Group | 澳大利亚 | 239 |
| 24 | Cossette Communication Group | 加拿大 | 238 |
| 25 | George P. Johnson Co. | 美国 | 238 |
| 26 | Aspen Marketing Services | 美国 | 212 |
| 27 | Merkle | 美国 | 211 |
| 28 | Wieden & Kennedy | 美国 | 204 |
| 29 | Chime Communications | 英国 | 203 |
| 30 | Mosaic Sales Solutions | 美国 | 199 |
| 31 | Commarco Holding | 法国 | 197 |
| 32 | M&C Saatchi | 英国 | 189 |
| 33 | Serviceplan Agenturgruppe | 德国 | 188 |
| 34 | Harte-Hanks Direct | 美国 | 183 |
| 35 | Doner | 美国 | 181 |
| 36 | Richards Group | 美国 | 168 |
| 37 | Bartle Bogle Hegarty | 英国 | 169 |
| 38 | Tokyo Agency | 日本 | 164 |
| 39 | Creston | 英国 | 146 |
| 40 | Cramer-Krasselt | 美国 | 144 |
| 41 | AKQA | 美国 | 140 |
| 42 | Media Square | 英国 | 136 |
| 43 | Marketing Store | 美国 | 135 |
| 44 | Rosetta | 美国 | 129 |
| 45 | iCrossing | 美国 | 122 |

续表

| 排名 | 机　　　构 | 总　部 | 世界范围收益/百万美元 |
|---|---|---|---|
| 46 | Derse | 美国 | 120 |
| 47 | RPA | 美国 | 118 |
| 48 | D. L Ryan Cos. (Ryan Partnership) | 美国 | 108 |
| 49 | FullSix | 法国 | 108 |
| 50 | TMP Worldwide (Veronis Suhler Stevenson) | 美国 | 102 |

资料来源：Reprinted with permission from the August 13, 2009, issue of Advertising Age.

第一代国际网络由美国广告公司在 20 世纪五六十年代创造，当时美国的客户鼓励他们的广告机构进入这些机构力量还很薄弱的外国市场。这一过程中的领导者有 J. Walter Thompson，Ogilvy & Mather，BBDO 和 Young & Rubicam。英国的企业家 Saatchi & WPP 引导了第二波的国际网络，其他的广告网络则是由法国和日本的广告机构形成的。20 世纪 80 年代世界上很多中等规模的广告公司进行了合并。到 90 年代，甚至在最大的全球公司之间并购也时有发生。这些并购者中有人利用控股公司的荫蔽作用，使每个广告公司都可以保留自己的品牌，同时享受大规模的优势和所有合作伙伴在全球范围内都有覆盖的能力。

在广告不如北美和欧洲大市场发达的国家中，利用全球广告机构或者网络就非常必要。比如，全球广告公司都喜欢东欧，因为在那里，有些国家近 90％ 的广告都是由全球公司的附属公司处理的。它们为了吸引大型公司诸如可口可乐、雀巢和联合利华的业务，会在广告网络内部传递大量知识，交换急需的技术。当越南向外国广告商开放时——虽然只是允许这些公司与当地越南公司合作——有 20 多个国际广告机构涌向了越南，这个世界人口排名第 13 名的国家。

因为其在执行全球广告上的能力，导致国际广告网络大受热捧。通常情况下，它们会创造出一套广告，然后在当地附属公司之间流传。与同一广告公司或者广告网络合作能够保证一致性，附属广告机构也愿意接受来自总部的指示。因此，随着公司逐渐发展全球业务，协调全球广告活动，它们很有可能会合并其他广告机构。

## 2. 协调国际广告

国际营销主管在公司的全球广告中所起的作用可能随公司的不同而不同，而且由许多因素决定。外部因素，诸如市场或者竞争的特性，以及内部因素，如公司文化和理念，可能会导致一些公司在全球广告中采用更集中的方法。其他的公司可能更喜欢将权力授予当地子公司或者当地机构。在下面部分我们将重新回顾在国际广告中影响公司选择集中化或者分散化的决策的因素。

1）影响广告协调的外部因素

影响公司如何安排国际广告的一个重要因素就是市场的多样化。对于在不同国家消费者的需求或者兴趣都相似的产品或者服务，就更有可能实行标准化制作，公司也更可能实行集中化决策。如果公司所在的市场上消费者需求和市场系统差异很大，那么公司就更可能分散国际广告决策。当地知识对这些公司的成功更为重要。

竞争的特性也能影响跨国公司做出与广告相关的决策的方式。如果公司面临当地竞争，或者在不同国家有不同类型的竞争者，会发现将国际广告的决策下放到当地子公司更为合理。另外，如果一个公司在任何地方都与少数几个国际公司竞争，公司更倾向于集中关键市场决策，为的是协调自己对全球竞争者的行为。在这种情况下，广告决策也可以进行集中化。

2）影响广告协调的内部因素

公司自己内部的结构和组织也会极大影响国际广告在集中化还是分权化方面的选择。当公司在各个市场依消费者喜好量身定做广告时，集中化的机会就很低了。但是，当公司坚持标准化的广告形式时，更为集中化的方法更为可能和合适，甚至是可取的。

技术水平和效率问题也会影响集中化的水平。只有当地子公司或者机构的广告技术能够成功执行活动时，分散化才是可行的。人们认为分散会导致低效率或者是低质量，因为公司的预算可能要分散到许多独立机构之间。由于无法在一个机构中投入足量的预算，公司设立的小型预算可能无法吸引最好的、有创意的人才为产品出谋划策。集中化通常能够让公司获取更多的人才，尽管这可能导致公司要放弃当地市场知识。另外，如果总部职员并不了解公司业务在全世界的分布，那么广告活动也无法成功进行集中化。

国际公司的管理风格也可能会影响广告的集中化决策。有些公司会给予它们的当地子公司极大的自由并以此为豪。在这种情况下，集中化广告决策就可能与之相悖。公司高管对国际市场采取的总方案与它期望集中化或者分散化国际广告业务的愿望是紧密相关的。

但是，公司面对的内部和外部因素是随着时间的改变而改变的，集中化还是分散化的决策也不是一成不变的。比如，可口可乐将更多的广告决策权交给了自己的子公司。但是，两年之后，广告决策权还是交回了亚特兰大的总部。黯然无光的销售额和一些令人尴尬的广告——愤怒的母亲在意大利的河岸边疾驰而过——事实表明可口可乐"当地化战略"是致命的。

# 总　　结

在众多的国家市场上有众多不同的消费者，他们使用自己的语言，拥有不同的文化，同时与这些消费者打交道的复杂性给国际营销者带来了一个真正的挑战。全球化广告理论的支持者指出"世界性消费者"已经出现，无论这些消费者居住在巴黎、伦敦、纽约还是东京，他们都变得越来越相似。但是，广告环境在许多方面还是差异很大的。尽管英语迅速成为一种全球化语言，但大多数信息还是要被翻译成当地语言的。各个国家对于广告的执行、内容和形式都有极大的差异，这使得用标准化的广告方式变得非常困难。在世界的不同地方，广告商可获得的媒体差异也很大，所以全球公司仍然需要根据当地实际情况调整它们的媒体组合。

但是，许多营销者意识到，完全的定制化并不是可取的，因为这需要每个市场创造并实施自己的广告战略。在任何地方，杰出而富有创造性的人才都是匮乏的，更好的创意方案往往是成本过高的。因此,公司显示出向中间化靠拢的趋势,也就是广告信息中有些元素是统一的,而其他元素是根据当地要求裁定的。成功的中间化策略要求公司从一开始就计划好责任的整合,考虑到各种可能性和满足各大市场需要的要求。这对全球营销主管和他们的广告合作伙伴都是一个极大的挑战。

# 问 题 讨 论

1. 是什么刺激了标准化广告制作在不同国家市场上的明显提升?
2. 你认为是什么原因导致不同国家对广告的可行度持有不同态度?
3. 如果一个美国公司有兴趣在日本做广告,你会给出什么建议?
4. 广告业对于发展中国家和苏联集团境况的改善会做出什么反应?
5. 网络的日渐普及会如何影响国际广告?

# 第五部分

# 管理全球营销

第 16 章　组织全球营销

第 16 章

# 组织全球营销

**章节提纲**

**16.1　影响全球营销组织的元素**

  1. 公司目标

  2. 公司世界观

  3. 其他内部因素

  4. 外界因素

**16.2　组织结构种类**

  1. 不含国际专员的公司

  2. 国际专员和出口部门

  3. 国际分部

  4. 世界性或全球性组织

  5. 全球指令

  6. 天生的全球公司的组织结构

**16.3　控制全球公司**

  1. 控制策略的元素

  2. 上下沟通系统

  3. 以文化为控制手段

**16.4　总部与子公司的冲突**

**16.5　将全球营销作为终身职业**

**总结**

**问题讨论**

**学习目标**

    学完本章,应该掌握:

- 列出并解释影响全球组织是如何构建并管理的内部因素和外部因素;
- 列出用不同方法构建一个具有销售部的公司的优势和劣势;
- 讨论全球指令的下达,指出全球指令如何影响公司的组织结构;
- 解释为什么天生的全球公司与传统的跨国公司组织问题各不相同;
- 举出例子如何利用技术支撑内部全球沟通系统;
- 列出并解释有效的全球控制战略的元素;
- 讨论国际总部和国家子公司之间可能出现的冲突;
- 考虑全球营销中的事业。

3M 公司在 1951 年开始国际运营,在澳大利亚、加拿大、法国、德国、墨西哥和英国开设了自己的子公司。40 年之后,该公司成为首个在中国拥有全资子公司的外国公司。时至今日,该公司有一般的销售额来自美国之外的国家,有 3/4 的管理人员在国外工作。但是,尽管 3M 公司作为国际公司有漫长的历史,它仍然在如何最好地组织自身这一问题上挣扎。

在过去的时间里,3M 公司形成了自己的组织矩阵——有好几个结构都是相互叠加的。各国子公司的经理人与设立在圣保罗总部之中的分部经理人一起分担责任。有时候也会出现战略上的分歧。子公司的经理人想要将本国的销售额和利润最大化,而分部经理人想要将产品线的全球销售额和利润最大化。尽管有这个矩阵,但是大多数人都承认,各国经理人通常拥有更多的实权。就这一方面,有人认为 3M 公司已经落后了:在过去的 20 年中,其他大多数国际公司都已经将权力集中化了。但是,从圣保罗总部运营整个 3M 公司的国际业务未免太过笨拙。这个矩阵能让公司对当地市场反应更为敏捷。谁能比当地经理人能够更好地决定是否和如何提高德国的价格? 因此,这个争议一直持续不断。谁更有资格决定如何在国外营销一个产品——是最了解该产品的人呢,还是最了解那个国家的人?

全球营销一个重要方面就是建立合适的组织。该组织必须能够针对每个当地市场和全球市场设计并执行各自的战略。其目标是,形成一个使公司能够对每个市场的独特差异做出回应,并且能够将公司在其他市场和其他产品中获得的相关经验得以应用的组织结构和控制系统。为了获得成功,公司需要在这两种需要之间达成合适的平衡。有许多的组织结构适应不同的内部环境和外部环境。没有一个结构是适合所有情况的。

# 16.1 影响全球营销组织的元素

全球战略的成功与否会极大地受到是否选择合适的组织机构来执行该战略的影响。国际组织的构造必须与将要执行的任务、对产品知识以及市场知识的需求相一致。这一组织的理想结构应该是将在市场上销售的产品和服务,以及内部环境和外部环境共同作用的结果。从理论上讲,形成一个全球营销组织的方法是,分析某个环境下需要完成的具体任务,然后设计一个能够支撑这些任务最有效完成的结构。但是,许多其他因素会使机构的选择变得复杂化。在大多数情况下,公司已经拥有现存的组织结构。随着内部环境和外部环境的改变,公司将需要重新评估这些结构。寻求合适的组织结构时必须平衡当地反应度和全球整合,全球经理人必须了解不同组织结构的优缺点以及通常情况下会导致结构发生改变的因素,这一点很重要。

## 1. 公司目标

每个公司都需要一个使命。这个使命是公司的框架——即驱动公司的价值观和公司为自己设定的前景。使命陈述是将公司聚合在一起的力量。雅虎坚持自己的使命是"让人们能够分享激情,沟通社区,接触知识"。星巴克的使命是"激发并培育人文精神——一次一人一杯一邻座"。重新考虑公司使命会引发组织变化。当贝尔引入一个新使命,强调创新和可持续增长时,该公司也宣布了一个新的组织排列以便更好地达到这些目标,建立了三个全球产品分部——健康护理、营养品和高技术材料。

宣布使命之后，没有公司会直接建立国际组织，除非公司已经回顾并且建立了自己的战略和目标。有些全球公司甚至会将它们的战略写入使命中去。有时候公司领导人会以口号的形式设计战略前景，如小松（Komatsu）的使命是"赶上卡特彼勒（Caterpillar）"，佳能（Canon）的使命是"打败施乐（Xerox）"。如果公司领导人能够将这种必胜之心融入整个公司，就能够激励组织脱颖而出，力争上游。

## 2. 公司世界观

公司管理可以采取有关全球市场的其中一种世界观。这种世界观，或者说是目标，会极大影响组织结构的选择。有些公司会选择种族主义倾向。管理集中在本国市场，源自本国市场的观点要比外国子公司的优越。总部告诉自己的子公司要做的事情，而只需要少数或者根本不需要子公司的投入。外国子公司的顶级管理人员大多数是来自公司总部、任期相对较短的管理人员。

另外一种选择是，公司管理层可以采取多中心主义倾向，认为每个市场都是独特的。这是第 1 章中讨论的多国战略的中心所在，当地子公司有更多的空间来设计并执行自己的战略。子公司之间几乎没有或者完全没有依赖性，当地子公司的管理层通常充斥着当地国民。有些多中心主义公司发展出一个区域中心，而不是国家中心。诸如欧洲和拉丁美洲区域，就不是单一国家市场，人们通常认为它们具有独特性，需要个别的营销战略。在区域层面的决策制定变得集中化，但是区域之间和总部之间或者其他区域之间仍然保持相对独立。

地理主义倾向将权力返还给全球总部，但这与种族主义倾向又有区别。地理中心主义倾向的公司将全球市场主体当成是一个中心，而不是国内市场。好的主义可以来自任何国家，公司努力在不同单位之间保持开放的沟通渠道。即使是公司总部的顶级管理人员也很可能是来自许多国家的。最重要的是，所有国家的子公司，包括国内公司，都要考虑怎样对整个组织是最好的，并依此行事。

种族主义倾向（ethnocentric orientation）：管理集中于母国市场，认为来自母国市场的想法要比来自其他国外子公司的想法优越的公司世界观。

多中心主义倾向（polycentric orientation）：每个市场都被当作是独特的，当地子公司有权形成并执行独立的战略的公司世界观。

地理主义倾向（geocentric orientation）：管理层追求全球化的营销战略，总部和子公司一起制定决策的公司世界观。

## 3. 其他内部因素

其他内部因素也会影响国际营销组织。这些因素包括公司国际业务的数量和多样性，对国际业务的经济承诺，可获得的人力资源、公司内部弹性以及母国文化。

1) 国际销售的重要性

公司国际业务的大小和重要性都会影响组织架构。如果只有一小部分的销售是国际化的（1%～10%），公司可能会有一个简单的组织，如一个出口部门。随着国际销售量在

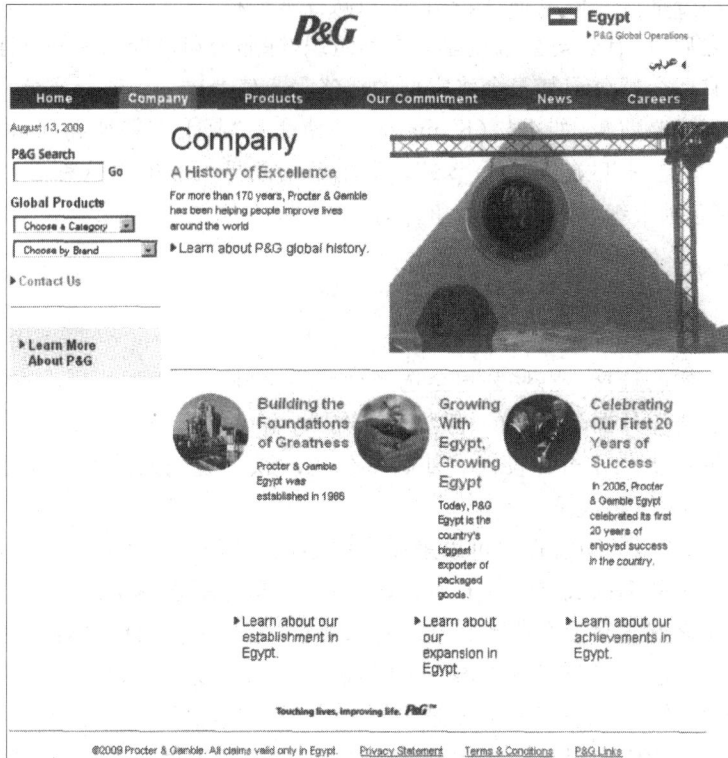

宝洁公司的埃及网站显示了该全球化大公司的使命和价值观。这些包括"提供能够改善全世界消费者生活的质量上乘的品牌产品和服务"。

总销售额的份额上升，公司很可能会从一个简单的出口部门变成一个国际分公司，然后是世界性的组织。随着海外销售变得越来越重要，公司可能甚至会考虑将总部撤离母国。石油服务公司哈里伯顿（Halliburton）将自己的全球总部从休斯敦搬到了迪拜，为的是更靠近业务增长的中东和亚洲地区。

2）所服务的国际市场的多样性

随着国际市场数量和多样性的增加，就更有必要拥有一个更为复杂的组织来管理营销工作，这也需要更多的人来了解市场，执行战略。

3）经济承诺水平

如果一个公司不愿意或者不能够分配足够的财力到国际业务中去，公司可能无法维持一个复杂或者成本巨大的国际结构。花费不太大的国际营销的组织方式往往会导致公司在当地的控制力下降。建造一个能够为公司国际市场的长期目标提供弹性和资源的组织结构是非常重要的。

4）人力资源

可获得的有能力的员工对公司来说就如财力资源一样重要。有些公司将顶级国内主管输送到外国公司，却发现这些派遣人员根本不了解那个国家的文化。雇用当地主管也很困难，因为对这些人才的竞争是相当激烈的。摩托罗拉将数百名主管人员投入工作场景模拟测试中，试图辨别具有必要国际管理能力来运营全球业务的最佳候选人。因为人在国际组织中是如此重要的资源,缺乏合适的人才会遏制公司组织的成长。

5)弹性

当公司在设计组织结构时,必须嵌入一些弹性,尤其是要准备好,未来可能需要重新组织。对 17 个产品的全球战略实施情况的调查发现,组织弹性是成功的关键之一。组织必须有足够的弹性来响应消费者需求和全球竞争者的挑战。即使公司为当前建立了一个完美的设计,当公司成长或者市场改变时,它们也会在不久发现自己陷入了问题。

6)母国文化

西门子是德国电器和工程大企业,有 80% 的业务来自国外,60% 的员工在德国之外工作。大多数当地子公司的经理人都是当地国民。但是,正如许多德国公司一样,在处理自己最重要的美国子公司时,西门子采用了集权化的管理风格,即将权力集中到德国的总部,将德国员工送到美国市场。紧密控制重要市场和决策权在德国历史中深深扎根。许多日常事项不能由个人决定,必须经德国的管理层批准,包含股东和员工代表的独立监事会要批准重大决策。有些经理人说,除非美国人和亚洲人进了董事会,否则西门子不会真正地改变。

在欧洲大陆,指定外国经理人担任主管人员是很少发生的。但是这在英国和美国就普遍多了。比如,在 2004 年,麦当劳指定一个澳大利亚人担任 CEO,可口可乐指定一个爱尔兰人担任 CEO。外国 CEO 在美国更为流行出于几个原因,正如我们在第 3 章中看到的,美国文化更偏向个人主义,因此,对外国人更为开放。此外,因为美国的跨国公司雇用许多外国人来管理海外子公司,因而数年之前许多在国外生长的经理人就开始在美国跨国公司中谋求工作。这些经理人为了在事业上更进一步,通常要具备良好的英语水平,且许多人都愿意被派往海外——包括去美国。

---

**世界脉搏 16.1**

## 公司文化的转变

尽管日本丰田的董事会仍然是日本人,但是该公司有时候会选择美国文化,而不是日本文化。丰田正在寻找美国人来填充在欧洲、泰国和墨西哥分公司里的重要职位,这些美国人取代了原先的日本经理人。这种情况在中国也是如此。其中一个原因是市场相似度:在中国市场上,大多数销售人员通过佣金获取收入——这与美国相似,却与日本不同。

当中国计算机制造者联想购买了 IBM 的个人计算机业务,它也选择改变自己的公司文化,也就是众所周知的军事化管理,将其转换成更加美国式的做法。在中国,迟到的经理人要站到房间的前面,而其他主管低头沉默一分钟。与此类似,中国消费者家电生产商海尔将业务打入美国时,不得不改变命令式的管理风格。犯错的美国员工拒绝站到一双脚印上,当众大声做自我批评。现在,海尔不再羞辱差的员工,而是让最好的美国员工站到足迹上,获得大家的认同。

亚洲公司越来越多地寻求美国主管来刺激公司文化的转变——甚至是在亚洲母国公司。韩国的 LG 电器公司雇用外国人担任公司总部的最高职位,包括来自 IBM、惠普、宝洁和联合利华的老员工。高级主管之间的争辩,原先在韩国文化中为了保全面子是不会进行的，而今都受到鼓励。在日本的富士火灾海上保险公司，新上任的美籍伊朗人也发起了改变，重新安排了汇报方针，故而更多的经理人可以直接与他交谈。他也废除了会议中用准备好的稿子逐字逐句念下去的方式。

资料来源：Jane Spencer and Loretta Chao. Lenovo Goes Global, with Bumps. *Wall Street Journal Europe*, November 5, 2008, p. B4; Norihiko Shirouzu. Foreign Model. *Wall Street Journal*, May 26, 2006, p. A1; Mei Fong. Chinese Refrigerator Maker Finds U. S. Chilly. *Wall Street Journal*, March 18, 2008, p. B1; Moon Ihlwan. The Foreigners at the Top of LG. *Business Week*, December 22, 2008; and Phred Dvorak. Outsider CEO Translates a New Message in Japan. *Wall Street Journal*, March 10, 2008, p. B1.

## 4. 外界因素

许多外界因素会影响组织的构造和管理。其中最重要的是地理位置、时区差异、消费者类型和政府法规。在国际环境中，应该考虑每个问题对组织的影响。

1）地理位置

技术的进步或多或少地减轻了与实际距离相关的一些问题。尤其是在美国和一些发达国家的公司享受到了诸如隔天邮件和电子邮件、传真机、视频会议、手机、移动数据传输、便捷的交通以及互联网带来的种种便利之处。但是，在国际运营中，并不能将这些便利当作理所当然。如果公司建立在不发达国家，电信基础设施相对比较原始，距离就成了一个突出的障碍。此外，公司无一例外地发现，让关键人员出差进行面对面地交谈是必须的。同一地区的组织往往会结成一团，将高级主管的出差费和出差时间最小化。技术缩短了，但是并没有移除距离差距。

2）时区差异

即使是高技术也无法解决的一个问题就是时区差异（见图 16.1）。纽约的经理人如果在午饭时达成一项协议，却只能等到第二天与伦敦总部确定该协议，因为当纽约是中午时，在英格兰的大多数主管正在下班回家的路上。5 个小时的时差导致了沟通的中断，阻碍了快速决策。电子邮件极大促进了相隔遥远的两地间的互动，但是仍然需要做出一些改进。密沃奇的贝迪公司（Brady Corporation）生产工业标志和印刷机。大约有 45％的销售额发生在美国境外。该公司的经理为了抓住亚洲经理人上班的时间，通常在早上 6 点钟接听会议电话，半夜三更还在回电话！

3）消费者类型

在构建全球营销组织时，公司可能要考虑它们的"消费者简介"。如果公司服务的是少量的、地理上比较集中的全球消费者群，那么它们组织的全球营销将会与服务各个国家间数量众多的小型消费者群的公司有所不同。比如，如果一个公司拥有重要的全球顾客，公司可能会根据消费者所在地调整组织结构，最终选择合适的办公场所。许多销售汽车设备或者零部件的公司都将营销点设置在汽车生产集中的地方，如美国的底特律和德国的慕尼黑。在西班牙、德国和巴西，供应园区就坐落在福特生产点的旁边，这些现象在美国也有上升的势头。另外，如果公司面临的消费者数量众多，可能倾向于维持一个区域

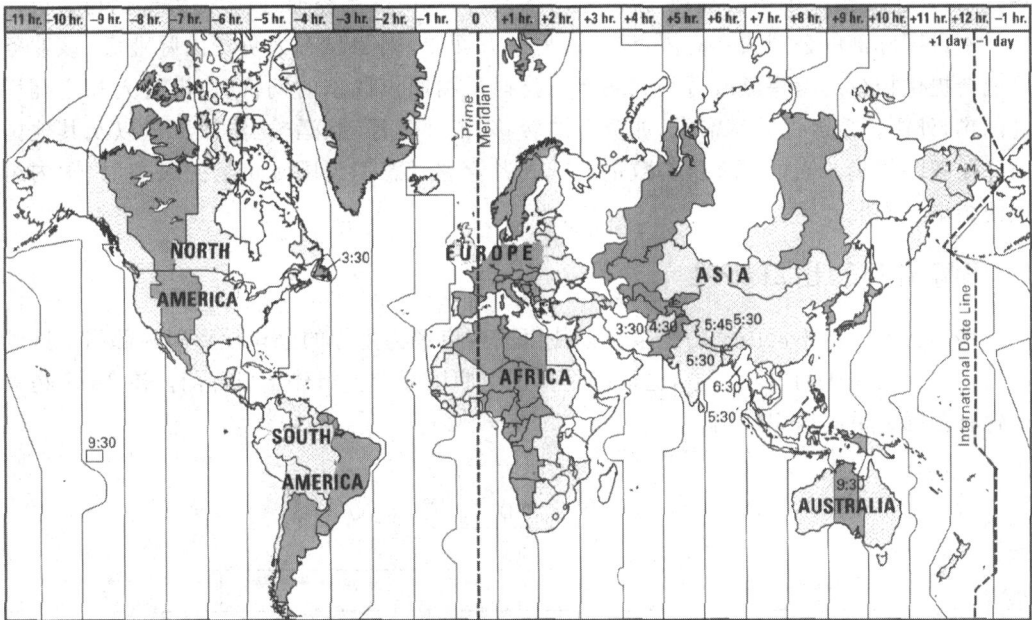

图 16.1　世界时区图

化,甚至是在国家之内的组织,就会相对分散。与此类似,如果消费者需求和竞争在不同国家之间差异很大,就不太会有集中化的动力。

4)政府法规

各个国家是吸引还是阻止外国公司会影响全球组织的结构。有关进出口、税收和劳工的法律在各国各不相同。当地税收、法定节假日、政治风险等都会阻止一个公司在一个国家建立子公司或者管理中心。有些国家要求公司在它们领土内建立工厂,来雇用、培训及开发当地员工,并与当地政府或者居民分享所有权。这些对当地投资和所有权的要求可能会促使一个组织融入更多的当地决策权。

# 16.2　组织结构种类

全球市场提供了许多机遇。为了充分利用这些机会,公司必须评估自己的选择,形成战略,并建立组织来实施这个战略。在决定哪种组织结构最符合当前战略需求时,必须考虑所有会影响组织设计的因素。在这一部分,我们将回顾国际和全球组织结构的各种选择。

## 1. 不含国际专员的公司

许多公司,当它们开始向国外市场销售产品时,还没有一个国际结构甚至是国际专员。以国内市场为主导的公司可能会收到外国买家的询价,这些买家在贸易杂志看到广告或者是参加过国内的贸易展销会。内贸人员就会如回应其他客户一样回复这些询价,他们会将产品图册发给潜在买家。如果买家和卖家之间都有足够的兴趣,他们之间就可能进行更多的交流(如电子邮件、电话和私人拜访)。因为没有专门人员负责处理国际业务，这可能会交给一个销售经理，或者是内部销售人员、产品经理，或者是外部销售人员。

不设国际部的公司成本有限，但是从另一方面看，因为没有人负责国际业务，该业务可能会提供极少的销售额或者是利润。当公司试图回应偶尔的询价时，没有人知道翻译的困难，外国消费者的特殊需求，如资金的转移、汇率的浮动、运输、法律责任以及其他国内外业务的差别。当国际询价的数量上升或者管理者意识到国际市场的潜力时，国内组织便会增加国际专员。

### 2. 国际专员和出口部门

将产品销售给不同国家的复杂性促使以国内市场为主导的公司设立国际部门。这既可以是以保留兼职的国际专员，也可以是招进全职国际专员组建出口部门。图 16.2 是一个含有国际专员的组织样图。

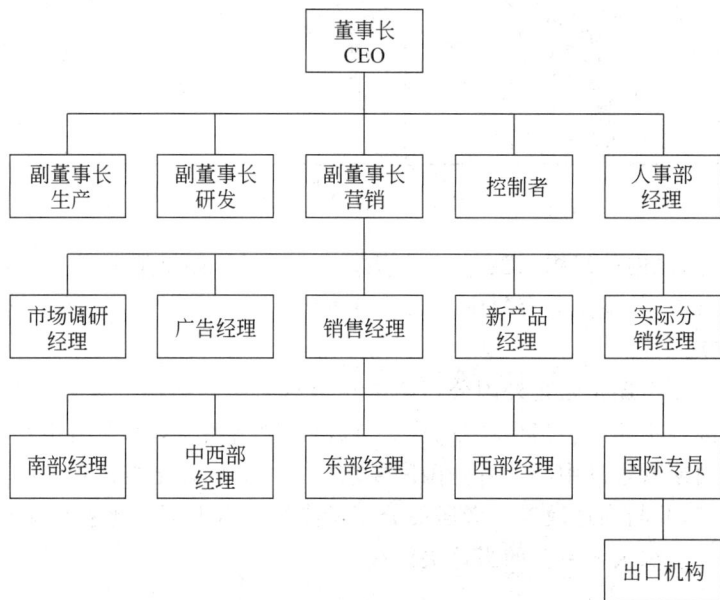

图 16.2　内设国际专员的组织

国际专员和出口部门主要是执行销售任务。他们回应询价，在国际展销会上管理产品的展示，处理出口文件、运输、保险和财务问题。国际专员也可能会和大使馆、出口融资代理、不同的商业部联系。国际专员和出口部门还可以利用出口代理、出口管理公司或者是出口中介来协助出口。

雇用国际专员使公司能够回应并处理外国业务。这种类型的组织将与所处理的外国业务的数量直接相关。与潜在利润相比，这些成本不值得一提。

但是，国际专员和出口部门在本质上是被动的，而不是主动的。他们通常只是回应询价。他们很少会评估整个国际市场对产品或者服务的需求，分析机会或者设计全球战略。另外，因为国际销售量有限，国际专员可能无法改进当前产品或者服务以满足国际市场需求。在大多数情况下，产品没有经过任何改进便销售出去了。

### 3. 国际分部

随着国外市场的销售对公司越来越重要，协调国际业务的复杂性开始超出一个国际专员或者出口部门的能力，公司可以建立一个国际分部。国际分部通常向董事长报告。这给予它与其他部门如营销、财务和生产一样的地位。图16.3解释了使用国际分部的公司的组织设计。

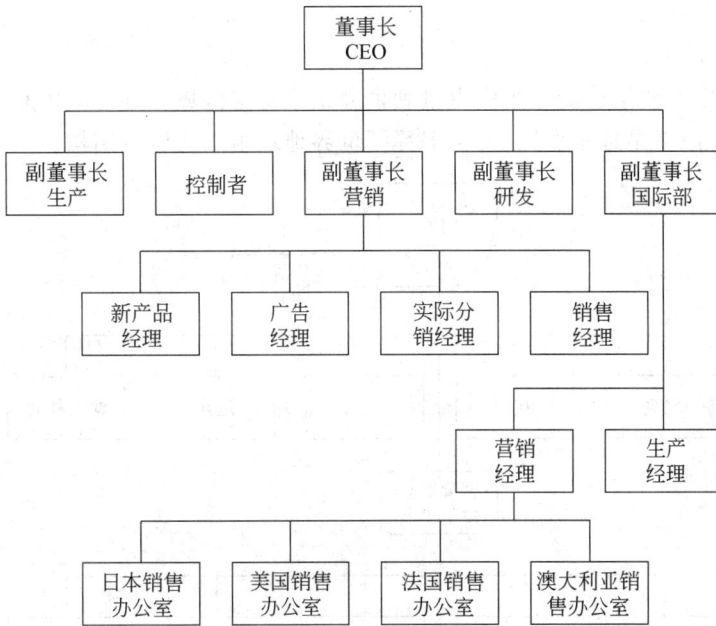

图16.3 含国际分部的组织

国际分部直接参与全球战略的开发和执行。国际分部的管理人员下设营销经理、销售经理，甚至是生产经理向他们报告。因此，他们在增加国际销售量上通常非常成功。

国际分部积极在外国寻求市场机会。通过区域或者当地的办公室来支撑每个国家的销售和营销。这些办公室了解当地市场环境，包括法规环境、消费者需求和当地竞争情况。这种与市场的紧密接触提高了组织成功运作的机会。对于有许多不同产品或者业务的公司来说，运用国际分部显得特别合适。当这些分部中没有一个对国外市场有足够经验时，所有的国外业务可以整合成一个国际分部。

当Robert Iger成为迪士尼最新国际分部的首脑时（之后的CEO），该公司的国际运营只占到公司销售额的20%，有时候甚至还处于亏损状态。Iger不久发现，公司毫无准备地进入外国市场，导致了不同分部之间缺乏协作，也就是组织间出现重复工作和缺乏合作。在日本，负责迪士尼的经理人甚至不知道谁是负责电视部的。此外，当地经理人抱怨产品决策都是在加利福尼亚的伯班克总部制定的，很少考虑当地喜好。在接下来的十年中，国际部允许当地经理人自主决策，并招收伙伴来设计更符合当地文化的产品。

## 4. 世界性或全球性组织

随着公司意识到全球市场的潜在规模，它开始从一个拥有部分海外业务的国内公司转变为追求全球战略的世界性公司。在这时，国际分部就被全球组织所取代了。公司可以从三方面来选择组织结构：地理、运营和产品。另外一种可行的全球组织，组织矩阵，将这两样或者是更多维度都整合起来了。

1）地理组织结构

当公司需要对顾客和环境有细致的了解时，地理组织设计非常适合。这种设计能让公司很好地了解当地文化、经济、政治、法律和竞争情况。地理组织结构可以以区域为中心，或者以国家为中心。

2）区域管理中心

区域管理中心使组织能够集中力量到世界某个特定区域，如欧洲、中东、拉丁美洲、北美洲、加勒比海或者是远东。图 16.4 解释了世界地理组织的区域结构。

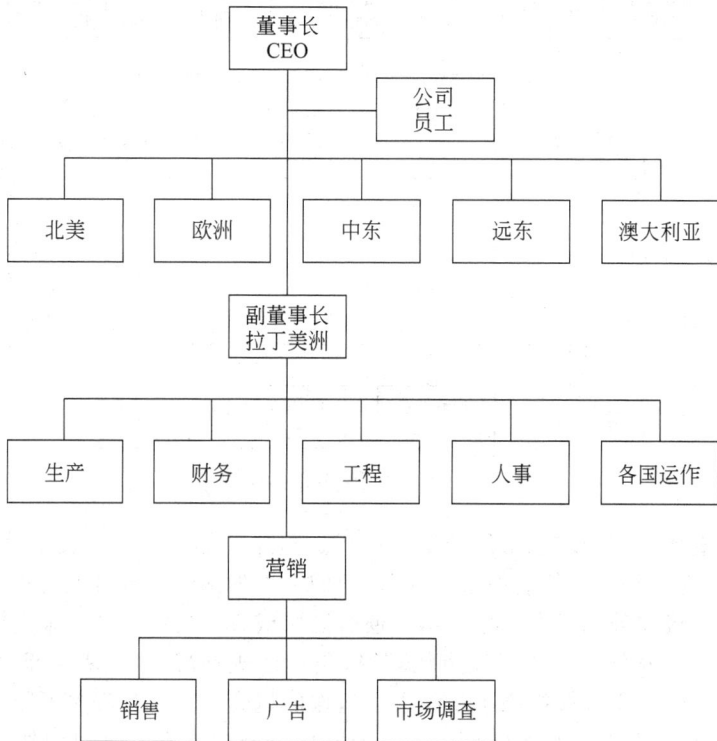

图 16.4　按区域管理中心分布的地理组织

使用区域方法进行组织设计的理由与市场相似度和大小。相互靠近的一群国家，拥有相似的社会文化历史、气候、资源和（有时候）语言，它们的产品也可能会有许多相似的需求。有时候这些区域国家群组会由于政治或者经济原因联合起来。欧盟和南方共同市场就是这类区域集团。此外，一旦一个市场达到一定规模，公司必须雇用专业的员工，负责将该地区的收益最大化，并保护公司在该地区的资产。

区域管理能够比完全集权化的组织更快地对当地环境做出反应，而在集权化的组织中，所有的决策都是在全球总部做出的。同时，一个区域组织能够抓住集中化的一些好处。在欧洲，许多大型跨国公司原先是在国家的基础上成立的。这些国家组织，包括法国、德国、意大利和英国,通过欧洲总部松散地联合在一起。单一欧洲市场的形成促使它们重新考虑在欧洲的组织,通常它们会减少国家组织的角色,而更偏向于强大的欧洲地区管理方式。区域或者说是欧洲地区结构的一个大好处就是,降低了运营成本。此外,对于在中欧和东欧地区有许多业务的西欧公司和美国公司调查发现,区域管理中心是一个非常有吸引力的组织设计,能够探索市场相似度,为当地办公室提供额外的支持和专业技术。

但是,区域组织有自己的劣势:第一,区域组织意味着有很多职能在不同区域办公室是重复的,这种重复会极大增加成本;第二,更为严重的问题是区域组织无疑分散了权力。在一个完全区域化组织的公司内,只有CEO才担负真正的全球责任。设计产品或者服务的全球营销战略是困难的,因为区域经理更集中于一个有限的区域层面。

3) 以国家为基础的组织

第二种地理组织是以国家为基础的组织。该组织在每个国家都使用分离的单元。图16.5列出了一个简单的、以国家为基础的地理组织。

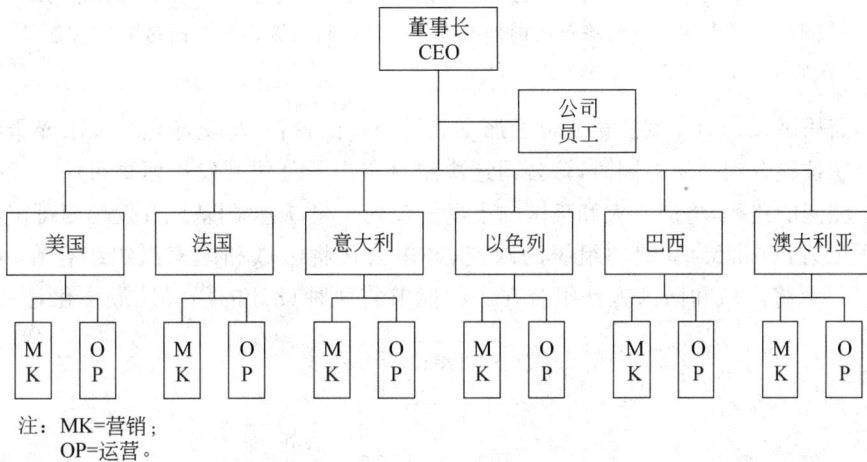

注:MK=营销;
　　OP=运营。

图16.5　以国家为基础的组织

以国家为基础的组织与区域组织相似,差别就在于它的焦点是单个国家而不是一群国家。比如,公司可以不在布鲁塞尔设立一个综观全欧洲销售和运营的区域管理中心,而是在每个国家都设立一个组织单位。这种以国家为基础的组织对当地习俗、法律和需求特别敏感,而这些对于加入区域组织如欧盟和北美自由贸易区等国家来说差异都可能是非常大的。

影响以国家为基础的组织的一个困难之处就是它的成本太高。因此,保证当地组织的收益能补偿成本是非常重要的。与总部的协调也会出现问题。如果一个公司在40个国家都有业务,若所有40个以国家为基础的组织都向公司总部一两个人汇报工作,工作量将非常大。此外,公司的管理人也很容易重复工作。在联合利华放弃国家市场自主权之前,尽管中国内地和中国香港两个市场的发质和洗发习惯基本相同,两个子公司还是独立设计它们的洗发水成分。

随着区域组织的出现,单一国家组织正在减少或者退出。比如,随着北美自由贸易协议的签订,许多公司开始将它们在加拿大、美国和墨西哥独立的组织整合到一起。其中就有丹

新加坡的海平面。中国香港的夜生活让单身的国外游客向往，而整洁有序的新
加坡则吸引着与家人一起旅行的国外游客。这也是新加坡作为亚洲跨国公司总部
所在地选择上仍然富有竞争力的一个原因。

麦的玩具商乐高（Lego）。该公司减轻了加拿大子公司的责任，将艾菲尔德和哈曼卡特等公
司的主管职位整合到一块。同时，该公司还决定从美国子公司开发墨西哥市场。其他公司
也选择了相同的路径，将加拿大和美国的市场整合到一起，从美国基地开发墨西哥市场。

　　为了处理以国家为基础的组织的缺点，许多公司将区域和国家组织结合在一起，如
图 16.6 所示，将区域和国家方法组合在一起能够将两种设计的局限性最小化，同时增加

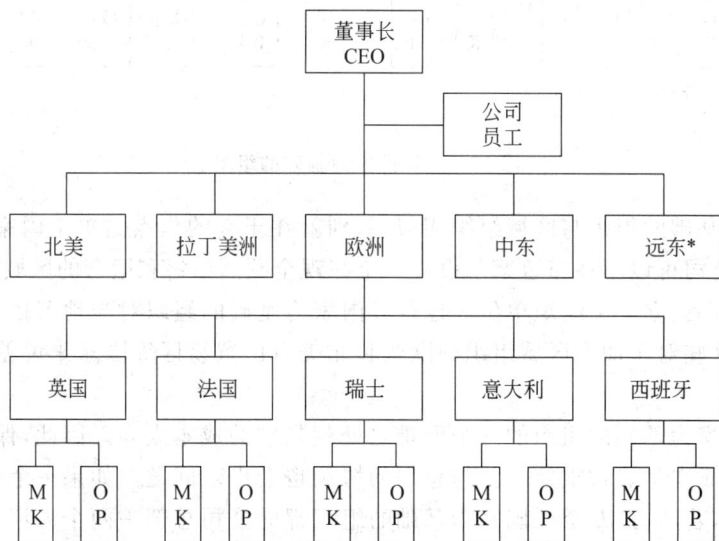

图 16.6　同时运用国家单位和区域基础的组织

注：MK＝营销；

　　OP＝运营；

　　＊国家组织与欧洲中心相似的将归属于每个区域办公室。

了一个管理层。有些主管认为附加了区域总部使国家层面战略的实施更为笨重，而不是有了改进。为了能在这种整合方法中从区域中心获益，区域战略必须有些价值。每个公司在选择合适的地理组织设计、成本和收益上，必须有自己的决定。

## 世界脉搏 16.2

### 总部在哪里？

联想曾经是中国的一家计算机公司，总部也设在中国。但是当该公司收购了 IBM 的私人计算机业务时，情况就不一样了。公司归属中国香港地区，但是它的总部却分散在巴黎、北京、新加坡和加利福尼亚北部的拉雷。与此类似，流行时装制造商宝姿 1961（ports 1961），自述是植根于加拿大的全球品牌。但是，这并没有阻挡公司将总部从纽约搬到中国厦门的脚步。荷兰制药商欧加农（Organon）将总部从新泽西搬到了重要的美国市场附近。四年之后，该公司又关闭了美国总部，回到荷兰准备股票上市。在被先灵葆雅（Schering-Plough）收购后，该公司又将全球总部搬到了美国。

为什么全球公司要将它们的总部搬离母国？这些动机差异很大，但是最重要的原因是市场、并购和避税。当泰科国际公司搬到避税天堂百慕大三角时，美国通过了一项法律，使搬到海外避税的方法变得更困难。当石油服务公司哈里伯顿将自己的 CEO 和总部从休斯敦搬到迪拜时，公众对其避税行为表示强烈不满。但是管理层拒听这些投诉，指出该公司还是属于美国公司。管理层还进一步强调，将总部搬到国外的动机是，公司开始将重点放到开发国际市场上来了。

但是当提及金钱时，很难有地方能比得上将纽约作为全球总部的公司。纽约城在全球商业活动和人力资本城市排名中名列第一，在生活成本上只居 22 位。

资料来源：Lenevo Goes Global. Dow Jones Financial Wire, November 3, 2008; Phred Dvrak. Why Multiple Headquarters Multiply. Wall Street Journal, November 19, 2009, p. B1; Halliburton Executives Say Company Well-Positioned During Economic Downturn. Associated Press Newswires, November 29, 2008; Cost of Living Survey 2008, Mercer, http://www.mercer.com; and 2008 Global Cities Index, http://www.foreignplicy.com.

### 4）职能性全球组织

组织全球公司的另外一个方法是通过职能的分类。在这种组织中，在营销、财务、生产、会计和研发的顶级主管都要担负全球责任。对国际公司来说，这种类型的组织最适合窄小或者统一的产品线，产品之间或者地理市场之间基本没有差异。如图 16.7 所示，职能性组织有一个简单的机构。每个职能经理都对该职能负全球责任。通常情况下，该经理监督每个区域或者国家负责该项职能的人员。

福特汽车公司放弃了区域结构，而选择职能性结构。之前，福特的主要运营单位分布在北美洲、欧洲、拉丁美洲、非洲和亚洲。每个区域单位都对本区域市场的运营、设计和生产负责。当面临来自更高效的日本公司如丰田的激烈竞争后，福特意识到自己的区域组织结构在许多关键职能和运营上出现了不必要的重复，使公司为此付出了极大代价。尽管福特在许多国家满足相似的消费者需求，各分公司还是设计了独立的传动装置和发动

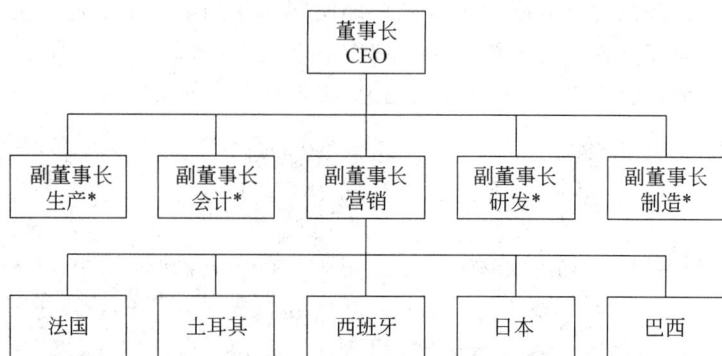

图 16.7　职能性全球组织

注：* 每个职能副董事长拥有不同国家该职能的经理人向他/她汇报，如图 16.7 中营销副董事长所示。

机，并采购不同的零部件。

福特汽车的新组织需要四大职能——营销、生产、采购和产品开发。最重要的是设在美国和欧洲五大研发中心的产品开发。小汽车的研发中心位于德国和英国。美国的研发中心负责后轮驱动汽车和商用卡车，它们对全球市场负责。大约有 25 000 名福特的管理人或是从一个地方搬到了另外一个地方或是辞职换了新上级。该公司希望通过加速研发周期而使用更少的零件、更少的发动机和更少的传动装置，削减研发成本。这次重组的结果是，福特每年能够节省 20 亿～30 亿美元。

但是，在 21 世纪到来之前，名为"福特 2000"的新组织就经历了一些改进。福特当时的董事长 Jacques Nasser 决定返还一些权力到区域业务单元的手中。这一决议的目的是让福特能够更迅速地响应消费者需求。这使当地管理者无须等待总部指示就迅速做出回应。

5）产品组织结构

全球营销组织的第三种类型是基于产品线，而不是职能或者地理分部的（见图 16.8）。在这种组织下，每个产品组都负责营销、销售、计划、（在有些情况下）生产和研发。至于其他职能如法务、会计和财务，可以包含在产品组内或者是由总公司职工负责。美国消费品公司的领头人宝洁和食品公司领头人卡夫都采用了这种全球产品组织结构。

公司选择按产品线组织的原因有以下几个。对于有好几个不相关的产品线的公司，通过产品线构建组织非常普遍。当营销不同产品线的差异要大于已经观察到的地理市场的差异时，以产品为中心的组织方式比较合适。通常情况下，产品组织的终端使用者根据产品线的不同而不同，所以让相同的团队负责不同的产品线并没有优势。产品组织将管理重点放在产品线上，当产品线会随着技术进步而不断发生变化时，这就是一个优势。总部可以设计全球产品并安排全球生产。一个产品组织在监测全球竞争上比监测当地竞争更为有效。此外，公司通过收购增加新的、不相关的产品时，还可以增加新的产品群组。

产品组织也有不足之处。对特殊地理市场的了解可能非常有限，因为每个产品群组可能无法在每个市场维持足够的当地占有率。在一个产品组织下，决策变得更加集中化，对当地市场的敏感性可能会减少。而正是因为对当地市场知识和敏感性的缺乏，可能会

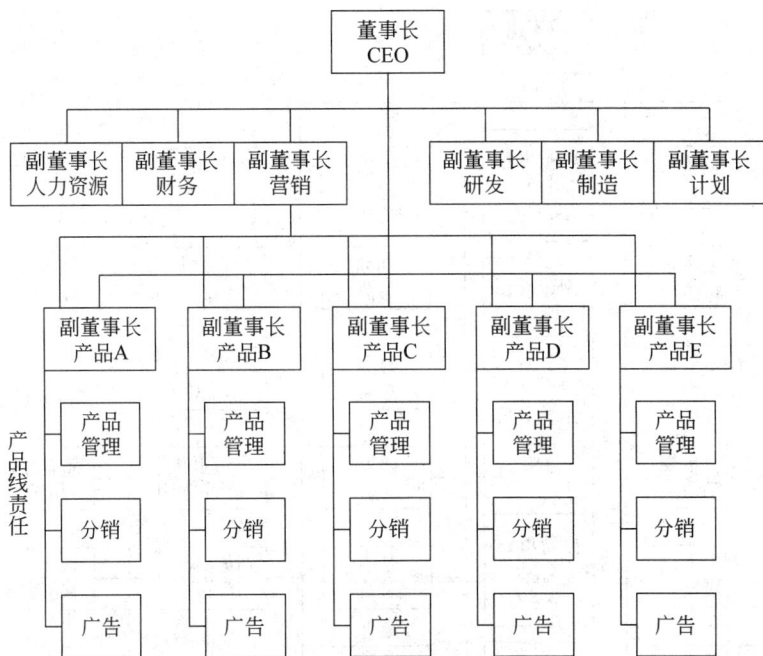

图 16.8　全球产品组织

导致公司错失当地市场机会。国际产品分部的顶级管理人员自身也可能会出现问题,尤其是当他们远离业务核心时。他们可能会有民族中心主义感,对国际市场相对没有兴趣或者是怀有忧惧。

此外,如果每个产品群组都自行其是,那么公司的国际开发部可能也会没有效率。比如,两个产品分部可能在同一家杂志上同时购买广告空间。这比将两个采购联合起来花费更大。为了弥补这种无效行为,有些公司为它们的国际产品组织提供了全球分部,专门提供不同国家的广告或者是客户服务之类的协调活动。

6) 矩阵组织结构

正如福特的例子所示,有些公司对单一维度的地理、职能或者产品组织结构感到失望。为了克服这些不足之处,矩阵组织被开发出来了。如图 16.9 所示,矩阵组织允许在组织结构内和决策责任上出现 2～3 个理论上有同等地位的维度(这里是地理和产品维度)。一个矩阵组织通常会包括产品和地域管理成分。产品管理对于某个特定的产品线负有全球责任,而地理管理则对某个特定地理区域的产品线负责。这些管理结构在国际产品水平/市场水平上出现重复。一个矩阵组织拥有双重的命令渠道而不是单一的,这意味着很多人有两个上级。在这种组织结构下,在欧洲国家品牌 X、Y 和 Z 的经理都要向两个不同的上级汇报——产品线 E 的副董事长和欧洲营销总监。

当公司需要对两个维度负责时(如产品和地理),会倾向于选择矩阵组织。但是矩阵组织也是有自己的不足之处的。有些针对联合利华的矩阵组织的批评说它太过复杂——有些经理人负责产品类别,有些负责品牌,还有人负责地理区域——导致了多个上级和责任的混淆。权力纷争是一个常见的问题,尤其是在矩阵建立之初。当矩阵的每个层面都

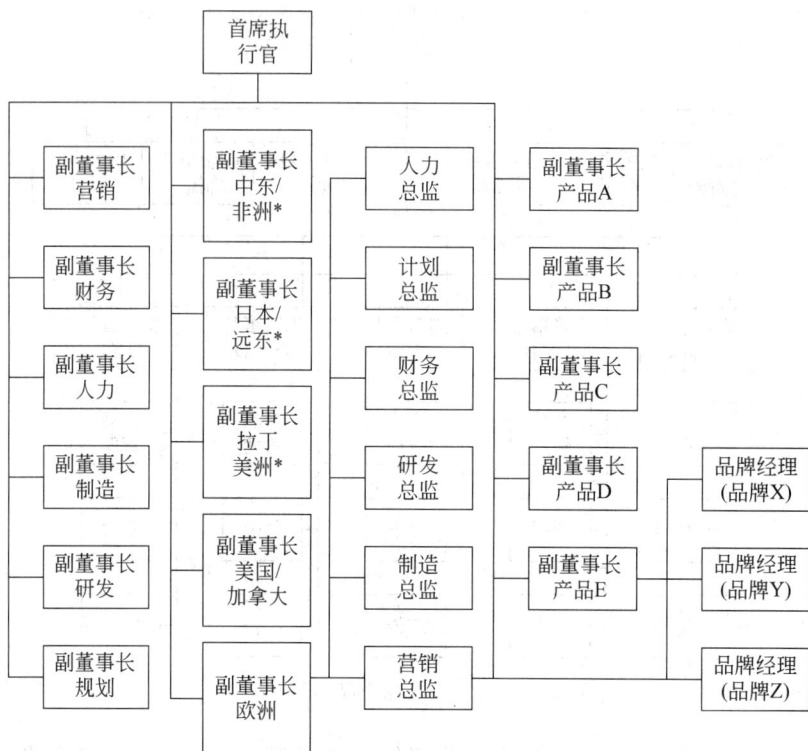

图 16.9　矩阵组织

注：* 每个区域副董事长都有职能经理向他/她汇报，如图 16.9 中欧洲副董事长。

试图在组织中"寻找自己的领地"时，各种关系就受到了考验。事实上，矩阵管理的关键是组织中的管理者解决纷争，成功实施计划和项目的程度。矩阵管理要求管理行为从传统的授权式转变为基于技术竞争力、人际关系能力和领导力的感化系统。

矩阵组织要求在双重预算、会计、转移价格和人力评估系统上有极大投入。如果公司规模变小，矩阵组织可能更难管理。员工的减少为多级主管制度带来了更大的问题。许多公司都削减了助手或者是联络人员，这些人曾经是负责整理事项，确认每个人在工作时能够团结一致。这导致的结果就是，有一个以上领导人的经理又背负了协调会议和布置任务等职责，在他们繁重的工作量上又新增了一笔。然而，矩阵组织的复杂性和成本有时候能够被双重焦点带来的收益抵消掉。总体说来，在一个不确定的动荡环境下，矩阵结构能让组织运营得更好。

## 5. 全球指令

不论公司采用什么结构，由谁来下达全球指令的问题仍然非常重要。全球指令是在全球范围内执行一个任务的安排布置。尽管如此，这些指令往往在组织内部和上下沟通方面不尽如人意。全球指令可能是下达给某个管理者的，也可能是某个新设立的全球团队。不论是哪种情况，权力可以跨越各个职能和地理领域，团队或者各个营销经理人通常能够做出影响各国子公司的决策。我们已经讨论过两种类型的全球指令——全球品牌管理(第 11 章)和全球客户管理(第 14 章)。全球指令也可能具有暂时性的特质,如一个团队判定如何回应产品技术领域内的重大改变。

全球指令(global mandate):公司内分派给一个经理人或者是团队的任务,要在全球范围内执行该任务。

全球团队(global team):组建起来负责处理公司面临的某个全球层面的特定问题的任务小组。

## 6. 天生的全球公司的组织结构

在第 8 章中,我们引入了天生全球公司的概念。自它们诞生或者是成立后不久,这些新公司就瞄准了全球市场。它们的国际销售额几乎是立刻就占到了全部销售额的大部分,这一现象有多种解释。在沟通技术的革命之后,企业家们越来越多地面临全球机遇。许多全球企业家本身在外国工作或者学习过。许多人已经意识到他们的顾客和竞争都是全球化的。我们在硅谷可以找到很多的全球新公司,在这里迅速变化的技术正迎合着世界的需求。

天生的全球公司可以从以下事实中获益,即它们没有组织历史。其他公司在进化成全球公司之时,曾经经历过数次的组织重组。天生的全球公司从一开始就采用了全球组织,因为组织重构需要大量的成本和业务的终端,而这对天生的全球公司来说无疑是令人称羡的。但是,对于更传统的、缓慢进化过来的全球组织,还是有东西要提一下的。较慢进入国际市场的公司可以逐渐建立市场和文化知识。它们通过招收并培训有知识和经验的管理人以及公司职工,能够组建并支撑更庞大的世界性组织。天生的全球公司试图在一夜之间完成这些,会发现它们的管理资源已经用到极致。正如其他企业投资一样,它们发现,虽然机遇遍地,但是自己却匮乏资产。

# 16.3　控制全球公司

随着一个国际公司变得越来越大,更集中于全球市场,控制国际运营变得越来越重要。在不同市场建立系统来控制营销活动并非易事。但是,如果公司期望实施它们的全球战略,就必须建立一个控制系统规范组织内的各项活动。

## 1. 控制策略的元素

控制是组织的基石。控制为指导、规范和管理公司业务提供手段。全球营销项目的执行需要大量互动,这些互动不但存在于不同国家子公司之间,还存在于各个营销领域之间,如产品研发和广告,以及其他职能性领域,如生产和研发。控制系统是用来测量这些业务活动的竞争力在市场上的反映情况的。对原计划和结果的偏离进行分析并汇报,从而可以采取校正行为。

一个控制系统有三个基本元素:(1)标准的建立;(2)根据标准对绩效的衡量;(3)对偏离标准的分析和改进。尽管控制是组织过程中的一个简单概念,但是在国际环境下会出现许多问题,导致低效率的产生和公司内部纷争。

**Corporate Info**
# Structure

## Four Pillars

▸ Corporate Structure

▸ Four Pillars
▸ How the Structure Works

Four pillars — Global Business Units, Market Development Organizations, Global Business Services and Corporate Functions — form the heart of P&G's organizational structure.

- Global Business Units (GBU) build major global brands with robust business strategies.
- Market Development Organizations (MDO) build local understanding as a foundation for marketing campaigns.
- Global Business Services (GBS) provide business technology and services that drive business success.
- Corporate Functions (CF) work to maintain our place as a leader of our industries.

P&G approaches business knowing that we need to Think Globally (GBU) and Act Locally (MDO). This approach is supported by our commitment to operate efficiently (GBS) and our constant striving to be the best at what we do (CF). This streamlined structure allows us to get to market faster.

Click on the pillars below for more information:

**GBU** global business units

**MDO** market development organizations

**GBS** global business services

**CF** corporate functions

宝洁公司的全球业务单元支撑着该公司极具价值的全球品牌。比如，全球美容护理单元的潘婷团队监管全球产品发布和营销活动，在全世界范围内宣传相同的基本优点。

### 1）建立标准

通过国际公司许多国家市场上对营销战略的有效执行，公司达到自己的目标。标准的设立就是受到这些公司目标的驱动。标准必须明确定义、广泛接受并且在全球组织内被经理人理解。这些标准应该通过公司总部和当地营销组织人员共同审慎思考而设定。通常情况下，标准是在每年运营业务计划设立的时候建立的。

公司可以采用行为标准和绩效标准。行为标准指的是公司内应该采取的行动，包括要设计和使用的广告类型及数量，要进行的市场调研以及产品收取的价格。绩效标准指的是市场结果。它们不仅包括财务数据，也包括产品线销售额、市场份额、消费者产品试用率、创新和顾客满意度。

行为标准（behavioral standards）：与公司内采取的行动相关的标准。

绩效标准（performance standard）：与市场结果相关的标准。

### 2）衡量和评估绩效

设立标准后，必须考查绩效。为了按照标准考查绩效，管理层必须能够观察当前绩效。许多数字信息，诸如销售额和花费，可以通过会计系统上报。其他方面，诸如广告项目的执行情况，可以通过报告的形式交流。有时候，当管理层试图评估更为复杂的问题时，可以采用私人拜访或者是会议的形式，如协调各国行为，反击全球竞争者的成功或者失败的情况。

3）按标准分析并改正偏离行为

建立标准并回报绩效的目的是保证公司目标的实现。为了达到这些目标,管理层必须评估绩效离所设定的标准达成程度如何,当绩效没有达到标准时,还要发动修正活动。在全球背景下,由于距离、交流问题和文化差异的存在,控制过程可能相当困难。

控制战略可以用胡萝卜与棍棒原则做类比:即正面激励和负面激励。在进行正面激励时,可以对表现突出者给予更多的自主性、营销资金,并为经理人发放销售增长奖或者是红利。在进行负面激励时,不尽如人意的表现意味着上述各项都会减少,而且负责的经理人还可能面临着失去工作的威胁。修正偏差的关键是,让经理人了解并同意这些标准,并且保证他们有方法改正这些偏差。因此,经理人通常能够自由使用一些资源。比如,如果销售额下降了 10％,那么经理人可能需要一些权力,增加广告投入或者是降低价格以应对销售额的下降。

## 2. 上下沟通系统

有效的沟通系统可以促进控制。需要在不同国家采用标准化和协调的全球战略需要一个有效的沟通系统来支持。总部员工需要从各国子公司那里收到即时和准确的当地信息,之后才可以迅速做出决策并且将决策输送到当地管理层进行快速执行。

如今全球信息网络的存在改善了全球沟通系统。互联网链接了数百万的计算机使用者,减少了由地理距离带来的限制。比如,西门子在 190 个国家运营,它成立了一个内部网络,名为"分享网",是用来在全球公司内张贴信息的。当马来西亚的西门子想要投标一个链接 Kuala Lumpur 和新机场的高速数据网络时,分享网就派上用场了。子公司缺乏这种工程所必需的方法,可以向分享网求助,会发现西门子在丹麦已经有一个类似的项目。

## 3. 以文化为控制手段

除了我们描述过的控制手段,许多国际公司试图建立文化控制。如果一个国际公司能够在不同子公司之间建立一个强有力的公司文化,那么不同单元的经理人就能够共享一个目标和价值观。有些人认为这种公司文化的普及能够使全球公司抛掉一些沉重的等级负担,减少时间花费。

松下公司为经理人提供了六个月的文化培训,联合利华的新员工也要接受公司文化的培训。这些项目能够植入公司文化的目标和共同价值观。管理人还要接受持续性培训。比如,联合利华将 400～500 个国际经理人带到国际管理培训中心。该公司在培训上的投入和研发一样多,这不仅是为了提升技术,也是为了让管理人融入联合利华的大家庭中。以这种方式建立的人际关系和非正式联系比任何正式系统或者组织结构都更有力。

我们必须牢记的是,公司的企业文化很大程度上显示了其母国文化。当一个美国跨国公司教育当地经理人"以美国人的方式思考问题并行动起来"时,可以使跨国公司内的沟通和控制变得更加容易。然而,当地经理人还必须在许多不同于美国文化的国家市场中运营。他们保留当地文化,知悉当地消费者、竞争者和政府也非常重要。在跨国公司最高层鼓励文化敏感性的一种方法就是在董事会中纳入来自公司母国以外的人员。一项调查显示，在欧洲最大的公司中，有 90％ 的公司至少有一名董事是来自母国以外的。但是在美国，这个数字只有 35％。

# 16.4  总部与子公司的冲突

除了在跨国公司内建立一个融合多国的企业文化，国际营销经理们面临的一个普遍问题就是总部和子公司之间的内部冲突。表 16.1 根据美国总部和中国香港子公司之间的一份调查，总结了总部和子公司之间出现的对营销问题的不同看法。该研究还从三个方面——定价、标志和名称，以及广告机构选择——指出子公司并没有总部那么强调自主权的重要性。从我们之前对全球品牌的影响、日益增加的全球范围内的价格协商、跨国公司将广告缩小到一个或者几个广告网络的趋势等问题的讨论来看，该研究结果并不奇怪。

表 16.1  总部和子公司对营销问题的认知

| 营 销 问 题 | 总部 | 子公司 |
|---|---|---|
| 1. 总部经理人对子公司的视察往往富有成效 | 多数赞成 | 少数赞成 |
| 2. 由于子公司存在环境与总部大不相同，总部不了解子公司的想法，使问题频频出现 | 少数赞成 | 多数赞成 |
| 3. 总部不理解子公司文化的差异，使问题频频出现 | 少数赞成 | 多数赞成 |
| 4. 子公司对战略思维和长期计划的强调不够 | 多数赞成 | 少数赞成 |
| 5. 鼓励子公司向总部提创新意见 | 多数赞成 | 少数赞成 |
| 6. 总部总是试图改变子公司，而不是了解并适应子公司 | 少数赞成 | 多数赞成 |
| 7. 子公司有足够弹性有效应对改变的当地环境 | 多数赞成 | 少数赞成 |
| 8. 知识在总部和子公司之间自由传送 | 多数赞成 | 少数赞成 |
| 9. 子公司之间缺乏营销知识的传递 | 多数赞成 | 少数赞成 |
| 10. 总部在制定决策时试图努力拉入子公司营销经理人 | 多数赞成 | 少数赞成 |

资料来源：Reprinted from *Journal of World Business* 36, No. 2, Chi-Fai Chan and Neil Bruce Holbert, "Marketing Home and Away," p. 207. Copyright © 2001, with permission from Elsevier.

因为总部和子公司两大集团之间总体目标和观念之间的自然差异，冲突是无法避免的。子公司经理总是想要更多的自主权和当地差异化，而总部总是想要更详细的汇报和分散在各地公司间更多的相互协作。在它们的关系中，母公司是权力更大的一方，但是有时候子公司也能占上风。美国时尚品牌零售商 Esprit 在美国境内的销售额下降了，而在亚洲和欧洲的销售额却在一年之内超过 10 亿美元。该公司的中国香港子公司后来以 1.5 亿美元的价格买下了该品牌在全球的销售权。它的首个目标就是：修改美国市场的战略。

冲突并不是毫无可取之处。冲突会引发不同组织水平在设计和执行战略时不断进行沟通。这些沟通能使总部和子公司的权力、全球和当地层面及全球营销组合的标准化和差异化达到一个平衡。这也使全球组织的任何一部分都可能浮出更新、更好的想法。

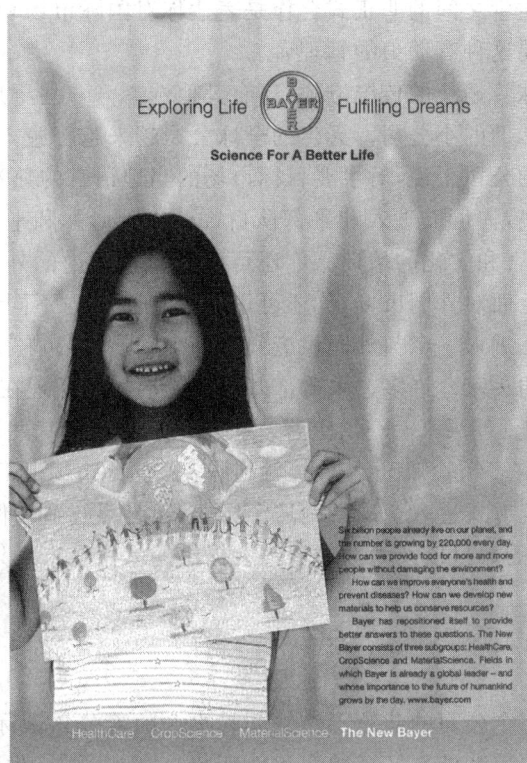

在"科学，让生活更美好"的口号下，德国贝尔公司是涉足健康护理、聚合物和谷物科学领域的大型跨国公司。它在 120 多个国家营销产品。但是，并非所有的子公司都有平等的地位。贝尔的巴西子公司占到拉丁美洲销售额的 39%，而在南非的子公司销售额占到非洲销售额的 50%。

# 16.5　将全球营销作为终身职业

一个随机应变的组织结构、浑然一体的公司文化和有效的控制系统都会使一个公司能够站在全球舞台上竞争。同等重要的是管理公司的个人。在这本书中，我们提出了这一论点，即事实上所有公司都受到日益加剧的全球竞争的影响。反过来，大多数公司不仅要处理来自其他国家的竞争者，还要依赖日益增加的跨国销售量。许多公司还要适应越来越国际化的顾客。因此，公司需要一些了解我们在这里讨论的问题的管理者：全球环境对营销的影响，全球战略计划，管理各种文化间的营销组合，以及有效地处理总部和子公司之间的关系，以保证全球战略的良好实施。最终达到管理层顶端的营销者必须了解我们在这本书中提到的概念。

在许多公司，尤其是对近来刚毕业的大学生来说，全球营销不总是一个基础水平的工作。公司通常会挑选具有国内工作经验的营销者充任全球导向的职位。一个很好的职业战略就是选择进入一个具有全球业务，并且具有你仰慕的文化的公司。在本国市场证明你的能力之后，在几年之内你就可以有资格进军全球岗位。如果你被分配到公司总部，这就非常现实。与国际主管之间的非正式合作是表达你对国际市场和全球战略兴趣的良好方式——公司总是需要这种有动力的管理者。

除了这种进入全球营销业的传统方式,还有其他选择——甚至是在基础水平的工作。考虑在国际市场急需帮助的小公司。天生的全球公司越来越普遍。出口管理公司是另外一个选择。对这类型的公司来说,对主要目标市场的当地语言的熟悉能够使你脱颖而出。如果你是一个美国公民,你可以进入和平部队(peace corps)。和平部队提供业务导向的岗位,你还可以受到语言和文化的培训。你还可以在自己国内的外国跨国公司中寻找一份工作。即使你不马上面对外国市场,你还可以获得在组织内不同文化氛围下的工作经验。或者你也可以考虑进入一个与外国供应商有许多交易的公司。对全球营销的了解可以使你成为一个老练的买家。许多在采购部基层岗位的美国经理在不知不觉中都飞往墨西哥或是远东市场帮助管理买家——供应商关系。最后,政府的一些岗位,诸如当地或是国家的商务部,能够提供许多经验知识,使你接触到许多在国际市场上工作的公司主管。

不论你是选择传统方式进入全球营销这个行业,还是寻找适合你的小块天空,对全球定位的需求,面临挑战的数目以及为全球营销者提供的岗位在未来只增不减。

# 总　　结

在许多国家组织一个公司的营销工作并非易事。随着公司国际业务范围的变化,它的组织结构也要随着内部和外部环境的变化而变化。在本章中,我们回顾了常用的组织结构类型,并展示了它们各自的优点。业务的动态本质要求公司不断重新评估自身的组织结构和流程,必要时做出一些改进以迎合公司目标。

组建一个组织以回应全球市场需求的任务涉及建立共同的目标和开发人力资源。对公司目的的清醒认识能够给每个经理人一个焦点和方向。经理人是一个公司最稀缺的资源。致力于招收并形成了解全球市场复杂性以及跨文化交流重要性的管理团队,能够帮助跨国公司确立一致的目标和价值观,反过来也会加速全球战略的实施。

# 问 题 讨 论

1. 国内组织如何进化成国际组织? 哪种类型的国际组织最有可能先形成? 哪种类型的组织其次形成? 为什么?

2. 美国玩具生产商美泰(Mattel)的国际销售额占到全部收益的 30%,为了获取更好的国际销售业绩,该公司决定让美国分部首脑负责国际销售业务。讨论这种决策从总体上来说的好处和坏处,以及针对玩具行业公司的优劣。

3. 除了正式的组织结构,全球公司可以以什么方式保证自身能够对市场做出回应、获取效率,当地回应和全球知识?

4. 在全球组织内使用互联网作为内部交流方式有何优势和不足?

5. 为了弥合表 16.1 所示的总部和子公司之间的裂缝,你有何建议?

# 案　　例

# 案例 2.1  香 蕉 战 争

近十年来,欧盟与美国间一直上演着激烈的"香蕉贸易战"。欧盟对原属于欧洲殖民地的加勒比海和非洲地区的进口香蕉实行关税优惠和配额制。进口政策有利于以欧洲为主要产地的公司,而不利于在拉丁美洲种植园生产香蕉的美国公司,如奇基塔(Chiquita)和都乐(Dole)。

都乐在应对该政策时,把生产基地转移到了西非。在接下来的几年里,都乐在欧洲香蕉市场的份额的确有所增加。而奇基塔则要求美国政府向关贸总协定(现为世贸组织)提起控告。美国虽然赢得了两起案件,但欧盟利用它在关贸总协定的否决权避开控告。在世界贸易组织成立后,该否决权被禁止。

世贸组织重新审理该案件,裁定欧盟的配额制度具有公然歧视性质,如果欧盟不服从裁决,则允许美国对欧盟进行进口制裁。然而,欧盟针对香蕉进口政策只是做了表面而无实质性的改变。作为报复,美国对来自欧盟国家的 17 种商品,包括印刷目录卡、山羊绒衣物、珊瑚珠宝、吊灯等,开始征收 100％的关税。

欧盟当局表示拒绝,声称美国政府无权决定欧盟的政策改变是否足够,因此要求重回世贸组织处理。美国政府认为这是欧盟一次又一次的拖延之计。最后,世贸组织支持美国立场,赞成美国政府的反击。

在欧洲,美国对欧盟的制裁行为被认为是"愚蠢的""倒退到中世纪的行为"。许多欧洲制造商对与自己无关却不得不遭受争端引起的后果而感到气愤。比如,在比利时的饼干工厂,成千上万的人面临失业,出口到美国的产量也只有以前的 20％。制裁还威胁到了在欧洲的亚洲投资者,比如日本汤浅公司英国分公司,该公司才刚开始向美国出口电池产品,现在的努力将是成为徒劳。只有丹麦、荷兰避开了美国的制裁,因为它们在香蕉争端中曾游说欧盟改变政策。

有人质疑,为什么美国政府如此激烈的追踪香蕉案件?毕竟,在美国没有出现失业危险。然而至少奇基塔的游说最后还是成功了。奇基塔的领导者是美国共和党和民主党财源的主要提供者。他试图游说政府把羊乳酪从美国对欧盟的制裁商品列表上剔除,因为这是希腊裔美国人的主食,而游说过程并没有那么顺利。

美国政府坚信,香蕉争端问题不比世贸组织的信誉问题简单。欧洲国家不能厚颜无耻地炫耀一个世贸组织的裁决。具有讽刺意义的是,五年前,美国因为声称世贸组织成员国不能要求美国服从世贸规定而引发欧洲国家的不满。美国可以藐视世贸规则而接受受其伤害的国家的报复。毕竟,没有国家希望与美国发生贸易战争。尽管有过这些言辞,但美国还是遵守了世贸组织对其不利的裁决,例如曾有判决,美国限制了从巴西和委内瑞拉进口石油。

美国在寻求欧洲香蕉贸易损失赔偿方面并不孤单。世贸组织总裁协会允许厄瓜多尔对欧盟进口商品施加 20 亿美元的制裁,这相当于它出口到欧洲以外地区的香蕉量的金额。然而,厄瓜多尔每年只从欧盟进口 6 200 美元商品,主要是药物。因此,世贸组织允许厄瓜多尔针对来自欧洲的服务商品和版权材料,包括光碟等征收惩罚性关税。欧盟贸易大使宣布欧盟会监视厄瓜多尔的惩罚性政策,如果惩罚超出范围,将提出异议。

**问题讨论**

1. 在香蕉战争中,谁是赢家,谁是输家?

2. 美国的反应真的是"愚蠢的"吗?

3. 香蕉战争说明世贸组织会面临哪些潜在的威胁?

资料来源:Michael M. Weinstein. The Banana War Between the United States and Europe Is More Than a Trivial Trade Spat. *New York Times*, December 24, 1998, p. 2; Helen Coopers. Curdish War. *Wall Street Journal*, March 1, 1999, p. A1; Brian Kenety. Trade: Banana Producers Fear Tariff Solution to EU-US Trade War. *Inter Press Service*, March 16, 2000; and Elizabeth Olsen. WTO Allows Ecudor to Impose Tariff on EU in Banana Dispute. *International Herald Tribune*, p. 13.

# 案例 2.2  南方共同市场问题

南方共同市场,自成立以来已成为拉丁美洲最成功的区域组织。它的成员国中有拉丁美洲最大的经济体巴西(国民生产总值=10 350亿美元),第三大经济体阿根廷(国民生产总值=3 740亿美元)。1991—1998年,巴西和阿根廷两国间的贸易增加了500%,增至150亿美元。然而,自1999年,南方共同市场总贸易量下降了20%。阿根廷和巴西都在经历着经济衰退,在外汇政策上发生了矛盾。这个矛盾威胁着南方共同市场的未来。

阿根廷的"可兑换计划"使比索盯住美元,禁止发行无担保的外币。通过限制货币供应量,抑制政府花销,阿根廷的货币通胀水平从1989年的5 000%下降到了2000年的1%。在20世纪90年代早期和中期,阿根廷经历了经济繁荣期,这要归功于它的贸易自由主义,货币和外币自由兑换政策和国企私有化。

类似地,巴西的"雷阿尔计划"使雷阿尔货币盯住美元。通货膨胀从1993年的2 500%降到1998年的2.5%。贸易和投资自由化吸引了外资,但是对资本和消费品的潜在需求导致贸易从1994年的105亿美元盈余下降到1998年的63亿美元赤字。1997年中期的亚洲金融危机使外国投资者开始担心其他发展中国家的未来。外国资本逃逸,巴西的贸易收支平衡严重恶化。紧接着,经济开始衰退,再加上巴西国会无法通过花销改革,更加腐蚀了投资者的信心。因此,巴西的外汇储备继续缩水。政府只能宣布开始实行自由浮动的雷阿尔货币政策。雷阿尔对美元的汇率暴跌,继而对阿根廷比索的汇率也暴跌。

然而,阿根廷政府继续致力于维持外汇的稳定性。阿根廷政府甚至与美国财政部讨论正式使经济美元化的可能性。这个想法是可行的,巴拿马在1904年就采用美元作为它的货币。并且在阿根廷,超过一半的银行存款和贷款已经是美元了。美国联邦储备银行每年运送数吨标示为美元的货币出国。美国5 000亿美元的货币将近2/3都流通在美国以外的地区。

但是,美元化这一形势将是不可逆转的。阿根廷将放弃对自己货币的控制权而把权力交给美联储。批评家认为,美联储制定政策以支持美国经济,而美国经济与阿根廷经济几乎没有共同点。他们甚至认为美元化会减弱外界对比索的信心。其他人指出,允许比索自由浮动将更加腐蚀人们对比索的信心，导致比索贬值。

然而，在巴西做生意的成本比阿根廷低30％。阿根廷看到了其与巴西的贸易盈余已经消失。因此，阿根廷对来自巴西的某些商品开始实行配额制，这也是南方共同市场成立以来的第一个配额制。这个举动给巴西敲响了警钟，巴西将寻求法律途径取缔该政策。许多阿根廷公司和跨国公司，如荷兰飞利浦电子集团、固特异轮胎公司，已经把生产基地从阿根廷转移到了巴西。阿根廷声称由于巴西雷阿尔货币低估损失了250 000个工作岗位。许多失业人员手举"巴西制造——不！"的条幅进行了游街抗议。布宜诺斯艾利斯州长总结他们的反巴西情绪为"巴西就像不怀好心的邻居来到我们家，偷走了家具"。

2001年12月，阿根廷政府暂时限制了阿根廷人从银行取款或转移到国外的货币数量。而在2001年以前，已经有20％的银行存款被兑换成美元转移到国外。银行业者忧心忡忡，他们担心比索对美元1∶1的汇率下，美元储备还能维持多久。2002年年初，关于比索贬值的消息盛传开来，但是贬值一直是个问题。在阿根廷，许多贷款和合同款项标示为美元。比索的贬值将增加用比索偿还美元债务的成本。这样反过来将导致银行危机。

**问题讨论**

1. 阿根廷应该采取什么外汇体制？美元化，自由兑换比索，维持现状还是其他？为什么？

2. 假如你是美国一名重型机器的出口商，你更愿意看到阿根廷采取什么外汇体制？又或者你是一名欧洲的化妆品出口商，或是一名巴西的汽车出口商？为什么？

3. 在本案例中，有关区域集团化协议的问题有哪些？

资料来源：David Wessel and Craig Torres. Passing the Buck. *Wall Street Journal*，January 18，1999，p. A1；Craig Torres and Matt Moffet. Neighbor-Bashing. Wall Street Journal，May 2，2000，p. A1；U. S. Department of State. FY 2000 Country Commercial Guides：Argentina and Brazil；and Michelle Wallin. Analysts Warn That a Free-Floating Peso Is Only Part of the Fix That Argentina Needs. *Wall Street Journal*，February 8，2002，p. A16.

# 案例2.3 纺织品之伤

当关税贸易总协定最初签订时，纺织品和服装行业因其备受争议而没有纳入其中。当时的欧洲和美国，这些行业的就业率尚高，发达国家惧怕一旦关贸总协定取缔保护措施后，来自发展中国家的新产品将造成国内巨大的失业率。因此，在过去的20多年里，发达国家纺织品贸易只进行双边谈判，根据《多种纤维协定》（MFA）规则展开贸易。该协定是一项单独的国际协定，准许国际配额体制规范纺织品和服装贸易。

尽管存在这些贸易保护措施，发达国家纺织品和服装行业的就业率由于制造商倒闭或者转移到成本更低的国家而持续下降。同时，纺织品和服装配额也未能免受政治因素的影响。美国遭受"9·11事件"恐怖袭击后，巴基斯坦被征招支持美国反恐战争。美国对巴基斯坦的配额增加了14.3亿美元，欧盟对巴基斯坦的配额也增加了15％。

世界贸易组织关于纺织品和服装行业的协定后来取代了《多种纤维协定》，这为2005

年1月对配额的最终取消迈出了过渡性的一步。而关税依然存在,而且在发展中国家总体较高,马来西亚保持了5%～30%(根据产品种类不同)的关税,墨西哥13%～35%,土耳其达到了44%。在发达国家中,澳大利亚关税最高,其次是加拿大、美国,为0～15%不等。

配额制的取消将带来巨大获利者和失利者。比如,世贸组织的资料预计美国从印度进口的服装将从总服装进口量的4%提高到15%,美国从中国进口的服装将从16%提高到50%。中国在欧盟的出口地位也将大大提升。有人估算,配额取消的第一年,欧盟从中国进口的服装量将占总服装进口量的29%,这将对目前当地的生产商,如土耳其产生威胁。事实上,许多人预计中国在未来的几年内,将获得世界市场50%的占有率。

中国在纺织品和服装行业相对于其他发展中国家有几大优势。中国劳动力廉价而且生产效率高,这对于像服装行业这样的劳动密集型产业有着特殊的优势。中国的大工厂实现了规模经济,而且交通也方便。棉花等原材料就地生产节约了成本,中国的纺织品行业还能提供便宜的布匹给服装加工厂。

然而,其他人对中国市场占有率的取得持迟疑态度。除了人民币有可能被重新估价,中国的经济呈现出过热的态势,政府也许将紧缩对纺织品行业的信贷。由于许多外国服装制造商把生产基地放在中国,原材料和劳动力价格将上升。目前,中国的沿海较发达城市已经出现了"用工荒"。由于中国农村收入增加,越来越少的人愿意去城市打工。许多跨国公司和跨国并购者已经意识到,如果过多的依靠一个生产基地,比如中国,将面临很多的风险(包括政治上和经济上的风险)。此外,中国市场占有率的大幅提高是基于澳大利亚的实践经验,在澳大利亚,配额在几年前就取消了。但是,一些分析家认为,主要消费市场附近的供应国如果能专注于"补充"产品,也就是以时尚为导向的产品,那么它们能够在一定程度上捍卫自己的地位。时尚导向的产品买家(如沃尔玛)对供应商及时可靠的供货能力非常敏感。

尽管如此,中国对其他国家的纺织品和服装行业确实产生了一定打击。一份报告预计,在美国的服装进口量中,墨西哥的份额从10%降到3%,在其他美洲国家的进口量中,其份额从16%降到5%。许多向拉丁美洲和加勒比海国家提供原材料的美国制造商也将遭受直接和间接的打击。相关的问题还有,美国和拉丁美洲国家的双边贸易协定是否准许拉丁美洲国家利用中国出口的关税较低的纺织品。纵使中国的纺织品被禁用或罚款,许多人依然相信中国的纺织品由于松懈的海关程序将很容易走私进入墨西哥或中美洲国家。因此,实施这样一项规则比较困难。

取消纺织品和服装的配额制对于发展中国家的经济冲击大于对美国或欧洲国家的冲击。比如,哥伦比亚预计由于服装行业的损失将导致经济发展速度减半。原先用来保护欧洲国家和美国的就业率的体制已经成为许多发展中国家进入发达国家的工具,虽然这种进入有所限制。比如,沃尔玛想要寻求大批量T恤衫的供应商,它优先考虑的中国供应商也许无法提供全部数量,因为美国对中国有配额限制。因此,它只能从其他发展中国家寻求供应商,即使这些供应商价格更高,质量更差。

但是效率低下的发展中国家在发达国家的市场正在消失。作为回应,包括美国制造商和来自24个发展中国家的制造商在布鲁塞尔召开了"公平贸易峰会",会议发表公告以警示世贸组织,称由于多种纤维协定,发展中国家面临 3 000 万人失业的风险。但并非人皆有同情之心。美国纺织品和服装进口商协会的执行官写信给布鲁塞尔会议代表痛斥道:"这些风险无非是那些没有准备好或不愿意在没有保护的情况下参与竞争的国家编造的!"

峰会的倡议者之一是东非沿岸的小岛国——毛里求斯,该国人口主要是异族印度人,说法语和英语两种语言。主张商业活动的政府对出口导向行业给予了税收优惠,大量外商投资进而纷纷涌入该国,服装行业欣欣向荣,平均每 5 个毛里求斯的劳动人口就有 1 个从事服装行业,生产了如 CK、GAP 等国际品牌的服装。结果使中产阶级的收入在十年里翻至两倍,达到 4 560 美元,成为非洲收入最高的国家。然而,中国进入世界市场后,该国大量服装工厂纷纷倒闭,失业率从 3％增至 10％。

曼谷,一个约有 1.4 亿穆斯林人的国度,也是其中一个例子。该国服装行业的劳动力占总劳动力的一半,为该国提供了 80％的硬货币收入。曼谷是亚洲最贫穷的国家,也是透明国际组织评选的最腐败的国家。国内政局紧张,穆斯林基本教义派正逐步吞噬国会。一些农村地区已成为穆斯林极端分子的控制地,他们反对邻国印度和缅甸政府的控制。

曼谷在交通、通信等基础设施方面排名落后,港口工人的延期和罢工使服装出口商不得不使用昂贵的空运货物空间以满足及时交货的需要。尽管曼谷服装工人的工资还没有中国服装工人工资的一半,这些服装工厂仍然没能像中国那样达到规模经济效应。原因是曼谷没有棉花等原料来源,主要依靠进口纤维。然而,由于多种纤维协定的保护,曼谷已成为美国和欧洲国家主要的服装提供商。

现在没有了多种纤维协定,专家预计曼谷服装行业将减少一半工作岗位。另外,这也将影响与之相关 1 500 万人的工作。正如毛里求斯那样,服装工厂开始纷纷倒闭。失业的压力不仅影响了男性,也影响到了女性,因为过半的工作是由女性完成的。在这之前,由于女性就业率增加,女性生活水平也有了提高,比如女性基础教育受到重视。同时,由于女性能出门赚钱,家暴现象也得以减少。

随着纺织品和服装配额制的取消,欧盟和美国准备对中国某些威胁到其国内制造商的商品采取暂时限制措施。这些限制措施在中国加入 WTO 时已讨论一致通过。然而,在配额制取消的前两周,中国宣布将对其服装行业的出口,按照价值而非数量征收出口关税。这相当于每件 2.4％～2.6％的关税。一些行业观察者预计,这将损害中国生产商的利益。其他人则认为影响是微不足道的。尽管如此,中国政府坚信,出口关税显示了中国政府试图限制中国出口商对其他发展中国家如柬埔寨、曼谷等国产生威胁。

**问题讨论**

1. 作为一个服装出口国,影响该出口国成功与否的因素有哪些?

2. 在多种纤维协定后,哪个理论最能解释一个国家的成功?比较优势理论还是竞争优势理论?请解释。

3. 临时限制将如何帮助美国制造商?

4. 对于墨西哥和土耳其的纺织品和服装生产商,你有什么建议?

5. 你认为中国对其出口产品征收出口关税的原因是什么?

6. 毛里求斯和曼谷在全球经济中还有希望吗?你有何建议?

资料来源：Farhan Bokhari. U. S. Rejects Pakistan Pleas on Textile Quotas. *Financial Times*, August 13，2003，p. 8；Carlos Tejada. Paradise lost. *Wall Street Journal*，August 14，2003，p. A1；Neil King Jr, and Dan Morse. Bush Set Quotas on Some Imports of Chinese Goods. *Wall Street Journal*，November 19，2003，p. A1；Peter Fritsch. Looming Trouble. *Wall Street Journal*，November 20，2003，p. A1；Rebecca Buckman. Navigating China's Textile Trade. *Wall Street Journal*，September 10，2004，p. A10；Greg Hitt. American Textile Makers Mobilize Alliance of Rivals to Counter China's Share. *Wall Street Journal*，December 14，2004，p. A2；Andrew Browne. China Discloses Details of Its Textile Duties. *Wall Street Journal*，December 28，2004，p. A2；Industrial Tariff Liberalization，the Doha Development Agenda. World Trade Organization，2003；and Greg Hitt. Latin Trade Deal Has Chinese Flavor. *Wall Street Journal*，January 26，2005，p. A4.

# 案例 3.1 禁销芭比娃娃

儿童和青少年智力发展协会宣布,芭比娃娃对伊朗构成了文化威胁。身材高大、头发金黄、蓝色眼睛的芭比娃娃展现的是一个美国女性的形象,她渴望年轻、不愿生育。她化妆、身着不雅服饰,在男朋友凯的陪同下一起喝香槟。为了代替芭比娃娃,该协会设计了萨拉。萨拉肤色黝黑、留着黑发,身穿传统的拖地黑色罩袍,也没有男朋友。因为男朋友对于中东家庭来说是不被接受的。萨拉的哥哥道拉身穿穆斯林牧师的外衣,头缠头巾。

自三十年前的伊斯兰革命以来,伊朗人对西方文化的影响特别警惕。一家可口可乐公司因"传播美国文化"而被关闭。然而,并非每个伊朗人都要求取缔芭比娃娃。一些玩具店老板认为芭比娃娃只是一种商业活动,没有涉及文化层次,许多持中立态度的伊朗人反对用武力和禁令来保护民族文化。芭比娃娃在伊朗依旧流行,导致了不少芭比娃娃走私到伊朗。

许多年来,芭比娃娃在阿拉伯世界国家一直是最流行的玩具。为了给阿拉伯女孩子一种文化的归属感,阿拉伯联盟赞助了一项可行性研究以吸引私人投资生产雷拉娃娃。雷拉被塑造成 10 岁大小、黑眼睛、黑头发的女孩。她的衣橱里不仅有西式衣服,也有传统的阿拉伯地区的衣服,比如埃及、塞尔维亚及海湾地区。与萨拉类似,雷拉受到了政府资助,价格在 10 美元左右,而芭比在中东国家的各个首都可以卖到 30～150 美元。因此,雷拉没有得到开发。

在美国,芭比娃娃也有了竞争者。一个密歇根利沃尼亚的制造商引入了一个叫拉赞尼的娃娃给美国的穆斯林人。这个玩具的设计者宣称,这个玩具主要传递的信息是内心所想才是重要的,而非外表。拉赞尼是一个 13 岁以下的孩子,有三种样子:白肤金发、橄榄肤色黑发和黑皮肤黑头发。她穿着端庄,却充满"现代穆斯林女性"的抱负。比如,其中有女侦查员拉赞尼,教师拉赞尼。

然而,这个由来自阿拉伯私人部门的"新男孩工作室"设计销售的玩具是用来替代阿拉伯国家的芭比娃娃。褐色头发的弗拉有着漂亮的脸庞,身材和芭比相似,但更端庄。她的外套包裹着她的全身,她的裙子长过膝盖。和萨拉一样,弗拉没有男朋友。尽管比萨拉价格高,弗拉的价格是芭比的一半。弗拉在电视广告上的形象是她在祈祷、读书,为朋友制作蛋糕。另外,这个取得非凡成功的娃娃有众多附属产品,比如自行车,谷类、口香糖、文具等。

弗拉将会在纽约的玩具展销会上正式跟西方观众见面，一个"新男孩工作室"的经理宣称弗拉将是一个全球性的玩具而不是穆斯林玩具。他强调弗拉在印度销售时穿的是传统的纱丽服。然而，有人不赞同这种做法。在法国，一些人认为弗拉是伊斯兰人的密谋，目的是分裂整个民族，使大多数人玩芭比，而小部分穆斯林人玩弗拉，因此弗拉在法国被禁止销售。

**问题讨论**

1. 为什么芭比娃娃在法国和中东如此畅销？

2. 穆斯林人应该禁销芭比吗？法国应该禁销弗拉吗？为什么？

3. 你认为弗拉比萨拉和拉赞尼成功的原因是什么？

资料来源：Matthew Campbell. Barbie Hasn't a Prayer Against Devout Islam Doll. *Sunday Times*, January 22, 2006; Katie Reid. Arab Companies Cash in on Cultural Sensitivities. *Financial Times*, February 22, 2006; Kate Gillespie, Jean-Pierre Jeannet, and David H. Hennessey. *Global Marketing* (Houghton Mifflin: New York), 2007, p. 90; Allie Shah, The Arab Answer to Barbie. *Merced Sun-Star*, January 15, 2007, p. D1; and Iran: Playthings of the Godless. *Maclean's*, May 12, 2008, pp. 1-9.

# 案例 3.2  工作与休闲

与其他国家的雇主不同，美国的雇主并不受法律约束因而无须向员工提供带薪休假。事实上，美国文化对于闲暇持怀疑态度。一些人把这种现象归因于清教徒的工作道德。很多美国人在闲暇之余会从事身体上或精神上要求苛刻的爱好或者志愿者活动。即使度假时，他们也会通过手机和笔记本电脑与工作保持联系。

相反，欧洲国家把闲暇看得很重要。法国在法律上规定了其最短的工作时间。另外，法国也是花费最多时间在睡觉上的工业国家。他们每天花费两小时以上的时间在吃饭上，这是美国的两倍。然而在德国，延长工作时间也许会普遍起来。对于德国人来说，成功曾经意味着少工作多休息。然而，极低的出生率导致越来越少的工作者将扶持越来越多的退休老人。

安逸的"德国星期天"也正遭受攻击。星期天，在德国宪法中被规定为"精神反省"的日子。这个习俗导致星期天不能购物。自德国重新统一以来，在无神论社会成长起来的东德对星期天关门表示反对。东德城市利用法律漏洞要求商店在星期天营业，其中一个理由是必须允许游客在星期天也能购物。现在，柏林的百货大楼接待成千上万名星期天的游客，坚信他们的产品能在星期天吸引游客购买。主张保护成员国闲暇时间的联盟领导人在参加教会时对此进行了谴责。

如果说德国在考虑延长工作时间，那么日本则正在考虑减少工作时间。日本一年只有9天假期。然而，当日本首相因劳中风后，闲暇的价值正在被重新考虑。日本的自杀率和过劳死率都在提高。日本社会引入了"快乐星期一"理念，把某些假期从星期六调休至星期一，目的是延长周末时间。政府期望更多的假期能够刺激日本消费，从而促进经济的增长。

事实上,随着许多亚洲国家日益富裕,工作者现在在相同的工资水平下工作时间已减少。一周五天的工作制在亚洲已成为基准,虽然这个结果备受争议。由于很多韩国人不知道如何消遣他们增加的闲暇时间,"韩国文化和旅游政策协会"为广大工作者提供了闲暇咨询人员,以帮助他们适应闲暇。其他韩国人发现,减少的工作时间带来了不小的家庭压力,因为妻子常抱怨他们的丈夫在家待太久了。而还有一些人发现,闲暇也会很昂贵。参观博物馆、去餐馆吃饭、运动课程都要增加开销。韩国的一个调查发现,63%的受众的经济负担源于闲暇开销。

**问题讨论:**

1. 影响社会对于工作和闲暇的态度的文化因素有哪些?

2. 对于闲暇的不同态度会如何影响产品的营销?

资料来源:Lina Yoon. More Play, Less Toil is a Stressful Shift for Some Koreans. *Wall Street Journal*, August 10, 2006; "Sacred Work, Sacred Leisure" in Kate Gillespie. Jean-Pierre Jeannet, and David H. Hennessey, Global Marketing(Houghton Mifflin: New York, 2007); and France Wrests Title of Sleeping Giant. *Dow Jones Chinese Financial Wire*, May 5, 2009.

# 案例 4.1 古巴:重入世界怀抱

2009 年,美国政府表示愿意重新考虑对古巴近 50 年的禁运令。在 20 世纪 50 年代,古巴经济被西班牙殖民家族和美国公司所统治。由菲德尔卡斯特罗领导的共产主义革命没收了成千上万个外国和本地资产,这些没收的资产包括工厂、种植园、矿产和地产。美国政府对该国家没收的反应是,从 1962 年起对古巴实行禁运令。这项禁令不允许美国从古巴进口或者是出口到古巴。此外,美国在古巴的国外投资也是受到禁止的。卡斯特罗最初想从甘蔗的销售中提取一些偿付款给美国,但是美国政府拒绝协商。时至今日,美国肯定了近 6 000 起针对古巴的投诉,以今日价格计算达到近 70 亿美元。

长期以来,古巴一直是苏联的跟随者。事实上该国所有贸易都是与俄罗斯或者是苏联阵营达成的。随着苏联的解体,古巴成为世界上少数的几个共产主义国家之一。它失去了传统贸易伙伴,并发现自己在财政上力不从心。这个岛国开始尝试在 20 世纪 90 年代中期鼓励外国投资。主要来自加拿大和欧盟的投资迅速增加到了几百个。

从未放松对古巴禁运的美国迅速行动起来。美国通过了合尔普斯巴顿法,允许美国公民对使用之前被古巴政府没收的资产的外国公司进行上诉。此外,美国政府还会否认这些公司高管的签证。有些外国公司很快开始遵守这项法律,开始核查针对他们在古巴新投资的申诉。但是更多公司忽视了美国的威胁。之后由于欧盟向 WTO 请求制裁美国法律,克林顿总统不得不放弃了赫尔姆斯—伯顿法规定的起诉权。

在之后的近 40 年中,美国解开了部分对古巴的禁运令。但是该禁令的首要目标——推翻菲德尔卡斯特罗的愿望并没有达成。在一些政治上强有力的农场主的游说下,该禁令被修改了,开始允许向古巴销售农产品和药品。但是古巴政府仍然时刻警惕,防止与美国形成太紧密的经济联系。尽管古巴经济或多或少地有了改善,但是该国仍然手头拮据。古巴表示,它们已经准备好按照国际法律履行赔偿义务,但是谁也不知道古巴从哪里得到这笔钱。古巴声称他们会从美国禁令带来的经济损失方面要求美国赔偿,该成本估计在 600 亿美元以上。另外一个选择可能是政府国有资产的销售。有人建议,美国政府应该给古巴提供一个援助计划,欢迎这个国家重新回到世界怀抱。同时,一位迈阿密财务长建议将公司和私人控诉资金汇聚到一起,从补偿金中获取各自的份额。这些份额将被投机者购买并销售。

**问题讨论**

1. 列出第 4 章中提及的由本例解释的问题。

2. 控诉者们应该得到补偿吗? 如果是,应该由谁来赔偿? 为什么?

3. 如果你正在考虑投资提议的控诉资金,你会提供多少折扣率? 换句话说,你认为这些控诉值多少美元? 为什么?

资料来源：Kate Gillespie, Jean Pierre Jennet and David H. Hennessey. Cuba Reentering the World. *Global Marketing*. Houghton Milfflin：New York,2007；Patchy Blockade. *Economist*,August 16,2008；Laura Meckler. U. S. to Ease Curbs on Cuba Travel. *Wall Street Journal Europe*,April 6,2009,p. 9；and Steve LeVine. The U. S. and Cuba：A Thaw in Rhetoric,Not Trade. *Business Week Online*,April 20,2009.

# 案例 4.2 可口可乐：众口铄金

两年多来,可口可乐一直努力想要收购吉百利史威士的碳酸饮料品牌,该品牌旗下有乐倍(Dr Pepper)和七喜(7-Up)等产品。最初提议的收购包括除了美国、法国和南非之外所有吉百利史威士的国际市场。一个成功的收购可以增加可口可乐在 150 多个国家内的市场份额。比如,可口可乐在加拿大的份额预计能够从 39.4% 上升到 49.1%。在墨西哥,该份额会从 68.4% 上升到 72.6%。

但是,并非所有人都对提议的收购感到满意。可口可乐的主要竞争者百事可乐在加拿大向立法机关投递了信件,要求加拿大政府反对可口可乐收购这家加拿大公司,理由是这会导致竞争变弱,价格抬高,百事可乐在加拿大的子公司将会有 300 个人失业。小型独立的瓶装商联合百事可乐一起抗议。加拿大联邦竞争局同意着手这项花费巨大的调查活动,最终导致可口可乐取消了在加拿大的计划。同时,澳大利亚、比利时和墨西哥也反对这项收购。许多欧洲国家和智利政府也开始重新考虑。结果就是,可口可乐撤回了在欧洲购买该品牌的决定。而南非却被加入这一决议中。

吉百利史威士收购案并不是可口可乐与欧洲和其他地方竞争立法者的唯一一次交锋。可口可乐公司的职员在伦敦和布鲁塞尔遭受了突然袭击。欧盟执法者正在搜寻可口可乐犯罪文件,涉及可口可乐公司非法鼓励德国、澳大利亚和丹麦超市储存更少竞争者的产品。一年之前在意大利有一项相似的调查,该公司被罚了 1 600 万美元。如果在欧盟管辖下发现罪名成立的话,可口可乐的罚金可以达到 144 亿美元。

可口可乐的新领导人赶到欧洲并与欧盟和许多欧洲国家的顶级反托拉斯官员私下会面。他想私下陈述可口可乐案件,更好地了解官员们的顾虑之处。他表明,可口可乐在任何运营的地方总是遵规守法的。但是,可口可乐自称的积极向上但是诚实的竞争,被欧洲人看作是不可接受的专制的侵略性美国式行为。

问题弹回了北美洲大本营。得克萨斯州的一位法官发现该公司违反了反托拉斯法，并下令罚款 1 560 万美元。可口可乐被控诉要求各方对其进行排他性广告、展销以及专设零售贩卖机。此外，一份美国贸易联邦委员会的调查发现，通过收购其他软饮料行业的领头企业导致了美国消费者面临的价格上升。在墨西哥，百事可乐指控可口可乐禁止许多小型商店销售竞争者的商品。在墨西哥法庭上争执多年之后，可口可乐在 70 多个类似的反竞争案件中败诉。墨西哥反托拉斯当局也反对可口可乐公司和墨西哥的瓶装商收购该国第二大饮料公司的计划。

**问题讨论**

1. 你认为为什么有些国家反对坎特伯雷收购计划而有些国家不反对？

2. 假定杜达夫先生有关可口可乐在各个国家都是遵规守纪的陈述成立，为何该公司还在那么多国家陷入困境？

3. 有关于处理政府关系方面，你可以给予可口可乐公司什么样的建议？

资料来源：Kate Gillespie, Jean-Pierre Jeannet, and David H. Hennessey. Coke Under Fire. *Global Marketing*. Houghton Mifflin; New York, 2007; Mexico Antitrust Agency Rejects Coke-Femsa Buy of Juice Company. *Dow Jones International News*, May 25, 2007; and Adam Thomson. Coke is Forced to Pay ＄1 Million Fine in Mexico. *Financial Times*, May 29, 2007, p. 18.

# 案例 5.1　年轻人想要什么？

消费品公司和零售商越来越多地将目标瞄准了青少年。仅在美国，青少年市场拥有近 6 000 万名消费者，他们的采购量一年可以达到 1 700 亿美元。有些青少年网站诸如 Delias.com 等都非常成功。Delia's 销售迎合青少年对衣服的需求，同时提供聊天室和其他青少年网站的链接。两个最受欢迎的青少年网站是 Amazon.com 和 Gap.com。沃尔玛的网站也很受欢迎，尽管它没有什么特别之处来吸引青少年，消费者只是喜欢它便宜的价格而已。

欧洲的营销者也试图更好地了解青少年市场。曾经人们认为欧洲的青少年比美国青少年与父母的关系更为亲近，而且对长辈更为尊重。他们不太看电视，但是受欧洲流行音乐的影响更大。但是，一项对德国青少年的调查发现——人们认为这对大多数欧洲国家都有指示作用——青少年们花在电视、电话和听音乐上的休闲时间比人们想象的要多。在 10～17 岁的买家中，名列购物表前茅的是联上网络的计算机。

博客、手机短信和诸如 Myspace 等社交网络使得青少年能够立刻知道世界上其他地方的伙伴发生了什么事。但是，全球青少年细分市场真的存在吗？有些化妆品营销者认为，存在一个本质上充满尝试性、敞开胸怀面对罕见品牌的全球青少年文化。清扬是化妆品公司联合利华下一个部门，组建了一个跨国调查辨别什么是青少年认为"酷"的东西。但是，从美国和英国的早期调查结果显示青少年与年长的消费者相比，并没有表现出对产品的特殊喜好。尽管青少年看起来更喜欢迎合他们的广告，但是母亲和女儿在想要的化妆品和香水上表现出惊人的相似。青少年也在海量市场上寻求高档香水，因为那里的价格更为便宜。

能否从发达国家青少年消费者行为推测出发展中国家青少年消费者行为也充满争议。一项将亚洲青少年与其父母对比的调查发现,青少年在有些价值观上如个人主义、自由和野心上面评分明显比他们的父母更高。但是,在联合国青少年会议上,一位来自巴格达的女孩讲述了她15岁的姐姐怀孕后还整天在纺织厂上班的事。对她来说,奢侈品和互联网毫无意义。但是,一项对巴西街头无家可归的孩子的调查发现,拥有全球名牌的欲望正是他们离开家园,走出街头的动力所在。那些成功找到工作的孩子通常会用第一份收入来购买一双锐步鞋或者是耐克鞋。

**问题讨论**

1. 全球营销者将青少年当作一个全球细分市场有用吗？为什么？
2. 发达国家和发展中国家青少年的行为可能有何差别？
3. 你认为为什么巴西街头的孩子被全球名牌所吸引？

资料来源：Europe Visions Launches New TV Channel. *Dow Jones International News*，February 15,2007；Clayton Collins. Status of U. S. Brands Slips Globally Among Teens. *The Christian Science Monitor*，February 16,2006,p. 13；Global Cosmetic Industry Report：Cosmetic and Teens (172；3). Gale Group，2004；Arundhati Parmar. Global Youth United. *Marketing News*，October 28,2002，p. 49；Television and Telephoning Among Top Ten Adolescent Leisure Pursuits. *Deutsche Press-Agentur*，May 11,2000；Anne-Beatrice Clasmann. Young People in Developing Nations Seek More Responsibility. *Deutsche Press-Agentur*，February 26,2000；Mario Osava. Children-Brazil：Street Kids Are Caught Up by Consumer Fever. *Inter Press Service*，December 9,1999 and Steve Hamm. Children of the Web. *Business Week*，July 2,2007，pp. 50-58.

# 案例5.2　针对移民种族的营销

全球化不仅加速了全球产品和服务的流通,也促进了不同国家之间人员的流动。移民种族指的是任何一个离乡背井的民族。因此一个移民种族由维持本国血脉的移民者和他们的后代组成。这个宽泛的定义反映了全球移民的重要性和本质都在改变。自1975年起,世界移民翻了一倍还多。现今,有将近3％(1亿5 000万)的世界人口是移民者,他们中有很多人是从发展中国家移民到发达国家的。如今在发达国家里十个人中就有一个人是移民者。

离乡者,也就是居住在移民种族内的个人,比以前能够更容易以较低成本和他们的祖国保持联系,强化了他们的群体身份。交通运输和沟通技术上的创新使得移民者能够在心理上和实际上与祖国保持联系,而这些联系方法是过去人们想也不敢想的。空运和其他运输模式价格的下降使移民者和他们的后代能够更容易地回到祖国。全球媒体也持续为移民者提供有关他们国家的信息。民族新闻板块、网络社区和电子商务等不但为移民者提供了彼此交际的机会,还为他们与其他家庭成员、朋友以及其他在祖国的人提供了沟通的机会。

明智的全球营销者开始承认并以不同方式打开移民种族的市场潜力。比如,许多移民种族都渴望祖国生产的产品或者服务。在 Tulumba(一家土耳其餐厅)的在线市场上

（http：//www. tulumba.com），土耳其移民可以满足他们对土耳其食物如 Simit 和 Manti 的渴望，他们还可以购买土耳其书本、音乐和电影；甚至购买"魔眼"珠宝。快餐巨头"快乐蜂"通常会将海外餐厅的地址选在菲律宾移民高度集中的地方。该公司网站（http：//www. jollibeee. com/ph）描述了该餐厅对海外菲律宾人的重要性"这不仅仅是他们的归宿。这也是文化遗产的根据地，菲律宾胜利的纪念碑。"

Thamel 门户网站（http：//www. Thamel. com）使得尼泊尔的移民者能够从尼泊尔供应商处购买产品和服务，并将其运到尼泊尔的朋友和家人手中。在销售传统产品中（如鲜花、蛋糕和 CD）大获成功后，该公司进一步扩展了产品线，允许尼泊尔移民者为国内家人和朋友购买健康保险、安排车辆服务、为购买汽车和家用耐用品融资，或支付学费、使用费和其他账单。

移民种族通常要回国拜访朋友和家人，或者是简单地旅游以了解祖国的文化遗产。Wizz 航空（http：//wizzair. com/）就是一家价格实惠的旅游航空公司，该公司针对的客户就是近一百万自 2004 年欧盟扩张后搬到西欧国家的东欧人。许多旅游机构还为移民种族提供"文化遗产游"。比如，非裔美国人旅游机构（http：//www. afraicanamericantravelagency. com/）为想要"了解巴西非洲人"非裔美国人提供教育游。

移民种族对非政府机构和政府营销也很重要。为了给 2004 年亚洲海啸募集救济资源，非政府组织积极瞄准印度、泰国、印度尼西亚和斯里兰卡的移民种族，阿美尼亚政府甚至与该国在世界各地的移民种族联合在一起。哥普特孤儿组织（http：//www. copticorphans. org/）是一个完全由移民社区支持的非政府组织。通过居住在美国有着哥普特基督教信仰的埃及人的筹资活动，该组织为埃及的哥普特儿童提供学费、教师经费和其他费用。无数政府和移民种族组织在国外的移民社区举办投资宣传活动，鼓励人们在现有公司投资，或者在祖国开办新企业。

**问题讨论**

1. 移民种群的购买力与居住在祖国的相似年龄的人有何不同？为什么会出现不同？

2. 根据马斯洛需求金字塔，辨别并描述本例中公司（如 Tulumba，"快乐蜂"，Thamel，Wizz 航空公司，非裔美国人旅游机构和哥普特孤儿组织）是从何种水平满足购买者的需求的？

3. 本例中的公司（如 Tulumba，"快乐蜂"，Thamel，Wizz 航空公司，非裔美国人旅游机构和哥普特孤儿组织）在瞄准移民社区时针对的是全球细分市场吗？为什么？

资料来源：Prepared by Liesl Riddle. Used by permission.

# 案例 5.3　令人质疑的支付

场景一：Thomas Karel 是一家大型美国石油勘探设备和软件系统生产商的出口部经理，他是一名瑞士人。他的公司正在参与一个价值 2 500 万美元的合同投标，该合同将会为公司带来 500 万美元的利润。潜在客户是一个拉丁美洲国家的国有石油公司。Thomas 最近收到公司在该国代理的消息。该代理暗示说，如果 Thomas 给他 100 万美元疏通负责该合同的一个有影响力的内阁成员，就"铁定"能拿下这个合同。他们的竞争对手，一家法国跨国公司也正在投标。Thomas 应该怎么办？

场景二：David Young 被派往东南亚一个国家进行商业谈判，该谈判关系到能否将一个大型交通控制系统销售给该国。该合同不但包括红绿灯，还涉及这些红绿灯的安装和服务以及监测交通流量的计算机软件。在该国的另外一个美国人向 David 建议，与该国总理的妻子所有的公司搞好关系。但是该国总理并不是直接参与交通控制系统协商的。David 应该怎么做？

场景三：Michael Avila 是美国船运公司在中东子公司的总经理。该公司专门经营搬运跨国公司员工的家具。Michael 正决定每月授权一笔行贿基金支付给海关官员，以便加速客户物品经过海关时的速度，然而这时，他在当地报纸上看到了一篇文章。该文章指出，政府正宣布要打击贿赂行为。Michael 应该怎么办？

场景四：Ana Weiss 是中国台湾 DeluxDye 的新任总经理。DeluxDye 生产用在玩具和家具上的高质量工业油漆和燃料。与竞争者的产品相比，DeluxDye 的产品相对要贵一些。但是，从长远来看，该公司产品更能节约成本。它们的质量使颜色和效果更持久，从而减少了生产延误。这为消费者节省下的成本早就能够弥补初期的高价。

美国公司的指导方针是，禁止任何形式的贿赂，不论数量有多少。在中国台湾，Ana 的销售人员抱怨说，他们因为无法提供"茶水钱"而阻碍了销售额的增长。茶水钱包括小额的现金或者礼物，如音乐会或者体育会的门票。这些小额支付通常是由门卫等低层员工给予高层管理者的——通常是中国台湾家族公司中的首脑人物——而这些人反过来做出购买决策。DeluxDye 认为自己的产品比竞争者的高端，坚持世界各地的销售人员仅靠产品优势来促销。行贿是不道德的，会让人怀疑行贿者的品德。Ana 应该怎么做？

**问题讨论**

1. 为以上提到的每个经理的各种行为做出解释并提供辩护。

2. 当考虑有问题的支付时，营销者们应该强调道德问题、法律因素还是只要达成销售就好？为你的答案做出合理解释。

# 案例 6.1  "快乐蜂"走向世界

快乐蜂是菲律宾群岛上最主要的快餐连锁店，占有 60% 以上的市场份额。一项调查显示，69% 的菲律宾人最常去快乐蜂餐厅，而常去麦当劳的只有 16%。快乐蜂的创始人陈觉中是华人。他的家庭是中国移民，父亲曾是一家中国寺庙的厨师。当麦当劳在 1981 年进入菲律宾市场时，陈觉中正着手组建快乐蜂。他的朋友建议他向麦当劳申请特许经营。但是他拒绝了。

与此相反，陈觉中继续发展自己的连锁餐厅，提供独特的菲律宾食物，如熏鱼肉汁面、豆腐、蒸蛋切片和绿葱。为了保持当地喜好甜咸食品的口味，快乐蜂汉堡尤其甜腻。牛肉是同蜂蜜、米饭一起上的，当然也少不了杧果奶昔。快乐蜂通过蜜蜂标记被人熟记，这象征了菲律宾人乐天的精神风貌和忙碌的工作状态。除了快乐蜂餐馆旗舰店，快乐蜂食品公司还在菲律宾建有超群中式餐馆连锁店。但是与快乐蜂食品公司相比，这些中式餐馆的重要性相对较低。在一项民意调查中，只有 2% 的菲律宾人表示他们最常去的餐厅是超群连锁店。

陈觉中拒绝成为麦当劳特许经营店之后25年,快乐蜂在菲律宾群岛上拥有1 400家餐厅,而麦当劳只有280家。在当时,菲律宾逐渐成为服务美国市场24小时呼叫中心的主要外包目的地。快乐蜂很快赶上了这一潮流。他将餐厅建在这些呼叫中心附近,并保持24小时营业。

许多对亚洲公司的调查都将快乐蜂排在前列。由《亚洲商业杂志》举办的亚洲商业领导人民意测验结果,快乐蜂在增长潜力和对社会的贡献率上排在第一位,在诚实守信和商业道德上排在第二位,在长期目标上排在第三位,在财务稳健性上排在第四位。总体说来,快乐蜂是所有消费类产品公司排名最高的——甚至在可口可乐、雀巢和宝洁等大型跨国公司之前。由《远东经济评论》举办的另外一项民意测验按照主要公司指标将快乐蜂排在第一位,在日本丰田公司和新加坡航空公司之前。

正如许多其他菲律宾快餐连锁店一样,快乐蜂向国外采购大部分食物原料。进口食品比当地食品价格更实惠,品质更高。受到菲律宾政府四年免税期的激励,该公司决定在菲律宾群岛上建立3 200万美元的食品加工厂和物流及分销中心。该中心将为当地和国际公司服务。对于一家已经维持最低利润的公司来说,控制成本是非常重要的。随着国家陷入经济衰退,快乐蜂拒绝在菲律宾抬高价格,并试图通过对外扩张来增加收益。陈觉中宣布,他想看到快乐蜂在世界各地大城市中至少有15家店面。为了给扩张融资,该公司已经上市,通过在股票市场销售股份来融资。

快乐蜂在1987年就开始海外扩张,它首先在文莱——一个石油蕴涵量丰富、有相对较多菲律宾移民工人的小国家开设了一家餐厅。接着,快乐蜂继续进入其他亚洲和中东市场,如印度尼西亚、多哈、科威特、关岛、马来西亚和新几内亚。1998年,该公司在美国洛杉矶附近一个地方开设了首家分店。不久另外五家分店在加利福尼亚开业,这些区域内菲律宾人口比较多,而且快乐蜂的品牌名称也已打响。比如,圣弗兰西斯科海岸地区的餐馆的常客中就有一半是菲律宾人。所有在美国的分店都比预期中要好。但是,试图在中国开设的快乐蜂餐馆就没有那么成功了。该餐馆最后关门大吉了。

然而,快乐蜂的目标是在菲律宾之外收获一半的营业额,所以海外扩张仍然是首要目标。中东市场看起来尤其有吸引力。尽管在该地有20万名菲律宾劳工,但是只有两家快乐蜂餐厅。有将近30万菲律宾人住在迪拜。

**问题讨论**

1. 在发展过程中,快乐蜂采取——或者准备采取什么战略:躲避、防御、扩张或竞争?请给出解释。

2. 你认为最适合快乐蜂的战略是什么?为什么?

3. 你认为为什么快乐蜂在美国很成功,但是在中国却没有那么成功?

资料来源:Kate Gillespie, Jean-Pierre Jeannet, and H. Hennessey. Buzzing Around McDonalds. *Global Marketing*. New York: Houghton Mifflin: 2007, pp. 199-200; James Hookway. Asia's Most Admired Companies. *Wall Street Journal Asia*, April 25, 2008; James Hookway. Philippines' Jollibee Goes Abroad. *Wall Street Journal*, June 6, 2008, p. B2; and Kristine J. R. Liu. Jollibee Opening More Stores Abroad. *Business World*, April 21, 2009, p. S1.

# 案例 6.2　武 装 海 湾

在 21 世纪之初,美国防务公司占到国际武器市场约 44% 的份额。然而,该市场正在缩小,并且竞争越来越激烈。随着苏联的解体,美国国防武器采购量下降了。油价的降低使主要中东客户购买武器的能力下降了,同时亚洲经济危机使其他大客户如中国台湾减少了订单数量。数年来该行业都没有什么大订单。美国洛克希德马丁公司可以吹嘘和阿联酋达成的一个大单子,但是协商过程相当痛苦。

在伊拉克侵略科威特后不久,作为邻国的阿联酋首度考虑大型国防采购。它开始向法国购买米拉奇喷气式飞机,并邀请法国、瑞典、俄罗斯和美国的公司投标一个成本极高的先进战斗机的订单。6 年之后,这些竞争者范围只限定在洛克希德马丁和法国的 Dassault 航空公司。为了留在投标内,另外一家美国公司 McDonnell Douglas 大幅削减价格,但是并无成效。两年之后,阿联酋宣布自己最后的决定,中标公司是洛克希德马丁。但是,合同详情并没有确定,持续两年的协商活动开始了。洛克希德马丁公司,曾经一度非常灰心,甚至召回了自己的谈判者。美国政府加入该协商并将两方重新劝回。

正如世界上其他防务公司一样,洛克希德马丁公司要想向外国公司销售,必须征得本国政府的同意。因此,美国政府紧密监视甚至是直接加入到销售协议中。美国公司不能向禁运国家销售武器。有些技术甚至不能卖给关系友好的国家。但是,克林顿领导下的美国政府在协助防务公司上面比 20 年来以往任何政府都积极主动。克林顿总统和高尔副总统本身都加入到推进洛克希德马丁的销售中来。

阿联酋最终同意购买洛克希德马丁的沙漠猎鹰飞机。为了敲定这笔协议,洛克希德马丁公司做出退步,这在 20 年前基本是不可能的。该公司同意提供最先进的技术,并提供 20 亿美元的债券防止技术失败。同时该公司还签订了价值 1 亿 6 000 万美元的"补偿性"协议,帮助阿联酋扩张国有石油行业。补偿协议越来越成为武器销售不可或缺的一部分。合同签订者发现自己无意中已经同意将他们收入的一部分重新投资在客户国家,参与到诸如旅馆和房屋建设的工程中,或者是如韩国的例子,帮助该国提升电子行业。

将沙漠猎鹰合同握在手里,洛克希德马丁公司安下心来。但是在地球的另一端,俄罗斯政府正在举办乌拉尔武器博览会,50 个外国代表团参观了 800 多件展品。该博览会的目的是向世界展示俄罗斯防务供应商的力量,增加他们的国际销售额。俄罗斯的世界市场份额在 2%～4% 浮动,俄罗斯政府迫切想要增加出口来获得外汇。有些长期客户,诸如印度和中国显示出对俄罗斯的独特偏好。潜在客户也同意俄罗斯的产品有某些优势存在,如简单易用,可靠性强,而且成本较低。但是,俄罗斯的服务靠不住,零部件也很难得到。俄罗斯官员在批准出口执照上相当缓慢,而且俄罗斯公司很少会涉及补偿协议。此外,因为有许多中间商参与到俄罗斯的防务销售上来,俄罗斯公司本身只可获得很少的一点利润。但是,俄罗斯政府决心增加本国的武器采购量以支持该国在国外的防务行业。

洛克希德马丁和阿联酋签订首个合同到订单中的沙漠猎鹰交付完毕整整用了近 10 年。在这段时间里,由于美国在伊拉克的存在和伊朗在区域范围展示的野心促使阿联酋成为一个重要的防务市场。仅在一天之中,阿联酋就向美国公司——洛克希德马丁和波音——下了价值28亿美元的订单。阿布扎比(阿联酋首都)尤其在航天业中加重了自己的购买地位。波音将自己的一家子公司——Integrated 防务系统公司——建立在了阿布扎比。洛克希德马丁还签订了与穆巴达拉发展公司相互理解的备忘录,在许多航空工程上达成了合作。而穆巴达拉公司是阿布扎比政府所有的。

**问题讨论**

1. 全球武器市场与其他政府市场有何相似之处?有何不同之处?

2. 本国政府如何帮助和损伤在这些市场上竞争的公司?

3. 在这些市场上竞争的公司要具备什么素质?为什么俄罗斯公司是相对较弱的竞争者?

4. 关于洛克希德马丁事先签订备忘录,你可以预见什么优势和劣势?

资料来源:Aircraft-Maker IDS Eyes Middle East Market. *Gulf News*,February 27,2009;Anne Marie Squeo and Daniel Pearl. The Big Sell. *Wall Street Journal*,April 20,2000,p. A1;Guy Chazan. Russia's Defense Industry Launches Bid to Boost Sales. *Wall Street Journal*,July 14,2000,p. A10;Brendan P. Rivers. UAE Receives First Desert Falcons. *Journal of Electronic Defense*,July 1,2005;J. Lynn Lunsford and Daniel Michaels. Plane Makers Get Lift in Dubai. *Wall Street Journal*,November 12,2007,p. A4;and Boeing,Lockheed Win $2.8 Billion UAE Plane Deals. *Reuters News*,February 24,2009.

# 案例 6.3 新"可乐大战"

多年来,可口可乐和百事可乐之间的战争主导了整个世界舞台。在强大的零售商的支持下,私有品牌也开始挤入市场,而没有一个国家或者全球品牌能够威胁到可乐的双头垄断。但是最近,有着特殊历史和国际野心的新来者开始挑战当前状况。

## 1. 欧洲和中东

在2002年年末麦加可乐在法国和中东开始上市,这是由一位20多年前移居到法国的突尼斯商人发动的。他的目标是使新产品成为全世界穆斯林的选择,通过提供美国产品的替代物,打败美国的帝国主义。该公司承诺将20%的利润捐给巴基斯坦和穆斯林慈善机构。尽管麦加可乐尽力将自己与可口可乐等竞争者的产品区分开来,麦加可乐的包装与可口可乐惊人的相似——红瓶子上嵌白条。

在2003年2月,该公司因赞助伦敦百万人和平大游行,抗议美国入侵伊拉克而名噪一时。该公司分发了36 000瓶可乐和10 000件印着"停止战争"和"不要借用我的名义"的T恤。紧接着这次公开活动,麦加可乐进入英国市场,扬言其目标是获取这个世界第十大可乐市场5%的市场份额。麦加可乐在英国的分销主要是通过150万家穆斯林聚居的社区小店。但是英国市场的成功并不容易。碳酸饮料的销售停滞不前了,该市场充斥着苏打品牌、矿泉水和果汁饮料也正撼动着可乐的传统地位。

齐博拉(Qibla)可乐在2002年年末在英国上市,在2004年年初准备进军美国市场。

它的标语是"齐博拉可乐，释放你的味觉"。（在阿拉伯语中 Qibla 是方向的意思）。齐博拉公司还号召联合抵制美国品牌来抗议美国入侵伊拉克，声称人们应该转向独立于政府并且与不公正政策无关的品牌。管理层将目标对准学生和年轻人，扬言通过品牌营销和分销行为，公司将自己定位为一个全球品牌，而不是中东或者民族品牌。齐博拉早期的分销方式是通过独立的分销商的非正式网络进行销售，但是它一直希望进入超市。该公司还誓言要将 10％ 的利润贡献给全世界的人权主义事业。

在中东，可口可乐已经遇到一个竞争者，该竞争者将自己定位成伊斯兰人的可乐：那就是伊朗的赞赞可乐(Zam Zam Cola)。随着赞赞可乐扩张到沙特阿拉伯等中东国家，可口可乐公司又重新进入了伊朗市场。美国仍然对伊朗施加贸易制裁，但是在食品方面却已经取消了。在中东的其他地方，可口可乐公司与国家饮料公司签订了特许经营协议，在整个西岸（亚洲西南部，以色列与约旦之间、约旦河以西的一片有争议的区域）和加沙地带加工、灌装和分销可口可乐产品。富有争议的是，这个项目给巴勒斯坦创造的直接和间接的工作远远超过麦加可乐给巴勒斯坦人带来的慈善捐赠。

回到欧洲，可口可乐宣布它将在冰沙生产商 Innocent 公司持有少量股份。Innocent 公司立足伦敦，由于其对社会的承诺和道德营销，已经成为英国的顶级品牌。Innocent 将其 10％ 的利润捐献给慈善机构，并使用回收的瓶子。可口可乐在该公司的投资能够帮助该公司在整个欧洲进行扩张。

## 2. 拉丁美洲

在地球的另一面，可口可乐在拉丁美洲遭遇了另外一种挑战。Kola Real 已经成为全球性的威胁。该公司是由秘鲁南部一户农场被光辉道路恐怖主义分子毁坏的家庭所建立的。Eduardo 和 Mirtha Aranos 决定将这次灾难转变为机遇。反对主义者经常绑架可口可乐的卡车，所以这对夫妻和他们的五个儿子决定制造自己的可乐并卖给当地人。由于削减了广告等的成本，Aje 集团的新可乐与百事可乐和可口可乐相比，价格相当低。Kola Real 占据了秘鲁市场 22％ 的份额。然后该公司进入了邻国厄瓜多和委内瑞拉。这种新品可乐获得了 16％ 的厄瓜多的市场份额和 17％ 的委内瑞拉的市场份额，迫使可口可乐不得不在这些市场削减价格。

但是之后 Aje 集团进入墨西哥市场才真正威胁到这个全球市场领头人。可口可乐 11％ 的全球利润来自墨西哥，因为墨西哥人均可乐消费量超过其他任何一个国家。可口可乐墨西哥子公司的负责人 Vincente Fox 甚至成为了墨西哥总统。但是 Aje 集团进入墨西哥市场，将可乐价格定在竞争者价格的 20％～50％ 以下时，百事可乐的销售额直线下降了 5％，可口可乐的销售增长率也不尽如人意。但似乎可口可乐还是不愿意降低价格。区域竞争者之前进入巴西市场，最终获得了该市场 30％ 的份额。结果就是，可口可乐和百事可乐在巴西的边际利润大大减少了。如果这种情况在墨西哥重演，将是一个真正的威胁。

此外，大多数拉丁美洲的新进入者都是通过超市分销的，这股力量正在加强，但与许多拉丁美洲小型家庭商店相比，他们只占到零售市场的一小部分。新进入者比跨国公司定价要低，但是他们并没有在价格上大做文章。但是 Aje 集团引入了低价大瓶装可乐（该品牌在墨西哥名为"大可乐"),并依靠数百名销售人员进入墨西哥小型商店,而这些店面占到可乐销售的75%。在极短的时间内,他们成功获取了墨西哥城25%的这类分销渠道。

有些分销商拒绝这类可乐,他们引用可口可乐公司将实施报复的威胁(可口可乐极力否认)。在这之前,墨西哥反托拉斯董事会曾经下令,禁止可口可乐用自己的市场地位打压分销商。这一裁定的结果是,许多分销商首次意识到,他们可以选择自己想卖的产品。但是,可口可乐通过为零售商提供冷藏可乐的免费冰箱和为小型零售商提供人寿保险的方式买到分销商的忠诚。同时,可口可乐还提供免费版可乐,并经常委派员工进入商店帮助理货和展示商品。另外,Aje集团依然关注成本问题,连分销也外包给采用简装版卡车的第三方。

进入墨西哥市场后仅三年,大可乐就抓住了7%的市场份额,该公司声称其目标是将市场份额增加到10%。长期以来,墨西哥市场一直是可口可乐和百事可乐最大的国际市场,如今已经占到了Aje集团45%的市场销售额。为了增加在墨西哥北部的影响力,该公司还决定在蒙特利新设一个工厂,甚至决定将国际总部搬到墨西哥。同时,Aje集团还迅速进入哥斯达黎加、巴拿马和尼加拉瓜。

**问题讨论**

1. 你认为对可口可乐公司来说,齐博拉和麦加等品牌的威胁大,还是Aje集团的威胁大? 为什么?

2. 齐博拉和麦加可乐与可口可乐比起来,有什么优势和劣势?

3. 为什么Aje集团新发布的可乐如此成功? 你认为这种可乐能在拉丁美洲之外获得成功吗? 为什么?

4. 评估可口可乐公司对Aje集团的回应。你对可口可乐公司有何建议?

资料来源:Grant F. Smith. Georgia Exports to Saudi Arabia: Coke, Innovation and Islam. *Saudi-American Forum Essay* #33, November 9,2004; Meg Carter. New Colas Wage Battle for Hearts and Minds. *Financial Times*, January 8,2004, p. 13; Bill Britt. Mecca Cola Mimics Coke. AdAge.com, February 24, 2003; Hillary Chura. Qibla Calls for Boycott of U. S. Brands. AdAge.com, April 3, 2003; David Luhnow and Chad Terhune. Latin Pop. *Wall Street Journal*, October 27, 2003, p. A1; Amy Guthrie. Peru's Kola Real Sets Up Headquarters in Mexico City. *Dow Jones Newswires*, July 7, 2004; Peruvian Ajegroup Holds 17 Pct Market Share in Venezuela. *Spanish News Digest*, August 30, 2004; Reuters. Peru Bottler Ajegroup Grows in Mexico, Centam, January 20, 2005; and Aaron O. Patrick and Valerie Bauerlein. Coke Teams Up with Socially Focused Smoothie. *Wall Street Journal*, April 8,2009.

# 案例7.1 土耳其服装行业大调查

格雷琴雷诺躲到了俯瞰博斯普鲁斯式——将伊斯坦布尔分隔成亚洲和欧洲两部分的海峡——一个安静的小茶园里。她啜着一杯浓茶,遏制着自己抛下论文研究项目,回到美国的冲动。

在达到伊斯坦布尔之前,格雷琴对这个项目大感兴趣。她设计了一个调查来衡量土耳其服装生产商对伊斯坦布尔纺织协会提供的服务的使用状况和满意程度。这一协会提供营销、出口咨询和教育服务，旨在鼓励生产商抓住出口机遇。

在格雷琴来到土耳其的两个月之前，一个土耳其朋友告诉她，如果她要进行调查，就必须向政府申请一个调查签证。计划在土耳其进行调查的外国人必须拥有一张政府批准的调查签证，展示给政府官员和潜在受调查者看。如果在土耳其调查时没有签证，会有被逮捕和遣返回国的风险。格雷琴感到很奇怪，调查签证申请要在她来土耳其之前完成。她等了四个月才拿到签证，因此不得不推迟了她的行程。

到达土耳其之后，格雷琴找到一张土耳其服装公司的老板的名单，从这些名单中她可以找出自己调查的样本。尽管土耳其纺织协会支持格雷琴的调查，但是在提及分享该老板的名单时，他们犹豫了。格雷琴花了几个月与纺织协会的主要官员打通关系，进行面谈和收集信息。纺织协会的官员们很热情地告诉她有关组织历史、结构和服务的信息。但是每当她提到名单时，总是得不到。有些人告诉她，发布这些信息会泄露公司的隐私。其他人说，之前没有过向协会之外的人散布名单的前例。此外，几个和她关系较好的人解释说，她不可能拿到那份名单，因为她不是土耳其人。最后，纺织协会什么解释也没有给，就提供了名单。

在调查试运期间，问题就出来了。所有的电话问卷是通过一家著名的伊斯坦布尔市场调查公司 timat 进行的。在这次测试时，格雷琴和她的调查人员发现，他们很难绕过门卫，如秘书和接待员，采访到土耳其服装公司的老板。

为了增加回应率，格雷琴向潜在受调查者发送了一个调研前的传真，介绍自己，解释调查目标并指出 timat 公司的加入，但是回答者对传真提出了质疑。大多数人抱怨说，没有 timat 公司的高管签过这份传真，只有格雷琴自己和一个 timat 监督人员签过字。其他人怀疑格雷琴的话的真实性。他们记起有个土耳其媒体报道说，最近有几个欧洲人假装成学术研究者揭露土耳其服装厂的童工情况。因为格雷琴是个德国名字，而且她的大学也名不见经传，许多人就怀疑她是行业间谍。

即使当格雷琴和她的调查人员进入公司与老板见了面，很少有人同意接受调查的。其中有个人嘲笑说，"如果你真的在乎我的看法，你会与我约好时间并且亲自讨论这个问题。我很忙的。我没有时间在电话里谈论这些东西。"

然而，面对面的交流要比电话访谈更加费时。首先，通过门卫与潜在受调查者约会要花时间。其次，因为公司很分散，且伊斯坦布尔是一个大而拥挤的城市，格雷琴和她的四个队友一天之内只能完成 10 个调查。格雷琴要完成 300 份问卷。因为调查资金已经所剩无几，格雷琴不得不在 6 个星期内回国。

望着亚洲那边的伊斯坦布尔城，格雷琴不知道她如何才能在剩下的时间内成功完成自己的研究项目。

**问题讨论**

1. 在格雷琴准备执行该调查时，她可能会遇到什么文化障碍？霍夫斯塔德的文化维度可以如何解释格雷琴的困境？

2. 你认为为什么最后格雷琴从土耳其纺织协会手中拿到了服装出口商的名单？如果该协会不提供名单，格雷琴可以从哪里找到一份合适的名单？

3. 格雷琴应该如何将调查进行下去？你认为面对面的好处会抵消成本的不利之处吗？还是可以对电话调查做一些改变来增加回应率？格雷琴还可以考虑其他的调查选择吗？

资料来源：Prepared by Liesl Riddle, used by permission.

# 案例 7.2　Selector 公司的欧洲困局

Selector 公司的总裁肯·巴巴利诺正欣喜若狂。Selector 的其中一个大客户大汉堡（Big Burger）的总裁已经安排他和欧洲区的副总裁见面。"Selector 即将走向全球。"肯笑着对自己说。

Selector 是一家为餐馆和零售商提供市场分析的调研公司。Selector 的产品帮助顾客选择成功连锁扩张的最佳地理位置。

尽管大汉堡是一个国际快餐连锁店，但是当前该公司只在美国分公司采用 Selector 的服务。Selector 公司专门为大汉堡房地产团队提供潜在店址的贸易区域简介。因为大汉堡是一家汉堡快餐店，大多数顾客都是从店面周围辐射两英里之内的家庭或者公司出来的。Selector 提供给大汉堡公司的贸易区简介包含潜在店面落脚点区域的个人、家庭和公司的概览。

通过向许多数据销售商购买收集数据，Selector 已经聚集起美国人口、公司和消费者行为的广大数据，而且非常详细。比如，公司的贸易区简介描述了附近家庭的组成、年收入、居住类型和去上班花费的时间。同时该报告还汇报该区域家庭在上一年中在汉堡快餐店吃饭的人数以及花费的金额。该贸易区简介还包括两英里范围内的公司和员工总数，以及两位数标准行业代码内的公司和员工百分比，五英里范围内所有汉堡快餐店的名单以及总收入。这些贸易区简介使得大汉堡公司的地产团队能够判定该贸易区内是否有足够的需求来支撑一家成功的大汉堡分店。

肯大摇大摆地走进研发总监卡特里娜的办公室。"猜猜发生了什么事？大汉堡即将送我们到国外去啦！"他高声欢呼着。肯告诉卡特里娜大汉堡的总裁已经请 Selector 公司为他们的欧洲店面提供贸易区简介，并且安排肯在两周内和欧洲区的副总裁见面展示能够用来评估欧洲潜在店面所在地的贸易区简介。大汉堡公司已经给肯提供了七个潜在地点的地址（两个在伦敦，一个在马德里，四个在柏林），以便 Selector 公司能够为这些点提供贸易区简介的样本。卡特里娜对这个国际项目感到兴奋，并向肯保证说自己会获得贸易区简介所需的欧洲数据。

卡特里娜联系了 Selector 的数据供应商——该公司为 Selector 提供了无数数据库——询问有关购买欧洲人口、公司和消费者行为的数据。不久她就了解到，在一个狭小、精确的范围内获取数据是一件比她想得困难得多的事情。

在美国，统计局会将收集到的数据整理成一系列标准层次地理单元（见下表）。为了保护个人隐私，数据是在 Zip＋4 或者更高的水平上发布。而统计局地理层次和详细程度在 Zip＋4 范围之内的标准就为诸如 Selector 等公司提供了地理区域的精确数据，如两英里范围内的某个点，统计局的单位通常足够小，能够落到该范围之内。

**美国区域统计单位：美国统计局可获得的最低五个地理单位表**

| 统计单位 | 总数目 | 附近家庭数目 | 统计单位 | 总数目 | 附近家庭数目 |
|---|---|---|---|---|---|
| 大都市标准单位 | 316 | 30 245 | 小区群 | 229 466 | 420 |
| 邮编 | 41 940 | 3 167 | Zip＋4 | 28 000 000 | 10 |
| 普查地段 | 62 276 | 1 551 | | | |

但是，卡特里娜从她的数据供应商那里得知，欧洲国家地理组成不同。欧盟的所有成员国是按照 1988 年欧洲委员会统计（Eurostat）办公室的区域命名方法组织的。这种命名方法有好几种设计存在，因为不同国家有不同的地理组织系统，且不愿意放弃他们现在的地理划分方法。有 5 种命名层次被创造出来。大多数欧盟国家的地理数据被分成 1～3 级。有些国家进一步将它们的地理数据分成了 4 级和 5 级。

按理说，欧盟国家会喜欢按区域大小或者人口多少来划分的标准单位。但是这做起来也很难。比如，最大的地理单位第一层，包括英国政府办公区域，德国的兰德和芬兰的阿维南马群岛。但是英格兰东南部的政府所在地包括 1 700 万居民，而芬兰的阿维南马群岛上只有 25 000 人。这些差异在更低的地理层级上也存在。伦敦、柏林和西班牙的马德里和巴塞罗那——所有处在第 3 级的地理划分层——构成人口都超过了 300 万，而德国、比利时、奥地利、芬兰和希腊这些 3 级地理数据的城市的人口还不到 5 万。这种命名方法在区域大小上也存在很大差异。比如，有些 5 级的地理划分层可能只有 50 平方米，而其他的可能会包括整个城镇。

卡特里娜还发现，在欧洲要想收集到某个确定地址两英里范围内的数据非常有挑战性。区域统计局的数据——甚至是 4 级和 5 级——所针对的区域也比大汉堡想要的两英里范围大很多。即使对一个潜在店面所在地的简单分析在欧盟不同国家之间也是难以比较的。此外，尽管她知道数据供应商能够提供人口和公司的数据，诸如总人数、家庭户数、家庭构成、婚姻状况、性别和年龄分布，以及公司数目和员工人数，她还是没法找到一个数据供应商，拿到更加重要的消费者行为数据。估计快餐汉堡的需求相当困难——如果可能的话——因为没法估计上一年花在快餐汉堡上的总金额和在这种快餐店吃饭的家庭数目。卡特里娜也不确定能否得到竞争者的可靠数据和他们的单位销售额，因为大多数现存的欧洲餐馆数据库都是古老过时的。

肯与大汉堡的副总裁会面只有 10 天时间了，卡特里娜还在担忧，她怎样才能拿到大汉堡公司七个欧洲潜在商铺的贸易区简介。

**问题讨论**

1. 当收到大汉堡公司对欧洲贸易区的要求时，肯和卡特里娜做了什么设想？

2. 如果可以的话，卡特里娜应该如何运用收集到的欧洲数据？

3. 在给大汉堡公司七个欧洲潜在商铺的贸易区简介上要包含哪些内容？

资料来源：prepared by Liesl Riddle，used with permission.

# 案例 8.1　印度食品走向世界

南印度食品有限公司的总裁克里斯南先生在印度哥印拜陀的总部陷入了沉思。11年前他在自己的妻子玛雅的帮助下成立了该公司。如今,他出差到美国一个星期后刚回来,正在考虑公司的未来。南印度食品有限公司应该进入外国市场吗? 如果答案是肯定的,那么应该是哪个市场?

公司成立之初,只销售三种产品,后迅速扩张成销售十几种产品。最初的三种产品就是形成传统南印度食品中的三种面糊。比如,它销售的迈阿密罗望子面糊包括芥末、花生、树脂、科里月橘、香菜粉和油炸干辣椒,然后混入罗望子提取物、盐、姜黄和醋。该面糊接着被装瓶密封以保存罗望子的家常口味和香气。

公司开始在哥印拜陀城内和附近销售。但是不久之后,为了服务整个南印度市场,就在班加罗尔和马德拉施开设新的生产点。之后又有三家新店在马哈拉施特拉、安得拉邦和西孟加拉开设。公司估计,在自己所在的区域内能占到 $19\% \sim 27\%$ 的市场份额。最近,新的竞争者进入了市场。它们的市场份额要比南印度食品有限公司的份额要低一点。但是,南印度食品公司回应日益激烈的竞争的行为是,试图不增加新的产品以避免与充满侵略性的竞争者迎头作战。

公司将自己的成功部分归结于营销工作。它在当地广播和报纸上进行宣传活动。在部分城市的报纸中,公司还夹发不同印度语言印刷的传单。另外,公司提供自己产品的试用装。所有这些努力都使南印度食品有限公司成为在印度家喻户晓的一个名字。

当克里斯南在紧急召开的董事会上提出国际扩张的问题时,董事们反响热烈,但是几乎没人同意。有些管理者的意见如下所述。

克里斯南:为什么我们不考虑一下走向国际? 我们的战略在印度市场上执行得很好。用我们一流的生产设施和营销技术,我相信我们能够轻易在国外创造出一个壁龛市场。

桑德:我们完全可以对美国市场充满乐观。你们知道的,那里的印度人口多得完全可以吸收我们的产品。我们的市场调研还显示,我们的饭菜甚至受到当地美国人的欢迎。

商卡:我接受你的论点,但是我们忘记了一个事实,那就是我们要竞争的美国市场充满了强大的包装食品公司。

克里斯南:亚洲如何? 在南亚,生产我们产品的原材料非常富足。

玛雅:我并不认为所有的亚洲国家都是可行的选择。尽管中国人和日本人习惯于吃米饭,但是大多数亚洲国家的文化都和印度有所不同。为什么不考虑英国呢? 那里有巨大的南印度人口。

迪纳克:为什么不在美国和英国设立生产点? 我认为在海外生产要比出口好。

**问题讨论**

1. 南印度食品有限公司海外扩张的动机是什么?
2. 锁定住在外国的印度人口的优势是什么? 可能会出现什么问题?
3. 首先进入美国的好处和坏处是什么? 英国呢? 亚洲邻国呢?

4. 该产品在"印度生产"，有什么优势和劣势？

5. 南印度食品有限公司在美国会遇见诸如卡夫等竞争者。对于这些强大的竞争者，公司应该采取什么样的态度——攻击、避免接触还是合作？美国竞争者会如何回应？

6. 为了调查这些产品在你们国家的竞争环境，请采访一个当地的杂货店或者超市。那里有什么印度食品？它们是面对少数群体还是针对更大的客户群的？哪些公司生产这些产品？你的采访可以给南印度食品公司什么样的见解？

资料来源：本案例基于 K. B. Saji 写的《南印度食品有限公司》。经允许采用。

# 案例 8.2　宝洁公司：瞄准新兴市场

在21世纪之始，宝洁公司已经是世界上最大的消费品公司，专营家用和个人护理产品。其中最著名的产品有汰渍洗衣粉、佳洁士牙膏、玉兰油护肤品、潘婷洗发水和帮宝适纸尿裤。但是，尽管全球范围内有600万名消费者，公司只集中在最富有的100万名。不到1/4的销售额来自新兴市场，这些销售额主要还是来自那些国家的富有人群。

当来了一个新总裁，决定宝洁应该认真面对发展中国家和转型经济体的时候，所有的一切都变了。毕竟，据估计每个星期都有四万亚洲人第一次使用洗衣机。宝洁公司在美国以产品创新而出名，如今该公司准备将30%的研发经费投入到调研中来满足这些市场的需求。工程师们都想方设法地使产品更便宜，宝洁公司的调研员们还跑到发展中国家消费者的家中去，以便更好地了解他们的需求。仅仅六年之后，公司在新兴市场的销售额就增加到总销售额的50%。

宝洁公司对中国市场特别感兴趣。在20年内，公司就建立起广大的分销系统，将销售额抬升到25亿美元。中国已经成为宝洁公司第二大市场，公司自身也成为中国最大的消费品专卖公司。宝洁拥有不同品牌和产品，目标是不同价格区间的各种目标市场。但是，中国的市场有时候会呈现出差异极大的两个市场——中国的都市和农村。城市中的中国人会花1美元购买有奇异香味的牙膏，而农村的中国人可能只会花半美元购买盐白牙膏，因为他们认为盐会让牙齿变白。

尽管在中国市场获得了巨大的成功，宝洁公司高级护肤品 SK-Ⅱ 曾经遭遇了极大的产品危机。中国有关部门宣称在该产品中发现了禁止化学品，宝洁公司否认了该指责。几乎在一夜之间在中国数千个互联网站就曝出了 SK-Ⅱ 产品的文章。许多专家认为，少量使用该违禁化学品是安全的，并指出这些化学品在欧洲市场和日本市场都是允许使用的。同时，他们还申明，在中国销售的这些产品是从日本进口的，中国的政府可能是在报复日本最近对中国进口的农产品采取更加严格的标准。

当宝洁公司最终自愿向使用 SK-Ⅱ 产品的消费者退回货款时，又出现了许多问题。有些消费者试图退回假冒产品，甚至发生了几起暴力事件。销售人员遭到了攻击，且销售柜台也被洗劫一空。后来中国有关部门宣布，该禁用化学品并不对身体造成伤害。但是，对宝洁公司来说，失去的销售额和消费者信赖是惨痛的，因为美容产品在中国的销售额中占到60%～70%。

宝洁公司对吉列（Gillette）的收购也是快速进入发展中国家市场的一种方式。该收购是宝洁公司迄今为止最大的收购案。俄罗斯是吉列公司最大的市场之一,也是宝洁公司最感兴趣的市场之一。但是,这个市场问题较多。当金融危机导致俄罗斯土崩瓦解时,该国的批发商再也买不起吉列的产品了。这些产品从零售店消失了,吉列在俄罗斯的销售额也在一个月内下降了80%。吉列发现,公司已经无法达到当年全球利润增长15%~20%的目标了。为了节约资金,吉列计划在世界范围内关闭14所工厂,并解散10%的员工。

宝洁公司认为吉列的品牌,包括该品牌下的剃须刀系列,会从宝洁公司在发展中国家的分销渠道中获益。但是,在有些国家,如印度,吉列的分销渠道已经很强大,当两公司合并时,会产生极大的重复渠道。因此,在收购之后一年中,宝洁不得不重组发展中国家的许多分销渠道,这导致很多渠道因此被废弃,销售额也因此中断。

联合利华在发展中国家的历史更为悠久,是宝洁公司在发展中国家的可怕对手。联合利华在发展中国家市场的销售额比在欧洲大本营的销售额还要多。该公司的产品线也比宝洁公司更加宽广。它有一半的产品与宝洁公司在市场上竞争。另外一半是包装食品,与大型国际食品公司如卡夫和雀巢竞争。与宝洁公司一样,联合利华有一半的销售额来自新兴市场。因为在本国市场的销售额摇摇欲坠,联合利华宣布将更多资源转到发展中国家,并考虑将销售一些品牌来支持这一行动。

联合利华的一个传统优势就是,以不同价格点提供不同品牌的战略,成功盯住新兴市场中的富人和穷人。在印度,联合利华已经进入许多小城镇,而这些地方是大多数跨国公司都没有进入过的。该公司与很多行业、学术和非政府组织集团合作,以便更好地了解低收入消费者的需求。但是,公司也集中力量扩张自己在发展中国家市场富有阶级中的地位,其中包括为它们提供更多速食品。

**问题讨论**

1. 为什么诸如宝洁等公司都会瞄准发展中国家市场?你同意这种战略吗?
2. 瞄准新兴市场的危险何在?
3. 如果宝洁公司和联合利华合作,你有何建议?你又会给联合利华什么建议?

资料来源:Susanna Howard. Consumer Giants Turn to World's Poorest Shoppers. *Dow Jones International News*,May 30,2005;Jeremy Grant. The Switch to the Low-Income Consumer. *Financial Times*,November 15,2005,p. 13;Deborah Ball. Shelf Life. *Wall Street Journal*,March 22,2007,p. A1;George Frey. Feed the World. Barron's,March 3,2008,p. 32;Dexter Roberts. Scrambling to Bring Crest to the Masses. *BusinesWeek*,June 25,2007;and Susan Tai. Beauty and the Beast:The Brand Crises of SK-Ⅱ in China. *Asian Case Research Journal*,Vol. 12,No. 1,2008,pp. 57-71.

# 案例8.3 婴 儿 荒

大多数人认为世界现在面临着人口过多的问题。但是菲利普朗曼恰恰认为相反,在他的著作《空摇篮》中,他提出了婴儿荒的问题。从20世纪60年代起,世界人口下降了40%。据预计,世界人口将会在2070年到达90亿的顶峰,而远在那之前,许多国家的人口就已经开始萎缩。预计到2025年,日本每100个员工中就会有45个退休人员。

这主要归功于出生率的下降（见下表）。许多因素促成了出生率的下降。现今许多女性加入了工作领域，年轻人为了在市场上竞争而追求更高水平的生活，耽搁了生孩子的时间。但是，出生率下降的一个主要原因是，在发达国家抚养一个中产阶级的孩子成本太高——在美国，这个成本估计要超过 20 万美元（还不包括大学学费）。

### 部分国家 2000 年和 2025 年的出生率表

| 国家 | 2000 年每 1 000 人新出生人数 | 2000 年年出生率（%） | 2025 年每 1 000 人新出生人数 | 2025 年年出生率（%） |
|---|---|---|---|---|
| 阿尔及利亚 | 20 | 1.5 | 13 | 0.8 |
| 阿根廷 | 18 | 1.1 | 13 | 0.5 |
| 巴西 | 19 | 1.3 | 13 | 0.5 |
| 中国 | 14 | 0.7 | 11 | 0.2 |
| 捷克共和国 | 9 | −0.1 | 7 | −0.4 |
| 埃及 | 26 | 2.0 | 17 | 1.1 |
| 埃塞俄比亚 | 42 | 2.5 | 27 | 1.5 |
| 法国 | 13 | 0.5 | 10 | 0.1 |
| 加纳 | 29 | 1.7 | 18 | 0.8 |
| 希腊 | 10 | 0.2 | 8 | −0.2 |
| 匈牙利 | 10 | −0.3 | 8 | −0.4 |
| 印度 | 25 | 1.6 | 17 | 0.9 |
| 印度尼西亚 | 23 | 1.6 | 15 | 0.8 |
| 伊朗 | 18 | 1.2 | 13 | 0.7 |
| 意大利 | 9 | 0.3 | 7 | −0.3 |
| 日本 | 10 | 0.2 | 8 | −0.6 |
| 肯尼亚 | 37 | 2.1 | 19 | 1.2 |
| 墨西哥 | 23 | 1.4 | 16 | 0.8 |
| 波兰 | 10 | 0.0 | 9 | −0.3 |
| 俄罗斯 | 9 | −0.4 | 8 | −0.6 |
| 沙特阿拉伯 | 30 | 2.9 | 22 | 1.3 |
| 南非 | 22 | 0.6 | 15 | −0.7 |
| 韩国 | 13 | 0.8 | 9 | −0.1 |
| 西班牙 | 10 | 0.2 | 7 | −0.3 |
| 瑞典 | 10 | 0.0 | 10 | −0.1 |
| 瑞士 | 11 | 0.5 | 9 | 0.0 |

| 国家 | 2000 年每 1 000 人新出生人数 | 2000 年年出生率(%) | 2025 年每 1 000 人新出生人数 | 2025 年年出生率(%) |
|------|------|------|------|------|
| 泰国 | 17 | 1.1 | 12 | 0.3 |
| 土耳其 | 19 | 1.3 | 12 | 0.6 |
| 乌克兰 | 9 | −0.7 | 9 | −0.5 |
| 英国 | 11 | 0.4 | 10 | 0.2 |
| 美国 | 14 | 1.0 | 14 | 0.8 |

资料来源：Adapted from U. S. Census Bureau (http://www.census.gov).

随着发展中国家的工业化和城市化,它们也面临了抚养孩子的高成本问题。在墨西哥,出生率急速下降,它们的人口老龄化率甚至是美国的五倍。预计到 2050 年,阿尔及利亚很可能会看到该国的平均年龄从 21.7 岁上升到 40 岁。出生人口下降速度最快的国家之一是中国,政府在 2017 年之前长期支持一户人家一个孩子的政策。据估计,到 21 世纪中叶,60％的中国人口都会超过 60 岁。

当出生率刚刚开始下降时,一个国家可能会遭遇"人口效益"。更多工作人群会支持少生孩子,将钱匀出来用于消费和投资。许多人将亚洲市场如中国和韩国的繁荣现象归功于人口效益。但是,随着人口增长的持续放缓,整个国家会面临老龄化问题。比如,到 2040 年为止,德国在养老金的公共支出上将会超过 GNP 的 15％,意大利的工作人口将会在 2050 年下滑到 41％。到 2025 年,中国每 100 个人中就有 30 个退休人员。随着人口老龄化,国家的创业水平也将会下降。日本和法国的退休人口比例很高,在创业率上都处于低等水平。从一个积极层面来说,随着人口的老龄化,恐怖主义也减少了。朗曼指出了一个事实,欧洲的红卫,20 世纪 70 年代很活跃的一个恐怖组织,如今已经销声匿迹了。

移民是发达国家的出路吗？为了维持当前工作人口与退休人口的比例,美国每年要吸收 1 100 万名移民。这种人口的流入要求每十个月就新建一个纽约城。到 2050 年,73％的美国人口将都是 1995 年之后来美国的移民或者移民者的后代。但是,在这发生之前,可能会出现一股潜在的反移民政治风波。供给也是一个问题。波多黎各曾经是美国移民的主要来源国,尽管该国生活水平低下,还可以自由出入美国,但它已经不再为美国提供移民的净流入。此外,美国还要和其他欧洲国家竞争发展中国家的移民。事实上,为了维持当前的年龄结构,甚至是韩国都要在 2050 年引入超过 600 万的移民人口。

**问题讨论**

1. 全球婴儿荒会给消费品营销者带来什么后果？

2. 全球婴儿荒会给销售产品给政府的营销者们带来什么后果？

3. 你认为什么原因使得一个国家的创业率随着人口老龄化而减少？这一现象如何影响全球营销？

4. 全球婴儿荒如何影响不同国家市场的相对吸引力？

资料来源：Phillip Longman. The Global Baby Bust. *Foreign Affairs*, May/June 2004,pp. 64-79; Erika Kinetz. As the World Comes of (Older) Age. *International Herald Tribune*, December 4,2004,

p. 14；and Pete Engardio and Carol Matlack. Global Aging. *BusinessWeek*，January 31，2005，pp. 44-47.

# 案例 9.1　不愉快的商业联营

安海斯-布希公司（AnheuserAnheuser-Busch）在 1993 年以 4 亿 7 700 万美元的价格收购了莫德罗集团 17.7％的股份，并且还可以选择将股份提升到 50.2％。在收购时，安海斯占有美国啤酒市场 45％的市场份额。莫德罗是世界排名第十的啤酒生产商。它占有墨西哥啤酒市场 50％的市场份额，出口到世界各地 124 个国家。但是，随着北美自由贸易区协议的签订，墨西哥对进口啤酒征收的 20％的关税被取消了。莫德罗担心美国的啤酒商会入侵自己的市场，而安海斯将自己在莫德罗的股份当成是一个诸如科罗拉一样的品牌收购，认为这个收购将会让自己赚得盆满钵满，同时也是迅速增加安海斯在墨西哥分销网络的一个渠道。

安海斯告诉美国分销商，他们将会迅速获得主要进口啤酒的经营权。分销商们猜想这应该是指科罗娜，因为该啤酒在美国迅速蹿红。但是，在 1996 年下半年，莫德罗的管理层重新修订了与当前美国分销商的十年期合同，打破了安海斯将莫德罗品牌纳入自己美国的分销系统的愿望。在 1996 年 12 月，安海斯宣布自己将行使自己的权力，增加自己的莫德罗的股份。

随之而来的是长达六个月的收购价格纷争，最后双方协定价格为 6.5 亿美元。到了 1997 年 6 月，安海斯想要进一步增加自己的股份，这一回是要将股份增加到联营合同中允许的 50.2％。讨论剑拔弩张，最后双方上了国际仲裁庭，将价格定在 5 亿 5 600 万美元。到 1998 年，墨西哥股票交易所上显示的安海斯在莫德罗的股份的价格是安海斯所支付的价格的两倍。但是，在莫德罗 50.2％的股份并没有给安海斯带来股东会的控制权。在董事会 21 个席位中，安海斯只占到 10 个。

尽管贸易自由化了，莫德罗品牌还是快速将自己在墨西哥市场的份额增加到 55％。在美国，进口啤酒占到市场的 14％，科罗娜却占了喜力啤酒（Heineken）上风，成为最畅销的进口啤酒。科罗娜在美国的年增长率达到 40％，并成为该市场上第十大啤酒销售商，尤其受到大学生和 20 多岁青年消费者的青睐。安海斯的主要品牌百威（Budweiser）无意中和科罗娜竞争上了。安海斯开始宣传贬低科罗娜。它向数千家酒吧和餐馆分发传单，指出科罗娜不将生产日期印到瓶子上。安海斯还引入了三款类似科罗娜的品牌——阿兹台克（Azteca）、戴继莎（Tequiza）和亮里尔（Rio Cristal），并且全是在美国生产的。

2008 年，比利时英博（InBev）公司宣称自己已经准备收购安海斯时，安海斯和莫德罗公司之间的关系变得更加复杂了。最初安海斯拒绝这次恶意收购，甚至试图劝说莫德罗将他们在联营企业中的剩余股份卖出去。有些分析家认为，如果将莫德罗剩余股份拿到手，英博就收购不下安海斯了。但是，当收购正要进行时，莫德罗集团可以选择退出。莫德罗集团辩护说，按照墨西哥法律规定，如果收购发生的话，原始联营协议中写明的条款允许该公司将安海斯的股份赎回。之后该公司就可以独立运营，或者寻找一个诸如英博竞争者南非酒业公司等的国际伙伴合作。英博公司在 2009 年收购了安海斯，但是墨西哥联营公司的法律地位却还是没有决定下来。

**问题讨论**

1. 安海斯为什么要收购莫德罗集团的股份？

2. 莫德罗公司为什么愿意销售自己的股份？

3. 中间出了什么差错？为什么？

4. 我们可以从这个案例中学到有关国际伙伴选择的什么经验？

资料来源：Kate Gillespie，Jean-Pierre Jeannet，and H. David Hennessey. Unhappy Marriage. *Global Marketing*. New York：Houghton Mifflin，2007；David Kesmodel and David Luhnow. Anheuser Seeks Out a Mexican Ally. *Wall Street Journal*，June 13，2008，p. B1；Cheryl Meyer. Bud Deal Pressures the Beer World. The Deal. com，July 28，2008；Grupo Modelo Announced Profit Fall. *BMI Industry Insights*，August 5，2008；Aoife White. InBev Shareholders to Vote on A-B. *Associate Press Newswires*，September 5，2008；and Lager Heads. St. *Louis Post-Dispatch*，May 13，2009.

# 案例 9.2  似曾相似？

可口可乐——世界上最大的软饮料生产商，雀巢——世界上最大的食品公司，宣布它们将成立一个联营公司开发并销售速溶咖啡和茶类饮料。每个公司都会向联营企业投入5 000 万美元。雀巢拥有咖啡和茶饮料的著名商标，在欧洲销售冰咖啡，还在美国试着销售咖啡机。但是，总地来说，它在速食食品上还不是很活跃。而可口可乐可以提供自己在全球范围内的软饮料分销系统。

新成立的公司——可口可乐雀巢点心公司将总部设在了佛罗里达州的坦帕（可口可乐公司的总部设在佐治亚州的亚特兰大，而雀巢公司的总部在瑞士的沃韦）。联营公司唯一排除在外的市场是日本，因为可口可乐在该国的速溶咖啡上已经占有一席之地。雀巢在联营上已经有过一定经验：之前它通过自己的国际分销渠道销售通用磨坊的燕麦。而可口可乐就没有这方面的经验。两年之后，联营公司发布了首个产品，雀巢冰茶，一款单卖的茶类饮料。在接下来的两年半时间内，该公司又研发了十几种茶类和咖啡饮料。

但是，仅仅四年之后，两大公司就宣布他们要解除联营协议，关闭坦帕的办公室。有些人认为，联营公司的进度太慢了，被市场上百事和立顿的联营公司打败了。在新条约下，可口可乐拥有在世界各地使用雀巢商标的许可，该许可长达一百年，并对雀巢茶饮的销售额支付一笔数目不明的版权费。雀巢会继续通过可口可乐的分销系统销售雀巢的咖啡产品。

之后雀巢进行了一系列积极的收购战略。但是几年之后，它又放缓了脚步，开始集中在自己拥有的 7 000 多个品牌中。同时，可口可乐继续统治世界范围内的软饮料销售，但是却发现百事可乐在急速扩张自己的非碳酸饮料产品线，其中包括许多种类的咖啡和茶饮料。为了支撑自己摇摇欲坠的果汁饮料销售业务，可口可乐和法国达能集团达成了联营，扩张自己的欧洲和拉丁美洲超市中冰橙汁的销售。

在结束首次联营后的第七个年头，可口可乐和雀巢公司宣布它们将恢复之前的联营公司，并将新公司命名为世界饮料伙伴公司（BPW）。新的总部位于瑞士的苏黎世，该公司将在 40 多个国家运营。雀巢负责开发产品，而可口可乐负责销售。但是，可口可乐还为中国市场开发茶饮料和星球咖啡。雀巢会加入自己的贝特茶饮。这一次，两大母公司预想联营公司将会带着"新公司的速度和文化"运行。

在新联营公司成立之后五年，雀巢指出该公司运营良好。但是，两大母公司决定按比例缩减。在一个没有发生现金流动的重组中，BPW 公司只限于生产并销售速饮红茶产品和 Enviga，一款据说能够燃烧脂肪的绿茶饮料。在未来可口可乐将会自己开发和销售咖啡产品，并很可能与雀巢的速溶咖啡竞争。同时，BPW 获得了一些成就。加拿大人也开始喝冰茶饮料，使加拿大成为世界第三大冰茶市场，提升了瓶装雀巢茶饮的销售额。但是，Enviga 在美国遭受迎头一击。因为美国司法机关认为，Enviga 并不能真正地燃烧脂肪，法院判定 BPW 公司和两大母公司罚款 65 万美元。

**问题讨论**

1. 为什么可口可乐和雀巢公司对建立联营企业如此感兴趣？
2. 你认为第一次是哪里出错了？
3. 你认为第二次又是哪里出错了？

资料来源：Betsy Mckay. Coke, Nestle Narrow Drink Venture. *Wall Street Journal*, November 3, 2006, p. B3; Kate Gillespie, Jean-Pierre Jeannet, and H. David Hennessey. Déjà vu. *Global Marketing*. New York: Houghton Mifflin, 2007; "Canadians" Love Affair with Tea Is Turning Cold. *Canada Newswire*, May 7, 2008; Nestle 2008. *Dow Jones International News*, February 19, 2009; and NJ Joins Settlement over Green Tea Diet Claims. *Associate Press Newswires*, February 26, 2009.

# 案例 10.1　产品"道德化"

随着全球市场竞争的加剧，消费者想要用较低的价格买到质量上乘的产品。为了降低价格，许多大公司将生产点转移到了发展中国家。许多这种类型的生产都是外包给当地合约商的。但是，越来越多的消费者开始关心他们购买产品的道德以及经济问题。为了解除这些消费者的顾虑，公司如今还要保证它们的产品不是在血汗工厂——工人们拿低工资，但是高负荷工作，且还可能被鞭打的这种公司——生产的。

消费者对产品是否在血汗工厂生产的顾虑在 20 世纪 90 年代晚期爆发了。活动家揭露了著名品牌在国外为工人们提供的环境，使这些品牌一时蒙羞。最主要的目标就是沃尔玛和耐克店。随之而来的是学生们的抗议，而消费者的联合抵制往往让公司损失颇大。最后白宫成立了一个任务小组，内有消费者、活动家和行业代表，为公司的海外生产提供行为标准的建议。该任务小组甚至考虑让公司在自己的产品上贴上"非血汗工厂生产"的标签。

美泰公司和迪士尼公司就是采取了行为标准并准备执行的两个公司。美泰公司雇用了一组独立人员来监控自己的工厂，被许多人当作是效仿的对象。社会审计员每年都会去美泰公司三次。迪士尼在国外检查过一万多次，并和没有做出改善的分销商直接解约。

当一个大型检测组织宣称国外计算机行业的供应商生产环境恶劣时，连高科技公司也不得不考虑供应商的道德问题。惠普视察过一个供应商后，要求该供应商降低工厂的噪声。该供应商照办了，花了数万美元来改进机器，并给工人们提供了顶级的耳套。结果工人们抱怨,他们的耳朵都快热死了。

事实上,社会审计行业几乎是在一夜之间出现了。各公司忙着在新的全球道德生产标准——SA8000下获得认证。发展中国家的非政府组织和大型国际审计公司都加入到监控公司遵守新标准的情况。一年之内,普华永道在中国广东省内就发现15 000起与SA8000相关的案件。

耐克设立了一个劳动实践部和供应商全球联盟——一个在巴尔的摩的活动家组织——花费790万美元来保证缔约生产商的社会问题。公司还发布了一篇报道,辨别印度缔约商的普遍问题。其中最主要的问题就是有限的医疗费用和强迫工人超时工作。在女员工占到84%的工作场合,性骚扰非常普遍。在被调查对象中,14%的人称遭受过身体上的侵犯,尤其是当经理面临着生产压力时。耐克公司在印度尼西亚劳动实践部门的全职员工就有6个,他们准备对该调查结果做点事情。但是,公司指出自己对转包生产公司的影响力还是很大的,有些转包生产商仅为耐克一家公司工作。但是服装转包商就不是这种情况了。这些当地生产商往往为十几家不同的公司工作。

GAP发表了一篇报道,承认生产GAP服装的3 000多家工厂中,有许多家的生产条件都有问题。在中国大陆和中国台湾地区,有10%～25%的工厂使用心理处罚或者言语中伤。在撒哈拉沙漠以南的非洲地区,超过50%的工厂违背了安全生产程序。在申请转包的工厂中,90%没有通过零售商的首次评估。GAP还撤销了一家印度供应商的订单,该工厂是印度200家供应商中的一家,但是占到GAP公司订单的50%,理由是GAP认为该工厂有童工,而且工作环境极差。

劳工权利集团对公司的开放态度大加赞赏,但是并非每个人都怀有一样的心态。印度一位贸易部部长声称,印度国内存在童工的报道是被那些对印度不怀好意的活动家鼓吹出来的。

**问题讨论**

1. 为了使自己的产品更能为社会所接受,全球公司可以做些什么?

2. 你认为它们应该怎么做,为什么?

3. 为了使自己的产品能够远离血汗工厂,全球公司的代价是什么?

4. 不遵守SA8000的可能代价是什么?

资料来源:Peter Burrows. Stalking High-Tech Sweatshops. *BusinessWeek*,June 19,2006;Kate Gillespie Jean-Pierre Jeannet, and H. David Hennessey. Ethical's Products. *Global Marketing*. New York;Houghton-Mifflin, 2007;Indian Trade Minister Says Activists Hyping Child Labor Reports. *Dow Jones International News*,October 30,2007;and Gap Pulls Orders from Vendors Involved in Child Labor Flap. *Dow Jones International News*,November 14,2007.

# 案例 10.2  适合新兴市场的汽车

随着汽车市场日渐成熟,福特和通用必须在其他地方寻找增长点。印度和俄罗斯是两大新兴市场,但是这两个市场在呈现销售希望的同时也有许多挑战。

印度是世界第二人口大国,也是最贫困的国家之一,人均年收入只有1 000美元。40

年来印度的汽车市场一直受到保护,不必和外国市场竞争,国内只有两款汽车。当政府解放汽车市场时,全球竞争者蜂拥而至。不久就有 15 家汽车公司将生产点设在了印度,这导致了该市场上汽车的过度饱和。

福特就是一家被吸引到印度的公司之一。但是,福特的 Escort 车在这个市场上进展缓慢。该公司第一手资料就表明,印度消费者希望得到最好的汽车,但是不愿意花大价钱。福特的回应是,设计了首个专门为发展中国家而定制的汽车,Ikon,一款中等大小、专门针对首次买车的消费者。有 400 多名工程师和开发员接受了这个任务,其开发成本达到 5 亿美元。

事实上,福特重新制作了嘉年华(Fiesta)这款车。它们增加了头部空间,为的是容纳带着头巾的印度人。因为妇女穿着纱丽服,门也开得更大了。空调也根据印度的温度进行了调整,空气进入阀也经过调整以适应印度雨季的洪水。减震器也得到了加强,因为印度的道路往往颠簸不平。福特甚至劝说有些供应商将工厂建立在福特印度分公司的工厂附近以满足印度当地生产的要求。在印度严酷的驾驶条件下,还要进行额外的产品测试。

Ikon 的价格定在 9 500～16 000 美元,它在印度的销售额迅速超过了 Escort。此外,福特 Ikon 车有 50% 的产量是出口到南美洲和南非的。尽管这是一个巨大的成功,但是福特在小型车上没有什么竞争力,而小型车占到印度市场的 80%。福特宣称自己有计划开发这么一款车,定价在 7 600～10 200 美元。但是,当地竞争者塔塔汽车公司已经成功发布了这种迷你汽车 Nano,定价约为 2 500 美元。

当 Ikon 在印度市场上开始销售时,通用汽车公司决定在俄罗斯市场上走完全不同的道路。通用公司认为,在未来的十年中,俄罗斯将会成为占到 2/3 的全球销售额的八个国家之一。不幸的是,俄罗斯仍然受到政治和经济风险的影响。此外,通用公司担心完全西式的车型——公司在发展中国家的传统销售方式——对俄罗斯市场来说还是太贵了。尽管该车可以在俄罗斯以较低的成本组装,但是创造出改造的车型非常昂贵。另外,市场调研显示,俄罗斯人并不太在乎在本国组装的汽车,即使他们含有外国零件和著名的品牌。如果一辆车是在俄罗斯组装的,除非它以极低的价格出售,不然就没有什么吸引力。

因此,通用公司决定将自己的雪佛兰品牌安装到伏尔加(Avtovaz)——一家苏联时代风雨飘摇的汽车生产商上。作为一家苏联时代的汽车生产商,伏尔加不但统治了俄罗斯市场,还占有着苏联集团的市场,直苏联瓦解时,它才丧失了大批出口市场,俄罗斯市场充斥着进口汽车。伏尔加最便宜的车只值 3 000 美元,是辆方方正正的四扇门的"经典之作"。大多数车型都没有自动换挡结构,没有排气控制,也没有动力方向盘。公司只在 20 世纪 90 年代开发过一款新车。因为俄罗斯政治的不确定性和经济的崩溃,伏尔加缺乏将该款新车付之生产的资金。

经过多轮谈判之后,通用公司和伏尔加同意投入 3 亿 3 300 万美元成立联营公司,生产 Niva。通用公司将负责注入大部分资金,以及设计和监控生产设备。伏尔加将负责 Niva 的设计,同时也节省了通用公司设计零件和分销系统的成本,因为该车型将通过伏尔加的分销系统销售和服务。因为通用仍然担心俄罗斯的政治风险,故劝服欧洲建设与开发银行借款 9 300 万美元给联营公司,并投资 4 000 万美元以交换 17% 的股份。

新款 Niva 车噪声很大,开起来不太平稳,并且发动机动力不大,但是它还是通过了基本的安全测试,带有通用的标记,售价可以达到 7 500 美元。改进版的车型可以获得 Opel 的传送器。被调查的消费者表示,比起其他俄罗斯车,他们更加喜欢 Niva 车。此外,通用公司辨明,在国际运营中,每年 75 000 辆汽车中有 25 000 辆的出口潜力。

该车发布后 5 年,因为联营双方母公司之间存在意见分歧,该联营公司被暂时地关闭了。俄罗斯国家武器出口商 Rosoboron 出口公司控制了伏尔加公司,并宣称对联营公司的财务绩效并不满意。伏尔加要求更多资金来提升后备厢和发动机。双方都坚持让国际会计公司 KMPC 评估这些投入的成本该是多少。此外,由于进口车价格的下降和国内竞争的加剧,生产目标也大幅下降了。

**问题讨论**

1. 印度汽车市场和俄罗斯汽车市场的相同点和不同点各在哪里?
2. 你认为哪个市场最困难,为什么?
3. 比较福特车型开发战略以及联营公司战略的好处和坏处。

资料来源:Kate Gillespie Jean-Pierre Jeannet, and H. David Hennessey. Rethinking World Cars. *Global Marketing*. New York:Houghton-Mifflin,2007;Guy Chazan. GM's Russian Venture Will Resume Production. *Wall Street Journal*, February 21,2006, p. A8;Ford India Eyes Small Car. *Dow Jones International News*, July 17,2007;Eric Bellman. Ford to Expand in India. *Wall Street Journal Asia*, January 9,2008;and Erika Kinetz. For Safety, Status, and Price. Indians Snap Up Ultra-Cheap Tata Nano. *Associated Press Newswires*, April 9,2009.

# 案例 10.3　Intuition 的发布

雅诗兰黛是世界上最大的化妆品、护肤品和香水的制造商和销售商之一。其总部设在美国,公司的海外销售占了总销售量的 60%。它的全球影响力很大。它旗下其中一个品牌——倩碧在 130 个国家里销售。当雅诗兰黛在 5 年间推出它最出名的香水 Intuition 的时候,拨出了破纪录的 3 000 万美元的广告预算,其目标是在第一年内达到 1 000 万美元的销售量,比大部分其他新香水利润的两倍还要多。

典型的雅诗兰黛香水的推出是先在美国发布,然后在六个月或者一年内引到海外市场。在一次空前的发布中,Intuition 的发布先绕过了美国,而在九月先引入法国和英国市场,10 月的时候转到欧洲其他地方、亚洲和拉丁美洲。大约 40% 的名牌香水的销售在 11 月和 12 月。Intuition 香水最后才被引入美国。

在美国市场里女性香水销量前十位中,雅诗兰黛占了五个。但是雅诗兰黛香水里,只有一个 Pleasures 成为欧洲市场里销量前十位之一。美国的香水市场,尤其是商场里的一线产品,仍然是一片低迷。在过去五年里,每年销售都持平或者下降,而在欧洲市场,在过去几年内增长了 8%。

雅诗兰黛在巴黎和日本建立了创造性的区域为满足当地人们的需要发展产品。Intuition 的推出是雅诗兰黛美国和欧洲发展中心的第一次协作努力。Intuition 的香味比传统的欧洲的香水味要淡,目标也是年轻的妇女(25 岁开始的)。它是作为雅诗兰黛的第一种欧洲感性的香水进行销售的,虽然公司最终是想使其成为国际性的香水。一些经理相信将来美国的销售会改进，如果 Intuition 能像之前海报宣传的"仅在欧洲可得"。

**问题讨论**

1. 什么是 Intuition 不合常规的开发和推出的可能原因？

2. 这种推出方式中，公司可能遇到那些困难？

资料来源：In Kate Gillespie, Jean-Pierre Jeannet, and H David Hennessey. Lauching Intuition. *Global Marketing*. New York Houghton-Mifflin, 2007；Loran Braverman. The Allure of Estee Lauder. *Business Week*, February 27, 2008；and Andria Cheng. Overseas Growth Fuels Estee Launder's 36% Profit Gain. *Dow Jones Business News*, August 14, 2008.

# 案例 11.1　微软：打击盗版之路

盗版软件是微软的一个大挑战，微软的损失每年都成千上万美元。盗版也给政府税收带来了损失。例如，墨西哥每年因为盗版软件预计损失 2 亿美元。国家不同，盗版率也不一样。发展中国家的盗版率要严重高出发达国家：

| | |
|---|---|
| 中国 | 80% |
| 埃及 | 9% |
| 欧盟 | 35% |
| 印度 | 68% |
| 墨西哥 | 59% |
| 尼日利亚 | 83% |
| 俄罗斯 | 68% |
| 土耳其 | 64% |
| 美国 | 20% |

为了打击盗版，微软增加了一个边缘对边缘的 CD 存储器来确保产品的真实性。预计仍然有两百万家的网站在销售盗版软件。因此，公司监控网络来揭露不合法下载的网站。

微软在国外采取好几种方式来禁止盗版。在保加利亚，微软在原价的基础上打六折来消除盗版软件。购买者还有权免费取得下个版本。在巴基斯坦，微软出资为软件教师提供一个培训项目，并在全国前五十所高校配置图书馆。这个 1.5 亿的大包裹让政府加强了反盗版的法律。在马来西亚，微软安置了免费的电话，并且为提供公司使用盗版软件的证据的人设置了不少的奖金。

在新加坡，一个只有 400 万人口的国家，微软每年都因为盗版损失了上百万美元。微软在新加坡学校进行了一个活动，教育学生盗版是违法行为。尽管新加坡在法律实施上一般来说有很好的声誉，美国官方仍然将它列入了版权实施较差的国家的名单之中。在美国类似的压力下，中国台湾对盗版的打击更为严厉。一个被发现盗版软件的公司被罚了 790 万美元，公司的拥有者被判了两年的拘留。在五年内，新加坡的盗版率从 43% 下降到 36%，中国台湾的盗版率从 43% 下降到 29%。

中国市场也很重要，微软公司的董事长兼首席执行官比尔·盖茨亲自到中国与中国政府签订了推行正版软件的使用的协议。在协议中，几个主要的条款保证了购买正版微软产品,而抵制盗版产品。微软公司提供技术培训和咨询作为回报。同一年不久之后,微软将第一个盗版案件带上了法庭:亚都集团的工程师被发现在办公楼里使用盗版的微软产品。亚都集团认为他们是无辜的,因为工程师不是为他们工作的,而是为一个兄弟公司工作。中国法庭支持亚都,并让微软支付了 60 美元的法庭费用。

尽管此次事件失败了,微软在尝试打击盗版的道路上取得中国政府的支持,将此事提升到世界级的地位并为中国博士生提供了奖学金,公司显然在中国加强了研究和发展力量。一些行业观察者相信,如果产品是在中国制造的,中国政府会更加主动地去保护。

但是,微软首次提出的"正版操作系统优势"的反盗版项目激怒了中国的软件使用者。自动地安装系统更新时都使用盗版操作系统的桌面变黑,这使产品赢来了"死亡黑屏"的绰号。在产品引进几个月后,一个中国律师对微软提出了很多投诉,声称这个项目侵犯了盗版和国家的反垄断条例。

在执行各种反盗版政策后,微软决定专门为发展中国家的消费者引进一种操作软件。一个包括马来西亚、印度尼西亚、印度和俄罗斯多国家的推出。新的软件属性少且价格低。这个软件不是单独销售而是安装在一些价格较低的私人电脑中。微软向计算机制造者收取的价格并没有公开,但是这些私人电脑预计的零售价格是 300 美元左右。公司也决定用一个有吸引力的价格来测试中国市场,向中国提供只需要 29 美元的微软办公软件。

**问题讨论**

1. 你认为为什么各国盗版率不同?
2. 辨别微软公司用来打击伪劣产品的不同策略。
3. 为什么微软期待每个努力都成功?你有什么看法?

资料来源:Kate Gillespie, Jean-Pierrie Jeannet, H. David Hennessy. Chasing Pirates. *Global Marketing*. New York: Houghton Miffin, 2007; Anil K. Gupta, Haiyan Wang. How to Get China and India Right. *Wall Street Journal*, April 28, 2007, p. R4; China Consumers' Association Discuss Possible Microsoft Infringement. *New China News Agency*, November 1, 2008; Aaron Back. Microsoft to Add Sites in China. *Wall Street Journal Europe*, May 18, 2009, p. 8; Peter Burrows. Microsoft's Aggressive Pricing Strategy. *BusinessWeek*, July, 2009, p. 51; and Piracy Study in Brief. *Business Alliance*, May 2009.

# 案例 11.2　亚洲各国抗击艾滋病

玛丽·福斯特刚刚辞掉了她在大型国际包装食品公司的全球经理的工作,到华盛顿的国际防艾滋病协会,致力于防止发展中国家艾滋病传播的工作。当她还是一个工商管理硕士的时候,玛丽就是一个积极的志愿者,为美国的艾滋病项目募款。她很乐意重拾这个最初的兴趣。

国际抗艾滋病协会是由一些慷慨的慈善家建立的。国际抗艾滋病协会的捐助投资回报包括美国总部的运营和四个发展中国家的小办事处。另外,也要留着资金来支持这些国家的教育活动和以后的集资活动。

玛丽相信将资源集中在亚洲的一些国家，能够使它们得到最好的利用。她目前正在排列目标国家，并决定出这些国家哪些是目标国家。其他主要问题包括国际防艾滋病协会与当地的组织和政府的结盟，以及国际防艾滋病协会是否应该向美国政府申请资金等。

## 1. 全球艾滋病

艾滋病毒是19世纪70年代被人发现的（艾滋病毒是引发艾滋病的病毒）。病毒首先在同性恋、静脉注射毒品使用者和从事性工作的人之间传播，但是它也不可避免地进入普通人群。艾滋病现在是世界第四大传染性杀手。继相对集中地发生在刚果人口分布较少的丛林地带后，疾病开始迅速地在叛军和卡车司机这些经常嫖妓的人群传播。19世纪80年代首次在美国出现时，艾滋病已经在毁坏整个非洲大陆。非洲仍然是世界上艾滋病最肆虐的地方，南非1/10的人口都是新感染者。

不同区域艾滋病毒的传播也有很大差别。国家不同流行程度也不同（见下表）。新的艾滋病毒感染率最高的估计是在撒哈拉以南的非洲、中欧、中亚、南亚和东南亚。谁最危险也是根据地区变化的。在东欧和俄罗斯，80%的阳性艾滋病毒感染人群是30岁以下的，而在西欧和北美只有30%。在乌克兰，毒品注射是最主要的传播方式，而在西欧这种方式只占新的被诊断为艾滋病案例的10%。

**不同国家成年人（15～49岁）艾滋病毒感染率表** %

| 巴西 | 0.6 | 印度 | 0.3 | 南非 | 18.1 |
|------|-----|------|-----|------|------|
| 中国 | 0.1 | 印度尼西亚 | 0.2 | 泰国 | 1.4 |
| 大不列颠 | 0.2 | 俄罗斯 | 1.1 | 美国 | 0.6 |

一个国家的悲剧不仅是感染了病毒，而且对它在经济生产力方面的影响也很大。例如，丧失生产力加上与病毒斗争的开支导致纳米比亚的国民生产总值降低了8%。肯亚一度怕吓走游客而不愿在从事性工作的行业中宣传艾滋病的危险，导致人均收入降低了10%。认识到其对发展中国家的经济的影响，世界银行加入到如联合国之类的跨国组织，支持它们阻止艾滋病毒传播的活动。

## 2. 市场排名

玛丽把潜在的国家缩小到四个：泰国、中国、印度和印度尼西亚。

## 3. 泰国

在泰国，艾滋病最早是在19世纪80年代的男同性恋间测试到的。政府立刻开始监控高危人群，包括吸毒者和卖淫者。信息的准确性使官方关注飞速上升的传染率。政府对泰国人的性行为调查迅速做出了回应。调查揭示了泰国人频繁地沉迷于商业性行为，这些结果被广泛地公布，并且发起一个运动来劝说卖淫者坚持使用安全套。安全性行为的提倡通过海报、传单和电视广告等各种形式，结果令人印象深刻。在短短几年间，成年人非婚性行为从 28% 降到 15%。卖淫者也从 22% 降到 10%。在与卖淫者发生性行为时使用避孕套的比例也上升到 93%。在政府诊所内性行为传播疾病的人数从 400 000 人降到 50 000 人。

但是,弗吉尼亚国际社会司法非政府组织声称许多从事性行为工作的妇女(约 20 万人),被卖去或者被诱拐去从事卖淫活动,并主张这些妇女需要的是解放而不是保险套。受国际社会司法这样的组织影响,美国抗艾滋病、肺结核和疟疾的领导禁止向提倡合法卖淫和没有明确反卖淫政策的组织提供资金。

而且,随着亚洲经济危机的到来,泰国削减了抗艾滋病的费用。到 20 世纪中期为止,费用仍然是以前的一半。吸毒者和同性恋者之间的感染率仍然很高。有些人认为,导致 3 000 个毒品交易者死亡的毒品战争,使毒品使用者转入地下状态并远离了防艾滋病的服务,如吸毒者换注射器的活动。在城市里的年轻人中,新的艾滋病感染率从 11% 上升到 17%。因为早期的运动与在商业性行为中使用安全套相关,安全性行为可能已经被打上烙印。年轻人与固定的女朋友交往并使用安全套的比率只有 12%,而与多个伴侣发生没有保护的性行为的比例在泰国一直呈上升状态。当地的非政府组织呼吁在泰国学校里要进行扩大改善性教育。

## 4. 中国

艾滋病是在 19 世纪 80 年代的晚期通过吸毒者进入中国的。在 19 世纪 90 年代,河南省的村民被招募去献血导致传染上升。为了一天献血四次,在抽取血浆后,村民们重新注射自己的血。国际组织估计有一百万人感染了艾滋病毒,仅仅在一个村庄里,就有 1/3 的人口感染了这个疾病。没有人为此事负责。实际上,中国政府起初对艾滋病未给予足够重视,许多艾滋病预防的志愿者被政府相关部门阻止,关于艾滋病的统计数据也被当作国家机密。

政府把大部分艾滋病案例归于静脉毒品注射。但是,国际组织估计,只有 60% 的中国艾滋病感染是通过非法使用毒品感染的。没有防护措施的性行为感染正在上升。中国年轻一代的青春期比结婚要早。因此,婚前性行为正在上升。成千上万的中国人都在流动,中国人从农村涌入城市寻找工作,许多男性把妻子留在了农村。而许多女性没有成功找到工作,结果导致了中国城市的商业性行为上升。

政府宣布会加强学生的艾滋病知识教育,并针对年轻人开展了防艾滋病网站。尽管中央政府有了新的举动,但是许多人认为政府忽略甚至掩盖了这个问题。有出人意料的数量的中国人仍然不知道这个疾病。到 2004 年,中国政府才宣布要把艾滋病预防加入国家的教育课程。

## 5. 印度

印度预计有 500 万人感染了艾滋病,位居第三。仅仅次于南非和尼日利亚这两个感染人数最多的国家。意识到这个危机,政府组织了一次关于艾滋病的议会,总共有 1 200 个当选的政治人物参加这个会议。因为在许多发展中国家,政府收集的艾滋病数据有很多的争议。为了处理这个问题,印度政府雇用了一个很有声望的独立的私人公司去评估印度的艾滋病的感染率。

尽管如此,一个政府调查显示预防艾滋病的计划只涉及30%的人口。被她们的丈夫传染的妇女经常受到姻亲的指责。非政府组织为艾滋病人和艾滋病孤儿创办的家,一旦被房东发现他们行动的本质经常会遭到驱逐。据说,警察甚至阻止医护人员散布政府自己的预防艾滋病的信息。

印度的医护人员认为疾病传播最快的是在预防计划最弱和纪录保存最差的农村地区。希望组织在车站发布艾滋病信息和发送避孕套。印度覆盖5 000英里的500万名卡车司机,据报道卡车司机一周有3～5个性伴侣。在六年里,卡车司机中的艾滋病感染率从10%降到4%。

为了解决艾滋病对年轻人的威胁,政府建立了两个国家奖项来奖励艾滋病觉醒早的改变自己的大学或者年轻团体。在印度,艾滋病感染者仍然是社会的耻辱。当疾病刚刚进入国家时,印度的官方声称印度的道德品质和保守的性行为习惯会阻止艾滋病的传播。性是很少公开谈论的话题。印度的电影基本上不涉及这个话题,学校提供很少或者基本不提供性教育。

比尔及梅琳达·盖茨基金会投资了一亿美元到印度的十年艾滋病防御计划中。但是,这个计划在进行几年后,基金会决定把100个非营利的组织的网点转交给印度政府来操作。意识到这个网点的耗资巨大,政府缺乏热情。他们指向装有空调的诊所,声称诊所那些无知的客户并不会阅读那些光滑的英文海报和小册子。另外,高级经理得到的薪水相当于西方MBA的。结果也很令人失望。尽管这个耗资昂贵的运动的目标是卡车司机,一个国内的报告指出,只有12%的卡车司机知道这个机构的服务,而仅7%的人曾经使用过。

## 6. 印度尼西亚

印度尼西亚在历史上艾滋病的感染率很低,但是情况很快改变了,尤其是在吸毒者和在全国迅速膨胀的商业性行为的人群中(只有1/10的人使用安全套)。在艾滋病这个问题上,世界安全组织对印度尼西亚的关注比对中国和泰国的都要多。国际防艾滋病组织声称印度尼西亚政府没有在国内报道此事。

但是,印度尼西亚是伊斯兰教最密集的地方,预防艾滋病的努力与穆斯林的保守有了争议。伊斯兰教禁止婚外性行为。一个穆斯林的政治家说,预防艾滋病应该把重点放在改善人民的道德而不是催他们使用保险套。国家最高的伊斯兰教权威,印度尼西亚的ULEMAS协会宣称,穆斯林应该通过更虔诚的信念和与家人联系更紧密来对抗艾滋病。

印度尼西亚的DKT,总部在华盛顿的非政府组织,生产了一系列的保险套以折扣价卖给印度尼西亚的卡车司机、水手和卖淫者。这个非政府组织也在印度尼西亚的一个MTV上放了一个广告,但是不是用真人而是用跳草莓舞的卡通人。尝试其他的防艾滋病广告更不成功。另外的一个美国的非政府组织,国际家庭健康组织,播出了一个商业广告,简短地描述了一个人去见妓女的过程。但是当信教的神职人员抱怨时,国家很快就撤销了广告。

印度尼西亚政府在学校推行新的教育项目,同时为医疗工作者和HIV测试及咨询的志愿者提供更好的培训。但是，政府内有人质问在国家需要基础教育和医疗看护的时候，把费用花到艾滋病预防上是否值得。同时，在政府与伊斯兰教神职团体的观点一致时，国内许多医疗预算都降了下来。一个当地的预防艾滋病活动家说：许多人都认为艾滋病是上帝对做错事的人的惩罚。其他人认为这是一种西方现象——没有解决的办法。

当玛丽在思考这四个潜在的亚洲市场的挑战时，她在想她作为一个全球产品经理的经历是否可以用到这个国际社会市场的环境中。

**问题讨论**

1. 既然有那么多的跨国和当地的"竞争者"参与预防艾滋病这个社会市场中，国际防艾滋病组织应该扮演什么角色？它能提供哪些产品或者服务？

2. 在发展中国家，这些服务中哪些元素需要标准化？哪些元素需要改变？为什么？

3. 把这四个亚洲国家区分优先顺序，你能给玛丽什么建议？

4. 国际艾滋病预防组织要和当地政府或者当地非政府组织结成联盟吗？是否要向美国政府申请资金？

5. 玛丽作为一个全球产品的经理的经历在这个新环境中怎样才能有用呢？

资料来源：Kate Gillespie, Jean-Pierrie Jeannet, H. David Hennessy. Fighting AIDS in Asia. *Global Marketing*. New York：Houghton-Mifflin, 2007；Yemie Adeoye. Country Now Second Highest in AIDS Victims. *All Africa*，July 6，2009；Civil Society Groups to Join Bali AIDS Meet. *Jakarta Post*，July 22，2009，P.4；and Bill Gates' Indian Education. *Forbes*，August 3，2009，p.95.

# 案例 12.1  咖啡在中国的价格

当西雅图的咖啡连锁店星巴克刚刚进入中国时，它面对的是一个喝茶的国家。日本曾经也是一个喝茶的国家，但是已经演变成一个咖啡市场。据一个有名的商业研究，星巴克不仅进入日本并且已经成为一流的连锁餐馆。星巴克的公司高层管理人员对公司品牌在亚洲的认识度感到惊讶，它们意识到几乎没有投资在广告上。公司很快就把中国作为一个优先考虑的市场。

在关注中国时，星巴克发现咖啡的消耗直接和收入相关。公司设法利用中国正在增加的人均收入达到每年750美元的可支配收入。尤其，星巴克相信中国城市的年轻人有大量的需求。他们对自己的决定很有信心，公司在进入中国市场时决定在18个月间在北京开十家分店。第一家北京的星巴克在一个购物中心，一个五星级酒店的对面。一些人仍然怀疑星巴克的举动。在中国，咖啡销售每年以5%～8%的速度增长。但是，随着亚洲金融危机的到来，许多外资离开了中国。结果，咖啡销售的增长渐渐变小。

当星巴克在北京开张时，店里提供和美国商店一样的咖啡产品和其他商品。星巴克开始的策略是把价位调到比其他已经在中国开张的咖啡店低。这些其他的咖啡店的目标客户是移民、游客和中国的精英。中国的奢侈品市场是世界上发展最快的市场之一。奢侈品购买者基本上都是年轻的专业人员，他们中大部分都喜欢尝试新的外国品牌。星巴克的目标是中国社会更大部分的人。因此，价格设得类似于纽约市的要价，一杯拿铁咖啡只要4.5美元。一个在同地方的要价比星巴克要高的当地咖啡店宣称他们会把价格降到比这个信赖的美国竞争者更低。

星巴克所有的咖啡豆都是进口到中国的，尽管中国尝试改进他们自己收成的咖啡豆的质量和尺寸。其他国家，如越南，增加了咖啡的产量。这导致世界上的咖啡豆产量超过需求的 10%。此外，巴西货币的贬值使它这个主要的咖啡出口商比其他市场的新来者具有更大的竞争优势。

**问题讨论**

1. 为什么一杯咖啡在北京的定价可以达到 4.5 美元？

2. 将价格定得更低的可能原因是什么？将价格定得更高呢？

3. 在中国购买咖啡豆可能影响星巴克在中国的价格策略吗？并解释原因。

资料来源：Kate Gillespie, Jean-Pierre Jeannet, and H. David Hennessey. The Price of Coffee in China. *Global Marketing*. New York：Houghton-Mufflin, 2007；John Rolfe, Tom Smithies. Roaring China No Longer Synonymous with Cheap. *Daily Telegraph*, August 4, 2008, p. 19；Jenn Abelson. In Second Crack at China Market, Dunkin' Donuts Alters Recipe. *Bostom Globe*, November 21, 2008, p. A1；and Bonnie Cao. Luxury Brands Look to Well-Heeled Chinese. *Associated Press Newswires*, May 10, 2009.

# 案例 12.2  生命的价格

在一个令人惊讶的通知中，世界上第二大的医药公司，葛兰素史克通告将在世界最贫穷的国家削减销售的医药价格。公司邀请其他医药公司做同样的事情。葛兰素史克宣布将在 50 个最不发达的国家削减医药价格，价格降到不超过美国售价的 25%。公司也保证将在这些贫穷国家获得的利润的 20%转给这些国家的医院、诊所和医疗职员。除了在非常贫穷的市场削减价格，葛兰素史克也宣称，在如巴西和墨西哥这些中等收入的国家，将药品价格调整到可以使当地国家的消费者接受的范围。

这不是第一次一个全球性的医药公司采取这样的行动。八年前，默克宣称在非洲市场将它新的抗艾滋病药品的价格削减 40%～55%。默克最有效的三种药品的混合物在非洲一年花 1 330 美元就可以买到，而在美国要花约 11 000 美元。公司称用这个新价格将毫无利润。默克也保证在世界其他的贫穷国家延续这些折扣。博列斯多-迈耶照着做，承诺在非洲市场将艾滋病药品泽瑞特的价格降到一年 54 美元。博列斯多-迈耶声称这个价格是在成本价之下。公司号召欧洲、日本和美国的政府参加对非洲艾滋病危机的有力捐赠的国际回应。在非洲，预计有 2 600 万人感染了导致艾滋病的艾滋病毒。

但是就在一周前，39 个主要的医药公司起诉要求印度的医药公司停止销售专利药品的无商标产品，其中包括非洲市场的艾滋病药品。为了用更便宜的价格提供广大的贫困人口现在的药品，印度很长时间拒绝承认药品专利。印度公司擅长逆向研究药品，并成为有效率的药品生产者和出口者。当两个无商标药品的公司，Cipla 和 Hetero 在非洲进入价格战，一些主要的艾滋病药品的价格急剧下降。印度加入了 WTO，因此同意将它的医药保护法律更接近世界的标准。但是，改变不是马上就可以的，专利保护案件通过印度的合法体系慢慢地起作用。

同时，保持非洲艾滋病药品高价的战争最终失败了，导致许多国际性药品公司的公共关系频频出现失误。在发达国家，消费者抵制甚至被威胁了。许多有专利艾滋病药品的公司把它们的价格降到印度无牌药品的价格之下。在一些情况下，捐赠组织，如联合国，帮助补助低价，支持医药公司无利润。起初，国际医药公司仅同意降低价格。在接下去的几年，在非洲救命的艾滋病治疗途径大幅度增加，而印度无牌药品的增加也减缓了。

尽管如此，医药公司继续在不同的国家对相同的药品收取不同的价格引起了争议。例如，因为发达国家市场成熟，许多公司依靠在发展中国家大量增加，尤其是在如墨西哥这样的中等收入国家。但是，他们在这些国家同样遇到了保持低价的压力，当泰国政府告诉雅培公司降低最新的艾滋病药品 Kaletra 的价格时，雅培威胁说要将产品移出泰国市场。因此就产生了一个消费者抵制这个公司的行动，雅培同意将价格降低到一年 1 000美元。在另一个低点的中等收入国家，危地马拉，这个药品卖 2 200 美元，而危地马拉的平均薪水是 2 400 美元。

类似的，百时美施贵宝在墨西哥对两种艾滋病药品的收费是南沙哈拉非洲的两倍。在中等收入的墨西哥艾滋病治疗的可能花费 6 000 美元，而人均收入只有 7 300 美元。一个艾滋病组织在美国，尤其是洛杉矶发布了一个广告活动反对百时美施贵宝，要求公司降低在美国的药价。

当然，在发展中国家，消费者很少付药品的全价，因为政府经常购买和分发关键药品。政府作为主要的购买者也关心价格。但是，印度无牌产品的巨头，奥罗宾多控告南非政府选择一个当地生产商的投标而不是奥罗宾多来供应药品。奥罗宾多宣称他们的投标价格要比得标者的价格低 30％。但是，南非政府的一个研究显示，当地厂家的税收贡献、与当地供应商的联系和就业创造支持了政府当地采购的决定。实际上，新兴市场使世界上一些最高的关税加在了药品上。伊朗有 50％的关税，印度 36％，巴西和墨西哥超过 30％。

争议不仅限制于新兴市场。甚至在发展中国家，药品的价格也会有很大的不同。例如，在美国药品价格要比欧洲高，因为政府支付了许多处方药。因此，欧洲政府与药品公司协商价格。例如，安定药氯氮平片剂在西班牙要 51.94 美元，在德国要 89.55 美元，在加拿大要 271.08 美元，在美国要 317.03 美元。讽刺的是，非处方药和专利到期的无牌处方药，在美国的价格要比欧洲低，因为美国市场竞争厉害。

**问题讨论**

1. 什么因素可能导致葛兰素史克宣布在新兴市场用折扣价？你认为这些原因是无私的还是自私的？

2. 美国消费者应该比非洲消费者付更高的药品价格吗？为什么？

3. 墨西哥消费者应该比欧洲消费者付更高的药品价格吗？为什么？

4. 美国消费者应该比欧洲消费者付更多的钱去买药吗？为什么？

5. 国内政府应该为当地生产的药品付更多的价钱吗？

6. 差距很大的不同药价，药品公司可能面临什么挑战？

资料来源：Sarah Boseley. Drug Giant Pledges Cheap Medicine for World's Poor. February 14, 2009, *The Guardian*, p. 1; Kate Gillespie, Jean-Pierre Jeannet, and H. David Hennessey. The Price of Life. *Global Marketing*. New York：Houghton-Mufflin, 2007; Theresa Agovino, AIDS Group Lauches

Ad Campaign. *Associated Press Newswires*, February 23，2007；Nicholas Zamiska, James Hookway. Abbott's Thai Pact May Augur Pricing Shift. *Wall Street Journal*, April 23，2007，p. A3；Philip Ngunjiri. Big Pharma Still Ignoring the Poor. *All Africa*, December 10，2007；and Mathabo Le Roux. India Firm Sues Over Aids-Drug Tender. *All Africa*, June 29，2009.

## 案例 12.3　Gamali 航线

詹尼弗·博德罗，Ameridere 的会计经理，当知道 Gamali 航空正在认真考虑购买两架她们公司的 L700 螺旋桨式飞机后，感到非常高兴。Ameridere 曾经被邀请为这个合同投标，接着为两架飞机出价 4 600 万美元。Gamali 航空在交货时要付 1 200 万美元现金，一年后再付 1 200 万美元，交货后三年付 2 200 万美元。利息已经包含在 4 600 万美元的标价中了。Gamali 曾经是法国西非殖民地的一部分，现在已经成为一个多党参政的民主国家，总共有一千万人口，其中 85％是穆斯林。Gamali 的人均国民生产总值只有 1 600 美元，60％的人仍然是文盲。Gamali 主要的产业是旅游业、农业、渔业、磷酸盐矿业、化肥生产和石油精炼。后者需要进口石油，因为 Gamali 自己本身没有原油储藏。国家的出口额是 11 亿美元，包括鱼、花生、精炼石油产品、磷酸盐和棉花的出口。旅游业是另外一个外汇的巨大资源。但是过去几年，世界上油价的上升，使 Gamali 贸易平衡严重赤字，通货膨胀由原先的 8％上升到 15％。通货膨胀也是由政府试图花钱抵消失业造成的。失业率估计有 48％。城市里的高失业率导致了一系列的社会问题，包括青少年犯罪和吸毒。虽然反叛集团最近和政府签订了和平条约，但是 Gamali 南部还是被断断续续的独立反叛团体或者强盗的武装冲突骚扰着。

Gamali 航空是于 1965 年作为一个国有企业创立的。由于私有化，公司 30％卖给了 Gamali 的一个商业集团，这个集团的产业还包括几个酒店，一个贸易公司还有建筑和纺织品的投资。Gamali 政府保留了航空公司的 70％。航空公司有去巴黎、里昂、马赛、伦敦和纽约的航班，它的目标是成为非洲领先的运输公司。这两架追加的飞机将会加入目前四架飞机的舰队。Gamali 航空原先购买了波音和空客飞机，但是目前他们要购买的是中等的飞机。航空公司扩展的区域服务，主要是满足游客想参观野生动物园的要求。

詹妮弗监管了销售最初的投标，现在 Gamali 的副总裁通知她，Ameridere 是合同最后的两个选手。他们剩下来的对手是 Ameridere 以前从来没有竞标过的巴西公司。但是詹妮弗知道这个巴西公司，那个公司只有 Ameridere 的一半大，在拉丁美洲和亚洲都很强，并且最近在欧洲赢得了一个大合同。两个公司都擅长于为地区市场制造小型飞机。例如，Ameridere 的 L700 螺旋桨式飞机是为 500 英里以内的飞行设计的，只能容纳 86 位乘客。Ameridere 以飞机的舒适安静以及售后服务而出名，而巴西公司以它提供给客户的创造性的包装而出名。

虽然目前与 Gamali 航空公司的交流非常令人激动，詹妮弗意识到 Ameridere 需要迅速回复潜在客户提出的三个问题。

- Ameridere 现在要提出一个售后服务及训练飞行和维修人员的价格。

• Gamali 航空的管理层也建议用反向贸易来支付飞机的花费。航空公司将会通过 Gamali 政府在三年内提供价值相当于 4 600 万美元的化肥或者磷酸盐。Amerider 将以比这些产品当日国际市场价格少 5% 的价格得到这些产品。这 5% 应该可以弥补将产品运到法国或者西班牙这几个可能的市场的运费。

• 最后，要求 Ameridere 用 Gamali 的货币第纳尔而不是美元来报价。Gamali 航空公司的副总裁提醒詹妮弗，三年前，第纳尔和欧元是 1：1，但是到 2013 年的时候欧元比美元升值了 30%。他说如果交易是在一年前发生的话，用第纳尔而不是美元报价，Ameridere 将在第二期收款的时候多 30%。

詹妮弗知道她的公司需要将目前的市场扩张到北美和欧洲之外，因为目前的市场销售上升变慢。而 Gamali 航空公司的管理已经暗示，如果所有的条件都一样，他们将选择跟美国而不是巴西供应商合作。但是，Ameridere 从来没有涉及反向贸易和用外汇报价。当她坐下来回答 Gamali 航空的问题时，她想起那个早上她老板说的："我们给他一个双方都能盈利的还盘。"

**问题讨论：**
1. 评价下 Gamali 航空的反向贸易。
2. 评价用第纳尔而不是美元报价的建议。
3. 你会怎样处理 Gamali 航空公司的要求？展开"双方都能盈利"的反建议。解释为什么你的建议对 Ameridere 和 Gamali 航空都有吸引力。

资料来源：Kate Gillespie，David Hennessey. Case prepared. class discussion.

# 案例 13.1　世界零售商的亚洲之争

世界上两个最大的零售商把亚洲当成目标市场，却有不同的结果。沃尔玛和家乐福都是提供食品和杂货的大型商店。它们进入一个国家的市场对当地零售商来说是一个很大的打击，当地零售商几十年的现状突然被这些国际竞争者打破了。

中国政府官员相信沃尔玛会恢复零售领域的活力。多年以来，政府的零售店提供同样有限的产品，雇员们在柜台上打着盹。当沃尔玛在大连足球体育馆开张新店时，很快店里就挤满了人。为了一边前进一边学习，沃尔玛选择慢慢进入中国市场。当它开了第一家店时，客人们骑着自行车来，购买的东西也很少。沃尔玛也发现它不能把一年量的酱油卖给住在小公寓中的消费者。另外，公司受到了政府一系列的约束。外国零售商需要政府支持的同伴，并且城市也经常限制商场的规模。面对这些挑战，沃尔玛邀请政府官员参观美国公司的总部，捐款给当地的慈善机构，甚至建立了一所学校。几乎所有沃尔玛的产品都是用当地的资源，几乎所有的员工都是中国人。为了更好地理解消费伙伴，沃尔玛的经理走在街上看中国人购买什么东西。

与沃尔玛在中国的兴隆相比，公司决定进入日本被证明是个问题。沃尔玛花四年时间研究日本并决定需要找一个合作伙伴。沃尔玛同意用将它股份涨到 67% 的办法，购买日本第五大连锁超市，SEIYU 的 6%。沃尔玛仍然遇到了困难：日本的消费者把低价跟质量差联系在一起。如果鱼的价格低,那它一定是不新鲜了。而且员工拒绝主动接近客户问他们需要什么帮助。传统上,员工等待客户向他们求助。可能最大的问题还是削减价格、建立单层的大型购物中心、提供几英亩的停车场、推行"日本制造"活动,后勤体系现代化对竞争回应的速度。

在33个国家都有分店的家乐福,首次在亚洲开业是在中国台湾地区,然后转到中国大陆和韩国。家乐福在亚洲经济危机最高峰的时候进入印度尼西亚,两年间在首都城市雅加达开了四家商店。新商店以选择多、价格低,击败了露天市场和城市里中国人开的小型邻居杂货店。由280位成员组成的印度尼西亚零售商店协会强烈要求雅加达对超大型自助商场施加区域限制。家乐福也被证明威胁到了更大的、当地建立的杂货连锁店。有一个叫英雄的连锁超市,承认在整体价格和选择上不能与家乐福竞争,于是它通过对高度可见产品如大米进行打折,并提供一系列的促销活动来竞争。英雄也通过它产品的新鲜度和在顾客中的良好声誉来竞争。

家乐福与沃尔玛在差不多时间进入日本市场,花费了1.5亿美元建立了前三个商店。由于日本地价太高,家乐福曾经避开日本。虽然低迷的日本经济降低了地价,但是这以围着商店在零售缓慢的环境中开业。和沃尔玛一样,家乐福调整自己来适应当地文化。商店开业后几天,和其他的杂货店一样,商店开始卖更多的蔬菜,两个或者三个一包而不是按照公斤。为了提供更具有竞争性的价格,家乐福宣布了一个计划,54%的产品将直接从日本采购。这将避免缓慢复杂的日本批发体系,但是这要求有说服力的生产商抛弃批发商的长期的关系——这是以前其他外国零售商很难做到的。同时,日本杂货连锁店调整自己,进一步接近了直接的供货来源。

家乐福要退出中国香港市场,对印度尼西亚和日本的竞争者来说是一种希望。公司用严格的竞争和约束性的发展规律。分析家认为大型的购物超市不能吸引足够的消费者,大部分消费者都不愿意每天走出来购物。家乐福和沃尔玛也都退出了韩国市场。尽管韩国很乐意接受大型购物商场(见下表)并且在亚洲大型商场人均出入率最高。

**亚洲国家的超大型自助商场经销店数量表**

| | 2003 年 | 2004 年 | 2005 年 | 2006 年 | 2007 年 | 2008 年 |
|---|---|---|---|---|---|---|
| 中国 | 714 | 1 075 | 1 318 | 1 660 | 1 909 | 2 138 |
| 印度 | 14 | 22 | 36 | 70 | 122 | 266 |
| 印度尼西亚 | 43 | 56 | 51 | 74 | 91 | 116 |
| 日本 | 7 | 8 | 8 | 8 | 7 | 7 |
| 马来西亚 | 29 | 38 | 50 | 59 | 78 | 95 |
| 菲律宾 | 6 | 9 | 11 | 15 | 18 | 20 |
| 新加坡 | 7 | 9 | 10 | 12 | 11 | 12 |
| 韩国 | 265 | 285 | 306 | 340 | 370 | 395 |
| 中国台湾 | 97 | 107 | 111 | 108 | 110 | 114 |

| | 2003 年 | 2004 年 | 2005 年 | 2006 年 | 2007 年 | 2008 年 |
|---|---|---|---|---|---|---|
| 泰国 | 106 | 109 | 122 | 130 | 146 | 163 |
| 越南 | 3 | 3 | 4 | 6 | 7 | 7 |

资料来源：Selected data from Global Market Information Database，2008，Euromonitor.

当地的竞争者 E-Mart 买下了沃尔玛在韩国的商店。沃尔玛相信鼓舞人心的 E-Mart 削减成本实力。但是，韩国的零售商有它自己独特的精神。这些商店的氛围是明亮的、喧闹的、令人激动的。仿佛 E-Mart 尝试去抓住传统的户外市场的感觉。Shinesegae、E-Mart 所在的公司，也进入了中国市场，郑重宣布截止到 2015 年要在那儿投资 5 亿美元。

**问题讨论**

1. 为什么超大型自助商场在有些国家比其他地方更普遍？

2. 在进入亚洲市场时，像沃尔玛和家乐福这样的外国零售商有什么竞争优势？

3. 当地零售商有哪些可能的竞争优势？这些竞争优势在亚洲其他国家可行吗？

4. 为什么政府要调整零售惯例？

资料来源：Evan Ramstad. South Korea's E-Mart Is No Wal-Mart. *Wall Street Journal*，August 10，2006，p. B1；Kate Gillespie，Jean-Pierre Jeannet，and H. David Hennessey. Giants in Asia. *Global Marketing*，Houghton-Mufflin，New York，2007；William J. Holstein. Wal-mart in Japan. *Fortune*，August 6，2007，p. 73；South Korea's Shinsegae to Open 100 Stores in China. *Agence France Presse*，Septembetr 8，2008；and Mei Fong. Retailers Still Expanding in china. *Wall Street Jounal*，January 22，2009，p. B1.

# 案例 13.2 走私之祸：责落谁家？

许多欧洲国家，包括德国、意大利、法国、比利时和芬兰都对美国的烟草巨头 Phillip Morris 和 R. J. Reynolds 提出了诉讼，宣称这两个公司合伙走私香烟。这些国家要求赔偿未付的关税和增值税。欧盟估计这些损失达到几十亿美元。欧洲政府并不是唯一遭受损失的，预计世界上的烟草有 3/10 是走私的。马来西亚一年内由于走私烟草损失的税收预计达到 13 亿美元。这些烟草主要来自印度尼西亚和泰国，是在犯罪财团的保护下被买来的。像许多其他国家一样，马来西亚对烟草征收重税，不仅因为这是国家税收的来源之一，也是阻碍吸烟的一种方式。

同时，在印度，英美烟草公司面临由于公众检查导致其公报的曝光。例如，英美烟草公司的烟草在免税商店和酒店是禁止的，但是实际上烟草从阿联酋大量地走私进来。一个高级的英美烟草公司的经理的备忘录讨论怎样用广告宣传他们的品牌而不会引起公众注意大部分烟草都是走私到国内的。备忘录继续讨论制订如果常规的走私渠道都被关闭的可能性计划。当商业标准要求英美烟草公司解释，公司是这样回答的。

政府并没有准备处理走私问题的潜在原因（对烟草的过度征税），像我们这样的商业公司面临着进退两难的境遇。如果对我们产品的需求不能得到满足，消费者将会转向我们的竞争品牌，或者假冒伪劣产品会大量增加，就像我们在亚洲市场看到的那样。任何政府都不愿意去采取行动，或者他们的行动是不成功的。我们在法律范围内，在我们的产品能够在走私或者合法的市场中能在我们的竞争者的旁边被取得的基础上，采取行动。

尽管政府才尝试去阻止走私，但是它继续增长。在一年中，将近有 3 亿美元的走私烟在英国的港口被抓住。东欧和俄罗斯的工厂也是很多走私烟进入西欧的来源。全世界范围内政府由于走私烟而失去的税收预计每年有 500 亿美元。烟并不是唯一激起走私的消费品。巴基斯坦对肯尼亚政府抱怨，从肯尼亚走私的茶叶，逃掉了 36% 的关税，导致巴基斯坦政府每年损失成千上万美元。在隔壁的印度，手提电话的走私不仅避免了关税，也避免了增值税。

中国政府提出，走私消费品到中国将处以很重的处罚，包括判刑甚至判死刑。中国走私法的目标不仅是走私者还有购买走私品的人。他们也能被控告走私。越南是另外一个对走私采取严厉措施的国家。私人公司的首脑和胡志明市关税部门的走私调查局的首领因为走私被判了死刑。这个案件涉及了 74 个人，这些人被控告走私货值达 7 130 万美元的电子产品和家用产品。

**问题讨论**

1. 为什么英美烟草公司，或者其他的国际公司与走私者合作？
2. 走私怎么会伤害到一个跨国公司？
3. 为什么有些国家提出对走私那么严厉的判刑？
4. 谁要为走私承担责任，是生产者、走私者、零售商还是最终消费者？

资料来源：Kate Gillespie，Jean-Pierre Jeannet，and H. David Hennessey. Who's to Blame. *Global Marketing*，Houghton-Mufflin，New York，2007；Jeff Pickett. Chinese Burn. *Daily Star*，December 14，2008；Denis Campbell. Developing World Faces Black Market Cigarette Plague. *The Observer*，June 28，2009；VAT Hike May Boost Duplicate Mobile Market. *Times of India*，July 2，2009；and Pakistan Asks Kenya to Help Curb Tea Smuggling. *Pak Banker*，July 6，2009.

# 案例 14.1　南美销售困境

杰伊·毕小普在他 34 岁生日后不久，由北美销售的负责人升职为 Intelicon 全球销售的负责人。Intelicon 是数据销售服务的提供者。Intelicon 提供的服务是定制邮箱活动、网上调查、网上客户忠诚和诱因项目。杰伊在一月进入新岗位，他的首要任务之一是检查所有的全球销售记录，以便确认需要长成和改进的区域。在这个行动中，他发现拉丁美洲的销售数据和世界其他地方的销售数据有很大的不同。尤其，在美国 420 个销售电话中，有 180 个会有真实交易发生。而在拉丁美洲，200 个销售电话只能产生 40 个真实的销售。为了让新工作有个好的开始（同时也由于上级要求稳定形势的压力），杰伊立即制订拜访巴西和阿根廷的日程计划。但是，很奇怪的是，他同时收到了圣保罗和布宜诺斯艾利斯地区经理的电话，让他把行程推到四旬斋前的最后一天。知道自己对拉丁美洲的文化不了解，同时也不想过早地忽视他的新下级的建议，杰伊遵循了他们的意见，并重新把行程定在了三月中旬。

杰伊的拉丁美洲的日程很快就到了。在经过十个小时的旅程后，他在圣保罗下了飞机,尽管很疲倦,但是充分准备好去工作。穿过海关进入到达区的走廊后,他搜寻着区域经理里瓦尔·佩索的身影。但是佩索并不在,直到 30 分钟后才出现。杰伊很沮丧,更别提还有时差。佩索抱怨着缓慢的交通和恶劣的天气,似乎并不怎么感到抱歉。

并没有去酒店放下行李,杰伊坚持直接去办公室,分析巴西销售下降的原因。在开车去城市的漫长的路上,他一直想把话题带到这个主题上。但是佩索坚持问杰伊有关他家庭的问题,并且向他指出城市中有历史意义的建筑物,这是杰伊第一次拜访巴西。"为什么这个人想知道关于我生活的故事,难道他不知道他的工作在危险中?"杰伊想。最后,面对着到办公室之前任何事都不会确定下来的事实,杰伊放弃了,并尝试去享受旅程。

当他们到达办公室的时候,佩索把杰伊带到了一个小会议室。在离开十分钟后,他带着咖啡和两个销售人员,勒娜特·皮涅鲁和琼·布雷斯特。这两个销售人员英语说得很好,并且听起来想留下好的印象。杰伊感觉没有人知道他来巴西的目的,这并不是一个友好的旅行。杰伊想进入主题,所以他说:"我在这儿的原因是因为我们并没有达到拉丁美洲的销售量,所以我们需要改变这个情况。"佩索看起来有点惊讶,勒娜特和琼也一样。"我需要浏览一些分析性问题来发现巴西市场困难的根源,这样我们才能解决这些困难并为你们这些人减压。那三个人看起来对此很放松。"

"好了,让我们开始吧,"杰伊说,"首先,我想了解你们的背景。你们为什么进入Intelicon。"佩索首先开始说:"我是三年前进入 Intelixon 的,我在银行部门工作了 20 年,最近工作的一个地方是在 BNP Paribas 的投资银行。我帮很多巴西公司上市,并帮助很多证券发行。"带着深刻的印象,杰伊转向琼。琼说:"我始于 IBM 的专业服务,并在那里工作了六年。当网络兴起时,我希望加入一个小点的、以网络为基础的商业,这使我进入了 Intelicon。" 勒娜特是最后一个,"我一年前毕业于 Fundacao Getulio Vargas,"她说,"我得到了一个销售方面的学位,我的父母逼我进入家族企业,但是我想自己创业,并且认为咨询销售是一个新开始的好地方。我父母很震惊。因为我去卖东西,而不是做他们认为更值得尊敬的营销或者金融工作,我就出来证明我自己了。"

不用说,杰伊对他的新员工印象深刻,并且更迷惑为什么他们在销售方面有那么多的问题。他决定继续探索问题。看着佩索,他问道:"你找生意吗? 这个成功吗?"佩索看起来有点迷惑,他说:"我认为我们可以找更多的生意。我们大部分都靠跟不同组织的私人关系来获取生意。"杰伊很迷惑,他曾经听说,这个是拉丁美洲的惯例,但是感觉这可能是导致在长期的销售周期中拉丁美洲最终的成交率要比世界其他地方低的原因。

杰伊相信他已经开始抓住问题了。但是要完全理解他在拉丁美洲遇到的困难,他知道他需要参加一些电话销售。佩索提到他下午有两个会议日程,一个是和阿布里尔,圣保罗的一个媒体联合大企业。另外一个是和 CVRD,一个很大的采矿企业。杰伊说他想参加。一瞬间,佩索看起来有点警惕,但是他很快就同意了。

与阿布里尔的会议开始得很好。佩索明显有很多能介绍给听众的经验,他看起来认识房间里四个经理中的两个,因为在会议开始的几分钟他们聊了下家庭和朋友的境况。在介绍的结尾,佩索和杰伊问了许多深入的问题,大体上感觉会议进行得很好。但是经理们继续提出异议。最后,佩索结束了谈话,谢谢他们的到来。杰伊再一次很迷惑。他向佩索指出,得到一个否定答案也是销售的一部分,要想成功就要想办法把否定变成肯定。

佩索看起来有点尴尬,但是说关于这点他需要做更多。

去与 CVRD 开会的路上交通很糟糕。让杰伊懊恼的是,他们迟到了近一个小时。但是这看起来并不是个问题,因为安排他们要见的副总裁也迟到了。再一次,佩索在说明产品和服务方面做得很好,副总裁那边看起来也很有兴趣。杰伊想他们肯定可以愉悦地当场签订合同。他们一起通过了提议、讨论时间表和价格结构。但是当杰伊准备成功签约的时候,佩索却感谢了那位先生,并说会把一个建议发给他,还约定下周吃午餐的时间。杰伊不知道要说什么。他猜销售最终会成功,但是他也知道他要尽快取得收获。

杰伊筋疲力尽地回到了酒店,并且很快就睡着了。他在一天中学到了很多,并且意识到要取得成功还有很长的路要走。明天他将飞向阿根廷,把所有的事都重新做一遍。

**问题讨论**

1. 如何解释拉丁美洲的电话销售的成功率与美国比要低?
2. 文化差异用那种方式解释巴西和美国人际销售的差别?
3. 你会给杰伊什么建议?

资料来源:Case Prepared by Michael Magers. Used by permission.

# 案例 14.2 英国航空公司的艾米利亚之行

英国航空公司是世界上最大的国际航空公司,它把乘客带往 143 个不同的目的地,69 个不同的国家。其中一个目的地是亚美尼亚,欧亚交界处的一个小国家。亚美尼亚的整个领域只有 11 506 平方英里,人口只有 300 万。但是,另外有 700 万的亚美尼亚少数民族住在亚美尼亚外面。经过好几代,这些亚美尼亚人仍然与他们的祖国紧密相连。世界上的亚美尼亚团体参加亚美尼亚教堂,教他们的孩子亚美尼亚语言,以极大的热情庆祝亚美尼亚的国庆节和文化节日。许多亚美尼亚人住在中东和中欧的各个国家,但是最大的亚美尼亚群体居住在美国。

在过去的 20 年,亚美尼亚经历了一个迅速但是艰难的变迁,从一个计划经济的苏维埃社会转变到一个市场经济的民主社会。国家在 19 世纪 90 年代特别的困难。亚美尼亚承担了由于苏维埃共和国的经济关系的终止导致的经济问题。另外,它也面临着电力危机和与邻国阿塞拜疆的军事领土冲突。这些问题导致人们的生活水平显著下降,以及全面的经济危机。

但是,在国际货币基金组织、世界银行、欧盟和美国政府的帮助下,同时也在外国游民的大量帮助下,经济开始稳定。十年后,一个合法的有管理的私有体系的框架建立完成了,同时,像可口可乐、阿迪达斯、三星电器、梅赛德斯奔驰和柯达等跨国公司在国内出现的数量越来越多。

亚美尼亚吸引了几个国际航空公司竞争它的国内运输——亚美尼亚航线。这些运输公司包括英国航空、瑞士航空、澳大利亚航空、俄罗斯航空和叙利亚航空。虽然旅行不是许多亚美尼亚人能负担得起的,但是这仍旧是唯一进出国家的方式。因为亚美尼亚的陆地被包围着,而从邻国经过是不现实的,因为交通设施非常恶劣,政治局势时不时地紧张。许多乘客都是在亚美尼亚的国际援救组织的员工、商人或者拜访祖国的国外移民。

英国航空首先进入亚美尼亚市场,提供从伦敦到亚美尼亚首都埃里温的一周两次的飞行服务。瑞士航空、澳大利亚航空和英国航空比美国航空、俄罗斯航空和叙利亚航空的价格要高。英国航空开办了几个成功的促销活动来吸引客户、在市场中建立品牌意识、加强它作为一个运输公司的国际地位。为了纪念伦敦—埃里温航线开启的第二个纪念日,英国航空公司举行了一系列的表演活动来支持亚美尼亚的文化和人道主义表演。例如,它支持了埃里温的第三次国际音乐节,带来了两个主要的美国音乐家-大提琴家亚历山大和钢琴家赛达·丹尼尔。这两位音乐家从伦敦到埃里温来参加这个活动。

公司也宣布在十二个目的地有特殊折扣价,这样大量地增加了售票。在这个活动中,英国航空公司从每张经济舱的机票中捐献了 10 美元,商务舱票价中捐献了 50 美元给亚美尼亚最大的孤儿院。(比较而言,人均每年为这个机构中的每个孩子捐献了 700 美元。)将这笔资金给这个孤儿院专门举行了一个仪式。为了这个仪式,英国航空的热气球,全世界的著名大使,第一次被带到了亚美尼亚。气球定于在埃里温最重要的问哈活动中心,剧院广场待一天。在这之前,英国航空公司进行了一项问题抢答,问题是关于英国航空公司的并刊登在当地的媒体上。谁打电话来且问题回答正确的话,就可以见到热气球上的驾驶员并且能够乘坐一段时间的热气球。这件事情在亚美尼亚媒体和电视新闻上广泛地被报道。

英国航空公司也引进了它的决策俱乐部、英国的高频率飞行者节目到亚美尼亚市场。和其他的高频率飞行者一起,通过乘坐英国航空公司的航班,决策俱乐部的成员可以有免费的飞行英里数,还有指定酒店和停车场的免费使用。俱乐部成员也有其他的优惠,如航班等候单上的优先权和一个专门的机构解决问题。英国航空公司在精英车轮俱乐部开了一家决策俱乐部,车轮俱乐部是移民尤其是说英语的移民最喜欢吃饭的地方。任何在车轮俱乐部的决策俱乐部成员可以参加一次抽奖,而不是只有决策俱乐部成员的人才可以参加车轮俱乐部。一等奖是两张到任何地方的飞机票。

英国航空也开展了一个“世界上那个地方”的竞争活动。受到邀请的人写出世界上哪个地方是他梦想与最爱的人度过万圣节的地方并写出为什么他们想去那里。前三个最有创意,最有趣和最感人的地方会获得两张去梦想目的地的机票。这个事情在亚美尼亚年轻人中最受欢迎的广播节目 Hay FM 中被报道。这件事情收到了很高的回应率,并且在 Hay FM 听众和当地的媒体广告中产生很多口头语。

**问题讨论**

1. 在这个案例中的每一个促销活动中,确定目标市场、解释促销后面的动机建议衡量促销成功的方法。

2. 为什么在亚美尼亚市场中,每个促销都那么成功?

3. 这些促销活动在你的国家会那么成功吗? 为什么会?

资料来源: Case prepared by Anna V. Andriasova. Used permission.

# 案例 15.1　面向孩子的广告

美国的孩子们每年预计看 20 000 个商业广告。营销商每年直接花 50 亿美元投在以孩子为目标的广告中。更多的广告目标观众不是孩子,但是孩子们却收到了。

　　一个美国联邦贸易委员会的调查报告发现了关于公司经常把孩子当作暴力游戏、音乐和电影目标客户的国内记录详情。这使立法者重新考虑加强儿童广告的法律。在第二年的继续调查中，联邦贸易委员会发现电影和录像行业已经改进了它们的行为。但是录音行业继续藐视公众对向未成年人销售暴力和淫秽产品的关注。这加强了人们对加强法律的呼吁——不管目标是否是孩子，17 岁以下的孩子已经成为观众。

　　很多产业已经设定了儿童广告的标准。啤酒广告禁止广告在一般观众都是 18 岁以下的场所播放。很多电影制片把他们的剪切标准设定在 35％。但是，国内广告协会继续游说反对限制暴力电影、录像节目和音乐的广告的法规。它争辩，这个限制阻碍了言论自由——美国权利法案信奉的最基本的美国自由权。讽刺的是，一个媒体和国内的家庭机构的调查发现，99％的七年级到十三年级的学生知道百威是一个啤酒的品牌，比认识权利法案的目的的学生还要多很多。然而，广告商赢得了胜利。最高法庭宣布马萨诸塞州对雪茄和无烟香烟产品的广告的限制是无效的。目标是保护儿童的法律，被认为是侵犯了广告商的言论自由。

　　儿童广告的争议不仅限于美国。在英国，驱使孩子们不正当行为的广告是禁忌。调查者没有权力去禁止广告，但是他们对国家的媒体很有影响力。一个由惠普公关部门创造的电视广告，特写了孩子们对竞夺的火车扔雪球的场景，调查者认为这个引发反社会的行为，所以这个场景就被取消了。

　　希腊禁止在早上 7 点和晚上 10 点间播放玩具广告。在挪威和瑞典，以孩子为目标的广告在 19 世纪 90 年代就已经是非法的了。瑞典广告禁令的评论家很快指出，孩子们能观看允许他们看广告的其他国家的国际频道。由于英国的位置，瑞典的第三频道播放着在英国播放的，可以看到儿童广告的节目。即使这样，欧洲很多国家，如希腊、比利时、意大利和波兰，都减轻了对儿童广告限制。广告商争辩说，整个欧洲加强的法律会缩减很多没有政府支持的私人频道的儿童节目。

　　在世界上，印度尼西亚发起了一个教育家和政治家打击的香烟广告活动。这个活动特写了栩栩如生的角色，包括蚂蚁、公鸡和蜗牛随着音乐跳舞。评论家们认为，这个广告让孩子们认为吸烟是一件好事，因为卡通爱好者大部分都是孩子。公司很快撤销了这个广告。在印度尼西亚，对目标是儿童的销售商的惩罚是很重的罚金或者是五年以下的监禁。

　　很多国家现在考虑限制在食物、饮料和速食食品行业的公司的广告，因为它们的产品并不推行健康饮食。很多南非的公司自愿同意不对 12 岁以下的儿童做广告，除非他们被推为健康饮食学者的代表。但是，即使公司并不是以儿童为目标，新的网络促销选择却增加了儿童看到广告的概率。例如，可口可乐在肖像网上发起了一个活动，允许使用者创造一个"雪碧品尝"任务并与朋友分享。但是当广告很火的时候，公司并不能控制接受者的年龄。类似的，Kraft's Nabisco World.com，世界上最大的流行食物网站，根据迅速扭曲、殴打和在一杯牛奶里面蘸湿一个大尺寸的奥利奥饼干的概念制作的一个游戏。这个网站是为 12 岁以上的孩子设计的，但是对更小的孩子更具有吸引力。

**问题讨论**

1. 为什么以孩子为目标的广告在这么多的文化里有规定？为什么这些规定有那么

多的变化?

2. 欧盟需要为以孩子为目标的广告设定一个共同的政策吗? 为什么? 这个政策存在会有哪些障碍?

3. 你希望以孩子为目标的广告有哪些限制? 为什么?

资料来源:Kate Gillespie, Jean-Pierre Jeannet, and H. David Hennessey. Advertising to Kids. *Global Marketing*, New York:Houghton Mifflin, 2007; Advertising to Children. European Advertising Alliance, heep://www. easa-alliance. org, August 2008; Catherine Holahan. Crying Foul Over Online Junk Food Marketing. *Business Week*, August 13, 2008; Kgomosto Mathe. Resuing Kids from Ads. *Business Day*, June 27, 2009; and Suan Krashinsky. Cookie Monster Has Spoken, Advertisers Have Listened. *Globe and Mail*, July, 17, 2009, p. B4.

# 案例 15.2  日企 Dentsu 的美国盟友

日本最大的广告代理电通,与总部在美国的李奥贝纳和麦克玛纳斯签订协议为三个代理处的网状系统成立了一个股份公司——Bcoms。虽然这三个公司仍然是合法的不同公司,但是期待这个新的联盟产生一定的利润。李奥贝纳和麦克玛纳斯集团希望通过探索砍掉多余的部门和附属机构的方式来减少费用。电通希望通过 Bcoms 来为客户——主要是日本公司拓展世界广告网络的途径。由于相对小的曝光率,电通目前不能像李奥贝纳和麦克玛纳斯那样在外国市场为日本客户服务。通过进入李奥贝纳和麦克玛纳斯的子公司,电通最终一夜间加强了它的全球曝光率。

但是这个联盟真的对电通有利吗? 电通公司是世界上最大的独立的广告代理。1901年作为一个新闻和广告代理的综合体成立后,电通在"二战"期间演变成一个以多面新闻服务出名的宣传服务。电通的 48% 还是属于日本共同社和时事社——日本两个主要的通讯社。在战后的早期年代,电通帮助推行了日本的商业电视和电视观众的收视率。电通保持了几个电视台间的公平的关系,并帮助构思和推销一些节目。电通全球的广告,5% 来自它自己的海外子公司。

电通在日本的广告行业很占优势。不像欧洲和美国的广告行业一样,这个行业在日本没有一个代表竞争者反对一个广告代理的禁忌。日本的客户通常很轻松,有同样一个广告社的部门和团队处理竞争客户。日本最大的广告公司跟西方市场中的公司相比大小不成比例。电通本身处理 3 000 家公司的广告,几乎是日本所有的主要公司的广告。根据行业预计,电通预订了日本平均 31% 的商业电视和 20% 的新闻广告。

但是,过去十年电通有了问题。日本经济的衰退,导致了利润收益受损。利润收益增长跌到 25 年以来最低。尼桑汽车公司管理层宣布,将要离开并且要与 Hakuhodo 联盟。Hakuhodo,日本第二大广告公司,只有电通的一半大。Hakuhodo 与美国的一个跨国广告公司,TBWA 结成了联盟,后来购买了 TBWA 15% 的股权。尼桑公司的管理层解释,尼桑想到通过与 Hakuhodo 和 TBWA 的合作来巩固全球销售活动。尼桑承认电通是日本最大的代理,但是日本市场对尼桑汽车公司的利润目标来说并不够大。尼桑公司的经历是一个转折点。从此,电通认为其他的老朋友也可能背叛。

Bcoms 也包括两个主要的传媒购买公司，Starcom Worldwide 和 Mediavest。传媒购买公司在与新闻、电视和电台公司的谈判中行使更大的权力，因为它们有巨大的媒体空间购买力和巨大的销售能力。电通在自己的组织内行使媒体购买，但是从来没有把如 Starcom 和 Mediavest 这两个国际公司的规模发展起来。因此，电通可以通过对 Bcoms 公司的操作取得媒体价格的折扣利润。另外，这些媒体购买公司有先进的媒体计划工具来帮助客户取得有效率和有效力的媒体作品，比如，决定一个到国内电台、新闻、地方电视等地方的活动预算的方法。

电通已经和亚洲市场的 Young 和 Rubicam 组成了五五对等的合资公司。这个是日本和美国广告公司存在的最久远的联盟。但是，电通自己在亚洲的子公司与合资公司成了竞争关系。在 2000 年 WPP 集团购买了 Young 和 Rubicam 的时候，两个合作伙伴的关系更紧张了。电通认为 WPP 是一个竞争者，WPP 在日本第三大广告公司有 20％的股份。

对电通来说，与李奥贝纳和麦克玛勒斯这样的公司结成联盟为它提供了一个更好地国际性地服务客户的渠道，但是与它自己的海外子公司的商业有了冲突。两年后，电通的管理层检查情况时发现，电通最大的优势是在美国与日本的复印机生产商佳能合作时，每年购买一亿元的广告空间节省的费用。但是 Bcoms 至今还没有抓住许多合作伙伴面对的新的客户。不像尼桑汽车公司一样，许多日本公司并没有在少量的代理公司加强全球广告商业。许多国际市场的日本子公司经理不是日本人。尽管总部在日本，它们经常选择它们自己的公司。另外，许多日本跨国公司已经与西方广告公司建立长期的合作关系。

**问题讨论**

1. 为什么电通对 Bcoms 联盟感兴趣？

2. 为什么李奥贝纳和麦克玛纳斯对与电通的联盟感兴趣？

3. 一个联盟中有两个或者更多的广告公司会产生什么问题？如果这些广告公司的问题不同，这些问题怎样会被激化？

4. 你会给电通提什么建议？

资料来源：Case prepared by Jaeseok Jeong. Used by permission.

# 案例 15.3　SHANGHAICOSMOPILITAN.COM

安迪·陈是中国经济之都上海的一位年轻而成功的记者。安迪的工作是采访年轻的专家，并在他工作的新闻上描述他们的生活方式。他那广泛而关系良好的社会圈子里都是受到良好教育的和高收入的个体。和安迪一样，许多年轻的专家是单身的，并与父母住在一起。根据当地标准，他们的薪水相对较高。当他们不工作的时候，他们经常聚集在一起，流连在昂贵的饭馆、夜店、咖啡店和衣服精品店。

一年前，安迪遇到他的朋友李马，与他在星巴克一起喝咖啡。李是在中国一家很大的通信公司工作的一位电子工程师。李有很强的计算机网络技能，一直想开展自己的网上业务，而不是替一家公司工作。啜了一口咖啡，安迪问李：

你认为为我们的朋友创建一个社会人际网网站是个好主意吗？打电话联系人约在哪

里见面很方便？如果你能为上海的年轻专家单独建立一个网站,会让每个人见面更容易。在外国,使用者生成的社会人际网很流行,这肯定会影响将来的中国市场。至少在我们的朋友圈会很流行。他们有惊人的力量并且喜欢花钱,广告商也会喜欢这样的网站,我们可以通过它赚钱。

听到这个想法,李的眼睛亮了起来。作为电子工程师,他曾经很关心中国网络2.0(使用者在线媒体)的发展。已经有很多大型网站,如提供博客服务和社会人际关系的网站 sina.com.cn 很流行,目前,只有一个股份公司——橡树,建立了一个针对大学生的多种社会关系网站——跟美国的 Facebook 很类似。但是,目前还没有出现专门针对高收入的专家的社会社交网站。

花了 1 000 美元投资在硬件上,安迪和李建立了他们的社会人际关系网站,上海四海一家网站。为了初始投资的最小化,安迪和李既当老板又当员工,虽然他们俩都保留了自己原有的工作。李设计网站,安迪把网站推销给他那巨大的朋友圈。如预想的一样,这个网站短时间内在上海的中高收入的年轻专家里面非常受欢迎。

在中国,尤其是年轻的专家,下线后也经常联系,因为他们依靠关系来发展自己的职业。关系描述了一种紧密结合的社会网络。信任朋友的网络成员彼此依靠并尊重对方的意见。网络的朋友不仅互相间发展了关系,而且有道德的责任来维持关系,即使有时候会有个人牺牲。频繁的社会化和与朋友出去闲逛,帮助培养和加强了关系。

## 1. 广告挑战

随着网上团体的指数增长,上海四海一家网站,最近被迫雇用了三个全职职员来经营网站。与网站的流行性相反,网站的广告收入并没有预计的好。安迪和李需要很快增加广告收入来支持他们上升的商业。他们很早就决定不向注册会员收取费用,因为中国很多的社会关系网站对会员都是免费的。

其他社会关系网站邀请销售者用横幅的方式做广告,并且弹出使用者私人网页的广告。他们也为品牌建立档案页,用更友好和私人化的方式使它跟人一样活跃和社会化。在 Facebook 和主要目标客户是大学生的中国社会关系网站,这种销售团体策略都很成功。但是,很多安迪的朋友告诉他认为这种推销策略很天真。只有大学生和孩子气的人才会对这种广告信以为真并认为品牌是一个朋友。

安迪的朋友也表达对传统条幅和弹出广告的反对。他们很快强调上海四海一家网站应该用来联系朋友,分享生活方式和习惯。他们并不想被泛滥的广告打扰,除非交流的信息刚好是他们想听的类型。他们也抱怨浏览满是条幅和弹出广告的网站时他们感觉不仅被窥视,同时被广告者利用。尽管有这些反对,安迪允许少量的特定销售商免费在网站上展示条幅。这些少量广告的结果有点令人失望,广告条幅的点击率相对偏低。大约是雅虎这样的网站的 1/5。

## 2. 团体交易区

上海四海一家网站目前收到大部分的广告收入来自一个单独的网站特点:团体交易区。销售者有两种方式参加这个网站的团体交易选择。首先,网站使用者可以在团体交易区公布他们想要的或者需要的,想要有个折扣价。允许一系列的销售者每天浏览这些需要。这些销售者和上海四海一家网站签订了合约,安迪认为这个可信。如果一个公司看到网站成员的需要,公司付上海四海一家网站一笔费用来取得客户的联系。但是,销售者并不允许直接和消费者联系。销售者并不能取得成员的个人信息,如联系信息。但是,上海四海一家网站允许加入消费者来使用他的即刻聊天软件跟消费团体还价。其次,公司第二个方式是在团体交易区定期公布折扣报价。这些公司每个月付上海四海一家网站广告空间费。消费者浏览这些报价。如果感兴趣,他们会寻找朋友看看是否可以达到要求的购买人数来取得折扣价。

安迪认为年轻的上海专家由于几个原因喜欢团体交易区。他们可以在省钱的同时还和朋友玩得很开心。比消费者更强烈的是让他们感觉到成就感。团体交易区主要的广告商是出租车公司和高消费的餐馆。许多四海一家的客人工作的地方距离很近,都是时尚的商业区,那里地铁会很拥挤,他们喜欢乘坐出租车上下班。但是,很多年轻专家自己付不起出租车费,因为费用很高。餐馆支持团体交易区,因为这个帮助促使他们利润最大化。一些上海的餐馆主要设置四人座的桌子。如果一位客人,或者两位客人来餐馆,他们大部分喜欢坐在四人座的桌子。如果四个人同意坐在一起,餐馆可以提供团体折扣。另外,在上海,在餐馆吃饭的客户的数量是餐馆质量的指示。餐馆特别欢迎大团体的用餐者。随着餐馆和出租车公司在网站上取得成功经验,体育馆和旅行社也对团体交易区显示了兴趣。

虽然,上海四海一家网站拥有来自当地的资源,尽管上海四海一家网站从当地餐馆、交通、健身房和旅游公司收到稳定的广告收入。安迪想要扩展广告收入,吸引更多国际公司作为广告商。一个方法是接洽目标是妇女的品牌。安迪说妇女比男人对社会关系网更感兴趣。年轻的女性专家喜欢购买像路易威登的手提包和迪奥化妆品等奢侈品。但是一个路易威登的手提包在中国市场上的平均价格是 1 000 美元,而高收入的年轻专家在上海每月的收入是 1 500～2 000 美元。安迪意识到许多的奢侈品销售商蔑视团体交易。但是,他注意到同样的一些销售商中每年都会有商品清仓甩卖。在这些销售中,货物仅是卖标价的 20%～40%。

安迪也需要回答朋友王红的问题。王红现在为一家跨国公司在中国生产产品的合同公司工作。当地的公司通常生产比跨国客户订购的产品要多 20%。这个惯例在中国很普通,因为合同厂家并不确定他们生产的产品是否会达到客户的标准。但是,长假很少会减少他们生产的库存。王红问他们是否可以在团体交易区销售他们公司的存货。

**问题讨论**

1. 为什么年轻的中国专家经常光顾昂贵的餐馆,购买奢侈品?跨国公司想在这个销售区服务有什么含义?

2. 评价安迪推行条幅和弹出广告来增加广告收入的选择。

3. 为什么团体交易区对中国社会关系网站在有吸引力?团体交易区在你的国家的社会关系网站有效吗?为什么?

4. 为什么一个跨国公司对参加团体交易区感兴趣?为什么人们可能对它不感兴趣?

5. 安迪应该允许王红在团体交易区销售他们的库存产品吗?为什么?

资料来源：Case prepared by Jie Zhang for the purpose of class discussion. Used by permission.

# 案例 16.1 本国化之路：可口可乐能走多远？

20 年来，可口可乐公司已经在海外迅速扩展其软饮料业务。它已经巩固了用其瓶装网络去覆盖日益集中的零售业所占的越来越大的领土。许多关于广告和包装的决定都是从亚特兰大发来的命令。20 世纪 90 年代末收购美汁源橙汁，可口可乐公司希望除了取得软饮料业务的全球霸主地位，在全球果汁业务也获得主导地位。

然而，在 21 世纪，可口可乐公司重新思考将其总部设在美国集中的方式来运作其全球业务。114 年以来，可口可乐公司的高层管理人员首次在亚特兰大总部会晤。这预示着有些事情即将发生。从那时起，可口可乐公司每年一次的董事会将在美国之外举行。这种改变是由可口可乐公司新任首席执行官道格拉斯·达夫特发起的，他试图扭转公司近两年利润不佳的状况。达夫特本人是澳大利亚人，他曾因出色管理可口可乐公司的日本子公司而出名。他的本土化道路已经建立了一条成功的茶叶和咖啡业务。在达夫特的管理下，亚特兰大被设想成是对可口可乐公司的支持，而非传统的中央总部，指挥和领导公司的全球运营。可口可乐公司不再是大、速度慢、脱节，而是脚步轻盈并且对当地市场是敏感的。达夫特的本地化战略的一个立竿见影的效果是在亚特兰大总部削减 2 500 个工作岗位。亚洲和中东业务，以前并不是由亚特兰大管理的，它将分别转移到中国香港和伦敦。

强烈反对可口可乐公司的集中策略首次出现在欧洲，该公司在该市场上的销售额占到总销售额的 17%。欧洲企业利润的贡献甚至更高。两起事件引起可口可乐公司的新管理层重新考虑其欧洲政策。不同欧洲法院的裁决结果是，可口可乐已显著缩减其试图收购吉百利的饮料品牌。一个污染的恐慌也迫使可口可乐摧毁了 17 万例，高达 200 万美元的成本。从这次事件中出现了坏的影响，可口可乐公司为等待来自亚特兰大的指示，被指责闪烁其词、傲慢和拖延其响应时间太长。

达夫特决定打破欧洲长期以来一直由一个单一的部门处理监督 49 个市场的责任制度。在文化及经济聚集的市场上形成了 10 个新的地理群体。毕竟，芬兰和意大利是有共同点的。此外，欧洲各国对可口可乐饮料的人均消费也不相同。法国的人均消费量为每年 130 瓶。在德国，这一数字上升至 179 瓶，而在西班牙则为 303 瓶。增长率也有所不同。在意大利，10 年内消费增加了一倍。在土耳其的同期增长则更大。消费量从人均 12 瓶上升为 140 瓶。

另一个打破过去传统的是由非美国人运作 9 个新的欧洲团体。此前，一半的欧洲高层管理人员是从美国派过来的。通过改变其组织看是否更易接近消费者，欧洲将是可口可乐公司测试的例子。新的欧洲团体仍致力于推动可口可乐的四大核心口牌——可口可乐、芬达、雪碧和健怡可乐，但他们鼓励开发新产品并发展吸引当地的口味。德国用浆果芬达回应，而土耳其则发展了一种梨口味的饮料。

很快，其他的变化也变得非常明显。在亚特兰大总部见到的正式西装被非正式服装替换。律师也是从当地聘请而不是从美国派过来。寻求可口可乐公司代言人的记者可以与在欧洲国家扩大的通信办事处联系,而不必一定要联系亚特兰大那边。在此之前,只允许一个单一的全球网站,如今,当地的子公司可以运行自己的网站。可口可乐公司比利时的网站——在荷兰,法国及英国——在其第一个月就收到了 300 万人次的点击率。一位经理指出,发展网站只需几周时间,而采取旧的中央集权制则需花费 8 个月时间。比利时网站同时还为本地化新理念进行推广。晚上可口可乐礼仪小姐被派送到迪斯科舞厅去分发瓶装可口可乐,以此促进"可口可乐"暂停一晚饮酒思想。当地发言人支持新的促销理念,并指出比利时人是派对动物——而这个是亚特兰大总部一时间无法领会的。

　　尽管在欧洲市场之间传递着一股欢乐的气氛,但是新组织结构的成功与否直到最后才显现出来。当位置定下来之后,在欧洲的销售额就稍微下降了。有些人认为可口可乐在欧洲的重组是对某些不良报道的过度反映。他们认为,可口可乐永远是一个外国产品。麦当劳试图通过向法国当地农民采购产品而缓解他们的不满情绪,结果却只换来他们的漠不关心。如果可口可乐试图当地化,会不会也遭遇这种冷漠呢？关于瓶子污染的案件,事发一年后,在比利时销售额又回到了正常水平,汇报学生生病的学校也和可口可乐重新签订合同。亚特兰大总部进一步发出指示,限定当地化。德国公司的一个上级主管因为在电视上做广告,目标针对激进的年轻人运动而被解雇。

　　另外一个当地化的早期挑战是可口可乐试图在欧洲发行 Powerade 饮料。欧洲运动饮料市场只有 10 亿美元,而在美国有 610 亿美元,但是该市场增长很快。欧洲市场的竞争也很纷乱,但是包含 Powerade 的死对头百事可乐旗下的 Gatorade。Gatorade 占有美国市场的 78%,在欧洲也同样强大。事实上 Powerade 在欧洲市场采取了和美国市场一样的配方,但是由于欧盟的法规不同,尝起来味道有所不同。这个新品的发布很可能会瓦解 Aquarius,可口可乐在欧洲运动饮料市场上发行的另外一款饮料。然而,一位公司发言人指出,Aquarius 是用于运动之后饮用的,而 Powerade 也可以在运动时饮用。在总部,管理人们将他们的目标人群定位为 13～29 岁的欧洲男性。按计划,Powerade 将在欧洲 9 个国家的市场上首次发布,这几个国家是法国、德国、希腊、匈牙利、意大利、波兰、西班牙、瑞典和土耳其。

**问题讨论**

　　1. 将可口可乐的单个欧洲结构转变成不同区域群体的好处和坏处各是什么？

　　2. 你赞同可口可乐公司解雇德国高管吗？为什么？可口可乐在未来如何预防这类事件？

　　3. 如果你是可口可乐在德国或者土耳其的经理,你将在哪里投入你最大的努力,是在 Powerade 发行之后还是当地水果味饮料发行之后？什么因素指导你做出如此决策？

　　4. 你可以为可口可乐提供哪些有关全球组织结构和控制的建议？

　　资料来源：Kate Gillespie, Jean-Pierre Jeannet, and H. David Hennessey. How Local Should Coke Be? *Global Marketing*. New York: Houghton Mifflin, 2007; Opening Group Overview. *2008 Year in Review*, The Coca-Cola Company, http://www.thecoca-colacompany.com; and Europe. *2008 Year in Review*, The Coca-Cola Company, http://www.thecoca-colacompany.com.

# 案例 16.2　印度信息行业的全球化

Wipro 公司于半个世纪前起源于植物油贸易的一个印度公司。在 21 世纪初,它演变成为印度最大的软件服务公司,雇用了 6 700 位软件工程师。坐落在印度的高科技之城班加罗尔,Wipro 公司的软件商业开始于根据合同写编码,处理数百万美元与国际公司的合同,如与通用电气公司、诺基亚的合同。但是,公司的总裁,维维克·保罗,渴望将公司带向增值链,并成为世界上前十位信息技术公司之一。代替简单地写编码,Wipro 转从销售数据分析客户趋势等更获利的区域,并与 IBM 的全球服务和电子数据服务之类的竞争。但是这种设想可行吗? Wipro 能成为一个将印度公司与海外客户一起最终一夜间走向国际的公司吗? 一个专家预计说 Wipro 将需要从世界各地雇用额外的 30 000 名员工来完成这个目标。

主要的印度软件发展公司如 Wipro 和 Infosys 技术公司通过为更大的国际公司写编码已经获得一个有利的市场。在印度的高科技展区班加罗尔这样的高科技工业园区工作,印度软件公司不但可以利用低薪水的人才和电信变革来迅速有效地服务海外市场。另外,这些公司花费很大的成本训练它们的工人,这将在生产和质量方面有很大的改进。

但是,印度信息技术面临着几个挑战。如电力短缺和糟糕的路况,仍烦扰着班加罗尔。虽然班加罗尔的程序员以西方的标准来讲已经很便宜,但是直到全球经济衰退为止,每年都以 15% 的比例上升。印度的信息技术现在面临着来自中国、菲律宾和越南这些低成本国家的竞争。西方咨询公司通过开发亚洲软件中心来挑战印度公司的优势。另外,一些美国客户决定把他们的信息技术外包转移到如格林纳丁斯这样的拉丁美洲国家,因为他们发现印度和美国之间的时差很难处理。印度信息技术与 IBM 和埃森哲对跨国公司合约的竞争不断增长。不像这些国际对手,印度公司仍然更依靠短期的合同。

因此,转向更复杂和高利润的信息技术产品对印度公司来说很有吸引力,但是这意味着转换目前的客户,吸引新的客户。Wipro 说服通济隆不仅雇用它们设计通济隆的自动外汇交易系统,也雇用它们来安装英国跨国公司的系统。但是印度公司还是需要新的小点的账目来开拓一个重要国际市场份额。VideosDotCom 在得克萨斯州的员工忙碌的时候,把一些工作给了 Wipro,接着他把大部分的工作转移到班加罗尔,应用 Wipro 广泛的电子商务经历、发展技巧价格和总体的质量。Infosys 从 EveryDcom——一家日本的为主妇网上购物和银行服务的公司,得到了一份合约。它的工作包括发展商业计划、设计门户和写操作软件。这个日本客户注意到 Infosys 并不是最便宜的选择,但是它有必要的专门技术,并能及时交货。

除了这些已经建立的公司,印度刚创业的软件公司发展它们自己的产品,并直接投入到最大的国际市场——美国。一些刚创业印度公司的决策者发现他们几乎立即进入了海外市场。一个孟买的 I-Flex Solution 的董事长——一个金融软件的开发者,为了能亲自拜访潜在客户移民到新泽西。短短几年间,公司把 1 425 名员工的 25% 派遣到 4 个国家。尽管是在印度创业,但 Talisma 公司——一个客户关系管理软件的开发者,却在西雅图建立公司,并以之为基础。在西雅图,他可以雇用销售人员来推销他在印度制造的产品。一年后,Talisma 在 7 个国家有了 19 个办事处。

这些创业企业导致印度成为亚洲主要的投资目的地之一。印度的投资市场仍然以它的保守出名。公司被期望一直获利,因此出现资金损失的情况时,即使它是短期的,也是不能被接受的。当花费大量地成本,如需要用来收购其他公司时,都被认为是具有很大风险的。

一些流入印度的投资资金来自印度的海外移民。许多印度信息技术工程师曾经在美国工作或者还在美国工作。硅谷的印度高科技人口数量约为 200 000 人,这被认为是最成功的移民团体。许多在信息技术行业工作的印度人认为不管他们的专业技术是否专业,或者是因为这个,他们会成为管理职位忽视的那个。讽刺的是,美国公司认为他们的技术太有价值了而不能因为把他们转向管理层而失去价值。一部分工作人员是由于这个,因此许多在美国工作的印度人考虑在印度或者美国成立他们自己的公司。住在美国的印度人经常互相投资彼此的创业公司,坐在彼此的董事会上,相互雇用来做他们认为主要的工作。实际上,印度人成立的公司,比与印度团体没有关系的一般的美国公司,更加迅速地雇用一组开发者。圣克拉拉的印度美国企业家协会作为一个优秀的印度企业家人际关系网团体出现。它拥有一个每月一期的天使论坛,在这里企业家们可以对潜在的投资者提供计划。印度美国企业家网站作为这个团体在印度复制硅谷的成功而建立。

**问题讨论**

1. 为什么印度的信息技术中心要把自己转化成更国际化的公司?

2. 他们国际化的经历与以美国为中心的公司的经历在 20 世纪下半期有什么不同?

3. 这些公司有哪些独特的优点和缺点?

4. 你认为哪个组织结构更适用于一个更全球化的 Wipro? 为什么?

资料来源：Kate Gillespie，Jean-Pierre Jeannet，and H. David Hennessey. The Globalization of Indian IT. *Global Marketing*，Houghton Mifflin，2007；Amy Barret. Heading South. *Business Week.com*，February 20，2008；Vivek Wadhwa. India：Toward High-End Outsourcing. *Business Week.com*，December 17，2008；Pankaj Mishra. Indian IT companies Bid against MNC Rivals for $1 Billion BP Deals. *Economic Times*，July 25，2009；and Mehul Srivastaca and Steve Hamm. Using the Slump to Get Bigger in Bangalore. *Business Week*，August 3，2009，p.50.

# 补 充 案 例

## 案例 1　Guest-Tek 互动娱乐公司的全球销售情况

### Guest-Tek 与全球机遇

　　总部坐落在卡尔加里的 Guest-Tek 互动娱乐公司首席执行官正在考虑是否要扩张海外业务并如何扩张的问题。2003 年 Guest-Tek 的收益中有 97% 是来自北美洲的酒店——一个他心里清楚即将饱和的市场。Guest-Tek 公司已经在几周之前于 2004 年 1 月上市了。如今公司内外的投资者都希望听到好消息。其他地理市场也有增长的希望，但是竞争者们已经开始追随这些机遇。首席执行官不得不决定采取行动了。

### 公司背景

　　Guest-Tek 于 1997 年 3 月在加拿大卡尔加里成立。自成立以后，该公司就以北美酒店高速网络供应商的身份出现，但是在国外并没有国内那么高的地位。Guest-Tek 为三星级、四星级和五星级的酒店提供品牌名为全球套装（Global Suite）的网络解决方案，并为客房、会议室和其他地方安装网络端口。之后 Guest-Tek 会维系安装好的网络，通过一个 24 小时免费维修电话为客户提供技术支持。使用者往往都是随身携带手提电脑的商业旅游者。全球套装是一个能够提供快速上网的高端方案，对旅游者来说简单易用，对酒店经理来说方便快捷。

　　(Laurie Milton 在 Nigel Goodwin 的监督下准备了这个案例，只是作为班级讨论材料。)作者并不想要解释一个管理情境的有效处理和无效处理。所以为保密起见，有些名字和能够辨认的信息都经过改变。

　　Global Suite 以 99% 的顾客满意度在行业内领先[1]，同时 Guest-Tek 为顾客和酒店经理提供的综合服务包牢牢把握住了世界上最好的连锁酒店和管理集团（见表 1 中所示 Guest-Tek 的客户列表）。到 2003 年 12 月 31 日为止的 9 个月中（见表 2 中 Guest-Tek 的收入明细表），该公司的销售额达到了 1 720 万元[2]，并成功以 4 460 万元的价值首次上市发行。事实上公司的所有活动都是在卡尔加里总部，由不到 150 名员工完成的（见图 1 各部门员工分布）。

---

　　[1]　Guest-Tek 用顾客使用 Global Suite 时获取高速网络链接的百分比来衡量成功与否，Guest-Tek 的竞争者的使用者成功率要低很多，有的甚至低至 50%。

　　[2]　本例中若不注出，财务数字均用加元（加拿大货币）表示。

表 1　2003 年 Guest-Tek 客户列表　　　　　　单位：万加元

| 所有集团/连锁店 | 资产 |
|---|---|
| Marriott International | 132 |
| Hyatt Coporation/Hyatt International Corporation | 42 |
| InterContinental Hotels Group | 37 |
| Hilton Hotels Corporation | 34 |
| Starwood Hotels & Resorts Worldwide | 20 |
| Accor Hotels | 20 |
| Carlson Companies | 18 |
| Best Western International | 8 |
| Ritz-Calton Hotel Company | 6 |
| Independent，boutique and other | 87 |
| 总计 | 404 |
| 地 理 区 域 | 资产 |
| 北美 | 358 |
| 国际 | 46 |
| 总计 | 404 |
| 客房 | 80 700 |

注释：2003 年 11 月 30 日数据。

资料来源：Guest-Tek 章程，2004 年 1 月 30 日。

表 2　Guest-Tek 收入明细表，2001—2003　　　　　　单位：加元

| | 年度终结至 3 月 31 日 | | | 半年度终结至 9 月 30 日 | |
|---|---|---|---|---|---|
| | 2003 年 | 2002 年 | 2001 年 | 2003 年 | 2002 年 |
| 收益 | | | | | |
| 　新安装 | 7 294 666 | 2 733 589 | 1 134 780 | 9 705 524 | 2 615 911 |
| 　重复收入 | 1 406 428 | 810 783 | 400 917 | 1 333 641 | 591 972 |
| | 8 701 094 | 3 544 372 | 1 535 697 | 11 039 165 | 3 207 883 |
| 花费 | | | | | |
| 　销售货物和服务的成本 | 4 597 565 | 2 032 882 | 1 194 804 | 6 147 837 | 1 633 172 |
| 　销售、行政和总体成本 | 2 694 619 | 1 922 727 | 1 728 720 | 1 897 504 | 1 130 086 |
| 　研发成本 | 551 216 | 556 804 | 456 467 | 273 488 | 270 079 |
| 　外汇损失 | 37 558 | 1 320 | — | 175 144 | 1 942 |
| 　利息花费(收入)，净额 | 37 726 | (6 468) | 171 277 | 53 256 | 15 464 |
| 　资产和设备的调账 | — | — | 810 544 | — | — |

续表

| | 年度终结至 3 月 31 日 | | | 半年度终结至 9 月 30 日 | |
|---|---|---|---|---|---|
| | 2003 年 | 2002 年 | 2001 年 | 2003 年 | 2002 年 |
| 资产和设备的摊销 | 151 687 | 122 100 | 264 360 | 85 964 | 67 644 |
| | 8 070 371 | 4 629 365 | 4 626 172 | 8 633 193 | 3 118 387 |
| 运营收入（损失） | 630 723 | (1 084 993) | (3 090 475) | 2 405 972 | 89 496 |
| 政府对研发的援助 | 175 709 | — | — | — | 54 803 |
| 税前收入（损失） | 806 432 | (1 084 993) | (3 090 475) | 2 405 972 | 144 299 |
| 所得税（补偿） | (440 000) | — | — | (185 122) | — |
| 净收入（损失） | 1 246 432 | (1 084 993) | (3 090 475) | 2 591 094 | 144 299 |

注释：6 个月的数据未经审计。

资料来源：Guest-Tek 章程，2004 年 1 月 30 日。

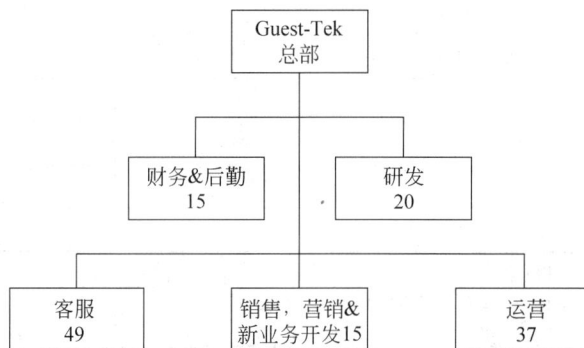

图 1 Guest-Tek 部门员工

## 酒店服务业

酒店服务业包括许多部门，如酒店、租赁资产、军事用房、学生住宿、分时单元加上酒吧、咖啡馆、餐厅、机场和火车站。Guest-Tek 集中服务酒店，或者更确定地说，是那些三星级、四星级和五星级的酒店。至此为止，该公司几乎将全部精力都投入到本国所在的大陆——北美洲（见表 3，按地理区域划分的 Guest-Tek 的收益）。该公司尚未开始开发其他地理市场，如欧洲、亚太地区和南美洲。

表 3 Guest-Tek 按地理区域划分的收益，2001—2003 单位：加元

| | 年度终结至 3 月 31 日 | | | 半年度终结至 9 月 30 日 | |
|---|---|---|---|---|---|
| | 2003 年 | 2002 年 | 2001 年 | 2003 年 | 2002 年 |
| 加拿大 | 1 192 855 | 977 309 | 907 240 | 781 478 | 812 562 |
| 美国 | 7 203 722 | 2 567 063 | 628 457 | 10 021 236 | 2 343 616 |
| 其他 | 304 407 | — | — | 236 451 | 51 705 |
| 总计 | 8 701 034 | 3 544 372 | 1 535 697 | 11 039 165 | 3 207 883 |

资料来源：Guest-Tek 章程，2004 年 1 月 30 日。

常来北美洲的商务出差者通常希望三星级、四星级或者五星级酒店能上网或者要求能上网。一项行业调查显示,有高达 87% 的商务出差者会在路上通过手提计算机每天查阅邮件或者登录网站。该行业有一条不成文的规定,就是出差者更喜欢高速的网络,而不是拨号进入网络,因为前者更快、更方便,也更节约成本。许多出差者在选择落脚点时,将宽带服务当作一个很重要的因素。因此,酒店经理将采用高速互联网作为吸引顾客、与其他人竞争和获取额外收益的一种方式。当 SARS 来袭,全球安全问题和其他政治、社会和经济事件引发人们对旅游的担忧时,这一竞争优势对酒店经理人就显得尤其重要。酒店经理人希望高速的网络能够让他们在经济复苏中大展风采。

## 北美市场

北美洲市场上有 64 500 家酒店和超过 500 万个房间,在酒店数目和房间数目上仅次于欧洲。从 Guest-Tek 的角度看,更为重要的是世界上有 40% 的商务出差都在北美洲——这比其他地理区域都多。

从装有高速网络的酒店比例(指市场渗透率)和客户使用该服务的频率(指使用率)来看,北美洲都处于世界领先地位。而市场渗透率和使用率都在大幅上升。此外,酒店经理越来越将网络作为竞争的必需品或是客户舒适度的指标,他们正在削减网络使用费或者是完全免费提供。

高速的网络是四星级和五星级酒店的特点。这些酒店通常会在它们所有的客房、会议室和公共场所安装这项服务。当四星级和五星级酒店的安装趋于饱和状态时(这很可能在 2～3 年的时间内发生),一些网络供应商就计划向二星级和三星级酒店寻求增长机会。而这些酒店很少能够支付 100% 的安装费。于是,许多酒店选择了在部分房间安装网络服务,作为试用或者提供给商务出差者。

北美洲是 85% 著名酒店品牌的所在地(有关北美酒店业更多信息,参见表 4),也是许多独立多功能酒店的大本营。Guest-Tek 是以下八大品牌的签约供应商:Accor,Carlson Hospitality,Choice,Hilton,Hyatt,InterContinental Hotel Groups,Marriott 和 Starwood。Global Suite 已经在 35 个不同品牌的 40 家独立酒店内安装。在 2003 年,没有一个品牌在 Guest-Tek 的收益中占 11% 以上。

表 4　北美酒店业细分(2003 年 11 月)

| 分类 | 最高档 | 高档 | 中档(含饮食) | 中档(含/不含饮食) | 经济 | 独立 |
|---|---|---|---|---|---|---|
| 排名 | 5-4 星级 | 4 星级 | 3 星级 | 3 星级 | 2 星级 | 各种 |
| 代表品牌 | Four Seasons | Crown Plaza | Best Western | Amerihost | Budget Inn | 各种 |
| | Hilton | Doubletree | Four Points | Comfort Inn | Days Inn | |
| | Hyatt | Novotel | Holiday Inn | Country Inn | Econo Lodge | |
| | InterContinetal | Radisson | Park Pizza | Hampton Inn | Motel 6 | |
| | Ritz-Carlton | Residence Inn | Ramada | Signature Inn | Super 8 | |

续表

| 分类 | 最高档 | 高档 | 中档<br>（含饮食） | 中档<br>（含/不含饮食） | 经济 | 独立 |
|------|--------|------|------------------|----------------------|------|------|
| 目标客户 | 豪华/公司客户 | 公司客户 | 经济型商务出差者 | 经济型商务出差者 | 销售人员 | 各种 |
| 酒店 | 1 794 | 2 370 | 5 097 | 6 980 | 10 330 | 29 271 |
| 房间 | 658 316 | 380 236 | 643 490 | 628 155 | 810 445 | 1 728 300 |
| 平均房间数 | 367 | 160 | 126 | 90 | 78 | 59 |

注释：数据只代表了加拿大和美国。

资料来源：Smith Travel Research Database, November 26, 2003. Cited in Guest-Tek Prospectus, January 30, 2004.

## Global Suite 方案

为了满足高速网络的需求，Guest-Tek 的研发团队设计了 Global Suite 方案，该方案简单易行，可以称为即插即用。换句话说，酒店顾客无须改变他们的设置，只要将手提计算机连接到端口就可以上网、收发公司邮件和做其他事情。客人们通常将他们的手提计算机连接到客房或者公共场所（包括会议室和商务中心）的端口就好，而这些端口是和整个酒店的网络连接到一起的。

在这一行业，无线网络已经越来越流行了。有无线网卡的顾客可以从休息室、酒吧和其他公共场合，甚至是他们自己的客房内的热区联上网络。无线网络不但为顾客提供了便利，对酒店的基础设施建设也有较小的要求，从而减少了酒店的成本。到 2004 年 2 月，Guest-Tek 有 70% 的安装或多或少包括无线网络功能。

手提计算机外观和网络设置的多样化会增加上网的难度，但是尽管有设置和技术难题存在，Global Suite 的技术还是值得信赖并易于使用的。碰到难题的顾客可以呼叫技术支持前台，会收到各种不同语言的服务，如英语、法语、西班牙语、荷兰语、粤语、普通话、日语、阿拉伯语和印度语。Global Suite 也是适合商务使用的安全方案。该软件被认作是最高级的技术，并和知识产权一样受到严密保护。

Global Suite 在设计时就考虑到酒店经理，完全或"承包式"的系统不需要经理人本身技术或者是精力。Guest-Tek 熟练的运营和部署团队将会提供所有安装服务。网络设备是从高质量的生产商外包的，包括 Cisco 系统、惠普、戴尔和 Paradyne 网络。安装之后，Guest-Tek 会培训酒店职员使用、监测和管理该系统，充当起网络服务供应商的角色并提供免费的软件升级。Guest-Tek 就是这样提供高质量的服务，让顾客完全放心。

对于有些酒店经理，他们有权决定酒店网络的收费价格，Guest-Tek 还设计了额外的特色服务，能够追踪报道使用情况，并将使用者的界面换成酒店自己的品牌。对于愿意支付更高价格的客户来说，Global Suite 绝对是一个顶级选择。依据一个酒店经理愿意支付的安装数量和收取使用费的不同，该系统的回报将在 12～18 个月内实现。

## 商业模式

一旦一个酒店经理签下合同购买 Global Suite 方案,Guest-Tek 部署自己的项目经理和安装人员到酒店设置系统。通过使用自己的人员管理安装问题,Guest-Tek 控制了时间线、成本和质量。安装工作只需要几天,一般都在签完合同后 4~6 个星期内发生。该公司每个月能够安装 40~50 个酒店。在去年,由于程序的改进和公司新员工的加入,安装总量增加了一倍。

一次安装通常会为 Guest-Tek 提供软件执照、安装服务和网络设备等一次性收入。这些收入价值根据硬件的不同,约为每个房间 100~350 美元,其毛利润达到 35%~45%。同时,Guest-Tek 还从持续的软件和硬件维护以及呼叫支持中心持续得到收益。每个房间每个月的重复收益在 3~4 美元。99% 的顾客保留率保证了重复收益的可持续性。

## 北美洲的竞争

在北美洲,Guest-Tek 面临许多其他网络服务供应商的直接竞争,其中最主要的是 Wayport 和 STSN。在 2003 年 12 月时,这些公司都运营着近 600 家北美洲酒店,而当时 Guest-Tek 只有 360 余家。其他供应商远远落后(见表 5,北美洲竞争情况)。

**表 5　按公司细分的北美洲酒店网络安装情况(2003 年 11 月、12 月)**

|  | 最高档 | 高档 | 中档<br>(含饮食) | 中档<br>(含/不含饮食) | 经济 | 未分类 | 总计 |
|---|---|---|---|---|---|---|---|
| Wayport | 296 | 101 | 78 | 53 | 12 | 56 | 596 |
| STSN | 254 | 277 | 7 | 28 | — | 24 | 590 |
| Guest-Tek | 100 | 145 | 21 | 26 | 9 | 57 | 358 |
| Golden Tree | 17 | 95 | 25 | 78 | 8 | 21 | 244 |
| Stay Online | 8 | 79 | 17 | 7 | 1 | 11 | 123 |
| Broadband Hospitality 4 | 37 | 8 | 63 |  | 4 | 116 | — |
| V-Link | 78 | — | — |  |  | 1 | 79 |
| Suite Speed | 3 | 4 | 4 | 9 |  | 10 | 30 |
| 间接竞争者 | 368 | 350 | 469 | 581 | 209 | 418 | 2 395 |
| 总计 | 1 128 | 1 088 | 629 | 845 | 239 | 602 | 4 531 |

注释:只显示美国和加拿大数据。Golden Tree 还有 142 个在建项目。

资料来源:Roger Sharma, "North American Market Analysis," Guest-Tek, December 2003.

总部设在得克萨斯州的奥斯汀的 Wayport 公司提供有线网络服务,同时在无线网络供应商中也是处于领先地位。该公司很喜欢与 Four Season 等建立的卖方地位,同时通过为机场和加利福尼亚州 75 家麦当劳餐厅提供网络的方式建立 Wayport 品牌。犹他州盐湖城的 STSN、Marriot 也有部分股权,大多数 STSN 的安装业务都发生在 Marriot 酒店之内。Golden Tree 信息公司是一家韩国硬件生产商的分公司，也是北美洲一个著名的竞争者。Golden Tree 价格低，提供的方案在 Guest-Tek 的主管看来更为基础性，因而对三星级和关注成本的四星级酒店特别有吸引力。StayOnline 是另外一家北美洲出名的网络供应商，与 Wayport 公司类似，集中于无线网络的供应。

室内娱乐公司、电缆公司、互联网服务提供商、数据网络公司和当地电话网络运营商也提供互联网服务。这些公司使用不同的技术，对不同的细分市场提供不同的服务。比如室内娱乐公司，通过含键盘的电视设备提供上网端口。这一低端方案并不能让用户连接自己的手提计算机。有些公司，尤其是电信公司，正试图将酒店纳入他们的范畴，设立无线公共网端，也就是人们所知的无线热点。在实际中，无线热点可以设在任何地方，包括咖啡店、机场、办公大楼和购物广场。作为一个壁龛网络供应商，Guest-Tek 知道这些公司正逐步打入市场，但是并没有将这些公司当作直接竞争者。

按首席执行官的估计，Guest-Tek 在关键竞争元素上与竞争对手相比是非常强大的，这些元素包括整体方案、部署能力、无线网络能力、安全性、连接率和终端用户支持率。来自不同酒店品牌如 Hilton、Hyatt 和 Marriott 持续的订单给了 Guest-Tek 一个强有力的竞争信息。最后，Guest-Tek 与其他高端服务供应商相比，定价合理。

## Guest-Tek 销售和营销部门

Guest-Tek 的收益是由销售和营销副董事长（VP）监管的。他持有卡尔加里大学的本科金融学位和公司发展方向的工商管理硕士学位。作为一个野心勃勃、精力充沛的企业家，他对蓬勃发展的 Guest-Tek 公司充满热情。

营销部的副董事长（VP）手下有 24 名员工，对所有区域负责。在北美境内，VP 拥有销售主管的帮助：销售主管直接管理销售人员，而 VP 在一个战略层面管理整个区域并积极加入到大型交易中来。VP 还有一个咨询师，为欧洲市场提供建议。除此之外，没有其他销售员工负责其他地理区域。

销售是通过直接和间接的渠道达成的，在北美洲以直接渠道为主，而在其他区域则以间接渠道为主。直接销售是由在 Guest-Tek 总部工作的销售代表完成的，他们还要去拜访潜在客户。间接销售是通过互补服务供应商之间的伙伴关系和联盟关系以及自由销售 Global Suite 的独立代理来完成的。

营销主管向 VP 汇报工作，通过管理 Guest-Tek 品牌和创造 Global Suite 的需求来支持销售活动。营销活动包括电话营销、直接邮件、与媒体和行业分析师的沟通交流以及广告和贸易展销会。营销主管底下有 8 名员工。

营销 VP 还要监管价值增值方案总监。该经理人的责任是找到向现有顾客销售新产品和服务的方法。这一功能被当作是在一个日趋饱和的市场上挖掘额外收益的方法。价值增值方案也是增强顾客忠诚度，保证 Global Suite 重复服务和维修收益的工具。价值增值总监底下有 2 名员工。

## 直接销售

直接销售过程是这样开始的：Guest-Tek 内部销售代表与同一所有权或者同一管理

下的酒店集团和单个酒店联系。内部销售代表的目标是为直接销售代表提供契机。一个主管手下有5名内部销售代表。直接销售代表追随这些契机,向酒店所有者或者经理人推销Global Suite并试图达成交易。Guest-Tek雇用了10名直接销售代表。所有内部销售代表和直接销售代表都向北美销售主管汇报。只有在北美地区才采用直接销售方式,而今该销售队伍正在向拉丁美洲扩展这一方式。所有直接销售活动的管理都是在Guest-Tek总办公室之外进行的。

内部销售代表和直接销售代表更喜欢和酒店所有者集团或者管理集团合作,而不是单个酒店。劝服一个这样的集团购买Global Suite通常会使销售额翻倍。销售代表也会针对Hilton、Hyatt和Marriot等品牌之下的酒店,因为他们已经将Guest-Tek当作受追捧的卖家,并希望在他们自己内部实现一致性。虽然这些品牌下的酒店并不需要来自品牌层面的建议,但是,受欢迎卖家这个身份成为了Guest-Tek一个强有力的卖点。

内部销售人员和直接销售人员有收益配额,其中有一部分是通过佣金实现的。所有北美的销售额都是以美元计价和记录的,但是海外销售也可以用当地货币计价并记录。

直接销售方法驱动了Guest-Tek的快速增长,但是其本身需要较长的销售周期。一个合同需要酒店决策者的大量资本投入,而决策者往往要通过多层所有权人和管理者的同意。直接销售的方法使Guest-Tek的销售代表们能够与客户建立关系,并在整个决策制定过程中影响客户。从引发兴趣到建立关系,再到签订合同的整个过程要花费4~12个月,有时候更长。

## 通过转卖商间接销售

最常见的间接销售方法是与技术转卖商建立合作关系,这些转卖商签下Global Suite软件的执照并作为自己方案的一个部分。在本例中,Guest-Tek从执照中获取一次性收益,但是并没有进一步参与到交易中,也没有花费精力参与到营销、运营和其他方面。在这一过程中,Guest-Tek唯一的行动就是管理与转卖商的关系。这一方法通过法国技术转卖商Locatel公司执行,已经在欧洲、中东和非洲实行。

与Locatel公司的关系相对容易管理。达成协议的前几次会议在卡尔加里总部和法国巴黎Locatel办公室进行,不久之后Guest-Tek一位技术代表被派到巴黎去培训Locatel的员工。该关系由Guest-Tek的商务开发团队管理,Locatel安装该方案之后,Guest-Tek项目经理和运营团队就没有再涉入。

转卖商渠道是一个以低成本和低风险进入新市场的方法,尤其是当Guest-Tek在这些市场没有经验和市场份额的情况之下。正如首席执行官所说的,"合作的需求减轻了风险,因为一个了解当地的伙伴会给我们带来机遇。"但是,该转卖商带走了收益的一大部分,而且Guest-Tek无法控制安装或者技术支持方面,最终导致无法控制质量、消费者体验或者是使用者体验。此外,首席执行官认为这一渠道太被动了。

## 通过代理间接销售

Guest-Tek还通过代理间接销售,尽管这一方法并不常见。代理商是独立的技术销售人员,在销售Global Suite的同时也会销售其他卖家的产品。他们是自由职业者,从销售中获取一部分的收益。代理商很熟悉 Global Suite 软件，但是并没有义务优先为它提供服务。

Guest-Tek 并不倡导这一战略，以这种方式获得的销售额往往被当作是额外销售。公司的精力仅限于向代理商提供信息，帮助他们销售 GlobalSuite，并提供更好的佣金鼓励他们支持该软件。当前为 Guest-Tek 在拉丁美洲运营的代理商有两家：一家在阿根廷；另一家在特立尼达岛。

## 扩张的挑战

Guest-Tek 在 2004 年 2 月 6 日首次发行上市，公司净收入接近 2 830 万美元（见表 6，资金的预定分配）。虽然这些资金将除去过去限制公司发展的一些财务瓶颈。但是，上市地位带来了新的股东和更高的期望。CEO 也知道这些人正紧密关注 Guest-Tek 的市场地位。该公司的销售额在过去两年迅速增长，要想保持这一发展速度，CEO 倍感压力。

表 6　Guest-Tek 首次发行上市的收入分配　　　　单位：加元

| 百万 | 分　配 | 百万 | 分　配 |
|------|--------|------|--------|
| 2.0 | 增加运营部署容量 | 15.0 | 为策划的战略性收购融资 |
| 3.0 | 扩张国际销售和营销活动 | 3.3 | 为公司总目标提供工作资金 |
| 5.0 | 改进新产品供应 | 28.3 | 公司净收入 |

其中一个充满增长潜力的舞台就是国际市场。"Guest-Tek 在北美市场上建立了一个强大的地位"，CEO 在最近收入发布上说道，"我们将在全球范围内努力重演这一胜利。"为了达到这一目标，首次发行上市收入中有 300 万元是专门配给国际销售和营销活动的。Guest-Tek 拥有年轻、充满能量和富有创业精神的管理者和员工，在普通员工之间都存在着统一的情感，那就是公司能够"打下全世界"。此外，公司的主管们相信他们能够通过高端技术、承包式方案、技术的专业性、销售技巧以及酒店管理经验弥补国际经验上的不足。

但是，国际销售是一把"双刃剑"，既有机遇也有竞争性要求，因为北美酒店品牌的分部也希望他们选择的方案能够在国际分部中得到运用。换句话说，品牌酒店想要和全球公司合作。最后，国际销售也可以被当成是一种风险，因为 Guest-Tek 对这些市场并不熟悉。

## 关键决策制定者

对于一个众人期望的高增长公司，Guest-Tek 的业务决策主要受销售、营销和业务开发人员驱动。CEO 的决策最终要看销售和营销副董事长的汇报，而后者将国际扩张当作是一个极好的机遇，是成长中的公司的自然大舞台。

Guest-Tek 的创建者，也是前任 CEO 和业务开发部副总裁，对决策制定过程也有一定影响。尽管现在已经不再是公司主管，该创建人仍在董事会中占有一席之地。他持有酒店业商务学士学位。在 Guest-Tek 成立之前,他做过几年经济多元化和业务开发的分析员。他非常赞成国际扩张战略。他与营销副董事长认识多年,甚至在后者进入该公司之前就已经认识了,两人都对国际扩张发表过积极的谈话。

除了考虑市场潜力,可行性和实践性也应当纳入考虑范围;因此,CEO 也要考虑另外几个主管们的意见。这些主管也都赞成国际扩张,但是担心其中存在的挑战。大家一致认为,通过和 Locatel 等伙伴合作,以及已经是北美洲客户的国际酒店管理集团和集团合作,风险可以被降低。

Guest-Tek 的运营副董事长是和营销副董事长同一级毕业的工商管理硕士,是一个工程师。她在 2000 年加入 Guest-Tek。由于她的双重学位,她提供了运营和业务的中立观点。她认为对软件所做的改变将会很小,但是不同国家之间硬件标准和价格差异将会极大。公司在进入每个新区域和新国家时都会面临一个学习曲线。运营副董事长接受这些挑战并支持国际扩张行为。

研发副董事长也持支持态度。他是卡尔加里大学计算机科学专业的博士生,在麻省理工学院和斯坦福大学拥有博士后研究员职位,经历过若干个高技术公司的创业过程。他对 Guest-Tek 面临的技术分流有更深的理解。他认为,他所在的部门的唯一挑战就是将 Global Suite 使用者和管理界面翻译成不同语言。Global Suite 使用者界面已经有英文版、法语版和西班牙语版,其他的翻译版本也将是一个简单的工作。而翻译管理层界面——给酒店经理人定价和收费、汇报和进行其他行政管理的部分——将是一个更为复杂、成本高而且费时间的工作。

另外还有 Guest-Tek 用户支持热线的多语种服务问题。当前支持热线的语言有三种——英语、法语和西班牙语。这三种语言是 24 小时服务的,而其他语言的覆盖面有限。

Guest-Tek 的财务主管既是决策过程中的一个重要人物,也是国际扩张战略的支持者。她是一位具有强大商业背景的借用会计。她非常清楚 Guest-Tek 现在面临的来自投资者和分析者的期望,认识到收益增长的必要性。从首发上市的额外资金已经被分配到扩张运营容量上,公司的增长必然带来利润的增加。

## 地理选择

最突出的问题围绕在哪个市场最有吸引力,应该如何应对这些市场及海外业务,如何管理。这些问题都很难回答,因为 Guest-Tek 只有一些海外市场的基本信息,除了最近招入的一位欧洲市场咨询师,公司没有其他有海外市场经验或者专业技能的员工。CEO 希望在做出生产领域的决策之前先收集尽可能多的信息,但是在本案中根本无法在内部找到足够的信息。没有合理信息,他更加希望从了解市场的伙伴中得到一些提议,但是正如之前所提到的,这是一个被动的战略。CEO 已经设立了一个远大的目标,就是在 2005 年在北美洲市场之外得到 15%～20% 的新安装收益,这一目标可能需要更多积极的行动。怀着这一目标,CEO 考虑了他所了解的眼前机遇。

## 欧洲市场

之前 Guest-Tek 一直将北美洲之外的欧洲市场当作可能的扩张舞台。欧洲有 67 500

家地产和近 600 万间的酒店房间,还经常与中东和非洲 14 000 家地产和约 67 万间酒店房间有关联,被称为欧洲、中东和非洲区域(EMEA)。然而,酒店的高度集中化和对高速网络的迫切需求使英国和欧洲大陆成为焦点。

欧洲的市场渗透率和使用率都在增长,但是仍然徘徊在北美洲之下,预期不会完全赶上。总体说来,欧洲的商务出差要比北美洲少,更少的顾客要求网络服务。但是,欧洲酒店经理正开始将高速网络当作一项必要的服务,该市场正越来越多地受到需求驱动,预期在 2004 年及以后会有强劲的增长。欧洲酒店的经理也有支付高价以获得更好方案的倾向。行业信息显示,家庭和办公室高速网络的增长在法国和意大利尤其显著。Guest-Tek 的 CEO 知道,在欧洲之内,欧美的商务出差者去的最多的目的地就是英国和德国。预期无线网络的激增将会推动欧洲该行业的发展,因为许多欧洲酒店都有历史意义,经理人更喜欢对基础设施破坏小的方式。

自从了解到欧洲大陆的多样性,Guest-Tek 的 CEO 抵住诱惑,反对将欧洲当作单一市场。不同国家之间在文化、语言、业务实践、商务和娱乐旅游之间的平衡、互联网的使用和宽带使用上都有极大差异[见表 7,OECD(经济合作与发展组织)内宽带使用率比较]。酒店内高速网络的采用率也随之不同。酒店社区对来自北美的服务供应商的欢迎程度随国家不同而不同。有些人并不介意,但是其他人更喜欢和当地供应商合作,或者至少是全球供应商的当地办公室。

表 7　OECD 国家内的宽带连接状况(2003 年 6 月)

| 国家 | 渗透率/% | 国家 | 渗透率/% | 国家 | 渗透率/% |
| --- | --- | --- | --- | --- | --- |
| 韩国 | 23.2 | 日本 | 8.6 | 西班牙 | 4.2 |
| 加拿大 | 13.3 | 美国 | 8.3 | 法国 | 4.1 |
| 冰岛 | 11.2 | 澳大利亚 | 7.0 | 葡萄牙 | 3.7 |
| 丹麦 | 11.1 | 芬兰 | 6.6 | 英国 | 3.6 |
| 比利时 | 10.3 | OECD | 6.1 | 意大利 | 2.8 |
| 荷兰 | 9.2 | 挪威 | 5.4 | 卢森堡 | 2.3 |
| 瑞典 | 9.2 | 德国 | 4.8 | | |
| 瑞士 | 9.1 | 欧盟 | 4.6 | | |

注释:每 100 个居民的渗透率。只有 1.0% 以上渗透率的国家才展示出来。
资料来源:OECD.

欧洲国家在酒店结构上也与加拿大和美国不同。首先,大部分欧洲酒店都是独立的或者是自愿连锁店的附属机构,在舒适度和标准度上有较低需求。在这些情况下,Guest-Tek 喜欢的供应方法可能没有那么有效。

其次,欧洲酒店比北美洲酒店要小,从而销售额也会比北美洲的要少。说服一个小酒店经理采用昂贵的高端互联网方案会更加困难。此外,CEO 认为欧洲地产和房间的数量还被只针对休闲游客的小型住宿店抬高了。因此,尽管欧洲的总量比北美洲的要多,但是 Guest-Tek 在欧洲的有效市场实际上更小。

如今许多供应商都瞄准了欧洲市场,最显著的就是欧洲的电信公司,如英国电信和法国电信,专门提供无线热点和其他技术。但是,Guest-Tek 认为欧洲市场上最直接的竞争来自于北美洲的方案供应商,因为随着北美市场日趋饱和,他们都将欧洲当作一个自然的增长区域。一个最明显的例子,传言 STSN 至少有 100 个欧洲安装业务。Wayport 在欧洲的市场比 STSN 要小,但是也是存在的。几个亚洲壁龛供应商也进入了欧洲市场。其中一个公司,inter-touch,到 2003 年中期就完成了 36 组安装。

到目前为止,Guest-Tek 通过与 Loctel 的合作伙伴关系间接进入 EMEA 大市场,而 Loctel 又与 Accor 酒店有合作关系,截止到 2004 年 1 月,已经有 33 家酒店安装了 Global Suite 软件。正如之前解释过的,间接销售是一种将 Global Suite 软件引入市场低成本和低风险的方法。CEO 在考虑采用积极销售的时机是否已经成熟。在 Loctel 销售的地区,Guest-Tek 也可以进行直接销售。

## 拉丁美洲市场

尽管拉丁美洲的确切数据难以得到,但是人们普遍认为,拉丁美洲 21 000 家酒店和近 100 万间的酒店房间之内的高速网络占有率以及使用率将会落在北美洲之后。因为拉丁美洲旅游度假的比例要比商务旅行的比例高,导致旅游者对高速网络的需求较低。拉丁美洲家庭和办公室的网络占有率较低,限制了酒店内的需求。由于沟通的基础设施较差,会提升方案成本,这又降低了需求量。酒店经理人为了收回成本,会采用更高的使用费,进一步减少了使用率。

但是从乐观的角度看,CEO 认为拉丁美洲市场比欧洲和亚太市场更容易进入,因为他相信拉丁美洲市场拥有更多的共性。但是,以他自己的经验来说,这种内部共性有时候会使拉丁美洲客户更喜欢当地卖家。

到现在为止,Guest-Tek 已经进入南美洲市场,作为公司在北美洲活动的扩张。到当前为止,公司一直采取温和的进入方式。从 2003 年 6 月卡尔加里总部决定在拉丁美洲推行直接销售之后,Guest-Tek 至少在阿鲁巴、智力、哥斯达黎加、多米尼加共和国、墨西哥、巴拿马和波多黎各的一家大酒店达成销售。Hilton 和其他现行客户以及同时销售其他方案的两家代理提出了一些额外需求。每种设想都经过单独审慎的评估,只有在为投资带来丰厚回报的情况下才会被接受。Guest-Tek 就是通过这种方式回应合作机会,减少风险。该公司总计在拉丁美洲完成了十几个安装项目。基于这些结果,CEO 决定建立一个拥有更多销售人员的区域办公室。

## 亚太市场

亚太区域有 54 700 家地产和近 400 万间酒店房间,也吸引了 CEO 的注意力。它的使用率可以与北美洲市场相抗衡,而且在一个复苏经济中,使用率和渗透率都将快速上升。尽管使用费是北美洲的 2~3 倍,客户仍然对高速网络有迫切需求。许多外国和当地供应商正步入市场,回应这些需求。

亚太区域和欧洲一样复杂多样。文化、语言、商务沟通风格和高速网络的渗透率和使用率差异极大。该区域的有些国家和地区,如中国香港,正接近酒店高速网络的饱和期,而其他国家市场却还处在萌芽期。居民和商务宽带采用率高的国家也有较高的酒店宽带采用率，日本酒店尤其需要这种服务。

不幸的是，Guest-Tek 对该区域所知甚少，对不同国家的详细评估信息也无法获得；事实上，CEO 大胆地说，这是 Guest-Tek 最不了解的市场。Guest-Tek 在这一区域没有什么合作伙伴，也没有具有亚洲市场知识的员工。这种对市场知识和熟悉度的缺乏明显影响了过去 Guest-Tek 对该区域的方法。在过去，Guest-Tek 不会主动寻求交易，而是只在酒店自己找上门来时才提供安装服务。正如在拉丁美洲一样，每一次缔约机会都要受到仔细评估，只有在投资能够收到充分回报的基础上才能通过。尽管 CEO 还不是很确定，该公司当前在亚太地区的经验支持一个普遍认同的观点，那就是：对于外来者来说，这是一个难以进入的市场。

亚洲人喜欢不同的商业模式，这是 Guest-Tek 所知的市场的一个方面。在这个区域，客户通常希望方案供应商提供方案，包括软件、硬件和安装服务，除了收取使用费的一部分，不再收取其他费用。这一模式通常称为"收益分享"，方案供应商一方要有大量的资本投入，同时涉及很高的风险。这一模式 5 年前在北美洲很普遍，但是并没有持续下来，许多遵循那种模式的供应商都已经申请破产。事实上，Guest-Tek 在公司发展早期就在某种程度上采用了这一模式，但在采用当前模式之前就放弃了之前那种。亚洲酒店经理一方要求的收益分享合同与 Guest-Tek 的战略相违背，CEO 不愿意重新考虑这个问题。

大多数亚洲的高速网络解决方案都是由大型电信公司提供的，包括中国移动、中国电信、NTT 通信技术公司、日本电信和雅虎日本宽带等，大多数方案都是基于不同技术，包括无线热点。在方案和商业模式上，该区域很少有供应商与 Guest-Tek 相类似的。它们基本上都以当地市场为基础，如澳大利亚的 Inter-touch，在自己区域内就有 100 多个安装项目。

## 国际业务的管理

国际扩张不但提出了在哪里、如何销售 Global Suite 软件的问题，还提出了如何管理业务和实际安装的问题。到那时为止，Guest-Tek 的直接销售活动都是在卡尔加里的总部进行的，必要时会有销售人员和会计经理到酒店实地拜访。签完合同之后，会有一个项目经理和运营团队从总部被派往酒店安装该项目。由于时间和距离原因，销售人员和安装人员出差到国外成本巨大。因此，到目前为止，国际销售相对来说较少，来自总部的指导协调一直是明智而可行的。

但是如果 Guest-Tek 在海外业务上更积极的话，这种情况可能会改变。让人立刻能想到的方法就是在当地设立办公室，该办公室的存在会使公司拥有当地知识、关系和认可。尽管这种办公室的员工很难招到，但是可以为公司带来竞争优势。海外办公室可以由北美洲的员工组建，也可以是当地员工，或者是两者兼有。当前 Guest-Tek 员工几乎没有什么国外工作经验。没有一个主管在国外工作过，除了拉丁美洲一个直接销售人员和提供欧洲市场建议的咨询师，公司没有其他熟悉国际市场的员工。CEO 更喜欢从公司内部提拔员工，但是他也知道，国际扩张将需要国际经验的基础。

国外办公室的建立也激化了管理和控制的矛盾。国际办公室可以作为北美洲 CEO 或者营销副董事长管理下的紧密分支,也可以是相对独立的单元。CEO 想要复制公司文化,保证操作质量,但是由于市场信息有限,他无法确定北美洲的管理风格在这个充满问题的区域能够运行得如何。他也不确定,总部主管如何有效管理海外活动水平,一个区域需要或者值得拥有多少自主权。

当然,间接销售的选择依然存在,还显得相当吸引人。转卖商和代理商的关系相对容易管理,也不需要构建员工层级。转卖商和代理在问题市场上已经有了地位和专业知识。但是,CEO 并不确定间接销售的被动本质能否满足他扩张的指令。

## CEO 的挑战

了解新投资者对利润增长的要求,CEO 必须决定是否应该抓住国际化机遇。他知道自己必须迅速做出决定,因为北美洲市场最终将达到饱和,而且竞争者们都在追赶国际机遇。Guest-Tek 应该向国外扩张吗? 如果答案是肯定的,那么它应该进入哪个市场? 国外运营应该如何管理?

# 案例 2  AGT 公司

AGT 公司是一家营销调研公司,位于巴基斯坦的卡拉奇市。Jeff Sons 贸易公司(JST)联系该公司,咨询在卡拉奇市建立主题公园的潜在市场。因为该城非常拥挤,地产价格很高,要找到足够大的土地来构建设施将会非常困难。即使有现存的土地,其价格也非常昂贵,会对项目总成本造成巨大影响。JST 想要知道这种类型投资的潜力。他们想要通过市场调研来辨别主题公园的需求是否存在,如果是的话,公众对这种娱乐设施的态度如何。如果需求存在并且有足够的群众支持,他们还想知道潜在客户需要哪种类型的主题公园。JST 将会基于调查结果做出投资决策。

## 1. 背景

巴基斯坦是一个发展中国家(LDC)。它是一个典型的第三世界国家,面临着人口激增、政府赤字加大和严重依赖外国援助等问题。在过去十年中,巴基斯坦的经济快速增长,GDP 年增长率保持在 $6.7\%$,比世界人口增长率的两倍还多。像其他发展中国家一样,它在经济系统中也有两面性。比如,城市有所有现代化设施,但是在小城镇内就没有或者极少有现代化设施。这在收入分配模式上也出现相同的问题。人均真实 GDP 是每年 10 000 卢比,或者说是 400 美元。富有阶层比例很小($1\%\sim3\%$),中产阶级占 $20\%$,剩下的都是贫困人口。一半人口生活在贫困线以下,大多数中产阶级都是城市工薪阶层。

卡拉奇是巴基斯坦最大的城市,拥有 600 多万人,被选中成为首个大型主题公园所在地。卡拉奇的娱乐设施很简陋,只有一个破败的动物园,由于交通拥堵原因,人们很少会带家人出去。其他小型公园也无法满足如此庞大的需求。人们最主要的娱乐场地是海滩,但是海滩开发得并不好,还经常受到附近海岸石油泄漏的污染。看起来人们越来越需要娱乐活动来度过休闲时间。事实证明，许多社会高层人士会携带家人出国度假，将钱花在娱乐活动上。为了查明这种类型的娱乐设施是否真的存在需求，我们建议对可行性进行一个市场调查。这个项目面临的其他问题是：

- 交通系统很差劲；
- 只有小部分人拥有自己的交通工具；
- 公共和私人交通系统效率低下；
- 交通法规是个问题，据说与洛杉矶相似。

## 2. 调研目标

为了做出投资决策，JST 列出了设计一个营销战略所必须的研究目标，期望从投资目标中达到预期收益。这些目标如下：

- 辨析这一项目的潜在需求；
- 辨别首要目标市场，以及它们预期在娱乐领域所得到的。

## 3. 信息需求

为了完成目标，我们需要下列信息。

市场

a. 这个市场对这个项目有需求吗？

b. 潜在市场有多大？

c. 市场是否足够大，以达到盈利的目标？

消费者

a. 潜在消费者对现存娱乐设施满意吗？

b. 这些潜在顾客会光顾主题公园吗？

c. 哪部分人口对这类设施最感兴趣？

d. 人们准备好接受这类项目了吗？

e. 可以采用什么媒体将这一信息成功传达给潜在消费者？

娱乐设施

a. 为了吸引消费者，公司应该在园内提供什么类型的设施？

b. 园内是否应该设置一些通宵的设施？

c. 该设施应该对全部人开放还是针对部分人开放？

## 4. 建议

AGT 公司将上述目标记在心中，提出了下列建议。

卡拉奇的人口以不同的经济集群凌乱地分部在整个城市中。要在这种类型的城市中进行营销调查并获得精确结果将会非常困难。我们建议使用一种扩展性研究，以确定我们对目标市场的意见有足够的样本。根据我们已经给出的上述指标，目标市场应该做出如下限定：

- 上层阶级——1%（近 60 000 人）；

- 中产阶级——15％～20％(900 000～1 200 000 人)；
- 男性和女性；
- 年龄：15～50 岁(只为调研；市场应该包括所有年龄群)；
- 收入水平：每年 25 000 卢比及以上(每月 2 000 卢比)；
- 家庭人口——样本最好是有家庭的；
- 参加娱乐活动；
- 参加各种消遣活动；
- 积极参加社交活动；
- 不同俱乐部的成员；
- 参加户外活动。

因为所处的环境和文化实践情况，要获得回答者性格特征的准确信息，我们必须仔细接近该市场。人们对市场调研基本没有或者完全没有概念。即使没有文化障碍，通过电话或者邮件的方式获得他们的合作都非常困难。在接下来的段落中我们将讨论不同类型调查的正反两面，为我们的调研选择合适的形式。

在该环境下第一个，也许是最好的调研方式就是邮件，不但是成本最低的，而且容易覆盖所有的人口集群。由于巴基斯坦的邮递系统不可靠，而且效率低下，所以我们不能完全依赖邮件调查。我们也可以通过快递服务和挂号信的方式，但是成本会急剧上升。所以完全依靠邮件的方式是不明智的。

另外一个选择是通过电话进行调研。在卡拉奇这个 600 万人口的城市中有大约200 000 个电话(每 152 个人一台)。大多数电话都在公司或者政府办公室。并不是人们买不起电话，而是因为电话机短缺，人们无法买到。电话调研的另外一个问题是文化因素：打电话给某人并向人提问是不礼貌的行为。如果由男性调查员打电话给家庭主妇就是一个更大的问题了。人们并不熟悉市场调查，可能不愿意在电话中提供我们需要的信息。电话调查积极的一面是，大多数上层女性并不参加工作，可以很容易接触到。但是，我们必须使用女性调查员。总体说来，通过电话调查实现合作的概率非常低。

也可以采取商场/集市拦截调查的方式。但是，我们再一次遇到了一些文化问题。在巴基斯坦的商场中，一个男性去接近一个女性是不符合伦理道德的。愿意在公共场合交谈的对象很可能是男性，从而我们就会错失女性的观点。

在一个像巴基斯坦这样的国家通过调研收集数据，我们将要根据市场环境和文化实践调整现存的数据收集方法并使之适合该市场。作为一个巴基斯坦的公司，我们拥有该文化实践下的经验，为调研和问卷提出如下设计方案。

## 5．调查设计

我们的调查设计将会是三种不同类型的调查的组合。每个调查都会以不同的方法为重点。以下是我们建议的几种调查类型，以适应不同的当前环境。

（1）邮件调查

我们计划改进这种类型的调研方式以适应现行环境并提高运作效率。所做的改变是为了回应该国低效的邮递系统，提高回应的百分比。我们计划通过送报员向调查对象发送调查问卷。我们知道每天不同送报员的平均发送量是 5 万～20 万份。我们所选择的两大日报在该城有最大的发行量。

每张报纸中都会夹带一份问卷,递给调查对象,这能保证问卷到达自己的目标。这份问卷做出了自我介绍,并希望调查对象能够合作。该问卷上还有寄回的邮票和公司地址。这会给予调查对象一些信心,他们并不是为不了解的人提供信息。如果寄回完整的问卷还会收到一个促销小礼品。因为索求礼物的调查对象会提供他们的地址,这能让我们保留一份调查对象的名单以供未来调查使用。通过送报员分发也使我们能够比较容易地集中在某个特定集群。

我们预期回收的邮件会有所缺失,因为除了政府的邮递系统我们没有其他可接受的方式收回问卷。我们计划发送 5 000 份问卷以弥补回复邮件的缺失。如果我们邮寄这些问卷的话,这次调研的成本将会低于本该花费的成本。因为这次调研对许多调研对象来说都是第一次,让他们对一个不存在的产品发表意见,因而我们没有任何回复率可以参考。事实上,这次调查可能是以后调研的基础。

（2）上门访问

正如我们在邮件调查中所做的,我们将在商场/集市拦截调查中因地制宜,以得到最高的回应率。除了在商场拦截调研,更好的方法是到每户人家调研。这能激发更好的回应率,我们也能确定是谁回答了这些问题。为了完成这一调研,我们将主动请求当地商业学院的合作。通过这些年轻的学生,我们能够激发更高的回应率。此外,我们还计划雇用更多人员,且大多数为女性,并培训她们来实施这一调研。

（3）额外邮件调研

我们计划采用这部分调研的目的是辨别已经参加相似活动的不同群组。在卡拉奇有8～10 个高级俱乐部。他们中有部分人仅仅集中在某些户外活动中,如皮划艇、划船、高尔夫球等。他们的会员数目 3 000～5 000 人。高会员成本和月费使这些俱乐部仅限制于中产阶级和富有阶层。我们有把握这样说,使用这些俱乐部的会员属于收入阶层前90%。我们建议拜访这些俱乐部,并私下请求这些会员的合作。我们也计划得到会员名单,以便向他们发送问卷。我们可以邀请他们将完成的问卷送回俱乐部办公室,或通过邮资已付的信封寄回公司。我们相信这个群体会与我们合作并寄回高质量的回馈。

第二种寄件调查是针对当地学校的。通过学生的合作,我们将会让学生把问卷带回去给父母。在封面上将会要求父母填完问卷并送回学校。这将提供想要孩子有户外活动的父母的样本。我们希望通过这种方式可以提供大量问卷回复。

# 6. 问卷设计

问题的类型应该能够帮助我们的客户做出决策,是否要投资该项目(见提议的问卷)。通过问卷调查,我们应该回答这个问题"人们已经准备好面对并愿意支持该项目吗?"该问卷将是开放式问题和封闭式问题的组合。它将回答下述问题:

- 这种类型的项目有市场吗?
- 市场足够大吗?

- 市场有盈利的可能吗？
- 这一项目能够满足真实需求吗？
- 这个项目将是昙花一现吗？
- 该市场在所有集群之间平均分布,还是在某些细分市场有更高的需求？
- 人们对这种娱乐设施感兴趣并愿意在上面花钱吗？如果答案是肯定的,愿意花多少？
- 这一项目的最好落脚点在哪里？
- 人们愿意经过一段行程到达这类公园吗？还是希望这类设施落在城市之内？
- 人们希望在主题公园中看到什么类型的娱乐/经历？
- 潜在客户可以通过何种类型的媒体或者促销方式接触？

**问题讨论**

1. 研究项目的目标是什么？该调研能够达到这些目标吗？

2. 文化元素如何影响研究设计、数据收集和分析的？将这个调查与一个发达国家(如美国)的类似调查作对比。

3. 还有哪些其他有用的数据收集方法？这些方法有什么优势和劣势？

注:案例由 William J. Carner 准备。经允许使用。

附问卷:请在合适的方框上打钩。谢谢!

1. 城市中的娱乐设施足够吗？

是□　　　　　否□

2. 你对当前娱乐设施的满意度如何？(请按 0~10 打分)

0—1—2—3—4—5—6—7—8—9—10

差□　　　　　　　　　　优□

3. 你多久去一次当前的娱乐场所？(请打钩)

每周□　　　两周□　　　每个月□　　　两个月一次□　　　每年□

更久(写出具体时间)_____　从来不去□

4. 你与家人一起去娱乐场所吗？

是□　　　　　否□

如果不是,为什么？

安全□　　　　距离□　　　花费□　　　太拥挤(不适合家庭)□

服务差□　　　其他□　请说明_____

4a. 你会通宵吗？

是□　　　　　否□

4b. 如果不是,如果提供合适的环境和设施,你会通宵吗？

是□　　　　　否□

5. 你有去过主题公园吗？

(在巴基斯坦□　　国外□)

是□(转到问题 5b)

否□(转到问题 5a)

5a. 如果不是，为什么？

安全□　　　距离□　　　花费□　　　　太拥挤（不适合家庭）□

服务差□　　其他□ 请说明_____

5b. 如果是，你上次去主题公园是什么时候？

上个月□　　上半年□　　一年之内□　　　更久（具体时间）_____

地点_____

6. 你最喜欢该园内的什么项目？

过山车□　　划水□　　　儿童区□　　　表演□

游戏□　　　模拟器□　　其他_____

6a. 你在该公园花了多少钱？（近似）

50 或者不到 50 卢比□

51～100 卢比□

101～150 卢比□

151～200 卢比□

超过 200 卢比□

在哪里_____

6b. 你对收获的价值如何打分？（请按 0～10 打分）

0—1—2—3—4—5—6—7—8—9—10

差□　　　　　　　　　　优□

7. 如果在当地建立一个主题公园，你会去光顾吗？

是□　　　　　否□

8. 你想在主题公园内看到什么？（请给出你最希望的 6 个选择）

a. _____　　b. _____　　c. _____

d. _____　　e. _____　　f. _____

9. 你想要该主题公园坐落在哪里？

城市内□　　海岸□　　　郊区□　　　城市外围□　　　不介意□

10. 你愿意赶多少路去一个主题公园？

10km 之内□　　11～20km□　　21～35km□　　36～55km□

56～65km□　　超过 65km□

11. 你多久会出去旅游休假？

从不□　　　一年一次□　　一年两次□　　　更多（请注明）_____

请告诉我们有关你自己的信息：

12. 请指出你的年龄

15 岁之下□　　16～21 岁□　　22～29 岁□　　30～49 岁□

50～60 岁□　　超过 60 岁□

13. 请指出你的性别：

男性□　　　　女性□

14. 你结婚了吗？

是□　　　　否□

15. 你有几个孩子？

请写出数目_____

16. 请写出你的家庭总收入（每年）：

| 12 000 卢比以下□ | 12 000～15 000 卢比□ | 15 000～20 000 卢比□ |
| 20 000～25 000 卢比□ | 25 000～40 000 卢比□ | 40 000～60 000 卢比□ |
| 60 000～80 000 卢比□ | 超过 80 000 卢比□ | |

17. 你有交通运输工具吗？

是□　　　　否□

18. 其他建议（如果你需要更多的空间，请附纸）

_____

_____

_____

_____

谢谢合作！

重要提示：

如果你想要我们在该项目的后续阶段再次联系您，或者您对调研的结果感兴趣，请给我们您的姓名和地址，我们很乐意给您提供信息。谢谢！

_____

_____

_____

_____

## 案例 3　上海滩：首个全球化中国奢侈品品牌？

当中国香港商人唐大卫在 1994 年创立上海滩品牌时，他决意开创首个真正的品牌。他的想法是"通过复兴中国设计——将中国传统文化与 21 世纪的活力交织在一起——创造首个全球化中国风格的品牌"。[①] 在创业初的前几年，唐的浮华、跨文化风格和追寻国际明星的行为使人们对该品牌议论纷纷。但是除了在本地市场中国香港[②]之外，该公司无法在其他地方建立自己的核心客户，它试图在成功的全球品牌之林找到自己的一方天地（附录可见部分成功全球品牌描述）。

_____

① 上海滩公司网站 http://www.shanghaitang.com（2006 年 5 月开通）。

② 上海滩在本地市场的核心客户是富有的西方游客。

2005 年，在新的领导人和创意总监的带领下，上海滩扩张进入几个区域市场，而把重点放在亚洲。但是，该公司能够步上正轨，成为首个全球中国奢侈品牌吗？唐大卫的目标能够实现吗？

## 创业故事

我对自己说，如果你认为中国最终会成为实际上最大的经济体，那么现在就是创建完全中国化品牌的时候了。[①]

——唐大卫，上海滩创始人

唐大卫的目标是向新的顾客群重新引入传统中国美学，创造一种生活风格品牌。正如自我评价"中西方之间的中介人"，唐说，在他的一生中经常要协调不同的文化影响[②]。出生于中国香港特别行政区，唐的祖父以科隆摩托车公司起家。唐的父亲是赛马商，母亲是中国香港社会精英。14 岁时，唐就被送到英格兰寄宿学校。最初他不会讲英语，但是很快适应了英国社会的习俗。在康桥普尔学院上课时，他还经常去朋友家的乡村小房子拜访参观。[③] 他在伦敦皇家学院学习法律和哲学，继而回到中国，在北京大学担任哲学课讲师。[④]

唐对学术感到厌倦，便投向商业，在 Cluff Oil 开始工作。他也成了亚洲和加拿大独家古巴香烟进口商，并管理"家族投资资金，一份非洲的石油开采业务和金矿"。[⑤] 在这些投资中享受成功时，唐也感受到来自中国的机会大潮，将眼光投到了创造完全中国化的生活风格品牌上。他下定决心，要创建一个蕴含了他热爱的、所有中国过去的美丽与神秘的品牌。他的想法就是，以一种与现代品味相关的方式，向全新的受众重新引入这一充满美感和无瑕的中国传统。唐的审美观是受 20 世纪 30 年代上海装饰派艺术影响，当时这个城市被称作"东方明珠"。[⑥]

在 1994 年 8 月，他的梦想实现了。中国香港步行街上，12 000 平方英尺的上海滩旗舰店开门营业了。唐创立的上海滩是一个生活风格的商场，顾客可以购买相册、手表、床上用品、针织衫或者量身定做的旗袍（传统中国服装）（见表 1，产品类别和价格范围）。他还高价销售共产主义时期的拙劣作品，如刻有红星的毛泽东式手表和物品，正如受西方游客欢迎的中国香港路边小摊上销售的东西。为了提高他们原产国的地位，消除中国以制造廉价、低质量产品的不良声誉，这些物品上都带有标签"中国人制造"的字样。上海滩的核心顾客——富有的游客到中国香港时，经常会进入上海滩旗舰店去购买标志性的旗袍，一种色彩鲜艳的带有中国领的束腰外衣，或者是带有樱花的丝绸手提包。

---

① Wong，T.（2003 年 4 月 19 日）"Chic Chinoiserie"，*Toronto Star*.

② Leris，S.（2005 年 9 月 16 日）"Chairman Tang"，*Evening Standard*.

③ Ibid.

④ Ibid.

⑤ Ibid.

⑥ 今日管理（2006 年 5 月 5 日）"MT in China：Silk Route to Success（Luxury Goods），" http：//www. turnitin. com/viewGale. asp? r = 4. 2676745289107＆svr＝8＆lang＝en_us＆oid＝40377352＆key＝ed4c906c537619b43f193e 6292b323fd（2006 年 5 月 23 日开通）.

表 1　上　海　滩　　　　　　　　　　　单位：美元

| 产品类别及价格范围 | | | | |
|---|---|---|---|---|
| 女式 | 男式 | 童装 | 饰品 | 家居 |
| 外套<br>435～625 | 皮衣<br>290～770 | 皮衣<br>130～265 | 小袋 & 盒子<br>25～50 | 蜡烛 & 香水<br>20～155 |
| 皮衣<br>170～880 | 衬衫 & T恤<br>60～155 | 衬衫 & 上衣<br>40 | 手提包<br>155～430 | 床上 & 淋浴用品<br>65～1350 |
| 衬衫<br>125～270 | 睡衣<br>170～295 | 睡衣<br>75～150 | 手镯<br>60 | 餐具<br>40～205 |
| 上衣<br>65～240 | 毛衣<br>120～675 | 玩具<br>20～35 | 手帕<br>125 | 相框<br>45～205 |
| 裙子<br>295～515 | | | 钱包<br>40～125 | 旅游品<br>55～155 |
| 睡衣<br>170～295 | | | 工作鞋<br>70 | CD<br>25 |
| 毛衣<br>140～550 | | | 帽子<br>30 | 盒子<br>45～610 |
| | | | 头巾<br>110～290 | 文具<br>40～50 |
| | | | 手表<br>90～315 | |

资料来源：上海滩公司网站：www.shanghaitang.com。

　　1995 年，瑞士奢侈品大公司历峰集团（Richemont），也是著名奢侈品牌如卡地亚、登喜路、万宝龙、梵克雅宝和蔻依等的母公司（见表2，按产品类别的品牌分类），成为了上海滩的一个大股东。该公司付给唐先生 1 310 万美元买下 40% 的股份，然后买下另外一个伙伴的股份，从而达到一个控股的地位。① 该公司的品牌主要有四大部分：珠宝、手表、书写工具和毛皮物品。因为背后有历峰集团这么一个庞大的奢侈品牌，唐的品牌获得了其他中国时尚品牌至今没有得到的——欧洲奢侈品大公司的财务和知名度的支撑。在历峰集团的领导下，唐摒弃了上海滩将会偏离中国特色，走向主流时尚的揣测。

表 2　历峰品牌下的各种产品

| 珠宝 | 手表 | 书写工具 | 皮具，皮衣 & 饰品 |
|---|---|---|---|
| Cartier | Cartier | Montblanc | Alfred Dunhill |
| Piaget | Van Cleef & Arpels | Montegrappa | Lancel |
| Van Cleef & Arpels | Piaget | | Chloe |
| | A. Lange & Shone | | Old England |
| | Vacheron Constantin | | Shanghai Tang |
| | Panerai | | Purdy |
| | Baume & Mercier | | Hacket |

---

①　McBride, S.（2003 年 7 月 23 日）"Shanghai Tang Wants Its Buzz Back," *The Wall Street Journal*.

续表

| 珠宝 | 手表 | 书写工具 | 皮具, 皮衣 & 饰品 |
|------|------|----------|------------------|
|      | IWC<br>Mont Blanc<br>Dunhill |      |      |

我们的业务将是一贯的纯正中国风，并将在主流时尚中找到自己的位置。如果我们不再具有中国特色，就会完全丧失自我。[1]

——唐大卫

在自我动力的驱动下（和背后历峰集团巨大的财务支撑），唐再一次设立了远大的目标。上海滩开始迅速扩张，计划在纽约、伦敦和几个亚洲城市开设分店。唐尤其关注的是美国市场。"我想攻下纽约。我想紧紧拥住它并给它一个热吻，"唐说。[2] 在 1997 年 12 月，好莱坞盛会上明星云集，上海滩 12 500 平方英尺的店面开张了。Sarah Ferguson 在奥普拉的脱口秀节目上露面并给奥普拉一件上海滩的真丝睡衣。[3] 为了庆祝新店开张，著名中国女演员巩俐出现在宣传活动中，并在《纽约时报》《名利场》《哈珀坊》（《Haprper's Bazar》）和《华盛顿邮报》上发了了广告。[4]

坐落于麦迪森大街——高档时尚品牌的聚集地，纽约分店与其东方姐妹店遥相呼应，成为一颗西方的明珠。唐一如既往的情绪高涨，目标远大，但是他的梦想显然不太符合现实。在 1999 年 7 月，高调开张的纽约旗舰店在经营了 19 个月后关门大吉，在原先店面附近的大路上选了一家较小的店面。[5]

销售额没有达到预期目标的原因有很多。第一，公司高估了美国消费者对中国高档产品的兴趣。引用纽约《探索》杂志的主编 Kristina Stewart 的话来说，"他们显然想要追随东方上流社会的盛景，并举办了豪华的盛宴，但是当这一切结束时，那些灰绿色的尼赫鲁式外套更适合做墙纸。你根本就没法穿那种玩意儿。"[6]第二，上海滩的风格对顾客来说是模糊的。在同一个店内同时展示革命之前和"文化大革命"的风格是矛盾的，而且对中国后现代遗产的不尊重也失去了美国富有阶层市场。第三，因为在运河街道上的唐人街上，就有珍珠河公寓商店销售更便宜的同类产品，用高价购买不怎么样的中国珠宝显然并不划算。第四，选择麦迪森大街作为零售点意味着高地租（每年 270 万美元），这是无法用销售额来覆盖的成本。

开创一个品牌的任务是艰巨的。一方面，时尚一回是容易的，但是竞争是激烈的。另一

---

① Wong, T. (2003 年 4 月 19 日)"Chic Chinoiserie," *Toronto Star*.

② Hays, C. (1999 年 8 月 19 日) "A Fashion Mistake on Madison Avenue," *The New York Times*.

③ Seno, A. (1997 年 12 月 5 日)"Doing the Right Tang in New York". Asiaweek.

④ Sutton, J. (1998 年 3 月 2 日) "East to East Coast: Tang Sells Fine China," *Marketing News*.

⑤ WWD( 2005 年 2 月 25 日), "Shanghai Tang Reinvented," http://www. turnitin. com/viewGale. asp?r = 4. 2676745289107&svr=8&lang= en_us&oid=40377352&key = ed4c906c537619b43f193e6292b323fd（2006 年 5 月 23 日开通）.

⑥ Hays, C. (1999 年 8 月 19 日) "A Fashion Mistake on Madison Avenue," *The New York Times*.

方面零售不是个容易的业务,我们往品牌上砸了很多钱,我认为艰难的过程并不足以为奇。你可以看看其他品牌,如 Ralph Lauren。他们花了 30 年时间才成为一个全球品牌。[①]

——唐大卫

## 新历程

### 领导权

尽管在美国零售市场上行错一步,上海滩的香港旗舰店依然业务稳定,公司与历峰集团的关系也还不错。在 2001 年,唐决定将自己的时间和精力花到其他业务上,但是他仍在董事会占有一席之地,并且是历峰集团之后第二大股东。历峰集团主管人员在公司董事会上占有一个更为积极主动的角色。2001 年,总裁 Raphael le Masne de Chermont 从历峰集团的另外一个品牌 Piaget 调任到上海滩,以便重新振作和指导摇摇欲坠的该品牌。Le Masne 作风冷酷,与唐的浮华领导风格刚好形成互补。在到公司的前几个年头,他就无声地将公司转变成一个更具美学特色,并能够及时发现全球奢侈品消费者品位的"生活风格品牌"。[②] Le Masne 从唐的失误中吸取了教训"我们需要变得更加时尚",领导该品牌向前发展。[③]

伴随着公司的发展,品牌代表变成了各种文化组合的顶级管理者:来自中国香港的唐大卫,来自法国的 Le Masne,来自美国的创意总监 Joanne Ooi 和来自瑞典的营销总监 Camilla Hammar。正如 Le Masne 所说,"我们是一个大熔炉,融合了来自不同文化但是怀着同一个目标的人,那个目标就是——打造一个人们喜爱的具有中国生活特色的品牌。"[④]

### 计划中的成长

Le Masne 汇报说,上海滩在世界范围内的销售额在 2005 年比前一年增加了 43%,在美国的销售额(在檀香山和纽约的时装店)也提升了 50%。[⑤] 根据其中一个消息来源,年销售额为 2 000 万~3 000 万美元,大多数的销售都是在中国香港旗舰店。2005 年,在苏黎世、上海、东京和曼谷也开设了分店,北京店和米兰店计划将在 2006 年开张[⑥](见表3)。接下来的两年中将有 11 所分店要开张,将分店总数提到 30 家。[⑦] 亚洲市场代表了80% 的品牌销售额。历峰集团最新的年度报告表示,"截止到 2004 年 3 月财务年度,亚洲地区(除日本外)的总销售额增长了 20%,而欧洲地区是 10%,美洲地区 7%,日本 3%"。[⑧]

---

① Wong, T. (2003 年 4 月 19 日)"Chic Chinoiserie", *Toronto Star*.

② WWD(2005 年 2 月 25 日),"Shanghai Tang Reinvented," http://www. turnitin. com/viewGale. asp?r=4. 2676745289107&svr=8&lang=en_us&oid=40377352&key=ed4c906c537619b43f193e6292b323fd(2006 年 5 月23 日开通).

③ Tischler,L. (2006 年 1-2 月) "The Gucci Killers,"*Fast Company*, 102,pp. 42-48.

④ Ibid.

⑤ Jana, R. (2005 年 12 月 1 日)"Shanghai Tang:A Taste of China,"(www. document) http://www. businessweek. com(2006 年 2 月 23 日).

⑥ Ibid.

⑦ Edelson, S. (2005 年 2 月 25 日),"Shanghai Tang Reinvented," WWD.

⑧ Jana, R. (2005 年 12 月 1 日)"Shanghai Tang:A Taste of China,"(www. document) http://www. businessweek. com(2006 年 2 月 23 日).

（见表 4）。

**表 3　上海滩零售点**

| 城市 | 零售点 | 零售店类型 | 城市 | 零售点 | 零售店类型 |
|---|---|---|---|---|---|
| 上海 | 茂名步行街 | 商店 | 东京 | 中央区 | 自立店 |
| | 香格里拉酒店 | 商店 | 新加坡 | 吉安城 | 自立店 |
| | 新天地广场 | 自立店 | 曼谷 | 暹罗商场 | 商店 |
| 纽约 | 麦迪森大街 | 自立店 | | 四季酒店 | 商店 |
| 巴黎 | 波拿巴大街 | 自立店 | 北京 | 首都国际机场 | 商店 |
| 伦敦 | 施龙大街 | 自立店 | 檀香山 | 阿拉莫拉购物中心 | 商店 |
| | 塞尔福里奇 | 商店 | 雅加达 | 三洋大厦 | 商店 |
| 中国香港 | 步行大楼 | 自立店 | 苏黎世 | Globus 苏黎世店 | 自立店 |
| | 半岛酒店 | 商店 | | | |
| | 中国香港国际机场 | 商店 | | | |
| | 跨洲酒店 | 商店 | | | |

注释：自立店在一个店面内只销售一个品牌。商店往往是坐落在百货大楼、酒店或者购物中心的，租赁给公司的零售点。

资料来源：上海滩。

**表 4　历峰集团的销售额　　　　　　　　　　　　　单位：百万美元**

| 年　　份 | 2001 | 2002 | 2003 | 2004 | 2005 |
|---|---|---|---|---|---|
| 销售额 | 3 341 | 3 415 | 3 632 | 3 967 | 4 679 |
| 销售成本 | (1 103) | (1 223) | (1 360) | (1 508) | (1 668) |
| 毛利润 | 2 238 | 2 193 | 2 272 | 2 459 | 3 011 |
| **按产品种类的销售额** | | | | | |
| 珠宝 | 809 | 776 | 833 | 927 | 1 064 |
| 手表 | 1 499 | 1 587 | 1 696 | 1 834 | 2 233 |
| 书写工具 | 239 | 252 | 276 | 321 | 375 |
| 毛皮物品 | 283 | 268 | 269 | 282 | 326 |
| 衣服和其他 | 512 | 532 | 559 | 603 | 681 |
| 总计 | 3 341 | 3 415 | 3 632 | 3 967 | 4 679 |
| **按地理区域划分的销售额** | | | | | |
| 欧洲 | 1 368 | 1 563 | 1 550 | 1 714 | 2 023 |
| 日本 | 655 | 658 | 701 | 735 | 808 |
| 亚太地区 | 648 | 628 | 691 | 749 | 964 |

| 年　份 | 2001 | 2002 | 2003 | 2004 | 2005 |
|---|---|---|---|---|---|
| 美洲 | 671 | 616 | 689 | 770 | 884 |
| 总计 | 3 341 | 3 415 | 3 632 | 3 967 | 4 679 |
| 平均汇率 | 2 001 | 2 002 | 2 003 | 2 004 | 2 005 |
| 欧元/美元 | 0.907 | 0.884 8 | 0.994 7 | 1.175 4 | 1.258 9 |

注释：数据截至 2005 年 3 月。
资料来源：历峰集团（2005）年报。

与唐先生不同的是，Le Masne 并不关注美国市场的统治地位，却将目标放在了中国国内快速增长的富有阶层。这种区域重点的转移，尤其是针对奢侈品市场，显得非常准确。"2005 年安永奢侈品消费分析（估计），中国的销售额在 2005—2008 年（将）以 20％的年增长率增长。"①按照这篇报道，到 2015 年，中国将超越美国成为继日本之后的第二个奢侈品消费市场。②

但是，该品牌必须能够同时吸引富有的中国消费者和非中国消费者，两者对何为优雅的中国风格持有不同观点。服装市场的中国消费者似乎仍然处于两个极端。《风行中国》杂志的主编 Angelica Cheung 说，这两个群体是"被外国奢侈品牌迷惑的拜金小团体，大多数中国人只对价格低廉的、支付得起的衣服感兴趣。处在中间地带的市场并不广阔。"③公司的三家上海分店将 50％的商品卖给当地的年轻城市居民。另外一半是卖给寻找有丰富纺织物或者色彩的亚洲服饰的西方人。迎合富有的中国消费者似乎是个不错的主意，但是要将一个奢侈品服装品牌销售到几个市场，却是说起来容易做起来难。

"年轻的中国女性希望变得现代又时尚，"Cheung 说。"西方人可能会认为，中国女性穿起旗袍或者类似的中国服装将会显得非常动人，但是那种类型的服饰会让现代女性想起她们的祖母一辈。与此相反，如今人们都想穿得像个凯特·摩丝。"④同时该品牌还要说服中国之外的亚洲消费者，而且还要通过不同的方式。比如在日本，这个世界上最大的奢侈品市场，Le Masne 说，除非中国品牌拥有法国和意大利的优秀品质，否则日本消费者不会欢迎一个中国品牌。⑤

要想在高端时尚市场上吸引顾客，上海滩扩展了自己的时尚界限，与几个顶级设计家合作。上海滩的珠宝产品是由驻扎在中国香港的法国设计家 Sandra d'Auriol 制作，销路很好。Philip Treacy 是著名的饰品设计家，制作了上海滩 2005 年的冬帽，而今正在为 2006 年的春季版奋斗着。2005 年春季版带饰边的一组时尚 T 恤就是由来自斯塔德的 Gabby Harris 设计的。2005 年 5 月特别引入上海滩分店的产品是一组彪马的特款鞋，叫

---

① Jana, R.（2005 年 12 月 1 日）"Shanghai Tang: A Taste of China,"（www. document）http://www. businessweek. com.

② Ibid.

③ Asome, C.（2006 年 5 月 10 日）"Chinese Whispers Turn Our to be Exaggerated," *The Times*.

④ Ibid.

⑤ McBride, S.（2003 年 7 月 23 日）"Shanghai Tang Wants Its Buzz Back," *The Wall Street Journal*.

作上海滩牡丹。Le Masne 表达了想要开始引入许可产品如眼镜和香水的意图，目的是大大提高销售额，同时将品牌推向更广大能够承受得起较为便宜的产品的受众。与著名设计家的高调合作，产品线的扩张以及新店的设立，目的都是提高品牌意识。

上海滩没有将店面装潢得富丽堂皇，也没有投入巨大成本请名人宣传，而是集中于建立当地公共关系，在每个区域市场赞助相关活动。在维系奢侈品消费者渠道战略中，高端零售店仍然是处于中心地位。除了自立店，上海滩在半岛酒店和四季酒店等世界知名酒店中开设了分店。为了迎合富有的旅游者，香港国际机场和北京首都国际机场也不例外。

### 设计

大多数上海滩的销售额都要归功于创意总监 Joanne Ooi，他是 Le Masne 在 2001 年招入公司的。当该品牌从低俗的趣味中改头换面时，Ooi 引入了设计使命"将中国文化底蕴和光鲜的当代服饰结合起来"[①]（见图 1，部分产品展示）。据说当 Joanne Ooi 向 le Masne 呈递了下述评论后就得到了总监之位：

这是一家收费过高的中国商场，在当地华人中尚无威信，何论在时尚人士眼中。它的市场非常狭小，只是高端旅游者。它是你一生只想经历一次的购物过程，一种时尚界的迪士尼乐园。此外，它古里古怪，根本就没法穿。[②]

—— Joanne Ooi，上海滩创意总监

魔力"牡丹"外套
有牡丹花样的及膝双宫绸外套，包布扣，边缘饰珠，625 美元。
丝绸外套
简单高雅的及膝长外套，以精致丝绸织就，435 美元。
粗布毛式服装
轻便、现代化的粗布毛式服装，带有四个前襟口袋，无衬里，290 美元。

图 1　2006 年上海滩春夏展品发布会（部分）

[①]　Jana，R.（2005 年 12 月 1 日）"Shanghai Tang：A Taste of China，"［www. document］http://www.businessweek. com(2006 年 2 月 23 日).

[②]　Tischler，L.（2006 年 1—2 月）"The Gucci Killers，"*Fast Company*，102，pp. 42-48.

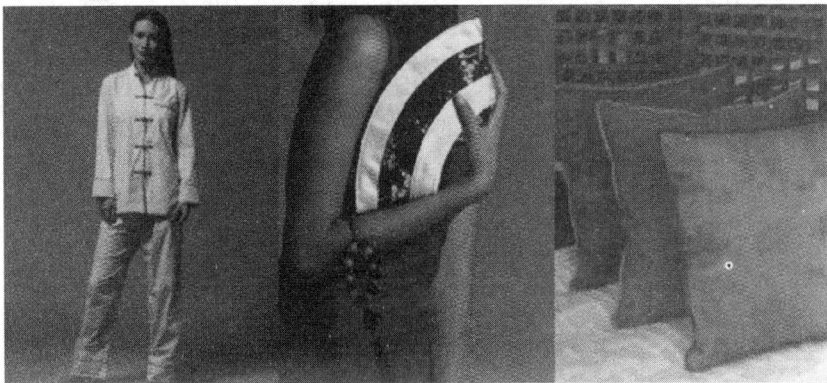

棉布睡衣

旗袍领、包布扣、直筒型绵绸睡衣,170 美元。

丝绸扇柄

带有樱花图样、玉佩和中国结穗的扇形手提包,以拉链封口,175 美元。

顶缝法双鱼靠枕

生动而有复杂双鱼图案的棉花靠枕,95 美元。

资料来源:上海滩公司网站 www.shanghaitang.com。

图 1 (续)

这个曾经看来可笑的品牌如今已在 Ooi 掌握之中,Ooi 对上海滩的国际形象非常明确,她说,"我们的目标是成为现代中国风格大使。"①为了达到这一目标,Ooi 进行了调研,她参观了艺术馆的收集品,并阅读区域历史文献。为了激发 2005 年秋季发布会的灵感,Ooi 委托"著名中国当代艺术家以及年轻的艺术专业学生"来设计作品。②

在其中一集作品中,Ooi 把重点放在中国书法上,她将传统的中国文字转变成了装饰性图案。③"中国湖南的少数民族"引发了另外一套衣服的创作灵感,正如"蒙古和西藏游牧民族所穿的毛皮服装"。④ 比起时尚杂志和当前流行趋势,Ooi 更喜欢这些设计来源。但是更为重要的是,这创造了该品牌成为中国美学使者的信誉。就这一点,Ooi 说,"我会努力避免将西方人眼中的中国文化融入设计中。"⑤

以中国的文化为品牌能够有效区分欧美奢侈品牌。但是,随着公司的扩张,文化定位的方式变得复杂起来,并存在隔离亚洲潜在客户的风险。简言之,西化的亚洲形象对亚洲人本身来说就没有那么有吸引力了。尽管上海滩在一部分富有的中国香港人之间很流行,但是对于中国内地的消费者来说就不是那么肯定了,因为中国内地的消费者想不通为什么要以高价购买上海滩的复古产品。

---

① Jana,R.（2005 年 12 月 1 日）"Shanghai Tang:A Taste of China,"［www. document］http://www. businessweek. com(2006 年 2 月 23 日).

② Ibid.

③ Ibid.

④ Ibid.

⑤ Ibid.

### 中国首个全球奢侈品牌？

因为中国在全球有经济和文化的双重影响力，上海滩和其他中国品牌已经做好准备，进入一个让全球对所有中国产品感兴趣的时代。[①] 上海滩能否与成名全球奢侈品牌一样，带有一些民族美感呢？正如 Le Masne 说的，"正如爱马仕是法国时尚代表，劳伦斯是美国时尚代表，而阿玛尼为意大利代表一样，为什么上海滩不能成为中国的时尚代表？"[②] 该公司即将成为首个全球中国奢侈品牌吗？

# 附录：部分成功的全球奢侈品牌介绍

## 酩悦·轩尼诗—路易·威登集团（LVMH）

LVMH 是世界上最大的奢侈品公司，有 1 500 多家零售店，另外包括 280 家路易斯威登店，近 150 家 DFS 环球免税店，好商佳（Le Bon Marche）百货商店和数百家时尚服装设计店。

1854 年，木匠路易·威登在巴黎开设了一家小店，销售自己的纯手工行李箱。路易·威登在 1896 年引入了自己名字的首字母组成的字样，到 1990 年在美国和英格兰开设了分店。1977 年，Henry Racamier 进入该公司并将之从一个默默无名的小店改造成了设计家必知的一个品牌。Racamier 之前是一个主管人员，后与威登家族联姻。在 10 年之内，销售额从 20 万美元飙升到近 25 亿美元。1987 年，Racamier 将路易·威登并入酩悦·轩尼诗（生产酒水、雪碧和香水的公司），两大公司都归于 LVMH 名下。当 Bernard Arnault 在 1989 年成为总裁后，LVMH 通过购买 Givenchy，Christian Lacroix 和 Kenzo，增加了自己的控股公司。Arnault 将 LVMH 从一个小型的衣服和香槟生产商改造成了由世界上最庞大的奢侈品牌组成的全球奢侈品大公司，他本人居功至伟。LVMH 拥有许多奢侈品牌，如 Berluti，Celine，Christian Dior，Donna Karan，Emilio Pucci，Fendi，Marc Jacobs 和 Thomas Pink。集团的中心战略是管理明星品牌和产品质量以及文化创新。按 Arnault 的观点看，一个明星品牌应该是"无止境的、现代的、快速增长的和高利润的。"[③] 大多数 LVMH 的品牌都有漫长的历史，而且多数都是源自欧洲。LVMH 的管理战略是，创建一个支持创新，同时又能遵守严格的商业纪律的工作环境。2005 年在世界范围内的收益是 168 亿美元，比 2004 年上升了 11%。

## 拉夫·劳伦（Ralph Lauren）

拉夫·劳伦马球男装公司（Polo Ralph Lauren）源自生活风品牌的概念。拉夫·劳伦（Ralph Lauren）原名拉夫·立雪兹（Ralph Lifshitz），将自己的品牌植根于典型的美国

---

① Jana，R.（2005 年 12 月 1 日）"Shanghai Tang：A Taste of China,"［www. document］http：//www. businessweek. com（2006 年 2 月 23 日）.

② McBride，S.（2003 年 7 月 24 日）"Shanghai Shocker," *Far Eastern Economic Review*.

③ Som，A.（2005 年冬）. "Personal Touch That Build an Empire of Style and Luxury," *European Business Forum*.

人对财富和地位的构想,他在自己所有的零售店和产品线中一直贯穿这一美学概念。他最初是 Rivetz,一个波士顿领带制造商的销售人员,1967 年他开始为纽约 Beau Brummel 设计领带。他将自己的风格设置为"Polo",因为它能够激发一种上流社会的构想。在 20 世纪 70 年代早期,劳伦和 Peter Strom 合伙,开设了 Polo Fashions 公司,集中生产裁剪合身的男装。1971 年劳伦发明了他自己的签名,也就是 Polo 的标志,并引入了女装产品。同年,勃利山 Rodeo Drive 的首家注册 Polo 店和纽约城 Bloomingdale 的首家女士时装店开张了。1980 年,Polo Ralph Lauren 进一步扩张,开始生产执照产品,包括家具、牛仔裤、香水和眼镜。1997 年,Polo 公司上市,经过大型重组后,买回了自己的欧洲执照以获得对 Polo 品牌更大的控制权。公司的品牌有:拉夫·劳伦的 Polo、拉夫·劳伦、紫色标签、黑色标签、蓝色标签、拉夫·劳伦的劳伦牌、Polo 牛仔、橄榄球、小伙子、RRL、RLX、RL 童装和摩纳哥俱乐部。2005 年财务年度的净利润是 33 亿美元。

## 乔治·阿玛尼(**Giorgio Armani**)

乔治·阿玛尼是自己价值 17 亿美元的公司的唯一股东。该公司以香水、手表和饰品而出名,但是它有一半以上的收益是来自服饰。[①] 2003 年,53% 的销售额来自衣物,从运动系 AX 到乔治·阿玛尼品牌。阿玛尼在 35 个国家拥有分店。该公司的品牌包括:Giorgio Armani, Armani Exchange, Emporio Armani, Armani 牛仔裤, Armani Collezioni, Armani Junior, Armani Casa 和 Giorgio Armani 饰品店。为了控制品牌的诚信度,阿玛尼收购了思明特(Simint),这是一家拥有阿玛尼牛仔裤执照的意大利公司。阿玛尼还有好几家意大利生产商联营生产服饰并有控制的扩张自己的产品线。

在成为 La Rinascente 百货店橱窗装饰员之前,阿玛尼学的是医药,并且在意大利参过军,而不久之后他就在百货店内成为男装买家。他的首个设计师工作是在 Nino Cerruti。1975 年,阿玛尼与 Sergio Galeotti 一起创立了乔治·阿玛尼公司。阿玛尼品牌以非结构化定制西服而出名。该公司在 20 世纪 80 年代走向全球,当男演员 Richard Gere 在电影《美国舞男》穿上阿玛尼设计的衣服时,该品牌获得了更多的国际认同。阿玛尼在创造真实的生活品牌过程中非常成功,将自己的设计艺术融入各种产品类别中,甚至扩展到了时尚和家具之外的产品。2004 年,阿玛尼宣布了自己计划开发一系列阿玛尼品牌的高档酒店。

## 爱马仕(**Hermès**)

爱马仕国际公司销售多种奢侈品,如头巾、领带、皮具、手表、文具和男女服饰。爱马仕在世界范围内有近 215 家分店及 40 家零售店。该公司并不颁发执照,而是自己生产要销售的产品。爱马仕以销售皮具而出名,该公司由挽具制造商 Thierry Hermès 于 1837 年在法国创立。爱马仕独特的挽具设计获得了一致好评,并且该马鞍的织品还成为一个商标。Theirry 的儿子 Emile-Maurice 将产品的范围扩大到与旅游相关的皮具,如鞍包、

---

① 奢侈品级时尚业务的矛盾就是,仅靠服饰创建一个成功的公司是很困难的。成功品牌的大多数收益都是来自饰品和香水。

行李箱、钱包、手提包，甚至是珠宝。Emile 还选择了著名的马车标识。20 世纪 20 年代，Emile 的女婿 Robert Dumas 接任公司时，引入了服饰这一块。Dumas 在 1937 年引入首个爱马仕头巾，后来成为设计室的一个标志产品之一。Dumas 的儿子 Jean-Louis 在 1987 年其父过世后接手公司。他引入一批年轻的设计家，重新振兴品牌形象。当公司在 1993 年上市时，该家族还保留了 80％以上的股份。爱马仕还拥有钻石制造商圣路易斯的 Les Cristalleries，银匠 L'Orfevrerie Puiforcat，鞋匠 John Lobb，Jean-Paul Gaultier 时尚公司 35％的股份，德国相机制造商 Leica32％的股份。2002 年，公司扩张了自己的皮具业务并通过宣传活动营销产品背后的工匠们。2005 年，该公司净利润达到 2 亿 9 830 万美元，比 2004 年上升 15％。在 2005 年，创始人 Thierry Hermès 的后代还拥有该公司 75％的股份。

# 案例 4　世界级家具零售商宜家（IKEA）

宜家（IKEA）是世界上最成功的全球零售商之一。2007 年，宜家在 35 个国家拥有 300 家家具超市，有 5 亿 8 300 万名顾客光临。宜家定价低，商品设计精致，展示场所大，在 2008 年创下了 2 120 亿美元的销售额，而在 1994 年时还只有 44 亿美元。尽管该私人公司拒绝公开利润，但是有传言说它的净利润接近 10％，这对一个零售商来说是相当高的。创始人 Ingvar Kamprad 如今已经 80 多岁，但他仍然是公司积极的"提议者"，据传言，他是世界上最富有的人之一。

## 1. 公司背景

公司由 Ingvar Kamprad 于 1943 年在瑞典创立，当时他只有 17 岁。这个年轻的公司销售鱼类、圣诞杂志和本家农场上的种子。Ingvar Kamprad 的首家公司是卖手表的，富有企业家精神的 Kamprad 以 100 箱的容量批量购进（通过其祖母的融资），然后以高利润单独卖出。IKEA 是个合成词：I 和 K 是他名字的首字母；E 代表 Elmtaryd，他们家农场的名字；A 代表 Agunnaryd，他们家农场所在的瑞典南部小城。不久 Kamprad 将圆珠笔加入到自己的产品中，并通过邮件订单的方式销售产品。他的仓库就是家庭农场里的小木屋，客户运输系统就是当地的牛奶运送车，这辆卡车每天都会来装货，并将货物运送到火车站。

1948 年，Kamprad 将家具加入到自己的产品线中；1949 年，他印出了首份产品目录册，并像现在一样免费发放。1953 年，Kamprad 遇到了一个问题：送奶车换了路线，他没办法再用这辆送奶车将货物运送到火车站了。他的解决方法就是，在 Almhult 附近买下一家废弃的工厂，并将之改装成一家仓库。随着业务的急速扩张，Kamprad 雇用了 22 岁的设计师 Gills Lundgren，后者帮助 Kamprad 在早期的产品目录中拍摄照片，同时为宜家设计更多的家具，其设计品多达 400 件，其中有很多畅销品。

多年来，宜家的目标就是提供个性化的实用的家具，减少供应商通过合同定下的高成本生产线条，将价格下降到大多数人都能支付的水平。Kamprad 的理论是"好家具的价格可以让一个平民能够从自己的花销中拿出部分钱来购置。"①当时,瑞典的家具都很昂贵,Kamprad 就是被这一事实所激发,他指出,这是一个由小零售商统治的零碎行业。家具也是被当作祖传的东西,一代代地往下流传。Kamprad 想要改变这种状况:让人们可以适度购买自己的家具。最终,这引发了 IKEA 所谓的"民主设计"—— Kamprad 称这一设计"不仅质量上乘,而且一开始就适合用机器生产,因此组装起来也很便宜"。② Gillis Lundgren 在执行这一概念时显得至关重要,他一次又一次地尝试着改变家具的设计以节省生产成本。

Gillis Lundgren 在什么是宜家家具的关键特色上缓慢前行,那就是:自行组装。在试图有效包装并运输一张长桌子时,他突然想到,可以将桌腿拆下来,并将他们在桌面底下放平邮寄。Kamprad 迅速意识到,摊平包装的家具减少了运输费和库存费,以及可能的损坏(宜家在运输过程中碰到很多家具损坏的问题)。此外,顾客们为了获取较低的价格,也很情愿自己组装。到 1956 年,自行组装融入宜家的概念之中。

1957 年,宜家开始在瑞典的家具展销会上展出并销售自己的产品。通过将其他零售商排除在外,并使用自行组装的概念,Kamprad 的价格比著名零售商的价格都要低上一筹,令其他零售商大感沮丧。他们禁止宜家在斯德哥尔摩的年度家具展销会上接受订单,理由是宜家模仿他们的设计。但是这并不管用,故而家具零售商更进一步,向家具生产商施压,禁止他们将家具卖给宜家。这带来了两个意想不到的结果:第一,宜家无法得到许多生产商的设计,被迫进行更多的自主设计;第二,Kamprad 试图寻找一个能够生产宜家设计的家具的生产商,他在波兰找到了一家。

令人欢欣的是,Kamprad 发现,波兰生产的家具要比瑞典生产的家具便宜 50%,使他能够更多地削减价格。同时 Kamprad 也发现,与波兰人做生意要消耗大量的伏特加来庆祝交易的成功,在接下来的 40 年里,他喝掉的伏特加简直就是一个神话。将酒水消耗排除在外,宜家和波兰人建立的关系后来成为与供应商关系的雏形。根据一位波兰经理人所说,和宜家做生意有三大好处:"提到决策制定时,他们总是由一个人决定,你可以信任他们所做的决定。我们持有长期合同,所以可以从容淡定地做好计划工作……第三个优势就是,宜家引入了新技术。比如他们其中一个改革性想法就是,如何处理木材的表面。他们还掌握着如何削减价格以节约成本的能力。"③在 20 世纪 60 年代早期,波兰人生产的家具在宜家的产品目录上占了一半多页面。

到 1958 年,在 Almhult 位置上经过扩张的店面成为首个宜家分店。设立该店的初衷是,能够有个地方让顾客过来看到家具组装的过程。它是宜家邮件订单业务之外的一个补充;但是它凭借自身优势迅速成为一个重要的销售点。不久该分店还开始销售汽车顶棚架,让顾客可以将家具打包在车顶带回家。许多顾客注意到,逛宜家店就如一次出行游玩(Almhult 并不是一个人口大城市,许多人都是开了很久的车才到达的),Kamprad 尝试着在商店旁边增加了一家餐厅,从而顾客在购物时还可以在一边休息,喝点东西。该餐

---

① Quoted in R. Heller. Folk Fortune. *Forbes*, September 4, 2000, 67.

② B. Torekull. *Leading by Design*: *The IKEA Story*. New York: Harper Collins, 1998, 53.

③ Ibid.

馆获得了巨大的成功,并成为宜家店的一个特色。

竞争者们对宜家的成功所做出的反应是,他们扬言宜家的产品质量低劣。在 1964 年,也就是 80 万份宜家的产品目录被邮递到瑞典各户人家后,读者甚多的瑞典杂志 Allti Hemmet(家具广场)将传统瑞典零售店销售的家具和宜家的家具做了对比。这些家具都在一家瑞典设计室经过质量测评,该杂志在长达 16 页的幅面上进行了详细分析,宜家的家具的质量绝对不比其他家具零售店的质量低,而且价格要实惠很多。比如,该杂志总结出,购买一张质量差不多的椅子,在宜家的店中只要 33 瑞典克朗(约合 4 美元),而在其他商店中要 168 瑞典克朗(21 美元)。该杂志还指出,一个起居室如果用宜家的家具装修的话,价格要比其他四家家具店便宜 65%。这种宣传使宜家被中等家庭接受,销售额开始腾飞。

在 1965 年,宜家在瑞典首都斯德哥尔摩开设了首家分店。至今为止,宜家的收入已经相当于 2 500 万欧元,并在领国挪威也有分店。斯德哥尔摩三号店是欧洲最大的家具店,其创新式环形设计是模仿纽约著名的古根海姆(Guggenheim)印艺术博物馆而来的。该店的位置在宜家十多年来维持不变,该店的位置坐落在城郊,而不是城市中央,那里有足够的停车场和四通八达的大路。新店吸引了大批人纷涌而来,多到雇员忙得顾不上,在收银台和自助服务区都排起了长队。为了减少排队,宜家尝试完全自助服务的方法,允许购物者进入仓库,将摊平的家具搬到推车上,一直推到收银台。这种做法获得了极大的成功,不久就被推广到所有的分店之中。

## 2. 国际化扩张

到 1973 年,宜家已经有 9 家分店,是斯堪的纳维亚半岛上最大的家具零售商。该公司在瑞典市场上享有 15% 的份额。但是 Kamprad 却觉得增长的机会非常有限。在接下来的 15 年中,该公司以瑞士的一家分店为开头,在西欧迅速扩张。宜家获得了巨大成功,尤其是在西德,到 20 世纪 80 年代晚期就有了 15 家分店。正如在斯堪的纳维亚一样,西德家具市场主要是由坐落在城市中心的高价零售店供应的,销售的家具相对较贵,而且并不是马上就可以带走的。宜家线条流畅的高雅设计和立即供货的管理以及自助的服务形式,正如一阵清风迎面而来。公司几乎获得了全面的成功,正如一个经理人说道,"严格说来,我们犯了许多错误,但是钱就这样涌进来了。我们生活节俭,但是时不时喝点小酒,或许喝得有点多,但是每当我们打开大门迎接顾客时,我们总是热情洋溢,以宜家的精神为他们提供最便宜的方案。"[①]

负责欧洲扩张的人是 Jan Aulino,他是 Kamprad 的前任助手,当该扩张业务开始时他只有 34 岁。Aulion 为自己找了一支年轻的队伍。他后来回忆说,扩张进行得如此之快以至于宜家搬入时,店面几乎都没准备好。此外,由于瑞典对资本的控制,资金很难运出瑞典,唯一的方法就是迅速获利,尽可能地获取现金流。在急速扩张的过程中,Aulino 和他的团队并不太关注细节。他说,他曾经好几次与 Kamprad 意见相左,并至少 4 次认为自己会被解雇,尽管事实证明并非如此。最后欧洲的业务经过了重组,引入了更加严格

---

① B. Torekull. *Leading by Design:The IKEA Story*. New York:Harper Collins, 1998,53.

的控制。

但是,宜家在英国的扩张缓慢,因为当地的 Habitat 公司建立了一个与宜家在很多方面都很相似的公司,以低价出售时髦家具。宜家也进入了北美洲,1976—1982 年在加拿大开设了 7 家分店。受这个成功的鼓舞,该公司在 1985 年进入了美国市场。结果证明,这是一个性质完全不同的挑战。

从表面看来,美国似乎是一个富饶的市场。正如在欧洲一样,美国的家具零售业是一个很零散的行业。在市场的底端是一般的折扣店,如沃尔玛、Costco 和 Office Depot,它们只销售有限的几款家具,而且价格很低。他们的家具只提供最简单的功能,没有宜家设计那般优雅,通常情况下质量也很低。接下来就是高端零售商,如 Ethan Allen,提供高质量、设计完美但是价格也高的家具。他们用知识丰富的销售人员,在全面服务店销售这类家具。高端零售商通常还销售辅助服务,如室内设计等。一般情况下这些零售商会送货到家并进行安装,而安装是免费的或者只收取少量费用。因为库存大量高端家具成本很高,商店里展示的很多样品都是暂时不能供应的,顾客通常要等上几个星期才能够发货。

1985 年宜家在费城开设了第一家美国分店。该公司决定将地点定在海边。对美国消费者的调查显示,IKEA 的买家一般都是去过国外的人,他们认为自己是敢于尝试风险的人,并且喜欢美食和美酒。这些人都集中在沿海地带。正如一个经理说的,"中部地区有更多的人开别克车"。①

尽管一开始 IKEA 受到了好评,并且足够的销售额促使它开始增开其他分店,但是到 20 世纪 90 年代早期,公司明白在美国一切并没有看起来那么顺利。公司发现,欧式的风格不太能在美国消费者心中引起共鸣。店内的床是用厘米衡量的,而不是美国消费者熟悉的特大号、大号和双人床。美国床单并不适合宜家的床。沙发不够大,衣柜不够深,镜面太小,窗帘太短,厨房也不适合美国家具。在 IKEA 经常重复的一个故事就是,经理人发现消费者们会购买大玻璃瓶来喝水,而不是 IKEA 销售的小杯子。因为美国人喜欢在饮料中随意加入冰块,小玻璃杯明显不够大。更糟糕的是,宜家有许多东西都是从国外采购的,以瑞典克朗计价,而瑞典克朗对美元正在升值。这使 IKEA 分店在美国的价格上升。此外,有些分店的地理位置不好,因为场地有限,无法提供欧洲人熟悉的宜家式服务。

要想改变美国的状况,IKEA 需要作出一些决定性改变。许多产品都要重新设计以满足美国人的需要。必须选择更新更大的地点来开设分店。同时为了降低价格,产品必须从其他成本更低的地方采购,并且以美元定价。宜家为了减少运费和对美元的依赖,开始从一些美国工厂采购产品。与此同时,IKEA 注意到美国文化的改变。美国人开始更加关注设计,对随意置换家具的观点更为认同。曾经有种说法,就是美国人换配偶与更换厨房的桌子一样勤,一辈子有 1.5 次,但是美国文化中有些东西正在改变。年轻人更加欢迎风险,更愿意体验新东西。他们渴望优雅的设计和高质量。苹果计算机和星巴克都在迎合这种需求,宜家也不例外。正如一位 IKEA 经理所说,"10 年前或者 15 年前,在美国境内旅游时,你一定吃不到好东西。你喝不到好的咖啡。但是如今,你可以在超市买到新

---

① J. Leland. How the Disposable Sofa Conquered America. *New York Times Magazine*, October 5, 2005, 45.

鲜的面包，人们认为这很稀松平常。我喜欢这样。这才是所谓的优质生活，比美酒更为重要。这也正是宜家所提倡的。"①

为了迎合美国文化的改变，IKEA 重新关注产品设计，在一系列街舞的广告中向年轻消费者宣传品牌：这些消费者包括年轻的夫妻、大学生以及 20 多岁和 30 多岁的单身男女。其中一个宜家的商业广告叫作"一点也不烦"，取笑美国人不愿意与他们的家具分开。其中一则广告展示的是一盏扔掉的灯，孤孤单单地待在美国一个下雨的城市中。一个男人转向镜头，以浓重的瑞典口音满怀感情地说："很多人都为这盏灯感到难过，那是因为你已经疯掉了。"该商业广告显示，时尚的人会在 IKEA 购买家具。时尚的人也不会紧紧拽着旧家具不放，不久之后他们就会抛掉旧的，去宜家买个新的。

战术的改变起作用了。在四年之内，宜家的收益增加到了 2001 年的 12.7 亿美元，而 1997 年只有 6 亿美元。到 2008 年，美国已经成为继德国之后的第二大市场，35 家分店的销售额占到总销售额的 10%，也就是 24 亿美元，它的扩张计划是，到 2012 年在美国另外开设 50 家分店。

在欧洲大陆之外的其他国家竞争给 IKEA 上了重要的一节课，在 20 世纪 90 年代和 21 世纪初该公司决定在全球范围内扩张。它首先在 1987 年进入英国市场，截至 2008 年，它已经在该国拥有 17 家分店。在 20 世纪 90 年代早期，宜家收购了英国的 Habitat，并仍在该品牌名下销售产品。在 1998 年，宜家进入中国市场，到 2008 年已经有 4 家分店，随后紧接着进入俄罗斯（到 2008 年已经有 11 店），2006 年进入日本，而日本是该店在 30 年前遭受过惨痛失败的国家（到 2008 年为止宜家已经在日本开设了 4 家分店）。总的说来，到 2008 年为止，宜家在 36 个国家和地区拥有 285 家分店。该公司的计划是，在可以预测的未来每年增开 20 家到 25 家分店。其中一位经理说，阻碍扩张进行脚步的一个重要限制因素就是供应网络的建设。

正如在美国一样，有些当地习俗也在宜家得到了贯彻。比如在中国，该店的布置反映了许多中国公寓的布置，另外因为许多中国公寓都有阳台，宜家的中国分店还有阳台的部分。在中国，宜家还要改变自己的选址，因为汽车在中国并不普遍。在西方国家，宜家分店一般坐落在郊区，有很多的停车区域。但是在中国，分店坐落在公交车站附近，宜家还提供送货服务。公司还在中国采取了极大的降价力度，分店内的价格是中国之外国家的价格的 70%。为了使该举措获得成功，宜家的很多产品都是从当地供应商处采购的。

## 3. 宜家的概念和商业模式

宜家的目标市场是年轻向上的流动中产阶级，他们寻找价格低，但是设计迷人的家具和家用物品。古怪的广告通常会驱使这些人进店内一观。商店本身是装饰着蓝黄色瑞典小旗的仓库，提供 8 000～10 000 件产品，从橱柜到烛台，样样皆有。店外有足够的停车场地，分店还常常坐落在交通发达的路口。

店内通常设计得像个迷宫，消费者要穿过各个区域才能到达收银台。其目标很明显，

---

① J. Leland. How the Disposable Sofa Conquered America. *New York Times Magazine*, October 5, 2005, 45.

就是让消费者在通过这个迷宫时多买点东西。消费者进入该店时可能只想买个 40 美元的咖啡桌,但是最后可能购买了储存柜到餐具在内的 500 美元左右的东西。各区域的流程都是按照促进销售的目的设置的。比如,宜家的经理人注意到,当家庭主妇们停在家庭缝纫机这一板块时,丈夫们可能会感到厌烦,经理们就在缝纫板块外面设置了一个工具间,工具的销售额就直线上升了。在迷宫的末端,也就是收银台前面,是一个仓库,消费者可以随意拿起他们折平的家具。宜家店还有餐厅(在店内中间部分)和幼儿房(为方便起见就在门口),从而购物者可以在店内随意待着。

产品清爽的瑞典风格已经成为宜家的商标。宜家有个产品战略委员会,这是一群高级管理者,他们提出产品线的重点所在。一旦建立一个重点,产品开发者就会调查竞争情况,然后设定一个低于竞争者 30%～50% 的价格。正如宜家网站所说的"我们先设计价格,然后才设计产品"。一旦产品价格确定了,设计者们就会和一组供应商合作,将生产成本降低。目标就是,辨别合适的供应商和最低价的材料,这个尝试过程可以花费长达 3 年时间。截至 2008 年,宜家在 54 个国家拥有 1 380 个供应商。前几个外购国家是中国(21% 的供应商)、波兰(17%)、意大利(8%)、瑞典(6%)和德国(6%)。

宜家花费大量精力寻找每个产品合适的供应商。接下来谈谈公司的畅销品 Klippan双人沙发,该产品在 1980 年设计完成,因其线条清晰、颜色亮丽、腿形简单、外形轻巧,自发布后就销售了近 150 万个。IKEA 最初在瑞典组织生产,后来转移到成本更低的波兰。随着对 Klippan 的需求增长,公司决定,与每个公司大市场上的供应商合作更有意义,因为这样会避免将产品运输到世界各地的成本。今天,仅框架的供应商在欧洲就有 5 个,美国 3 个,中国 2 个。为了减少棉布沙发套的成本,宜家将生产集中在中国和欧洲的四个主要供应商上。这种全球采购带来的结果是,宜家从 1999 年到 2005 年将 Klippan 的价格下降了 40%。

尽管 IKEA 将大多数产品的生产都外包出去,但是自从 20 世纪 90 年代早期,有一部分产品开始在内部生产(在 2008 年,大约有 90% 的产品是从独立的供应商外购的,而10% 的产品是在内部生产的)。融入生产行业的原因是 1989 年柏林墙倒塌之后东欧共产主义政府的垮台。截至 1991 年,宜家有 25% 的产品是从东欧生产商处采购的。它投入了巨大的精力与这些供应商建立长期关系,还经常帮助他们开发和采购新技术,使宜家的产品保持在一个较低的层次。随着东欧共产主义的瓦解,新上司进入各大工厂,许多人并不承认工厂和 IEKA 签订的合同。他们撕碎了合同,试图抬高价格,而在新技术上投资不足。

因为供应基地存在风险,宜家购买了一家瑞典生产商,叫作 Swedwood。之后宜家将该工厂当作购买和运营东欧家具生产商的工具,其中最大的投资在波兰。宜家在Swedwood 工厂中投资很大,采用了最先进的技术。除了给宜家带来了明显的低成本采购优势,Swedwood 还使宜家能够获得对产品设计和供应商关系都有好处的生产过程知识,使宜家能够帮助供应商采取新技术,降低成本。

我们用宜家与越南供应商的关系举个例子说明。宜家为了支撑自己在亚洲的市场,扩大了在越南的供应点。宜家被低成本的劳动力和实惠的原材料吸引到越南。公司与越南的供应商进行了艰苦的谈判,因为这些供应商说他们卖给其他外国供应商比卖给宜家能够获得更多的利润。宜家要求的是低价而高质量的产品。但是这里也有一个好处：就是宜家能够提供一个长期大批量业务关系的前景。此外，宜家还经常为自己的越南供应商提供建议以帮助他们如何寻找最好和最廉价的原材料，如何建立并扩张工厂，购买什么样的装备，如何通过技术投入和管理提高产量。

## 4. 组织和管理

宜家的组织和管理在许多方面反映了组建者的个人哲学理念。一篇 2004 年的福布斯文章描述 Kamprad，当时世界上最富有的人之一，是一个懒散而节俭的人，他"坚持乘坐经济舱，坐地铁去工作，开着一辆十年的沃尔沃，并且防止出现任何法律事件。长期以来瑞典一直有个小谣言，当他没有控制住自己时，他就会在一家酒店的小酒吧里喝罐高价的可乐，然后到一家杂货店里去买罐类似的"。[①] Kamprad 的节俭作风是归功于他的成长环境，他从小在司马兰德，瑞典的一个传统而贫穷的小地方成长。如今他的节俭也遗传给了宜家。管理人员不得乘坐头等舱，而且还要共用一个酒店房间。

在 Kamprad 手下，宜家受使命驱动。他有一个使命，那些与他一起工作的人也共享这个使命，那就是，让人们的生活更加美好，让家具更加民主化。Kamprad 的管理风格很随意，没有阶级之分，依靠团队工作。在宜家，各种头衔和优先权利是禁忌。高级主管没有什么额外津贴。工资并不是特别高，人们喜欢在那里工作是因为他们喜欢那儿的环境。从顶级主管办公人员到码头装卸工都不需要穿正装，打领带。公司文化就是人人平等。办公室是一个公开的场合，装饰着宜家的家具，很少会有私人办公室。每个人都称为"合作伙伴"，用姓来称呼。当主管们登记在案或者即将上任前几周，都会频繁进行反官僚主义教育。在一份 2005 年商业周刊的一篇文章中，总裁 Andres Dahlving 描述了他在年初如何装卸卡车和销售床及床单的。[②] 创造性受到高度关注，公司内充满着"第一个吃螃蟹的人"，从 Gills Lundgren 首创自我组装的概念，到斯德哥尔摩分店的经理让顾客进入仓库自主挑选家具。为了巩固这一文化，宜家更喜欢雇用没有在其他公司工作过的年轻人，然后从内部进行培训。宜家一直避免雇用受过高等教育、追求地位的精英，因为他们经常不能很好地适应公司。

Kamprad 似乎将自己的团队当成一个大家庭。早在 1957 年，他出资请 80 名员工和他们的家人到西班牙旅游一周，以奖励他们的艰苦工作。早期员工队伍住的都很近。他们一起工作，一起玩耍，一起喝酒，时刻谈论着宜家。当一个学术研究者问 Kamprad，做为一个好的领导者需要什么基本素质时，他回答说"爱"。回忆起早期时光，Kamprad 说，"当我们在 Almhult 像一户人家一样工作时，我们就如坠入爱河一样。这与情爱无关。我们只是如此地深爱着对方。"[③]另外一个经理人说："我们想加入宜家是因为这个公司很适合我们的生活方式，无须考虑地位、背景和着装的公司。"[④]

---

① C. Daniels, A. Edstrom. Create IKEA, Make Billions, Take a Bus. *Fortune*, May 3, 2006, 44.

② K. Capell et al. Ikea. *BusinessWeek*, November 14, 2005, pp. 96-106.

③ B. Torekull. *Leading by Design*: The IKEA Story, p. 82.

④ Ibid, p. 83.

随着宜家的成长,是否让公司上市的问题浮出水面。虽然这样做有明显的优势,如获得资本,但是 Kamprad 反对这个想法。他认为股市会给公司增加短期的压力,对公司的发展不利。不间断地对利润的追求而不管公司的运营周期,在他眼中,会让宜家更难做出大胆的决策。同时,早在 1970 年,Kamprad 就开始担心,自己死后公司会怎么样。他决定不让自己的儿子继承公司。他担心的是,自己的儿子们要么会卖掉公司,要么会篡取公司的领导权,从而毁掉整个公司。要指出的是,他的三个儿子都在宜家担任经理人。

为了解决这个困境创造了世界上最不寻常的一种公司结构。早在 1982 年,Kamprad 将他在宜家的利益转让给了一个荷兰的慈善机构 Stichting INGKA 组织。这是一个免税的非营利法人团体,反过来拥有 INGKA 的股份公司——一个荷兰私人公司——成为宜家的法律所有者。由 Kamprad 和他的妻子主持的 5 人委员会运营着这个机构。此外,宜家的商标和概念都转给了 IKEA System,另外一家荷兰私有公司,后者的母公司 Inter-IKEA 坐落于卢森堡。而卢森堡的公司是由荷兰安迪尔的同名公司所有,而这家公司的所有者至今仍不为人知,但是几乎确定的是,他们是 Kamprad 家族的。Inter-IKEA 通过与每家宜家分店的特许经营协议赚钱。最大的特许经营店就是 INGKA 股份公司。宜家公司声称,特许经营者要付 3％的销售额给 Inter-IKEA。因此,尽管公司的归属和总部仍然在瑞典,Kamprad 成功将宜家的所有权移出了瑞典,并建立了一个机制从宜家的特许经营中向自己和家人转移资金。Kamprad 在 20 世纪 80 年代搬到了瑞士,以逃避瑞典的高税收,并且自那以后他就一直住在那里。

在 1986 年,Kamprad 将日常管理交给了 Andres Moberg,一个在大学退学加入宜家邮寄订单处理部门的 36 岁的瑞典人。除了撤去管理权,Kamprad 仍然作为高级管理层的提议者对公司施加影响,同时作为宜家的大使,他在 2008 年 80 多岁时仍然积极担当这个角色。表 1 所示的是 2008 年宜家的数据。

**表 1　2008 年宜家的数据**

| 宜家分店 | 35 个国家 285 家分店 | 宜家产品种类 | 9 500 种 |
|---|---|---|---|
| 宜家销售额 | 212 亿欧元 | 宜家员工 | 39 个国家,127 800 名 |
| 宜家供应商 | 54 个国家,计 1 380 个 | | |

资料来源:http://franchisor.ikea.com/showContent.asp?swfld=factes9.

## 5. 展望

成立 50 年来,宜家为自己建立了一个令人称羡的地位。它已经成为世界上最成功的零售店之一。它已经进入无数外国市场(见表 2),不断从失败中学习,并继续着成功历程。它为人们带去了设计良好、实用而买得起的家具,用 Kamprad 的话说,帮他们过上了更好的生活。宜家的目标是,在可预见的未来以每年 20～25 家的速度扩张。要获得这样的增长率意味着要扩张进入非西方市场,包括著名的中国市场,在那里它最近刚打下了滩头阵地。公司能够持续扩张吗?它的竞争优势保险吗?

**表 2　销售额和供应商**

| 销售额最高的<br>五个国家/% | | 供应量最大的<br>五个国家/% | | 销售额最高的<br>五个国家/% | | 供应量最大的<br>五个国家/% | |
|---|---|---|---|---|---|---|---|
| 德国 | 15 | 中国 | 21 | 英国 | 7 | 瑞典 | 6 |
| 美国 | 10 | 波兰 | 17 | 瑞典 | 6 | 德国 | 6 |
| 法国 | 10 | 意大利 | 8 | | | | |

资料来源：http://www.ikea.com/ms/en_GB/about_ikea/facts_and_figures/index.html.

# 案例 5　Yuhan-Kimberly："永葆绿色韩国"

Dae Ryun Chang 和 Bernd Schmitt

## 引言

1984 年酷暑的一天，Eun-wook Lee 和 Yuhan Kimberly 上千的雇员来到贫瘠的山边植树，这是公司的创新活动，名为"永葆绿色韩国"。Yuhan Kimberly 是一家生产个人用品的公司，比如纸巾、尿布、卫生巾等，那时李加入该公司不久，他对植树的举动很气愤："我学习不是为了种树。"

25 年后，已是企业传播副主席的李又一次来到相同地方，他只是笑了笑，对当时的他目光短浅而有点尴尬。由于 Yuhan Kimberly，这座小山丘已郁郁葱葱，甚至有待修剪。看着这茂盛的森林，李不由深深地为自己的公司，为公司的社会责任感而自豪。

然而他也有所担心。从 1984 年那个劳累的一天来，世界已经发生了巨大的变化：许多公司都在宣称他们的产品是绿色的，还有传闻说 Yuhan Kimberly 并不是像它自己所宣称的环保先锋者，只不过是夸夸其谈的代表——公司生产的产品浪费严重，对可持续性做了一点公关关系而已。"永葆绿色韩国"成了空口号了吗？如果是，那公司应该做什么？

回到办公室，李需要处理一堆"企业社会责任"活动的提议，他需要从中做一个决定。公司需要一个新的"企业社会责任"活动，还是仍旧维持原状？另外，活动在绿色产品的重新创造中应发挥怎样的作用？公司高管希望企业传播能考虑未来的企业社会责任活动，做出决定，提出建议，同时希望李可以想办法解决如何使企业社会责任活动帮助开发新的产品。

## Yuhan Kimberly 之本源

Yuhan Kimberly 始建于 1926 年，是韩国历史最久的公司之一。它的创立者 Ilhan New 已去美国继续深造。从密歇根大学毕业后，他进入通用公司，成为第一个亚洲会计。

New 在韩国时，一次出差让他的命运发生了转折。那时，韩国受日本的殖民统治，New 亲眼看见了被统治者的苦难生活。1926 年，他决定回到韩国寻找机遇，开始做医药生意。他的管理哲学是"利润只有在其带来国家繁荣而非个人利益时才是有价值的"。

Yuhan 正是遵循了这一点。自 1936 年创办,公司为员工提供了员工股票所有权计划。1954 年,New 开始推行教育计划:他创建了一所技术高中和一所寄宿学校。1971 年他去世后,他的财富按照他的意愿捐给了慈善机构。从 Ilhan New 创办公司以来,他以敏锐的商业头脑、对韩国自给自足经济的贡献和慷慨大方受到社会各界的尊敬。

## Yuhan Kimberly 之起点

1970 年,Ilhan New 去世前的一年,Yuhan 公司与世界领先的个人护理用品制造商 Kimberly-Clark 进行了联姻。这场联姻更多基于政治因素而非经济因素,20 世纪 70 年代,韩国处在朴正熙的独裁统治之下,公司如果不能迎合政府的需求是不可能有任何发展的。New 步履维艰,如果要保护他的公司,他不得不行贿;如果要维持自己的正义感,那么公司不得不面临危机。面临两难的境地,他想到了一个解决办法:与一个美国公司合并。毕竟,韩国是美国忠实的盟友。New 预料朴首相不会对一个已与美国公司合并的韩国企业施加压力。更重要的是,New 也觊觎与 Kimberly 的联姻能带来技术上的支持。

## Yuhan Kimberly 之发展

1970 年,Yuhan Kimberly 在 Kunpo 建立了第一个工厂,开始生产卫生纸、面巾纸、卫生巾。第一年的销售额只有 3 亿韩元,但由于韩国中产阶级快速发展,公司正好迎合了中产阶级家庭纸巾的需求,他们认为使用纸巾过于奢侈,带有异国风情。随着韩国人开始接受更西式的生活方式,他们对于纸巾的特殊需求迅速扩大。

1980 年,Yuhan Kimberly 在 Kimchon 建立了第二个工厂,开始生产 Huggies 纸尿布。那时,韩国平均每户家庭有四个小孩(政府考虑到人口过多,后来还是实行控制生育政策)。随着产品线的扩大,1994 年,Yuhan Kimberly 在 Daejon 建立了第三个工厂。至此,公司已实现了每年 2 682 亿韩元的销售量。

## 与宝洁之争

至此,其他跨国公司都想要进入韩国这个新萌芽的消费市场。1989 年,宝洁通过与 Seotong Battery 公司合并,进入韩国市场。不久,宝洁与 Seotong Battery 公司分道扬镳,建立了自己的全资子公司,开始进入韩国个人护理用品市场。强大的宝洁公司拥有众多品牌,如护舒宝、帮宝适等,巨额的广告预算以及经久不衰的市场广告管理体系。

到 2000 年,Yuhan Kimberly 占领了主要的纸市场(见图 1),然而与宝洁的 20 年市场之争确实让 Y-K 失利不少,比如在多种妇女卫生用品上。当时,宝洁果断决定宣传护舒宝品牌的功能性用途。广告使保守的韩国人感到惊讶,却非常有效,1997 年,宝洁占领了 60% 的市场份额。作为回应,Y-K 花费了 1 000 万余美元开发了一种既在功能上更优越也更适用于本地消费者的新产品"White"。Y-K 的"White"广告较之于宝洁战略来说是微妙的,它并没有展示产品,而强调了顾客使用产品的利益。更重要的是,尽管宝洁使用明星为其广告代言,Y-K 的广告则选择了普通大学生讲述她们使用产品的良好感觉(见图 2)。

女性用品

纸尿布

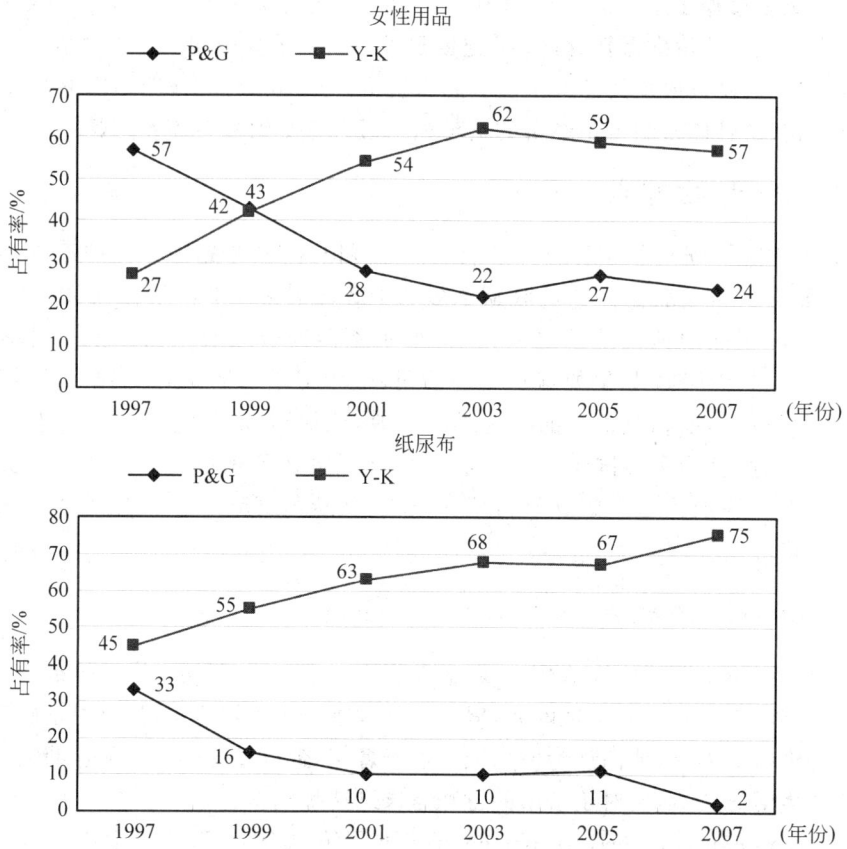

图 1 　韩国主要纸制品市场 Yuhan Kimberly 与宝洁的市场占有率比较

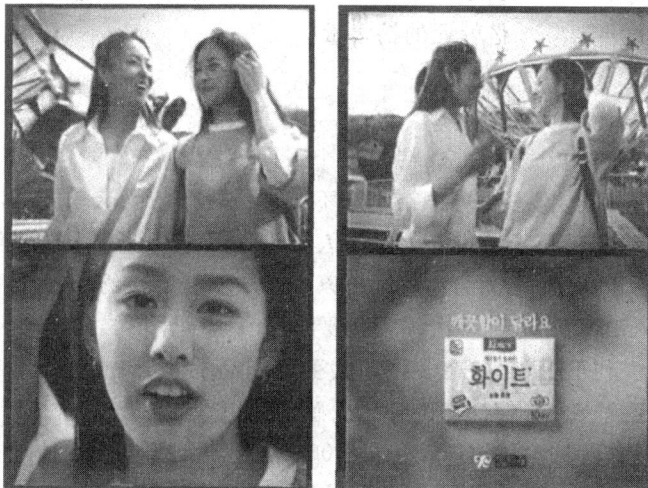

图 2 　Yuhan Kimberly"White"和宝洁"护舒宝"电视脚本比较

资料来源：White(Yuhan Kimberly,2001)，护舒宝（宝洁,2001）。

图2 （续）

## 2007 年业绩

2007 年,Yuhan-Kimberly 净销售额达 9 050 亿韩元,净销售收入达 1 050 亿韩元,平均每年分别以 8.5％和 16.3％的速度增长。事实上,过去的几年里,Yuhan-Kimberly 的关键财务指标都呈现正增长率(见图 3),其业务组合包括八大类产品线(见图 4)。最成功的产品仍然是三巨头(婴儿护理用品)、家庭护理用品(面部和卫生纸)、女性用品(纸巾)。过去的三年里,这些产品为公司赢得了 80％的利润。

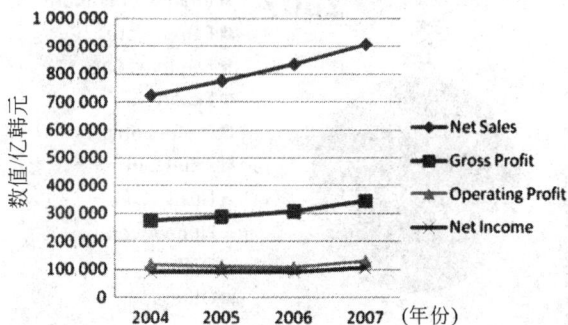

图 3　2004—2007 年 Yuhan Kimberly 关键财务指标

尽管 Kimberly Clark 拥有 Yuhan-Kimberly70％的股权,大多数韩国人还是把它当作一家韩国公司。由于 Yuhan-Kimberly 保持了相对的经营自主权,Kimberly Clark 没有对公司的管理政策和活动上加以限制。比如,Yuhan-Kimberly 建立了自己的本土品牌——White,占领了 50％的韩国市场。另外,Yuhan-Kimberly 出口到 52 个国家的产品量已超过 Kimberly Clark。

从 2003 年来,在 Kimberly Clark 的要求下,Yuhan Kimberly 掌握了北亚地区的管理权。公司起初拒绝了这个请求,因为公司想专注于本国市场。在 Kimberly Clark 保证了它会管理好每个国家后,Yuhan Kimberly 才勉强答应。在它管理北亚市场一年后,Kimberly Clark

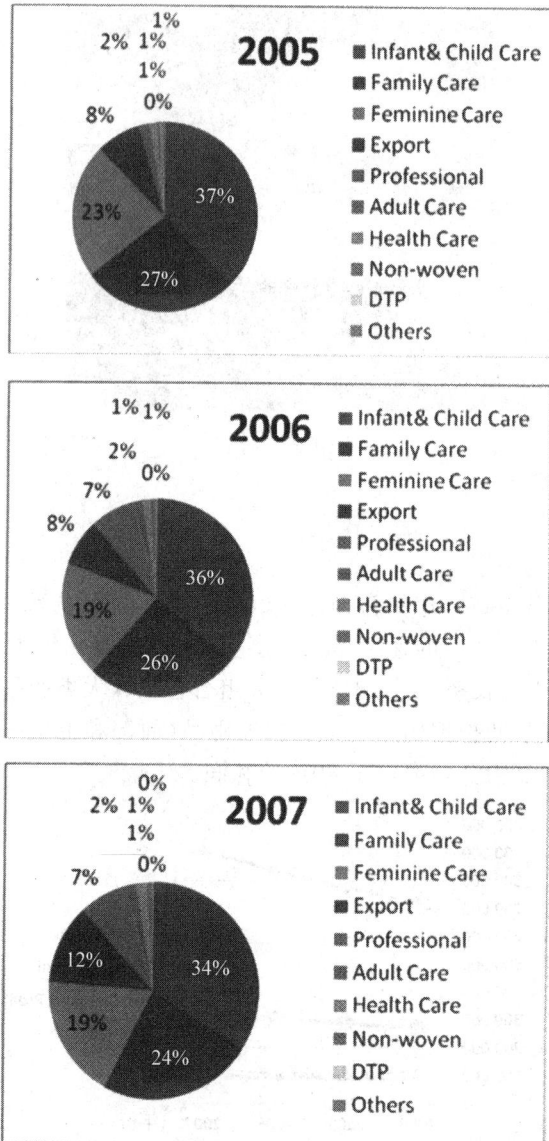

图 4　2005—2007 年 Yuhan Kimberly 业务组合

中国台湾公司开始转亏为盈,在生产率上有了 30% 的提高。

## 可持续发展管理

　　Yuhan Kimberly 考虑了其在经济、社会、环境等方面的可持续性。它认为它的经济责任是创新、竞争、增加收入和创造就业。它的社会责任是关注员工的生活质量以及顾客的生活质量,员工生活质量这可以通过道德管理、透明化还有鼓励终生学习得到提高,而顾客的生活质量要靠提供给他们健康环保的产品得以保障。最后,公司认为其环境责任是尽最大限度谨慎地使用自然资源,降低能源消耗从而减轻全球变暖问题,引导行业利用高新技术使产品生产绿色化。

　　Yuhan-Kimberly 的家庭友好管理计划和政策包括了自由的工作安排、终生学习、无性别歧视、女性保护、员工协助计划以及志愿者机会等。自由的工作安排允许员工休息或者从事与工作相关或终生学习活动以及花费更多时间陪伴家人。而该计划的费用由 Yuhan-Kimberly 公司资助。这项计划降低了员工的疲劳程度，因而提高了员工的工作效率和工作质量。

　　此外，Yuhan-Kimberly 公司还确保在公司内部不存在歧视任何员工的行为。更重要的是，公司比韩国政府提早两年实行了流产离职计划，还允许女性员工有两个月的产假，这在韩国是首创。其他有关女性的政策包括剖腹产费用补贴，让全公司人都分享孩子的好消息，以及专门为哺乳设立的房间等。这些措施取得了巨大的影响，2007 年，Yuhan-Kimberly 公司的生育率为 1.89，而全国的平均率为 1.16。

## "永葆绿色韩国"行动

　　1984 年，当 Yuhan-Kimberly 开始它的绿色行动计划时，评论家们对此持怀疑态度，他们不懂，作为一家大型的健康和卫生公司，Yuhan-Kimberly 为什么开始环境保护方面的活动。Yuhan-Kimberly 的股东们，包括大股东、商业伙伴、高官甚至林业部长都感到惊讶。Yuhan-Kimberly 那几个负责种树的志愿者也和李一样觉得他们可以做其他更有意义的事情。

　　讽刺的是，那时的韩国已经清楚地意识到要重新造林。20 世纪初长达 36 年的日本统治和 50 年代的战争已经摧毁了大部分森林。并且，60 年代和 70 年代韩国的工业化是以牺牲环境为代价取得的。以至于在 80 年代，韩国的山地只有 1/3 得到了恢复。尽管公司内外都充满了疑虑，Yuhan-Kimberly 公司的 CEO 和助理人员还是把"永葆绿色韩国"行动作为一项道德责任实施了。正如李所说的，如果他们不做就没有人会做这件事了，这是当时的大局意识。他解释道："人们会关心讨论他们喜欢的社会问题，但是很少有能力去改变。这就是公司需要前瞻性地促进一项社会活动并取得成功的原因。"

　　这个行动始于一项重造森林的计划，口号为"共享视觉：关爱绿树"，这不仅为了在一些关键的地区恢复绿色的原貌，更是为了引起全国人民对绿树的关爱。1984—2008 年，Yuhan-Kimberly 在 7 533 公顷的公共用地和国有用地上种植培养了 2 100 万余棵绿树（见图 5）。

　　第二阶段开始于 1998 年，Yuhan-Kimberly 公司开始把"种植树木"转移到"培育树木"的全国性努力上来。公司唤起了韩国学生的环保意识，来自 2012 所学校的学生参与了该行动。

　　在第三阶段，公司把行动拓展到朝鲜、中国和蒙古。朝鲜战争后，朝鲜决定把山地开发用于农地，这使山地几乎全毁。

　　由于缺少树木引起的土壤贫瘠便是朝鲜食物渐渐短缺的主要原因。从 1999 年来，Yuhan-Kimberly 公司发挥了作用，并且适应了公共的时尚潮流，赢得了一项朝鲜荣誉——Mt. Keumkang。

　　公司同时也解决了一个重要的区域问题。每年三月左右，韩国都会遭受来自东北亚的沙尘暴影响。这在中国甚至美国西部也常常见到。产生这个现象的原因便是东北亚的

图 5 "永葆绿色韩国"行动中某地种植树木的前后对比图

土壤沙化。意识到这个问题后，Yuhan-Kimberly 已经在中国和蒙古种植了 2 600 万余棵树木，以防止这些地区的沙化现象日趋严重。（见表 1）

表 1 防止东北亚土壤沙化——在蒙古的植树情况

| 年 份 | 2001 | 2002 | 2003 | 2004 | 2005 | 2006 | 2007 |
|---|---|---|---|---|---|---|---|
| 植树量（棵） | 500 | 1 000 | 200 000 | 150 000 | 150 000 | 150 000 | 800 000 |
| 地区 | 蒙古儿童 | 乌兰巴托 | 图金纳尔斯 | — | — | — | — |
| 公园内 | 街道 | 色楞格省 | — | — | — | — | — |
| 树种 | 杉树/落叶松 | 松树/杉树 | 65 公顷松树 | 50 公顷松树/杉树 | 50 公顷松树 | 50 公顷松树 | 250 公顷松树 |

"永葆绿色韩国"行动也为 Yuhan-Kimberly 公司带来了好处。根据一次 2002 年度消费者对公司印象的调查，该公司因其良好的愿景、值得信任和对社会的贡献荣登榜首。同时，根据 Gallup 韩国公司在 2007 年的一项调查，Yuhan-Kimberly 被认为是韩国公司中最环保的公司，三星、LG、Hyundai 都尾随其后（见图 6）。

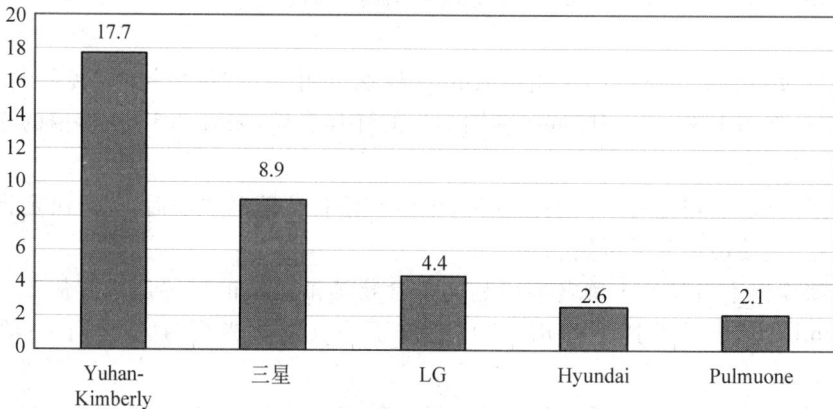

图 6 韩国环境友好型公司排名（%）

Yuhan-Kimberly 公司在工作环境方面也超越了其他竞争者(见表 2 和图 7)。1999年一项关于"永葆绿色韩国"行动与公司品牌价值间的联系调查显示,该行动与公司、组别品牌资产衡量存在正相关的联系(见图 8)。更重要的是,据 LG 电子协会调查,90%的消费者愿意为这样的环境友好型公司的产品负担保险费。

表 2　Yuhan-Kimberly 的社会投资费用情况　　　　单位:1 000 韩元

| 年　　份 | 2007 | 2008 |
| --- | --- | --- |
| **社会贡献活动** | | |
| "永葆绿色韩国"行动 | 6 787 055 | 5 398 693 |
| "环境保护"行动 | 3 171 634 | 1 969 099 |
| "家庭友好和社会演进" | 2 195 418 | 3 156 075 |
| 文学 Mecenat | 662 714 | 721 950 |
| **小结** | 12 816 821 | 11 245 817 |
| **员工福利** | | |
| 奖学金 | 1 912 600 | 1 621 778 |
| 祝贺和吊唁花费 | 579 410 | 479 962 |
| 集团定期保险 | 83 844 | 119 619 |
| 身体检查费用 | 502 581 | 14 644 |
| 转移安置奖金 | 132 082 | 163 176 |
| 养老院建造成本 | 88 022 | 7 922 |
| **小结** | 3 298 539 | 2 407 101 |
| **总结** | 16 115 360 | 13 652 918 |

资料来源:韩国金融监管服务。

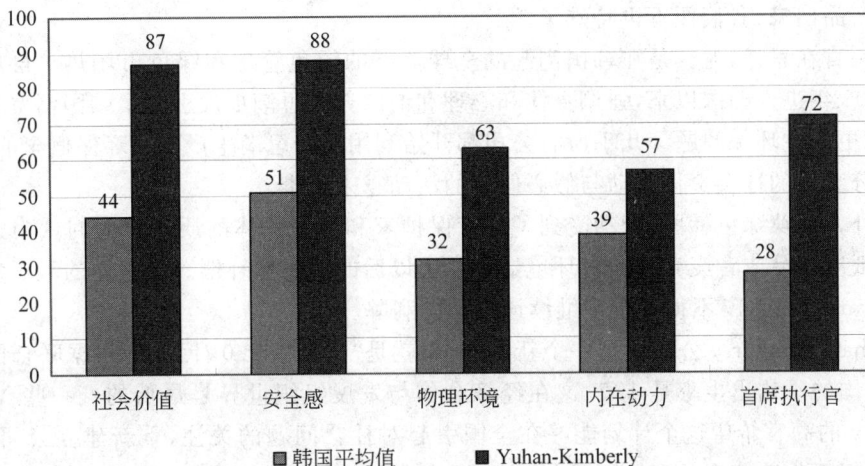

图 7　韩国公司工作环境评价(%)

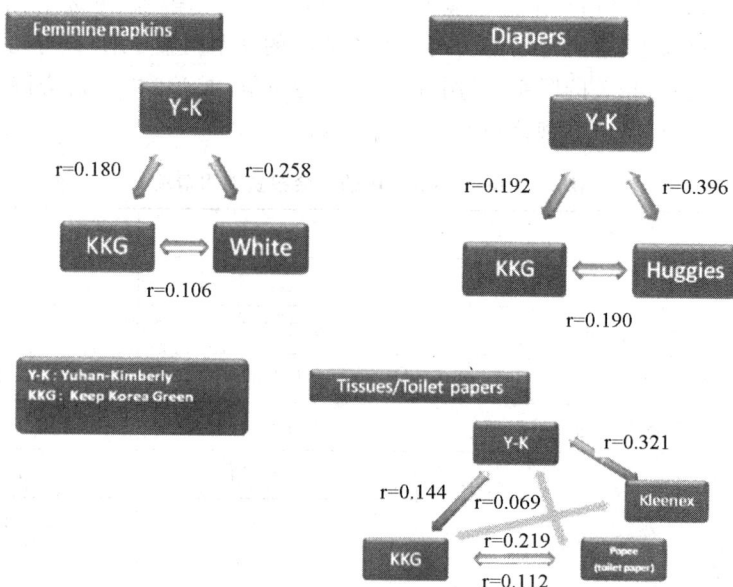

图 8　公司关于"永葆绿色韩国"与公司产品品牌资产存在正相关关系的调查

资料来源：Hewitt Associates，2003 年亚洲最佳雇主。

## 现在情况怎样呢？

当李望着被绿树覆盖的山岭，他知道 Yuhan-Kimberly 的"永葆绿色韩国"行动已成为时代精神的一部分。更重要的是，Yuhan-Kimberly 在追求经济利益的同时，对于社会的关注已无人能及，它的销售额、利润、品牌形象都受益于社会责任活动。

然而，李还是有些顾虑。他考虑道："的确，人们知道永葆绿色韩国行动，他们也知道这是使 Yuhan-Kimberly 特殊的原因所在。但是，回想 20 世纪八九十年代，只有我们在讨论绿色这个问题。现在，随着韩国总统倡导绿色为全国性的特权行动，每个公司都会有绿色的产品出来，我们便不再特殊了。"

李一直在思考，尤其是在韩国刮起的全球流行的绿色管理和绿色市场热。自从这个潮流 2002 年进入韩国以来，强调身体和心理和谐的养生思潮更加引起了韩国消费者的兴趣，他们更关注环保问题。几乎所有公司都开始利用这个思潮生产有关环保概念的产品。这使区分真正的社会责任行动与假心假意的活动越来越难。

另外，"永葆绿色韩国"行动受到了环境保护家和公民团体的质疑。他们认为这是公司生产纸质产品或者废弃产品对环境造成损害以后的讽刺性补偿。在这样的敌对情绪之下，Yuhan-Kimberly 不得不权衡继续该行动的利弊。

Yuhan-Kimberly 公司想到一个新办法，那就是"出生率 2.0 计划"。根据联合国人口基金，韩国的平均出生率是 1.2，这在经济合作与发展组织世界是最低的。一些 Yuhan-Kimberly 的高官希望这个计划能够在全国引起对社会问题的关注，重新建立公司形象。然而，他们面临着惊人的实施困难。"永葆绿色韩国"已经持续了 25 年了，公司能在这样一段时间里取得类似的成功吗？

当高官们思考各种计划的可行性时,他们经常会回到一个中心问题上来,"公司社会责任与计划之间的理想关系是什么?"是继续实施"永葆绿色韩国",还是"出生率2.0计划",还是其他,开始设计新产品?公司是时候停止全力进行社会责任活动和产品创新了吗?也许,他们认为结合这两个方面能建立公司需要建立的形象,将公司注重环保责任的理念体现在每个产品中。

这个思路已经与公司正在进行的努力协调起来。2007年7月,公司凭借一款叫"绿色手指"的护肤品进入化妆品市场。这款包含植物原料的产品是通过四年的精心研发生产而来,重点强调从森林提取原料的好处。Yuhan-Kimberly发现自己在宣传这种环境友好的产品时非常有利。

2008年10月,Yuhan-Kimberly公司拓展了其产品线,生产了"绿色手指我的小孩"。在韩国,化妆品公司很少有生产小孩子的产品,因为他们认为婴儿和小孩的产品不需要加以区分。然而,Yuhan-Kimberly抓住了这个机遇,以4~10岁孩子为目标顾客开辟了市场。他们强调产品差异化,强调有机材料和环境友好。在Yuhan-Kimberly推销这种新产品时,强调了"森林放松配料",旨在提醒顾客"永葆绿色韩国"行动。

想着这些,李觉得自己步入宁静森林的脚步开始变得轻松了。呼吸着新鲜的空气,他想着Yuhan-Kimberly下一步应该如何走。他必须迅速决定是否应该继续绿色社会责任行动,还是开始另一个全新的旗舰行动——出生率2.0。更重要的是,高管希望他在新产品开发中继续强调社会责任行动的价值和未来贡献。